해상보험과 리스크관리

이재복 허 연 박영섭 윤민현

博英社

본서는 중앙대학교 해운물류전문인력양성사업단에서
국토해양부의 지원사업으로 출간되었다.

머리말

이 책은 해운물류 전문인력의 양성을 위하여 국토해양부의 해운물류교육교재개발사업의 일환으로 2006년부터 시작하여 2008년까지 3년 동안 저자들(해상보험: 이재복, P&I 보험: 윤민현, 해운산업 리스크관리: 허연)의 각고의 집필과 여러 차례의 워크숍을 통하여 출간되었다.

이 책은 지금까지 발간된 바 있는 학부생들을 위한 교과서가 아니며 이론일변도의 기본서도 아니다. 국토해양부가 의도한 바와 같이 해운물류의 전문인력의 양성을 위한 이론과 실무를 망라한 전문서적으로서, 특히 대학원생과 실제 해운분야의 종사자들을 위하여 집필하였다.

그에 따라 지금까지 출간된 일반적인 해상보험 교과서와는 달리 본서에서는 제 1 편 선박보험론, 제 2 편 선주책임보험, 제 3 편 해상보험과 리스크관리로 구성하였다.

선박보험론편에서는 선박보험의 기초이론은 물론 선박보험의 계약절차와 보험료의 결정, 선박보험약관의 해설과 함께 선박보험의 사고처리와 손해유형별 손해사정실무를 다루고 있다.

기존 해상보험에서 간략하게 다루어오던 P&I 보험이 제 2 편에서 자세히 다루고 있는 점도 이 책의 특징이라고 할 수 있다. 그 내용은 P&I 보험의 개요와 역사에서부터 인명사고와 충돌배상책임, 운송화물에 대한 책임, 난파선의 인양 및 제거, 유탁책임에 대하여 살펴보았으며, 국제 그룹클럽과 국제 그룹협정 및 운영, T.T. 클럽, F.D.&D 클럽, 스트라이크 클럽, 용선자책임보험과 전쟁보험 클럽에 이르기까지 P&I 보험에 관한 모든 내용을 총망라하고 있다.

특히, 그동안 출간된 해상보험 교재에서는 찾아보기 어려운 해상보험과 리스크관리에 대하여 제 3 편에서 리스크관리의 필요성과 종류 및 특성 등 리스크관리의 이론적 배경과 함께 해운산업의 리스크, 리스크관리의 과정, 조직과 수행 등 해운산업 리스크관리를 고찰하면서 보험과 위험관리에 대하여도 다루었다.

이 책이 출간되기까지 많은 분들의 도움이 있었지만, 특히 해운물류교육교재개발사업의 연구책임자이신 방희석 교수님과 책임집필자이신 박영섭 전무님, 이 책의 책임감수를 맡아 주신 이창길 박사님께 깊은 감사를 드리고 싶다.

2009년 2월

저자 드림

차 례

제 1 편 선박보험론

제 2 편 선주책임보험

제 1 편

해상보험과 리스크관리 • 해상보험과 리스크관리 • 해상보험과 리스크관리 • 해상보험과 리스크관리

해 • 상 • 보 • 험 • 과 • 리 • 스 • 크 • 관 • 리

선박보험론

CHAPTER

1

선박보험의 기초

제 1 절 해상보험의 발전과정과 특성

1-1 해상보험의 발전과정

(1) 해상보험의 기원

해상보험은 지구상에 문서로서 나타난 최초의 보험으로 가장 오래된 보험이라는데 이론의 여지가 없다. 해상보험의 기원으로는 B.C. 2250년경 제정된 함무라비법전에 기록되어 있는 대상(隊商)의 도난 등의 손해에 대한 고대의 보험유사제도에서 유래하였다는 설, 공동해손설, 가족단체설, 코멘다설 등이 있으나, 통설은 해상대차설이다.

함무라비시대에 대상들의 육상위험에 적용되던 제도를 고대 그리스인들이 도입한 해상대차설은 모험대차설이라고도 한다. 선주나 화주들이 선박이나 화물을 담보물로 제공하여 자금을 빌려 항해를 떠나 선박이 무사히 도착하면 원금과 고율의 이자를 상환하고, 선박이 항해도중 해난 등으로 멸실되는 경우 채무자에 대한 채무 일체가 면제되도록 약정한 모험대차계약(冒險貸借契約) 또는 해상대차계약에서 해상보험계약으로 발전하였다는 것이다.

(2) 런던 로이즈(Lloyd's of London)

1652년 영국에 커피가 처음 도입되면서 런던에 많은 다방(coffee house)이 생겼다. 그 중에서도 Thames강변의 에드워드 로이드(Edward Lloyd: 1648～1713)가 경영하던 다방에서 오늘날 세계보험시장의 중심지라고 할 수 있는 로이즈(Lloyd's)의 역사가 시작되었다.

경영주인 로이드가 상인들과 선주 및 해상언더라이터들의 관심분야 정보를 제공하기 위해 발행한 「로이즈 뉴스」(Lloyd' News)는 오늘날까지 Lloyd's List라는 이름으로 계속 발간되고 있다.

로이즈의 아버지라고 부르는 John Julius Angerstein의 노력으로 1774년에는 Royal Exchange의 사무실로 이전함으로써 커피하우스시대를 마감하고 보험거래소로서 로이즈시대가 개막되었다. 로이즈는 옛날이나 지금이나 보험회사와 보험업자를 말하는 것이 아니고, 보험거래가 이루어지는 장소를 말한다.

런던로이즈(Lloyd's of London)는 다음과 같은 특징을 가지고 있다.

① 로이즈는 보험회사가 아니며, 보험서비스를 제공하는 하나의 조합(association)이라는 점이다. 로이즈 자체는 보험을 인수하지 않으며, 개별적인 회원들이 보험을 인수한다. 이 점에서 로이즈는 회원들에게 거래장소(시장)와 기타 서비스를 제공하는 보험거래소이다.

② 로이즈는 많은 신디케이트(syndicates)와 그 신디케이트의 회원들인 개인보험업자들(individual underwriters)에 의해 운영된다. 최근에는 법인도 신디케이트에 참여할 수 있다.

③ 개인 보험업자들은 자기가 인수하는 보험에 대하여 무한책임을 갖는다. 각 개인보험업자들은 그들이 합의한 인수비율에 해당하는 손해액에 대하여만 책임을 지고, 다른 회원들에게 할당된 손해액에 대하여는 책임을 지지 않는다.

④ 로이즈의 개인보험업자들은 엄격한 재정상의 요건을 충족하여야 한다. 각 보험업자들은 상당한 언더라이팅 보증금을 예치해야 한다.

⑤ 로이즈에서 보험거래는 로이즈보험중개사(Lloyd's broker)를 통해서만 이루어진다.

1-2 해상보험의 국제성

해상보험의 전제가 되는 해상사업(무역과 해운)은 국가 간의 국제무역과 운송을 그 배경으로 하고 있다. 이에 따라 해상보험은 다음의 측면에서 국제성이 있다.

(1) 국제무역업자와 운송업자의 보호필요성 충족

해상보험은 국제무역과 불가분의 관계를 가지고 있으며, 국제무역과 국제운송에 종사하는 상인과 선주를 보호하기 위한 수단으로서 발전되어 왔다.

국제무역은 매도인(수출업자)과 매수인(수입업자)의 무역계약만으로는 이행되지 않는다. 국제무역을 이행하는 데 있어서 ① 국제운송(해운), ② 국제금융(환), ③ 해상보험이 국제무역의 3대지주의 역할을 하고 있다.

(2) 영국의 1906년 해상보험법의 적용

해상보험은 국제적으로 영국의 1906년 해상보험법(MIA, 1906)의 적용을 받는다. 해상보험은 해당국가의 법률이나 보험약관의 적용을 받는 화재보험이나 자동차보험 등의 육상보험과는 성격이 다르다. 선하증권통일조약과 같은 국제조약이나 국제규칙이 해상보험에도 필요하다. 그러나 해상보험에서는 해상보험제도를 도입·발전시킨 영국의 법과 관습이 국제조약으로서 역할을 수행하여 왔다.

우리나라를 포함하여 대부분 국가에서 사용하는 영국의 해상보험증권양식과 보험약관에는 “이 보험은 영국의 법과 관습에 따른다”라고 규정한 준거법조항이 삽입되어 있다. 또한 우리나라에서 사용되고 있는 해상보험증권에는 “이 보험은 모든 클레임에 관한 보상책임과 정산에 관해서만 영국의 법과 관습에 따를 것을 합의한다”고 규정되어 있다.[1)]

해상보험에 적용되는 영국의 1906년 해상보험법(MIA: Marine Insurance Act)은 이 법의 제 1 부칙에 수록되어 있는 1779년 Lloyd's S.G. Policy에 관한 그

---

1) 이것은 우리나라의 해상보험의 판매가 영업사원과 대리점에 의해서 이루어지고 있는 데 반하여, 영국에서는 대부분 보험브로커에 의해서 보험계약이 체결되고 있기 때문이다. 이러한 준거법조항의 효력은 우리나라 대법원 판결(1977. 1. 11. 71다2116 보험금-파기환송)에서도 확인된 바 있다.

동안의 수많은 판례들을 집대성하고 체계화하여 성문화된 법률이다.

(3) 해상보험시장의 국제경쟁성

해상보험시장은 국내 보험자간의 경쟁은 물론 국제적인 경쟁시장이다. 무역조건에 따라 적하보험계약을 체결하는 국가가 다르다. 따라서 우리나라의 적하보험요율이 높은 경우에는 무역조건을 변경하여 무역상대국에서 적하보험계약을 체결할 수도 있다. 예를 들면 FOB무역조건의 경우에는 수입국에서 적하보험계약을 체결하지만, CIF조건의 경우에는 수출국에서 적하보험계약을 체결한다.

특히 선박보험의 경우에는 선주의 국적을 따라 선박의 국적을 취득할 필요가 없으며, 선주의 편의에 따라 선박국적을 가질 수 있는 편의치적선제도가 채택되고 있으므로, 선박보험 또한 선주의 임의에 따라 국내이든 해외이든 자유롭게 체결할 수 있다.

(4) 해외재보험에의 의존성

다른 손해보험보다도 해상보험은 해외재보험에 대한 의존성이 높다. 해상보험에 가입되는 보험의 목적(선박과 화물)은 가액이 매우 크고 거대위험으로서 해외 국가의 보험자에게 위험을 분산할 필요성이 있다. 해상보험은 해외재보험을 통해서도 국제적인 보험거래가 활발히 이루어지고 있다.

제 2 절 선박보험의 개요와 필요성

2-1 해상보험과 선박보험의 의의

(1) 보험계약의 의의

기업의 보험회사에 대한 위험전가는 계약상 합의(contractual arrangement)를 통하여 달성된다. 계약상 합의에 의해 보험회사는 피보험자가 지급한 보험료와 계약규정을 준수하겠다는 피보험자의 약속의 약인으로서 특정한 손해가 발생한 경우 피보험자에게 손해를 보상하기로 약속한다. 그러한 계약상 합의를 통해 위험의 전가가 달성되는 도구 또는 수단이 보험계약이다.

위험의 전가가 실행되는 증서인 보험자와 피보험자의 약속을 명시한 서면 합의서를 보험계약서(insurance contract) 또는 보험증권(insurance policy)이라고 한다.[2] 따라서 보험도 하나의 계약으로서 기본적으로 일반 계약법의 원리에 좌우된다. 그러나 보험거래의 특수성 때문에 보험계약법은 보험의 원리에 맞도록 일반 계약법을 수정·보완하면서 확립되어 왔다. 해상보험에 특유한 법리(法理)가 영국의 1906년 해상보험법(MIA)을 중심으로 발전되어 왔다.

(2) 해상보험계약과 선박보험계약의 정의

영국의 1906년 해상보험법(MIA) 제 1 조는 "해상보험계약이란 보험자가 그 계약에 의하여 합의한 방법과 범위 내에서 해상손해, 즉 해상사업에 수반되는 손해에 대하여 피보험자에게 손해보상을 약속하는 계약이다"라고 정의하고 있다.

또한 우리 상법 제693조는 "해상보험계약의 보험자는 해상사업에 관한 사고로 인하여 생길 손해를 보상할 책임이 있다"라고 규정하고 있다.

해상보험계약에서 보험자가 보상하는 해상손해는 해상에서의 손해는 물론 해상사업에 수반되는 손해까지도 포함한다. 선박보험계약은 보험자가 해상사고는 물론 해상사업에 관한 사고, 즉 해상운항에 기인하거나 수반되는 해상위험으로 인하여 선박에 발생할 해상손해를 피보험자(선주 또는 용선자)에게 보상하는 해상보험계약이다.

해상보험계약은 손해보상계약이며, 해상위험뿐 아니라 해륙혼합위험으로 인한 손해를 보상하는 계약이다. 그와 같은 해상손해를 계약에 의해 합의한

---

2) 국내의 대부분의 저서는 보험증권은 보험자 일방만이 날인한 것이므로 계약서가 아니라고 주장하고 있다. 그러나 「계약」이란 2인 이상의 사람에 의하여 체결된 채권채무관계를 발생시키는 합의이며, 그 합의를 기재한 문서가 「계약서」라고 정의되고 있다. 우리나라의 국어사전에도 「계약서를 계약의 성립을 증명하는 서면이라고 풀이하고 있다. 또한 보험계약은 날인계약이 아니고 낙성계약이어서 날인이 계약의 성립요건도 아니다. 이를 감안하면, 보험계약의 부합계약성에 기인하여 보험자 일방만이 날인하여 발행하였다고 하더라도, 보험증권이 보험계약의 성립을 증명하기 위하여 기재한 증거서류로서 보험계약을 기재한 보험계약서임을 부정할 수는 없을 것이다.

방법과 범위 내에서, 즉 해상보험증권과 보험약관의 규정에 따라 보상할 것을 약속하는 계약이 해상보험계약이다.

해상보험계약이 구체적으로 기재된 공식적인 증서를 "보험증권(policy)"이라고 부르고, 보험계약이 체결될 때 작성되는 비공식적인 노트 또는 각서(note or memorandum)는 "슬립(slip)"이라고 부른다.

2-2 선박보험의 필요성

해상보험이란 해상사업을 영위함에 있어 관련되는 경제주체가 다수의 동질 위험의 결합으로 위험단체를 구성하고 대수의 법칙에 따라 손해의 발생확률을 예측하여 단체구성원이 손해를 분담하는 사회적 경제제도라고 할 수 있다.

해상보험은 운송수단인 선박자체에 관련된 위험을 대상으로 하는 선박보험과 운송되는 화물(보험의 목적)을 대상으로 하는 적하보험으로 크게 구분할 수 있다.

해운업을 영위함에 있어 선주는 선박의 좌초, 침몰, 화재, 충돌 또는 기타 원인에 의한 선박의 손상이나 멸실 및 선박충돌에 따른 상대선박에 대한 손해배상책임 등의 해상위험에 직면하고 있다. 항해장비가 고도로 발달된 오늘날에도 이러한 사고의 위험성은 육상의 재물과는 비교할 수 없을 정도로 높으며, 선박은 항해시 항상 이러한 위험에 노출되어 있다.

이러한 해난사고의 발생은 개별 선주의 입장에서는 예측이 불가능하며, 해난사고시 선박 자체의 손해에만 국한되지 않고, 선박이 해난을 입은 시점부터 정상적 활동을 할 때까지의 운임, 용선료 등의 손실도 불가피하다. 또한 타선박과 충돌하는 경우 상대 선주로부터 엄청난 금액의 손해배상을 요구하는 소송에 휘말릴 수도 있다. 이러한 사고의 결과는 해운사업 자체에 커다란 영향을 끼칠 것이다.

이와 같이 예측이 어려운 경제적 사태에 대비하여 각 선주들이 나름대로의 대비를 하고 있으나 개별 선주들로서는 감당하기 어려운 대형 손해가 빈번히 발생함으로써 18세기 범선시대의 모험대차로부터 시작한 해상선박보험제도가 발전되어 왔다. 즉, 보험회사는 대수의 법칙에 따라 대형 손해의 발생가능성을 사전에 예측하고 위험관리에 대한 기술적, 금융적인 서비스를 제공하면서, 그 대가로 다수의 선주들로부터 일정액의 보험료를 모아 발생 가능한 소수의 대형 손해에 대비하는 것이다.

2-3 선박보험의 대상

선박보험이 대상으로 하는 선박의 범위는 다음과 같다.

① 화물선, 유조선, 어선, 예인선, 여객선 등 자항능력을 갖춘 선박
② 준설선, 기중기선, 항타선 등 해상작업선과 부선 등 피예인선(비자항선박)
③ 조선소에서 건조 중 또는 수리 중인 선박
④ Yacht, Pontoon, Caisson, Self-Elevating Platform
⑤ 석유, 천연가스 등 시추 또는 생산 관련 해양구조물 선박(FPSO, Drill Ship)

제 3 절 선박보험의 종류

3-1 선체보험(Hull & Machinery Insurance)

선체보험은 선체 그 자체뿐만 아니라 모든 선박자재, 의장선구, 기관과 항해용구 및 기타 비품들을 포함하는 선박을 보험의 목적으로 하여 보험기간 중에 발생한 피보험위험(Insured Perils)으로 인한 피보험선박의 물적 손실과 비용손해 및 선박간 충돌사고가 발생한 경우에 상대선박에 지급해야 하는 법적 충돌손해배상금을 보상한다. 선체보험은 선박보험의 가장 대표적인 것이다.

선박보험에는 선체 및 기관, 기타 의장품의 멸실, 손상 등을 보상하는 선체보험에 부가하여, 선가(船價)의 증액분과 기타 추가적인 선비(Disbursements)

를 선체 보험가액의 25% 한도 내에서 추가로 보상하는 형태인 선비보험을 포함하고 있다.

3-2 항해보험(Voyage Insurance)

영국의 해상보험법 제25조에서는 항해보험에 대하여 "보험계약이 보험의 목적을 어느 장소 '에서 및 부터'(at and from) 또는 어느 장소로부터(from) 다른 1개 장소나 수개의 장소까지(to) 보험인수하는 경우, 그 보험증권을 '항해보험증권'(voyage policy)이라고 부른다"고 규정하고 있다. 즉 보험기간이 특정한 항해, 즉 지리적인 특정 한계로 표시된 보험증권이다.

선박을 항해보험계약으로 체결하는 경우는 선박의 매매에 따른 항해(Delivery Voyage), 자항능력이 없는 부선 또는 작업선 등의 예인항해 및 특수해상작업선의 작업장소나 조업장소를 이용하는 항해와 고철선을 수입하여 해체하기 위한 항해(Break-Up Voyage) 등이 있다.

보험자가 선박보험을 항해보험으로 인수할 때는 항해거리, 항로, 계절, 예인 시 피예인선의 선종 및 예인선의 성능 등을 위험측정의 중요자료로 삼게 되며, 출항시의 감항성에 관해 공인된 검사관에 의한 사전검사를 실시하여 감항성을 인정받아야 한다는 조건을 보험증권에 명시한다. 항해보험에 있어서는 책임개시 시점을 'from …'으로 표시하거나 'at and from …'으로 표시한다.

3-3 선박불가동손실보험(Loss of Earning / Hire Insurance)

선박불가동손실보험이란 선체보험증권하에서 보장되는 위험에 기인한 선박손상의 결과 선박이 가동불능상태가 되는 경우에 선주나 운항관리자가 입게 되는 예상수익의 손실을 보상하는 보험이다.

불가동손실보험의 약관에는 노르웨이양식, 미국양식, 영국양식이 있는데, 그 내용상 별로 큰 차이가 없으며 노르웨이 양식의 주요내용은 다음과 같다.

① 보험금을 청구할 수 있는 모든 사고는 보험자에게 신속히 통지하여야 하고, 모든 선박수리는 착수되기 전에 보험자에게 통지해야 한다. 그러

나 피보험자는 선박수리를 시행하는 장소와 시기를 결정하는 권리를 가진다.

② 피보험자가 불가동손실, 체선료, 임금, 유지비, 시간외 수당 및 기타 비용을 제 3 자 또는 공동해손비용에서 회수하게 될 경우에는 그 회수금은 피보험자와 보험자에게 이익이 귀속되는 비율로 분배된다.

③ 불가동손실에 대한 보험금은 피보험위험으로 인한 손해가 수리된 경우에 지급된다.

④ 불가동손실의 원인이 된 사고로 인하여 선박이 전손 혹은 추정전손이 되었을 경우에는 보상책임이 없다.

⑤ 피보험자가 보상금을 청구할 경우에는 그 증거로 용선자가 작성한 불가동진술서(Off-Hire Statement)를 제출하여야 한다.

3-4 운임보험(Freight Insurance)

운임보험이란 선박이 해난사고로 인하여 항해를 중단하거나 포기하는 경우에 그 사고가 발생하지 않았다면 취득하였을 운임의 손실을 보상해 주는 보험이다.

운임이란 화물의 운송용구로서 선박을 사용한 것에 대한 보수로서 화주로부터 선주에게 지급되는 금액을 표시하는 용어이나, 해상보험에 있어서는 자기선박에 자기의 화물을 수송함으로써 취득할 수 있는 이익까지도 포함된다. 그러나 보험증권에 따로 명시하지 않는 한, 생동물의 운송이나 갑판적화물의 운송에 대한 금액은 포함하지 않는다.

불환급조건의 선불운임(Freight in advance and non-returnable)에 대한 피보험이익은 화주에게 있으며, 그 운임은 상품가격의 한 구성요소로서 상품가격에 포함되므로 결국 적하보험에서 보상된다고 할 수 있다. 그러나 운임이 목적항에서 지급되는 후불운임(Freight Collect)의 경우에는 운임에 대한 피보험이익이 선주에게 있으므로 선주가 운임보험에 가입함으로써 운임손실의 위험에 대비할 수 있다.

3-5 초과책임보험(Excess Liabilities Insurance)

선박보험에서 선박 가액은 보험기간 중 시장가액의 급격한 변동에 따라, 그리고 국가와 지역에 따라 그 가액이 크게 다를 수 있다. 따라서 보험계약을 체결할 때에 보험자와 피보험자가 선박 가액을 협정하여 보험기간 중에 선박의 정상가격(Sound Value)의 변동에도 불구하고 그 선박의 보험가액으로 인정하여, 협정보험가액을 기준으로 지급할 모든 보험금을 결정한다.

그러나 손해방지비용, 구조비와 공동해손분담금은 선체보험의 협정가액을 기준으로 하지 않고 선박의 정상가액을 기준하여 산정한다. 선체보험의 보험가입금액이 정상가액 이하로 협정되어(선가 인상의 경우 등으로 인해) 일부보험으로 가입된 경우에는 선주 자신이 부담해야 하는 금액이 발생하는데, 선주는 이런 경우를 대비하여 선체보험 가입금액과 정상가액의 예상차액을 초과책임보험에 가입하게 된다.

실무상 초과책임에 대한 선주의 피보험이익과 선박의 증가가액에 대한 전손을 포함하여 ITC-Hulls Disbursements and Increased Value(Total Loss Only, incl. Excess Liability Clause)의 조건으로 선체보험증권에 추가하여 보장한다. 단, 그 보험가입금액은 선체보험증권의 협정보험가액의 25%를 초과할 수 없다.

3-6 계선보험(Port Risk Insurance)

선체보험의 위험은 항해 중의 위험과 계선 중의 위험으로 구분할 수 있다. 계선위험은 항해위험에 비하여 사고발생의 가능성이 현저히 적으므로 선박이 일정항구 또는 일정한 안전해역에서 휴항을 하는 경우에는 특별히 계선보험에 가입하는 것이 일반적이다.

계선보험의 요율은 태풍 등을 이유로 계절적으로 달리 적용될 수 있다.

계선보험은 약관상 충돌배상책임의 보험금은 전액을 보상하며, P&I위험, 즉 선박의 접촉이나 충돌로 인한 부두 등의 손상이나 멸실에 대한 배상책임을 보상한다.

3-7 건조보험(Builder's Risk Insurance)

(1) 건조보험의 의의

선박건조(建造)보험은 선박건조업자의 선박의 건조(재건조, 개조 포함)에서부터 진수, 시운전 및 인도에 이르기까지 이에 따르는 제반 육상위험 및 해상위험을 보장함으로써 건조자의 경제적 손실을 보험자에게 전가시키기 위한 보험이다.

선박의 건조 단계는 크게 철판 절단(Steel Cutting), 용골구성(Keel Laying), 진수(Lauching), 시운전(Sea Trial) 및 인도(Delivery)로 구분할 수 있다. 선박건조보험은 면책위험을 제외한 전 위험을 보장하는 All Risks 보험증권이다.

(2) 건조보험의 보험금액

건조보험의 보험금액은 보험계약 체결 당시 건조가 완공된 때의 선박의 예상가액으로 잠정적인 협정가액이 결정된다. 일반적으로 선주와 계약서에 의거하여 건조보험에 가입하며, 선주 공급물품이 있는 경우 별도의 고지를 통하여 보험금액에 산입한다.

선박의 건조가 완공되면 "Escalation Clause"(물가 또는 가격 변동시 보험가액의 인상을 인정하는 약관조항)에 따라 실제 가액을 산출하여 보험금액을 결정한다. 일반적으로 목적물의 총가액 또는 총건조비의 일정 비율을 가산한 금액 중 큰 것을 보험금액으로 한다.

(3) 건조보험의 보험기간

보험기간은 보험계약체결 당시에 보험증권에 그 시기와 종기가 명시되지만, 일반적으로 피보험목적물이 건조업자에게 인도된 시점부터 위험이 시작되어 선박이 예정건조기일 내에 완공되어 선주에게 인도되면 위험이 종료된다. 만약 증권에 명시된 예정기일 내에 선박의 건조가 완공되지 않으면 추가보험료를 납입하고 보험기간을 연장할 수 있다.

통상 Steel Cutting(철판절단)부터 Keel Laying(용골작업), Launching(진수)에 이어 Delivery(인도시점)까지로 건조기간을 크게 나누어, 일정시점부터 인도시점까지를 보험기간으로 한다.

Keel Laying(용골거치) 시점의 정의는 선박건조기술이 발달함에 따라 용골거치작업(Keel Laying)을 거치지 않고, 선종에 따라 10~15개 메가 블록을 Dock에 올려 용접하는 방식으로 변경되었다(각 블록은 용골을 포함함).

국제해사기구(IMO: International Maritime Organization)의 해상인명안전조약(SOLAS: Safety of Life at Sea 1974)에 의거하여 Keel Laying 단계를 규정하면 다음과 같다.

① 정의: 당해 선박이 건조되기 시작함을 확인할 수 있는 단계
② 선박의 조립이 적어도 전 구조물의 견적중량의 1% 또는 50톤 중에서 적은 쪽의 양만큼 이루어지고 있는 단계
③ 건조된 선박의 의미는 용골이 거치되거나 이와 유사한 건조단계에 있는 선박으로서 모든 선박의 의미는 1986년 7월 1일 이후에 건조된 선박을 말함

한편, 실무적으로 Yard Cover에서 개시시기를 적용하면 다음과 같다.

① Dock내 최초 메가 블록이 놓이는 시점을 Keel Laying 시점으로 간주함.
② Keel Laying 이후 조선소 내에서 이루어지는 작업(블록제작업) 시 발생하는 사고는 보험구간에 있는 것으로 간주함.
③ 조선소 이외의 장소에서 제작되어 운송되는 경우(블록, 장비, 엔진 등)는 조선소(Yard) 내에 도착하여 운송이 완료된 시점부터 건조보험에서 보장함.

(4) 건조보험의 보험료와 요율산정방법

보험계약 체결 시 보험자와 피보험자가 협정한 잠정 보험료를 기준으로, 보험만기일에 확정보험료를 조정한다. 만기일 전에 보험사고가 발생한 경우 잠정보험료만을 지급한다.

런던보험시장의 Joint Hull Construction Risks Committee(JHCRC)에서는 가액(Value)과 기간(Period)을 기준으로 Category(Category A: 주엔진이 없는 선박, B:

Drilling Rigs 등 운항제한의 선박, C: 일반운반선과 냉동운반선 등, D: LPG/ LNG Carrier 등 특정화물운반선) 별로 최소보험료를 설정해 놓고 월별 추가보험료(5일 미만: No A.P, 5-15일: 1/2월, 16일 이상: 1월)를 부과한다. 단, 속도, 시운전, 태풍, 지진 등에 의한 위험은 추가보험료를 납부함으로써 보장한다.

선박의 건조, 진수, 시운전 및 인도에 이르는 과정에서 발생될 수 있는 경제적 손실을 보상하는 건조보험의 요율산정은 일반 선박보험의 요율산정과 동일하게 500톤 미만은 보험개발원에서 500톤 이상은 국내외 재보험자로부터 요율을 구득하여 사용하고 있다.

런던보험시장에서는 선박보험과 같이 로이드보험자협회와 런던보험자협회의 회원들로 구성된 합동건조위험위원회(Joint Construction Risk Committee)가 제정한 합동건조위험협정(JCRA: Joint Construction Risk Agreement)을 선박건조보험요율 산정을 위한 실무지침으로 삼고 있다. 이 협정은 보험가입금액이 미화 500,000달러 이상인 건조보험에 적용되며 요율산정시점을 기준으로 위험 개시일까지 기간이 6개월 이내인 경우만을 그 적용대상으로 한다.

개별 선박건조보험의 경우에는 JCRA에 의하면 선박을 선종별로 구분하여 기본요율(약 0.4%~0.6% 범위)에 1개월 별로 연장요율을 가산하여 산정하고 있다. 통상 Steel Cutting(철판절단)부터 Keel Laying(용골작업), Launching(진수)에 이어 Delivery(인도시점)까지로 건조기간을 크게 나누어 일정시점부터 인도시점까지를 보험기간으로 선택하도록 하는데, 진수에 가까운 공정부터 보험에 가입하는 경우 일정할인율을 적용하고 있다.

Yard Cover는 선박건조자의 건조장(Yard)에서 일정기간 동안 건조할 선박을 일괄적으로 보험에 가입하는 것을 말한다. Yard Cover요율은 건조장의 규모, 건조능력, 관리능력과 과거 부보실적 등을 바탕으로 보험자의 경험에 의해 산출하고 있으며 일정한 요율산정방식은 없다.

(5) 건조보험의 사고처리와 보상범위

건조보험은 기간보험이 아니라 구간보험이므로 건조단계에 따른 계약내용을 확인하여야 한다. 각 선박별 선주별로 보험개시 단계가 다를 수 있으므로 개별 선박별 보험개시 및 종기를 확인하여야 한다.

보험기간 중 발견된 하자부분의 교체, 대체 또는 수선비용과 일체의 보험의 목적에 입힌 멸실 또는 손상의 전위험(all risks)을 보장하며 잠재적인 하자를 포함한다. 그러나 어떠한 경우에도 조악한 용접에 대한 대체비용은 보상하지 않는다.

지진 및 화산폭발위험으로 인한 멸실, 손상, 배상책임비용을 보상하지 않으며, 이는 공동해손, 충돌배상책임, 손해방지에도 적용되는 면책조항이다. 선주의 요구에 의하여 이 면책조항(제 6 조)이 제외되는 경우도 있으므로 사고처리시 반드시 확인하여야 한다.

어떠한 경우에도 보험기간 중에 발생하고 발견된 조악한 설계로 인하여 보험 의 목적에 발생한 멸실 및 손상은 보상하지만, 그로 인한 보험의 목적 자체의 결함은 보상하지 않는다.

건조항구 및 건조항의 250마일 수역 내에서 자력운항(통상 시운전) 중 사고는 보상하지만, 250마일을 초과하거나 건조장 밖에서 예인될 경우의 사고는 면책이다. 이와 관련 사전 고지 후 확정된 추가보험료 납입시 항해구역 확장 및 피예인 사고의 보장이 가능하다.

3-8 전쟁보험(War and Strike Insurance)

모든 선박보험에서는 전쟁위험과 스트라이크위험이 면책되고 있으므로, 선박이 전쟁이나 스트라이크 지역을 항해하여야 하는 경우 이러한 위험으로 인한 선박의 손해를 보장받을 필요가 있다. 이런 위험을 부담하는 특별약관으로서 Institute War & Strikes Clause(Hull-Time)이 있다.

전쟁스트라이크약관상 보험금에는 공제액(deductible)이 적용되지 않고 클레임의 전액이 보험금으로 지급된다.

전쟁보험요율은 과거에는 런던국제보험협회(ILU: International Underwriting Association of London)와 로이즈보험자협회(LUA: Lolyd's Underwriters' Association)가 공동으로 참여하는 합동전쟁위원회(JWC: Joint War Committee)가 제시하는 요율을 전세계에서 공통적으로 적용하였다. 그러나 현재 JWC는 단지 전쟁위험 항해제한구역의 설정(The War Risks Trading Warranties)과 특별약관제정과 같은 업무만을 수행하고 전쟁요율은 각국의 개별 언더라이터들이 독자적으로 산정하고 있다. 전세계 전쟁보험시장은 로이즈를 필두로 한 상업보험시장과 몇몇 상호보험시장으로 나눌 수 있다. 전쟁보험을 취급하는 대표적인 상호보험자들은 다음과 같다.

① 그리스: Hellenic War Mutual Club
② 프랑스: GAREX
③ 영국: British War Club
④ 스웨덴: Swedish War Club
⑤ 노르웨이: Norwegian War Club
⑥ 캐나다: Canada War Club
⑦ 일본: Japanese War Pool

제 4 절 선박보험의 보험조건과 보상범위

선박보험의 보험조건과 보상범위는 보험증권에 첨부된 보험약관 및 병기된 수기문언의 내용에 따라 정해진다. 선박보험에서 가장 정형화된 표준보험약관은 ITC-Hulls(1/10/83)이며, 이를 기초로 앞에서 설명한 선박보험의 종류에 따른 각각의 별도 약관이 사용된다.

실무적으로는 기본적인 약관조항에 따른 보상범위를 그대로 사용하는 경우, 이 약관을 그대로 두고 일부 위험조항만을 수정한 경우, 동일한 위험조항에 따른 전손시만 보상하는 별도 약관을 사용하는 경우의 세 가지가 있다.

4-1 ITC(Institute Time Clauses)

기본약관인 ITC-Hulls, IVC-Hulls, ITC-Hulls(Port Risks)의 위험조항에 따라 전손, 분손의 구분 없이 보상하는 조건이며, ITC-Hulls(1/10/83)약관의 피보험위험(Perils)은 다음과 같다.

(1) 피보험자의 주의의무를 불문한 위험

6.1 이 보험은 다음의 위험으로 인한 보험의 목적의 멸실, 손상을 부담한다.

6.1.1 바다, 강, 호수 또는 기타 항해가능한 수로의 위험

6.1.2 화재, 폭발

6.1.3 선박 외부로부터 침입자에 의한 폭력적인 절도

6.1.4 투하

6.1.5 해적행위

6.1.6 핵장치나 원자로의 고장 또는 사고

6.1.7 항공기나 이와 유사한 물체 또는 그 낙하물, 육상운송용구, 선거 또는 항만시설이나 항만장치와의 접촉

6.1.8 지진, 화산의 분출 또는 낙뢰

(2) 피보험자의 주의의무가 요구되는 위험

6.2 이 보험은 다음의 위험으로 인한 보험의 목적의 멸실, 손상을 부담한다.

6.2.1 적하나 연료의 적재, 양하 또는 이동시의 사고

6.2.2 보일러의 파열, 차축의 파손 또는 기계나 선체의 잠재적 하자

6.2.3 선장, 고급선원, 보통선원 또는 도선사의 과실

6.2.4 수리업자나 용선자가 보험증권상 피보험자가 아닌 경우 수리업자나 용선자의 과실

6.2.5 선장, 고급선원 또는 보통선원의 악행

다만, 그러한 멸실, 손상이 피보험자, 소유자 또는 관리자의 상당한 주의의 결여로 인해 발생하지 않을 것을 조건으로 한다.

6.3 선장이나 고급선원, 보통선원, 또는 도선사가 피보험선박의 지분을 보유한 경우에도 이 제6조에서 의미하는 소유자로 간주되지 않는다.

4-2 FPL(Free from Partial Loss unless etc.)

본 조건은 기본약관(ITC-Hulls, IVC-Hulls, ITC-Hulls(Port Risks))을 그대로 사용하고, 보험증권상 아래와 같은 내용의 특별문언을 삽입하여 사용한다.

"ITC-Hulls-1/10/83 but free of any claim in respect of partial loss of and/or damage to the Vessel unless caused by the Vessel being stranded, sunk, burnt, on fire, or explosion, in collision or in contract with any external object other than water (but including ice) including general average damage."

이 특약의 제목 중 'unless etc.'의 의미는 선박의 좌초(stranding), 침몰(sunking), 화재(burning), 폭발(explosion) 및 충돌(explosion)로 인해 발생된 손해가 아닌 한, 분손에 대하여는 면책이라는 의미이다. 다시 말하자면, 선박의 좌초, 침몰, 화재, 폭발, 충돌(SSBEC) 위험으로 인해 발생한 손해를 제외하고, 타 위험으로 발생한 분손에 대해서는 보험자가 보상하지 않는다는 것이다.

따라서 선박의 좌초, 침몰, 화재, 폭발, 충돌(SSBEC) 위험을 근인으로 발생한 손해에 대해서는 전손을 물론 분손도 보상하며, 이들 특정위험을 제외한 보험약관상 다른 위험으로 인하여 발생한 손해는 분손은 면책이며 전손만 보상한다. ITC-Hulls에서는 악천후(heavy weather)로 인해 발생한 분손(전손 포함)도 보상하지만, 본 FPL조건에서는 악천후로 인한 전손은 보상되나 분손은 보상되지 않는다. 일반적으로 국내에서 가장 많이 사용되는 조건이다.

4-3 TLO SC/SL(Total Loss Only including Salvage, Salvage Charges and Labour)

기간보험에서는 ITC-Hulls, Total Loss Only(including salvage, salvage charges and sue and Labour) 약관을 사용한다. ITC-Hulls(1/10/83)와 유사하며 각 약관의 'loss of or damage to' 가 'total loss(actual or constructive) of'로 표현되어 있다.

이 보험조건에서는 현실전손과 추정전손 및 구조보수, 해난구조료 및 손해방지비용 등의 손해만을 보상하며, 공동해손과 단독해손 및 충돌배상책임손해는 보상하시 않는디. 다만, 원양어선 등에 대하여는 조건을 일부 변형하여 충돌배상책임을 특별히 추가하여 보장하는 경우가 있다. 국내에서는 주로 어선에 많이 사용되는 조건이다.

〈표 1〉 조건별 보상항목 비교표

구 분	전 손	손해방지비용	구조비	공동해손	단독해손	충돌배상책임
TLO SC & SL	○	○	○	×	×	×
FPL UNLESS ET	○	○	○	○	△	○
ITC-HULLS	○	○	○	○	○	○

※ △: 좌초, 침몰, 화재, 선박이나 외부물체와 충돌, 접촉으로 인한 단독해손만을 보상함.

제 5 절 선박보험계약당사자

5-1 보 험 자

영법에서 보험계약당사자는 보험자와 피보험자이다. 이 점에서 피보험자 이외에 별도의 보험계약자와 보험수익자의 개념을 사용하고 있는 우리 상법과 다르다.[3)] 보험자(insurer)는 타인에게 손해 보상할 것을 약속하는 당사자를 말하고, 언더라이터(underwriter)라고도 부른다.[4)] 즉 보험자는 보험사업을 영위하는 자로서 피보험자가 지불한 보험료에 대한 대가로 보험사고(해상위험)로 인한 손해보상을 약속한 자를 말한다.

보험자는 보험사고 발생시 보험금의 지급의무를 부담한다. 해상보험에서 보험자가 될 수 있는 자는 ① 주식회사, ② 상호회사, ③ 개인보험업자(로이즈 언더라이터), ④ 선주책임상호조합(P&I Club) 등이 있다.

3) 우리 상법에서는 계약당사자로서 보험자와 보험계약을 체결하는 자를 보험계약자(policy-holder)라 하고, 보험계약 체결시 고지의무와 보험료지급의무 등을 부담한다. 보험수익자(beneficiary)는 보험금 청구권을 가지는 자로서 보험금을 수령할 권리가 있는 자를 말한다.
4) 언더라이터라는 말은 보험증권 또는 슬립 아래에 보험자가 서명한 데서 유래하고 있다.

5-2 보험계약자와 피보험자

우리 상법상 보험계약자는 보험계약의 당사자로서 보험회사에 대하여 각종 의무, 즉 보험료지급의무, 고지의무, 위험의 변경에 대한 통지의무, 손해방지의무, 손해의 증명의무를 부담하는 주체이다. 선박보험에 있어서 선박을 실제로 운항·관리하는 주체로서 선박소유자, 선박관리계약에 의한 선박관리자, 나용선계약에 의한 나용선자 등이 선박보험계약자가 된다.

손해보상을 받는 당사자를 피보험자(insured, assured)라고 부른다. 피보험자는 피보험이익의 주체로서 보험사고가 발생하는 경우 보험자로부터 손해보상을 받을 수 있는 자, 즉 보험계약에 의해 보호받는 자를 말한다.

피보험이익(insured interest)이란 해난사고가 발생하여 선박이 멸실 또는 손상을 입는 경우에 잃게 되는 이익, 즉 손해를 입는 이해관계를 말한다. 이러한 피보험이익을 갖는 자가 피보험자가 되며, 보통 선박의 소유자가 피보험자가 된다.

영법에서는 보험계약자와 보험수익자의 개념을 사용하지 않고 피보험자의 개념만을 사용하고 있다. 피보험자를 위해 보험중개사가 보험계약을 체결하는 경우와 같이 피보험자가 아닌 제 3 자가 보험자와 보험계약을 체결하는 경우, 영법에서는 제 3 자에게 보험계약자의 지위를 부여하지 않고 피보험자의 대리인(agent of the assured)으로서 지위를 부여하고 있다. 영법상 피보험자는 보험계약자와 보험수익자를 모두 포함하는 개념이다.[5)]

예외적으로 피보험자가 아닌 제 3 자가 보험수익자가 되는 경우는 피보험자가 자기를 대신하여 자기의 채권자 등 제 3 자를 보험금수취인으로 지정하는 경우이다. 선박보험증권에는 통상적으로 보험금수취인약관(Loss Payable Clause 또는 Loss Payee Clause)이 첨부되는데, 이 약관은 피보험자인 선주가 선박을 담보로 대출을 받은 경우 선박의 전손시 담보물의 멸실에 대비하여 피보험자가 아닌 담보권자 또는 채권자에게 전손보험금을 지급할 것을 규정하고 있다.

---

5) 피보험자의 대리인자격도 없고, 피보험이익을 갖지 않은 자가 타인을 대신해 보험계약을 체결하거나 보험금을 수령한다는 자체가 손해보상계약에서는 있을 수 없는 일이므로, 피보험자가 곧 보험계약자이며 보험수익자라고 할 수 있다.

제 6 절 선박보험계약의 보험기간

6-1 보험기간과 선박보험증권의 종류

보험기간이란 보험회사가 보험증권에서 정한 위험으로 인하여 발생한 손해에 대하여 책임지는 기간, 즉 보험회사의 책임이 개시하여 종료되는 때까지를 말한다. 위험기간 또는 책임기간이라고도 한다.

선박보험증권은 보험기간을 기준으로 기간보험증권, 항해보험증권, 혼합보험증권으로 구분된다. 기간보험증권(time policy)은 일정기간(보통 1년)을 기준으로 하며 대부분의 선박보험은 이 기간보험에 해당한다. 특정항해 중의 위험을 보장하는 것을 항해보험증권(voyage policy)이라 하며, 이 경우 보험회사의 책임은 출발항에서 도착항까지 한 항차에 한정된다. 주로 해체목적의 항해나 선박 도입시에 사용된다. 혼합보험증권(mixed policy)은 동일한 하나의 보험증권에 항해와 기간에 대한 계약을 포함한 보험증권이다.

6-2 기간보험증권의 보험기간

(1) 기간보험증권의 위험개시와 종기

보험의 목적이 일정한 기간동안 가입된 보험계약의 보험증권을 기간보험증권이라고 부른다(MIA 제25조 1항). 즉 기간보험증권은 보험기간, 즉 보험자의 책임기간의 시기(始期)와 종기를 시간상의 일정 기간으로 표시한 보험증권이다. 여기에서 "일정"(definite)이란 말은 그 기간이 반드시 명기되어야 한다는 것을 의미한다. 선박보험은 특별한 경우를 제외하고 대부분 12개월을 보험기간으로 하는 기간보험증권을 사용한다.

기간보험증권은 일반적으로 위험의 시기와 종기의 특정 일시를 기재한다. 선박이 "From 12 noon on 1 May 2008 to 12 noon on 1 May 2009"의 보험기간으로 가입된 보험증권에서 위험은 정상적으로는 2008년 5월 1일 12시 정오에 종료된다.

특정 시간에 대한 약정이 없는 경우에는 기재된 특정일의 자정에 시작하여 자정에 종료되는 것으로 간주된다. 그러나 실제 선박보험증권에는 ITC, Hulls의 제 2 조 "계속조항"(continuation clause)에서 "이 보험의 만기시에 선박이 항해중이거나 조난중이거나, 또는 피난항 또는 기항항에 있을 때는 보험자에게 사전 통지를 한 경우에 한해 월할(月割) 보험료로써 선박은 목적항에 도착할 때까지 계속 보장된다"고 규정하고 있다.

(2) 위험의 개시 또는 종료시간의 적용문제

위험이 개시하고 종료되는 날짜의 시간은 거의 대부분이 보험계약이 체결되는 국가의 시간으로 표시되고, 섬머타임법(Summer Time Act)이 있는 경우에는 그 적용을 받는다. 보험증권에 시간대(time zone)를 특별히 규정하지 않으면, 그 시간은 그린위치 표준시(G.M.T.: Greenwich Mean Time)를 의미한다.

만약 보험증권이 영국에서 발행되는 경우에는, 1972년 섬머타임법(Summer Time Act 1972)이 실시되는 기간을 제외하고, 그린위치표준시가 적용된다. 영국에서 섬머타임의 기간 중 일반적인 목적을 위한 시간은 그린위치표준시보다 1시간이 빠르다.

시간에 관한 특별한 규정이 없이 체결된 보험증권에서 선박의 시간과 보험증권을 발행한 국가의 시간이 다른 경우에는 후자의 시간에 따른다. 예를 들어 어떤 선박이 시간에 관한 특별한 규정이 없이 12월 31일의 자정까지를 보험기간으로 A회사와 런던에서 보험에 가입하고, B회사와는 1월 1일 자정부터 시작되는 보험에 가입하였다고 가정하자. 선박의 시간으로 12월 31일 오후 10시에 선박이 뉴욕항 앞바다에서 침몰하였다. 런던의 시간(1월 1일 오전 3시)에 따르면 A의 보험계약은 종료되고, 위험은 B의 보험계약에 해당된다. 따라서 B회사가 이 손해를 보상한다.

(3) 보험약관상 위험의 종료

선박보험증권에는 "종료조항"(termination clause)을 포함하고 있다. ITC (Hulls) 제 4 조는 보험증권상 기재된 보험기간 이전이라도 자동 종료되는 경우로서 ① 선박의 선급협회의 변경, ② 선박의 선급의 변경, ③ 선박의 소유권의 변경, ④ 선박의 국적의 변경, ⑤ 새로운 선박관리인에의 선박의 이전, ⑥ 나

용선계약, ⑦ 선박의 소유권귀속이나 사용을 위한 징발 등으로 규정하고 있다.

6-3 항해보험증권

보험계약이 보험의 목적(선박)을 어느 장소'에서부터'(at and from) 또는 어느 장소로부터(from) 다른 1개 장소나 수개의 장소까지(to) 보험인수하는 경우, 그 보험증권을 '항해보험증권'(voyage policy)이라고 부른다(MIA 제25조 1항). 즉 보험기간이 특정한 항해, 즉 지리적인 특정 한계로 표시된 보험증권이다.

이에 따라 선박은 "at and from Pusan to New York" 또는 "from New York to Pusan" 등으로 보험에 가입할 수 있다.[6)]

(1) "로부터"(from)

항해가 예를 들어 "from Pusan to New York"으로 보험증권에 기재되어 있는 경우에, "로부터"(from)라는 말은 선박이 부산으로부터 출항한 후의 위험만을 포함한다. MIA 제 1 부칙 RCP(보험증권의 해석에 관한 규칙) 제 2 조는 "보험의 목적이 특정 장소"로부터"(from) 보험에 가입되는 경우에는, 선박이 피보험항해를 출항할 때에 위험이 개시한다"고 정의하고 있다.

(2) "에서부터"(at and from)

선박이 특정 장소"에서부터"(at and from) 보험에 가입되고, 계약이 성립할 때 안전하게 그 장소에 있는 경우에는, 위험은 즉시 개시한다(RCP 제 3 조 (a)항). "에서부터"(at and from)라는 말은 선박이 충분히 안전한 상태로(in good safety) 있을 것을 조건으로 보험증권에 명기된 항구에 있는 동안의 위험도 부담한다.

선박이 계약성립시 그곳에 충분히 안전한 상태에 있는 경우, 실제 출항하지 않고 선적대기 중에 있는 경우에도 위험이 즉시 개시됨을 의미한다. 선박이 충분히 안전한 상태로 있지 않으면, "멸실 여부를 불문한다"(lost or not)는

---

6) 해상에서 특정일자에 개시하여 특정한 목적지까지 항해의 후반부분만을 부담하는 보험증권도 항해보험증권이다.

소급보험으로 체결되는 경우를 제외하고, 위험은 개시하지 않는다.

그러나 "at and from"의 조건으로 가입되는 피보험선박이 보험계약이 체결될 때 반드시 위험이 개시하는 그 장소에 있어야 할 필요는 없고, 선박이 안전하게 그 장소에 도착하는 즉시 위험은 개시한다. 계약이 성립할 때 선박이 그 장소에 없는 경우에는, 위험은 선박이 안전하게 그 곳에 도착하는 순간에 개시하고, 보험증권에 별도로 규정하지 않는 한, 선박이 도착 후 일정 기간 동안 다른 보험증권에 의해 부담되는 것은 중요하지 아니하다(MIA의 RCP 제 3 조 (b)항).

"at and from"의 조건으로 가입되는 선박이 충분히 안전하게 정박할 수 없을 정도의 상태로 보험증권에 명기된 항구에 도착한 경우에는, 선박이 항해를 위해 수리가 완료될 때까지 위험은 개시하지 않는다.

(3) 출항항의 변경

출항장소가 보험증권에 명기되어 있는 경우, 선박이 그 장소에서 출항하는 대신에 어떤 다른 장소에서 출항하는 때에는, 위험은 개시하지 아니한다(MIA 제43조).

선박이 출발장소에서 출항하지 않는 한, 위험이 개시하지 않는다. "from Inchun to New York"의 항해에 대해 가입된 선박이 Pusan에서 출항하였다면, 위험은 개시하지 않을 것이다. 그것은 전적으로 상이한 위험이기 때문이다.

그러나 현대의 보험증권에는 "any port in the Korea or the United States of America"로부터 개시된다는 문구가 삽입되고 있기 때문에, 피보험선박이 반드시 특정 항구로부터 출항해야 할 책임은 없다.

(4) 상이한 목적지를 향한 출항

목적지가 보험증권에 명기되어 있는 경우, 선박이 그 목적지를 향하여 출항하는 대신에 어떠한 다른 목적지를 향하여 출항하는 때에는, 위험은 개시하지 아니한다(MIA 제44조).

보험증권에 기재된 목적지가 아닌 다른 목적지를 향하여 출발항을 출항한 항해는 피보험항해가 아니므로 보험계약상 위험은 개시하지 아니하며, 항해의 변경을 인정하는 약관도 적용되지 않는다. 따라서 그러한 항해 중 손해에 대하여는 보험자가 보상책임이 없다.

(5) 위험의 종기에 관한 명시규정

보험기간은 보험증권에 명시된 목적지의 항구 또는 장소에서 종료되는데, 종료시기는 보험증권의 형태 또는 조건에 따라 다르다. 새로운 MAR양식 보험증권의 경우 명세서란에 종료시기가 명시되고, 아무 것도 명시되지 않은 경우 선박의 도착 시 위험이 종료하고, 도착 후에는 부담하지 아니한다. 또한 선박항해보험증권에는 아무런 기한(time limit)이 적용되지 않으므로 위험의 변동이 없으면, 선박이 보험증권에 명기된 목적지에 도착할 때까지 보험보장은 무기한으로 계속된다.

보험증권상 보험기간은 최종(final) 양하항 또는 마지막(last) 양하항 등 명시규정에 의해 확장될 수 있다. 마지막 양하항이란 원래 의도했던 마지막 양하항은 물론 이용할 수 있는 마지막 양하항을 말한다. 보험기간은 관습에 의해서 확장될 수 있고, 보험증권에 배서된 새로운 약정에 의해서도 확장될 수 있다.

계선위험보험증권(port risk policy)에서는 선박이 항해준비를 마친 후 선박의 항해를 개시하기 위하여 선박의 계선소를 떠나는 순간에 위험은 종료한다.

(6) 운임에 관한 항해보험증권

“운임”(freight)이란 말은 선하증권에 의해 지불되는 운임은 물론 용선료 및 선주가 자기 자신의 화물운송으로 파생되는 이익을 포함한다. 용선료(chartered freight)에 관한 항해보험증권에서 위험개시에 대해 RCP 제 3 조 (c)항은 “용선료가 특정 장소‘에서부터’(at and from) 보험에 가입되어 있고, 계약이 성립할 때 선박이 충분히 안전하게 그 장소에 있는 경우에는, 위험은 즉시 개시한다. 계약이 성립할 때 선박이 그곳에 없는 경우에는, 위험은 선박이 충분히 안전하게 그곳에 도착하는 순간에 개시한다”고 규정하고 있다.

용선료가 아닌 통상운임에 관하여는 RCP 제 3 조 (d)항에서 “용선료 이외의 운임이 특별한 조건 없이 지불되고, 특정 장소'에서부터'(at and from) 보험에 가입되어 있는 경우, 위험은 화물이나 상품이 선적되는 비율에 따라 개시한다. 단, 선주에게 속하는 적하 또는 기타 어떤 자가 선적하기로 선주와 계약한 적하가 그곳에서 선적 준비되어 있는 경우, 위험은 선박이 그러한 적하를 수취할 준비가 완료되면 지체 없이 개시한다"고 규정하고 있다.

"특별한 조건 없이"란 말의 목적은 선불운임이나 비례운임 또는 특별한 조건에 의해 지불되는 기타 운임을 제외하기 위한 것이다. 운임보험증권에서 위험이 개시하는 시간은 보험증권의 명시적인 조건(용어)에 의해 다양하게 약정할 수 있다. 통상적으로 운임에 대한 위험은 화물에 대한 위험과 동시에 종료한다. 용선료의 경우에는 보험계약의 조건으로 위험의 종료 시기를 한정하기도 한다.

6-4 혼합보험증권

항해와 기간 모두를 위한 계약이 동일한 보험증권에 포함될 수 있다(MIA 제25조 1항). 즉 혼합보험증권(mixed policy)은 동일한 하나의 보험증권에 항해와 기간에 대한 계약을 포함한 보험증권이다.

이에 따라 선박이 "London으로부터 Pusan까지 6개월 동안" 또는 "Pusan으로부터 New York까지 및 도착 후 30일 동안" 보험에 가입할 수 있다.

제 7 절 선박보험계약의 담보와 협회담보

7-1 담보와 담보위반

담보는 약속담보(promissory warranty)로서 ① 특정사항이 행해지거나 행하여지지 않을 것, 또는 ② 어떤 조건이 충족될 것을 피보험자가 약속하는 담보, 또는 ③ 피보험자가 특정한 사실상태의 존재를 긍정하거나 부정하는 담보를 말한다.[7] 담보는 보험증권에 기재되는 명시담보(express warranty)와 보험증권에 기재되지는 않지만 법률에 의해 포함되는 것으로 묵시되는 묵시담보(implied warranty)가 있다.

담보는 그것이 위험에 대하여 중요한 것이든 아니든, 아무리 사소한 것이라 할지라도 정확하게 충족되어야 한다. 정확히 충족되지 않으면 영법상 "담보위반이 허용되는 경우"와 "보험증권에 명시규정이 있는 경우"를 제외하고, 보험자는 담보위반일로부터 그 책임이 해제된다.

담보의 위반이 있는 경우 피보험자는 손해발생 전에 그 위반이 제거되고 담보가 충족되었다고 항변할 수 없다. 그러나 담보위반일 전의 보험자의 책임에는 영향을 미치지 않는다. 담보위반은 계약의 무효가 아니고, 위반일부터 보험자의 모든 책임이 해제되기 때문이다.

영법상 담보위반이 허용되는 경우는 ① 사정의 변경으로 담보가 불필요하게 된 경우, ② 담보의 충족이 그 후의 법률에 위반이 되는 경우, ③ 보험자가 담보위반의 권리를 포기하는 경우이다(MIA 제34조).

따라서 보험자는 보험증권 규정에 의해 일정한 요건 충족을 조건으로 담보위반의 권리를 포기하고, 계속부담(held covered)하기로 합의할 수 있다. 이와 같은 보험계약규정이 ITC(1983)의 제 3 조 담보위반조항(Breach of Warranty)이다.

7-2 항해구역(Trading Limit)과 협회담보(Institute Warranties)

항해구역(Trading Limit)이란 해당 선박이 보험증권상 항해할 수 있는 구역을 말한다. 선박별로 운항하는 구역이 정해져 있으므로 보험계약 체결 시 항해구역을 통지하여 항해구역이 정해지면 보험자의 별도 승인이 없는 한 해당 항해구역을 벗어나 운항할 수 없다.

Institute Warranties는 영국 협회선박보험증권에 첨부되는 약관으로 항해제한구역을 명시하며 그 내용은 아래와 같다.

7) MIA 제33조 1항.

(1) 협회담보(Institute Warranties)의 취지와 구성

협회담보는 선박보험증권에 가장 자주 사용되는 중요한 항로제한약관으로 우리나라에서는 항로정한약관으로 부른다. 이 특별약관은 피보험자가 보험료의 감액의 대가로 항로의 제한을 인정하는 경우에 기간보험증권이나 항해보험증권에 첨부하여 이용하는 약관이다.

이 특별약관의 항해상의 제한은 대부분 항해구역의 제한이며, 경우에 따라 1년 중 항해가 제한되는 기간이 명시되어 있다. 이 협회담보는 피보험선박의 특정기간 중 또는 특정해역의 출입이나 항해를 금지하고, 특정기간 중 인도석탄을 적재한 선박의 특정해역의 항해를 금지하고 있다. 현재 사용되는 협회담보(Institute Warranties)는 총 6개 조항으로 구성되어 있으며, 실무상 6개 조항별로 다음과 같은 명칭을 부여하고 있다. 즉 ① 북미담보(North American warranty), ② 발틱해담보(Baltic warranty), ③ 북극담보(Arctic warranty), ④ 베링해담보(Behring Sea warranty), ⑤ 남극담보(Antarctic warranty), ⑥ 인도석탄담보(Indian Coal warranty)로 구성되어 있다.

이러한 담보 중 일부의 위반이 상기 담보위반조항에 규정한 조건의 충족으로 계속 부담된다. 즉 피보험자가 담보위반을 알게 되는 즉시 보험자에게 지체 없이 통지하고 추가보험료의 지불과 필요한 경우 보험조건의 변경에 합의함으로써 계속 부담된다.

실무상으로 표준화된 상황의 변동에 따라 추가보험료의 범위(scale)가 정해져 있다. 특정해역을 항해하도록 담보위반을 허용하는 경우에는 선박이 특수 항행장치를 설비하도록 요구하고 있으며, 반드시 특정일 이전에 제한구역을 떠나야 한다는 조건을 첨가하기도 하고, 선박이 특정일 이전에는 제한구역을 들어가서는 안 된다는 조건을 첨가하는 경우도 있다. 보험자는 얼음과 안개의 위험에 특별한 관심을 가지고 있고, 그러한 관심이 담보에 반영되고 있다.

아래에서 협회담보의 항목별 담보와 특별한 위험 등을 살펴보기로 한다.

(2) 북미담보(North American warranty)

제 1 조 북미담보에서는 다음 수역을 항해하지 않을 것을 담보로 한다.

1) 북미 대서양 연안, 그 하천 또는 인근 섬

가. 북위 52도 10분의 북쪽 및 서경 50도의 서쪽 　　북위 52도 10분 북쪽의 입항은 특정일까지만 허용되고, 선박은 특정일까지는 떠나야 한다. 이 수역은 캐나다와 Newfoundland의 동북쪽에 위치한 수역이다. 이 수역의 기후는 5월부터 9월까지 안개 및 봄부터 가을까지 유빙(drifting ice)의 위험이 있다.

나. 12월 21일부터 4월 30일(兩日 포함)까지 Battle Harbour와 Pistolet Bay, Cape Ray/Cape North, Port Hawkesbury/Port Mulgrave 및 Bale Comeau/Matane 사이에 각각 그어진 경계선 안쪽의 수역에서 북위 52 도10분의 남쪽 　　선박이 서경 50도를 벗어난 수역을 항해하기 위해서는 담보위반에 대해 추가보험료를 지불하여야 하지만, 여기서 언급된 4개의 모든 경계선 안쪽의 수역에서 항해하는 것은 오직 5월 1일부터 12월 20일까지만 허용된다. 이 수역의 기후는 5월부터 9월까지의 안개 및 봄부터 가을까지는 유빙의 위험이 있다.

다. 12월 1일과 다음 해 4월 30일 사이(兩日 포함)에 Baie Comeau/Matane의 서쪽(Monytreal 서쪽은 제외) 　　선박이 5월 1일부터 12월 20일 사이에 해당 수역에서 항해하려면, Montreal에서 멀리 떨어진 서쪽으로 항해할 수 있다. 그러나 12월 1일부터는 선박이 Baie Comeau/Matane의 서쪽으로 항해하여서는 안 된다.

2) Montreal 서쪽의 Great Lakes(5대호) 또는 St. Lawrence Seaway

기간의 제한 없이 1년 내내 출입해서는 안 된다. 봄부터 가을까지 안개와 유빙의 위험이 있다.

3) Greenland 수역

이 수역은 협회담보의 (a-i)와 세 번째 북극담보를 적용한 후 남은 Greenland의 일부는 일년중 담보에 의해 항해가 금지된다. 기후는 11월부터 다음해 3월까지 폭풍우와 대부분, 특히 봄부터 가을까지 안개와 유빙의 위험이 있다.

4) 북위 54도 30분의 북쪽 또는 서경 130도 50분 서쪽의 북미태평양 연안과 그 하천 및 인근 섬

북위 50도 30분 북쪽의 강과 섬들의 출입을 금지하는 한편, 이 위도 남쪽

에 많은 섬들이 있어서 보험자는 Queen Charltte Islands를 포함하여 그 섬들의 출입을 제외시키기 위해 서경으로 다시 제한하고 있다. 9월부터 3월까지 폭풍의 위험이 있다.

(3) 발틱해담보(Baltic warranty)

제 2 조 발틱해담보에서는 동경 15도 동쪽 발틱해 또는 인근수역을 항해하지 않을 것을 담보로 한다.

(a) 12월 10일과 다음해 5월 25일 사이(양일 포함)에 Mo(북위 63도 24분)와 Vasa(북위 63도 6분) 사이에 그어진 경계선의 북쪽
(b) 12월 15일과 다음해 5월 15일 사이(양일 포함)에 Viipuri(Vyborg)(동경 28도 47분)와 Narva(동경 28도 12분) 사이에 그어진 경계선의 동쪽
(c) 1월 8일과 5월 5일 사이(양일 포함)에 Stockholm(북위 59도 20분)과 Tallinn(북위 59도 24분) 사이에 그어진 경계선의 북쪽
(d) 12월 28일과 다음해 5월 5일 사이(양일 포함)에 동경 22도 동쪽과 북위 59도 서쪽

기후는 북부 발틱해가 10월부터 다음해 3월까지 폭풍과 안개, 남부 발틱해는 봄과 가을 및 겨울에 안개의 위험이 있다. 그리고 발틱해 전체가 담보일자의 전후에 유빙의 위험이 있다.

한편, 발틱해 중에서 Stockholm(북위 59도 20분)과 Tallinn(북위 59도 24분) 사이에 그어진 경계선의 남쪽은 12월 28일과 다음해 5월 5일 사이(양일 포함)에 동경 22도 동쪽과 북위 59도 서쪽에 해당되는 일부만을 제외하고 일년중 항해가 자유롭게 허용된다.

(4) 북극담보(Arctic warranty)

제 3 조 북극담보는 "노르웨이 또는 Kola Bay를 직통으로 출입하는 항해를 제외하고, 북위 70도 북쪽의 항해를 금지할 것을 담보로 한다"고 규정하고 있다.

이 수역은 노르웨이와 러시아의 북쪽 Barents Sea가 해당되는데, 기후는 9

월부터 다음해 5월까지 폭풍, 6월부터 9월까지 안개, 봄부터 가을까지 유빙, 일년 내내 눈보라(snow storms)의 위험이 있다.

(5) 베링해담보(Behring Sea warranty)

제 4 조 베링해담보는 "베링해와 북위 46도 북쪽의 동아시아를 금지하고, Nakhodka 또는 Vladivostock을 제외한 시베리아에 있는 모든 항구나 장소의 출입을 금지할 것을 담보로 한다"고 규정하고 있다.

베링해는 알라스카 남쪽의 바다로서 Bakalin Islands의 북쪽으로부터 Kamchatka반도가 이에 포함된다. 날씨는 9월부터 3월까지 폭풍, 늦가을부터 겨울, 초봄까지 눈보라와 유빙의 위험이 있다.

북위 46도 북쪽의 동아시아 수역은 Nakhodka와 Vladivostock 및 일본의 Hokkaido의 북쪽의 수역으로서 러시아의 Sakhalin Islands가 포함되는 수역이다. 5월부터 다음해 1월까지 태풍의 위험이 있고, 특히 1월부터 8월까지는 안개의 위험이 있다.

(6) 남극담보(Antarctic warranty)

제 5 조 남극담보는 "Patagonia나 Chile 또는 Falkland Islands에 있는 항구나 장소로 가는 경우를 제외하고, Kerguelen이나 Croset Islands 또는 남위 50도 남쪽으로 항행하지 않을 것을 담보로 한다. 그러나 이 협회담보에서 금지하고 있지 않는 항구나 장소로 출입하는 항로인 경우에는 남위 50도 남쪽의 수역을 통과할 자유재량권이 부여된다"고 규정하고 있다.

Patagonia와 Chile 및 Falkland Islands는 남미의 남쪽에 있고, Kerguelen과 Croset Islands는 아프리카와 호주 사이의 인도양에 소재하고 있다. 결국 항해가 금지되는 수역은 이와 같은 지역의 남쪽에 해당된다. 기후는 일년 중 폭풍과 눈보라 및 유빙의 위험이 있다.

(7) 인도석탄담보(Indian Coal warranty)

제 6 조 인도석탄담보는 "인도석탄을 적하로 선적하고 다음과 같이 항해하지 않을 것을 담보로 한다. (a) 3월 1일과 6월 30일 사이(양일 포함), (b) 7월 1일

과 9월 30일 사이(양일 포함), 단 Aden의 서쪽 또는 Singapore의 동쪽이나 Singapore를 우회하는 경우가 아닌, 아시아의 제 항구는 제외된다"고 규정하고 있다.

기후는 6월부터 8월까지 몬슨(monsoons),[8] 봄부터 가을까지 인도양방면에서 발생하는 열대성 저기압으로서 대폭풍을 의미하는 사이클론(cyclones) 위험이 있다. 다습한 상태에서 석탄의 자연발화 위험이 높기 때문에 금지되는 담보이다.

인도석탄은 10월 1일부터 다음해 2월 28일 사이에 적하로서 운송될 수 있다. 다만, 7월 1일부터 9월 30일까지는 Aden의 서쪽 또는 Singapore의 동쪽, 즉 아라비아해와 인도양을 제외하고 인도석탄이 적하로서 운송될 수 있다. 그러나 3월부터 6월까지의 뜨겁고 다습한 열대성 저기압의 기간 중에는 인도석탄이 적하로서 운송되어서는 안 된다.

7-3 기타 항해구역의 기준

"선박안전법시행령" 상의 항해지역 기준은 다음과 같다.

① 평수구역: 호수, 하천 및 항내(港內)의 수역(항만법에 의하여 항만의 구역이 지정된 항만에 있어서는 그 구역)
② 연해구역: 한반도와 제주도의 해안으로부터 20마일 이내의 수역
③ 근해구역: 동은 동경 175°, 서는 서경 94°, 남은 남위 11°, 북은 북위 63° (일본, 중국, 동남아)
④ 원양구역: 모든 수역

해상보험 요율서의 국내 연안은 "선박안전법시행령"의 「연해구역」을 의미하며, 근해는 일본 연안을 포함한다. 요율서상 항해지역은 "선박안전법시행령"의 제 9 조(항해구역)에 바탕을 두고 있으며 국내연안이라 함은 북한 지역을 포함한 한반도를 의미하는 것으로 해석된다.

---

8) 몬순이란 인도양과 남아시아 지방의 계절풍으로서, 겨울철에는 매우 건조하고 여름철에는 매우 습한 계절풍을 말한다.

〈표 1-1〉 Korean Re의 항해구역 구분

항해구역	기호	범 위
1. Costal Water of Korea	A	국내 연안 (아래의 제선을 연결함으로써 조성되는 경계선 안의 해안) 1. 함경북도 두만강으로부터 북위 42도 15분 동경 130도 45분의 점에 이르는 선 2. 북위 42도 15분 동경 130도 45분으로의 점으로부터 북위 38도 동경 132도 50분의 점에 이르는 선 3. 북위 38도 동경 132도 50분의 점으로부터 북위 35도 30분 동경 131도의 점에 이르는 선 4. 북위 35도 30분 동경 131도의 점으로부터 북위 34도 40분 동경 129도 10분의 점에 이르는 선 5. 북위 34도 40분 동경 129도 10분의 점으로부터 북위 32도 동경 127도의 점에 이르는 선 6. 북위 32도 동경 127도의 점으로부터 북위 32도 동경 125도의 점에 이르는 선 7. 북위 32도 동경 124도의 점으로부터 북위 39도 45분 동경 124도의 점에 이르는 선 8. 북위 39도 45분 동경 124도의 점으로부터 평안북도 압록강 어귀에 이르는 선
2. Korea/Japan/ China within I.W.	B	국내연안, 일본연안 및 중국연안 동은 동경 146도 이서, 서는 중국대륙 이동 및 동국의 수로, 남은 북위 21도 이북, 북은 북위 46도 이남. 단, 사할린 섬 및 시베리아 연안은 제외(블라디보스톡 및 나호드카 제외)
3. Korea/ S.E.Asia within I.W.	C	국내연안, 일본연안 및 중국연안, 동남아수역 동은 동경 150도 이서, 서는 동경 90도 이동, 남은 남위 10도 이북, 북은 46도 이남. 단, 사할린 섬 및 시베리아 연안은 제외(블라디보스톡 및 나호드카 제외)
4-1. Pacific Ocean within I.W.	D-1	국내연안, 일본연안 및 중국연안, 동남아수역, 태평양 동은 남, 북미 대륙 서안의 이서(북위 54도 30분 이북의 알라스카 연안 제외), 서는 동경 90도 이동, 남은 남위 50도 이북, 북은 북위 46도 이남. 단, 사할린 섬 및 시베리아 연안은 제외(블라디보스톡 및 나호드카 제외)

4-2 Indian Ocean within I.W.	D-2	국내연안, 일본연안 및 중국연안, 동남아수역, 인도양 동은 동경 150도 이서, 서는 동경 18도 22분(Cape Town)이동, 남은 남위 50도 이북, 북은 아시아대륙 이남(홍해 및 페르시아만 포함)
4-3 Atlantic Ocean within I.W.	D-3	국내연안, 일본연안 및 중국연안, 동남아수역, 인도양 또는 태평양, 대서양 A, B, C, D-1, D-2 항해구역에 추가하여 다음의 대서양수역 포함: 동은 유럽 및 아프리카 연안 이서(지중해 포함), 서는 남미, 북미대륙 동안, 남은 남위 50도 이남, 북은 아래 지역을 연결하는 선의 이남 - 북위 152도 10분 이북과 서경 50도 이서 - Greenland 연안(250마일까지) - 북위 70도 이북, 단 노르웨이 및 Kola Bay로부터 항해 제외
5. World Wide within I.W.	E	전세계지역(Institute Warranty에서 제외지역은 제외

제 8 절 선박보험계약의 피보험이익

8-1 MIA에서 보험의 목적과 선박의 정의

(1) 보험의 목적의 정의

보험의 목적(subject-matter insured)은 보험사고의 대상, 즉 피보험자의 피보험이익이 직면하게 되는 위험에 노출된 대상 또는 객체를 말한다. 해상보험에서는 선박(ship), 화물(good) 및 기타 동산(other moveables)이 보험의 목적에 해당되며, MIA에서는 이를 피보험재산(insurable property)이라고 한다.

선박보험증권에서 보험의 목적은 "선체와 기계"(hull and machinery)이고, 적하보험에서는 "화물"(goods), 운임보험에서는 "운임"이다. 이외에도 급료, 화주에 대한 선주의 배상책임, 대출금, 전도금 및 선비(船費) 등이 있다.

(2) 선　　박

영법상 선박(ship)이란 선체, 자재와 의장구, 고급선원과 보통선원을 위한 소모품과 식료품, 선원급료의 전도금(前渡金)과 기타 선비(船費), 특수무역에 종사하는 선박의 경우에는 그 무역에 필요한 통상적인 의장, 기선의 경우에는 기계와 보일러 및 피보험자가 소유한 경우의 석탄과 엔진소모품을 포함한다.

(3) 운　　임

운임(freight)이란 말은 제 3 자에 의해 지불되는 운임은 물론, 선주가 자신의 화물이나 동산을 운송하기 위해 자기의 선박을 사용함으로써 파생되는 수익을 포함한다. 그러나 운임에 승객운임은 포함하지 아니한다.

해상보험에서 운임이란 말은 다음의 세 가지 의미, 즉 ① 통상운임, ② 용선료 및 ③ 선주교역운임 등으로 사용되고 있다. 통상운임(ordinary freight)이란 선주 또는 용선자의 선박으로 인도항구까지 화물을 운송하기 위해 선주에게 지불되는 보수를 의미하고, 선하증권운임이라고 부른다.

용선료(chartered freight)는 어떤 항해 또는 일정 기간에 대하여 선박 전체의 사용을 위해 용선자가 선주에게 지불하는 보수를 의미한다. 선주교역운임(owner's trading freight)이란 선주 자신의 선박으로 운송되는 선주 자신의 화물의 가격에 추가되는 운임으로서 선주가 운송가격으로 인도항에서 부과하는 운임을 의미한다.

(4) 화물과 동산

화물(goods)이란 말은 상품의 성질을 가진 화물을 의미하고, 개인의 소지품이나 선상에서 사용하기 위한 식료품과 소모품은 포함하지 아니한다. 반대의 관습이 없는 한, 갑판적 화물과 살아있는 동물은 특별히 명시하여 보험에 가입되어야 하고, 화물의 포괄적 명칭으로 보험에 가입되어서는 안 된다.

동산(moveables)은 선박 이외의 움직일 수 있는 일체의 유형재산을 의미하고, 화폐와 유가증권 및 기타 증서를 포함한다

8-2 해상사업과 보험계약의 목적

모든 적법한 해상사업은 해상보험계약의 목적이 될 수 있다(MIA 제3조 1항). 보험이 보호하는 대상은 보험의 목적이 아니고, 보험계약의 목적이다. 보험계약의 목적이란 피보험자가 보험의 목적에 대하여 가지고 있는 경제적 이해관계, 즉 피보험이익을 의미한다. 그리고 영법상 해상보험계약의 목적이 될 수 있는 적법한 해상사업이 존재하는 경우는 다음과 같다.

① 일체의 선박이나 화물 또는 동산 등 피보험재산이 해상위험(maritime perils)에 노출되는 경우
② 일체의 화물운임(freight), 여객운임(passage money), 수수료(commission), 이윤(profit) 또는 기타 금전적 이익(pecuniary benefit)의 수입이나 취득, 또는 일체의 전도금(advances), 대출금(loan)이나 선비(disbursements)를 위한 담보(security)가 피보험재산이 해상위험에 노출됨으로써 위험에 직면한 경우
③ 피보험재산의 소유자 또는 피보험재산에 기타 이해관계가 있거나 책임이 있는 자가 해상위험 때문에 제 3 자에 대해 배상책임을 부담하는 경우.

8-3 피보험이익의 의의와 목적

(1) 피보험이익의 개념

피보험이익의 원리는 보험의 목적에 손해가 발생한 경우 피보험자가 재정적인 손해를 입는 지위에 있어야 한다는 것을 의미한다. 선박과 같은 보험의 목적에 손해가 발생한 경우 피보험자가 경제적 손해를 입는 지위에 있지 않다면, 그는 손해보상을 받을 것이 없고 피보험이익이 존재하지 않는다고 할 수 있다.

이것은 손해보상원리의 당연한 결과이다. 피보험이익이 없으면 사고가 발생해도 피보험자는 실제 손해를 입지 않기 때문이다. 따라서 피보험자가 손해를 입었음을 입증하기 위해서는 그가 재산에 대한 피보험이익을 가지고 있어

야 한다.

피보험이익(insurable interest)이란 보험의 목적의 멸실 또는 손상에 의해 경제적 피해를 입게 되는 특정인(피보험자)과 보험의 목적 사이에 존재하는 적법한 경제적 관계를 의미한다.

보험의 목적과의 관계로서 전형적인 것은 소유권(소유이익)이며, 그 외에도 수익이익, 비용이익, 담보이익, 책임이익 등이 있다. 이외의 다른 관계도 있을 수 있으며, 재정적인 손해가 발생할 수 있는 관계가 존재하는 한 그러한 관계는 법적으로 구속력이 있는 보험계약의 목적이 될 수 있다.

(2) 해상보험계약상 피보험이익의 정의

MIA 제 5 조는 피보험이익(insurable interest)의 정의에 대하여 "이 법의 규정이 있는 경우를 제외하고, 해상사업에 이해관계가 있는 자는 모두 피보험이익을 갖는다"고 규정하고 있다.

특히 해상사업 또는 해상사업에서 위험에 노출된 일체의 피보험재산과 관련하여 적법한 관계 또는 형평법상 유효한 관계에 있는 결과로서 ① 피보험재산의 안전이나 예정시기의 도착으로 이익을 얻거나, ② 피보험재산의 멸실, 손상 또는 억류로 손해를 입거나, 또는 ③ 피보험재산에 관하여 배상책임을 발생시키는 자는 해상사업에 이해관계가 있다.

(3) 피보험이익의 필요성과 목적

피보험이익의 존재 필요성은 근본적으로 손해보상원리를 실현하기 위한 것이다. 피보험자가 피보험이익을 가져야 하는 법률상의 목적은 다음과 같다.

① 도박의 방지: 피보험이익의 원리는 보험계약이 도박목적으로 이용되는 것을 확실하게 방지하는 수단으로 발전되었다.

② 도덕적 위험상황의 예방과 감소: 피보험이익이 요구되지 않으면 부정직한 자가 타인 재산에 대하여 재산보험에 가입하고, 보험금 수취를 목적으로 고의로 손해를 일으킬 수 있다. 피보험이익이 없는 자는 손해를 초래함으로써 보험으로 아무 것도 이익을 얻을 수 없다. 따라서

도덕적 위험상황이 감소된다.

③ 피보험자의 손해액 평가 및 보험자의 보상책임범위 결정: 피보험자의 손해는 엄밀한 의미에서 피보험이익의 멸실 또는 감가(손상)이며, 피보험자가 보상받을 수 있는 보험금은 보험의 목적의 멸실 또는 손상으로 인해 감가된 피보험이익의 경제적 평가액이다.

④ 초과보험과 중복보험의 폐단 방지: 피보험이익의 평가액(보험가액)을 표준으로 초과보험과 중복보험의 여부를 결정할 수 있다. 따라서 초과보험과 중복보험의 폐단을 방지하며, 결과적으로 도박을 방지하고 도덕적 위험을 감소시킨다.

⑤ 보험계약의 동일성을 구별하는 표준: 동일한 보험의 목적에 대하여도 피보험이익이 다르면 복수의 보험계약이 성립한다. 보험이 보호하는 대상은 보험의 목적이 아니라 그와 같은 관계, 즉 보험계약의 목적이다. 따라서 하나의 보험의 목적에 대하여 서로 다른 피보험이익이 존재할 수 있고, 피보험이익에 따라 수개의 보험계약이 성립될 수 있다.

8-4 도박 또는 사행계약의 무효

"이익이 없으면 보험도 없다"(no interest, no insurance)라는 말과 같이 피보험이익이 없으면 해상위험(보험사고)이 발생하여도 보험계약은 아무 효력이 없다. 피보험이익이 없는 피보험자는 손해를 입지 않으므로 보험으로 보상받을 것이 없기 때문이다. 따라서 피보험이익이 없는 보험계약은 무효이다.

영법상 사행이나 도박을 목적으로 하는 모든 해상보험계약은 무효이며, 해상보험계약은 다음의 경우에 사행계약이나 도박계약으로 간주된다(MIA 제 4 조).

① 피보험자가 피보험이익을 갖지 않거나, 그와 같은 이익을 취득할 기대가능성 없이 계약이 체결되는 경우

② 보험증권이 "이익의 유무 불문"(interest or no interest), "보험증권 자체 이외에 이익의 추가 증명 없음"(without further proof of interest than the policy itself), "보험자에게 구조물의 권리 없음"(without benefit of salvage to the insurer), 또는 이와 유사한 기타 일체의 문언으로 작성되는 경우.

PPI보험증권이란 해상위험으로 인해 손해가 발생한 경우 보험증권 자체가 피보험이익의 증명이 되고, 보험증권 이외에 피보험이익을 추가로 입증할 필요가 없다는 "policy proof of interest" 등의 문언이 명시된 보험증권을 말한다.

PPI보험증권은 법률상으로는 효력이 없지만 손해가 발생한 경우에 피보험자는 전적으로 보험자의 명예에 의존하지 않으면 안 되기 때문에, 이와 같은 보험증권을 "명예"보험증권("honour" policy)이라고 부른다. 다시 말하면 명예보험증권은 당사자들이 손해보상계약의 체결의사를 보험증권의 표면상에 명시적인 문언으로서 부인하고 있는 보험증권이다.

제 9 절 선박보험의 보험가액과 보험금액

9-1 보험가액과 보험금액의 의의

보험가액(insurable value)은 보험의 목적에 대한 피보험이익을 경제적으로 평가한 가치, 즉 금전으로 환산한 가액을 말한다. 따라서 보험가액은 보험자가 피보험자에게 보상할 수 있는 법률상 최고 보상한도이다.

선박보험의 보험가액은 주로 보험계약의 체결시 시장가액(sound market value)을 기초로 보험자와 피보험자간에 합의된다. 보험의 목적의 협정가액으로서 보험증권에 명시된 가액이 협정보험가액(insured value)이며, 협정보험가액이 기재되어 있는 보험증권을 기평가보험증권(valued policy)이라고 부른다.

보험증권에 보험가액이 정해져 있지 않은 보험증권을 미평가보험증권(unvalued policy)이라고 부른다. 협정하지 않은 일반적인 보험가액을 법정보험가액이라고도 한다.

보험금액(sum insured)은 피보험자가 실제 보험에 가입한 금액으로 보험계약상 보험자의 최대 보상한도이다. 즉 보험의 목적의 전손에 대한 보상한도액이다.

보험가액이 법률상 보험자의 최고 보상한도인데 비하여, 보험금액은 보험계약상 보험자의 최대 보상한도이다. 보험증권의 보험료를 결정하기 위해서는 보험금액에 보험요율(premium rate)이 적용된다.

9-2 보험가액과 보험금액과의 관계

보험계약의 체결 시 보험가액을 협정하지 않는 미평가보험증권의 경우 보험의 목적에 대한 피보험이익의 평가액은 평가시기와 평가장소에 따라 항상 변한다. 손해보상을 위한 피보험이익은 손해가 발생한 때와 장소에서 존재하여야 한다. 따라서 기평가보험증권의 경우를 제외하고, 보험가액은 손해발생의 때와 장소에서 평가하는 것이 원칙이다.

보험금액은 보험계약의 체결 시 결정되기 때문에 손해발생시 보험가액과 반드시 일치하지 않는다. 피보험자가 임의로 일치시키지 않는 경우도 있고, 보험의 목적에 대한 시세의 변동에 따라 선의로 일치하지 않는 경우도 있다.

보험금액과 보험가액의 관계에 따라 ① 전부보험, ② 일부보험, ③ 초과보험 등으로 구분되고, 이에 따라 보험자의 책임범위와 손해사정방법에 차이가 있다.

(1) 전부보험

전부보험(full insurance)은 보험금액(S.I.)이 보험가액(I.V.)과 일치(S.I.= I.V.)하는 보험계약을 말한다. 이 경우 보험자는 보험금액을 한도로 실제 발생한 손해의 전액을 보험금으로 지급한다.

(2) 일부보험

일부보험(under insurance)은 보험계약이 보험가액보다 적은 금액으로 체결되는 경우, 즉 보험금액이 보험가액에 미달(S.I. < I.V.)하는 보험계약을 말한다. 일부보험은 보험계약이 체결된 총보험금액이 피보험이익의 협정보험가액(기평가보험증권의 경우)에 미달하거나 보험가액(미평가보험증권의 경우)에 미달하

는 경우를 말한다.

일부보험은 보험료의 절약을 위해서 또는 일부 금액이 어선공제 등에 가입되어 있어서 선주가 의식적으로 일부보험으로 체결하는 경우(의식적 일부보험)와 보험계약 체결 후 물가상승으로 자연적으로 일부보험이 되는 경우(자연적 일부보험)가 있다.

일부보험의 경우에는 보험에 가입되지 않은 차액에 관하여 피보험자는 자기 자신의 보험자(his own insurer)로 간주된다(MIA 제81조). 따라서 보험자는 발생한 손해액에 대하여 보험금액의 보험가액에 대한 비율에 따라 보상할 책임이 있다. 즉 보험자가 지급하는 보험금은 “손해액×보험금액/보험가액”의 공식에 의해 계산된다. 이를 비례보상의 원칙이라고 한다.

예를 들어 3백만달러로 평가된 선박이 1백만달러에 대해 A보험자와 보험계약을 체결하고 있는 경우, 선박이 해상사고로 인해 30만달러의 손상을 입는다면 30만달러를 지급하는 것이 아니고, A보험자는 10만달러(30만달러×1/3)에 대해 보상책임이 있다.

당사자 간에 다른 약정이 있는 경우에는 보험금액의 한도 내에서 손해의 전액을 보상할 책임이 있다. 보험증권에 그와 같은 다른 약정(특약)이 있는 경우를 실손보상계약 또는 제 1 차위험보험이라고 한다.

(3) 초과보험

초과보험(over insurance)은 보험금액이 보험가액을 초과(S.I.＞I.V.)하는 보험계약을 말하고, 계약체결 후 물가의 하락으로 인한 선의의 경우와 피보험자(또는 보험계약자)의 사기로 인한 경우가 있다.

초과보험의 효과에 대하여는 500톤 미만의 선박과 어선에 적용되는 우리 상법과 500톤 이상의 선박에 적용되는 영법의 규정상 약간의 차이가 있다.

우리 상법은 선의의 초과보험의 경우, 즉 보험금액이 보험계약의 목적의 가액을 현저하게 초과한 때에는 보험자 또는 보험계약자는 보험료와 보험금액의 감액을 청구할 수 있으며, 이 경우 보험료의 감액은 장래에 대하여만 그 효력이 있다(상법 제669조 1항).

그러나 영법에서는 미평가보험증권의 경우 전체 보험료의 초과금액에 대한 비례부분이 환급된다(MIA 제84조 3항).

보험계약자나 피보험자의 사기로 인한 초과보험인 경우 초과된 부분의 보험뿐만 아니라 전체 보험계약이 무효이다(우리 상법 제669조 4항 및 MIA 제 4 조).

이 경우 우리 상법은 보험자는 그 사실을 안 때까지의 보험료를 청구할 수 있다(우리 상법 제669조 4항). 즉 그 사실을 안 이후의 보험료에 대하여 환급하여야 한다. 그러나 영법에서는 피보험자나 그 대리인의 사기가 있는 경우에는 보험료가 환급되지 않는다(MIA 제84조 1항).

(4) 공동보험

공동보험(coinsurance)은 둘 이상의 여러 보험자들이 동일한 피보험자를 상대로 동일한 보험의 목적에 대한 동일한 피보험이익과 피보험위험에 관하여 동일한 보험기간으로 보험가액의 한도 내에서 수개의 보험계약을 공동으로 인수(S.I.′ + S.I.″ + ··· = I.V.)하는 보험계약을 말한다.

복수의 보험자들이 선박이나 항공기 등 거대위험(target risk)에 대하여 위험의 수평적(횡적)인 분산을 목적으로 공동으로 인수하는 보험을 말한다. 공동보험은 여러 보험자에게 가입한 보험금액의 총액이 보험가액을 초과하지 않는다는 점에서 중복보험과 다르다. 보험자들은 수직적(종적)인 위험분산을 목적으로 이용하는 보험으로는 재보험(reinsurance)이 있다.

법률상으로는 각각의 보험자가 인수한 일정비율의 보험금액에 해당하는 별도의 보험계약을 체결한 것으로 간주된다. 따라서 공동보험자의 책임은 자기가 인수한 금액에 제한되고, 피보험자에 대하여 공동보험자들이 연대책임을 지는 것은 아니다.

영법상 하나의 보험증권이 2인 이상의 보험자에 의해 서명되거나 또는 2인 이상의 보험자를 대리하여 서명되는 경우, 반대의 표시가 없는 한, 각각의 서명은 피보험자와 별도의 계약을 구성한다(MIA 제24조 2항).

9-3 협정보험가액 및 보험가액의 평가기준

(1) 기평가보험증권과 협정보험가액

해상보험증권은 기평가보험증권(valued policy) 또는 미평가보험증권(unvalued policy)일 수 있다. 기간보험증권이든 항해보험증권이든 관계없이 선박에 관한 보험증권은 대부분 기평가보험증권으로 체결되고 있다. 그러나 가재도구나 개인소지품에 관해 개인에게 발행되는 보험증권은 흔히 미평가보험증권으로 체결된다.

기평가보험증권은 보험의 목적의 협정보험가액(agreed value)을 기재한 보험증권이다(MIA 제27조 제 1 항 및 2항) 보험증권에 정해진 가액(협정보험가액)은 사기가 없는 한, 보험자와 피보험자 사이에서는 손해가 전손이든 분손이든 관계없이 보험의 목적의 보험가액으로서 결정적이다(MIA 제27조 3항).

그러나 협정보험가액은 보험자와 피보험자 사이에 결정적인 것이지만, 계약당사자가 아닌 제 3 자에게는 구속력이 없다. 따라서 제 3 자에 대한 선박충돌 손해배상액이나 공동해손분담금을 결정하는 데 있어서는 협정보험가액이 영향을 미치지 않는다. 예를 들어 실제 선가보다 적은 금액으로 협정보험가액을 정한 경우에 선박충돌손해배상액이나 공동해손분담금을 결정할 때에는 일부보험의 경우와 같이 협정보험가액/실제선박가액을 곱하여 비례로 계상한 보험금을 지급한다..

보험증권에 별도로 규정하지 않는 한, 협정보험가액은 추정전손의 존재여부를 결정하는 목적을 위해서는 결정적이 아니다(MIA 제27조 4항). 그러나 현행 ITC,Hulls의 제17조에서는 협정보험가액을 수리 후의 가액으로 간주하고 있다.

(2) 보험가액의 평가기준

미평가보험증권(unvalued policy)은 보험의 목적의 가액을 기재하지 않고, 영법(MIA 제16조)에서 규정한 방법으로 추후 보험가액을 확정하는 보험증권이다(MIA 제28조). MIA 제16조에서는 미평가보험증권에서 보험가액[9]을 평가하는 기준을 규정하고 있으며, 그 기준도 위험개시 시 보험의 목적의 가액을 표준으로 설정하고 있다.

MIA 제16조는 보험가액의 평가기준에 대하여 "보험증권상 명시규정 또는 평가액(협정보험가액)이 있는 경우를 제외하고, 보험의 목적의 보험가액은 반드

---

9) 기평가보험증권에서 보험증권에 명시하는 보험가액을 협정보험가액이라고 부르는 데 반하여, 미평가보험증권에서 보험가액을 법의 평가기준에 의해 결정된다는 점에서 법정보험가액이라고 부르기도 한다.

시 다음과 같이 확정되어야 한다"고 규정하고 있다.

1) 선박보험의 보험가액

선박보험에서 보험가액은 선박의 의장구(outfit), 고급선원과 보통선원을 위한 식료품과 소모품(provisions and stores), 해원의 급료에 대한 선불금(money advanced) 및 보험증권에 의해 예정된 항해나 해상사업에 대해 선박을 적합하도록 만들기 위해 지출한 기타 선비(disbursements)(지출한 경우)를 포함한 선박의 위험개시시의 가액에 보험비용을 가산한 금액이다(MIA 제16조 1항).

기선(汽船)의 경우 보험가액은 기계(machinery)와 보일러(boilers) 및 피보험자의 소유인 석탄과 엔진소모품을 포함하며, 특수무역에 종사하는 선박의 경우에는 그러한 무역에 필수적인 통상 설비를 포함한다."

2) 운임보험의 보험가액

운임에 관한 보험에서는, 선불운임이든 아니든 불문하고, 보험가액은 피보험자의 위험에 속하는 운임의 총액에 보험비용을 가산한 금액이다(MIA 제16조 2항). 즉 선장과 선원의 급료와 식료품 및 항세 등과 같이 운임을 취득하기 위해 소요되는 비용의 공제 없이 취득되는 운임의 총액이다.

CHAPTER

2

선박보험의 계약절차와 보험료의 결정

제 1 절 보험계약절차와 계약체결 시 확인사항

1-1 보험계약절차

(1) 선박보험계약의 체결절차와 과정

선박보험의 계약절차는 일반적인 보험가입절차(청약 → 심사 → 승낙 → 보험료 납입 → 증권발급)와 동일하다. 다만, 선박보험 청약 전에 요율구득을 위한 충분한 정보제공과 협의과정을 거쳐야 하므로 실제 청약서 작성은 이미 청약에 관련된 정보를 받은 보험회사에서 대신하고 미리 작성된 청약서상에 계약자의 자필확인을 받는 것으로 처리하기도 한다.

선박보험계약의 체결절차를 요약하면 다음과 같다.

① 선박보험요율 산출자료 작성 및 관련서류 제출

② 선박보험요율 산출의뢰 접수,

③ 선박보험요율 산출 또는 구득 및 보험요율 안내

④ 선박보험 청약서 작성

⑤ 선박보험 계약체결

⑥ Invoice(보험료 청구서) 발급 및 전달
⑦ 보험료 납입 및 납입영수증 전달
⑧ 선박보험증권 발급

(2) 선박보험요율 산출자료 작성 및 관련서류 제출

1) 선박보험요율 산출자료 작성

선박보험요율을 문의하고 보험회사로 하여금 보험요율을 산출할 수 있도록 보험회사에서 사전에 안내된 요율문의 양식의 각 항목에 해당사항을 기재하고 보험회사에서 요청한 관련서류를 첨부한다.

보험요율 문의를 위해 기재하여야 할 선박보험 청약사항은 다음과 같다.

① 선명/전(前)선명(Vessel Nam/Ex-Name)
② 선종(Nature of Trade)
③ 건조년도(Built Year): 해당 선박의 국적증서 상에 기재된 선박의 진수년도를 말한다.
④ 총톤수/재화중량톤수(GRT/DWT): 선박톤수에는 선박자체의 크기를 표시하는 선박톤수와 화물의 크기를 표시하는 화물톤수로 구분된다. 총톤수는 선박톤수 중에서도 용적(1톤=100cub.ft)으로 측정되는 단위이다. 우리나라의 해사에 관한 법령의 적용에 있어서 선박의 크기를 나타내기 위하여 사용되는 지표로 일반적으로 선박의 크기를 비교하거나 선복량(bottoms)을 비교할 때 사용되며 특히 상선과 어선에 있어서 대표적인 톤수이다. 재화중량톤수는 항행의 안전을 확보할 수 있는 한도 내에서 선박의 여객 및 화물 등의 최대 적재량을 나타내기 위하여 사용되는 지표이다.
⑤ 국적(Flag)
⑥ 항해구역(Trading Limit): 계선보험의 경우 계선지역(항구)
⑦ 선급(Classification)
⑧ 선박의 소유/관리/용선내역(Owner/Manager/Charterer)
⑨ 보험가액(선가)(Insurable Value, Market Value)/보험가입금액(Insured Amount): 어선의 경우 Fishing Gear, Net 등 보험가입금액 상세내역 추

가확인

⑩ 보험기간(Period): 건조보험의 경우 위험개시 시점

⑪ 보상범위(Insured Condition): 보험조건, 공제액, 충돌배상책임담보비율 (3/4 또는 4/4) 등

2) 관련서류 제출

해상보험회사로 하여금 선박보험요율을 산출할 수 있도록 보험회사에 첨부하여 제출할 관련서류는 다음과 같다.

① 선박국적증서

② 국제톤수증서

③ 리스계약서(리스물건의 경우)

④ 관리계약서(선주와 선박관리자가 다를 경우)

⑤ 용선계약서(용선자 부보의 경우)

⑥ 건조계약서(건조보험의 경우)

⑦ 매매계약서(신규도입선의 경우)

⑧ 선급증서(입급 선박의 경우)

⑨ 최근 현상조사보고서(Condition Survey/Towing Survey/Seaworthiness Report): 무선급선, 무동력선, 피예인항해선, 구간보험 부보선 등의 경우

⑩ 보험계약자의 관련 사업허가서(어업허가증, 운송사업면허증 등)

⑪ 사업자등록증

⑫ 감수보존 집행조서(법원의 감수보존 증인 선박)

⑬ 부선증서(부선)

(3) 선박보험요율 산출 및 보험료 납입

1) 선박보험요율 산출 또는 구득

선박보험의 보험요율은 보험가입금액에 대한 보험료의 백분율로 표시되며, 보험요율은 선박보험에 있어서 보험료를 표현하는 일반적인 수단이다.

보험계약자(선주)의 선박보험요율의 산출의뢰에 따라 보험회사는 현행 선박보험요율운영방침에 따라 직접 산출하거나 국내외 재보험자로부터 구득하여

적용한다.

선박보험자들이 계약의 인수여부, 인수한다면 얼마의 보험료로서 인수할지를 결정하는 언더라이팅에서 활용하는 Underwriting Check Sheet(선박보험계약 인수시 필요 정보)는 다음과 같다.

① 계약자(선주 또는 관리자)
  (a) 사업종목
  (b) 관련 면허취득 여부
  (c) 관리계약의 경우 선주와의 관계(선박의 실질적 소유관계)

② 선박
  (a) 선급유무 및 정부기관 수검내역(KG, KF 등)
  (b) 전선주 및 전선명
  (c) 선가(개발원 기준) 및 선령
  (d) 어선-선종, 주요어장 및 어종
  (e) 어선 외-선종(구체적) 및 주요 운반품목(일반화물선의 경우 원목운반여부)

③ 담보조항 이행가능성
  (a) 입급선: 선급유지담보(정기검사수검)
  (b) 무선급선: 내항성검사담보
  (c) 피예인선(부선, 준설선): 피예인선 검사 담보
  (d) 항해구역담보: 고지된 항해구역 이탈 가능성
  (e) 기타담보(원양어선의 경우 특수장비담보)

④ P & I Club 관련
  (a) P & I Club 가입여부
  (b) P & I Club 및 P & I Broker 명
  (c) RDC 보장여부(RDC 제외, 3/4RDC 또는 4/4RDC)

⑤ 기타
  (a) 신규 / 갱신
  (b) 인수제한여부: 인수승인 요청서 징구
  (c) 향후 선대 확장계획

(d) 영업담당자, 영업부서확인
(e) 선박운항 Schedule 및 선박의 위치/임대차계약 및 나용선계약 여부
(f) 보험가입현황

2) 인보이스(보험료 청구서) 및 납입영수증 발행

선박보험은 보험료의 분할납입(2회, 4회)을 인정하므로 각 분납보험료 납입 응당일에 이에 대한 청구를 인보이스(Invoice, 보험료청구서)의 형식으로 처리한다.

보험계약의 개시는 청약 및 (최초)보험료 납입을 전제로 이루어지므로, 보험증권을 발급받기 위해서는 미리 보험료를 납입하고 그 증거로 보험료 영수증을 발행한다. 단, 보험료 납입유예약관이 첨부된 계약에 있어서는 그 납입을 지정된 기한까지 유예할 수 있으며, 기한 내에는 반드시 영수하고 보험료납입 영수증을 발급한다.

(4) 청약서 작성 및 선박보험증권 발급

1) 청약서 작성

보험청약은 보험계약자의 자필로 보험료 납입 이전에 보험자에게 제출하여 보험자의 인수심사를 거치는 것이 원칙이나, 선박보험의 경우 요율산출을 위해 제공된 자료를 바탕으로 보험회사(보험자)가 미리 작성하여 인보이스(보험료 청구서)나 보험증권 전달과 동시에 확인 날인하는 것으로 대신하기도 한다.

우리 상법 및 영국의 해상보험법(Marine Insurance Act, 1906)에서는 보험계약 전에 보험계약자가 계약과 관련된 모든 중요한 사항을 보험자에게 알려야 할 의무(고지의무)를 규정하고 있다.

2) 선박보험증권의 발급

보험증권은 합의된 계약의 모든 내용이 기재된 중요한 증거문서이므로, 보험계약자는 보험증권 접수 시에 증권상 기재된 내용이 청약사항과 동일한지 여부를 반드시 확인해야 한다. 만약 이상이 있으면 즉시 보험회사에 통보하여 조치를 받아야 한다. 실제에 있어서 보험사고가 발생한 경우 보험금을 청구하

기 위해서는 해당보험증권을 제시하여야 하기 때문에 보험증권을 잘 보관하여야 한다.

1-2 계약체결시 확인 및 유의사항

(1) 계약체결시 확인사항

선박보험계약 체결시 확인하거나 유의하여야 할 사항은 다음과 같다.

① 보험가입금액: 보험개발원의 선박가액 결정기준과 감가상각 잔존율에 의해 산정된 금액 내에서 결정하는 것이 원칙이나, 납득할 만한 증빙서류(선박건조계약서, 수리비영수증, 리스계약서, 매매계약서 등)가 제시되는 경우에는 예외로 한다.

② 어선, 부선계약의 경우 'Cancelling Returns Only 조건'(휴항환급 불인정 조건)을 첨부하여 부보하는 경우 5% 정도의 보험료 할인이 적용되므로 30일 이상의 장기체항 계획이 없는 선박의 경우 보험료를 절감할 수 있는 방법으로 활용이 가능하다.

③ Warranty(담보)사항 확인

④ 휴항환급: 보험증권상 휴항환급 조건이 있는 경우 휴항 인정 지역 및 해당 서류를 확인하여야 한다.

⑤ 어선 인수조건: 어선의 경우 통상적으로 "Subject the insured amount not including the amount of fishing gear"라는 "어구(漁具)손해 면책조건"으로 인수한다. 따라서 어선의 보험가입 시 가입대상에 포함되어야 하는 어구 및 기타 장비가 있는지를 반드시 확인한 후 손해보상이 가능한 어구에 대해 해당내역 및 그 금액을 보험증권 상에 별도로 표기하여야 한다.

⑥ Cancelling Returns Only(CRO: 휴항환급 불인정) 조항의 소급 적용 불가: CRO조항의 소급 적용 또는 소급 삭제는 원칙적으로 불가능하다. 단, 구득요율을 사용하는 선박의 경우 재보험자의 승인을 득한 경우에 한하여 이의 소급 적용이나 삭제가 가능하다.

⑦ 보험조건의 변경: 계선보험으로 가입되어 있는 선박이 기간보험으로,

또는 기간보험으로 가입되어 있는 선박이 계선보험으로, 각각 보험조건을 변경하는 경우 보험조건 변경일로부터 해당계약을 해지하고 잔여 보험기간에 대하여만 이를 일할기준으로 인수하는 것을 원칙으로 한다. 이 경우 월할 순보험료를 환급한다.

(2) Warranty(담보) 사항 확인

선박의 종류나 용도에 따라 아래에 살펴볼 해당 Warranty(담보)를 첨부하여 인수하여야 하는데, 보험증권상 Warranty(담보)가 있는 경우, 그것이 위험에 대하여 중요한 것이든 아니든 반드시 정확히 충족되어야 하고, 정확히 충족되지 않으면 보험증권에 명시규정이 있는 경우를 제외하고 Warranty(담보) 위반일 이후 발생하는 어떠한 사고도 보상이 되지 않는다.

기타 구득요율을 사용하는 경우 해당 재보험자가 제시한 Warranty 및 Special Conditions의 내용에 따라야 한다.

1) 500톤 미만 무선급 원양어선

"Warranted condition survey by KR surveyor or approved surveyor prior to attachment or within 60 days from the commencement of insured period, and all their recommendations complied with, subject to the survey report being submitted to the insurer. Warranted the survey report should be approved by the insurer in case the survey has been carried out at least 60 days before the attachment of this policy."

보험증권상 이와 같은 현장검사(condition survey) 조건이 있을 경우 지정된 기일 내에 지정된 검사관으로부터 수검을 받아야 하며, 만일 검사보고서(survey report)상의 권고사항(recommendations)이 있을 경우 검사관이 지정한 기한 내에 권고사항에 대한 이행을 완료하고 확인서를 발급받아 보험자에게 제출해야 한다.

2) 무선급 선박의 항해보험

"Warranted Seaworthiness Certificate by KR Surveyor or approved surveyor and all their recommendations complied with prior to attachment."

무선급 선박이 단일 항해보험으로 가입되는 경우 선박의 감항성을 확인하기 위해 관련 기관으로부터 감항성 검사를 수검하도록 하는 Warranty가 첨부된다. 이 경우 지정된 기일 내에 지정된 검사관으로부터 수검을 받아야 하며, 만일 검사보고서(survey report)상의 권고사항(recommendations)이 있을 경우 검사관이 지정한 기한 내에 권고사항에 대한 이행을 완료하고 확인서를 발급받아 보험자에게 제출하여야 한다.

3) 피예인 항해위험

"Warranted approval of tug, tow, towage and stowage arrangements by KR, London Salvage Association Surveyor, KORHI or KOMOS and all their recommendations complied with."

"Warranted approval of tug, tow, towage and stowage arrangements according to the contents of annual operation of the vessel by KR, London Salvage Association Surveyor, KORHI or KOMOS before initial tow during the currency of the policy nd all their recommendations complied with."

"Warranted single tow by approved tug(s)."

피예인선이 단일 특정항해를 위해 또는 연간보험으로 가입되는 경우 피예인 안전도 검사로서 예인선과 피예인선과의 적합 여부, 예인방법과 화물적재방법의 적격여부를 검사하기 위해 관련기관으로부터 해당 검사를 수검하도록 하는 위와 같은 Warranty가 첨부된다.

이 경우 지정된 기일 내에 지정된 검사관으로부터 수검을 받아야 하며, 만일 검사보고서(survey report)상의 권고사항(recommendations)이 있을 경우 검사관이 지정한 기한 내에 권고사항에 대한 이행을 완료하고 확인서를 발급받아 보험자에게 제출하여야 한다.

또한 보험가입 시 보험자에게 통보되고 승인된 예인선, 예인방법 및 화물적재 방법 등에 있어 변경사항이 발생한 경우에도 이를 지체 없이 보험자에게 통보하고, 이에 대한 보험자의 승인을 받아야 한다.

특히 예인방법에 있어 예인시의 충돌위험 등 예인상의 안전을 위해 1척의 예인선에 의해 1척의 피예인선이 예인되어야 하며(Warranted single tow by approved tug), 해당 예인선도 보험자에게 사전 고지하여 동의되어야 한다. 단, 예인항해의 안전성 확보를 위해 두 척 이상의 예인선에 의해 피예인되는 경우는 single tow로 인정되나 사전 고지되어 동의 되어야 한다.

4) 계선보험

"Warranted not under repair and no cargo on board"(선박수리를 하지 않을 것과 선박 내 화물을 적재하지 않고 있을 것을 담보로 함).

계선보험의 경우 보험기간 동안 선박수리 금지 및 선박 내 화물 적재를 금하고 있다. 따라서 선박 수리를 위해 계선보험에 가입하거나, 일반 계선보험 기간 동안 불가피한 사정으로 인하여 수리를 시행하거나 화물 적재가 이루어지는 경우에는 사전에 이를 보험자에게 통보, 승인을 받아야 한다. 이 경우 관련한 추가 위험보장을 위한 추가보험료가 발생할 수 있다.

최소한 자격을 갖춘 갑판 및 기관사관 각 1명 이상이 본선에 상주하여야 한다.

"Warranted that at least one qualified engineering officer and at least one qualified navigating officer should bo stationed on vessel"(최소한 자격 있는 기관사 1명과 최소한 자격 있는 항해사 1명이 선박 내에 상주할 것을 담보로 함).

"Warranted approval of mooring, fire fighting and all arrangements by KR or London Salvage Association Surveyor"(계선상태와 소화 장치 및 모든 조치에 대한 한국선급협회나 런던구조협회의 검사관에 의한 승인을 담보로 함).

보험증권상 계선에 대한 검사조건이 있을 경우 계선상태, 소화 장치 등에 대한 안전도 검사(mooring survey)를 지정된 검사관으로부터 반드시 수검하여야 한다. 검사보고서(survey report)상의 권고사항이 있을 경우 검사관이 지정한 기한 내에 이행완료 후, 관련 검사관에게 확인서를 발급받아 보험자에게 제출하여야 한다.

계선보험의 보험기간 중 피항 등의 이유로 선박의 이동이 불가피한 경우, 해당 항해 내역 및 정박지 변경 여부를 사전에 보험자에게 통보하고, 그 내용을 보험자로부터 승인을 받아야 한다. 이 경우 관련 위험의 추가보장을 위한 추가보험료가 발생할 수 있다.

항해기간 동안에는 기존의 계선보험에서 기간항해보험으로 기본조건이 변경되며, 항해 및 정박지 변경에 따른 Warranty가 첨부되어 있을 경우에는 해당 내용을 충족하여야 한다.

5) 특수지역담보(Okhotsk Sea 또는 Behring Sea 지역 항해 등)

"Warranted vessels properly fitted and equipped with operational radar, echo sounding device, loran, radio{Sat. Nav.(GPS. capable)} direction finder and operated by qualified personnel"(해당 선박은 자격 있는 인력에 의해 운용되는 operational radar, echo sounding device, loran radio {Sat. Nav.(GPS. capable)} direction finder 등의 장비들을 적절히 갖출 것을 담보로 함).

"Warranted vessels properly fitted and equipped with RDF radar ESD and Gyro Compass"(해당 선박은 무선방향탐지기(RDF), 레이더, Echo Sounding Device 및 Gyro Compass 등의 장비를 적절히 갖출 것을 담보로 함).

"Warranted that the vessel shall adhere to all pilotage requirements, traffic regulation and controls as may be established by the authorities for the proposed voyage"(해당 선박은 해당 항해에 관하여 관계당국에 의해 수립된 모든 도선 필요조건들과 항해수칙 및 통제에 따를 것을 담보로 함).

"Warranted pilot shall have an unrestricted tonnage license"(도선사는 무제한 tonnage license를 가질 것을 담보로 함).

6) 원목선이 아닌 화물선 또는 살물선

"Warranted no logging"(원목 적재를 하지 않을 것을 담보로 함).

전용 원목선이 아닌 일반선박의 원목적재항의 경우 그 위험이 크게 증가됨에 따라 원목선이 아닌 화물선 또는 살물선의 경우 원목적재를 하지 않을 것을 담보로 제시한다.

7) Crane 장착 선박

"Warranted not to exceed safety working load in respect of crane"(크레인과 관련하여 안전한 작업 중량을 초과하지 않을 것을 담보로 함).

Crane 장착 선박의 경우 적정 작업중량을 초과하여 작업하는 경우 Crane 자체의 손상뿐만 아니라 Crane 또는 물체의 낙하로 인한 선체 손상의 우려가 있어 이를 방지하고자 하는 Warranty이다.

8) 전쟁보험

Warranted free from any loss, damage, liability or expense caused by any kind of Authorities, terrorists or persons related with Guinea-Bissau(기니아-비사우와 관련된 여하한 종류의 관계당국이나 테러리스트 또는 관련된 자들로 인한 모든 멸실, 손상, 배상책임이나 비용은 면책할 것을 담보로 함).

War Risks Trading Warranties에 명시된 지역으로 항해시에는 필히 사전에 보험사로 통보하고 담보가능여부 및 보험조건의 변경 등에 대한 안내를 받아야 한다. 국제 정세에 따라 War Risks Trading Warranties의 내용은 언제든지 변경될 수 있다.

이 경우 기존 전쟁보험 가입자에 대하여 해방 변경사항에 대한 안내가 이루어지며, 신규로 전쟁보험에 가입하고자 하는 계약자의 경우 가장 최근의 War Risks Trading Warranties 내용을 확인하여야 한다. 특히 어선의 경우 위의 Warranty가 첨부되어 기니아-비사우와 관련되는 위험은 면책된다.

1-3 청약서와 보험증권의 기재사항

보험계약은 낙성계약이므로 계약당사자 간의 의사표시(청약과 승낙)만 있으면 계약이 성립된다. 그러나 실무적으로 보험계약자는 인쇄된 청약서 양식에 소정의 사항을 기재하여 보험회사에 제출하고, 보험회사는 이를 심사한 뒤 승낙의 표시로 보험요율을 제시하여 보험계약자가 이를 수용하면, 보험계약이 성립된 증거로 보험증권을 인도하고 보험료를 수납한다.

(1) 청약서(Application) 기재사항

① 증권번호(Policy Number)

② 보험계약자명(Name of Assured)

③ 증권발급일(Policy Data)

④ 보험기간(Period)

⑤ 선박명세: 선명(Vessel Name), 총톤수(Gross Tonnage), 재화중량톤수(Dead Weight Tonnage), 마력(Horse Power), 건조년도(Built year), 선

적(Flag), 선재(Materials), 선급(Classification), 선종(Nature of Trade)

⑥ 보험조건(Condition)

⑦ 보험가액(Valuation)

⑧ 보험가입금액(Insured Amount)

⑨ 보험요율(Premium Rate)

⑩ 보험료(Premium)

⑪ 분납사항(Installment)

⑫ 질권은행(Endorsing Bank)

⑬ 공동보험사항(Co-insurance)

⑭ 확인날인(Signature)

(2) 보험증권(Policy)

보험증권이란 보험계약의 성립과 그 계약내용을 증명하는 증거증권을 말한다. 선박보험증권은 약인약관 및 난외약관들로 구성된 증권표지 및 보험조건과 보상범위를 기재한 본문인 보험가입명세서(Schedule)와 더불어 관련 보험약관(Clauses)으로 구성되어 있다.

약인약관(Consideration clause)은 보험료 납입을 전제로 합의된 약관과 조건에 따라 열거된 위험들로 인한 손해를 보상하기로 약속하고 있음을 규정하고 있다.

난외약관(Marginal clause)에서는 보험료 미지급시 보험자가 최고 후 해지할 수 있음을 규정하고 있다.

일반적으로 선박보험의 증권기재사항은 우리 상법(제695조)에도 정해져 있으나, 선박보험약관의 준거법조항에 따라 영국에서 사용 중인 MAR Policy From에 따른다. 보험가입명세서(Schedule)의 기재 항목들은 다음과 같다.

① 증권번호(Policy Number)

② 증권발급일/발급지(Issuing Date and Place)

③ 보험계약자명(Name of Assured)

④ 선박명세: 선명(Vessel Name), 총톤수(Gross Tonnage), 재화중량톤수(Dead Weight Tonnage), 선종(Nature of Trade), 건조년도(Built Year),

선재(Materials), 선급(Classification), 선종(Nature of Trade), 선적(船籍, Flag)

⑤ 보험기간/항해구간(Period or Voyage of Insurance)

⑥ 보험의 목적(Subject-matter Insured)

⑦ 협정보험가액(Agreed Value)

⑧ 보험가입금액(Amount Insured hereunder)

⑨ 보험료/ 요율(Premium and Rate)

⑩ 약관/배서조건/특수조항 담보조항(Clauses, Endorsements, Special condition and Warranties)

제 2 절 선박보험의 계약변경(배서)

2-1 계약의 변경처리

보험회사는 계약의 청약내용 즉, 관리자·소유자, 선박명세, 선박의 국적, 항해구역, 선급, 보험가액, 보험기간, 보험조건 등에 따라 위험도를 측정해서 인수의 가부 및 인수할 경우 보험요율을 결정한다.

따라서 보험계약 성립 후 이들 청약내용 중 일부의 변경이 발생하였을 경우 보험계약자는 신속히 그 내용을 보험회사에 통지하여야 한다. 만일 위험이 현저히 변동되었음에도 불구하고 통지가 없을 경우에는 보험계약이 실효되는 경우도 있고 또한 보험자가 해지를 요청할 수도 있다.

보험계약의 내용에 변경이 있을 경우에는 통상 변경내용을 기록한 배서증권(Endorsement)을 발행하여 보험증권 원본에 첨부하여 처리하고 있다. 특히 담보위반에 해당되는 사항, 즉 항행구역, 예인항해, 구조작업 및 기타 담보사항에 대한 위반이 생겼을 경우에는 계약자가 그 사실을 인지한 즉시 보험자에게 통보하여 보험자가 요구하는 보험조건의 변경과 추가보험료에 대한 합의가 이루어져야 한다.

모든 배서는 계약자의 객관적인 증빙자료의 제공에 준하여 계약내용의 변경시점에서 이루어지며, 계약자의 계약변경 통지시점에서 이로 인한 여하한 사고발생이 있을 경우에는 배서의 효력이 인정되지 않는다.

2-2 계약사항의 변경(배서) 처리절차

계약변경(해지 포함)의 절차는 원래 계약의 체결절차와 동일하다. 배서에 따른 추가보험료와 환급보험료의 발생여부 및 보험료 계산은 선박보험약관 및 시장관습에 따라 결정된다.

① 계약변경사항의 서면통보 접수: 통보해야 할 대상은 원보험 계약사항 중 변동된 모든 사항이 해당되며(상법상 계약자의 통지의무), 특히 담보조항(Warranty)관련 사항의 변경은 계약의 자동해지사유가 되므로 주의하여야 한다.

② 원보험계약 중 변경의뢰 접수

③ 요율의 변경이 있는 배서인 경우, 배서요율의 산출, 구득 및 계약자 통보

④ 배서 보험료청구서 전달

⑤ 보험료 환급 또는 추가보험료 납입

⑥ 배서증권 전달

2-3 배서의 종류

체결된 보험계약은 계약의 변경내용 및 사유에 따라 보험료의 변동이 없는 일반배서와 보험료가 추징되거나 환급되는 배서가 있다. 보험료의 환급은 선박보험요율서와 선박보험약관(ITC-HULLS) 제 4 조(종료약관) 및 제22조(휴항환급 및 해지약관)에 의하여 처리되며, 환급 사유에 따라서 보험료 환급비율이 달라진다.

(1) 일반 배서(General Endorsement)

보험료의 변동이 없는 계약내용의 변경 배서로서 질권자 설정·변경, 보상

내용에 영향을 주지 않는 단순 오타정정 배서 등이 있다.

(2) 보험료 할증 배서(Additional Premium Endorsement)

보험료가 할증되는 배서의 경우는 다음과 같다.

① 보험가액과 보험금액 증액의 경우
② 보험조건 변경으로 보상범위를 확장되는 경우
③ 항해구역을 확장하는 경우
④ 기존 선단에 신규 선박이 추가되는 경우

(3) 보험료 환급 배서(Return Premium Endorsement)

보험료 환급배서는 약관에서 정하고 있는 아래와 같은 여러 변경사유에 따라 환급비율을 달리 적용한다. 선박보험약관에서는 경우에 따라 일할 총보험료 환급, 일할 순보험료 환급, 월할 순보험료 환급 및 휴항환급 등이 있다.

1) 일할 총보험료 환급

아래의 사유에 따라 미경과일수에 해당하는 보험료 전액(100%)을 환급한다. 계산방법은 보험가입금액 × 요율 × 미경과일자(만기일 – 배서적용일) / 365 × 100%이며, 증빙서류로는 보험계약자의 변경요청서가 필요하다.

① 2척 이상 선박에 대하여 동일한 보험기간의 선단보험계약을 체결하기 위하여 선단 보험계약을 해지한 후 기존 보험자와 재계약을 체결하는 경우
② 2척 이상 선박에 대하여 동일한 보험기간의 선단보험계약을 체결하기 위하여 일괄 중도 해지하고 기존 보험자가 아닌 다른 보험자와 계약을 체결하는 경우
③ 보험금액 감액
④ 보험조건 변경으로 보상범위가 축소되는 경우
⑤ 항해 구역을 축소 한정하는 경우

2) 일할 순보험료 환급

선박보험약관 제 4 조(종료약관)에 따라 아래와 같은 해당사유로 자동 종료됨에 따라 미경과일에 해당하는 보험료의 90%를 환급한다.

계산방법은 보험가입금액 × 요율 × 미경과일자(만기일 – 배서적용일) / 365 × 90%이며, 증빙서류는 선박매매계약서, 선급증명서, 선박관리계약서 등이다.

① 선급협회의 변경
② 선급의 변경, 일시정지, 중지, 탈급, 만기
③ 선주의 변경
④ 국적의 변경
⑤ 새로운 관리자에게 이전
⑥ 나용선 조건부의 용선
⑦ 선박소유권의 귀속, 사용을 목적으로 한 수용

3) 월할 순보험료 환급

아래의 사유에 따라 각 월의 일수에 관계없이 미경과기간의 각 월에 대하여 연간보험료의 90%를 환급한다.

계산방법은 보험가입금액 × 요율 × 미경과월(만기일 – 해지일) / 12 × 90%이며, 증빙서류는 보험계약자의 요청문서이다.

① 보험계약자가 원보험계약상 보험자의 인수지분을 변경하기 위하여 원보험 계약을 해지하는 경우
② 합의에 의한 보험계약 해지
③ 계선보험의 Termination Clause(선박보험약관상 종료약관과 유사)에 의한 해지
④ 휴항환급

4) 휴항환급

보험자가 인정하는 안전한 항구 내에 선박이 장기간 휴항하는 경우, 선박의 운항위험보다 위험이 낮다는 것을 전제로 휴항환급금을 보험계약자에게 환급한다. 단, 보험기간 중 전손이 되지 않을 것을 조건으로 하고 있으므로 환급

은 보험기간이 종료한 후에 지급된다. 실무적으로 운항 중의 보험료에서 휴항위험 또는 계선위험에 해당하는 보험료를 공제하고 잔여보험료를 지급한다.

연속하여 30일 이상 휴항하여야만 환급이 가능하며, 30일 단위로 계산하여 월할 순보험료를 환급한다. 그리고 휴항위험 또는 계선위험에 해당하는 보험료의 산정은 수리 중과 미수리 중으로 구분되며, 수리로 인한 휴항은 수리 중 위험부담으로 환급액의 50%를 공제하고, 수리하지 않은 휴항은 환급액의 25%를 공제한다.

① 휴항환급이 인정되는 지역

선박이 휴항한 경우 모든 경우에 보험료 환급이 이루어지는 것은 아니다. 보험자가 인정하는 안전 수역에서 휴항하여야만 보험료 환급이 가능하며, 그 지역은 아래와 같다.

(a) 부산 남내항, 북내항, 감천항의 방파설비 안쪽
(b) 인천항의 도크 내
(c) 울산 현대중공업, 현대 미포조선소, 동해조선소 도크 내
(d) 제주항, 서귀포항, 여수 신항, 충무항, 능양항, 옥포항, 장승포항
(e) 동해항의 방파설비 안쪽
(f) 기타 지역에 대해서는 원칙적으로 휴항환급이 인정되지 않으며, 계선지역이 안전도를 충분히 갖춘 경우 별도로 판단하여 인정함
(g) 국외의 경우에는 계선지역의 안전도에 따라서 별도로 판단함

② 휴항환급 증빙서류

(a) 국내: 해운항만청 발행 선박입출항 계출증명원 및 항만시설 사용영수증
(b) 해외: 휴항항구 주재 대한민국 대사관 또는 영사관 확인서, 현지 항만당국이 발행한 해당 항구 입출항증명서

〈표 2-1〉 배서종류별 요약정리

배서구분	증빙서류	추정/환급방법
선단보험계약체결을 위한 계약해지	보험계약자의 선단부보 요청서	일할총보험료환급
보험가액/보험금액 증감	증감 확인 서류	일할총보험료추징 또는 환급
보험조건 변경	보험계약자 요청서	일할총보험료추징 또는 환급
항해구역 변경	보험계약자 요청서	일할총보험료추징 또는 환급
선급협회의 변경	선급증서	일할순보험료환급
선급의 변경, 일시정지, 중지, 탈급, 만기	선급증서	일할순보험료환급
선주의 변경	매매계약서, 국적증서, 등기부등본	일할순보험료환급
국적의 변경	국적증서	일할순보험료환급
새로운 관리자로 이전 (매각)	선박관리계약서	일할순보험료환급
나용선 계약	나용선계약서	일할순보험료환급
인수지분변경 해지	보험계약자 요청서	월할순보험료환급
합의 해지	보험계약자 요청서	월할순보험료환급
계선보험 종료약관에 의한 해지	선체보험과 동일 서류	월할순보험료환급
휴항환급(국내)	해운항만청 발행 항만시설 사용영수증 및 선박입출항 계출증명원	월할순보험료환급
휴항환급(해외)	휴항 항구 주재 대사관·영사관 확인서 및 현지 항만당국 발행 입출항증명서	월할순보험료환급

제 3 절 국내 선박보험요율 운영현황

3-1 선박보험요율

보험료(premium)는 보험계약자(선주)의 위험전가에 대한 대가라고 할 수 있으며, 보험자 입장에서는 위험부담에 대한 대가라고 할 수 있다. 보험료가 일반 상품의 가격(price)을 의미하는 한편, 보험요율(rate)은 상품의 단가(unit price)로서 보험금액에 대한 보험료의 비율을 말한다.

선박보험은 다른 보험에 비해 계약건수가 적은 반면 척당 보험금액이 거액인 경우가 많으므로 대수의 법칙을 적용하기 어렵다. 따라서 선박요율 산정은 보험자의 경험과 판단력에 많은 영향을 받게 되며, 다음과 같은 여러 가지 요소가 복합적으로 고려된다.

① 선박의 톤수, 선령, 구조물 및 장비
② 선급유지 여부
③ 선박의 용도
④ 운항구역
⑤ 보험조건
⑥ 선주의 관리상태
⑦ 손해 경험
⑧ 보험가액과 보험금액
⑨ 선단규모
⑩ 보험기간

3-2 국내 선박보험요율 운영현황

국내에서 인수되는 선박보험의 요율은 다음과 같이 산정, 적용된다.

(1) 인가요율

총톤수 500톤 미만 선박으로서 Korean F.O.M(Flag, Ownership, Management)인 선박, 즉 한국 국전석이거나 선박의 소유자나 관리자가 국내 법인 또는 국내 개인인 선박을 대상으로 보험개발원에서 제공하는 500톤 미만 선박보험 참조순보험요율 기준으로 금융감독원으로부터 인가받은 요율을 적용한다.

500톤 미만 무선급 소형선박의 선박보험계약(원양어선은 제외)은 개별보험회사에서는 인수하지 아니하고 손해보험협회에서 공동보험(pool)으로 인수하고 있다. 단, 원양어선은 무선급일 경우라도 개별 보험회사에 부보가 가능하나, 요율서상 기본요율에 대하여 10%의 무선급할증을 부가하고 있다.

(2) 보험개발원 구득요율

500톤 미만 인가요율의 적용을 받는 선박 중에 요율서의 적용특칙상 보험개발원의 구득요율을 적용하도록 명시한 선박에 대해서는 건별로 보험개발원에 요율을 구득하여 적용한다.

(3) 국내외 재보험자 협의요율

총톤수 500톤 이상의 선박에 대해서는 Korean Re와 사전 협의한 요율을 사용하고 있다. 단, 총톤수 500톤 이상 선박의 연간 총보험가액이 미화 2억 5천만달러를 초과하는 선단(선체보험 기준) 또는 연간 미화 1억달러를 초과하는 건조보험(건조장 단위부보, Yard Cover기준)에 대해서는 해외재보험자로부터 직접 요율을 구득하여 사용할 수 있다.

제 4 절 선박보험요율의 운영방식

4-1 500톤 미만 선박의 선박보험 인가요율의 운영

(1) 인가요율 운영근거

「손해보험 요율관리규정」에 의거, 손해보험 요율산정 전문기관인 한국보험개발원이 산정한 참조순보험요율(보험개발원이 보험회사의 경험통계 등을 기초로 보험종목별 · 위험별 특성에 따른 위험률을 산출 또는 조정하여 금융감독위원회에 신고한 순보험요율을 말한다)을 기준으로 국내 손해보험회사가 금융감독위원회에 신고한 요율을 사용하고 있으며, 위의 규정에 따라 매년 실적에 따른 요율검증 작업 후 요율조정이 필요하다고 인정되는 경우 동 기관에서 조정하고 있다.

(2) 인가요율의 적용범위

적용대상은 500톤 미만의 선박으로 국내연안 및 근해(일본 연안 포함)를 항해하는 선박과 원양어선, 원양어업 훈련선 및 일반 선박으로서 타국에 파견되어 그 나라의 연안에 취항할 경우에 적용한다. 단, 한국국적, 소유, 관리에 모두 적용되지 않는 선박은 요율서 요율을 사용하지 아니하며, 이러한 선박에 대한 요율은 개별적으로 재보험자로부터 구득하여 사용할 수 있다.

(3) 인가요율 산정방식

요율서 요율은 선종, 톤수 및 선령을 기준으로 산출된 손해율에 따라 TLO SC/SL을 보험조건으로 하는 기본요율이 산출되며, 여기에 보험조건의 확장이나 부가위험을 추가로 부보하는 경우에 일정한 산출식에 따라 요율이 산정된다.

500톤 미만 선박에 대한 선박보험요율은 보험가입금액(선가)의 변동이 요율에 영향을 미치지 않는다는 점이 가장 큰 문제점으로 지적되고 있다.

4-2 500톤 이상 선박의 선박보험 협의요율의 운영

(1) 협의요율 운영배경

1996년 3월 31일 이전까지는「보험요율구득에 관한 협정」제 3 조 선박보험 요율 구득에 의거 척당 총보험금액의 7백만달러까지 Korean Re로부터 구득한 요율을 적용하였으나, 그 이후로는 동 규정이 삭제되어 원보험회사가 국내 또는 국외의 재보험자로부터 요율을 구득할 수 있다.

(2) 요율 구득범위

한국 국적선, 또는 소유·관리선박에 해당되는 500톤 이상 선박에 대하여

요율은 구득하고 있으나, 총보험금액이 일정규모(2억 5천만달러) 이상인 선단이나 건조보험 Yard Cover 등에 대해서는 해외로부터 요율을 구득하여 사용할 수 있다.

(3) 재보험사 요율 산정방식

"Per Ton Per Value"방식에 기초하여 Korean Re가 집적한 과거통계에 따른 손해율 자료에 의하여 요율을 산정하고 있다.

4-3 Per Ton Per Value 요율 산정방식

(1) 신계약 요율산정

영국 런던시장에서 신규 선박의 요율산정에 기본적으로 사용되는 방식으로서 이는 요율을 전손에 대한 요율과 분손에 대한 요율로 구분하여 전손율을 보험가액에 곱하여 전손보험료를 구하고, 분손율을 선박톤수에 곱하여 계산한 후 이들을 합한 금액을 보험가액으로 나누어 최종요율을 산정하는 방식을 이른다.

보험요율 = {(시장전손율 × 보험가액) + (분손보험료 × 톤수)} / 보험가액

(2) 갱신계약 요율산정

선박기간보험은 통상 1년 단위이므로 만기시 갱신계약을 체결해야 하는데, 이때의 요율산정은 과거의 손해실적이 절대적인 영향을 미친다. 런던보험시장에서는 로이드보험자협회와 런던보험자협회의 회원들로 구성된 합동선박위원회(Joint Hull Committee)가 마련한 지침서(Joint Hull Understandings)를 선박보험 갱신요율 산정을 위한 실무지침으로 사용하여 왔다.

선주를 보험가액 총액기준으로 구분하고, 각 선주의 보험료 잔고비율(Credit Balance)에 따른 카테고리별 보험료 최저 인상률을 그림으로 나타내고 있으나 현재는 참고자료로서 극히 제한적으로 사용되고 있다.

CHAPTER

3

협회기간약관(선박)의 위험관련조항

제 1 절 해상보험증권과 협회기간약관,선박(ITC,Hulls)

1-1 Lloyd's S.G.보험증권과 협회약관

(1) Lloyd's S.G.보험증권

1779년 Lloyd's에서 공식적으로 채용된 Lloyd's S.G. Policy Form은 MIA (1906)의 제 1 부칙(First Schedule)에서 채용하고 있는 해상보험증권의 양식이다. 해상보험증권은 제 1 부칙에 있는 양식을 사용할 수 있으나(MIA 제30조 1항), 통일된 표준양식으로서 S.G. Form의 사용은 선택적이며 의무적이 아니다.

S.G. Form의 해상보험증권의 본문약관의 내용이 계약당사자의 필요조건을 충족하지 못할 경우에는 증권의 보험조건(conditions)란에 수기로 기재하거나 타이프 또는 스탬프로 찍거나 특별보험약관을 첨부하거나 인쇄된 문언을 삭제함으로써 보완하여 왔다.

S.G. Form의 보험증권상 용어 해석에 대한 법원 판결을 성문화하여 MIA 제 1 부칙 "보험증권의 해석에 관한 규칙"(RCP: Rules for Construction of Policy)에 규정하고 있다. 따라서 S.G. Form의 보험증권에 명시된 용어와 표현은 RCP

에 규정한 범위와 의미를 가지는 것으로 해석하여야 한다(MIA 제30조 2항). 물론 새로운 보험증권양식과 보험약관에서 사용된 유사한 용어와 표현에도 적용된다.

(2) 협회약관

협회약관(Institute Clause)은 Lloyd's S.G. Policy Form상의 본문약관의 내용을 수정, 보완하는 약관으로 런던보험자협회에서 공표한 약관이다.

런던보험자협회(Institute of London Underwriters)는 영국의 1884년 주식회사법(Joint Stock Companies Act of 1884)에 의해서 설립되기 시작한 런던의 해상보험회사들에 의하여 1884년 6월 5일 영국정부의 설립인가를 받아 조직된 단체이다. 그 설립목적은 상호협조와 공동행위를 통해 해상보험회사의 이익을 옹호하고 해상보험사업의 발전을 도모하기 위한 것이다. 미국의 경우도 이와 유사한 미국보험자협회(AIMU: American Institute of Underwriters)가 설립되어 운영되고 있다.

이와는 별도로 로이즈보험자를 위한 로이즈보험자협회(Lloyd's Underwriters Associatine: 1909년 설립)가 운영되고 있다. 런던보험자협회 내에는 Lloyd's와 보험회사가 공동으로 운영하는 Joint Hull Committee와 Joint Cargo Committee 등 각종 합동위원회(Joint Committee)를 두고 로이즈보험자와의 이해관계를 상호 조정하고 공동의 문제를 협의하여 해결하고 있다.

그러한 합동위원회중에서 ILU의 기술약관위원회(TCC: Technical and Clauses Comnittee)는 1925년에 설립된 것으로 보험회사를 대표하는 보험자와 Lloyd's보험자 및 해손정산인으로 구성되어 있다. 이 위원회의 기능은 보험의 기술적인 문제에 대하여 보험시장에 권고하고, 새로운 시대적 요구에 부응하여 새로운 보험약관의 초안을 만들거나, 필요한 경우 기존약관의 개정업무를 맡고 있다. 표준약관의 공표(publication)에 대한 책임은 ILU에게 있으나, 약관의 초안작성(drafting)과 승인(approval)은 TCC에 위임되어 있다.

1-2 협회기간약관,선박(ITC,Hulls)과 기타 선박보험약관

(1) ITC, Hulls의 연혁

1884년 ILU의 설립과 함께, 보험자별로 개별적으로 사용하던 각종 보험약관의 통일을 위해 노력한 결과 1888년 최초로 ITC,Hulls가 등장하였다. 협회기간약관(선박)은 협회항해약관(선박)과 함께 선박보험약관의 기본약관이며 표준약관이다. 이 약관은 SG Form의 본문약관을 수정하고 보완하기 위한 목적을 가지고 있다. ITC는 1964년 6월 1일 개정 이후 수차례의 개정을 거쳐 1971년 10월 1일자(충돌약관의 면책사항 일부 추가) 일부수정을 거쳐 1983년 10월 1일자로 신증권과 신약관이 도입되었다. ITC,Hulls는 이후 1995년 11월 1일자로 일부 개정되었으나 해운업계와 시장의 무관심으로 지금까지 1983년 ITC,Hulls가 주로 사용되고 있다.

선박보험약관에는 ILU가 공표한 ITC를 비롯하여 IVC 등 수많은 협회약관이 있으나, 모든 협회선박보험약관은 ITC,Hulls를 기본으로 하고 있으며, 해당되는 특수상황에 따라 일부 수정하고 있다. 따라서 다른 선박보험약관을 이해하기 위해서도 ITC, Hulls의 이해가 필수적이라고 할 수 있다.

이외의 선박보험약관으로는 American Institute Hull Clauses(AIHC), Standard Dutch Hull Form, Japanese unless 4/4 RDC 등이 있으나, ITC, Hulls와 대부분 유사한 내용을 가지고 있다.

우리나라의 경우, 500톤 미만 소형선박의 일부 경우(국문약관 사용)를 제외하고, 영국의 해상보험증권과 협회약관을 사용하고 있다.

1-3 국제언더라이팅협회(IUA)의 등장과 국제선박보험약관(IHC)의 도입

(1) 국제언더라이팅협회(IUA)의 성격과 설립목적

런던의 국제언더라이팅협회(International Underwriting Association of London: IUA)는 런던보험자협회(Institute of London Underwriters: ILU)와 런던국제보험·재보험시장연합(London International Insurance and Reinsurance Market Association: LIRMA)[10]와의 합병을 통하여 1998년 12월 31일 설립되었다.

---

10) 런던국제보험·재보험시장연합(LIRMA)는 비해상보험사업과 재보험사업을 지원하기 위해

IUA은 런던의 회사보험시장의 해상보험분야와 일반 손해보험분야를 위한 대표 기구들을 하나로 통합한 것으로서 국제적인 대형 보험회사와 재보험회사들을 위한 세계에서 가장 큰 대표기구이다.

IUA는 런던에서 또는 런던을 통해서 경영하는 회원사들을 위해 사업 환경의 보전과 강화를 목적으로 하고 있는데, 그 구체적인 설립목적은 다음과 같다.

① 시장개혁의 장려와 촉진
② 회원사에 기술적이고 위탁받은 연구와 정보의 제공
③ 실무전문가들을 위해 우수 관행의 추천과 장려
④ 영국정부와 재무당국을 상대로 회원사들의 이익 옹호
⑤ Ins-sure에 IUA의 출자금 보전조치 및 그들 서비스의 공급 감시와 모니터
⑥ EU 및 기타 정책당국자들의 정책개발이 회원사들의 언더라이팅사업에 영향을 미치는 경우 그들을 상대로 회원사들의 이익 대변
⑦ 교육 및 연수의 독창력의 개발 촉진

(2) 국제선박보험약관(IHC)의 도입

1983년 10월1일자 및 1995년 11월1일자 협회기간약관－선박(the Institute Time Clauses－Hulls)을 대체할 목적으로 선주들과 보험브로커 및 기타 이해관계자들의 오랜 기간 자문을 거쳐 런던시장의 합동선박위원회(Joint Hull Committee)에 의해 개발된 국제선박보험약관(International Hull Clauses)의 초안이 2002년 11월 1일에 공표되었다.[11)]

이 초안에 대한 첫해 사용결과로 얻은 경험과 런던이나 해외의 해상보험시장에서 건의된 의견과 비판을 토대로 재검토한 결과 2003년 11월 1일자 IHC가 공표되었다. 이 약관이 앞으로 선체와 기계의 위험에 관하여 선박이 보험에 가입될 수 있는 표준약관으로 인식되기를 기대하고 있으며, 당분간 추가 개정이 불필요할 것으로 예상하고 있다.[12)]

1960년대와 1970년대에 설립된 이전의 보험협회들의 통합을 통해서 1991년 설립되었다.

11) Waltons & Morse, November 2002 Bulletins: Marine Insurance-The New International Hull Clauses-2002, by Mark Lloyd, p.1.

12) Waltons & Morse, December 2003 Bulletine: Marine Insurance- The International Hull Clauses(01/11/03), p.1.

과거 100년이 넘는 기간 내내 협회기간약관(Institute Time Clauses)은 선박에 관한 기간보험에서 이용하는 국제적인 표준약관이 되었고, 이는 새로운 명칭을 가진 "국제선박보험약관"에 반영되고 있다. 이들 약관이 성공할 수 있었던 기초는 가능한 최대의 확신을 가지고 클레임에 접근할 수 있게 하였다는 것과 상업적인 이해관계자들이 요구하는 보장범위를 제공하였다는 것이었다.[13)]

(3) 국제선박보험약관(2003)의 구성과 주요 특징

IHC는 총 3부로 구성되어 있다. 제 1 부는 제 1 조에서 31조까지 조항으로 "주요 보험조건"(Principal Insuring Conditions)을 포함하고 있다.

제2부는 추가 약관조항(Additional Clauses)으로 제32조에서 41조까지 조항으로서 현재는 표준 보장범위에 대부분 포함될 것이지만 피보험자가 자주 요구하는 추가약관들의 세트로 구성되어 있다. 제32조에서 제36조까지 조항들은 신 약관에서 허용하는 표준 보장범위의 일부를 구성하고 있으며, 그 대부분이 런던시장에서 사용되고 있는 현재의 문구들을 기초로 하고 있다. 제37조에서 제41조까지 조항들은 ① 고정 및 부동 물체, ② 4/4 충돌배상책임, ③ 휴항환급, ④ 공동해손 합병(흡수), ⑤ 제 1 부에서 면책된 추가위험 등을 규정하고 있다. 이들 규정은 오직 보험자가 명시적으로 서면으로 합의한 경우의 보험에만 적용된다.

제3부는 클레임 규정(Claims Provisions)으로 제42조 50조까지 조항으로서 클레임 처리와 관련하여 보험자와 피보험자의 권리와 책임(의무)을 정하고 있는 클레임규정을 포함하고 있으며 클레임 처리과정의 효율화를 목적으로 하는 규정들이다.

국제선박보험약관은 새로운 많은 규정들을 신설하고 있다. 국제선박보험약관을 기초한 책임자들은 1983년과 1995년 ITC의 약관내용 중 대부분을 다시 고쳐 쓰는 대신에 현행의 관례를 반영하고 선박 안전과 관련하여 국제안전관리조례(International Safety Management(ISM) Code)[14)]의 역할과 기국주의(flag

13) Richard Cornah(2003), p.1.

14) 이 조례의 목적은 선박의 안전한 관리와 운영 및 해상오염방지를 위한 국제적인 기준을 제공하는데 있다.

states) 및 선급협회의 중요성이 증대되는 것을 반영하기 위해 이전의 약관들을 최신의 것으로 갱신하는데 초점을 맞추었다.

또한 표준 약관의 문언(wording)에 대한 의미를 명확히 하기 위해서 필요한 경우 일부 문언에 대해 일부 개정이 있었고, 표준약관을 보다 논리적인 순서로 재정리할 수 있는 기회로 활용하였다.

IHC는 이에 추가하여 담보(warranties) 이용의 중요성을 축소함은 물론, 보험계약조건의 불이행 결과를 구체적으로 명기함으로써 영국 법률의 엄격한 적용을 완화하려는 의도를 반영하고 있다. 특히 1983년 ITC의 제1조에 포함되었던 항해규정이 국제선박보험약관에서는 제10조로 이전되었다. 이 조항은 새로운 약관조항인 제11조와 연관시켜 읽어야 할 필요가 있는데, 제11조는 항해규정을 위반한 경우 결과를 명확히 규정하고 있다. 중요한 것은 항해규정의 위반이 더 이상 1983년 약관에서와 같이 담보위반일로부터 보험자의 책임이 해제되는 담보위반으로 처리될 수 없다는 것이다.

그 대신 항해규정을 위반하는 기간 중의 사고나 사건으로 발생하는 멸실, 손상, 배상책임 또는 비용에 대하여 보험자는 면책이다. 그러나 그러한 위반사실을 통지받은 후 지체 없이 보험자에게 통지하여 수정된 보험조건과 추가보험료에 합의한 경우에는 다시 보험보장이 복원된다고 규정하고 있다.

제 2 절 협회기간약관(선박)의 영국법관습규정

This insurance is subject to Enlish law and practice.
이 보험은 영국의 법과 관습에 따른다.

2-1 영국법관습조항의 도입배경과 목적

과거에는 영국의 표준보험증권양식의 사용만으로도 계약당사자가 영국법에 따라 계약을 체결한 의사가 있었다는 것의 결정적인 증거로 작용하였다.

예를 들어 Industrie(1894)사건[15]에서 공소원은 당사자들이 영어로 인쇄된 양식의 용선계약서를 사용하였다는 사실을 지적한 바 있다.

그러나 최근에는 표준약관이 보다 일반적으로 사용됨에 따라 법원은 이러한 견해를 취하지 않게 되었다. Compagnie d'Armement Maritime S.A. v. Compagnie Tunisenne de Navigation S.A.(1970)[16]에서는 영어로 인쇄된 용선계약서가 사용되었다는 사실에 좌우되어서는 안 된다는 변호사의 주장이 상원에서 인정되었다.

영국의 표준 보험조건의 사용과 관련하여 문제가 제기된 Al Wahab(1982) 사건[17]에서는 양륙용 소형 화물선에 관한 12개월의 기간보험증권이 Kuwait에서 발급되고 서명되었다. 그 보험증권은 SG Form의 문언으로 영문증권이었고, Institute War and Clauses(Hulls)가 적용되었다. 이 사건에서 런던보험시장에서 생성되고 발전한 이러한 양식의 보험증권이 세계적으로 통용하게 되었으며, 따라서 영문보험증권이 이제는 국제해상보험의 국제혼성어의 일부로 간주되지 않으면 안 된다는 증언이 명확히 채택되었다. 이 결과 국제해상보험의 당사자에 의한 영국의 증권과 약관의 사용이 더 이상 그들의 계약에 영법을 적용시키거나 영국과 밀접하고 실제적인 관계를 성립시키려는 의사로 간주될 수 없게 되었다.

이에 따라 특정한 경우 영국보험증권양식의 사용에서 그 계약의 준거법(準據法, proper law)이 영법이라고 추정되어야 하는지를 고려할 때는 각별한 주의가 필요하게 되었다. 명시규정이 없는 경우, 계약의 준거법은 계약체결시 존재하고 있는 계약 자체의 특정 상황에 좌우된다.

그러나 실제에 있어서는 이와 같은 기준의 적용이 쉬운 문제는 아니며 항상 분쟁의 소지가 남아 있다. 이러한 상황에 대처하기 위해 보험계약이 영국의 법과 관습에 적용된다는 영국법관습조항이 신설 도입되었다.

2-2 영국법관습조항의 취지

15) (1894) p. 58.
16) (1969) 1 Lloyd's Rep. 247: C.A. [1969] 2 Lloyd's Rep. 71: H.L. [1970] 2 Lloyd's Rep. 99.
17) [1982] 1 Lloyd's Rep. 638: C.A. [1983] 1 Lloyd's Rep. 235.

국제사법에 따라 어떤 법률관계에 적용시킬 수 있는 법을 그 법률관계의 준거법(proper law)이고 한다. 계약의 준거법은 소속국가와 이행지가 서로 다른 경우에 이행지의 법이 적용되는 것이 원칙이지만, 손해보험계약에서 보험약관에 한국의 법에 준거한다고 규정하고 있으면 외국에서 영업중 외국의 법원에 소송이 제기된 경우에도 한국의 법률이 적용하게 된다.

이 보험은 영국의 법과 관습이 적용된다는 영국법관습조항은[18] MAR form의 보험증권에 사용하기 위해 도입된 모든 협회약관에 포함되어 있다. 이 조항은 피보험자의 요청에 의해 MAR form의 보험증권에 외국재판관할권약관이 포함되어 있는 경우에 특히 중요하다. 협회약관이 영국의 법과 관습을 기초로 제정되었기 때문이다. 따라서 법원의 재판관할권에 관계없이 어느 법원에서든 영국의 법과 관습의 관점에서 협회약관을 해석하여야 한다. 영국의 법과 관습이 적용되는 것을 인정하지 않으려는 보험자나 피보험자는 협회약관을 사용하기보다 그들이 선택하는 국가의 법과 관습에 적합한 보험계약조건과 보험약관을 사용하여야 한다.

여기에서 영국의 법이란 영국의 1906년 해상보험법(MIA,1906)을 말하고 영국의 Edward 7세 즉위 6년, 즉 1906년 12월 21일 법률 제41호로 제정된 "An Act to Codify the Law Relating to Marine Insurance"(해상보험에 관한 법을 성문화하기 위한 법)의 약칭이다. 이 법은 제 1 부칙에 수록된 1779년 Lloyd's SG Policy에 관한 그 동안의 수많은 판례들을 집대성하고 체계화하여 성문화한 법률이다.

---

18) 이와 같은 준거법약관의 효력은 우리나라 대법원 판결(1977. 1. 11. 71다2116 보험금-파기환송)에서도 확인된 바 있다.

제 3 절 항해조항(Navigation)(제 1 조)

3-1 항해의 허용범위와 항해관련 담보(제 1 항)

1. Navigation

1.1 The Vessel is covered subject to the provisions of this insurance at all times and has leave to sail or navigate with or without pilots, to go on trial trips and to assist and tow vessels or craft in distress, but it is warranted that the Vessel shall not be towed, except as is customary or to the first safe port or place when in need of assistance, or undertake towage or salvage services under a contract previously arranged by the Assured and/or Owners and/or Managers and/or Charterers. This Clause 1.1 shall not exclude customary towage in connection with loading and discharging.

1. 항 해

1.1 본선은 어느 때나 이 보험의 규정에 따라 부담되고, 도선사의 승선여부에 관계 없이 항행하거나, 시운전항해를 하거나, 조난중의 선박이나 부선을 구조하고 예인하는 것이 허용된다. 그러나 예인되는 것이 구조의 필요상 관습이거나 또는 최초의 안전항이나 장소까지 예인되는 경우를 제외하고, 본선은 예인되지 않으며, 피보험자, 소유자, 관리자 또는 용선자가 사전 체결한 계약에 따른 예인이나 구조작업을 하지 않을 것을 담보로 한다. 이러한 제 1 조 1항은 적재와 양하 작업에 관련된 관습적인 예인을 배제하는 것은 아니다.

(1) 제 1 항의 취지

선박은 보험기간중 해상에서 정상적인 항해에만 사용될 수 없고, 경우에 따라서는 수리나 선급검사를 위해 건선거에 입거할 수도 있고, 타선박의 구조작업에 참여할 수도 있으며, 시운전을 하는 경우도 있다. 그러나 정성적인 항해를 벗어난 경우 위험의 변동이나 담보위반을 이유로 보험자가 면책을 주장하기도 한다.

이에 따라 항해조항은 위험의 변동에 관한 규정으로 항해의 범위를 규정하고 있다. 보험자는 이 조항에 의해 이례적인 상황에 따른 항해에 관한 자유재량권의 범위를 확대하고, 항해과정에서 부득이한 위험의 변경을 허용하고 있다.

보험증권에 반대의 규정이 있는 경우를 제외하고, 선박은 어디든지 자유롭게 항해할 수 있다. 이와 같은 사실은 ITC(1983)과 IVC(1983)의 피보험위험에 "바다, 강, 호수 또는 기타 항행가능한 水路의 위험"이 포함되어 있는 위험조항에 의해서도 강조되고 있다.

(2) 허용하는 항해의 범위

현행 ITC(1983)과 IVC(1983)에서 허용하는 항해의 범위는 다음과 같다.

① 도선사의 승선여부를 불문한 항해

② 시운전: 수선중 또는 수선 후의 시운전시 선원의 정원부족이나 적격자인 선장 이외의 조선기사 등의 항해에 따른 위험의 변경 또는 선박의 불감항에 따른 분쟁의 소지를 제거하기 위한 규정이다.

③ 조난중인 타선박이나 부선의 구조와 예인: MIA 제49조 1항 (a)호에서 보험증권상 특약으로 인정된 경우 (e)호에서 인명을 구조하기 위하여 또는 인명이 위험에 처한 조난선을 구조하기 위한 경우에는 이로나 지연이 허용되고 있다. 이에 따르면 보험증권상 명시규정이 없는 경우 재산의 구조를 목적으로 하는 피보험선박의 이로나 지연은 보험자가 면책이다. 이 조항과 같은 명시규정에 의해 조난중인 재산(타선박이나 부선)의 구조나 예인이 허용된다. 그러나 아래에서 설명하는 순수구조가 아닌 사전계약에 의한 타선박의 구조나 예인은 명시담보로서 제외된다.

④ 구조의 필요상 피난항[19]까지 피보험선박의 피예인: 선박은 타선박에 의해 안전한 항구나 장소까지 예인될 수 있다. 여기에서 첫번째 안전한 항구 또는 장소(first port or place of safety)까지 예인을 제한하는 것은 기관고장 등으로 인한 구조의 필요상 부득이하다는 구실로 추가

19) 피보험선박은 항해중 위험에 직면하여 안전한 장소까지 예인을 필요로 하는 경우가 흔히 발생한다. 이 경우 그러한 안전한 장소를 실무에서는 조난항(port of distress) 또는 피난항(port of refuge)이라고 부른다.

보험료 지급 없이 첫번째 안전항구가 아닌 목적항까지 예인하는 사례를 방지하려는 목적이 있다. 그 경우 타선박은 전문 구조업자의 선박이든 근처에 있던 선박이든 불문한다.

⑤ 화물의 적재와 양하와 관련한 관습상 피보험선박의 피예인: 대형선박은 화물의 적재와 양하를 위해 정박하는 항구의 제한수역 내에서 자력으로 입항하기가 곤란하므로 예인선을 사용하는 것이 관습이다. 이와 같은 예인을 "관습상 예인"(customary towage)이라고 한다. 이 조항에서 허용하는 관습상 예인은 앞에서 설명한 구조의 필요상 관습적인 예인을 제외하고, 화물의 적재와 양하(loading and discharge)와 관련한 관습상 예인만을 의미한다. 예를 들어 휴항을 목적으로 정박하기 위한 예인과 같은 항구수역 내에서 기타 모든 예인은 이 조항에 의해 담보위반이 되고, 보험자의 계속부담을 위해서는 제 3 조에 따라 보험자에 대한 지체 없는 통지와 추가보험료를 필요로 할 것이다.

그러나 다음과 같은 명시담보를 위반한 경우에는 항해가 허용되지 않는다.

① 구조의 필요상 관습적이거나 피난항까지의 피예인을 제외하고, 본선이 예인되지 않을 것: 구조의 필요상 관습적이거나 첫번째 안전한 항구나 장소까지 피보험선박의 피예인과 화물의 적재와 양하를 위한 항구내의 관습상 피예인을 제외하고, 피보험선박이 예인되지 않을 것을 명시담보로 규정하고 있다. 이와 같이 담보(warranty)의 형태로 규정하고 있어 두 가지 경우를 제외하고 피보험선박이 예인되는 경우 예인되는 일자부터 보험자의 모든 책임이 해제된다. 다만, 후술하는 ITC(1983)의 제 3 조와 IVC(1983)의 제 3 조에 의해 지체없는 통지와 보험자의 보험조건의 수락 및 추가보험료의 지불에 의해 계속부담될 수 있다.

② 계약상 예인작업 또는 구조작업을 하지 않을 것: 피보험선박이 계약상 타선박의 예인작업이나 구조작업을 수행하지 않을 것을 명시담보로 규정하고 있다. 계약상 예인(towage under contract)이란 말은 "무구조무보수"(no cure, no pay)조건의 로이즈구조계약서가 아닌 예인계약이 체결되는 상황을 말한다. 예인이 시작되기 전에 예인비용에 대해 일정금액

이 합의되는 모든 경우에는 계약상 예인이 있는 것으로 간주된다.

3-2 타선박과 접현중 화물의 하역(제 2 항)

> 1.2 In the event of the Vessel being employed in trading operations which entail cargo loading or discharging at sea from or into another vessel (not being a harbour or inshore craft) no claim shall be recoverable under this insurance for loss of or damage to the Vessel or liability to any other vessel arising from such loading or discharging operations, including whilst approaching, lying alongside and leaving, unless previous notice that the Vessel is to be employed in such operations has been given to the Underwriters and any amended terms of cover and any additional premium required by them have been agreed.

> 1.2 본선이 타선박(항내 및 해안용 부선은 제외)으로부터 또는 타선박으로 해상에서 화물의 적재 또는 양하를 필요로 하는 운송작업에 사용되는 경우, 양선박이 접근하고, 접현중 또는 떠나는 동안을 포함하여 그와 같은 적재나 양하작업으로 인하여 본선에 발생한 멸실, 손상 또는 타선박에 대한 배상책임에 대한 클레임은 이 보험에서 보상하지 않는다. 다만, 본선이 그와 같은 작업에 사용된다는 것을 보험자에게 사전에 통지하고 보험자가 요구하는 수정된 보험조건과 추가보험료에 대하여 합의한 경우에는 그러하지 아니한다.

대형선박이 도입됨으로써 수심이 낮은 항구에서는 부두에 접안할 수 없게 됨에 따라 해상에서(at sea) 소형선박에 환적하여 양하하는 것이 일반적인 관습이 되었다. 최근에는 해상에서 대형선박으로부터 부선이 아닌 소형선박으로 화물을 환적하는 것이 관습화되었고, 특히 유조선의 경우에 해상에서 소형선박으로 양하하는 것이 정상적인 관습이 되었다.

그러나 부선에 의한 환적(양하)시보다도 소형선박이라고 할지라도 선박과 선박이 접현(ranging)한 상태에서 환적작업을 할 때에 손해발생의 위험이 매우 높기 때문에 선박보험자들이 선박의 그러한 활동을 제한하고자 도입한 규정이다. 환적작업을 위해 선박들이 상호간의 측면에 "접현"한다고 말하기 때문에 실무에서는 접현약관(ranging clause)이라고 알려지게 되었다.

이 조항에 의하면 선박간에 접현중 화물의 적재나 양하작업으로 인해 발생하는 선박의 멸실, 손상 및 타선박에 대한 배상책임에 클레임이 보상되지 않으며, 보험자에 대한 사전 통지와 수정된 보험조건 및 추가보험료의 합의에 의해서 보상된다.

이 조항에서 중요한 내용을 요약하면, 첫째 선박이 화물의 적재나 양하작업을 필요로 하는 "운송작업(trading operations)"에 사용하는 경우에 적용된다. 따라서 피보험선박이 급유항의 해상에서 급유선으로부터 급유를 받는 경우는 영향을 받지 않는다. 물론 유조선으로부터 유류를 적재하거나 양하하는 작업으로 인한 선박손해는 면책이다.

둘째, 타선박으로부터 또는 타선박으로 "해상에서(at sea)" 적재나 양하작업으로 인한 손해가 면책된다. 즉 해상(at sea)에서 타선박과 접현 중 손해가 면책이다. 따라서 해상이 아닌 항내 또는 정박소에서 대형선박의 접현손해, 부두가에 정박중 옆의 선박과의 접촉손해는 보상된다.

셋째, 피보험선박과 "타선박"과의 접현중 손해이며, 타선박에는 항내 또는 연안용 부선(harbour or inshore craft)은 제외된다.

넷째, 그러한 적재나 양하작업으로 인해서 발생한 피보험선박의 멸실, 손상뿐만 아니라 "타선박에 대한 배상책임(liability)"도 면책이다. 따라서 ITC (1983)의 제 8 조 3/4충돌배상책임조항(3/4 collision liability clause)에 의해 보상받을 수 있는 충돌손해배상책임 중에서 하역작업에 기인한 타선박에 대한 충돌배상책임은 면책임을 분명히 하고 있다.

다섯째, 피보험선박과 타선박이 접현을 위해 접근하거나 떠날 때를 포함하여 접현(환적)중 화물의 적재나 양하작업으로 인하여 발생한(arising from) 손해가 면책이다. 따라서 그와 같은 하역작업 중 손해라도 보험증권상 피보험위험으로 인한 손해는 보상된다.

3-3 해체항해와 보험가액(제 3 항)

1.3. In the event of the Vessel sailing (with or without cargo) with an intention of being (a) broken up, or (b) sold for breaking up, any claim for loss of damage to the Vessel occurring subsequent to such sailing shall be limited to the market value of the Vessel as scrap at the time when the loss of damage is sustained, unless previous notice has been given to the Underwriters and any amendments to the terms of cover, insured value and premium required by them have been agreed. Nothing in this Clause 1.3 shall affect claims under Clauses 8 and/or 11.

1.3 본선이 (적하의 적재유무를 불문하고) (a) 해체 또는 (b) 해체를 위한 매각을 목적으로 항해하는 경우, 그러한 항해에 부수하여 발생되는 본선의 멸실, 손상에 대한 일체의 클레임은 그 멸실, 손상이 발생한 시점의 고철로서 본선의 시장가액에 한정된다. 다만, 보험자에게 사전통지를 하고 보험자가 요구하는 보험조건과 보험가액 및 보험료에 대한 수정안이 합의된 경우에는 그러하지 아니한다. 이러한 제 1 조 3항은 제 8 조와 제11조에 의한 보험금에는 어떠한 영향도 미치지 아니한다.

이 조항은 기간보험증권(time policy)에만 적용되고 있는데, 만약 제 3 항의 규정이 없다면, 보험자의 입장에서는 고철로 팔려가는 해체항해에 대해 전손시 선박의 정상가액인 높은 협정보험가액을 보상하여야 하는 위험을 부담하지 않으면 안된다. 왜냐하면 기간보험증권에서는 계약체결 시 선박의 매각의사가 없었고, 보험계약의 체결 후에 매각을 결정한 경우에는 최대선의위반(breach of good faith)이 구성되지 않기 때문이다.

이러한 이유로 기간보험증권인 ITC(1983)의 제 1 조 3항에 해체항해시 보험가액을 고철로서 선박의 시장가액으로 제한하는 규정이 새로 도입되었다.

이 조항은 선박이 ① 해체 또는 ② 해체를 위한 매각을 목적으로 항행하는 경우에 적용된다. 해체항해시 화물의 적재 여부는 불문한다.

해체항해에 수반하여 발생되는 선박의 멸실, 손상에 대한 클레임은 고철(scrap)로서 선박의 시장가액을 한도로 보상한다. 이 경우 선박의 시장가액은 선박의 멸실, 손상을 입은 시점의 선박의 시장가액이다.

보험가액이 $5,000,000이고, $500,000의 고철가액(scrap value)으로 매각된 경우, 전손의 보험금은 낮은 금액인 $500,000가 지급될 것이며, 수리비에 대한 보험금은 $500,000에서 한 사고당 보험증권의 소손해공제액(policy deductible)을 차감하고 지불될 것이다. 추정전손(CTL)에 대한 규정은 없지만, 고철가액이 협정보험가액으로 대체되었으므로 수리비 등이 $500,000를 초과한 경우 추정전손이 성립될 것이다. 또한 보험기간중 피보험위험으로 인한 미수리선박이 해체항해중 전손된 경우에는 ITC(1983) 제18조 2항에 의거 미수리손상은 보상받지 못하고 고철가액인 $500,000만을 보상받는다.

그러나 해체항해에 대해 사전에 보험자에게 통지하고 보험자가 요구하는 보험조건과 보험가액 및 보험료의 수정안에 합의된 경우에는 예외라고 규정하고 있다.

제 1 조 3항은 ITC(1983)의 제 8 조와 제11조에 의한 보험금에는 영향을 미치지 않는다. 즉 고철가액으로 손해보상액이 제한되는 경우는 피보험선박의 멸실, 손상에 관한 것이므로, 해체항해중 발생되는 그 이외의 손해, 즉 충돌손해배상책임(제 8 조)과 공동손해 및 구조(제11조)에 대한 보험금은 원래의 협정보험가액이 적용된다.

제 4 절 계속조항(CONTINUATION)(제 2 조)

2. CONTINUATION. Should the Vessel at the expiration of this insurance be at sea or in distress or at a port of refuge or of call, she shall, provided previous notice be given to the Underwriters, be held covered at a pro rata monthly premium to her port of destination.

2. 계속. 이 보험의 만기시 선박이 항해중이거나, 조난중이거나, 또는 피난항 또는 기항항에 있는 경우, 보험자에게 사전 통지가 주어지는 조건으로 월할보험료로서 선박은 목적항에 도착할 때까지 계속 부담된다.

4-1 조항의 취지

이 조항의 목적은 보험계약의 갱신이 불필요하거나 갱신이 곤란한 경우 피보험자의 보호를 위해 규정한 것이다. 예를 들면 피보험자가 예정된 목적지에 도착시 선박을 처분할 계획을 가지고 있는데, 선박이 목적지에 도착하기 전에 보험증권상 만기가 도래하는 경우가 있을 수 있다. 여러 가지 이유 때문에 선박이 조난중이거나 피난항에 있는 경우에는 피보험자가 계약을 갱신하기가 곤란할 경우도 있기 때문이다.

보험증권에 기재된 일시에 따라 보험기간이 개시하고 종료한다. 그와 같은 일시에 선박의 위치나 상태는 불문한다. 따라서 그와 같은 종료일시 이전에 계속조항에 의해 보험기간의 연장조치를 하지 않으면, 보험증권상 기재된 만기일시 이후에는 보험자의 책임이 종료한다.

보험의 만기시 피보험선박이 항해중이거나 조난중이거나, 또는 피난항이나 기항항에 있는 경우에, 보험자에 대한 사전통지에 따라 월할보험료로서 선박의 목적지까지 계속 보장된다.

4-2 보험기간의 연장조건

그러나 계약의 만기일 이후에 통지하는 것은 효력이 없고, 반드시 만기일 이전에 피보험자나 그 대리인이 보험자에게 통지하여야 한다.

추가보험료의 계산은 월할보험료를 기준으로 하고 있으므로 계속조항에 의해 지불되는 최저보험료는 연간보험료의 1/12 상당액이며, 매월 또는 1월을 초과하는 30일 이하의 기간에 대하여 동일한 금액으로 증가될 것이다.

예를 들어 연간보험료 $120,000인 경우 최저보험료는 1/12에 해당하는 $10,000가 될 것이며, 연장기간이 20일이나 30일인 경우에도 똑같이 추가보험료는 $10,000이다. 연장기간이 35일인 경우 $20,000이고, 72일인 경우 $30,000가 될 것이다. 여기에서 적용되는 1월의 기간은 달력의 해당 월(calendar months)이 적용된다.

제 5 절 담보위반조항(Breach of Warranty)(제 3 조)

3. BREACH OF WARRANTY. Held covered in case of any breach of warranty as to cargo, trade, locality, towage, salvage services or date of sailing, provided notice be given to the Underwriters immediately after receipt of advices and any amended terms of cover and any additional premium required by them be agreed.

3. 담보위반. 적하, 교역, 지역, 예인, 구조작업 또는 출항일자에 관한 담보위반의 경우, 정보를 입수한 후 지체없이 보험자에게 통지하고 보험자가 요구하는 수정된 보험조건과 추가보험료에 합의하면 계속 부담된다.

5-1 해상보험의 담보와 담보위반[20)]

영법상 담보는 그것이 위험에 대하여 중요한 것이든 아니든, 아무리 사소한 것이라 할지라도 정확하게 충족되어야 한다. 정확히 충족되지 않으면 "보험증권에 명시규정이 있는 경우"를 제외하고 보험자는 담보위반일로부터 그 책임이 해제된다.

그러한 영법규정을 근거로 일정한 요건의 충족을 조건으로 담보위반의 권리를 포기하고 계속부담(held covered)하기로 합의한 보험증권의 명시규정이 바로 ITC(1983)의 제 3 조 담보위반조항이다.

5-2 계속보장조건과 담보위반이 허용되는 경우

이 조항에 의해 담보위반이 허용되고 보험자의 책임이 계속될 수 있는 조건은 ① 피보험자가 담보위반 사실에 관한 정보를 입수한 후 지체 없이 보험자에게 통지하고, ② 보험자가 요구한 수정된 보험조건과 ③ 추가보험료에 합

20) 담보와 담보위반에 관하여는 제 1 장 제 7 절 참조.

의한 경우이다.

선박보험의 요율은 여러 가지 담보의 존재를 전제로 결정되고 있다. 해상보험증권에 명시되는 선박의 무역형태, 항해지역의 제한, 용도(예인, 화물운송)의 제한 등의 담보는 부과되는 보험료와 관련하여 적용되는 것이 관례로 되어 있다. 담보에 의한 제한이 있는 경우 보험료는 낮아지게 된다. 따라서 담보위반의 계속부담을 위해서는 상당한 추가보험료와 보험조건의 변경이 요구된다.

이 조항에 의해 상기와 같은 계속부담조건의 충족으로 담보위반이 허용되는 경우는 다음과 같다.

① 피보험선박에 의해 운송되는 적하(cargo)
② 피보험선박이 사용되는 교역(trade)
③ 항해의 지리적 제한(항로제한) 등 지역(locality)
④ 피보험선박의 예인 또는 피예인(towage of or by the insured ship)
⑤ 구조작업(salvage services)
⑥ 피보험선박의 출항일자(date of sailing).

제 6 절 종료조항(Termination)(제 4 조)

6-1 최우선조항 및 보험료의 일할정미환급

(1) 종료조항의 취지와 최우선조항

4. TERMINATION. This Clause 4 shall prevail notwithstanding any provision whether written typed or printed in this insurance inconsistent therewith

Unless the Underwriters agree to the contrary in writing, this insurance shall terminate automatically at the time of

4.1. (……)

4.2. (……)

A pro rata daily net return of premium shall be made.

> 4. 종료. 이 제 4 조는 이 보험에서 수기, 타자, 또는 인쇄로 되어 있든 관계없이 이 조항에 저촉되는 여하한 규정보다 우선한다.
> 보험자가 별도로 서면으로 동의하지 않는 한, 이 보험은 다음 시점에서 자동 종료한다.
> 4.1. (……)
> 4.2. (……)
> 이 경우 일할 계산한 정미보험료가 환급된다.

선박보험의 언더라이팅에 있어서는 선박의 소유자와 관리자, 선적(船籍), 선급(감항성의 기준) 등을 전제로 위험을 측정하고 계약의 인수여부와 보험요율 등을 결정한다.

이러한 요소의 변동은 단순한 위험율의 변경, 즉 위험사정의 일부 변경인 위험의 변경이 아니라, 위험측정의 기초조건인 위험사정이 완전히 소멸하고 보험자에게는 예기치 못한 전혀 별개의 위험사정으로 대체되는 위험의 변혁(변종)이 된다. 이와 같은 위험의 중대한 변동에 대하여 보험자를 보호하기 위한 조항이 이 종료조항이다.

이 종료조항은 후술하는 ITC(1983) 제23조에서 제26조까지의 전쟁, 스트라이크, 악의행위 및 핵면책조항과 함께 이 조항에 저촉되는 여하한 규정보다 이 조항이 최우선적으로 적용되는 최우선조항(paramount clause)이다. 자동종료규정에 관해서는 제 2 조 계속조항이 적용되지 않는다. 자동종료조항은 서로 상충되는 보험증권상 어떠한 규정보다도 우선하는 최우선조항이기 때문이다.

(2) 자동종료사유와 보험료의 일할정미환급

보험자가 반대의 서면약정에 합의하지 않는 한, 보험계약이 자동 종료되는 사유는 다음과 같다.

① 선급협회의 변경
② 선급의 변경, 정지, 중지, 탈급 또는 만기(이상 제 4 조 1항)
③ 선주의 변경
④ 船籍의 변경

⑤ 관리자의 변경

⑥ 나용선

⑦ 선박의 소유권 귀속 또는 사용을 위한 징발시(이상 제 4 조 2항).

이와 같은 경우 보험계약이 자동 종료되면, 미경과보험료에 대하여 일할(日割)로 계산된 정미보험료가 환급된다.

일할정미환급이란 영국의 경우 연간 총보험료(annual gross premium)에서 중개인수수료(brokerage)와 보험료할인액(discount)에 해당하는 15%를 공제한 금액을 365일로 나누어 미경과기간을 곱한 금액을 환급보험료로 환급하는 것을 말한다.

상기와 같은 보험계약의 자동종료시 모든 경우에 피보험자는 보험계약의 계속유지를 보험자에게 요청할 수 있지만, 보험자는 그러한 보험계약이 지속된다는 것을 보증하지 않고 있다. 즉 계약이 종료된 후의 보험계약의 계속은 "held covered"가 아니므로, 피보험자는 해당 상황이 발생하기 전에 보험자에게 요청하여야 하고, 서면으로 별도의 합의를 받아야 한다.

6-2 자동종료사유

(1) 선급협회의 변경과 선급의 변경(제 4 조 1항)

> 4.1. change of the Classification Society of the Vessel, or change, suspension, discontinuance, withdrawal or expiry of her Class therein, provided that if the Vessel is at sea such automatic termination shall be deferred until arrival at her next port. However where such change, suspension, discontinuance or withdrawal of her Class has resulted from loss or damage covered by Clause 6 of this insurance or which would be covered by an insurance of the Vessel subject to current Institute War and Strikes Clauses Hulls-Time such automatic termination shall only operate should the Vessel sail from her next port without the prior approval of the Classification Society.

> 4.1 선박의 선급협회의 변경 또는 선박이 보유한 선급의 변경, 정지, 중지, 탈급 또

> 는 만기. 다만, 그 시점에서 선박이 해상에 있는 경우, 그와 같은 자동종료는 선박이 다음 항구에 도착할 때까지 연기된다. 그러나 선박의 선급의 변경, 정지, 중지 또는 탈급이 이 보험의 제 6 조에 의해 부담되거나, 현행 협회전쟁스트라이크약관(선박-기간)에 따라 본선의 보험으로 부담되는 멸실, 손상에 기인한 경우, 그와 같은 자동종료는 선급협회의 사전 승인 없이 선박이 다음 항구에서 출항하는 때에만 적용된다.

보험자가 선박에 관한 언더라이팅에서 가장 중요시하는 요소가 선박의 선급이다. 이 세계에는 선박이 등록할 수 있는 수많은 선급협회가 있다. 선급협회의 등록이 보험자에게는 선박이 그 협회의 선급에 필요한 일정 기준을 유지하고 있다는 의미 이상은 아니다. 선박이 사고로 손상을 입은 경우, 선급의 표준을 유지하는지를 확인하기 위하여 수리 후 다시 검사를 받는다. 그 결과 사고에 따라 선박은 사고 전보다 낮은 선급이 부여될 수 있고, 심지어는 적절한 수리가 완료될 때까지 선급이 정지되기도 한다.

선박보험자가 인정하는 선급협회에 관한 자료는 없다. 그러나 적하보험에서 사용되는 협회선급약관(Institute Classification Clause)이 그에 관한 지침이 될 수 있다. 협회선급약관은 적하보험자가 이 약관에서 열거하는 선급협회에 등록된 선박에 의해 운송되는 화물에 대하여 통상적인 보험료를 적용한다고 규정하고 있다.

이 선급약관에 규정된 세계 11대 선급협회의 국가와 협회명칭은 영국(Lloyd's Register), 미국(American Bureau of Shipping), 프랑스(Bureau Veritas), 독일(Germanischer Lloyd), 일본(Nippon Kaija Kyokai), 노르웨이(Det Norske Veritas), 이탈리아(Registro Italiano Navale), 러시아(Russian Maritime Register of Shipping), 인도(Indian Register of Shipping), 한국(Korea Register of Shipping), 중국(China Classification Society) 등이다.

선박의 선급협회의 변경 또는 선박이 보유한 선급의 변경, 정지, 중지, 탈급 또는 만기 시에 자동적으로 보험이 종료한다.[21)]

---

21) ITC(1983)이 도입되기 전에는 선박의 선급협회는 보험자가 보험요율을 산정할 때 중요한 고려요소 중 하나였다. 보험자들은 보험기간 중 선급등록이 변경될 것을 우려하여 보험증권의 조건에 보험기간 중 그 선급이 유지되어야 한다는 담보(warranty)를 삽입하는 것이 관행이었다. 그 결과 담보위반은 담보위반일부터 보험계약이 종료되는 것을 의미하였고, 담보위반의 경우 계속부담된다는 약관규정이 없는 한, 사고 이후에 선급이 탈급되거나 정지되는 피보험자에게

선박이 해상에서 선급을 상실한 경우, 자동종료는 즉시 발효하지 않고 선박이 다음 항구에 도착할 때까지 연기된다. 그러나 선박의 선급의 변경이나 상실의 이유가 피보험위험(또는 협회전쟁스트라이크위험보험의 피보험위험)인 경우, 자동종료는 선급협회의 사전 승인 없이 선박이 피난항을 떠나지 않으면 효력이 없다. 따라서 피보험위험으로 인해 선급이 변경되거나 상실되고 선급협회의 승인을 받아 항해를 계속하는 경우에는 종료조항이 적용되지 않는다.

(2) 선주나 관리자의 변경, 국적의 변경 등(제 4 조 2항)

4.2 자의 여부에 관계없이 소유권이나 국적의 변경, 새로운 관리자에게 이전, 나용선계약, 선박의 소유권 귀속 또는 사용을 목적으로 한 징발. 다만, 선박이 화물을 적재하여 이미 선적항에서 출항한 경우 또는 공하(空荷)로 항해중인 경우, 요청이 있으면 선박이 예정된 항해를 계속하는 동안, 화물을 적재한 경우는 최종양하항에, 공하의 경우는 목적지의 항구에 도착시까지 이와같은 자동종료는 연장된다. 그러나 피보험자의 서면합의서의 사전 작성 없이 소유권귀속 또는 사용을 위해 징발된 경우에는, 선박이 해상에 있든 항구에 있든 불문하고 징발 후 15일이 경과할 때 자동종료한다.

4.2 any change, voluntary or otherwise, in the ownership or flag, transfer to new management, or charter on a bareboat basis, or requisition for title or use of the Vessel, provided that, if the Vessel has cargo on board and already sailed from her loading port or is at sea in ballast, such automatic termination shall if required be deferred, whilst the Vessel continues her planned voyage, until arrival at final port of discharge if with cargo or at port of destination if in ballast. However, in the event of requisition for title or use without the prior execution of a written agreement by the Assured, such automatic termination shall occur fifteen days after such requisition whether the Vessel is at sea or in port.

는 가혹하게 적용되었다. 그러나 ITC(1983)에서는 더 이상 선급유지담보(class maintaind warranty)를 보험증권에 삽입할 필요가 없게 되었다. 그 문제가 ITC(1983) 제 4 조 종료조항의 제 1 항에 의해 처리되기 때문이다.

1) 선주 또는 관리자의 변경과 자동종료

보험자는 주로 선박의 소유자나 관리자의 과거 손해율을 기초로 위험의 인수여부와 보험요율을 결정하므로, 계약 체결 후 보험기간중 소유권이나 관리자의 변경은 그러한 위험을 변동시킬 수 있다. 이와 같은 위험의 변동은 보험인수의 전제조건이었던 위험이 별개의 위험으로 대체되는 위험의 변혁을 구성한다.

이 때문에 보험자들은 기간보험증권과 관련하여 소유권이나 관리자가 변동되는 경우, 보험계약을 자동적으로 취소함으로써 타인에 대한 선박보험증권의 양도를 제한하는 것이 오랫동안의 관습이었다. "자의(自意) 여부에 관계없이"(voluntary or otherwise)라는 말은 저당권자에 의한 선박의 강제매각이나 새로운 관리자에게 비자발적인 이전 등도 포함된다는 의미이다.

2) 선박 국적의 변경과 편의치적선

선박 소유권의 변경과 마찬가지로 보험기간중 선박 국적의 변경 시 보험이 자동 종료한다. 선박이 보유하고 항해하는 국적은 그 선박이 해상에 있을 때 해당 국가의 재판관할권에 있다는 것을 의미한다. 대부분 국가는 자기 국적을 가지고 항해하는 선박의 운항에 적용되는 법률을 가지고 있다. 관련 법률은 선박운항자가 준수하여야 할 선원의 확보와 안전규정에 관한 최저기준을 설정하고 있다.

일부 경우에는 선박이 세금혜택을 부여하는 국가의 국적으로 항해하는 것이 편리할 경우도 있다. 그 결과 선박의 선적(船籍)과 등록된 선급협회가 서로 다른 국가일 수도 있다. 어떤 국적에서 요구되는 기준이 특히 선원과 안전의 기준에 관하여 보험자가 원하는 기준보다 낮은 경우, 국적의 변경은 계약체결 시 예상된 위험에 심각한 영향을 미치게 될 것이다.

이 조항에서 선적의 변경은 대부분 선박의 국적이 선주의 사정에 따라 편의국적으로 이적하는 경우를 말한다. 편의국적 또는 편의치적(置籍, flag of convenience)이란 통상적으로 해운국가에서 요구하는 승선선원, 안전규정(구명정의 수나 소화장치 등), 또는 식량적재 등에 대한 높은 기준을 요구하지 않고 각종 세금혜택을 부여하는 국가의 국적으로 등기하는 경우, 편의국적으로 등기되었다고 말한다. 즉 편의치적선(vessel of flag of convenience)이란 선박의 안전기준이나 각종 의무가 완화되고 선박의 해운수입에 대한 법인세나 재산세를 감면하고 있는 국가에 등록되어 있는 선박을 말한다.

이들 편의치적선은 자국선원의 승선에 대한 제한이 없어 선원비가 저렴하고, 본선에 대한 연간 부과금과 영사관수속비용 이외에는 세금을 감면해주고 있다. 이들 편의치적을 허용하고 있는 국가에는 Panama, Liberia, Honduras, Costa Rica, Singapore, Somaliland, Bermuda, Lebanon, Cyprus 등이 있다.

3) 보험기간중 나용선계약

보험기간 중 나용선계약의 체결시 보험계약은 자동 종료한다. 용선이란 선박의 임대사용을 위해 선주와 제 3 자 간에 합의하는 것을 말하고, 그와 같이 체결된 합의 또는 합의서를 용선계약(서)(charterparty)라고 부른다.

용선계약은 일반적으로 ① 항해용선계약(voyage charterparty), ② 정기용선계약(time charterparty), ③ 나용선계약(demise or bareboat charterparty) 등 세 가지로 분류된다.

나용선(裸傭船)계약이란 용선자가 선원이 없이 용선계약기간 동안 선박을 완전히 인수하는 계약이다. 용선자는 자기 자신의 선원을 승선시키고, 선박을 소유한 것과 마찬가지로 선박을 운항한다. 용선자는 선박의 선원과 운항에 관련한 손해배상책임에 대한 모든 책임을 인수한다. 용선료는 기간용선계약과 같이 보통 매월 기준으로 선불된다.

선박이 나용선을 기준으로 용선되는 경우, 선주는 보험자의 승인에 따라 선박이 임대되는 동안에도 그 자신의 보험계약을 유지할 권리가 있고, 용선자도 선박의 관리 중 그의 책임과 그에 따른 배상책임에 관하여 자신의 보험계약을 체결할 권리가 있다.

선주의 보험계약이 협의되고 체결될 때에 용선에 관한 의사표시를 보험자에게 하지 않았다면, 그 보험증권은 보험기간중 나용선계약에 의해 선박이 임대(사용)될 때에 자동적으로 종료한다. 그러나 용선계약이 효력을 갖게 될 당시에 선박이 공하로 해상에 있는 경우에는 계약의 종료시점이 선박이 목적지에 도착하는 때까지 연기된다.

4) 보험기간중 선박의 징발

이 조항은 1974년 그리스와 터키와의 전쟁, 그리고 1982년 영국과 아르헨티나의 포클랜드전쟁 당시 영국정부에 의한 Queen Mary호 징발사건을 계기로 도입된 것이다.

나용선계약과 선박의 징발은 소유권이나 관리자의 변경의 의미를 확대한 것이다. 이 조항에서 "징발"(requisition)이란 말은 소유권귀속이나 사용(title or use)을 위해 선박을 몰수할 수 있는 관계당국에 부여된 법적 권한을 말한다. 일반적으로 이 말은 선박이 소속되어 있는 국가의 정부가 군대의 수송이나 군수물자의 운송과 같은 군사적 목적을 위해 선박을 인수하는 경우에 적용된다.

소유권귀속이나 사용을 위해 선박이 징발되는 경우 보험이 종료된다고 규정하고 있다. 이것은 징발이 자발적이든 강제적이든 관계없이 적용된다.

징발이 자발적인 경우, 선박이 그 당시 적하를 적재하지 않고 항구에 있으면 보험은 즉시 종료하고, 선박이 화물을 적재한 경우에도 출항하지 않고 아직 항구에 있으면 즉시 종료한다.

그러나 징발이 자발적이고, 선박이 화물을 적재하고 이미 선적항을 출항하여 해상에 있으면, 피보험자는 선박이 양하항에 도착할 때까지 보험이 종료되지 않도록 요청할 수 있다.

한편, 피보험자의 사전동의 없는 강제징발의 경우, 선박이 해상에 있든 항구에 있든 어디에 있든 불문하고, 적하를 적재하고 있든 아니든 불문하고, 징발후 15일이 경과하면 자동종료된다.

제 4 조 2항의 예외로서 보험자의 별도의 서면합의가 있으면, 이와 같은 종료조항에도 불구하고 보험자의 책임이 계속될 수 있다.

제 7 절 양도(Assignment)(제 5 조)

> 5. ASSIGNMENT. No assignment of or interest in this insurance or in any moneys which may be or become payable thereunder is to be binding on or recognised by the Underwriters unless a dated notice of such assignment or interest signed by the Assured, and by the assignor in the case of subsequent assignment, is endorsed on the Policy and the Policy with such endorsement is produced before payment of any claim or return of premium thereunder.

5. 양도. 이 보험의 양도나 권리취득, 또는 이 보험에 의해 지급될 수 있거나 지급하게 되는 모든 금전의 양도나 권리취득은 보험자를 구속하는 것도 아니며, 보험자가 이를 승인하는 것도 아니다. 다만, 피보험자에 의해, 그리고 재양도의 경우 양도인에 의해 서명된 그러한 양도나 권리취득의 확정일자가 기재된 통지가 이 보험증권에 배서되고, 또한 그러한 배서가 있는 보험증권이 이 보험증권에 의한 보험금이나 환급보험료의 지급 전에 제출된 경우에는 그러하지 아니한다.

7-1 조항의 취지

이 조항의 목적은 보험증권의 양도가 있을 경우 통지에 의하여 보험금 및 환급보험료의 수취인에 대한 결정적인 증거를 확보하기 위한 것이다.

피보험자가 보험의 목적에 대한 자기의 이익을 양도하는 경우, 양수인과의 명시적 또는 묵시적 합의가 없는 한, 피보험자는 보험계약상 자기의 권리를 이전하지 아니한다(MIA 제15조). 해상보험증권에 양도를 금지하는 명시조건을 포함하고 있지 않는 한, 해상보험증권은 양도될 수 있다. 손해발생의 전후를 불문하고 양도될 수 있다. 해상보험증권은 그 증권상 배서에 의해 또는 기타의 관습적 방법으로 양도될 수 있다(MIA 제50조).

따라서 피보험자는 선박의 양도와 함께 양수인과의 합의에 의해 보험증권을 양도할 수 있고, 저당권자나 채권자에게 보험증권에 대한 권리를 양도할 수도 있다. 그러나 그와같은 사실이 보험증권상에 배서되고, 보험자가 보험금이나 환급보험료를 지급하기 전에 배서된 보험증권이 제출되지 않는 한, 그러한 보험증권의 양도에 대해 보험자는 책임이 없다.

7-2 보험증권 양도의 유효조건

이 보험의 양도나 권리취득 또는 이 보험에 의해 지급될 수 있는(또는 지급될) 금전의 양도나 권리취득은 보험자를 구속하는 것도 아니고 보험자가 이를 승인하는 것도 아니다.

그러나 보험증권의 양도나 보험금과 환급보험료에 대한 피보험자의 권리의 양도가 보험자를 구속하고, 보험자가 그러한 양도를 승인하기 위해서는 다음의 조건이 구비되어야 한다.

① 보험자에 대해 보험증권이나 그에 대한 권리의 양도일자가 기재된 통지(a dated notice)가 있어야 하고,
② 그 통지에는 피보험자의 서명 또는 재양도의 경우 양도인의 서명이 있어야 하며,
③ 그 통지가 보험증권에 배서되어야 하고,
④ 그 배서가 있는 보험증권이 보험금이나 환급보험료의 지급 전에 보험자에게 제출되어야 한다.

한편, 보험자가 이와 같은 보험증권의 양도를 배서조건으로 승인한다고 할지라도, 보험자가 선박의 양도나 관리자의 변경을 합의한 것으로 해석해서는 안 된다. ITC(1983)에서는 선주의 변경이나 관리자의 변경시 보험계약이 자동종료된다고 규정하고 있는 제 4 조 종료조항이 최우선조항(paramount clause)으로 제 5 조 양도조항에 우선하여 적용되기 때문이다.

제 8 절 위험조항(Perils)(제 6 조)

8-1 위험조항의 취지

(1) 선박보험증권의 위험부담방식

선박보험증권에서 보험자의 보상 손해는 "보험증권에 별도의 규정이 없는 한" 피보험위험에 근인한 손해이다. 관습상으로는 전부조건(full conditions)의 ITC,Hulls가 전위험(全危險)보험증권(all risks policy)을 말하는 것으로 이해되고 있으나, 실제는 전위험(all risks)을 부담하는 것을 의미하지 않는다. ITC,Hulls는 열거위험보험증권으로 보장하는 피보험위험만을 열거하고 있기 때문이다.

선박보험증권이 실질적으로는 전위험보험증권에 가까운 피보험위험을 규

정하고 있으면서도 적하보험의 ICC(A)와 같은 전위험부담방식(all risks minus exclusions)을 채택하지 않은 이유는, 포괄책임주의의 위험부담방식에서는 입증책임이 보험자에게 있기 때문이다.

면책위험으로 인한 손해를 보험자가 입증하여야 하는데, 거의 모든 증거자료가 선주와 선장에 의해 지배 통제되고 있기 때문에 보험자로서는 포괄책임주의의 위험부담방식을 채택하지 않고 있다.[22]

(2) 인치마리약관의 도입과 위험조항의 변천

협회약관이 표준선박보험약관으로서 19세기 말경에 도입되기 전에는 보험자가 부담하는 위험은 오직 SG form의 보험증권에만 열거되어 있었다. SG보험증권의 열거위험에 추가하여 표준약관의 도입과 함께 피보험위험이 확장되었고, 그후 표준약관의 개정으로 계속 추가되었다.

선박보험약관에 처음으로 추가위험이 열거된 것은 1887년 Inchmaree호사건의 판결 결과로 알려지고 있다. 이 사건에서는 보일러에 물을 보내는 데 사용되는 보조펌프가 열려있지 않고 닫혀져 있었기 때문에, 물이 공기압축실로 들어가 파열되었다. 상원에서는 그 손상이 바다위험(perils of the sea)이나 동종의 위험에 근인한 손해가 아니므로 보험증권에 의해 보상받을 수 없다고 판결하였다. 상원은 SG보험증권에 열거된 위험에는 과실을 포함하고 있지 않으며, 그래서 과실에 의한 손상은 보상받을 수 없다고 판결하였다.

이 사건 이후 선장과 선원의 과실의 위험을 부담하는 약관이 SG보험증권에 첨부하는 것이 관례가 되었다. 실무에서는 이 약관을 과실약관(negligence clause) 또는 인치마리약관(Inchmaree clause)이라고 부르게 되었다. 그 후 추가위험이 계속 확대됨에 따라 추가위험약관(Additional Perils Clause)이라고 부르고 있다.

"선장 등의 과실"에 대한 과실약관이 도입된 이후, 항공기와 접촉, 핵장치나 원자로의 파괴 또는 고장, 선박수리업자의 과실, 육상운송용구나 선거(船渠), 항만시설 또는 항만장치와 접촉 및 지진이나 화산의 분출 또는 낙뢰가 피

---

22) 이러한 이유 때문에 로이즈보험증권의 폐지와 1983년 선박보험증권의 개정시에도 UNCTAD와 선박관계자들이 포괄책임주의(all risks policy)의 도입을 강력히 주장하였으나, 결국 실현되지 못하였다.

보험위험으로 추가되었다.

ITC(1983)의 제 6 조 위험조항은 피보험자 등의 상당한 주의력의 부족 여부에 따라 제 1 항과 2항으로 구분하여, 제 1 항에는 주의력의 부족과 관련 없이 부담하는 위험으로 주로 SG보험증권상 부담위험을 열거하고, 여기에 ITC(1970) 제 7 조 추가위험조항의 피보험위험 중에서 특별히 "핵장치나 원자로의 고장이나 사고," "항공기나 육상운송용구, 선거, 항만설비 또는 항만장치와 접촉"의 위험이 추가로 열거되고 있다. 제 2 항에는 ITC(1970)의 제 7 조 추가위험조항 중 나머지 위험이 열거되고 있다.

8-2 피보험자의 주의력 결여를 불문한 피보험위험(제 6 조 1항)

6. PERILS

6.1 This insurance covers loss or damage to the subject-matter insured caused by

6.1.1 perils of the seas rivers lakes or other navigable waters

6.1.2 fire, explosion

6.1.3 violent theft by persons from outside the Vessel

6.1.4 jettison

6.1.5 piracy

6.1.6 breakdown of or accident to nuclear installations or reactors

6.1.7 contact with aircraft or similar objects, or objects falling therefrom, land conveyance, dock or harbour equipment or installation

6.1.8 earthquake volcanic eruption or lightning

6. 위험(PERILS).

6.1 이 보험은 다음의 위험으로 인한 보험의 목적의 멸실 또는 손상을 부담한다.

6.1.1 바다, 강, 호수 또는 기타 항해가능한 수로의 위험

6.1.2 화재, 폭발

6..13 선박 외부로부터 침입자에 의한 폭력적인 절도

6.1.4 투하

6.1.5 해적행위

6.1.6 핵장치나 원자로의 고장 또는 사고

6.1.7 항공기나 이와 유사한 물체 또는 그 낙하물, 육상운송용구, 선거 또는 항만

시설이나 항만장치와의 접촉 6.1.8 지진, 화산의 분출 또는 낙뢰

제 6 조 1항에서 열거하는 피보험위험은 피보험자나 소유자 또는 관리인의 상당한 주의력의 결여에 기인하든 기인하지 않든 열거위험으로 인한 선박의 멸실, 손상을 보험자가 보상한다. 이 조항에서는 근인원칙이 명시적으로 포기되고 있다.

(1) 바다 등의 위험(perils of the seas etc.)

ITC(1983)에서는 바다위험(perils of the seas)에 추가하여 강, 호수 또는 기타 항해가능한 수로의 위험(other navigable waters)을 피보험위험으로 규정하고 있다.

MIA의 제1부칙 RCP(보험증권의 해석원칙) 제 7 조는 "바다위험"(perils of the seas)을 바다의 우연한 사고나 재난만을 의미하고, 풍파의 통상적인 작용은 포함하지 않는다고 정의하고 있다. 한때 일본에서는 이를 "해상고유의 위험"으로 번역하였으나, "해고유의 위험"으로 수정하고, 다시 "바다위험"으로 부르고 있다. 결과적으로 바다위험은 피보험자의 고의적인 불법행위와 자연소모 및 열거된 다른 피보험위험을 제외하고, 해상에 있는 동안에 선박의 멸실, 손상을 초래한 모든 우연한 사고를 포함한다.

바다의 위험에 포함될 수 있는 위험은 다음과 같다.

① 악천후(heavy weather): 풍파의 이례적인 작용을 말하고, 폭풍, 태풍, 허리케인 등이다.

② 좌초(stranding): 선박이 바닥에 닿아 "인지할 수 있는"(appreciable) 시간동안 머무르는 경우를 말하며, 해상에서 정지하고 있는 상태, 간만의 차로 강바닥에 닿은 상태, 단순한 촉초(touch and go)는 포함되지 않는다.

③ 좌주(grounding): 좌초를 구성하지 않는 상황에서 선박이 땅바닥에 부딪치는 때에 선박에 멸실, 손상이 초래되는 경우를 말한다. 좌초(坐礁)와 좌주(坐洲)라는 말을 구별할 필요성은 SG보험증권의 면책비율

(franchise)과 단독해손면책담보(FPA warranty)를 적용하기 위한 목적 때문이었다. 신약관에서는 SG보험증권의 폐지로 그러한 면책비율이나 단독해손면책담보의 적용은 불필요하게 되었으나, 선박의 좌초후 선저검사(sighting the bottom)와 관련한 보험자의 책임을 확정하기 위해 좌초와 좌주의 정의가 필요하다.

④ 충돌(collision): 이 위험은 피보험선박이 타선박과 접촉한 경우를 말한다.

⑤ 접촉(contact): 이 위험은 피보험선박이 타선박을 제외한 물이 아닌 어떠한 물질(얼음 포함)과 접촉한 경우로서, 그러한 접촉이 좌초와 좌주라는 말에 포함되지 않는 경우에 적용된다. 예를 들어 선박이 부두나 부표 또는 수문에 부딪치는 경우이다.

⑥ 침몰(sinking): 일반적으로 폭풍우로 선박이 침수하여 가라앉는 경우를 말한다. 선박 철판의 틈이나 갈라진 곳을 통해 선박이 침수되는 것도 포함하지만, 이 경우에는 불감항의 가능성이 있고, 그와 같이 입증되는 경우에는 보험금이 지급되지 않는다.

⑦ 전복(capsizing): 침몰의 경우와 마찬가지로 이 위험은 선박의 전복을 초래한 상황에 좌우될 수 있다. 부적절한 화물의 적부(stowage)에 기인하여 전복된 선박은 불감항으로 간주될 수 있는 반면, 폭풍 속에서 적하의 요동으로 감항성이 있는 선박이 전복될 수도 있다.

(2) 화재와 폭발(fire, explosion)

화재는 SG보험증권에서도 열거된 위험이다. 그러나 화재가 피보험자의 불법행위나 전쟁 또는 스트라이크위험과 같은 면책위험에 기인한 경우는 포함되지 않는다. ITC(1983)에서는 동종제한의 원칙이 적용되는 "모든 기타위험"(all other perils)이 삭제되었기 때문에, 화재와 유사한 손상, 예를 들어 가열과 연기손상은 보상되지 않고, 화재에 기인한 선박의 멸실, 손상만이 보상된다.

ITC(1983)에서는 폭발의 원인에 관한 별도의 요건을 규정하고 있지 않다. 따라서 피보험자의 불법행위와 같은 MIA 제55조의 면책위험이나 ITC(1983)의 최우선면책조항(예를 들어 악의로 행동하는 자 또는 동맹파업자나 전쟁 등)으로 인한 폭발을 제외하고, 일체의 원인으로 발생하는 폭발이 부담되는 것으로 해석된다. 피보험선박의 외부에서 터진 폭발물에 의해 피보험선박이 멸실되거나 손상을 입은 경우에도 보상된다.

(3) 폭력적인 절도(violent theft)

SG form의 보험증권에서 "도적"(thieves)이라는 말은 R.C.P. 제 9 조[23]의 정의와 같이, 발하(拔河, pilferage) 또는 승객이나 선원에 의한 절도는 포함하지 않는다. ITC(1983)에서는 이를 분명히 하기 위해 열거위험에 특별히 오직 "폭력적인"(violent) 절도와 "피보험선박 외부로부터의 침입자에 의한"(by persons from outside the vessel) 폭력적인 절도만을 부담한다고 강조하고 있다. 미국의 AIHC에서는 "공격적인 도적"(assailing thieves)으로 표현하고 있다.

(4) 투하(jettison)

투하에 관한 영법상 정의는 없지만, 투하(投荷)라는 말은 "위험시에 선박을 가볍게 하기 위해 선상(船上)의 재산을 바다에 내던지는 행위"라고 정의되어 왔다. 투하는 적하보험약관에서와 마찬가지로 공동해손정산과 관계없이 보험자가 직접 보상한다.

(5) 해적행위(piracy)

해적행위(piracy)의 위험은 일반적으로 전쟁위험과 관련하여 생각되었다. 특히 1937년 스페인내란을 계기로 해적행위를 전쟁위험으로 간주하여 SG Form의 포획나포면책약관(FC&S Clause)에 의해 해상위험에서 제외하여 보험자의 면책으로 규정하였다.

ITC(1983)에서는 해적행위가 선박 외부로부터의 침입자에 의한 폭력적인 절도와의 구별이 애매하고 세계 도처에서 해적행위의 위험이 확대되고 있어 전쟁위험에서 다시 해상위험으로 환원되었다.

MIA의 R.C.P. 제 8 조는 "해적"이란 말은 폭동을 일으키는 승객과 육지로부터 선박을 공격하는 폭도를 포함한다고 정의하고 있다. 해안에서 선박을 공격하는 폭도들(rioters)의 행위도 해적행위에 해당되지만, ITC(1983) 제24조 스트

23) "도적"(thieves)이란 말은 은밀한 절도(clandestine theft) 또는 선원이든 승객이든 불문하고 승선자(乘船者)에 의한 절도는 포함하지 아니한다.

라이크면책조항에 의거 보험자가 부담하지 않는다. 폭동을 일으킨 승객은 해적으로 간주되어 그로 인한 선박의 손해는 ITC(1983)에 의해 보상된다.

그러나 승객의 해적행위도 최우선면책조항인 ITC(1983) 제24조 스트라이크면책조항과 ITC(1983) 제25조 악의행위면책조항의 적용을 받는다. 즉 그 승객들이 테러리스트이거나 정치적 동기에서 행동하는 자인 경우 면책이며, 악의나 정치적 동기에서 행동하는 자가 사용한 폭발물이나 전쟁무기로 인해 선박의 멸실, 손상이 발생한 경우 보험자는 보상하지 않는다. 그렇지만 ITC (1983) 제23조 전쟁면책조항에서는 해적(폭동을 일으킨 승객 포함)에 의한 선박의 포획이나 나포 또는 억류는 면책되지 않는다.

(6) 핵장치나 원자로의 고장 또는 사고

항공기 등과의 접촉위험과 지진이나 화산분출 또는 낙뢰의 위험과 함께 ITC(1983)에서 제 6 조 제 2 항에 규정하지 않고 제 1 항에 규정함으로써 피보험자나 소유자 또는 관리자의 주의력 결여에 대한 요건이 적용되지 않는다.

"선상이든 아니든 불문하고"(on shipboard or elsewhere)라는 말이 없으나, 동일한 취지로 해석된다. 따라서 ① 원자력선의 경우, ② 핵장치 등을 적하로 운송하는 경우, ③ 육상에 장치된 경우, ④ 피보험선박 이외의 선박에 장치되거나 적재된 경우 모두를 포함한다. 이 경우 핵장치나 원자로의 고장 또는 사고로 인한 피보험선박의 멸실, 손상이 보상된다. 미국 AIHC는 "피보험선박의 선상에 있지 않는"(not on board the insured vessel) 핵장치 등의 고장이나 사고로 인한 손해를 보상한다고 규정하고 있다.

(7) 항공기 등과의 접촉

피보험위험으로 "항공기나 유사한 물체 또는 그로부터 낙하하는 물체, 육상운송용구, 선거, 항만시설 또는 항만장치와의 접촉"을 열거하고 있다. 항공기와의 접촉위험에 추가하여, 이제는 항공기와 유사한 물체로서 헬리콥터, 글라이더, 인공위성, 미사일과 같은 기행물체(airborne objects), 우주탐사에 사용되는 로켓(rocket) 등과 같은 물체까지 확장부담하게 되었다. 우주탐사용 로켓에서 떨어진 보조로켓(booster rocket)이 피보험선박에 손상을 입힌 경우 보험자는 보상한다.

육상운송용구나 선거(船渠), 항만시설이나 항만장치와 피보험선박과의 접촉으로 인한 피보험선박의 멸실, 손상만을 보상하고, 접촉대상인 타물체의 손해에 대한 배상책임손해는 보상하지 아니한다.

(8) 지진이나 화산의 분출 또는 낙뢰

지진이나 화산의 분출(earthquake, volcanic eruption)의 위험은 해상에서 항해중인 선박에는 발생할 가능성이 거의 없지만, 선박이 수선을 위하여 건선거(dry dock)에 있거나 또는 항구에 정박 중인 동안에 노출되는 경우가 있다.

낙뢰(lightning)의 위험은 악천후(heavy weather) 중에 발생하는 낙뢰를 포함하는 바다위험(perils of the sea)의 확장위험의 하나이며, SG form에서는 바다위험이나 화재와 동종의 위험에도 해당될 수 있는 위험이다. ITC(1983)에서는 악천후 중 발생여부에 관계없이 낙뢰로 인한 선박의 멸실, 손상이 보상된다.

8-3 피보험자측의 주의의무가 요구되는 피보험위험(제 6 조 2항 및 3항)

ITC(1983)의 제 6 조 2항에서 열거하고 있는 위험은 그로 인한 선박의 멸실, 손상이 피보험자, 소유자 또는 관리자의 상당한 주의력의 결여로 인해 발생하지 않을 것을 조건으로 보험자가 부담하는 피보험위험이다. SG form의 보험증권에서는 피보험자의 주의력 결여 여부에 관계없이 부담하던 선장이나 선원의 악행이 여기에 추가되고 있다.

ITC(1983)의 제 6 조 3항은 선장이나 고급선원, 보통선원 또는 도선사는 피보험선박의 주식지분을 보유하는 경우에도 제 6 조의 해석상 소유자로 간주하지 아니한다고 규정하고 있다. 이 조항에서 선장이나 선원의 과실이 피보험위험으로 열거되고 있어 당연한 규정이다.

> 6.2 This insurance covers loss of or damage to the subject-matter insured caused by
> 6.2.1 accidents in loading discharging or shifting cargo or fuel
> 6.2.2 bursting of boilers breakage of shafts or any latent defect on the machinery or hull
> 6.2.3 negligence of Master Officers Crew or Pilots

6.2.4 negligence of repairers or charterers provided such repairers or charterers are not an Assured hereunder
6.2.5 barratry of Master Officers or Crew
provided such loss or damage has not resulted from want of due diligence by the Assured, Owners or Managers.
6.3 Master Officers Crew or Pilots not to be considered Owners within the meaning of this Clause 6 should they hold shares in the Vessel.

6.2 이 보험은 다음의 위험으로 인한 보험의 목적의 멸실, 손상을 부담한다.
6.2.1 적하나 연료의 적재, 양하 또는 이동시의 사고
6.2.2 보일러의 파열, 차축의 파손 또는 기계나 선체의 잠재적 하자
6.2.3 선장, 고급선원, 보통선원 또는 도선사의 과실
6.2.4 수리업자나 용선자가 보험증권상 피보험자가 아닌 경우 수리업자나 용선자의 과실
6.2.5 선장, 고급선원 또는 보통선원의 악행
다만, 그러한 멸실, 손상이 피보험자, 소유자 또는 관리자의 상당한 주의의 결여로 인해 발생하지 않을 것을 조건으로 한다.
6.3 선장이나 고급선원, 보통선원, 또는 도선사가 피보험선박의 지분을 보유한 경우에도 이 제 6 조에서 의미하는 소유자로 간주되지 않는다.

(1) 적하나 연료의 적재, 양하 또는 이동시의 사고

이 위험은 1916년 기선 Ussa호 사건의 판결결과로 인치마리약관에 추가로 도입되었다. 이 사건에서 피보험선박은 항구에서 적하의 일부로서 보일러를 크레인으로 적재하는 과정에서 권양기(lifting tackle)의 파손으로 인해 보일러가 선창에 떨어져 피보험선박이 심한 손상을 입었다. 그러한 손해는 바다위험이나 그와 동종의 위험에 의한 손해도 아니고, 그 당시 보험증권에 포함된 ITC의 인치마리조항(Inchmaree Clause)에 의해서도 보상받을 수 없는 손해라고 판결하였다.[24)]

이 판결의 결과로 인치마리조항을 개정하여 적하나 연료의 적재나 양하

24) 또한 이 사건에서는 "모든 기타 위험"(all other perils)이라는 총괄문언은 SG양식의 보험증권에 열거된 위험에만 적용되고, 보험증권에 추가되는 기타 위험이나 보험증권에 첨부되는 보험약관에 의해 추가되는 기타 위험의 엄격한 의미를 결코 확장하는 것은 아니라고 지적하였다.

또는 이동시의 사고로 인한 보험의 목적의 멸실, 손상을 포함하였다.

보험자의 책임은 적하나 연료의 이동시 사고로 인한 피보험선박의 손해에 국한되고, 그러한 사고와 관련한 피보험자의 제 3 자에 대한 법률상 배상책임에는 확장되지 않는다. 그러한 사고가 피보험자나 소유자 또는 관리자측의 상당한 주의력의 결여로 인해 발생한 경우 보험자는 보상책임을 거부할 수 있다.

(2) 보일러의 파열, 차축의 파손 또는 기계나 선체의 잠재적 하자

ITC(1983)의 제 6 조 2 항 2호는 보일러의 파열(bursting of boilers), 차축의 파손(breakage of shaft), 또는 기계나 선체의 잠재적 하자(latent defect in the machinery or hull)를 피보험위험으로 열거하고 있다. 이와 같은 사고와 관련하여 피보험자측의 상당한 주의결여가 원인이었다면 보험금의 지급에 영향을 미친다.

중요한 것은 파열된 보일러나 파손된 차축의 대체비용이 보상되는 것은 아니고, 잠재된 하자가 있는 부분 자체의 손해는 보상하지 않는다는 것이다. 보험자의 책임은 이러한 위험으로 인한 피보험선박의 다른 부분에 생긴 멸실, 손상을 보상하는 데 국한되고, 사고발생시 피보험선박의 근처에 있는 타선박 또는 타 재산에 대한 배상책임손해까지는 확장되지 않는다. 예를 들어 스크루선(screw vessel)의 차축이 파손되어 갑자기 항로가 바뀌져서 선박이 부두에 부딪치는 경우, 보험자는 항만당국에 대한 피보험자의 법률상 손해배상금을 보상하지 않는다.

이 조항에서 보상되지 않는 파열된 보일러, 파손된 차축, 잠재적 하자 부분 그 자체의 수리비용이나 대체비용은 여하한 사고 또는 제 3 자의 과실이나 무능력 또는 판단착오로 인한 선박의 멸실, 손상을 포함하여 1983년 협회추가위험약관-선박(Institute Additinal Perils Clauses-Hulls)에 의해 추가보험료로서 확장 보장된다.

(3) 선장, 고급선원, 보통선원 또는 도선사의 과실

선장이나 고급선원, 보통선원 또는 도선사의 과실(negligence of master, officers, crew or pilots)의 위험은 전술한 1887년 Inchmaree호사건을 계기로 처음으로 도입된 추가위험이다. 보험자의 책임은 피보험선박의 멸실, 손상에 국한되고, 과실의 결과로서 발생하는 선박운항자의 제 3 자에 대한 배상책임에는 확대되지 않는다.

피보험자측의 상당한 주의의무를 이행하였다면 그러한 과실이 발생하지 않았을 것이라는 사실을 보험자가 입증하는 경우에는 보험금지급을 거부할 수 있다.

(4) 선박수리업자 또는 용선자의 과실

피보험자가 아닌 경우에 한하여 선박수리업자 또는 용선자의 과실(negligence of repairer or charterers)로 인한 선박의 멸실, 손상이 보상된다. 손해가 보상되기 위해서는 과실에 직접 기인하여 손해가 발생하여야 한다. 이 위험으로 인한 손해를 보상한 보험자는 대위권에 의해 클레임을 회수하기 위해 수리업자를 상대로 소송을 제기할 수 있다. 면책위험과 수리업자의 과실이 결합되어 손상이 발생한 경우 보험자는 보상책임이 없다.

선박이 용선되고 선주가 ITC(1983)의 제 6 조 2항 4호의 조건으로 선박에 관한 자신의 보험증권을 가지고 있는 경우, 선주는 용선자의 과실로 인한 선박의 멸실, 손상을 보상받을 수 있다.

(5) 선장이나 고급선원 또는 보통선원의 악행

선장이나 선원의 악행(barratry of masters, officers, crew)이란 선주 또는 경우에 따라 용선자에게 손해를 끼치는 선장이나 선원의 고의적인 모든 위법행위(wrongful act)를 의미한다(MIA의 R.C.P. 제11조).

SG form의 보험증권상 열거위험으로 피보험자측의 주의의무가 적용되지 않는 위험이었으나, ITC(1983)에서는 그와 같은 요건을 선장 등의 클레임에 적용하고 있다. 따라서 피보험자나 선주 또는 관리자는 선장과 선원의 채용에 관하여 상당한 주의를 필요로 한다.

제 9 절 오염위험조항(Pollution Hazard)(제 7 조)

7. POLLUTION HAZARD. This insurance cover loss of or damage to the Vessel caused by any governmental authority acting under the powers vested in it to prevent or mitigate a pollution hazard, or threat thereof, resulting directly from damage to the Vessel for which the Underwriters are liable under this insurance, provided such act of governmental authority has not resulted from want of due diligence by the Assured, the Owners, or Managers of the Vessel or any of them to prevent or mitigate such hazard or threat. Master, Officers, Crew or Pilots not to be considered Owners within the meaning of this Clause 7 should they hold shares in the Vessel.

7. 오염위험. 이 보험은 이 보험에서 보험자가 책임지는 선박손상의 직접적인 결과로서 발생하는 오염위험이나 그 위협을 방지하거나 완화하기 위하여 부여된 권한에 따라 행동하는 정부당국에 기인한 선박의 멸실, 손상을 부담한다. 다만, 오염위험이나 그 위협을 방지하거나 완화하는 데 있어서 피보험자 또는 선박의 소유자나 관리자의 상당한 주의력 결여의 결과로서 정부당국의 그러한 행위가 초래되지 않는 것을 조건으로 한다. 선장이나 고급선원, 보통선원 또는 도선사는 선박의 주식지분을 보유하고 있는 경우에도 이 제 7 조에서 의미하는 선주로 간주되지 않는다.

9-1 오염위험조항의 도입배경과 취지

1967년 3월 Torry Canyon호의 좌초사고로 해상의 대형 기름오염사고가 발생한 경우에 일어날 수 있는 환경의 손상에 관심이 제고되었고, 영국정부에 의한 즉각적인 행동이 요구되었으며, 결국 해상오염을 제거하기 위해 공중폭격으로 선박과 적하를 파괴하였다.

런던보험자들은 그와 같은 파괴행위로 인한 피보험선박의 손상이 선박보험약관에 의해 보상되는지 여부에 대해 고심하였다. 과거 포획면책약관(FC&S Clause)에서는 이와 유사한 행위로 인한 손해에 대해 보험자가 면책이었으나,

정부의 군사적 행동은 면책조항의 해석상 전쟁유사행위(warlike action)로 간주할 수 없다는 해석이 제기되었다. 이에 런던보험자협회(ILU)는 기술약관위원회에서 작성한 1973년 협회오염위험약관(Institute Pollution Hazard Clause)을 발표하게 되었다.

그 결과 선체와 기계를 부담하는 모든 보험증권에서 오염위험약관이 보험의 일부를 구성하는 관례가 되었고, 그 특별약관이 ITC(1983)의 제 7 조에 삽입되었다. 미국협회선박약관(AIHC)에서도 그러한 손해가 고의손상(오염위험)조항(Deliberate Damage-Polluion Hazard)에서 부담되고 있다.

9-2 오염위험조항의 내용

이 조항의 목적은 해상오염의 방지를 위한 정부당국의 행위에 기인한 피보험선박의 손해를 피보험자가 전쟁보험증권이 아닌 해상보험증권에 의해 추가로 보상받을 수 있도록 하는 데 있다. 이 조항의 내용을 요약하면 다음과 같다.

첫째, 오염위험이나 그 위협을 방지하거나 완화하기 위한 정부당국에 "기인한"(caused by) 선박의 멸실, 손상을 보상한다.

둘째, 관련 법률이나 정부조직법에 의해 부여된 권한에 따라 행동하는 "정부당국"에 기인한 손해여야 한다. 미국의 경우 AIHC는 공공복지를 위해 행동하는 정부당국으로 그 범위를 보다 구체화하고 있다. 영국의 경우 1971년 유류오염방지법(Prevention of oil pollution Act)에 의해 국무장관(Secretary of State)에게 그 권한을 부여하고 있다.

셋째, "보험자가 보상책임이 있는" 선박 손상의 직접적인 결과로서 발생한 오염위험이나 그 위협이 있어야 한다. 그러나 면책위험으로 오염이나 오염의 위협이 발생한 경우에는 이 조항에 의해 보상받을 수 없다 예를 들면 적대행위로 인해 유조선이 손상을 입은 결과로 기름이 새어나온 경우 해상보험자는 오염위험조항에 의해 보상하지 않고, 녹슨 탱크로부터 기름이 새어나온 경우도 해상보험자는 보상하지 않는다.

넷째, 정부당국의 행동이 피보험자, 선주, 선박관리자의 상당한 주의력의 부족(want of due diligence)의 결과로서 초래된 것이 아니어야 한다. 오염위험조항에 의해 보상될 수 있는 클레임은 오염위험이나 그 위협을 방지하거나 완화하는 데 피보험자측의 상당한 주의력의 결여에 의해 영향을 받는다.

CHAPTER

4

협회기간약관(선박)의 충돌배상책임손해

제 1 절 충돌배상책임과 선박충돌약관

보험자는 보험증권상 피보험위험인 선박의 충돌로 인한 피보험선박 자체의 멸실, 손상을 보상할 뿐 아니라, 이와 같은 선박충돌로 인한 배상책임손해를 선박보험증권에 삽입된 별도의 선박충돌약관에 의해 추가보험의 형태로 선주인 피보험자에게 보상한다. 결과적으로 선박보험은 일종의 재산보험과 배상책임보험의 종합보험의 형태로 운영되고 있다.

1-1 계약상 배상책임과 제 3 자 배상책임

배상책임(liability)이란 책임이 있는 자의 과실의 결과로 인한 사고에 의하여 타인에게 손해를 입혔을 때, 타인이 입은 손해를 배상해야 할 일방의 타인에 대한 법률상 책임(legal responsibility)을 말한다. 일반적으로 배상책임은 ① 계약상 배상책임과 ② 제 3 자 배상책임으로 구분될 수 있다.

계약상 배상책임은 서면계약의 조건에 따른 타인에 대한 일방의 책임을 말한다. 해상사업과 관련하여 사용되는 계약의 예를 들면 ① 운송계약, ② 용선계약, ③ 급유계약, ④ 적재/양하계약, ⑤ 항만당국과의 계약, ⑥ 예인계약, ⑦ 구조계약, ⑧ 선박수리계약 등이다.

제 3 자 배상책임은 계약조건과 관계없이 선주(피보험자)에게 발생한 배상책임을 말한다. 타인 재산의 멸실, 손상을 초래하지 않고, 타인의 권리를 침해하지 않도록 주의의무를 이행하여야 하는 것은 모든 사람에게 보통법 또는 민법상 의무이다. 이러한 주의의무를 이행하지 않음으로써 타인이 손해를 당한 때에는 그러한 타인은 과실 있는 당사자를 상대로 손해를 배상하거나 그 손해에 관한 보상금을 지불하도록 법적 소송을 제기할 수 있는 권리가 있다. 선박충돌로 인한 배상책임이 제 3 자 배상책임에 해당된다.

1-2 선박충돌약관의 도입배경

SG보험증권은 무엇보다도 "바다위험"(perils of the seas)을 부담하기 위한 것이며, 바다의 위험에는 충돌의 위험이 포함된다. 충돌사고로 인한 피보험선박의 손상이나 멸실은 항해과실의 결과이든 아니든 불문하고, SG보험증권에 의해 보상된다.

SG보험증권에서 충돌배상책임이 부담될 수 있는지의 문제가 1836년 De Vaux v. Salvader사건에서 제기되었다. 이 사건에서 피보험자는 상대선에게 지불한 충돌손해배상금은 바다위험으로 인한 손해라고 주장하였다. 그러나 법원은 충돌손해배상금은 바다위험(perils of the seas)의 필연적인 결과도 아니고, 직접적인 결과도 아니며, 국제법의 독단적인 규정에 의해 발생한 것이라는 이유로 보험자로부터 보상받을 수 없다고 판결하였다.

1836년 De Vaux v. Salvador사건의 판결을 계기로 선박보험증권의 보상범위를 확장하여 SG보험증권에서 선박충돌의 결과로 인한 선주의 배상책임이 추가로 보장되어야 한다는 여론이 런던보험시장에서 형성되었다. 결국 그러한 위험의 25%(1/4)를 선주(피보험자)가 부담한다는 데 합의한 후에 런던보험자들은 그와같은 추가보험에 대해 인정하게 되었다.

이 결과 충돌약관이 1854년 표준약관으로서 선박보험증권에 도입되었고, 실무에서는 "충돌약관"(running down clause) 또는 "RDC"라고 부르게 되었다. 충돌약관은 그 후 19세기 말에 도입된 표준선박약관에 하나의 조항으로 삽입되었고, 오늘날까지 선박과 기계를 부담하는 보험증권의 필수조항으로 계속 규정되고 있다. ITC(1983)에서는 "3/4충돌배상책임조항"으로 그 명칭이 변경되었다.

1-3 충돌약관의 추가계약의 성질

제 3 자에 대한 배상책임에 대한 보험은 통상적인 해상보험증권에 첨가된 별개의 추가계약이며, 재산보험(property insurance)이 아닌 별도의 배상책임보험(liability insurance)이다. ITC(1983)의 제 8 조 2항에서는 "이 제 8 조에 의해 제공되는 손해보상액은 이 보험의 조건에 의해 제공되는 손해보상액에 추가된 것이며, 다음의 규정에 따른다"고 규정하고 있다.

이것은 피보험자가 충돌로 입은 피보험선박의 손해에 대해 100%까지 보험금을 청구하고, 별도로 충돌배상책임에 대해 충돌약관에 의해 청구할 수 있다는 것을 의미한다. 이때 충돌손해배상책입의 보험금의 최고한도는 1회의 충돌사고당(any one collision) 협정보험가액의 3/4에 해당되는 금액이다.

제 2 절 충돌배상책임손해의 보상범위

8. 3/4 THS COLLISION LIABILITY.

8.1 The Underwriters agree to indemnify the Assured for three-fourths of any sum or sums paid by the Assured to any other person or persons by reason of the Assured becoming legally liable by way of damages for

8.1.1 loss of or damage to any other vessel or property on any other vessel

8.1.2 delay to or loss of use of any such other vessel or property thereon

8.1.3 general average of, salvage of, or salvage under contract of, any such other vessel or property thereon,

where such payment by the Assured is in consequence of the Vessel hereby insured coming into collision with any other vessel.

8. 3/4 충동배상책임.
8.1 피보험자에 의해 지급된 손해배상금이 피보험선박이 모든 타선박과 충돌한 결과인 경우, 보험자는 피보험자가 다음의 손해에 대해 손해배상금으로서 법률상 배상책임을 부담하게 됨으로써 피보험자에 의해 타인에게 지급한 금액중 3/4을 피보험자에게 보상할 것을 합의한다.
8.1.1 모든 타선박과 타선박에 적재된 재산의 멸실 또는 손상
8.1.2 모든 타선박과 타선박에 적재된 재산의 지연 및 사용이익의 상실
8.1.3 모든 타선박과 타선박에 적재된 재산에 관한 공동해손, 임의구조 또는 계약구조

2-1 제 8 조 3/4 충돌배상책임조항의 취지

ITC(1983)에서는 3/4충돌배상책임조항(3/4 collision liability clause)으로 공식 명칭을 부여하여 약관조항의 취지를 명확히 하고 있으며, 제 8 조 충돌배상책임조항은 모두 아래와 같이 4개 조항으로 구성되어 있다.

① 이 약관조항에 의해 보험자가 보상하는 배상책임손해의 범위(제 1 항)
② 그러한 배상책임손해에 대한 보험자의 손해보상액과 그 결정기준(제 2 항)
③ 선박충돌로 인하여 피보험자가 지출한 소송비용에 대한 손해보상액(제 3 항)
④ 이 약관조항에 의해서도 보험자가 보상하지 않는 면책사항(제 4 항)

특히 제 8 조 1항과 제 8 조 2항 2호는 보험자의 책임이 피보험자의 법률상 배상책임의 3/4과 협정보험가액(일부보험인 경우는 보험금액)의 3/4으로 제한된다고 규정하고 있다. 보험자의 책임을 3/4으로 제한한 목적은 피보험자에게 자기의 손해의 1/4를 부담하게 함으로써 자기의 배상책임을 100%까지 보험자에게 전가한 때보다 보다 각별한 주의를 기울이도록 하고, 그 결과 보험자의 손해가 감소되는 효과를 도모하기 위한 것이다.

20세기에 들어와 선박의 크기와 가액이 증대되고, 해상충돌로 인해 발생하는 선주의 배상책임액도 증대됨에 따라, 그러한 배상책임의 일부를 상호보

험에 가입하는 것이 관례가 되었다. 선주는 3/4충돌배상책임약관을 포함하는 통상적인 양식의 해상보험증권에 의해 보상받을 수 없는 배상책임, 즉 선박충돌로 타인의 고정물체에 입힌 손상에 대한 배상책임, 인체상해, 충돌약관상 각종 기타 면책사항 및 나머지 1/4 충돌배상책임을 보상받기 위하여 상호조합(Mutual Association) 또는 P&I Club에 가입하고 있다.

경우에 따라서 보험자는 피보험자의 요청이 있는 경우 추가보험료에 의해 이 약관조항의 3/4를 삭제하여 선주의 배상책임의 전액을 보상하기도 한다.

2-2 피보험자의 법률상 충돌배상책임과 손해배상금

(1) 실제 지불된 손해배상금과 손해배상금으로서 제 3 자 배상책임

제 8 조 1항의 규정 중에서 제 3 자에게 "피보험자가 지급한"(paid by the Assured)이란 말이 중요하다. 충돌배상책임약관에 의해 보험금이 정산되기 위해서는 반드시 피보험자에 의해 지급된 손해배상금의 증거가 제시되어야 한다.

3/4충돌배상책임조항에 의한 보험자의 보상책임은 충돌로 인해 발생하는 "손해배상금으로서"(by way of damages) 피보험자가 실제 지불한 배상책임에 제한된다. 보험자는 이 조항에 의해 피보험자의 불법행위(tort)에 의한 배상책임, 즉 제 3 자 배상책임(third party liability)만을 보상하고, 불법행위와 관계없는 계약이나 특별법에 의한 배상책임은 보상하지 않는다.

충돌배상책임조항에 의한 보험자의 책임은 어느 경우에도 법률상 배상책임을 초과하는, 즉 계약으로 발생하는 배상책임에 대해서는 책임이 없다.

(2) 손해배상금의 범위

충돌약관은 피보험자의 "법률상" 배상책임(legal liability)만을 부담한다. 이것은 충돌약관의 조건에 따라 법원에서 확정된 배상책임이 존재하여야 한다는 것을 의미한다. 따라서 법률상 배상책임의 엄격한 의미에서는 법원 이외에서 결정된 손해배상금은 인정되지 않는다.

ITC(1983)의 제 8 조에 의한 타선박과의 충돌로 인한 손해배상금의 보상범위는 다음과 같다.

① 타선박 또는 타선박에 적재된 재산의 멸실, 손상: 타선박에 적재된 적하는 물론 승객이나 승무원의 소지품도 포함한다. 그러나 피보험선박에 적재된 재산의 손해에 대하여는 책임이 없다.
② 타선박 또는 타선박에 적재된 재산의 지연이나 사용이익의 상실: 불가동운임이나 선임의 손실, 체선료 등을 포함한다. 피보험선박의 사용이익의 상실손해는 보상하지 않는다.
③ 타선박 또는 타선박에 적재된 재산의 공동해손, 구조 또는 계약구조: 충돌의 결과로서 타선박이나 그 재산에 의해 지출된 공동해손, 구조비용 또는 구조비용 성격의 비용에 관하여 피보험자가 지불한 손해배상금을 보상한다.
④ 손해배상금의 이자: 충돌의 결과로서 피해를 입은 재산의 소유자에게 지급되는 손해액에 추가하여 선주가 지불할 이자(interest)도 영법에 의해 재정된 손해배상금의 일부를 구성한다.
⑤ 소송비용: 보험자가 피보험자의 법률상 배상책임을 방어하거나 책임제한을 적용하기 위해 소송을 제기하기로 합의한 경우, 피보험자의 소송비용중 3/4를 피보험자에게 보상한다. 이것은 충돌약관에 의해 보상되는 금액에 추가되는 것이다.
⑥ 협정보험가액의 3/4의 최고보상한도 및 소손해공제액의 적용: 보험자의 총 손해보상액은 매 충돌당 협정보험가액(보험금액)의 3/4이고, 매 충돌당 소손해공제액이 적용된다. 소송비용은 보험자가 합의한 경우는 별도로 추가 보상된다.

2-3 모든 타선박과 충돌 및 그 결과

(1) 타선박의 의미

충돌약관의 규정은 피보험선박과 모든 타선박 간의 충돌의 결과로서 피보험자에 의해 발생한 배상책임에만 적용된다. “모든 타선박”(any other vessel)이란 말은 협의로 해석되어서는 안 되고, 오직 통상적으로 선박(vessel)으로 간주되는 것을 말한다.

충돌약관에서 의미하는 선박(vessel)은 선박으로서 ① 항행성(navigability)과 ② 유용성(use)의 두 가지 기준이 적용되어야 한다. 즉 선박이란 상행위의 기타 영리목적의 여부를 불문하고 ① 자항능력의 유무, 즉 자체 동력의 유무에 관계없이 항행할 수 있어야 하고 ② 수로에 의해 사람이나 재물을 운송하는 목적을 위해 이용될 수 있어야 한다.

따라서 부선(barge or craft)이나 기중기선(floating crane)은 선박으로 간주되지만, 폐선이나 창고선, 부두대용의 배, 부표(buoy) 등과 같이 운송목적에 이용되지 않고 고정되어 있는 것은 충돌약관의 선박에 해당되지 않는다.

(2) 타선박과 충돌의 범위

타선박과의 충돌(collision)이란 피보험선박과 타선박 간에 실제적인 접촉(actual contact)이나 실제적인 충격(actual impact)이 있어야 한다.

실제 접촉이나 충격이 없으면 충돌약관에 의해 보상받을 수 없다. 피보험선박의 타선박과 충돌 없이 단지 과속항행의 결과로서 타선박이 전복되거나 타선박이 또다른 선박과 충돌한 경우 보험자는 보상책임이 없고, 피보험선박(A선)의 과실로 피보험선박의 실제적인 충돌이나 접촉 없이 다른 B선과 C선이 충돌하거나 B선이 좌초된 경우도 보험자에게 보상책임이 없다.

그러나 반드시 두 선박의 선체(hull) 간에 실제 접촉이 있어야 할 필요는 없고, 피보험선박을 구성하는 일부분이 타선박의 일부분과 접촉하면 충분하다. 예를 들어 정박하고 있는 타선박의 닻에 부딪치는 것도 충돌약관의 의미에 해당되는 선박과의 충돌을 구성하는 데 충분하다. 그러나 피보험선박이 어선에서 1마일의 거리에 있는 어망과 접촉하여 발생한 어망의 손상에 대해 타선박과 충돌은 아니라고 판결하였다.

ITC(1983)의 제 1 조 2항에서 설명한 바와 같이, 해상에서 환적을 위해 선박과 선박 간의 접현과정에서 타선과 충돌로 인한 피보험선박의 손해는 물론 타선박에 대한 손해배상금도 보상하지 않는다.

(3) 선박충돌의 결과로서 손해배상금

보험자는 피보험선박이 타선박과의 충돌한 “결과로서”(in consequence of)

지불된 손해배상금에 대하여 피보험자에게 보상책임이 있다. 즉 피보험선박이 타선박과 직접 충돌에 기인한 경우뿐만 아니라 타선박과 충돌의 결과로서 발생한 타선박이나 적재된 재산의 멸실, 손상, 지연이나 사용이익의 상실, 공동해손이나 구조 또는 계약구조의 손해배상금에 대하여 피보험선박의 보험자는 보상할 책임이 있다는 것이다.

피보험선박과 타선박이 충돌한 결과로서 그 타선박과 또다른 선박이 연쇄충돌한 경우에는 충돌약관상 "충돌의 결과로서"의 손해배상금에 해당되어 보험자에게 보상책임이 있다.

제 3 절 피보험선박의 과실과 보험자의 손해보상액

8.2 The indemnity provided by this Clause 8 shall be in addition to the indemnity provided by the other terms and conditions of this insurance and shall be subject to the following provisions:

8.2.1 Where the insured Vessel is in collision with another vessel and both vessels are to blame then, unless the liability of one or both vessels becomes limited by law, the indemnity under this Clause 8 shall be calculated on the principle of cross-liabilities as if the respective Owners had been compelled to pay to each other such proportion of each other's damages as may have been properly allowed in ascertaining the balance or sum payable by or to the Assured in consequence of the collision.

8.2.2 In no case shall the Underwriter's total liability under Clause 8.1 and 8.2 exceed their proportionate part of three-fourths of the insured value of the Vessel hereby insured in respect of any one collision.

8.2 이 제 8 조에서 규정되는 손해보상액은 이 보험의 다른 조건에 의해 규정되는 손해보상액에 추가되는 것이며, 다음의 규정에 따른다.

8.2.1 피보험선박이 다른 선박과 충돌하고, 쌍방의 선박에 과실이 있는 경우, 일방 또는 쌍방의 선박의 배상책임이 법률에 의해 제한되는 경우를 제외하고, 이 제

8조에 의한 손해보상액은 충돌의 결과로서 피보험자가 지불할 차액이나 금액 또는 피보험자에게 지불될 차액이나 금액의 확정시에 적정한 것으로 인정될 수 있는 쌍방의 손해비율에 따른 각각의 손해배상액을 각각의 선주들이 서로 상호간의 상대방에게 각각 지급하지 않으면 안되는 것으로 간주하여, 교차책임의 원칙에 따라 계산된다.

8.2.2 제8조 1항 및 제8조 2항에서 보험자의 총 보상책임은 어떠한 경우에도 매 충돌당 피보험선박의 협정보험가액의 3/4 중 보험자의 인수비율에 해당되는 부담금액을 초과하지 아니한다.

3-1 쌍방과실충돌과 과실의 분담

(1) 선박충돌사건의 형태

충돌사건은 과실의 유무에 따라 다음과 같이 세 가지로 구분할 수 있다.

① 쌍방의 무과실: 서로 상대방 선박의 선주에 대해 쌍방의 선주 측의 배상책임이 없는 경우이다. 불가항력(act of God)으로 인한 충돌이나 원인불명의 충돌인 경우에는 피해선박은 상대선박에 대해 손해배상을 청구할 수 없다.

② 일방과실: 과실이 있는 선박의 선주가 충돌의 결과로 발생한 전체 손상을 상대선박의 소유자에게 배상할 책임이 있다. 과실선박의 선주는 법에 따라 손해배상책임을 제한할 수 있다.

③ 쌍방과실: 손해배상금이 쌍방 선박의 소유자 간에 분담된다. 과실의 경중에 따라 각 선박소유자의 손해배상책임의 분담문제가 발생한다. 일반적으로 과실비율에 따라 배상하며, 선박충돌사고가 처리되는 국가의 법률과 관습에 따른다.

(2) 쌍방과실의 분담과 국제조약

1910년 벨기에의 Brussel에서 개최된 브뤼셀외교회의에서 "선박충돌에 관한 일부 법률규정의 통일을 위한 국제조약"이 채택되었다. 이를 1910년 선박충돌통일조약 또는 1910년 Brussel조약이라고 부른다. 영국이나 독일, 프랑스, 이탈리아, 일본 등 주요 해운국가에서는 선박충돌조약에 대해 국회 비준을 얻고 있으며, 우리나라 상법도 선박충돌의 경우 사법상 법률관계에 관하여 1910년 통일조약을 참작하여 규정하고 있다.

쌍방과실의 경우 세계적으로 각각의 과실비율에 따라 손해배상의 책임을 분담하고, 과실의 경중을 판정할 수 없는 경우에는 균등분담의 원칙이 적용된다. 충돌과실의 정도와 선주의 배상책임은 쌍방 선주의 합의가 있는 경우를 제외하고, 대부분 해사전문가로 구성되는 해난심판소의 판결에 따르는 것이 각국의 공통된 현상이다.

(3) 단일배상책임과 교차배상책임

ITC(1983)의 제 8 조 2항은 쌍방의 선박에 과실이 있는 경우, 일방 또는 쌍방의 선박의 배상책임이 법률에 의해 제한되는 경우를 제외하고, 충돌약관에 의한 손해보상액은 충돌의 결과로서 쌍방의 손해비율에 따른 각각의 손해배상액을 각각의 선주들이 서로 상호간의 상대방에게 각각 지급하여야 하는 것과 같이 교차책임의 원칙에 따라 계산된다고 규정하고 있다.

법률에 의한 선주의 책임제한이 있는 경우와 일방과실인 경우를 제외하고, 교차배상책임의 원칙에 따른다.

1) 단일배상책임(single liability)

쌍방의 과실로 선박이 충돌한 경우, 과실의 정도와 선박 상호간의 손해배상금이 결정되면, 법원은 배상책임금액이 많은 선박의 손해배상금에서 적은 손해배상금을 공제하여 그 차액을 지불하도록 함으로써 정산된다. 이와 같이 쌍방의 과실이 있는 경우에도 손해배상금을 서로 상계하여 일방으로 하여금 그 차액으로 정산하는 것이 단일배상책임(single liability)이다.

예를 들면 A선박과 B선박이 충돌하고 A와 B의 과실비율이 각각 50%이며, A선박의 손상금액이 $100,000, B선박의 손상금액이 $80,000이라고 가정하자.

법원이 판결한 B의 배상책임액	50% × $100,000 = $50,000
A의 배상책임액	50% × $ 80,000 = $40,000
법원이 재정한 B의 단일배상책임액	$10,000

만약에 이결과를 A선박의 보험증권상 충돌약관에 엄격히 적용하면, A는 아무 것도 실제 "지급"(pay)하지 않았기 때문에 A의 보험자는 제 8 조 1항에 의해 보험금을 지급할 필요가 없다. B보험증권에서 피보험자는 그가 실제 지불한 $10,000의 금액에 대해서만 충돌약관에 의해 보험금을 받을 수 있다.

2) 교차배상책임(cross liability)

법원에서 재정한 단일배상책임액을 적용하면, 쌍방과실에 의한 선박충돌의 경우 피보험자에게 불리한 결과를 가져온다. 왜냐하면 각각의 선주들은 자기 선박의 손상(자기 보험자로부터 손해보상을 받을 수 있음)에 대한 손해배상금은 물론, 체선료와 적하손상(자기 보험자로부터 손해보상을 받을 수 없음)에 대해서도 상대선박으로부터 손해배상금을 받지 못하는 결과가 되기 때문이다.

이와 같은 문제를 해소하고 각각의 경우에 공정한 정산을 위해 충돌약관은 제 8 조 2항 1호의 규정을 삽입하여 교차배상책임의 원칙에 따라 보험금을 계산하도록 규정하고 있다. 즉 상기의 예에서 A선주는 $50,000를 지불하고, B선주는 $40,000를 지불한 것으로 간주하여 보험금을 정산하도록 규정하고 있다. 이 경우 쌍방의 선주간에 실제 정산된 손해배상금은 무시된다.

그러나 충돌약관상 교차배상책임규정은 선박의 일방이 책임을 제한하고 있는 때에는 적용되지 않는다. 왜냐하면 책임을 제한하는 선박은 자기 자신의 배상책임을 제한하는 대가로 타 선박에 대해 자기의 손해배상청구권을 포기하기 때문이다.

3-2 추가보상과 3/4한도의 적용

(1) 추가보상과 소손해공제액의 적용

충돌약관의 추가계약의 성격에 관하여는 설명한 바 있다. 제 8 조 2항이 어떻게 적용되는지를 실제 예를 들어 설명하기로 한다. ITC(1983)이 첨부된 MAR양식의 보험증권에 의해 가입된 선박의 협정보험가액이 $4,000,000이고, 보험증권상 소손해공제액(deductible)이 $30,000미며, 피보험선박이 공하로 항해중 100% 일방과실로 타선박과 충돌하여 심한 손상을 입고 침몰하였다. 피보험자가 타선박과 그 적하의 소유자에게 지불한 손해배상금은 $2,000,000였다면 보험자가 보상하는 보험금은 다음과 같다.

충돌배상책임	$2,000,000 × 3/4	$1,500,000
소손해공제액		− 30,000
		1,470,000
전손보험금		4,000,000
		5,470,000

ITC(1983)의 제12조 소손해공제조항에 의해 충돌배상책임의 보험금에도 보험증권상 소손해공제액이 적용된다. 피보험선박이 충돌로 인해 분손의 손상을 입었다면, 매사고당 또는 매사건당 충돌배상책임 보험금에 다른 분손(손해방지비용이 있는 경우 그 비용 포함)의 보험금을 가산한 합계액에 대해 소손해공제액은 한 번만 적용된다.

충돌사고로 인한 분손 후 전손이 발생하는 경우, 일반 분손 후 전손이 발생하면 분손보험금의 지급 없이 전손보험금(소손해공제액 적용안함)만 지급한다는 MIA 제77조 2항의 규정은 적용되지 않는다. 피보험자는 전손보험금에 추가하여 충돌로 인한 배상책임의 보험금(소손해공제액 적용함)을 보상받을 수 있다.

(2) 3/4한도와 일부보험의 적용

충돌배상책임의 보험금을 계산할 때는 보험증권상 협정보험가액과 피보험자에 의해 발생된 법률상 배상책임을 비교하여야 한다. 보험증권상 보험자의 보상책임은 피보험자의 법률상 배상책임의 3/4이지만, 이러한 배상책임의 보험금은 다시 협정보험가액의 3/4로 제한된다.

보험자가 지급하는 보험금은 결과적으로 충돌배상책임과 협정보험가액중 적은 금액을 기준으로 3/4에 해당되는 금액이다. 보험금에 보험증권상 소손해공제액이 적용된다.

3-3 선주책임제한과 보험자의 책임

ITC(1983)의 충돌배상조항과 관련하여 교차배상책임의 기준에 의한 정산은 쌍방과실이 있는 피보험자와 타선박의 선주 중 어느 일방이라도 그 책임을 제한하는 경우에는 적용되지 않는다. 책임제한이 있는 경우 충돌배상책임의 보험금은 법원에서 결정된 단일배상책임을 기준으로 정산된다.

충돌배상책임조항(제 8 조 3항)에 의하면, 충돌배상책임의 클레임에 대한 소송과 관련하여 피보험자는 반드시 보험자의 사전 동의를 얻어야 한다. 따라서 선주는 책임제한의 적용이 그들에게 유리하게 작용하는지를 확인하기 위해서 책임을 제한하기 전에 보험자의 자문을 받아야 한다.

강조되는 것은 충돌배상책임조항의 제 8 조 2항 1호에서 규정한 교차배상책임의 기준은 오직 보험증권상 보험금을 계산하기 위해서만 사용되고, 충돌선박 중 어느 일방이 자기의 책임을 제한하지 않는 경우에 한하여 사용된다는 점이다. 그러나 법원에서 선주 간의 실제 정산은 책임제한이 있든 없든 항상 단일배상책임을 기준으로 결정된다.

제 4 절 소송비용과 보험자의 면책사유

4-1 충돌배상책임사건의 소송비용 추가보상(제 8 조 3항)

8.3 The Underwriters will also pay three-fourths of the legal costs incurred by the Assured or which the Assured may be compelled to pay in contesting liability or taking proceedings to limit liability, with the prior written consent of the Underwriters.

8.3 보험자의 사전 서면동의를 얻어 피보험자가 지출한 소송비용 또는 배상책임에 관해 의의를 제기하거나 배상책임을 제한하기 위해 소송을 제기하는데 피보험자가 지불하지 않으면 안 되는 소송비용의 3/4에 대하여도 보험자는 보상한다.

충돌손해배상금에 추가하여 그에 따른 소송비용(legal costs)의 3/4에 대해서도 보험자가 보상한다. 다만, 소송비용이 보상되기 위해서는 반드시 보험자의 사전 서면동의를 필요로 한다. 현행 피보험자의무조항에서는 충돌배상책임에 관한 소송비용을 손해방지비용에서 명시적으로 제외시키고 있다.

소송비용에 관한 상기 제 8 조 3항의 약정이 충돌배상책임조항의 제 8 조 1항과 2항의 규정을 보충하는 것으로, 소송비용이 피보험자의 손해배상금에 관한 보험자의 최대보상한도에 추가하여 보상된다.

충돌사건의 경우 손해를 입은 당사자는 충돌선박에 대한 해상유치권을 갖고 그 선박을 압류할 수 있다. 충돌배상책임의 문제에 대한 결정이 지연되는 경우에 압류당한 선주는 자기의 선박을 방면시키기 위해서는 담보를 제공하지 않으면 안 된다.

대부분의 경우에 보석금 대신에 선주의 보증서 또는 P&I Club의 보증서가 인정된다. 선주가 보석금을 제공하여야 하는 경우에는 영국의 실무상 보석금(bail fees)은 방어비용으로 간주된다. 보석금에 대한 보험자의 보상책임은 3/4에 한정되고, 충돌조항에 의해 보상될 수 있는 손해배상금에 관하여 보석금이 제공되는 때에 한하고, 충돌조항상 최대배상책임액을 초과하지 않는 보석금인 경우에 한한다.

4-2 충돌배상책임조항상 보험자의 면책사유

EXCLUSION

8.4 Provided always that this Clause 8 shall in no case extend to any sum which the Assured shall pay for or in respect of

8.4.1 removal or disposal of obstructions, wrecks, cargoes or any other thing whatsoever

8.4.2 any real or personal property or thing whatsoever except other vessels or property on other vessels

8.4.3 the cargo or property on, or the engagements of, the insured Vessel

8.4.4 loss of life, personal injury or illness

8.4.5 pollution or contamination of any real or personal property or thing whatsoever (except other vessels with which the insured Vessel is in collision or property on such other vessels).

면책사항
8.4 항상 이 제8조는 다음의 사항에 대하여 피보험자가 지급할 일체의 금액은 어떠한 경우에도 보상하지 않는다는 것을 조건으로 한다.
8.4.1 장애물, 난파물, 적하, 또는 기타 일체의 물건의 제거 또는 처분
8.4.2 타선박이나 타선박에 적재된 재산을 제외한 부동산, 동산, 또는 기타 물건
8.4.3 피보험선박에 적재된 적하나 기타 재산 또는 피보험선박의 사용계약
8.4.4 사망, 신체상, 또는 질병
8.4.5 부동산, 동산, 또는 기타 물건(피보험선박과 충돌한 타선박, 또는 그러한 타선박에 적재된 재산 제외)의 오염 또는 오탁

충돌배상책임조항은 어느 경우에도 다음 사항에 관한 멸실, 손상 또는 비용에 대한 피보험자의 제3자 배상책임 또는 계약상 배상책임을 보상하지 않는다.

① 난파선 등의 제거 또는 처분
② 타선박이나 타선박에 적재된 재산을 제외한 재산
③ 피보험선박에 적재된 재산
④ 사망이나 상해 또는 질병
⑤ 오염 또는 오탁

(1) 난파선 등의 제거 또는 처분

난파물의 제거의무는 관련 선주의 과실유무에 관계없이 수로상 장애가 되고 있는 선박의 소유자나 관리자에게 있다. 그러므로 선주나 관리자는 자기측의 과실이 없는 경우에도 장애물이 된 난파선의 제거에 대해 책임이 있다.

타선박의 과실에 의한 선박충돌의 결과 피보험선박이 침몰되거나 좌초되어 항해상 장애를 초래하고, 피보험자가 난파선의 제거에 대해 책임이 있다고 판결되는 경우, 피보험자는 타선박으로부터 손해배상금을 청구할 수 있는 권리가 있다. 그러나 난파선의 제거를 위해 발생한 비용에 대한 보상에 관한 클레임은 선박보험증권에는 적용되지 않는다.

(2) 타선박 또는 타선박에 적재된 재산을 제외한 재산

이 면책사항은 충돌조항상 "충돌"에 해당되지 않는 배상책임손해이다. 즉 충돌조항에 의해 보상되는 배상책임은 오직 피보험선박과 타선박과의 물리적 접촉이 있는 경우에만 적용되기 때문이다.

충돌조항에 의하면 피보험선박이 타선박을 제외한 어떠한 물체와의 접촉으로 야기된 멸실, 손상 또는 비용에 대해서 피보험자에 의해 발생한 배상책임을 보상하지 않는다.

(3) 피보험선박에 적재된 적하, 재산 또는 사용계약

선하증권통일조약(Hague/Visby Rules)이나 이 조약을 수용하는 대부분의 국가의 법률에 의하면, 피보험자의 사용인측의 항해과실에 의해 충돌이 초래되는 경우에도 충돌로 인하여 피보험선박에 적재된 적하에 발생한 손해에 대해 선주(운송인)는 책임이 없다고 규정하고 있다. 따라서 피보험선주에게 법률상 배상책임이 발생하지 않는 손해이다.

운송계약서에 그러한 면책사항(항해과실)을 규정하지 않은 경우에도, 충돌로 인한 피보험선박에 적재된 화물의 손해에 대한 피보험선주의 배상책임에 관하여 보험자는 충돌조항에 의해 보상하지 않고, P&I Club에서 보상받을 수 있다.

충돌약관에 의해 보상되는 타선박의 사용이익의 상실손해와는 달리, 제 8조 4항 3호는 충돌의 결과로 피보험자가 상실한 운임이나 기타 사용수입에 대해서는 면책임을 명확히 하고 있다. 피보험선박의 사용계약에 관해 피보험자가 지불해야 할 손해배상금이나 상실운임이 있는 경우 P&I Club에서 보상받을 수 있다.

(4) 사망이나 상해 또는 질병

충돌조항에 의하면 어떠한 원인에도 불구하고, 개인의 인명이나 신체상해, 질병은 면책이다. 그러한 배상책임은 계약조건(예를 들면 선원이나 승객과의 계약, 적재 또는 양하계약, 화물운송계약 등)에 의해 발생할 수 있고, 제 3 자 배상책임에 의해 발생할 수도 있다.

보험자는 어느 경우이든 그와 같은 배상책임에 대하여는 충돌조항에 의해 보상하지 않는다는 것을 분명히 하고 있다. 그러한 인명이나 상해 또는 질병의 당사자가 피보험선박에 승선하고 있든 타 선박에 승선하고 있든, 다른 곳에 있든 관계없이 보험자는 면책이다.

(5) 오염 또는 오탁

해상유류오염으로 인한 막대한 환경손상과 그 오염을 제거하는 어려움과 비용문제가 세계적인 관심사로 부각되면서 ITC(1983)에 제 7 조 오염위험조항이 신설되었음을 설명한 바 있다. 그러나 유류오염에 관한 배상책임은 선박보험자가 감당할 수 없는 막대한 금액까지 부담될 수 있다는 것을 보험자들이 잘 인식하고 있다.

이에 따라 보험자들은 3/4충돌배상책임조항에서 면책으로 규정하고 있다. 오염과 오탁(pollution or contamination)의 면책사항에는 실제적으로 명시하고 있지는 않지만, 오염의 제거비용(clean up costs)에 대한 배상책임이 면책에 포함된다.

중요한 것은 피보험선박과 충돌한 타선박이나 그러한 타 선박에 적재된 재산의 오염 또는 오탁에 대한 배상책임은 제 8 조 4항 5호의 면책사항에 적용되지 않는다는 것이다. 예를 들면 대형 유조선인 피보험선박의 일방과실로 정박중에 있는 타선박과 충돌하여 양 선박이 심한 손상을 입었고, 그 손상부분을 통해 기름이 유출되고 타선박의 선창에 유입되었다. 그 결과 법원은 타선박과 그 적하의 손상에 대한 손해배상금과 함께 타선박의 선창내 유류제거비용과 그 적하의 오탁손해 및 오염의 결과로 항만당국에 의해 발생된 해상유류제거비용에 대해 피보험자에게 배상책임이 있다고 판결하였다.

이 경우 보험자는 보험금액의 한도 내에서 충돌약관에 의해 다른 충돌배상금과 함께 타선박의 선창내 유류제거비용과 그 적하의 오탁손해에 대한 피보험자의 배상책임을 보상해야 한다. 그러나 충돌약관에 의해서는 항만당국에 의해 발생된 해상유류제거비용에 대한 피보험자의 배상책임에 대하여 보상되지 않는다.

제 5 절 자매선조항(Sistership)(제 9 조)

9. SISTERSHIP. Should the Vessel hereby insured come into collision with or receive salvage services from another vessel belonging wholly or in part to the same Owners or under the same management, the Assured shall have the same rights under this insurance as they would have were the other vessel entirely the property of Owners not interested in the Vessel hereby insured: But in such cases the liability for the collision or the amount payable for the services rendered shall be referred to a sole arbitrator to be agreed upon between the Underwriters and the Assured.

9. 자매선(SISTERSHIP). 피보험선박이 전부 또는 일부가 동일 선주에게 소속되거나 동일한 관리하에 있는 타선박과 충돌하거나, 또는 그러한 타선박으로부터 구조 서비스를 받은 경우에는, 타선박이 피보험선박에 전혀 이해관계가 없는 소유자의 재산인 경우 피보험자가 가졌을 동일한 권리를 피보험자는 이 보험에서 갖는다. 그러나 그러한 경우에도 충돌에 대한 배상책임 또는 구조작업에 대해 지급할 금액은 보험자와 피보험자 간에 합의하여 선정한 1인의 중재인의 재정에 따른다.

5-1 자매선조항의 도입과 취지

ITC(1983)의 제 8 조 충돌배상책임조항은 오직 피보험선박과 타선박의 충돌의 결과로 피보험자에 의해 발생된 "법률상"(legal) 배상책임만을 보상한다. 그러므로 피보험선박이 자매선(동일한 소유자의 재산인 선박 또는 동일한 운항자에 의해 관리되고 있는 선박)과 충돌한 경우에는 "법률상" 배상책임이 존재할 수 없다. 왜냐하면 사람은 자기 스스로를 상대로 제소할 수 없다(a person cannot sue himself)는 법리 때문이다.

이 약관조항은 1877년 Simpson v. Thomson사건에 계기로 도입되었다. 이 사건에서 피보험선박은 동일한 선주에 속하는 타선박과 충돌하여 침몰하였다. 타선박의 과실이었으므로 피보험선박에 대해 전손보험금을 지급한 보험자는 타선박으로부터 그 손해를 회수하려고 하였다. 그러나 법원은 사람은 자기 스스로를 상대로 제소할 수 없다고 판결하였고, 보험자는 법률상 구상권을 대위하지 못하였다.

이와 같은 원칙을 기초로 피보험선박이 자매선과 충돌한 경우 두 선박 간에 법적 소송이 제기될 수 없다면, 충돌약관상 클레임도 성립될 수 없다. 쌍방의 선박이 동일한 보험자에게 가입되어 있고, 선박의 멸실, 손상만이 발생한 경우에는 문제가 되지 않을 수 있다. 왜냐하면 충돌배상조항과 관계없이 해당 보험증권에 의해 선박의 멸실, 손상에 대한 보험금이 모두 지급되기 때문이다.

그러나 충돌의 결과로 적하의 멸실, 손상 또는 양선박의 사용이익의 손해가 있는 경우, 피보험자가 충돌조항에 의해 보험금을 청구할 수 없다면 피보험자는 피해를 입게 된다. 이와 같은 상황에 대처하여 피보험자를 보호하기 위해 자매선조항을 삽입하고 있다.

5-2 자매선조항의 내용

충돌배상책임조항은 오직 피보험자가 충돌로 인한 법률상 배상책임을 부담하는 경우에만 적용된다. 이것은 충돌조항에 의한 보험금은 오직 법원에 의해 재정된 금액만을 기초로 한다는 것을 의미한다. 따라서 법원 밖(out of court)에서의 임의정산과 중재에 의한 정산은 충돌조항에는 해당되지 않는다.

그러나 이 자매선조항에 의하면 보험자와 피보험자 간에 합의하여 선정한 1인의 중재인에게 충돌로 인한 배상책임문제를 위임하여 그 중재인이 재정한 금액으로 정산한다. 중재에 의한 정산은 자매선(동일 선주 또는 동일 관리자에 소속된 선박) 간의 충돌뿐만 아니라 구조작업에 대해서도 적용된다. 선박충돌배상금은 물론 구조비용에 대해서도 보험자와 피보험자가 합의한 1인의 중재인(a sole arbitrator)의 결정에 따른다.

자매선 간의 충돌사고가 서로 다른 선주에게 속하는 선박 간의 충돌로 간주되기 때문에, 교차배상책임을 기준으로 상호 정산한 손해배상금이 보상되고, 두 선박이 서로 다른 보험자와 보험계약을 체결하고 있는 경우에는 해당 보험증권상 피보험자의 권리를 대위하여 타선박의 보험자로부터 손해에 대한 구상권을 행사할 수 있다.

CHAPTER

5

협회기간약관(선박)의 손해관련조항과 면책조항 등

제 1 절 클레임 · 입찰통지조항(Notice of Claim and Tender) (제10조)

이 약관조항은 피보험선박의 사고발생시 피보험자가 일방적으로 수리장소나 수리항구 또는 수리회사를 결정함으로써 부당한 수리비에 대한 보험자의 불이익을 방지하기 위하여 도입된 조항으로, 사고발행 시 피보험자의 의무와 선박수리에 관해 피보험자가 준수해야 할 의무 및 보험자의 권리를 규정한 조항이다.

클레임 · 입찰통지조항은 ① 사고통지의무, ② 수리장소와 수리회사에 관한 보험자의 권리, ③ 보험자의 수리에 관한 입찰권 및 입찰기간중 사용이익의 손해보상, ④ 통지의무의 불이행에 따른 벌칙규정 등 4개항으로 구분하고 있다.

1-1 사고통지의무(제10조 1항)

10. NOTICE OF CLAIM AND TENDER.

10.1 In the event of accident whereby loss or damage may result in a claim under this insurance, notice shall be given to the Underwriters prior to survey and also, if the Vessel is abroad, to the nearest Lloyd's agent so that a surveyor may be appointed to represent the Underwriters should they so desire.

10. 사고와 입찰 통지(NOTICE OF CLAIM AND TENDER).

10.1 이 보험에 의해 보험금을 청구하게 될 멸실, 손상을 초래한 사고가 발생한 경우, 보험자가 원하는 경우 보험자를 대리하는 손해검정인을 선임할 수 있도록 손해검정 이전에 보험자에게 통지하여야 하고, 선박이 외국에 있는 경우에는 가장 가까운 곳의 로이즈대리점에도 통지하여야 한다.

이 조항은 보험사고가 발생한 경우 보험자에게 통지할 것을 요구하고 있다. 실무상으로 선장은 피보험자에게 통지하고, 피보험자는 보험중개인을 통해서(영국의 경우) 또는 그 자신이 직접 보험자에게 통지한다. 특히 중요한 것은 피보험자가 손해검정을 하기 전에 사고통지가 보험자에게 주어져야 한다는 것이다.

이 약관조항은 선박이 해외에 있는 경우 사고발생 후 그곳에서 가장 가까운 로이즈대리점(Lloyd's Agent)에 사고 통지할 것을 요구하고 있다. 이것은 피보험자가 선임한 손해검정인의 손해조사와는 별도로, 피보험자의 손해조사가 실시되기 전에 보험자가 자기를 대리하는 손해검정인(surveyor)을 선임할 수 있도록 하기 위한 것이다.[25)]

중요한 것은 가장 가까운 로이즈대리점에 통지한다고 해서 보험자에 대한 통지가 면제되지 않는다는 점이다. 대리점에 대한 사고통지는 보험자에 대한 통지의 추가요건이기 때문이다.

---

25) 실무상 피보험자는 손해의 원인과 손해 정도를 확인하기 위해 보험회사 또는 그 대리점이 지정하는 손해정정인(surveyor)에게 손해검정을 의뢰하여야 하고, 사고일시와 장소, 사고발생상황, 손해의 범위와 정도(또는 감가율) 및 손해의 원인에 대한 의견 등을 포함하는 손해정정보고서(survey report)와 그에 따른 기타 증거서류 등을 입수하여 보험회사에 제출하여야 한다. 보험회사의 클레임사정인(claim adjuster)은 손해검정보고서를 기초로 해당 보험약관과 관계법규의 규정에 따라 보험금을 정산한다.

1-2 수리장소와 수리회사에 관한 보험자의 권리(제10조 2항)

10.2 The Underwriters shall be entitled to decide the port to which the Vessel shall proceed for docking or repair (the actual additional expense of the voyage resulting from compliance with the Underwriters' requirements being refunded to the Assured) and shall have a right of veto concerning a place of repair or a repairing firm.

10.2 보험자는 선박이 입거 또는 수리를 위해 항행할 항구를 결정할 권리가 있고 (보험자의 요구에 부응함으로써 발생하는 항해의 추가실비는 피보험자에게 환급함), 수리장소 혹은 수리회사에 관하여 거부권이 있다.

보험자는 손상을 입은 피보험선박의 입거 또는 수리(docking or repair)를 위한 항구를 결정할 권한이 있고, 피보험자가가 선택한 수리장소 또는 수리회사에 대한 거부권이 있다. 즉 피보험선박의 수리항구의 선택권과 수리를 위한 조선소에 대한 거부권이 있다.

보험자는 선박의 수리를 위해 피보험자가 선택한 가장 편리한 장소에 대해 통상적으로 반대하지 않지만, 보험자는 선박이 수리를 목적으로 회항하여야 할 운항거리에 대해 이해관계를 가지고 있다. 왜냐하면 보험자가 회항비용(expenses of removal)을 보상하여야 하기 때문이다. 이에 따라 보험자는 수리장소를 선택할 수 있는 권리를 가지고 있다.

이 조항은 수리장소는 물론 수리회사에 대한 거부권을 보험자에게 부여하고 있다. 이것은 보험자가 반드시 선박의 수리회사를 선택하여야 한다는 것을 의미하지 않는다. 보통은 피보험자가 선택한 수리회사에 대해 반대하지 않는다.

보험자는 수리가 적절히 수행되는지에 관해 이해관계를 가지고 있다. 따라서 선박이 현재 정박중인 장소의 수리회사와 동등한 자격을 구비한 그곳에서 먼 거리에 떨어져 있는 수리회사 중에서 선택권이 주어진 경우, 보험자는 이 약관조항상 권리를 행사하여 보다 가까운 장소의 수리회사를 선택한다.

1-3 보험자의 입찰권 및 입찰기간중 사용이익의 보상(제10조 3항)

10.3 The Underwriters may also take tenders or may require further tenders to be taken for the repair of the Vessel. Where such a tender has been taken and a tender is accepted with the approval of the Underwriters, an allowance shall be made at the rate of 30% per annum on the insured value for time lost between the despatch of the invitations to tender required by Underwriters and the acceptance of a tender to the extent that such time is lost solely as the result of tenders having been taken and provided that the tender is accepted without delay after receipt of the Underwriters' approval.

Due credit shall be given against the allowance as above for any amounts recovered in respect of fuel and stores and wages and maintenance of the Master Officers and Crew or any member thereof, including amounts allowed in general average, and for any amounts recovered from third parties in respect of damages for detention and/or loss of profit and/or running expenses, for the period covered by tender allowance or any part thereof.

Where a part of the cost of the repair of damage other than a fixed deductible is not recoverable from the Underwriters the allowance shall be reduced by a similar proportion.

10.3 보험자는 선박의 수리에 대하여 입찰에 회부하거나, 또다른 추가입찰에 회부할 것을 요구할 수 있다. 그러한 입찰이 붙여지고 하나의 입찰이 보험자의 승인을 얻어 낙찰되는 경우에는, 보험자가 요구한 입찰안내장의 발송시기와 낙찰시기 간에 상실된 기간에 대하여 협정보험가액에 관한 연 30%의 비율로 일정액이 지급되고, 그 지급금액은 오직 입찰이 붙여진 결과로서 상실된 그러한 기간을 한도로 하며, 입찰이 보험자의 승인을 얻은 후 지체 없이 낙찰된 것을 전제조건으로 한다.

입찰로 인해 상기 일정액의 계산에 포함되는 기간이나 그 일부의 기간 동안에 대하여, 공동해손으로서 인정된 금액을 포함하여 연료, 소모품, 선장과 고급선원, 보통선원 및 이들 일부의 급료와 부양비에 관하여 회수되는 금액, 휴항이나 수익의 상실 또는 경상비에 대한 손해배상금에 관해 제 3 자로부터 회수되는 금액을 상기 지급금액에서 공제한다.

정해진 소손해공제액 이외의 손상수리비의 일부가 보험자로부터 보상되지 않는 경우에는, 그 지급금액도 동일한 비율로 감액된다.

(1) 입찰의 회부

이 약관조항에서 "입찰"(tender)이란 제일 유리한 내용을 표시한 수리회사와 선주가 수리계약을 체결할 목적으로 선박 수리를 담당하기를 희망하는 수리회사로 하여금 견적가격을 제출하게 하는 일을 말한다. 영국의 실무에서는 여러 곳(가능한 경우 3개 회사)의 수리회사로부터 입찰견적서를 받아보는 것이 통상적인 관례이다.

보험자는 피보험자가 통상적인 관례에 따라 여러 곳의 수리회사로부터 수리견적서를 받아볼 것으로 예상하고 있는 한편, 보험자는 제10조 2항에서와 같이 피보험자가 선택한 수리회사에 대한 거부권을 유보하고 있다. 이것은 보험자가 그 입찰을 승인할 때까지 피보험자에 의해 어떠한 입찰도 낙찰하여서는 안 된다는 것을 의미한다.

피보험자에 의해 확보된 입찰 중 어느 곳에도 낙찰하지 않도록 보험자가 권고하는 경우, 보험자는 피보험자에게 추가입찰의 회부를 요청하거나 또는 그들 스스로가 추가입찰에 회부할 수도 있다.

(2) 사용이익의 손해에 대한 보상

ITC의 선박보험증권에서는 보험사고로 인한 선박의 손상은 보상하지만, 보험사고의 결과로서 발생하는 선박의 사용이익의 손해는 피보험자에게 보상하지 않는다. 그러나 예외로서 보험자는 입찰요청을 하고 응찰을 기다리는 동안 피보험자의 사용이익의 손해에 대하여는 관계가 있다.

첫번째의 입찰통보에 관련되는 경우에 한하여 그것은 통상적인 상거래상의 손해이므로 선박보험증권에서는 보상되지 않는다.

그러나 보험자가 추가입찰에 회부하는 권리를 행사하거나 피보험자에게 추가입찰에 회부하도록 요구한 결과로서 추가적으로 지연이 초래되는 경우, 보험자는 추가입찰통보서가 송부된 때부터 그러한 입찰에 대해 보험자의 승인을 받아 피보험자에 의해 낙찰되는 때까지 기간동안의 피보험선박의 사용이익의 손해를 피보험자에게 보상한다.

그러한 보상은 보험자가 승인한 후 부당하게 지체하지 않고 피보험자가 그 입찰을 받아들일 것을 전제조건으로 하고 있다. 심지어 추가입찰 중 어떤 것도 낙찰되지 않고 그전의 첫번째 입찰 중 하나로 낙찰하는 경우에도 보상금액을 지급한다는 취지를 명확히 규정하고 있다.

(3) 재입찰기간중 사용이익의 보상금액의 계산기준

보험자의 요구에 따라 재입찰의 결과로 상실한 기간, 즉 재입찰안내장의 발송 시부터 보험자의 승인을 얻어 피보험자가 낙찰하기까지 기간에 대해 협정보험가액에 관한 연간 30%의 비율로 계산한 일정 금액을 보상한다.

예를 들면 보험증권상 협정보험가액이 $1,217,000인 경우, 30%는 $365,100이고, 1일에 대한 보상금액은 $1,000이다. 이 금액에 재입찰안내서가 송부된 때부터 낙찰되는 때까지의 일수를 곱하면 보험자가 지불하는 보상금액이 된다.

그러나 재입찰기간에 대한 보험자의 보상금액은 선박수리의 지연으로 인한 선박의 불가동손실을 초과하는 금액을 보상하는 것은 아니다. 따라서 수리지연으로 인한 보상금액의 계산에 포함되는 기간에 대하여 ① 공동해손으로 인정된 금액을 포함하여 연료, 소모품, 선장과 선원의 급료와 부양비로 회수된 금액, ② 휴항, 수익의 상실 또는 경상비에 대해 손해배상금으로 제 3 자로부터 회수된 금액이 있으면 이를 보험자의 보상금액에서 공제하여야 한다.

또한 손상수리비의 일부가 보험증권상 보험자의 보상부분이 아니면 동일한 비율로 상기 보상금액이 감액된다고 규정하고 있다. 즉 선박이 일부는 보험자의 계정상 피보험위험으로 인한 손상이 수리되고, 일부는 피보험자의 계정상 피보험위험과 관련없는 손상이 수리되는 경우, 재입찰기간에 따른 보험자의 보상금액은 피보험자의 수리비가 전체 수리비에 대한 차지하는 비율만큼 감액된다. 그러한 감액비율에는 보험증권상 소손해공제액 때문에 피보험자가 부담하는 금액은 포함하지 않는다.

상기 예에서와 같이, 보험증권상 협정보험가액이 $1,217,000이고 소손해공제액이 $50,000인 경우, 전체 수리비 $150,000 중 피보험자 부담분이 $20,000이며, 재입찰에 따른 지연기간이 30일이고, 공동해손이나 제 3 자로부터 회수되는 금액이 없다고 가정하면, 재입찰에 따른 보험자의 보상금액은 다음과 같이 계산된다.

	보험자의 계정	피보험자의 계정
수리비 $150,000	$130,000	$20,000
보상금액 $30,000	$26,000	
($1,217,000 × 30% × 30/365)	($30,000 × 130,000/150,000)	

1-4 통지의무의 불이행에 따른 벌칙규정(제10조 4항)

> 10.4 In the event of failure to comply with the conditions of this Clause 10 a deduction of 15% shall be made from the amount of the ascertained claim.

> 10.4 이 제10조의 조건을 불이행한 경우, 확정 보험금에서 15%의 금액을 공제한다.

피보험자가 자기 자신의 손해조사를 실시하기 전에 반드시 보험자에게 사고통지를 하여야 한다. 보험자는 확정된 보험금에서 15%를 공제할 것이기 때문이다. 또한 보험자에게 수리장소와 수리회사에 대한 거부권을 행사할 수 있는 기회를 제공하지 않고, 피보험자가 수리를 실시하는 경우에도 확정된 보험금에서 15%가 공제된다.

전체 손상수리비 또는 경우에 따라 추정전손의 보험금에 15%의 공제가 적용된다. 손상수리비에 대해 보험증권상 소손해공제액을 적용한 후 전체 보험금의 85%만을 보험자가 지급한다. 매사고당 적용하는 소손해공제액과 같이 15%의 범칙금도 매사고당 적용된다.

제 2 절 공동해손구조조항(General Average and Salvage)(제11조)

ITC(1983)의 제11조는 4개항으로 그 내용을 요약하면 다음과 같다.

① 공동해손분담금과 구조비용에 대한 선박의 비례분담금 보상, 일부보험의 적용과 공동해손희생의 직접보상
② 항해종료항의 법률과 관습에 따른 공동해손의 정산원칙 및 해상운송계약서에 규정되어 있는 경우 요오크엔트워프규칙에 따른 정산
③ 용선되지 않고 공하로 항행하는 경우 첫번째 항구에 도착시를 기준으로 요오크엔트워프규칙의 적용
④ 피보험위험과 관련하여 손해가 발생한 경우에 한하여 공동해손과 구조비용의 보험금 인정 등이다.

2-1 일부보험의 적용 및 공동해손희생의 직접보상(제11조 1항)

> 11. GENERAL AVERAGE AND SALVAGE.
> 11.1 This insurance covers the Vessel's proportion of salvage, salvage charges and/or general average, reduced in respect of any under-insurance, but in case of general average sacrifice of the Vessel the Assured may recover in respect of the whole loss without first enforcing their right of contribution from other parties.

> 11. 공동해손 및 구조(GENERAL AVERAGE AND SALVAGE).
> 11.1 이 보험은 구조와 구조비용 및 공동해손의 선박의 비례부분 중에서 일부 보험에 관하여는 감액된 금액을 보상한다. 그러나 선박의 공동해손희행의 경우, 피보험자는 다른 당사자에 대해 분담청구권을 우선적으로 행사하지 않고도 손해 전액을 보상받을 수 있다.

(1) 일부보험의 적용

ITC(1983)의 제11조 1항은 MIA의 규정을 강조하기 위해서 규정한 것이다. MIA 제73조 1항은 피보험자가 공동해손분담금을 지불하였거나 지불할 책임이 있고, 보험의 목적이 그 분담가액의 전부에 대해 보험에 가입되어 있지 않는 경우, 보험자가 지급하는 손해보상액은 일부보험에 대한 비율로 감액된다고 규정하고 있다.

이 조항은 구조비용이나 공동해손에 대한 피보험자의 비례분담분을 보상하고, 협정보험가액(보험금액)이 선박의 분담가액에 미달하는 경우에는 그러한 비례분담분은 일부보험의 경우와 같이 일부보험의 비율만큼 감액된다고 규정하고 있다.

상기 규정에서 공동해손뿐만 아니라 구조비용을 동시에 규정하고 있는 것은 실제에 있어서 구조행위가 대부분 공동해손행위에 해당되고, 서로 다른 기준으로 보험금이 계산된다면 곤란한 문제가 발생하기 때문이다.

(2) 공동해손희생손해의 직접보상

이 조항에서는 MIA 제66조 4항에서 공동해손희생손해에 대해 피보험자에게 허용하고 있는 직접청구권을 그대로 규정하고 있다. 따라서 공동해손으로 인정되는 공동해손희생손해는 타당사자들에 대한 분담청구권의 행사없이 보험자가 전액 보상한다.

중요한 것은 일부보험의 문제는 공동해손희생에 관하여는 적용되지 않는다는 것이다. 상기 규정에서 일부보험의 문제는 공동해손분담금의 선박의 비례부분에 대해서만 국한하고 있기 때문이다.

2-2 항해종료항의 법률과 관습 및 Y/R규칙에 따른 정산

> 11.2 정산은 해상화물운송계약서에 그 정산문제에 관해 특별한 조건을 포함하고 있지 않은 경우와 같이, 항해가 종료되는 장소에서 행하여지는 법률과 관습에 따른다. 그러나 해상화물운송계약서에 요오크엔트워프규칙에 따른다고 규정하고 있는 경우, 그 정산은 동규칙에 따른다.

> 11.2 Adjustment to be according to the law and practice obtaining at the place where the adventure ends, as if the contract of affreightment contained no special terms upon the subject: but where the contract of affreightment so provides the adjustment shall be according to the York-Antwerp Rules.

해운실무에서 운송계약서에 공동해손정산에 관한 특별한 규정이 없는 경우, 국제법에 의하면 공동해손정산은 항해가 종료되는 장소의 법과 관습에 따라야 한다. 이에 따라 ITC(1983)의 제11조 2항에서는 운송계약서상 공동해손의 정산에 관한 명시규정이 없는 경우 항해가 종료되는 장소의 법과 관습에 따라 정산한다고 규정하고 있다.

공동해손정산에 대해 각국의 법률상 차이 때문에 운송인과 화주들은 관습적으로 Y/A규칙의 적용에 대해 합의하고 있으며, 보험자는 Y/A규칙을 기초로 공동해손을 정산한다. Y/A규칙이 적용되지 않은 경우, 보험자는 항해가 종료하는 장소의 법과 관습에 따라 보험자의 책임이 결정된다.

2-3 용선계약이 없이 공하(空荷)로 항행하는 경우 Y/A규칙의 적용

> 11.3 Where the Vessel sails in ballast, not under charter, the provisions of the York-Antwerp Rules, 1994 (excluding Rules XX and XXI) shall be applicable, and the voyage of this purpose shall be deemed to continue from the port or place of departure until the arrival of the Vessel at the first port or place thereafter other than a port or place of refuge or a port or place of call for bunkering only. If at any such intermediate port or place there is an abandonment of the adventure originally contemplated the voyage shall thereupon be deemed to be terminated.

> 11.3 선박이 용선되지 않고 공하로 항행하는 경우, 1994년 요오크엔트워프규칙의 규정(제20조와 제21조 제외)이 적용되고, 이 목적을 위한 항해는 출항항이나 출항장소로부터 피난항이나 장소 또는 연료보급만을 위한 기항항이나 장소을 제외한 출항후 최초의 항구나 장소에 선박이 도착할 때까지 계속되는 것으로 간주한다. 만약 그러한 중간항이나 장소에서 원래의 예정항해가 포기된 경우에는, 항해는 그때에 종료된 것으로 간주한다.

선박이 용선계약이 없는 상태에서 공하(空荷)로 항행하는 경우에는, 해상사업에 둘 이상의 공동의 이해당사자가 존재하지 않기 때문에 공동해손행위가 존재할 수 없다. 상기 규정은 이 경우에도 보험자는 공동의 이해당사자가 존재하는 것으로 간주하여 1994년 Y/A규칙을 적용한다고 규정하고 있다.

그렇지만 Y/A규칙의 제20조 공동해손기금의 조달과 제21조 공동해손으로 배상되는 손해의 이자에 관한 규정은 적용되지 않는다. 왜냐하면 공동해손기금이 갹출되지도 않고 공동해손공탁금이 필요 없으며, 그에 따라 고려되어야 할 공탁금에 대한 이자가 존재하지 않기 때문이다.

적하를 운송하는 선박의 분담가액이 산정되는 장소, 즉 항해가 종료되는 곳이라는 Y/A규칙의 제 XVII조의 규정을 대체하여, 이 조항에서는 선박이 사고 후 도착하는 장소가 일부보험의 여부를 결정하기 위해 선박의 분담가액을 산정하는 장소라고 규정하고 있다.

그러나 사고 후 도착하는 장소가 피난장소이거나 연료보급을 위한 기항장소인 경우에는 그 다음에 도착하는 항구가 선박의 분담가액을 산정하는 장소가 된다.

한편, 그와 같은 중간항(장소)에서 원래 예정했던 항해를 포기하면, 바로 그 중간장소를 항해가 종료된 장소로 간주한다.

2-4 피보험위험과 관련한 공동해손과 구조비용 보상

> 11.4 No claim under this Clause 11 shall in any case be allowed where the loss was not incurred to avoid or in connection with the avoidance of a peril insured against.

> 11.4 이 제11조에서는 피보험위험을 피하기 위하여 또는 피보험위험을 피하는 것과 관련하여 손해가 발생하지 않은 경우에는 어느 경우에도 보험금이 지급되지 아니한다.

MIA 제66조 6항은 보험증권에 명시규정이 있는 경우를 제외하고, 보험자는 피보험위험을 피하는 것과 관련하여 손해가 발생하지 않는 경우 공동해손 손해나 분담금을 보상할 책임이 없다고 규정하고 있다. 따라서 보험자는 피보험위험의 작용 없이 공동해손행위가 발생한 경우에는 보상하지 않는다. ITC(1983)의 제11조 4항은 이와 같은 보험자의 입장을 분명히 하고 있다.

ITC(1983)에서는 전쟁위험으로 인한 멸실, 손상 또는 비용은 면책으로 규정하고 있으므로, 공동해손행위가 전쟁위험으로부터 재산을 보존하기 위해 발생한 경우에는 공동해손에 대한 클레임이 인정되지 않는다.

또한 공동해손뿐만 아니라 구조비용도 피보험위험을 피하거나 피보험위험을 피하는 것과 관련하여 손해가 발생하지 않는 경우 보험자는 보상하지 않는다.

제 3 절 공제액조항(Deductible)(제12조)

제12조 공제액조항은 ① 매사고당 공제액의 적용과 그 예외, ② 악천후손상의 공제액 적용방법, ③ 지급보험금의 범위 내 구상금의 회수, ④ 회수금의 이자의 분배 등 4개 항목으로 구성되어 있다.

3-1 매사고당 공제액의 적용과 그 예외

12. DEDUCTIBLE.

12.1 No claim arising from a peril insured against shall be payable under this insurance unless the aggregate of all such claims arising out of each separate accident or occurrence (including claims under Clauses 8, 11 and 13) exceeds …… in which case this sum shall be deducted. Nevertheless the expense of sighting the bottom after stranding, if reasonably incurred specially for that purpose, shall be paid even if no damages be found. This Clause 12.1 shall not be apply to a claim for total or constructive total loss of the Vessel or, in the event of such a claim, to any associated claim under Clause 13 arising from the same accident or occurrence.

12. 공제액(DEDUCTIBLE).

12.1 피보험위험으로 인해 발생한 보험금은 각각 별개의 사고 또는 사건으로 인하

> 여 발생한 그와 같은 모든 보험금의 합계(제 8 조와 제11조 및 제13조에 의한 보험금 포함)가 …… 를 초과하지 않으면 이 보험에서는 보상하지 아니하며, 초과하는 경우에는 이 금액을 공제하고 보상한다. 그렇지만 좌초 후의 선저(船低)검사비용은 특별히 그 목적을 위해 합리적으로 지급된 경우에는 손상이 발견되지 않은 경우에도 보상된다. 이 제12조 1항은 선박의 전손이나 추정전손에 대한 보험금에는 적용하지 아니하며, 그러한 보험금의 경우에 동일한 사고나 사건으로 인하여 발생한 제13조에 의한 관련 보험금에도 적용하지 아니한다.

소손해공제액은 각각 별개의 사고나 사건으로 발생하는 모든 보험금에 적용된다. 보험금에는 제 8 조(3/4충돌배상책임)와 제11조(공동해손과 구조비용) 및 제13조(피보험자의무-손해방지)에 의한 손해를 포함한 모든 손해의 합계액에 공제액(deductible)이 적용되고, 그 공제액을 초과한 금액에 대해서만 보상한다. 공제액의 금액은 계약체결 시 계약당사자간에 합의되고, 제12조 1항에 규정하는 금액란에 기재된다.

전손을 제외한 매 사고당 또는 매 사건당 모든 손해에 대해 공제액이 적용된다. 따라서 선박이 한 사고에서 손상을 입고 수리하기 전에 또다른 사고로 손상을 입은 경우, 각각의 사고에 의한 손상의 수리비에 공제액이 각각 적용된다.

예를 들어 $50,000의 공제액으로 합의된 보험증권에 가입되어 있는 선박이 악천후로 손상을 입고 피난항에서 수리항으로 회항하는 중에 충돌손상을 입었다. 그리고 악천후손상과 충돌손상에 대한 수리가 동시에 실시되었다면, 보험자가 지급하는 보험금은 다음과 같이 계산된다.

	사고 #1	사고 #2
수리비	$30,000	$80,000
공제액	50,000	50,000
보험금	0	30,000

유의할 것은 ITC(1983)의 제 8 조 충돌조항에 의한 배상책임손해액과 제11조에 의한 공동해손과 구조비용 및 제13조에 의한 손해방지비용이 있는 경우 이들 손해액이 수리비에 가산된 후에 공제액이 적용된다는 것이다.

특히 전손을 방지한 손해방지비용에는 공제액이 적용되지만, 전손이 방지되지 못한 경우의 손해방지비용에는 공제액이 적용되지 않는다. 즉 현실전손이나 추정전손의 클레임에는 공제액이 적용되지 않고, 그와 같은 전손보험금의 경우에는 그와 관련한 손해방지비용에도 공제액이 적용되지 않고 전액이 보상된다.

좌초 후의 선저검사비용에는 실제 손상이 발견되지 않은 경우에도 공제액의 적용 없이 선저검사비용 전액이 보상된다.

3-2 악천후손상의 공제액 적용방법

> 12.2 Claims for damage by heavy weather occurring during a single sea passage between two successive ports shall be treated as being due to one accident. In the case of such heavy weather extending over a period not wholly covered by this insurance the deductible to be applied to the claim recoverable hereunder shall be the proportion of the above deductible that the number of the days of such heavy weather falling within the period of this insurance bears to the number of days of heavy weather during the single sea passage.
> The expression "heavy weather" in this Clause 12.2 shall be deemed to include contact with floating ice.

> 12.2 두 개의 연속되는 항구간 편도항해 중 발생한 악천후에 의한 손상에 대한 보험금은 1회의 사고에 기인된 것으로 취급한다. 그러한 악천후가 이 보험의 보험기간을 초과한 기간까지 연장되는 경우, 이 보험에서 보상되는 보험금에 적용되는 공제액은 상기 공제액에 대하여 보험기간에 해당되는 그러한 악천후 일수의 편도항해 중 악천후의 일수에 대한 비율을 적용한 금액으로 한다.
> 이 제12조 2항에서 "악천후"라는 표현에는 부빙(浮氷)과의 접촉을 포함한 것으로 간주된다.

선박이 악천후(바다위험)에 기인한 손상에 대해 "매사고당"(any one accident)이란 말을 적용하기가 쉽지 않다. 이에 따라 제12조 2항에서는 두개의 연속적인 항구간의 단일항해(single sea passage) 중의 악천후손상(부빙과의 접촉으로 인한 손상 포함)은 모두 1회의 사고에 기인한 것으로 간주하여 공제액이 한 번만 적용된다고 규정하고 있다.

예를 들어 사고선박의 항해일지에 의하면 A항에서 B항까지의 악천후 항해(#1) 중 3회의 사고가 있었으나 그 사고들의 결과 프로펠러 수리비가 $25,000이었고, 다시 B항에서 A항까지의 악천후 항해(#2) 중 5회의 사고로 수리비가 $85,000인 경우 보험자가 지급하여야 할 보험금은 다음과 같다.

	항해 #1	항해 #2
수리비	$25,000	$85,000
공제액	50,000	50,000
보험금	0	35,000

한편, 악천후기간이 두 개의 상이한 보험증권에 중복되는 경우, 관련 기간의 비율에 따라 해당 보험증권상 공제액을 분배하여야 한다. 첫 번째 보험증권상 적용되는 공제금액은 보험증권상 공제액×보험기간중 악천후 일수/전체 악천후 일수의 공식에 의해 계산된다.

예를 들어 첫번째 보험증권 공제액은 $25,000이고, 두 번째 보험증권 공제액은 $50,000이며, 두 개의 연속되는 항구간에 계속된 악천후의 기간 5일중 3일은 첫번째 보험증권에 해당되고, 2일은 두 번째 보험증권에 해당된다고 가정한 경우, 보험금의 계산은 다음과 같다.

	보험증권 #1	보험증권 #2
수리비	$30,000	$80,000
공제액		
$25,000 × 3/5 =	15,000	
$50,000 × 2/5 =	______	20,000
보험금	15,000	60,000

3-3 대위와 공제액

> 12.3 Excluding any interest comprised therein, recoveries against any claim which is subject to the above deductible shall be credited to the Underwriters in full to the extent of the sum which the aggregate of the claim unreduced by any recoveries exceeds the above deductible.

> 12.3 위의 공제액이 적용된 일체의 보험금에 대한 회수금은, 회수금에 포함된 모든 이자를 제외하고, 회수금에 의해 감액되지 않은 보험금의 합계가 위의 공제액을 초과하는 금액의 범위 내에서 전액 보험자에게 귀속된다.

보험자가 보험금을 지급한 후 제 3 자로부터 구상권에 의한 회수금액이 있는 경우 보험자는 지급한 보험금을 한도로 전액을 보험자가 회수한다. 상기 규정에 의하면 회수금액이 보험자가 지급한 보험금을 초과하지 않는 한, 피보험자는 회수금액 중 조금도 수취할 수 없는 결과를 가져온다.

보험자의 보험금으로 지급한 금액을 초과하는 회수금의 경우 피보험자는 그 초과금액에 대해서만 회수할 수 있는 권리가 있다. 이를 예시해보면, ITC(1983)가 포함된 12개월의 해상보험증권상 보험금액과 협정보험가액이 $3,000,000, 공제액 $50,000, 타선박의 일방과실로 피보험선박이 출돌손상을 입어 수리비가 $300,000가 지출되었다. 이 경우 보험자가 보험금으로 실제 지급한 $250,000까지는 보험자에게 귀속되고, 나머지 차액이 $50,000는 피보험자에게 귀속된다.

		보험자	피보험자
수리비	$300,000		
공제액	50,000	$250,000	$50,000
타선박에서 회수금액	$300,000	250,000	50,000
순손실액		0	0

그러나 상기 예와 동일한 사고에서 타선박과 피보험선박이 50:50의 쌍방과실인 경우 회수금액의 배분은 다음과 같다.

		보험자	피보험자
수리비	$300,000		
공제액	50,000	$250,000	$50,000
타선박에서 회수금액	$150,000	150,000	0
순손실액		$100,000	$50,000

3-4 대위와 이자의 배분

> 12.4 Interest comprised in recoveries shall be apportioned between the Assured and the Underwriters, taking into account the sums paid by the Underwriters and the dates when such payments were made, notwithstanding that by the addition of interest the Underwriters may receive a larger sum that they have paid.

> 12.4 이자의 추가에 의해 실제 지급한 보험금보다 많은 금액을 보험자가 수취하게 되는 경우에도, 회수금에 포함된 이자는 보험자가 지급한 금액과 그러한 보험금이 지급된 일자를 고려하여 피보험자와 보험자 간에 분배한다.

대위에 따른 회수금에 포함되는 이자는 보험자의 보상금액과 보상일자를 고려하여 보험자와 피보험자에게 분배된다. 이 결과 보험자는 실제 지급한 보험금보다도 더 많은 금액을 회수하는 경우도 있다.

쌍방과실에 의한 선박손상에 관한 상기 두 번째 예에서 상대선의 손상은 없었고, 보험자는 피보험선박의 단독해손에 대한 보험금을 사고발생 후 120일이 지난 후에 지급하였으며, 상대선으로부터 회수금 $150,000은 사고발생 후 200일이 지난 후에 정산되었는데, 법원이 연간 5%의 이자를 재정하였다고 가정하자. 제 3 자가 지불하는 이자는 $150,000 × 5% × 200/365 = $4,110이다. 이 경우 이자의 배분은 다음과 같다.

		보험자	피보험자
수리비	$300,000		
공제액	50,000	$250,000	$50,000

타선박에서 회수금액	$150,000	(150,000)	0
회수 이자	$4,110		
80일 $4,110 × 80/200 =		(1,644)	
120일 $4,110 × 120/200 =		______	(2,466)
순손실액		$98,356	$47,534

상기의 예 중에서 타선박이 일방과실인 경우와 같이 타선박으로부터 회수금액($300,000)이 보험자가 지급한 보험금($250,000)보다 많은 경우에는, 회수이자 $300,000×5%×200/365=$8,219이고, 이를 다시 보험자의 지급보험금(회수금액)과 피보험자의 회수금액에 해당되는 이자로 배분한다. 보험자의 지급보험금에 해당되는 이자는 다시 지급일자를 고려하여 상기와 같은 방법으로 다시 보험자와 피보험자에게 분배한다. 이를 계산하면 다음과 같다.

		보험자	피보험자
수리비	$300,000		
공제액	50,000	$250,000	$50,000
타선박에서 회수금액	$300,000	(250,000)	(50,000)
회수이자	$8,219		
$8,219 × 50,000/(50,000 + 250,000) =			(1,370)
($8,219 − 1,370) × 80/200 =		(2,740)	
($8,219 − 1,370) × 120/200 =		______	(4,109)
순손실액		(2,740)	(5,479)

제 4 절 피보험자의무(손해방지)조항(Duty of Assured(Sue and Labour))(제13조)

이 약관조항은 ① 피보험자의 손해방지의무, ② 손해방지비용의 분담, ③ 포기약관, ④ 손해방지비용에 관한 일부보험의 효과, ⑤ 구조실패시 손해방지비용의 분담, ⑥ 손해방지비용의 추가보상 및 보험금액의 한도 등 6개 항목으로 구성되어 있다.

4-1 피보험자의 손해방지의무

13. DUTY OF ASSURED(SUE AND LABOUR) 13.1 In case of any loss or misfortune it is the duty of the Assured and their servants and agents to take such measures as may be reasonable for the purpose of averting or minimising a loss which would be recoverable under this insurance.

13. 피보험자의무(손해방지)(DUTY OF ASSURED(SUE AND LABOUR)) 13.1 어떠한 손해나 불행이 발생한 경우, 이 보험에서 보상되는 손해를 방지하거나 경감할 목적으로 합리적인 조치를 취하는 것은 피보험자와 그 사용인 및 대리인의 의무이다.

MIA 제78조 4항은 "손해의 방지나 경감을 목적으로 합리적인 조치를 취하는 것은 모든 경우에 있어서 피보험자와 그 대리인의 의무이다"고 규정하고, 또한 MIA 제78조 3항에서는 "보험증권에서 보상되지 않은 손해를 방지하거나 경감할 목적을 위해 지출한 비용은 손해방지약관에 의해 보상되지 않는다"고 규정하고 있다. ITC(1983)에서는 이러한 의무에 대한 피보험자의 주의를 환기시키기 위해 이들 MIA의 두 규정을 종합하여 상기와 같이 규정하고 있다.

영법상 손해방지의무는 피보험자와 그 대리인에게 부과하고 있는 반면에, 이 조항에서는 피보험자의 사용인을 추가하고 있다.

4-2 손해방지비용의 분담

13.2 아래의 규정과 제12조에 따라, 보험자는 그와 같은 조치를 위해 피보험자나 그 사용인 또는 대리인이 적절하고 합리적으로 지출한 비용을 분담한다. 공동해손과 구조비용(제13조 5항에서 규정된 경우는 제외) 및 충돌배상책임의 방어비

> 용 또는 공격비용은 이 제13조에서는 보상하지 아니한다.

> 13.2 Subject to the provisions below and to Clause 12 the Underwriters will contribute to charges properly and reasonably incurred by the Assured their servants or agents for such measures. General average, salvage charges (except as provided for in Clause 13.5) and collision defence or attack costs are not recoverable under this Clause 13.

(1) 손해방지비용의 분담과 공동해손 등의 제외

상기 의무이행을 위해 적절하고 합리적으로 지출된 비용을 보험자가 분담한다. "분담한다"(contribute)는 표현은 보험금액 중에서 선박과 화물에 관한 비율과 금액에 따라 각각의 손해방지비용을 분담한다는 의미이다. 손해방지행위가 선박만의 손해를 방지하거나 경감하기 위해 취해지는 조치가 아니기 때문이다.

공동해손과 구조비용 및 충돌배상책임의 소송비용(방어비용과 공격비용)은 손해방지비용으로 보상되지 않는다. 이것은 손해방지비용의 성격을 가진 공동해손과 구조비용이 제11조 공동해손구조조항에 의해 보상되고, 선박충돌에 따른 법적소송비용도 제 8 조 3항 3/4충돌배상책임조항에 의해 보상되기 때문이다.

그러나 공동해손행위와 구조행위의 결과 성공하지 못하고 취득물이 없는 경우, 즉 전손이 되는 경우에는 공동해손비용이나 구조비용이 인정되지 않기 때문에, 그러한 성격의 비용을 전손보험금에 추가하여 손해방지비용으로 보상(제13조 5항)함으로써 손해방지행위를 장려하기 위해 제13조 2항에서 단서규정으로 제외시키고 있다.

(2) 손해방지비용과 공제액의 적용

보험자가 손해방지비용을 보상하는 경우 전손이 아닌 다른 분손과 마찬가지로 ITC(1983)의 제12조 "공제액"(deductible)의 적용을 받는다.

이에 대한 예외가 ITC(1983)의 제12조 1항[26]에 규정되고 있다. 즉 손해방지행위가 성공하지 못하여 전손이 된 경우, 전손에 대한 보험금은 물론 추가로 지급되는 손해방지비용에도 공제액이 적용되지 않는다.

4-3 포기조항

13.3 Measures taken by the Assured or the Underwriters with the object of saving, protecting and recovering the subject-matter insured shall not be considered as a waiver or acceptance of abandonment or otherwise prejudice the rights of either party.

13.3 보험의 목적의 구조, 보호 및 회복을 목적으로 피보험자 또는 보험자가 취한 조치는 위부의 포기나 승낙으로 간주되지 아니하며, 달리 어느 일방의 권리를 침해하지도 아니한다.

MIA 제62조 5항은 위부통지의 승낙은 보험자의 행위에 의해 묵시적으로 할 수도 있고,[27] 명시적으로 할 수도 있다고 규정하고 있다. 이에 따라 손해를 최소화하기 위해 보험자가 취한 어떠한 행위가 위부의 승낙으로 해석될 수도 있다.

이 조항은 피보험자나 보험자의 손해방지조치가 위부의 포기나 승낙으로 간주되지 않고, 양당사자의 권리에 피해를 주지 아니한다는 SG Form의 보험증권상 포기약관(Waiver Clause)을 현대어로 개정하여 여기에 규정하고 있다.

피보험자가 위부통지를 하고 보험자가 거절한 경우에, 피보험재산을 회복하거나 구조하거나 보호할 목적으로 피보험자가 취한 일체의 조치는 위부통지의 포기나 철회를 구성하지 않는다. 보험자 측의 그와 같은 행위도 보험자가 이전에 거절한 위부의 승낙으로 간주되지 않는다.

---

26) "이 조항은 선박의 전손 또는 추정전손에 대한 클레임 또는 그러한 클레임의 경우 동일한 사고 또는 사건으로 인하여 발생한 제13조에 의한 모든 관련클레임에는 적용되지 않는다."

27) 실무상 보험자는 선박을 검사하고 보험자의 이익을 검토하기 위해 손해검정인을 임명하고 있는데 그러한 행위가 위부의 묵시적 승낙으로 간주될 수 있다.

4-4 손해방지비용에 관한 일부보험의 효과

13.4 When expenses are incurred pursuant to this Clause 13 the liability under this insurance shall not exceed the proportion of such expenses that the amount insured hereunder bears to the value of the Vessel as stated herein, or to the sound value of the Vessel at the time of the occurrence giving rise to the expenditure if the sound value exceeds that value. Where the Underwriters have admitted a claim for total loss and property insured by this insurance is saved, the foregoing provisions shall not apply unless the expenses of suing and labouring exceed the value of such property saved and then shall apply only to the amount of the expenses which is in excess of such value.

13.4 이 제13조에 따라 비용이 지출되는 때, 이 보험에 의한 보상책임액은 그러한 비용중 보험금액의 보험증권에 기재된 선박의 가액에 대한 비율이, 또는 그 비용지출을 초래한 사건발생시 선박의 정상가액이 이 보험증권에 기재된 선박의 가액을 초과하는 경우에는 선박의 보험금액의 정상가액에 대한 비율을 초과하지 아니한다. 보험자가 전손에 대한 보험금을 승인하고 이 보험에 가입된 재산이 구조된 경우, 위의 규정들은 손해방지비용이 구조된 그러한 재산의 가액을 초과하지 않는 한 적용되지 아니하며, 또한 그러한 가액을 초과하는 비용의 금액에 대해서만 적용된다.

이 조항에 의하면 일부보험인 경우 보험자는 손해방지비용에 대해 협정보험가액 또는 재난발생시 보험금액의 선박의 정상가액(정상가액이 협정보험가액을 초과한 경우)에 대한 비율에 따라 비례보상하고, 피보험자는 손해방지비용 중 일부보험에 따른 자기의 부담비율에 해당하는 금액을 부담하여야 한다.

그러나 상기 제13조 4항의 두 번째 규정은 전손에 대한 보험금(예를 들어 추정전손)이 인정되고 피보험재산이 구조된 경우에는 예외적으로 손해방지비용이 구조된 재산의 가액을 초과하지 않는 한, 비례보상이 적용되지 않고 그와 같은 비용이 전액 보상되며, 초과된 경우에는 손해방지비용 중 구조재산의 가액을 초과한 비용에 대해서만 비례 보상한다고 규정하고 있다.

예를 들면 선박의 정상가액이 $10,000,000이고, 협정보험가액 $8,000,000인 경우 $10,000의 손해방지비용을 지출하였으나, 결국 추정전손이 인정되어 보험자는 전손에 대한 보험금으로 $8,000,000를 지급하고, 대위권을 행사하여 구조된 난파선을 $6,000에 매각하였다.

이 경우 보험자가 보상하는 손해방지비용을 계산하기 위해서는 먼저 $6,000까지는 일부보험의 적용 없이 보상되고, 손해방지비용에서 취득금액을 공제한 그 차액만이 일부보험의 적용을 받는다. 즉 $10,000에서 $6,000를 차감한 $4,000는 일부보험에 따라 감액되어 $4,000 × 8,000,000 /10,000,000 = $3,200가 취득금액인 $6,000에 추가하여 총 $9,200의 손해방지비용이 피보험자에게 지급된다.

4-5 구조실패 시 손해방지비용의 보상기준

> 13.5 When a claim for total loss of the Vessel is admitted under this insurance and expenses have been reasonably incurred in saving or attempting to save the Vessel and other property and there are no proceeds, or the expenses exceed the proceeds, then this insurance shall bear its pro rata share of such proportion of expenses, or of the expenses in excess of the proceeds, as the case may be, as may reasonably be regarded as having been incurred in respect of the Vessel: but if the Vessel be insured for less than its sound value at the time of the occurrence giving rise to the expenditure, the amount recoverable under this clause shall be reduced in proportion to the under-insurance.

> 13.5 선박의 전손에 대한 보험금이 이 보험에 의해 승인되고, 선박과 기타 재산의 구조 또는 구조를 시도하기 위해 합리적으로 비용이 지출된 경우, 취득물이 없거나 그 비용이 취득물을 초과하는 때에는, 이 보험은 경우에 따라서 그 비용이나 취득물을 초과하는 비용 중 합리적으로 선박에 관해 지출된 것으로 간주되는 비율의 비례부분을 부담한다. 그러나 선박이 비용지출을 초래한 사건발생시 선박의 정상가액보다 낮은 가액으로 가입되어 있는 경우에는, 이 조항에 의해 보상되는 금액은 일부보험의 비율에 따라 감액된다.

제13조 5항에서는 전손에 대한 보험금이 인정되고 선박과 타재산(적하) 등을 구하기 위한 비용이 합리적으로 지출되었으나 취득물이 없거나 그 비용이

취득금액을 초과한 경우에는, 이 보험은 그러한 비용(또는 취득금액을 초과한 비용) 중에서 선박에 관해 지출된 것으로 인정되는 비율에 따른 비례부분을 부담하고, 그러한 보상액은 선박이 비용지출을 초래한 사고발생시 그 정상가액보다 낮은 보험금액으로 가입되어 있는 경우 일부보험의 비율에 따라 감액된다고 규정하고 있다.

이 조항은 그러한 비용을 선박보험자가 전손보험금에 추가하여 전액 보상하지 않고, 그러한 비용 중에서 선박에 관하여 지출되었다고 합리적으로 간주되는 비율의 비례부분만을 보상한다고 규정하고 있다. 따라서 적하에 관해 지출된 것으로 간주되는 금액에 대해서는 적하의 구조가액이 없기 때문에 선주는 화주 측으로부터 회수할 수도 없는 문제가 있다.

4-6 손해방지비용의 추가지급과 보험금액의 한도

> 13.6 The sum recoverable under this Clause 13 shall be in addition to the loss otherwise recoverable under this insurance but shall in no circumstances exceed the amount insured under this insurance in respect of the Vessel.

> 13.6 이 제13조에서 보상되는 금액은 이 보험에 의해 보상되는 다른 손해에 추가된다. 그러나 어떠한 경우에도 이 선박에 관한 이 보험의 보험금액을 초과하지 아니한다.

손해방지비용을 보상한다는 약정이 선박충돌배상책임손해와 같이 원래의 보험증권과는 별개의 추가계약(separate and supplementary contract)이라는 것을 명확히 하기 위해 새로 도입된 규정이다. 이 약관조항에 의해 보상되는 손해방지비용은 이 보험에서 보상되는 다른 손해에 추가되는 것이며, 보험금액을 한도로 보상한다는 것을 분명히 규정하고 있다.

이 조항은 그동안 명시규정이 없었으므로 손해방지비용이 보험금액에 국한된다는 보험자들의 견해와는 달리 보험금액을 초과한 금액까지도 보상받을 수 있다는 견해가 대두되었기 때문에, 손해방지비용의 보상책임한도를 명확히 하기 위하여 도입된 새로운 규정이다.

제 5 절 기타 손해관련조항

5-1 신구교환조항(New for Old)(제14조)

14. NEW FOR OLD. Claims payable without deduction new for old.

14. 신구교환차익. 보험금은 신구교환차익의 공제 없이 지급된다.

MIA 제69조 1항은 "선박이 손상을 입었으나 전손이 아닌 경우 손해보상액은 보험증권에 어떠한 명시적인 규정이 있는 경우를 제외하고 다음과 같다. (1) 선박이 수리된 경우에, 피보험자는 관습상의 공제액을 차감한 합리적인 수리비를 보상받을 수 있는 권리가 있다. 그러나 매 1회의 사고에 대하여 보험금액을 초과하지 아니한다"고 규정하고 있다.

1994년 Y/A규칙의 제13조에서는 구 재료나 부품이 신품으로 대체되는 경우 공동해손으로 인정되는 수리는 선령이 15년을 초과하지 아니한 때에는 신구교환차익을 공제하지 않고, 선령이 15년을 초과하는 경우에는 1/3를 공제한다고 규정하고 있다.

영국의 해손정산인협회 실무규칙 제D7조에서도 닻(전액 인정)이나 닻줄(1/6 공제) 등 일부 예외를 제외하고 신구교환차익에 대해 1/3의 관습상 공제가 적용된다고 규정하고 있다.

처녀항해를 제외하고 목선의 경우에 수리비에서 "신구교환에 대한 1/3"의 임의 공제를 적용하는 것이 관습이었다. 이러한 원칙은 철선이 대부분인 현대에 있어서 선박보험자는 1/3(one third)의 공제에 대한 그들의 권리를 포기하는 것이 관행화 되었고, ITC(1983)의 제14조에서도 보험금은 신구교환차익의 공제 없이 지급한다고 규정하고 있다.

선박보험자는 단독해손(PA)이나 공동해손희생(GA sacrifice)의 수리비에 관한 신구교환차익에 대한 공제를 포기하고 있는데 반하여, 공동해손정산서에서는 공동해손희생의 수리비를 처리하는데 있어서 해손정산인은 선령이 15년을 초과하는 경우에 관습상 공제를 계속 적용하고 있다.

5-2 선저처리조항(Bottom Treatment)(제15조)

15. BOTTOM TREATMENT. In no case shall a claim be allowed in respect of scraping gritblasting and/or other surface preparation or painting of the Vessel's bottom except that

15.1 gritblasting and/or other surface preparation of new bottom plates ashore and supplying and applying any "shop" primer thereto,

15.2 gritblasting and/or other surface preparation of:
the butts or area of plating immediately adjacent to any renewed or refitted plating damaged during the course of welding and/or repairs, areas of plating damaged during the course of fairing, either in place or ashore,

15.3 supplying and applying the first coat of primer/anti-corrosive to those particular areas mentioned in 15.1 and 15.2 above, shall be allowed as part of the reasonable cost of repairs in respect of bottom plating damaged by an insured peril.

15. 선저처리(BOTTOM TREATMENT). 어느 경우에도 아래와 같은 경우를 제외하고 선저의 부착물제거, 모래분사작업이나 기타 표면처리 또는 페인팅에 관련한 보험금은 인정되지 않는다.

15.1 신품의 선저철판에 대한 해안에서의 모래분사작업이나 기타 표면처리 및 그 부분에 대한 수리공장에서의 기초도료(塗料)(프라이머)의 공급과 사용,

15.2 신품으로 교체되거나 재부착된 손상된 철판에 바로 접속되는 부분으로서 용접이나 수리과정중 손상을 입은 접합부분이나 철판을 씌운 부분의 모래분사작업이나 기타 표면처리, 적절한 장소나 해안에서 철판의 곡직(曲直)작업 중에 손상을 입은 철판을 씌운 부분의 모래분사작업이나 기타 표면처리

15.3 위의 제15조 1항과 제15조 2항에서 언급된 특정부분의 일차적인 도장(塗裝)의 기초도료/방부도료(防腐塗料)의 공급과 사용은
피보험 위험으로 손상된 선저철판과 관련된 합리적인 수리비의 일부로 인정한다.

(1) 선박의 선저와 부착물제거나 페인팅비용

"선저"(bottom)라는 말은 선수(bow)로부터 선미(stern)까지 "화물간 상단"(boot topping) 아래의 철판부분을 말한다. 대부분의 화물선은 좌초의 경우 선저(船底)를 보호하기 위해 선저가 외판과 내판으로 구성되어 있다. 상기 규정에서 "선저"에는 그와 같은 이중의 선저에서 내판은 제외된다.

선박의 선저에는 각종 해초류나 권패류 등이 서식하여 그 뿌리가 페인트를 파고들어가 선저가 부식될 위험이 있다. 이에 따라 염분이 있는 바닷물에 서식하는 해초류나 권패류를 죽이기 위해 때때로 일정 시간동안 민물 속에 선박을 입거시키거나 오염방지페인트(anti-fouling paint)로 도장할 필요도 있다. 이러한 작업과정에서 오염방지페인트를 칠하기 전에 부식방지페인트(anti-corrosion paint)를 칠하여야 한다. 왜냐하면 오염방지페인트는 일반적으로 부식방지제가 아니기 때문이다.

선저에 서식하는 해초류와 권패류는 선저의 부식을 초래할 뿐만 아니라 선저에 매달린 큰 무더기의 잡초가 항해의 장애물로 작용하여 연료의 추가소비와 비효율적인 운항의 원인이 되기도 한다. 그와 같은 선저의 오염을 방지하는 것은 결과적으로 선주의 이익으로 이해되고 있다.

그래서 선주는 정기적으로 선저의 부착물을 제거할 필요가 있지만, 보험자는 그러한 부착물의 제거비용과 제거 후의 재페인팅비용에 관련한 보험금은 인정하지 않는 것이 관례가 되었다.

이러한 관행은 1983년 선박약관에서도 상기 규정과 같이 계속되고 있다. 보험자들은 겉칠(top coat)과 오염방지도장(anti-fouling paint)에 관련되는 한, 선저의 재페인팅비용은 어느 경우에도 보험증권에서 보상하지 않고, 심지어 보험자가 보상하는 수리와 관련한 경우에도 보상되지 않는다.

(2) 모래분사작업(gritblasting)과 선저처리

이 약관조항에서 보험자들은 부착물제거비용에 대한 과거의 입장(면책)을 고수하고 있으나, 모래분사작업과 재페인팅입용에 대해서는 어느 정도 그들의 입장을 완화하고 있다.

피보험선박의 선저의 부착물제거(scraping), 모래분사작업(gritblasting)이나 기타 표면처리 또는 페인팅에 관한 보험금은 보험자가 보상하지 않지만, 다음의 경우에는 예외로서 피보험 위험으로 손상된 선저철판과 관련된 합리적인 수리비의 일부로 인정한다고 규정하고 있다.

① 새로운 선저철판에 대한 해안에서 모래분사작업이나 기타 표면처리 및 그 부분에 대한 수리공장에서의 기초도료(primer)의 공급과 사용,
② 새로운 철판으로 교체하거나 재부착하는 용접이나 수리과정 중 손상을 입은 부분 및 적절한 장소나 해안에서 철판의 곡직작업 중에 손상을 입은 부분의 모래분사작업이나 기타 표면처리
③ 이들 특정부분의 일차적인 도장의 기초도료/방부도료(防腐塗料)의 공급과 사용

모래분사작업(gritblasting)은 철판에서 녹을 제거하기 위해 사용되는 방법이다. 철판이 신품인 경우에도 오래 동안 보관 중 표면에 녹이 생길 수 있고, 철판에 페인트칠을 하기 전에 녹이 제거되지 않으면 페인트칠이 효과적으로 이루어지지 않는다.

모래분사작업이 완료되면, 표면의 페인팅(겉칠)이 도장될 때까지 녹이 다시 생기지 않도록 기초페인트(primer paint)가 도장된다. 보험자는 보상하는 수리를 목적으로 사용되는 철판신품에 대한 모래분사작업과 기초페인팅의 비용을 보상한다.

철판의 곡직작업(fairing)은 손상된 철판을 떼어낸 자리에 신품의 철판을 맞추는 공정을 말한다. 이러한 공정에는 가열작업이 수반되는데, 이때 기초페인트가 타서 손상을 입기도 한다. 보험자가 일차적인 기초페인팅에 대해 보상책임이 있는 경우에, 보험자는 곡직작업 후의 재페인팅비용을 보상하지만, 기초페인팅비용에 국한된다.

손상된 선저의 철판을 수리하기 위해서는 먼저 손상부분을 떼어내어야 하고, 손상부분의 끝에 있는 손상을 입지 않은 철판의 접합부분(butt)이 새로운 철판을 용접하는 데 사용된다. 새로운 철판이 용접되기 전에 그 접합부분을 깨끗이 하지 않으면 안 된다. 이 경우 용접에 장애가 되는 페인트나 오염방지제 또는 녹 같은 것을 제거하기 위해 이들 접속부분에 대한 모래분사작업의

비용을 보상한다. 새로운 철판이 적소에 용접되면, 수리된 전체의 철판이 보험자의 비용으로 첫번째의 기초페인트(primer)나 부식방지페인트(anticorrosive)로 도장된다.

그 후 모든 표면 도장과 일체의 오염방지제는 피보험자가 부담하여야 하고, 만약 두 번째 또는 추가의 기초페인트나 다른 부식방지페인트의 도장이 필요한 것으로 간주되는 경우에는, 이들 비용도 피보험자가 부담하여야 하며, 보험자는 보상하지 않는다.

5-3 급여유지비조항(Wages and Maintenance)(제16조)

> 16. WAGES AND MAINTENANCE. No claim shall be allowed, other than in general average, for wages and maintenance of the Master, Officers and Crew, or any member thereof, except when incurred solely for the necessary removal of the Vessel from one port to another for the repair of damage covered by the Underwriters, or for trial trips for such repairs, and then only for such wages and maintenance as are incurred whilst the Vessel is under way.

> 16. 급여유지비(WAGES AND MAINTENANCE). 선장, 고급선원, 보통선원 또는 기타 해원의 급여와 부양비는 어떠한 경우에도 공동해손 이외에는 인정되지 아니한다. 다만, 보험자가 보상하는 손상수리를 위하여 필요한 어느 항구에서 다른 항구까지 피보험선박의 회항 또는 그러한 수리를 위한 시운전에 대해 지출한 경우에 한해 인정되고, 오직 피보험선박이 그 항해 중에 지출한 급료와 유지비에 대해서만 인정된다.

선주나 용선자는 경우에 따라 관계 법률이나 고용계약에 의해 선박의 사고발생 후 선박이 운항되지 못하는 경우에도 선장이나 선원의 급여와 부양비 등에 대해 각종 의무를 부담하고 있다. 그러나 영법상 선원의 급료와 부양비는 보험의 목적(선박)의 손해가 아니므로 수리비의 일부로 간주되지 않는다.

선원의 급료와 부양비는 공동해손의 경우를 제외하고는 보험자가 보상하지 않는 것이 원칙이지만, 단독해손인 경우에도 아래와 같은 기간 중의 선원의 급료와 유지비는 보상한다.

① 수리를 위해 한 항구에서 다른 항구까지 피보험선박의 회항(removal of the Vessel)

② 수리를 위한 시운전항해(trial trips)

보험자가 보상하는 손상의 수리를 위한 회항기간과 수리 후 시운전기간 중의 선장이나 선원의 급여와 부양비는 보험자의 수리와 선주 측의 수리가 동시에 실시되는 경우에도 그 비율에 관계없이 전액을 보험자가 보상한다.

5-4 대리수수료조항(Agency Commission)(제17조)

17. AGENCY COMMISSION. In no case shall any sum be allowed under this insurance either by way of remuneration of the Assured for time and trouble taken to obtain and supply information or documents or in respect of the commission or charges of any manager, agent, managing or agency company or the like, appointed by or on behalf of the Assured to perform such services.

17. 대리수수료(AGENCY COMMISSION). 대리수수료. 이 보험에서는 정보나 서류를 입수하여 제공하는 데 따른 시간 또는 수고에 대한 피보험자의 보수로서 어떤 금액 또는 그러한 작업을 수행하기 위해 피보험자에 의해 선임되었거나 피보험자를 대리하여 선임된 관리인, 대리인, 관리나 대리회사 등의 수수료 또는 비용에 관한 어떤 금액은 어느 경우에도 인정되지 않는다.

피보험선박에 보험사고가 발생한 경우, 손해발생사실과 손해의 원인이 피보험위험이라는 사실을 입증할 책임은 피보험자에 있다. 피보험자는 그러한 증거를 입수하기 위하여 사무변호사(solicitor) 등의 제 3 자에게 법적 서류의 확보 등에 대한 대가를 지급하는 외에도 많은 시간과 금전을 소비한다.

과거 보험자들은 선주측이 클레임업무를 진행시키는데 제공된 서비스에 대한 경비를 마지못해 보험금의 일부로 인정하는 경향이 있었다. 그러나 최근 그와 같은 비용에 대해 해손정산인의 정산서에 포함된 금액이 고액화 되어가는 경향에 따라 보험자들은 이 조항을 신설하여 영국의 해손정산인협회의 실무규칙 제A3조의 취지를 명확히 도입하고 있다.

이 약관조항에 의하면 보험자는 ① 정보나 서류를 입수하고 제출하는데 소요된 시간과 수고에 대한 피보험자의 보수로서 금액, ② 그러한 서비스의 이행을 위하여 피보험자가 선임한 관리인, 대리인, 관리회사, 대리점 등의 수수료나 경비에 관한 금액은 어느 경우에도 보상하지 아니한다.

결과적으로 보험사고와 관련되는 통신비, 교통비, 사고의 원인이나 손해액의 산정 및 보험회사 제출용 입증서류의 수집을 위한 대리점수수료 등은 보상하지 않는다.

5-5 미수리손상조항(Unrepaired Damage)(제18조)

(1) 미수리손상조항의 취지

선박이 피보험위험에 의해 손상되거나 또는 피보험위험과 관련하여 공동해손희생손해를 입었으나, 그 손상이 선박의 안전에 영향을 미치지 않는 경우, 피보험자는 보다 편리한 시간(예를 들어 선박의 정기검사 시)으로 수리를 연기할 수 있다. 선박의 손상에 대한 손해보상액은 그러한 손상의 합리적인 수리비이므로, 손상이 수리될 때까지 피보험자는 보험증권에 의해 보험금을 청구할 수 없다.

그러나 수리되기 전에 보험기간이 종료한 경우, 피보험자는 미수리손상에 따른 감가액을 보험금으로 청구할 수 있다. 제18조는 이러한 미수리손상에 대한 보험자의 손해보상액과 보상책임에 관해 규정하고 있다.

이 약관조항은 ① 수리비를 한도로 시장가액의 합리적인 감가액의 보상, ② 미수리손상 후 전손 시 전손보험금의 보상, ③ 협정보험가액의 최고보상한도 등 3개 항목으로 구성되어 있다.

(2) 수리비를 한도로 시장가액의 감가액 보상

18. UNREPAIRED DAMAGE.

18.1 The measure of indemnity in respect of claims for unrepaired damage shall be the reasonable depreciation in the market value of the Vessel at the time this

> insurance terminates arising from such unrepaired damage, but not exceeding the reasonable cost of repairs.

> 18. 미수리손상(UNREPAIRED DAMAGE).
> 18.1 미수리손상의 클레임에 관한 손해보상액은 그와 같은 미수리손상으로 인해 보험이 종료된 시점에서 선박의 시장가액의 합리적인 감가액이며, 합리적인 수리비를 초과하지 않는다.

MIA 제69조 2항과 3항에서는 선박이 일부분만이 수리되거나 또는 수리되지 않고 위험기간 중에 손상상태로 매각되지 않은 경우에, 피보험자는 손상의 합리적인 수리비를 한도로 미수리손상으로 발생하는 합리적인 감가액에 대해 손해보상을 받을 수 있는 권리가 있다고 규정하고 있다.

영법은 감가액을 손상의 수리비로 제한하고 있으나, 감가액의 계산방법에 대하여는 규정하고 있지 않다. 제18조 1항에서는 미수리손상의 손해보상액은 합리적인 수리비를 한도로 보험계약의 종료시점의 시장가액(market value)상 합리적인 감가액으로 명시하고 있다.

따라서 이 조항을 적용하기 위해서는 수리된 상태에서 선박의 정상가액과 미수리상태의 선박가액과의 차액이 곧 보험자의 손해보상액이다.

상기 규정과 같이, 미수리손상의 감가액은 합리적인 수리비를 초과하지 않으며, 또한 제18조 3항에서와 같이 협정보험가액을 한도로 제한된다. 감가액에 대한 보험금은 오직 보험계약이 종료한 때에 지급되고, 보험계약이 종료하기 전에 선박이 전손이 되지 않는 경우에만 적용된다. 피보험선박이 전손이 되는 경우에는 다음의 제18조 2항이 적용된다.

(3) 미수리손상 후 전손시 보험자의 보상책임

> 18.2 In no case shall the underwriters be liable for unrepaired damage in the event of a subsequent total loss (whether or not covered under this insurance) sustained during the period covered by this insurance or any extension thereof.

> 18.2 미수리손상이 발생한 이후 이 보험의 보험기간 중 또는 그 연장기간 중 전손(이 보험에서 보장 여부를 불문함)이 발생한 경우, 보험자는 어느 경우에도 미수리손상에 대하여는 보상책임이 없다.

MIA 제77조 2항은 "동일한 보험증권에서 분손이 발생하고, 이것이 수리되지 않거나 기타의 방법으로 원상 복구되지 않은 상태에서 전손이 발생하는 경우에, 피보험자는 오로지 전손에 대해서만 보상받을 수 있다. 단, 본조의 규정은 손해방지약관에 의한 보험자의 책임에는 영향을 미치지 아니한다"고 규정하고 있다.

이 조항에서는 보험증권에 의한 전손의 보상여부를 불문하고, 미수리분손 후 전손 시에는 미수리손상에 대한 감가액은 보상하지 않고, 전손에 대한 보험금만을 보상받을 수 있다고 명확히 규정하고 있다.

이 조항은 보험기간 중 또는 ITC(1983)의 제 2 조(계속조항)에 의한 보험기간의 연장기간 중에 전손이 발생한 경우에만 적용된다고 규정하고 있다. 따라서 미수리손상의 상태에서 보험기간이 종료하고, 상이한 보험증권의 보험기간이 개시한 후에 전손이 발생한 경우에는 미수리손상으로 인한 합리적인 감가액이 해당 보험증권상 협정보험가액이나 합리적인 수리비를 한도로 보상된다.

이 경우 연속되는 보험계약의 보험자가 미수리손상과 관련한 보험계약과 동일한 보험자인 경우에도 미수리손상에 대한 감가액이 이전의 보험증권에 의해 보상되고, 연속되는 보험증권에 의해 전손에 대한 보험금이 지급된다.

(4) 협정보험가액의 최고보상한도

> 18.3 The Underwriters shall not be liable in respect of unrepaired damage for more than the insured value at the time this insurance terminates.

> 18.3 보험자는 이 보험이 종료하는 시점에서 협정보험가액 이상의 미수리손상에 관하여는 보상책임이 없다.

MIA 제77조는 감가액에 대한 보험금은 합리적인 수리비를 초과하지 않으며, 수리비는 매사고당 보험금액으로 제한된다는 것을 명확히 규정하고 있는 반면, 이 조항에서 보험자는 미수리손상에 대한 보험금이 보험계약의 종료시 협정보험가액에 제한된다는 것을 분명히 함으로써 피보험자의 주의를 환기시키고 있다.

ITC(1983)의 제 1 조 3항에서 전술한 바와 같이 선박이 해체항해(break up voyage)를 하는 경우에는 보험계약이 종료하기 전에 협정보험가액이 변경될 수 있다. 이 경우 제18조 3항의 규정이 더욱 중요하다. 따라서 선박이 손상을 입고 고철로 매각되기 위해 해체항해를 하는 경우에는 미수리손상에 대한 보험자의 손해보상액의 한도는 보험금액이 아니고 고철로서 선박의 시장가액이 된다.

5-6 추정전손조항(Constructive Total Loss)(제19조)

19. CONSTRUCTIVE TOTAL LOSS.

19.1 In ascertaining whether the Vessel is a constructive total loss, the insured value shall be taken as the repaired value and nothing in respect of the damaged or break-up value of the Vessel or wreck shall be taken into account.

19.2 No claim for constructive total loss based upon the cost of recovery and/or repair of the Vessel shall be recoverable hereunder unless such cost would exceed the insured value. In making this determination, only the cost relating to a single accident or sequence of damages arising from the same accident shall be taken into account.

19. 추정전손(CONSTRUCTIVE TOTAL LOSS).

19.1 선박이 추정전손의 여부를 확인하는데 있어서 협정보험가액이 수리 후의 가액으로 간주되고, 피보험선박이나 난파선의 손상가액 또는 해체가액은 고려되지 않는다.

19.2 피보험선박의 회복비용이나 수리비용을 기초로 하는 추정전손에 대한 보험금은 그러한 비용이 협정보험가액을 초과하지 않는 한 이 보험증권에서는 보상되지 않는다. 이러한 결정을 하는데 있어서 오직 단일 사고에 관한 비용이나 동일한 사고로 인한 일련의 손상에 관한 비용만이 고려된다.

(1) 영법상 수리 후 가액과 협정보험가액

MIA 제60조는 보험증권에 명시규정이 있는 경우를 제외하고 비용이 비용지출 후의 가액을 초과한 경우(회복비용이나 수리비용이 회복 후 또는 수리 후 가액을 초과한 경우) 추정전손이 있다고 규정하고 있다. 제19조는 MIA의 보완규정으로서 추정전손의 결정(계산)기준 등을 명시적으로 규정하고 있다.

제19조 1항은 MIA에서 수리비와 비교되는 수리 후의 가액을 협정보험가액으로 대체하고 있으며, 추정전손의 여부를 결정하는 데 있어서 피보험선박이나 난파선의 손상가액이나 해체가액은 고려하지 않는다고 규정하고 있다.

MIA 제27조에서는 협정보험가액은 보험자와 피보험자 간에 보험가액으로서 결정적인 것이지만, 보험증권에 별도의 규정이 없는 한 추정전손의 여부를 결정하는 목적을 위하여 결정적인 것이 아니라고 규정하고 있다. 수리 후의 가액을 어떻게 평가할 것인지에 관해 영법상 규정하고 있지 않다.

이에 따라 보험증권상 명시규정으로서 수리 후의 가액을 협정보험가액으로 규정하여 분쟁의 소지를 제거하고 있다.

추정전손의 처리 여부를 결정하는 데 기준이 되는 일반적인 원칙으로 신중한 무보험소유자의 이론이 적용되는데, 이러한 일반원칙에 대한 하나의 예외가 존재하는데, 그것이 피보험선박이나 난파선의 손상가액 또는 해체가액이 고려되지 않는다는 제19조 1항의 규정이다.

(2) 추정전손의 성립요건

제19조 2항은 선박의 회복과 수리에 관한 비용이 협정보험가액을 초과하는 경우에 추정전손 보험금이 보상된다고 규정하고 있다. 예를 들면 선박을 회복하고 수리하기 위해 견적수리비가 $2,800,000이고, 수리 후 가액이 $2,500,000이며, 협정보험가액은 $3,000,000인 경우, 보험증권상 추정전손을 청구할 수 없다. 왜냐하면 MIA상 추정전손이 가능하지만, 상기 제19조 2항은 수리비가 협정보험가액과 비교된다고 규정하고 있기 때문이다.

상기 후반규정은 그러한 비용이 협정보험가액을 초과하는지의 여부를 결정할 때는 단일사고에 관련한 비용 또는 동일한 사고로 인한 연속된 손상에 관련한 비용만이 협정보험가액과 비교된다고 규정하고 있다. 이는 미수리손상에 대한 보험자의 입장을 명확히 한 것이다.

예를 들면 선박의 이전 항해에서 악천후손상을 입고, 그 손상이 선박의 감항성에 영향을 미치지 않았기 때문에 수리가 연기된 상황에서 좌초사고가 발생하였다. 악천후손상의 수리비가 $300,000이고, 좌초수리비를 포함하여 두 가지 사고에 대한 수리비의 합계인 $3,100,000이 협정보험가액인 $3,000,000를 초과한 경우에도 추정전손은 성립하지 않는다. 제19조 2항은 1회의 사고에 대한 비용만을 고려하도록 규정하고 있기 때문이다.

5-7 운임포기조항(Freight Waiver)(제20조)

20. FREIGHT WAIVER. In the event of total or constructive total loss no claim to be made by the Underwriters for freight whether notice of abandonment has been given or not.

20. 운임포기(FREIGHT WAIVER). 전손이나 추정전손의 경우에, 위부통지의 여부를 불문하고 보험자는 운임을 청구하지 아니한다.

현실전손(ATL)에 대한 클레임을 입증하기 위해 위부통지가 필요 없지만, 현실전손에 대한 보험금을 청구한 피보험자는 선박을 보험자에게 위부한 것으로 간주된다. 그리고 유효한 위부가 존재하는 경우, 보험자는 선박과 그에 포함된 모든 소유권을 승계할 권리를 갖는다.

이것은 현실전손이 정산된 후에 발견된 행방불명선에도 적용되고, 추정전손의 대상인 난파선에도 적용된다. MIA 제63조 1항은 유효한 위부가 존재하는 경우 보험의 목적에 잔존할 수 있는 피보험자의 이익과 보험의 목적에 부수하는 모든 소유권을 승계할 권한이 있다고 규정하고 있다.

따라서 선박의 소유자로서 보험자는 그의 재량으로 선박을 처분할 수 있고, 선박의 처분금액이 지급한 보험금을 초과한 경우에도 그러한 취득금을 보유할 수 있다.

선박에 부수되는 모든 권리를 가질 수 있기 때문에, MIA 제63조 2항은 선박의 위부시에 선박보험자는 취득 중에 있는 일체의 운임과 그러한 재난 이후에 취득되는 모든 운임에서 손해발생 후 운임취득을 위해 지출한 비용을 차감한 순운임에 대하여도 취득할 수 있는 권리가 있다고 규정하고 있다.

그러나 보험자는 보험증권에 "운임포기"조항을 삽입함으로써 운임에 대한 보험자의 권리를 항상 포기하고 있다.

제 6 절 선비(船費)담보조항과 보험료환급조항

6-1 선비담보(Disbursement Warranty)조항(제21조)

(1) 약관조항의 취지

선비담보조항은 보험자가 선박보험증권에서 인정하는 부수적인 피보험이익에 대한 추가보험에 관한 규정이다. 이 조항의 목적은 피보험자가 선박가액의 일부만을 분손보험조건으로 가입하고 나머지 가액을 선비와 증가가액보험 등의 명목의 전손(TLO)조건으로 가입함으로써 보험료를 절감하고 전손사고 시 실제의 선박가액 전액을 보상받으려는 불합리를 방지하고, 중복보험이나 PPI(policy proof of itself) 또는 FIA(full interest admitted) 등의 도박보험을 사전에 방지하기 위한 것이다.

사실상 선비담보에 의해 몇 가지 추가보험이 허용되고 있는데, 선비에 대한 보험가입한도가 1970년 ITC,Hulls에서 10%였으나, 1983년 ITC,Hulls에서는 미국선박약관과 네데란드선박약관과 같이 25%로 증가하였다.

(2) 선비, 관리자의 수수료, 증가가액의 추가보험과 보험금액(제21조 1항)

제21조 1항 1호에 의해 인정되는 추가보험은 선비, 관리자의 수수료, 수익, 선체와 기계의 초과액 또는 증가가액이며, 보험금액은 이 보험증권에 명시된 협정보험가액의 25%를 초과하지 아니한다.

21. DISBURSEMENT WARRANTY.

21.1 Additional insurances as follows are permitted:

21.1.1 Disbursements, Managers' Commissions, Profits or Excess or Increased Value of Hull and machinery. A sum not exceeding 25% of the value stated herein.

21. 선비담보(DISBURSEMENT WARRANTY).

21.1 다음과 같은 추가보험이 허용된다.

21.1.1 선비, 관리자의 수수료, 수익 또는 선체와 기계의 초과액이나 증가가액. 보험금액은 이 보험증권에 명시된 가액의 25%를 초과하지 아니한다.

1) 선비(船費)

항해중에 선박운항자는 선박을 운항하는 데 매일 매일 상당한 비용을 지출한다. 이들 비용을 선비(disbursements)라고 부른다. 선비에는 연료비, 식량구입비, 저장품과 자재비용, 항구 내에서 관습적인 예인비용, 정박비용 및 계류비용 등이 포함된다.

"선비"담보조항은 선비에 대해 추가보험으로 가입할 수 있는 금액에 일정 한도를 규정하고 있다. 1983년 약관에서 피보험자는 협정보험가액의 25%까지 선비 또는 상기 조항에서 명시하고 있는 기타 피보험이익에 관하여 추가보험계약을 체결할 수 있게 되었다.

여기에서 25%의 한도는 상기 조항에 명시된 각각의 피보험이익에 대해 적용되지 않는다. 예를 들어 피보험자가 협정보험가액의 25%에 대해 선비에 관해 보험계약을 체결하고, 거기에 추가하여 증가가액에 관해 협정보험가액의 25%까지 보험계약을 체결한다면, 피보험자는 선비담보의 위반이 된다.

2) 선박관리자의 수수료

선박관리자[28]는 선박의 운항에 대해 모든 책임을 부담하는 대가로 일정 수수료를 받는다. 그 수수료는 선주와 관리자의 양당사자 간에 합의될 수 있으나, 선박이 멸실되거나 사고로 인해 휴항하는 경우와 같이 운임을 취득하지

28) 선박에 대한 피보험이익은 선박의 소유자에게 귀속되지만, 피보험선박이 회사에 의해 관리되는 경우 피보험이익은 개별선주가 아닌 선주들의 대표로서 회사에 귀속된다. 대부분의 경우 선박이나 선단을 관리하기 위해 선주들을 대리하고 선박의 운항에 대해 모든 책임을 부담하는 선박관리자가 임명된다.

못하는 경우에는 선박관리자도 수수료를 상실한다. 그래서 선박관리자는 선박의 손해발생 시 위험에 노출된 금액에 대해 피보험이익을 갖는다.

3) 선체와 기계의 증가가액

수리비를 기초로 한 선박의 추정전손은 오직 사고발생 이전의 상태로 회복하는 비용이 협정보험가액을 초과하는 때에만 청구될 수 있다. 이러한 사실 때문에 피보험자는 선체와 기계에 관한 보험증권의 협정보험가액을 가능한 한 보험자가 허용할 수 있는 가장 낮은 금액으로 가입하려고 한다.

낮은 협정보험가액은 결국 전손사고의 경우에 부적절한 보상을 의미한다. 그 손해를 보충하기 위해 피보험자는 선박의 전손의 경우에만 지급되는, 즉 실제에 있어서 선체와 기계에 관한 보험증권에 의해 전손보험금이 지급될 때에 보상되는 "증가가액"(increased value)에 관한 추가보험계약을 체결할 수 있다.

선박의 가액을 입증할 필요성을 제거하고 증가가액보험계약을 정당화하기 위해서 그러한 보험증권은 명예보험증권으로 체결된다. 따라서 증가가액에 관해 체결할 수 있는 금액은 제한되고 있다.

(3) 운임, 용선운임 또는 예상운임

> 21.1.2 Freight, Chartered Freight or Anticipated Freight, insured for time. A sum not exceeding 25% of the value stated herein less any sum insured, however described, under 21.1.1.

> 21.1.2 기간보험으로 가입된 운임, 용선료 또는 예상운임. 보험금액은 이 보험증권에 명시된 가액의 25%에서 명칭에 관계없이 제21조 1항 1호에 의한 보험금액을 차감한 금액을 초과하지 아니한다.

기간보험으로 가입된 운임, 용선료 또는 예상운임(freight, chartered or anticipated freight)에 관한 추가보험이 인정되고, 이에 대한 보험금액은 협정보험가액의 25%에서 상기 제21조 1항 1호의 보험금액을 차감한 금액을 초과하지 아니한다.

이 약관조항은 일반적인 용어로서 운임(freight)을 지칭하고 있으나, 사실상 보험계약이 체결될 당시에 계약에 의해 합의되지 않은 운임을 의미한다.

따라서 상기 조항은 선주가 보험기간 중(통상적으로 12개월)에 취득할 것으로 기대하는 예상운임[29]을 의미한다. 선박의 전손시 선주가 실제 상실한 그와 같은 운임의 금액을 입증하기가 곤란하기 때문에, 예상운임의 보험계약은 전손부담(TLO)조건의 명예보험증권을 기초로 체결되고, 보험에 가입될 수 있는 금액도 제한된다.

주목해야 할 것은 선주가 선비조항(제21조 1항 1호)에 의해 선비에 관해 허용된 25%에 대해 모두 보험에 가입한 경우에는 상기 조항에 의해서는 어떠한 보험도 체결할 수 없다는 것이다.

(4) 계약에 의한 항해운임

21.1.3 Freight or Hire, under contract for voyage. A sum not exceeding the gross freight or hire for the current cargo passage and next succeeding cargo passage (such insurance to include, if required, a preliminary and an intermediate ballast passage) plus the charges of insurance. In the case of a voyage charter where payment is made on a time basis, the sum permitted for insurance shall be calculated on the estimated duration of the voyage, subject to the limitation of two cargo passages as laid down herein. Any sum insured under 21.1.2 to be taken into account and only the excess thereof may be insured, which excess shall be reduced as the freight or hire is advanced or earned by the gross amount so advanced or earned.

21.1.3 항해에 대해 계약에 의한 운임 또는 용선료. 보험금액은 당해 적하의 항해구간 및 계속되는 다음 적하의 항해구간(그러한 보험에는 필요한 경우 예비적인 중간의 공하(空荷)의 항해구간을 포함함)에 대한 총운임이나 총용선료에 보험비

29) "예상"운임(anticipated freight)은 선박운항자가 일정 기간동안 취득할 것으로 기대하는 운임이다. 그 때문에 불투명한 금액을 기초로 할 수밖에 없다. 만약 그 기간 중에 선박이 멸실되거나 휴항한다면, 사고 이후에 취득하였을 운임이 상실된다. 선박운항자는 사고 이후에 취득될 금액에 대한 피보험이익을 갖지만, 선박운항자는 언제 사고가 발생할 것인지를 알 수 없기 때문에, 얼마의 금액에 대해 보험계약을 체결할 것인지 예상할 수 없다. 따라서 그러한 금액이 손해발생시 위험에 노출되어 있다는 것을 입증할 필요성을 제거하기 위해 예상운임의 보험은 선체와 기계에 관한 보험증권상 전손보험금이 지급되는 경우 보험금이 지급되는 명예보험증권으로 체결되고 있다.

> 용을 가산한 금액을 초과하지 아니한다. 기간을 기준으로 용선료가 지불되는 항해용선의 경우에 보험금액으로 인정되는 금액은 여기에 설정된 두 가지 적하의 항해구간의 제한에 따라 그 항해의 예상기간을 기초로 산정되어야 한다. 제21조 1항 2호에 의한 보험금액이 있으면 이를 고려하여 그 초과액만이 보험에 가입될 수 있으며, 그 초과액은 운임이나 용선료가 선불되거나 취득됨에 따라 그렇게 선불되거나 취득된 총금액만큼 감액된다.

이 조항은 피보험자의 위험에 속한 실제 운임이 제21조 1항 2호에 의한 예상운임의 보험계약상 보험금액보다 많은 경우에 이용할 수 있는 규정이며, 위험에 속한 초과금액을 피보험자가 추가로 가입할 수 있도록 한 규정이다. 이 조항에 의한 보험금액은 두 개의 항해구간에 대한 총운임이나 총용선료에 보험비용을 가산한 금액에서 제21조 1항 2호에 가입된 보험금액을 차감한 초과액으로 제한된다.

기본적으로 보험금액은 두 개의 계속되는 항해구간에 대한 적하의 운송으로 취득되는 운임상당액으로 제한된다. 그러나 보험계약은 보험계약이 유효한 기간 중 이전의 공하의 항해구간과 하나의 중간의 공하항해구간을 포함할 수 있다. 이에 대한 예를 들면 다음과 같다.

항해구간 #1	항해구간 #2	항해구간 #3	항해구간 #4
(공하)	(운임 $800,000)	(공하)	(운임 $600,000)
선체와 기계에 관한 협정보험가액		$4,000,000	
제21조 1항 2호에 의한 보험금액		$1,000,000	
항해운임에 관한 추가보험	$800,000 + $600,000 =		$1,400,000
차감(제21조 1항 2호)금액			− 1,000,000
허용되는 보험금액			$ 400,000

주목할 것은 운임보험증권에 의해 가입된 보험금액은 운임이 취득됨에 따라 감액되는 것으로 간주된다는 점이다. 따라서 선박이 항해구간별로 멸실되는 경우 보험자가 보험증권상 보상하는 보험금은 다음과 같다.

① 항해구간 #1 지급보험금 $400,000

② 항해구간 #2 지급보험금 $400,000

③ 항해구간 #3 지급보험금 없음

④ 항해구간 #4 지급보험금 없음

이 결과는 초기 항해단계에서는 전체 보험금액($400,000)이 부담되지만, 두 번째 항해구간의 완료시에 $800,000의 운임이 지불될 때 보험금액이 그 만큼 감액되기 때문이다.

(5) 용선계약이 없는 공하(空荷)항해 시 예상운임

> 21.1.4 Anticipated Freight if the Vessel sails in ballast and not under Charter. A sum not exceeding the anticipated gross freight on next cargo passage, such sum to be reasonably estimated on the basis of the current rate of freight at the time of insurance plus the charges of insurance. Any sum insured under 21.1.2 to be taken into account and only the excess thereof may be insured.

> 21.1.4 선박이 공하로서 용선되지 않고 출항하는 경우의 예상운임. 보험금액은 다음 적하의 항해구간에 관한 예상 총운임을 초과하지 아니하며, 그러한 금액은 보험계약의 체결시 당해 운임율을 기초로 합리적으로 추정한 금액에 보험비용을 가산한 금액으로 한다. 제21조 1항 2호에 의한 보험금액이 있으면 이를 고려하여 그 초과금액만이 보험에 가입될 수 있다.

이 조항은 화물을 적재하기 위해 선박이 "부정기"선박(tramp vessel)으로서 공하로 항행하는 경우에 적용되는 규정이다.

만약 선박이 사전에 체결된 용선계약의 대상이 아닌 적하를 적재하기 위해 어떤 항구까지 항해하는 경우, 선박이 그와 같은 적하의 운송에 대해 취득할 것으로 기대되는 운임이 선체와 기계에 관한 협정보험가액의 25%를 초과한다면(선주가 예상운임보험증권에 가입되어 있다고 가정한 경우), 이 조항은 피보험자가 25% 운임보험(명예보험증권)에 대해 추가보험계약을 체결하도록 허용하고 있으나, 오직 그 초과금액에 대해서만 추가계약을 체결할 수 있다. 이에 대한 예를 들면 다음과 같다.

선체와 기계에 관한 보험증권의 협정보험가액	$4,000,000
다음 적하항해구간에서 취득될 것으로 기대되는 운임	$1,300,000
운임보험금액 (제21조 1항 2호)	− 1,000,000
허용되는 추가보험	300,000

(6) 기간용선료 또는 일련의 항해용선료

21.1.5 Time Charter Hire or Charter Hire for Series of Voyages. A sum not exceeding 50% of the gross hire which is to be earned under the charter in a period not exceeding 18 months. Any sum insured under 21.1.2 to be taken into account and only the excess thereof may be insured, which excess shall be reduced as the hire is advanced or earned under the charter by 50% of the gross amount so advanced or earned but the sum insured need not be reduced while the total of the sums insured under 21.1.2 and 21.1.5 does not exceed 50% of the gross hire still to be earned under the charter. An insurance under this Section may begin on the signing of the charter.

21.1.5 기간용선료 또는 일련의 항해에 대한 용선료. 보험금액은 18개월을 초과하지 않은 기간 내의 용선계약에 의해 취득될 총용선료의 50%를 초과하지 아니한다. 제21조 1항 2호에 의한 보험금액이 있으면 이를 고려하여 그 초과금액만이 보험에 가입될 수 있으며, 그 초과금액은 용선계약에 의해 용선료가 선불되거나 취득됨에 따라 그와 같이 선불되거나 취득된 총금액의 50%만큼 감액된다. 그러나 제21조 1항의 2호와 5호에 의한 보험금액의 합계액이 용선계약상 취득되는 총용선료의 50%를 초과하지 않는 동안에는 그 보험금액은 감액될 필요가 없다. 이 조항에 의한 보험은 용선계약의 서명 시에 개시할 수 있다.

이 조항은 선주가 용선자와 계약을 체결하여 용선자가 일정 기간이나 항해를 기준으로 선박의 용선에 대해 용선료를 지불하기로 합의한 경우에 적용되는 규정이다. 이 조항은 기간과 항해용선계약을 모두 규정하고 있으나, 이 조항의 한도는 기간용선을 기준으로 규정하고 있다.

또한 이 조항은 18개월 동안의 총용선료의 50%가 운임보험증권(명예보험증권)상 보험금액을 초과하는 경우에만 적용된다. 즉 기간용선료 또는 일련의 항해용선료에 대한 추가보험의 보험금액은 18개월을 초과하지 않은 기간 내의 용선계약상 취득할 총용선료의 50%에서 제21조 1항1호에 의한 보험금액을 초과하는 금액이다. 이에 대한 예를 들면 다음과 같다.

선체와 기계에 관한 보험증권의 협정보험가액	$4,000,000
운임보험금액(제21조 1항 2호)	1,000,000
18개월동안 예상 용선료	$2,400,000
허용된 추가보험(50%)	1,200,000
제21조 1항 1호에 의한 보험금액	− 1,000,000
허용되는 보험금액	$200,000

이러한 $200,000의 보험금액은 용선계약에 의해 선불되거나 취득된 총액의 50%만큼 감액되지만, 제21조 1항 2호와 5호의 합계액($1,000,000 + $200,000 = $1,200,000)이 용선계약상 취득되는 총용선료의 50%를 초과하지 않으면 그와 같이 감액되지 않고, 총용선료의 50%를 초과하는 때에만 감액된다.

(7) 보험료, 환급보험료, 전쟁과 스트라이크위험 등

1) 보 험 료

> 21.1.6 Premiums. A sum not exceeding the actual premiums of all interests insured for a period not exceeding 12 months (excluding premiums insured under the foregoing sections but including, if required, the premium or estimated calls on any Club or War etc. Risk insurance) reducing pro rata monthly.

> 21.1.6 보험료. 12개월을 초과하지 않은 기간에 대해 보험에 가입된 모든 이익의 실제 보험료를 초과하지 아니하며, (상기 조항들에 의해 가입된 보험료는 제외되지만, 필요한 경우 일체의 선주책임상호조합이나 전쟁 등의 위험보험에 관한 보험료 또는 추정불입금은 포함한다), 월할(月割)로 감액된다.

기간보험증권상 지불된 보험료는 선박의 전손 시 상실되는 것이 영국의 관습이다. 그래서 선주가 자기의 선체와 기계에 관한 보험증권상 12개월의 보험료를 지불하고, 선박이 보험기간 중에 멸실되는 경우(그러한 전손에 대한 보험증권상 보상 여부를 불문함)에는, 선주는 보험계약의 미경과기간에 대한 환급보험료를 청구할 수 없다.

동일한 원칙이 분할납 보험료에도 적용된다. 전손사고가 발생하면 즉시 일년 동안의 보험료 중에서 미납보험료를 완불해야 하기 때문이다.

그러므로 전손사고의 발생시 피보험자가 기간보험증권상 남아있는 기간의 보험료에 대한 피보험이익을 갖게 되고, MIA 제13조는 피보험자가 그러한 보험료(premium)에 대해 보험계약을 체결할 수 있다고 규정하고 있다.

상기 제21조 1항 6호는 이러한 권리를 인정하고 있으나, 보험증권에 의해 가입된 보험료에 대한 보험금액은 매월 1/12씩 감액된다고 규정하고 있다. 실무상 이와 같은 보험증권을 "보험료체감보험증권"(premium reducing policies)이라고 부른다.

중요한 것은 피보험자가 이와 같은 기준으로 선주책임상호조합(P&I Club)의 예상되는 불입금(calls)에 대해서도 보험계약을 체결할 수 있다는 점이다. 또한 이 조항에 의해 가입된 보험료에는 전쟁과 스트라이크위험의 보험에 체결된 보험료도 포함된다.

2) 환급보험료

> 21.1.7 Returns of Premium. A sum not exceeding the actual returns which are allowable under any insurance but which would not be recoverable hereunder in the event of a total loss of the Vessel whether by insured perils or otherwise.

> 21.1.7 보험료의 환급. 보험금액은 일체의 보험에 의해 인정되지만, 피보험위험이나 기타 위험에 의하든 관계없이 피보험선박의 전손시 이 보험증권상 보상되지 않는 실제 환급액을 초과하지 아니한다.

제22조 2항 1호는 휴항이나 해약에 대해 기간보험증권상 인정되는 보험료의 환급은 보험계약의 종료 시 선박이 전손이 되지 않을 것을 조건으로 하고 있다.

상기 제21조 1항 7호는 피보험선박의 전손 발생 시 위험에 노출된 기간에 대한 환급보험료를 피보험자가 보험에 가입하도록 허용하고 있다.

3) 전쟁과 스트라이크위험 등

21.1.8 Insurance irrespective of amount against:
Any risks excluded by Clauses 23, 24, 25 and 26 below.

21.1.8 보험금액과 관계없는 보험: 아래의 제23조, 24조, 25조 및 26조에 의해 면책되는 모든 위험.

이 조항은 설명이 필요 없을 만큼 간단명료하다. 즉 보험금액의 제한이 없는 보험으로서 제23조 전쟁위험, 제24조 스트라이크위험, 제25조 악의행위위험 및 제26조 핵위험에 대한 추가보험이 인정된다는 규정이다.

(8) 명시담보와 명예보험계약의 허용(제21조 2항)

21.2 Warranted that no insurance on any interests enumerated in the foregoing 21.1.1 to 21.1.7 in excess of the amounts permitted therein and no other insurance which includes total loss of the Vessel P.P.I., F.I.A., or subject to any other like term, is or shall be effected to operate during the currency of this insurance by or for account of the Assured, Owners, Managers or Mortgagees. Provided always that a breach of this warranty shall not afford the Underwriters any defence to a claim by a Mortgagee who has accepted this insurance without knowledge of such breach.

21.2 위의 제21조 1항 1호에서 제21조 1항 7호까지 열거된 모든 이익의 보험으로서 그 조항에서 인정된 금액을 초과하는 보험과 "보험증권 자체가 피보험 이익의 존재를 증명함," "모든 피보험 이익을 승인함" 또는 이와 유사한 일체의 기타 조건에 따라 피보험선박의 전손을 포함하는 다른 보험이 피보험자, 소유자, 관리자 또는 저당권자에 의해 또는 이들을 위해서 이 보험의 보험기간 중에 효력을 갖도록 체결되지 않거나 체결되지 않을 것을 담보로 한다. 다만, 언제나 이 담보의 위반은 그러한 위반사실을 알지 못하고 이 보험을 인수한 저당권자에 의한 보험금 청구에 대해 보험자에게 항변권을 부여하는 것은 아니다.

담보위반의 경우 지체 없는 통지와 추가보험료에 의해 계속 보장한다는 ITC(1983)의 제 3 조 담보위반조항(breach of warranty clause)에는 선비담보의 위반이 포함되어 있지 않다.

영국시장의 관습상 보험자는 선비담보의 위반에 대해 계속보장을 합의하지 않는다. 따라서 피보험자가 이 담보를 위반한 경우 보험자는 담보위반일로부터 모든 책임이 해제된다.

이 조항에서는 선비뿐만 아니라 제21조 1항 1호에서 7호까지 열거한 모든 이익의 보험으로 인정한 보험금액을 초과하는 어떠한 보험도 피보험자나 소유자, 관리인 또는 저당권자에 의해서 또는 이들을 위해서 보험기간 중에 체결되지 않을 것과, PPI(policy proof of interest), FIA(full interest admitted) 또는 이와 유사한 모든 조건에 따라 선박의 전손을 포함하는 어떠한 보험도 보험기간 중에 체결되지 않을 것을 담보(warranty)로 하고 있다.

피보험자가 보험증권을 저당권자에게 양도하거나 또는 저당권자의 이익이 보험증권에 표시되어 있는 경우, 피보험자의 담보위반은 선박보험증권상 저당권자의 권리에 영향을 미치지 않는다. 다만 저당권자가 그러한 담보의 위반이 있었다는 것을 알지 못하는 경우에 한한다.

6-2 휴항해약환급금조항(Returns for Lay-up and Cancellation)(제22조)

이 조항은 피보험자에게 보험료를 환급한다는 보험증권상 합의가 있는 경우에 보험료환급의 기준에 관한 규정이다. 표준 협회선박약관은 ① 상호합의에 의한 임의해약과 ② 강제해약의 경우의 환급보험료에 대해 규정하고 있다. 해약환급금의 규정에 추가하여, 일정한 조건에 따라 선박이 안전한 수역에서 보험기간 중 휴항하는 기간에 대해 보험료의 일부를 보험자가 환급한다고 규정하고 있다.

(1) 보험료환급액의 계산기준

1) 합의에 의한 환급보험료

22 RETURNS FOR LAY-UP AND CANCELLATION

> 22.1 To return as follows:
>
> 22.1.1 Pro rata monthly net for each uncommenced month if this insurance be cancelled by agreement.

> 22. 휴항 및 해지환급(RETURNS FOR LAY-UP AND CANCELLATION)
>
> 22.1 아래와 같이 보험료를 환급한다.
>
> 22.1.1 합의에 의해 이 보험이 해지되는 경우 각 미경과월(未經過月)에 대한 월할(月割) 순보험료

선박이 장기간 동안 휴항할 가능성이 있는 경우, 피보험자는 항해를 전제로 하는 기존의 보험보다는 제한적인 항구위험(port risks)의 보험을 선호하고 이에 따라 휴항환급보험료를 청구할 수 있다. 보험이 상호합의에 의해 해약되는 경우에는 선박이 다른 용도로 사용되기 위해 또는 해체항해에 출항하기 위해 현행 업무를 중단하는 경우 등이다.

보험이 상호합의에 의해 해약되는 경우에는 보험에 의해 보장되지 않은 각각의 미경과 월에 대해 일정 금액이 피보험자에게 지급된다. 달력을 기준으로 1개월에 대한 일정 금액은 통상적으로 연간보험료에서 모든 할인금액을 차감한 금액의 1/12이다.

ITC(1983)에서는 환급보험료의 계산방법을 각 미경과월에 대한 월할순보험료(pro rata monthly net)라고 규정하고 있다.

예를 들면 1997년 1월1일부터 12개월의 보험기간에 대해 연간보험료가 $15,000이고, 보험중개인수수료를 포함한 할인금액인 15%이며, 2008년 6월 10일에 보험계약이 해약된다고 가정하면 환급보험료는 다음과 같이 계산된다.

연간보험료	$15,000
15%할인액	− 2,250
연간순보험료	12,750

1개월에 대한 순보험료 $12,750 ÷ 12 = $1,062.50

미경과 월 6개월에 대한 환급보험료 $1,062.50 × 6 = $6,375.00

유의해야 할 것은 ITC(1983)의 경우에, 전손이 발생하기 전에 보험자에게 해약의사를 이미 통지한 경우에도, 실제 해약일자 이전에 전손이 발생하면 환급보험료가 지급되지 않는다는 것이다.

2) 강제해약에 의한 환급보험료

한편, ITC(1983)의 제 4 조에 의한 강제해약의 경우 환급보험료는 순보험료의 "일할"(pro rata daily)계산을 기준으로 한다. 이 경우는 합의에 의한 해약 시 "월할"기준과 다르다. 예를 들면 연간보험료가 $20,000이고, 1년의 보험기간 중 150일이 남은 상황에서 선박이 선급을 상실한 경우, 보험기간에 해당하는 12개월이 365일이라면 환급보험료는 다음과 같이 계산된다.

연간보험료	$20,000
15%할인액	− 3,000
연간 순보험료	17,000

150일에 대한 환급보험료 $17,000 × 150/365 = $6,986.30

(2) 휴항환급보험료

22.1.2 For each period of 30 consecutive days the Vessel may be laid up in a port or in a lay-up area provided such port or lay-up area is approved by the Underwriters (with special liberties as hereinafter allowed)

(a) .... per cent net not under repair

(b) .... per cent net under repair

If the Vessel is under repair during part only of a period for which a return is claimable, the return shall be calculated pro rata to the number of days under (a) and (b) respectively.

22.1.2 연속 30일의 매 기간에 대하여 휴항항구나 휴항구역이 보험자에 의해 승인되는 것(아래에서 인정되는 특별 자유재량권의 행사와 함께)을 조건으로 피보험선박이 어떤 항구 또는 휴항구역에서 휴항하게 되든

(a) 수리중이 아닌 경우 순 .... %

(b) 수리중인 경우 순 .... %

> 만약 보험료의 환급을 청구할 수 있는 기간의 일부만이 수리중이라면, 보험료환급액은 위의 (a) 및 (b)에 각각 해당되는 일수의 비율에 따라 산출된다.

선박이 항구에 입항해 있는 정박위험은 항해위험보다 낮기 때문에, 선박이 상당 기간 항구에 입항해 있는 경우 피보험자는 그러한 기간에 대해 지불한 보험료의 일부를 환급받을 권리가 있다.

이 조항은 연속 30일의 기간을 초과하는 기간에 대해 선박이 안전한 수역에서 휴항하고, 휴항하는 항구나 휴항구역이 보험자의 승인을 받는 경우에 한하여 휴항환급금이 지급된다.

연속 30일의 기간보다 적은 휴항기간에 대해서는 환급금이 인정되지 않고, 30일의 매 기간에 대해 휴항기간(lay up periods)으로 계산된다.

선박이 보험기간 중에 휴항하든 하지 아니하든 관계없이, 보험증권이 작성될 때 환급보험료의 산출기준인 환급률을 정하여야 한다. 그러한 환급률은 상기 조항과 같은 환급약관상 공란에 기재된다. 해당약관상 공란에 기재된 계수는 인정되는 휴항기간의 수를 곱한 후에 보험증권상 보험금액에 적용되는 비율이다.

그러나 휴항환급금을 계산할 때에는 환급률이 보험증권상 환급약관에 기재된 후에 연간 보험요율이 변동되지 않았는지를 확인하여야 한다. 연간 보험요율이 변동된 경우 환급률도 그에 따라 정산된다. 이에 대하여는 제22조 2항 4호에 규정하고 있다.

(3) 보험료의 환급조건

1) 환급금에 관한 전손의 효과

> 22.2 PROVIDED ALWAYS THAT
>
> 22.2.1 a total loss of the Vessel, whether by insured perils or otherwise, has not occurred during the period covered by this insurance or any extension thereof

> 22.2 항상 환급금의 지급은 다음과 같은 사항을 조건으로 한다.
>
> 22.2.1 피보험위험 또는 기타 위험에 의하든 관계없이, 피보험선박의 전손이 이 보

> 험의 보험기간이나 그 연장기간 중에 발생하지 않을 것.

보험계약에서는 보험증권에 의해 전손보험금이 일단 지급되면, 그 보험증권상 지불된 전체 보험료를 보험자가 취득한 것으로 간주된다. 이와 동일한 관습이 환급보험료의 지급에도 적용되고, 이에 따라 보험계약이 종료하기 전에 선박이 전손이 된 경우에 환급보험료가 지급되지 아니한다.

특히 상기 조항은 보험기간 중 피보험위험의 여부에 관계없이 피보험선박의 전손이 발생하지 않을 것을 조건으로 환급금을 지급한다고 규정하고 있다.

2) 승인된 휴항구역

> 22.2.2 in no case shall a return be allowed when the Vessel is lying in exposed or unprotected waters, or in a port or lay-up area not approved by the Underwriters but, provided the Underwriters agree that such non-approved lay-up area is deemed to be within the vicinity of the approved port of lay-up area, days during which the Vessel is laid up in such non-approved lay-up area may be added to days in the approved port or lay-up area to calculate a period of 30 consecutive days and a return shall be allowed for the proportion of such period during which the Vessel is actually laid up in the approved port or lay-up area.

> 22.2.2 어떠한 경우에도 풍랑에 노출되어 있는 수역이나 방파설비가 없는 수역 또는 보험자가 승인하지 않은 항구나 휴항구역에서 피보험선박이 정박하는 때에는 보험료의 환급이 인정되지 아니한다. 그러나 그와 같이 승인되지 않은 휴항구역이 승인된 항구나 휴항구역의 근처에 있는 것으로 간주된다고 보험자가 동의할 것을 조건으로 그러한 승인되지 않은 휴항구역에서 피보험선박이 휴항한 일수는 연속 30일의 기간을 계산하는 데 있어서 승인된 항구나 휴항구역에서의 휴항일수에 가산되고, 보험료의 환급은 피보험선박이 승인된 항구나 휴항구역에서 실제 휴항하는 기간의 비율부분에 대해 인정된다.

피보험선박이 보호설비가 없는 수역에서 정박하는 경우, 휴항기간이나 그 일부에 대해 휴항환급금이 인정되지 않는다. 휴항환급금의 목적은 원래의 보험증권상 보험료의 산정 시 예상한 위험보다 적은 위험에 선박이 노출되는 경우에 보험료를 감액시켜 주는 것이다. 그러나 선박이 보호설비가 없는 수역에 정박하는 때에는 선박이 항행하는 경우와 마찬가지로 폭풍우 등으로 인한 많은 위험에 노출된다.

선박이 승인된(approved) 구역[30] 밖에서 정박하는 기간에 대해서는 환급금이 인정되지 않지만, 그 구역이 승인된 구역에 인접해 있는 것으로 보험자가 동의한다면 인접구역에 정박한 기간이 전체 30일의 기간의 일부를 구성하고 있는 경우에는 승인된 구역에서 실제 휴항한 기간이 30일에 미달되는 때에도 피보험자는 미달되는 기간의 그 비례부분에 대해 환급보험료를 청구할 수 있다.

예를 들면 선박이 휴항하기로 신청한 항구밖에 도착하였으나, 즉시 이용할 수 있는 정박지가 없어서 정박지를 이용하기 전에 항구 밖의 정박지에 40일 동안 정박한다. 그 후 승인된 항구구역으로 이동하여 정상적인 항해에 복귀할 때까지 45일 동안 정박한다면, 휴항기간은 다음과 같이 산출될 수 있다.

① 항구구역에서 16일에서 45일까지 30일의 휴항기간: 전체 기간에 대한 환급보험료가 인정된다.
② 항구구역에서 1일부터 15일까지 휴항기간: 30일의 기간을 구성하는데 항구 밖 정박지에서 휴항기간의 후반 15일이 가산되지만, 인정되는 환급보험료는 정상적인 환급률의 50%(즉 15/30)이다.
③ 항구 밖 정박지에서 26일에서 40일까지 휴항기간: 보험료의 환급은 인정되지 않지만, 항구구역에서 처음 15일 동안의 휴항기간에 가산된다.
④ 항구 밖 정박지에서 1일부터 25일까지 휴항기간: 인정되지 않는다.

3) 화물의 저장이나 부선용의 사용기간 환급 불가

> 22.2.3 loading or discharging operations or the presence of cargo on board shall not debar returns but no return shall be allowed for any period during which the Vessel is being used for the storage of cargo or for lightering purposes.

30) "승인된"구역이란 보험자의 견지에서 선박이 폭풍우 등의 주요한 위험으로부터 보호되는 구역을 말한다. 일반적으로 항구 밖의 정박지(roadstead)에 정박하고 있는 선박은 승인된 구역에 있다고 말할 수 없다.

22.2.3 적재나 양하작업 또는 선내(船內) 화물의 존재는 보험료의 환급을 저해하는 것은 아니다. 그러나 피보험선박이 적하의 보관을 위해 사용되거나 부선의 목적으로 사용되는 기간에 대해서는 어떠한 보험료의 환급도 인정되지 아니한다.

선박이 휴항하는 기간 동안에 선박이 화물의 선적작업이나 양하작업 또는 선상에 화물이 적재되어 있다는 사실은 보험료환급에 영향을 미치지 아니한다.

중요한 것은 예를 들어 석탄 보관용 폐선이나 보관을 목적으로 휴항하는 유조선 등과 같이 적하의 보관을 위해 사용되는 선박에 대해서는 보험료의 환급이 인정되지 않으며, 휴항기간 중에 정상적인 항해는 하지 않으나 항구 내에서 부선용[31]으로 사용되는 선박에 대해서도 보험료의 환급이 인정되지 않는다.

4) 연간보험요율의 수정에 따른 환급률의 조정

22.2.4 in the event of any amendment of the annual rate, the above rates of return shall be adjusted accordingly.

22.2.4 연간보험요율의 수정이 있는 경우, 위의 환급률도 그에 따라 조정된다.

휴항환급금을 산출하는 경우 보험증권상 환급약관조항에 환급률이 기재된 후에 연간 보험요율이 변동되지 않았는지를 확인하여야 한다. ITC(1983)에서는 연간 보험요율이 수정된 경우 상기 환급률도 그에 따라 조정된다고 규정하고 있다.

따라서 보험기간 중에 연간 보험요율이 수정된 경우, 연간 보험요율이 수정된 이후의 관련된 휴항기간에 대해 수정된 보험요율을 사용하여 상기 제22조 1항 2호에서 설명한 계산방법에 따라 휴항환급률을 다시 계산하여야 한다.

---

31) "부선용"(lightering)이란 말은 적재나 양하를 포함하여 선박과 선박 또는 선박과 해안 사이에 적하 등을 이동시키는 작업을 의미한다.

일반적으로 이 약관조항은 연간 보험요율이 인하되어 그 결과 휴항환급률이 인하되는 경우를 규정하고 있고, ITC(1983)의 제 3 조에 의한 담보위반에 대해 추가보험료(AP)가 부과되는 경우에 적용하기 위해 규정된 것은 아니다.

5) 두 개의 보험증권상 연속기간에 대한 환급금의 계산

22.2.5 in the event of any return recoverable under this Clause 22 being based on 30 consecutive days which fall on successive insurances effected for the same Assured, this insurance shall only be liable for an amount calculated at pro rata of the period rates 22.1.2 (a) and/or (b) above for the number of days which come within the period of this insurance and to which a return is actually applicable. Such overlapping period shall run, at the option of the Assured, either from the first day on which the Vessel is laid up or the first day of a period of 30 consecutive days as provided under 22.1.2 (a) or (b), or 22.2.2 above.

22.2.5 이 제22조에 의해 보상되는 보험료환급금이 동일한 피보험자를 위해 체결된 두 개의 연속된 보험계약에 해당되는 30일 계속일수를 기초로 하고 있는 경우, 이 보험계약의 보험기간에 해당되고 환급이 실제 적용되는 일수에 대해 위의 제22조 1항 2호의 (a) 및/또는 (b)의 기간비율의 비례로 산출되는 금액에 한하여 이 보험은 지급책임을 부담한다. 그와 같이 연속되는 기간은 피보험자의 재량에 따라 선박이 최초의 휴항일자부터 기산하거나, 또는 상기 제21조 1항 2호의 (a)나 (b) 또는 제22조 2항 2호에서 규정한 바에 따라 연속 30일의 기간의 최초의 일자부터 기산한다.

ITC(1983)의 제21조 1항 2호에서 규정한 바와 같이, 연속 30일의 기간에 미달하는 휴항기간에 대해서는 환급금이 인정되지 않는다. 따라서 실무상 정확히 30일의 기간별로 각각의 휴항기간에 대해 환급금이 계산된다. 예를 들어 연속 25일간의 휴항에 대해서는 휴항기간이 인정되지 않으며 휴항일수가 연속 35일인 경우에는 1회의 휴항기간이 인정된다.

연속 30일에 미달하는 상태에서 해당 보험증권상 보험기간이 종료하고, 다른 보험증권상 개시된 보험기간에 연속하여 휴항하는 경우, 상기 조항에서 규정한 바와 같이 두 개의 연속되는 보험증권상 그 비율에 따라 환급금을 수

취할 수 있다.

이 약관조항을 적용하는 데 선박이 실제 휴항한 일수에 따라 휴항기간이 결정되지만, 30일의 기간은 두 개의 보험증권상 보험기간에 해당되는 기간으로 배분된다. 만약 연속되는 보험증권이 없고 보험계약이 종료하기 전에 연속 30일의 기간 중 20일이 경과하였다면, 피보험자는 휴항환급금을 청구할 수 없다.

그러나 동일한 피보험자를 위하여 체결된 다른 보험계약이 있는 경우에는, 피보험자가 해당 휴항일수의 비례에 따른 환급보험료(즉 휴항기간에 대해 인정되는 정상적인 환급금의 20/30에 해당되는 금액)를 청구할 수 있다.

이러한 원칙은 선박이 일부는 승인된 구역에서 휴항하고 일부는 승인되지 않은 구역에서 휴항하는 경우에도 두 구역이 인접해 있고 휴항일수가 30일에 미달하는 연속기간이 있는 때에는 동일하게 적용된다. 이러한 일은 휴항을 위해 승인된 구역에 입항할 목적으로 선박이 도착하였으나, 입항할 수 없어서 정박지를 이용할 수 있을 때까지 승인된 구역 밖에서 정박해야 하는 경우에 발생한다.

주목할 것은 피보험자가 상기 제22조 2항 5호에 해당되는 휴항기간에 관해 피보험자가 선택권을 가지고 있다는 것이다. 피보험자는 환급에 대한 기간을 최초의 휴항일자부터 기산하거나 또는 환급약관에 명시된 범주에 해당하는 연속 30일의 개시일자부터 기산할 수도 있다.

제 7 절 보험자의 면책조항

7-1 전쟁면책(War Exclusion)(제23조)

(1) 최우선조항(paramount clause)

ITC(1983)에서는 제23조 전쟁면책, 제24조 스트라이크면책, 제25조 악의행위면책, 제26조 핵면책 등 네 가지 면책조항을 이에 저촉되는 어떤 규정보다 우선한다는 최우선조항(paramount clauses)으로 규정하고 있다.

The following clauses shall be paramount and shall override anything contained in this insurance inconsistent therewith.

다음 약관조항들은 최우선조항이며, 이에 저촉되는 이 보험에 포함된 어떤 규정보다 우선한다.

이들 최우선조항은 면책조항이 삽입되어 있는 인쇄약관 뿐만 아니라 MAR 양식의 보험증권에 첨부되는 기타 약관과 그것이 인쇄약관이든 타이프약관이든 수기약관이든 관계없이 보험증권에 삽입된 모든 문언에 적용된다.

(2) 전쟁면책조항(제23조)의 해설

23. WAR EXCLUSION. In no case shall this insurance cover loss damage liability or expense caused by

23.1 war civil war revolution rebellion insurrection, or civil strife arising therefrom, or any hostile act by or against a belligerent power

23.2 capture seizure arrest restraint detainment (barratry and piracy excepted), and the consequences thereof or any attempt thereat

23.3 derelict mines torpedoes bombs or other derelict weapons of war.

23. 전쟁면책(WAR EXCLUSION).

어느 경우에도 이 보험은 다음 사항에 기인한 멸실, 손상, 배상책임 또는 비용을 보상하지 않는다.

23.1 전쟁, 내란, 혁명, 모반, 반란 또는 그로 인한 시민투쟁, 또는 교전세력에 의하거나 교전세력에 대한 모든 적대행위

23.2 포획, 나포, 압류, 억지, 억류(선원의 악행 및 해적행위 제외) 및 그 결과 또는 그 기도(企圖)

23.3 유기된 기뢰, 어뢰, 폭탄 또는 기타 유기된 전쟁무기.

1) 전쟁이나 내란 또는 적대행위 등

제23조 1항에서는 "전쟁"(war)이란 두 국가 또는 두 그룹의 국가들 간의 무력충돌로 정의된다. 이 면책조항은 모든 형태의 전쟁에 적용되고, 대규모 전

쟁이든 소규모의 국지전쟁이든 불문하고 모든 형태의 전쟁을 면책하고 있다.

이 조항은 전쟁은 물론 "내란, 혁명, 모반, 반란 또는 시민투쟁"을 면책으로 규정하고 있고, 여기에서 "시민투쟁"(civil strife)은 제23조 1항에서 열거된 면책위험으로 인해 발생하는 경우에만 적용된다. 따라서 "시민"(civil)이란 말은 군사적 행동을 포함하지 않은 경우를 의미하지만, 혁명이나 반란을 목적으로 하지 않은 정치적인 문제에 대한 학생들의 시위 또는 노사분규로 인한 노동자들의 시민투쟁 등은 이에 해당되지 않는다.

이 조항에서 "세력"(power)이란 육군이나 해군 또는 공군력을 가진 세력을 의미하므로, 개인에 의한 적대행위는 포함하지 않는다.

2) 포획이나 나포, 압류 등

상기 조항은 포획과 나포 등으로 인한 멸실, 손상, 배상책임 또는 비용에 대해 면책한다고 명확히 규정하고 있다. 따라서 면책위험과 관련하여 발생할 수 있는 모든 것을 면책하고 있다. 제23조 2항은 전쟁유사행위와 관련 있든 없든 불문하고, 모든 종류의 포획이나 나포, 압류, 억류, 억지 등을 면책으로 규정하고 있다.

이 면책에서 제외되는 것은 선원의 악행(barratry)이나 해적행위(piracy)에 의한 나포 등이며, 이들 위험은 해상보험증권상 피보험위험이다.

3) 유기된 전쟁무기

제23조 3항은 1983년 약관에 처음 도입된 약관조항으로서, 유기된 전쟁무기 등의 위험을 해상보험증권에서 전쟁보험증권으로(또는 전쟁보험증권이 체결되지 않은 경우 피보험자에게) 전가시키기 위해 도입된 약관조항이다.

전쟁 시 전쟁무기의 경우 제23조 1항에 의해 면책되지만, 평화 시 항해과정에서 선박이 유기된 전쟁무기, 유기된 기뢰나 어뢰에 부딪치는 경우에 보험자가 면책하도록 규정한 것이다.

유기된 전쟁무기의 면책규정은 보험자의 보상책임에 대한 입장을 보다 분명히 하고 있다. 이러한 면책조항이 없는 경우, 그와 같은 유기된 전쟁무기로 인해 멸실되거나 손상을 입은 선박은 폭발위험(제6조 1항 2호)의 결과로서 해상보험증권에 의해 보상될 수 있다는 분쟁이 발생할 소지가 있기 때문이다.

7-2 스트라이크면책(Strikes Exclusion)(제24조)

24 STRIKES EXCLUSION. In no case shall this insurance cover loss damage liability or expense caused by
24.1 strikers, locked-out workmen, or persons taking part in labour disturbances, riots or civil commotions
24.2 any terrorist or any person acting from a political motive.

24. 스트라이크면책(STRIKES EXCLUSION).
어느 경우에도 이 보험은 다음 사항에 기인한 멸실, 손상, 배상책임 또는 비용을 보상하지 않는다.
24.1 동맹파업자, 직장폐쇄노동자, 또는 노동쟁의나 폭동, 시민소요에 가담한 자
24.2 테러리스트 또는 정치적 동기로 행동하는 자

(1) 스트라이크면책조항의 취지

ITC(1983)의 위험조항에 "선박 외부로부터 침입자에 의한 폭력적인 절도"로 열거되고, "해적행위"가 피보험위험으로 도입되었다. "해적"(pirates)이란 말은 MIA의 RCP 제 8 조에 따라 폭동을 일으킨 승객과 해안에서 선박을 습격하는 폭도(rioters)를 포함하고, 과거에는 스트라이크약관에서 폭도의 위험을 부담하는 것이 관행이었다. 이 때문에 동맹파업자에 의한 절도나 폭도에 의한 선박의 손상이 어떤 보험증권에서 보상되는지에 관한 분쟁의 소지가 있다. 이를 명확히 하기 위해 스트라이크면책조항이 ITC(1983)에 도입되었다.

중요한 것은 스트라이크면책조항도 전쟁면책조항과 같이 최우선조항이라는 것이다. 따라서 화재가 피보험위험이지만, 노동쟁의나 폭동에 가담한자에 의한 방화는 면책된다.

(2) 스트라이크조항의 해설

1) 동맹파업자나 직장폐쇄노동자 또는 폭도 등

제24조 1항은 동맹파업자와 직장폐쇄노동자는 물론, 실제적으로 동맹파업자이든 아니든 관계없이 노동쟁의에 가담한 자의 행위도 면책으로 규정하고

있다. 또한 시민소요가 폭동에 해당되든 안 되든 관계없이 시민소요에 가담한 자도 면책에 포함시키고 있다.

특히 상기 면책조항에서 피보험선박의 멸실, 손상에 국한하지 않고, 면책위험으로 야기된 "배상책임 또는 비용"까지도 면책으로 명확히 규정하고 있다. 따라서 동맹파업자의 행위로 인한 충돌의 결과 충돌약관조항에 의해 보험금을 청구할 수 없으며, 피보험선박이 스트라이크로 인해 항구에서 지체함으로써 피보험자가 지출한 비용(정박비용 등)에 대해서도 보상책임이 없다.

2) 테러리스트나 정치적 동기에서 행동하는 자

이들 면책위험은 1983년 선박약관에서 처음 도입된 약관조항이다. 테러리스트나 정치적 동기에서 행동하는 자들이 스트라이크면책조항에 포함되어 있다고 해서 스트라이크나 일종의 시민소요 등과 관련이 있는 것은 아니다. 선박보험자들은 1983년 선박약관을 개정하면서 1982년에 적하보험에서 규정한 선례를 따르고 있으며, 이 결과 스트라이크약관에 이들 위험이 피보험위험으로 추가되고 있다.

7-3 악의행위면책(Malicious Acts Exclusion)(제25조)

> 25. MALICIOUS ACTS EXCLUSION. In no case shall this insurance cover loss damage liability or expense arising form
> 25.1 the detonation of an explosive
> 25.2 any weapon of war
> and caused by any person acting maliciously or from a political motive.

> 25. 악의행위면책(MALICIOUS ACTS EXCLUSION).
> 어느 경우에도 이 보험은 다음 사항에 기인한 멸실, 손상, 배상책임 또는 비용을 보상하지 않는다.
> 25.1 폭발물의 폭발
> 25.2 여하한 전쟁무기
> 그리고 악의적으로 또는 정치적 동기로 행동하는 자에 기인한 것.

이 약관조항도 최우선조항으로 이에 저촉되는 어떠한 규정보다 우선한다. 중요한 것은 모든 악의행위를 면책하지 않고, 악의로 행동하거나 정치적 동기를 가지고 행동하는 자에 의한 폭발물의 폭발이나 전쟁무기에 기인하는 손해가 면책이라는 점이다.

따라서 이 면책조항과 관련해서 선원들의 악의행위에 의한 것이라 할지라도, 폭발물이나 전쟁무기를 사용하지 않은 선원의 악행은 ITC(1983)와 IVC(1983)의 위험조항에 의해 부담된다.

악의행위면책이라는 조항명칭에도 불구하고, 이 조항은 악의행위에 국한하지 않고, 악의행위의 여부에 관계없이 정치적 행위를 면책에 포함하고 있다.

7-4 핵면책(Nuclear Exclusion)(제26조)

> 26. NUCLEAR EXCLUSION. In no case shall this insurance cover loss damage liability or expense arising from any weapon of war employing atomic or nuclear fission and/or fusion or other like reaction or radioactive force of matter.

> 26. 핵면책(NUCLEAR EXCLUSION). 어느 경우에도 이 보험은 원자력 또는 핵분열이나 핵결합 또는 이와 유사한 반응, 방사성이나 방사성물질을 사용하는 전쟁무기로 인해 발생하는 멸실, 손상, 배상책임 또는 비용을 보상하지 않는다.

다른 최우선조항들이 전쟁스트라이크보험증권에 의해 보장될 수 있는 면책위험을 포함하고 있는 반면, 핵면책위험은 어떠한 특별약관에 의해서도 선박보험증권에서는 보장하지 않는다.

조항의 명칭에는 전쟁무기라는 말이 생략되어 있지만, 핵을 사용한 전쟁무기만을 면책으로 규정하고 있으므로 무기가 아닌 다른 형태의 핵연료에는 면책이 적용되지 않는다.

따라서 이 면책조항은 핵장치나 원자로가 전쟁무기에 해당되는 경우를 제외하고, ITC(1983)의 제 6 조 1항 6호에 명시된 보험자의 보상책임(핵장치나 원자로의 고장이나 사고로 인한 피보험선박의 멸실, 손상)에는 영향을 미치지 않는다.

그러나 상기 조항은“ 적대적인”(hostile) 의도에 대해 규정하고 있지 않으므로, 선박이 평화적인 핵무기 실험구역으로 항해한 결과로써 발생한 선박의 멸실, 손상도 면책되고, 선박의 핵무기실험으로 인한 방사성먼지를 선박에서 제거하는 비용도 면책이다.

CHAPTER

6 협회전쟁스트라이크약관

표준선박약관인 ITC(1983)에서는 전쟁위험과 스트라이크위험이 모두 면책되고 있다. 전쟁과 스트라이크위험에 대한 보험보장을 위해 적하보험에서는 두 가지 표준약관인 협회전쟁약관과 협회스트라이크약관이 각각 별도로 이용되고 있으나, 선박보험에서는 하나의 보험약관에서 전쟁과 스트라이크위험을 모두 보장하고 있다.

제 1 절 위험조항(Perils Clause)(제 1 조)[32)]

1. Perils. Subject always to the exclusions hereafter referred to, this insurance covers loss of or damage to the Vessel caused by

1.1 war civil war revolution rebellion insurrection, or civil strife arising therefrom, or any hostile act by or against a belligerent power

32) 이 조항의 앞에 모두조항(冒頭條項)으로서 영국법관습조항(준거법조항)이 규정되어 있다.

1.2 capture seizure arrest restraint or detainment, and the consequences thereof or any attempt thereat
1.3 derelict mines torpedoes bombs or other derelict weapon of war.
1.4 strikers, locked-out workmen, or persons taking part in labour disturbances, riots or civil commotions
1.5 any terrorist or any person acting from a political motive
1.6 confiscation or expropriation.

1. 위험(Perils). 이 약관조항의 다음에 규정하고 있는 면책사항에 언제든지 따를 것을 조건으로 다음의 위험에 기인한 보험의 목적의 멸실 또는 손상을 보상한다.
1.1 전쟁 내란 혁명 모반 반란 또는 이로 인하여 발생하는 국내투쟁 또는 교전세력에 의하거나 교전세력을 상대로 한 적대행위
1.2 포획 나포 압류 억지 또는 억류 및 그 결과 또는 그에 대한 기도(企圖)
1.3 유기된 기뢰 어뢰 폭탄 또는 기타 유기된 전쟁무기
1.4 동맹파업자, 직장폐쇄노동자, 또는 노동쟁의나 폭동, 시민소요에 가담한 자
1.5 테러리스트 또는 정치적 동기로 행동하는 자
1.6 몰수 또는 수용

1-1 피보험전쟁위험

1983년 협회전쟁스트라이크약관의 제 1 조 1항에서 3항은 ITC(1983)의 제23조 전쟁면책조항에서 면책으로 규정하는 위험을 피보험위험으로 그대로 열거하고 있다.

상기 조항에서는 ITC의 면책조항에서 규정하는 배상책임이나 비용에 대해서는 규정하고 있지 않다. 따라서 ITC(1983)의 제23조 전쟁면책조항에서 면책되는 멸실, 손상, 배상책임 또는 비용 중에서 IWSC(1983)에서 부담되는 것은 멸실 또는 손상뿐이며, 배상책임이나 비용은 보상하지 않는다.

그러나 협회전쟁스트라이크약관의 제 2 조 준용조항에서 규정하는 바와 같이, 협회기간약관(선박)상 충돌조항, 피보험자의무조항, 공동해손구조조항과 같은 일부 약관조항들은 전쟁스트라이크약관에도 포함하고 있다. 따라서 충돌조항에 의한 선박충돌배상책임과 비용손해로서 공동해손비용과 구조비용 및 손

해방지비용이 보상된다.

선박보험에 사용되는 IWSC(1983)에서는 제 4 조 면책조항에서 규정한 것을 제외하고 전쟁위험과 관계없는 평화 시의 포획, 나포, 억류 또는 억지 등의 위험이 보장된다.[33)]

한편, 전쟁 등의 위험으로 인한 포획, 나포 등의 위험을 부담하는 제한조건의 전쟁약관으로서 1982년 IWC(Cargo)와 유사한 IWSC, Limited Conditions라는 특별약관이 별도로 이용될 수 있다.

제 1 조 3항에 의해서 ITC(1983)의 전쟁면책조항에서 규정한 평화시 유기된 전쟁무기로 인한 피보험선박의 멸실, 손상이 전쟁스트라이크약관에 의해 보상된다.

1-2 스트라이크 등 위험

제 1 조 5항은 기존의 정치적 동기로 행동하는 자에 추가하여 테러리스트를 피보험위험으로 새로 추가하고 있다. 또한 제 1 조 6항에서는 "몰수 또는 수용"(confiscation or expropriation)의 위험을 피보험위험으로 새로 추가하고 있다. 여기에서 "몰수(confiscation)"란 보상금의 지불 없이 정부당국에 의한 사유재산의 합법적인 압수를 의미하고, "수용(expropriation)"이란 개인이 자기 자신의 재산의 사용권을 박탈당하는 행위를 말하지만, 이러한 두 가지 용어상의 차이는 거의 없다.

그러나 이와 같은 몰수나 수용의 피보험위험과 관련하여 제 4 조 1항 4호의 면책조항에서는 피보험선박이 소유되거나 등록되어 있는 국가의 정부나 공공기관 또는 지방정부당국에 의한 몰수나 수용을 면책으로 규정하고 있다.

또한 제 4 조 1항 3호에서 징발이나 강제매매를 면책으로 규정하고, 제 4 조 1항의 5호와 6호에서 검역규정과 관련되거나, 세관이나 무역규정의 위반에

---

33) 한편, 적하보험에 사용되는 IWC(1982)에서는 "포획, 나포, 강류, 억지 또는 억류 및 그 결과 또는 그 기도"에 "상기 제 1 조 1항에 의해 부담되는 위험으로 인하여 발생하는"의 문구를 삽입하여 전쟁위험으로 인한 포획나 나포 등만을 부담하고 있다. 이에 따라 전쟁이나 내란 등과 관계없는 평화 시의 포획이나 나포, 또는 세무당국에 의한 몰수, 관계당국의 소각처분, 양륙금지(rejection), 출항금지 등 행정상의 처분이나 재판상의 절차에 의한 차압이나 강제집행 등에 기인한 손해는 보상되지 않는다.

따라, 또는 사법절차상 피보험선박이 몰수나 수용되는 경우를 면책으로 규정하고 있다.

제 2 절 준용조항과 억류조항

2-1 준용조항(제 2 조)

> 2. Incorporation. The Institute Time Clauses-Hulls 1/10/83 (including 4/4ths Collision Clause) except Clauses 1.2, 2, 3, 4, 6, 12, 21.1.8, 22, 23, 24, 25 and 26 are deemed to be incorporated in this insurance in so far as they do not conflict with the provisions of these clauses.
> Held covered in case of breach of warranty as to towage or salvage services provided notice be given to the Underwriters immediately after receipt of advices and any additional premium required by them be agreed.

> 2. 준용(準用)(Incorporation). 1983년 10월 1일자 협회기간약관(4/4 충돌조항 포함)은 제 1 조 2항, 2조, 3조, 4조, 6조, 12조, 21조 1항 8호, 22조, 23조, 24조, 25조 및 26조를 제외하고, 이들 약관의 규정들과 저촉되지 않는 한, 이 보험에 포함된 것으로 간주된다. 예인이나 구조작업에 관한 담보위반의 경우, 정보를 입수한 후 지체 없이 보험자에게 통지하고 보험자가 요구하는 추가보험료에 합의하면 계속 부담된다.

(1) 전쟁스트라이크약관과 해상보험약관의 비교

선박전쟁스트라이크보험계약은 통상적으로 선박보험계약과 별개의 보험계약이다. 그리고 선박전쟁스트라이크약관에는 선박보험약관과 동일하게 적용되는 많은 조항들이 있다. 선박전쟁스트라이크약관에서는 그와 같이 적용되는 약관조항들을 그대로 이기하지 않고 상기와 같은 준용조항을 삽입하여 규정하고 있다.[34)]

---

34) 한편, 적하보험에 사용되는 IWC(1982)는 ICC(1982)의 체제와 동일하게 부담위험, 면책사항 등

1983년 ITC,Hulls의 약관조항 중 1983년 IWSC와 비교하여 적용되는 약관조항과 제외되는 약관조항을 종합하면 다음과 같다.

1983년 ITC의 약관조항 중 적용조항	1983년 ITC의 약관조항 중 제외조항
모두(冒頭)규정 영국법관습조항	모두(冒頭)규정 영국법관습조항
제 1 조 Navigation(항해) 제 1 항 Tow and Assist Clause 제 3 항 Break Up Voyage	제 1 조 2항 Ranging Clause
제 5 조 Assignment(양도)	제 2 조 Continuation(계속)
제 7 조 Pollution Hazard (오염위험)	제 3 조 Breach of Warranty(담보위반)
제 8 조 3/4Collition Liability(충돌배상책임)	제 4 조 Termination(종료)
제 9 조 Sistership(자매선)	제 6 조 Perils(위험)
제10조 Notice of Claim and Tender (클레임통지입찰)	제12조 Deductible(공제액)
제11조 GA and Salvage(공동해손구조)	제21조 8항 보험금액에 관계없는 보험
제13조 Duty of Assured(피보험자의무)	제22조 Returns for Lay-up and Cancellation (휴항해약환급금)
제14조 New for old(신구교환차익)	제23조 War Exclusion(전쟁면책)
제15조 Botton Treatment (선저처리)	제24조 Strikes Exclusion (스트라이크면책)
제16조 Wage and Maintemence (임금유지비)	제25조 Malicious Acts Exclusion (악의행위면책)
제17조 Agency Commission(대리수수료)	제26조 Nuclear Exclusion(핵면책)
제18조 Unrepaired Damage(미수리손상)	
제19조 CTL(추정전손)	
제20조 Freight Waiver(운임 포기)	
제21조 Disbursement Warranty (선비담보) (1항 8호 제외)	

중요한 것은 ITC의 제 7 조 "오염위험조항"이 전쟁스트라이크약관에 포함되고 있다는 점이다. 왜냐하면 특히 그 약관조항이 해상유류오염을 방지하거나 최소화하려는 정부의 행위(적대행위로 간주될 수 있는 행위)에 의해 발생한 선

8개 부문으로 구분하여 현대영어로 평이하게 기술된 14개 약관조항과 1개의 유의규정으로 구성된 자기완결형의 독립적인 표준약관의 성격을 가지고 있다.

박의 파괴나 손상을 보상하기 위해 해상보험증권에 도입되었기 때문이다.

오염위험이 발생할 수 있는 상황이 해상보험증권상 전쟁 등의 면책조항에 의해 면책되는 위험에 기인되는 경우, 해상보험증권에서는 오염위험손해에 대한 클레임이 인정되지 않는다. 따라서 전쟁스트라이크약관상 오염위험조항이 효력을 갖게 되고, 그에 따른 클레임은 전쟁스트라이크보험증권에서 보상된다.

1983년 전쟁스트라이크약관에서도 제12조 공제액조항이 제외된다고 규정함으로써 공제액의 적용 없이 클레임의 전액이 보험금으로 지급된다.

(2) 전쟁스트라이크약관의 담보위반규정

해상보험증권상 ITC의 많은 약관조항들이 전쟁스트라이크약관에도 준용되고 있으나, 담보위반조항은 전쟁스트라이크약관에서 제외되고 있다. 왜냐하면 전쟁스트라이크약관에서 상기 제 2 조 준용조항에서와 같이 자체의 담보위반조항을 포함하고 있기 때문이다.

전쟁스트라이크약관의 상기 담보위반규정은 항해지역(location), 적하(cargo), 무역(trade), 출항일자(date of sailing)에 관한 담보위반의 경우에는 계속 보장되지 않고, 예인이나 구조작업(towage or services)에 관한 담보위반의 경우에만 계속 보장된다고 규정하고 있다.

2-2 억류조항(Detainment)(제 3 조)

> 3. Detainment. In the event that the Vessel shall have been the subject of capture seizure arrest restraint detainment confiscation or expropriation, and the Assured shall thereby have lost the free use and disposal of the Vessel for a continous period of 12 months then for the purpose of ascertaining whether the Vessel is a constructive total loss the Assured shall be deemed to have been deprived of the possession of the Vessel without any likelihood of recovery.

> 3. 억류(Detainment). 피보험선박이 포획 나포 압류 억지 억류 몰수 또는 수용의 대상이 되고, 그 결과 피보험자가 연속 12개월의 기긴동안 피보험선박의 자유로운

> 사용권과 처분권을 상실한 경우에, 그 선박이 추정전손인지의 여부를 확정하는 목적을 위해서는 피보험자는 회복가능성이 없이 선박의 점유권을 박탈당한 것으로 간주된다.

MIA 제60조 2항 (i)호는 피보험자가 자기의 선박의 점유권을 박탈당하고 회복할 가능성이 없는(unlikely) 경우 추정전손이 있다고 규정하고 있다. 그리고 MIA 제57조 1항은 피보험자가 피보험위험에 의해 자기의 선박을 박탈당하고 회복할 수 없는(irretrievable) 경우에는 현실전손이 있다고 규정하고 있다. 그렇지만 MIA는 "회복할 수 없는 경우"와 "회복할 가능성이 없는 경우"를 결정할 수 있는 기준에 대한 규정이 없으며, 특히 어느 경우가 회복할 가능성이 없는 경우인가에 대해 규정하고 있지 않다.

이에 따라 영국의 전쟁보험자들은 전쟁위험에 의한 12개월 기간 동안의 억류를 피보험자가 선박을 회복할 가능성이 없는 경우로 처리하기로 결정한 바 있으며, 특별약관인 1970년 협회억류약관(Institute Detainment Clause)을 도입하여 이러한 취지를 규정하였다. 그리고 1983년 전쟁스트라이크약관의 도입시 제 3 조에 상기와 같이 규정하고 있다.

제 3 절 면책조항(제 4 조)

3-1 면책위험

제 4 조 1항은 면책위험을 규정하고 있는데, 인과관계는 "caused by" 대신에 "arising from"으로 규정하고 있다. 따라서 핵폭탄의 폭발에 의해 초래된 불덩어리(fire ball)로 인한 화재나 열로 선박이 손상을 입은 경우, 피보험선박에 대한 적대적인 의도가 없었다 할지라도 전쟁스트라이크보험증권에 의해서는 그 손상이 보상되지 않는다.

4. EXCLUSIONS. This insurance excludes
4.1 loss damage liability or expense arising from
4.1.1 any detonation of any weapon of war employing atomic or nuclear fission and/or fusion or other like reaction or radioactive force or matter, hereinafterer called a nuclear weapon of war.
4.1.2 the outbreak of war (whether there be a declaration of war or not) between any of the following countries: United Kingdom, United States of America, France, Russia, the People's Republic of China
4.1.3 requisition or pre-emption
4.1.4 capture seizure arrest restraint detainment confiscation or expropriation by or under the order of the government or any public or local authority of the country in which the Vessel is owned or registered.
4.1.5 arrest restraint detainment confiscation or expropriation under quarantine regulations or by reason of infringement of any customs or trading regulations
4.1.6 the operation of ordinary judicial process, failure to provide security or to pay any fine or penalty or any financial cause
4.1.7 piracy (but this exclusion shall not affect cover under Clause 1.4).

4. 면책(EXCLUSIONS). 이 보험은 다음의 손해를 보상하지 않는다.
4.1 다음 사유로서 발생한 멸실, 손상, 배상책임 또는 비용
4.1.1 원자력 또는 원자핵의 분열이나 융합, 또는 기타 유사한 반응, 또는 방사능이나 방사성물질을 이용한 전쟁무기의 폭발. 이하 전쟁핵무기라고 한다.
4.1.2 다음 국가들 간의 전쟁의 발발(선전포고의 유무 불문): 영국, 미국, 프랑스, 러시아, 중국
4.1.3 징발 또는 강제매각
4.1.4 피보험선박이 소유되거나 등록되어 있는 국가의 정부나 공공기관 또는 지방당국에 의하거나 또는 그들의 명령에 따른 포획 나포 압류 억지 억류 몰수 또는 수용
4.1.5 검역규정에 따르거나 또는 세관규정이나 무역규정의 위반을 이유로 한 압류 억지 억류 몰수 또는 수용
4.1.6 통상적인 사법절차의 집행, 담보의 제공 불이행, 또는 벌금이나 과태료의 지불 불이행 또는 재정적 원인
4.1.7 해적행위(그러나 이 면책사유는 제 1 조 4항에 의한 보험보장에는 영향을 미치지 아니한다).

(1) 핵 무 기

상기 조항은 1970년 협회전쟁스트라이크약관(IW&SC)의 "적대적"(hostile)이란 말이 생략되고 있을 뿐 동일한 내용이다. 이에 따라 핵무기의 폭발에 의한 멸실, 손상은 그것이 적대적 사용이든 평화적 사용이든 불문하고 보험자가 면책이다. 해석상 분쟁의 소지가 있었던 핵무기실험(nuclear weapons testing)을 1983년 약관에서는 명확히 면책으로 규정하고 있다.

1983년 IW&SC에서는 전쟁무기로 인한 보험의 목적의 멸실, 손상을 보상하지만, 제 4 조 1항 1호에 의해 전쟁무기 중 특별히 전쟁핵무기의 폭발로 인한 보험의 목적의 멸실, 손상, 배상책임 또는 비용은 면책이다.

그리고 IW&SC의 제 5 조 2항 1호에서는 핵무기의 폭발장소, 시기 및 피보험선박과 폭발과의 관련여부를 불문하고 해약통지와 관계없이 보험은 핵무기의 폭발 시 자동 종료된다고 규정하고 있다.

(2) 대전쟁의 발발

전쟁위험에 부과된 보험료는 세계대전에 대한 위험을 반영하고 있지 않으므로, 오랫동안 강대국간의 대전쟁을 면책하는 약관을 삽입하는 것이 관습이다. 과거에는 이 약관을 "5대국약관"(Five great power clause)이라고 불렀다.

(3) 징발 또는 우선매각

1983년 협회기간약관(ITC)의 제 4 조 2항에서는 선박의 소유권 귀속이나 사용을 목적으로 한 징발의 경우 보험이 자동 종료된다고 규정하고 있다. 전쟁스트라이크약관에서도 징발이나 우선매각(선매, 강제매각이라고도 함)은 면책이다.

선매(先賣, pre-emption)라는 말은 여러 가지 의미를 가지고 있으나, 이 조항에서는 우선매각(pre-emptive sales)을 말한다. 예를 들어 피보험선박이 나포되어 다른 모든 당사자에게 구매할 수 있는 권리를 부여하지 않고 특정 당사자에게(대부분 매우 낮은 가격으로) 매각되는 경우를 말하며, 이 경우 피보험자는 피보험선박의 실제 가격보다도 낮은 가격을 받는다.

(4) 정부명령에 의한 포획 나포 등

피보험선박이 귀속되어 있는 국가가 그 선박을 나포하거나 인수하는 경우 보험자가 보상책임을 부담하지 않는 것이 영국시장의 관습이었다. 1983년 약관에서도 상기 조항과 같이 피보험선박이 소유되거나 등록되어 있는 국가에 의해 나포되거나 다른 방법으로 인수되는 경우를 면책으로 규정하고 있다.

(5) 검역규정 또는 세관규정의 위반에 따른 압류 등

전쟁스트라이크약관은 전쟁위험이나 스트라이크활동 등의 결과로서 발생한 선박의 멸실, 손상을 보상하기 위해 제정된 것이다. 전쟁스트라이크약관은 전쟁위험이나 스트라이크위험에 의해 초래되지 않은 무역규정의 위반(예를 들어 과다선적)이나 세관규정의 위반 또는 검역규정 등으로 인하여 선박이 나포되거나 억류되는 경우를 부담하기 위해 제정된 것은 아니다. 따라서 전쟁위험이나 스트라이크위험과 관련 없는 이들 위험을 상기와 같이 면책위험으로 규정하고 있다.

(6) 사법절차나 재정적 원인 등

상기 제 4 조 1항 6호와 마찬가지로 전쟁이나 스트라이크위험과 관련 없는 경우에 해당하는 면책규정이다. 통상적인 사법절차의 집행이나 담보의 제공 불이행, 벌금이나 과태료 또는 재정적인 채무불이행에 의한 손해는 면책된다.

(7) 해적행위

1983년 ITC의 위험조항에서 설명한 바와 같이, 1970년 IW&SC에서는 해적행위가 전쟁위험으로 부담되었기 때문에 면책으로 규정하지 않았으나, 오늘날은 "해적행위"(piracy)가 해상위험(maritime peril)으로 처리되기 때문에 면책위험으로 신설된 규정이다.

이 조항에서는 단서규정으로 제 1 조 4항에 의한 보험보장에는 영향을 미치지 않는다고 규정하고 있다. 1983년 IW&SC는 동맹파업자, 직장폐쇄노동자 또는 노동쟁의나 폭동, 시민소요에 가담한 자에 의한 선박의 멸실, 손상을 보상한다고 규정하고 있다.

영법상 "해적"(pirates)에는 해안에서 선박을 습격하는 폭도를 포함하지만, 이들 위험은 해상보험증권에서 전쟁과 스트라이크면책약관조항에 의해 면책되고 있다. 이에 따라 이들 위험은 전쟁스트라이크보험증권에서 제 1 조 4항에 의해 보장되고 있다.

3-2 비분담조항

4.2 loss damage liability or expense covered by the Institute Time Clause- Hulls 1/10/83 (including 4/4ths Collision Clause) or which would be recoverable thereunder but for Clause 12 thereof.
4.3 any claim for any sum recoverable under any other insurance on the Vessel or which would be recoverable under such insurance but for the existence of this insurance.

4.2 1983년 10월 1일자 협회기간약관(4/4충돌조항 포함)에 의해 보상되는 멸실, 손상, 배상책임 또는 비용 또는 협회기간약관의 제12조가 없었다면 보상되는 멸실, 손상, 배상책임 또는 비용.
4.3 피보험선박에 관한 모든 다른 보험에 의해 보상되는 금액에 대한 클레임 또는 이 보험이 존재하지 않았다면 다른 보험에 의해 보상되는 금액에 대한 클레임.

일반 손해보험증권이나 해상보험증권에서 규정하고 있는 일종의 타보험약관조항이다. 이 조항은 다른 보험증권에서 보상되는 손해 또는 전쟁스트라이크보험증권이 체결되지 않았다면 보상되었을 손해에 대해 면책한다는 취지의 규정이다.

협회기간약관의 면책조항에 의해 보험자가 면책하고 있는 손해를 전쟁스트라이크약관에서 보상하기 때문에, 실제 상기 조항들이 적용될 여지는 별로 없다. 그러나 해상보험증권과 중복되는 보상손해가 있는 경우에는 전쟁스트라이크약관에서 면책한다는 것을 분명히 하고 있으며, 협회기간약관의 제12조(공제액조항)에 의해 공제액에 해당되는 금액에 대해서도 면책한다는 것을 규정하고 있다.

3-3 지연으로 인한 비용

> 4.4 any claim for expenses arising from delay except such expenses as would be recoverable in principle in English law and practice under the York-Antwerp Rules 1974.

> 4.4 1974년 요오크엔트워프규칙에 따라 영국의 법과 관습상 원칙적으로 보상되는 비용을 제외하고 지연으로 인해 발생하는 비용에 대한 클레임.

전쟁스트라이크약관은 피보험위험의 작용의 결과로서 발생하는 비용을 보상하기 위한 것은 아니다. 제 1 조 위험조항에서는 전쟁이나 스트라이크 등의 위험으로 인한 선박의 멸실, 손상만을 보상한다고 규정하고 있다. 그러나 물리적인 멸실, 손상 이외에도 비용손해 중에서 손해방지비용이나 구조료 및 공동해손비용은 제 2 조 준용조항에 의해 보상받을 수 있다.

선박의 비용손해의 가장 일반적인 원인은 선박의 항해지연이다. 예를 들어 선박이 일정 기간 동안 항구 내에서 파업으로 기능이 정지되어 있는 경우에는 통상적으로 지출되지 않았을 정박료를 지출하지 않으면 안 된다. 이와 같은 모든 비용손해가 상기 조항에 의해 면책된다.

다만, 지연의 결과로서 발생한 비용이 공동해손으로 인정되는 경우에는 면책에서 제외된다.

제 4 절 종료조항(Termination)(제 5 조)

4-1 종료조항의 취지

12개월의 기간 동안의 통상적인 바다위험에 대한 선박의 위험과 선박의 운항에 관련한 위험에 대하여 보험자는 경험을 기초로 합리적인 보험료를 산정할 수 있다. 그러나 전쟁과 스트라이크위험은 급속히 변동되기 때문에, 처음에 산정한 보험료로서 예상했던 위험은 어느 시기에는 실제 해당위험과 아무런 관련이 없을 수도 있다.

따라서 선박에 관한 전쟁과 스트라이크위험을 인수하는 보험자는 청약의 승낙 시에 현존하는 위험을 기초로 항해 또는 12개월의 기간에 대해 보험료를 부과하고, 항해보험증권과 기간보험증권에 모두 해약약관을 삽입함으로써 위험의 과다노출로부터 보험자 자신을 보호하고 있다. 그러한 해약약관은 ① 통지에 의한 해약과 ② 자동해약으로 구분된다.

4-2 상호 통지에 의한 해약

> 5. TERMINATION
>
> 5.1. This insurance may be cancelled by either the Underwriters or the Assured giving 7 days notice (such cancellation becoming effective on the expiry of 7 days from midnight of the day on which notice of cancellation is issued by or to the Underwriters). The Underwriters agree however to reinstate this insurance subject to agreement between the Underwriters and the Assured prior to the expiry of such notice of cancellation as to new rate of premium and/or condition and/or warranties.

> 5. 종료(TERMINATION)
>
> 5.1 이 보험은 보험자나 피보험자의 일방이 7일전에 통지함으로써 해지될 수 있다(그러한 해지는 해지통지서가 보험자에 의해 발급되거나 보험자에게 발급된 일자의 자정으로부터 7일이 만료한 때 발효함). 그러나 그러한 해지통지가 만료하기 전에 새로운 보험요율이나 보험조건 또는 담보에 관하여 보험자와 피보험자간의 합의를 조건으로 보험자는 이 보험을 복원하는 데 합의한다.

1983년 IW&SC에서는 계약당사자 일방의 7일 전 통지에 의해 보험계약이 해지될 수 있다. 실제에서 피보험자가 해약통지를 하는 것은 생각할 수 없으므로, 보험자에게 유리한 방향으로 개정된 것이다.

통지기간은 피보험자가 통지서를 접수한 일자나 보험중개인이 통지서를 피보험자에게 전달한 일자가 아니고, 보험자가 통지서를 발급한 일자의 자정부터 기산하여 7일이 경과한 때부터 보험계약은 해약된다.

상기 조항의 목적은 보험자에게 전쟁이나 스트라이크위험에 대한 보험보장을 재검토할 수 있는 기회를 부여하는 데 있다. 다음과 같은 일정한 조건을 기초로 보험보장이 복원하는데 보험자가 합의하고 있기 때문이다.

① 피보험자가 통지기간이 만료하기 전에 계약의 복원을 요청하여야 한다.

② 피보험자가 새로운 보험요율이나 보험조건 또는 새로운 담보(대부분 항해구역제한담보)의 도입에 합의하여야 한다.

4-3 자동종료

5.2 Whether or not such notice of cancellation has been given this insurance shall TERMINATE AUTOMATICALLY

5.2.1 upon the occurrence of any hostile detonation of any nuclear weapon of war as defined in Clause 4.1.1 wheresoever or whensoever such detonation may occur and whether or not the Vessel may be involved

5.2.2 upon the outbreak of war (whether there be a declaration of war or not) between any of the following countries: United Kingdom, United States of America, France, the Russian Federation, the People's Republic of China

5.2.3 in the event of the Vessel being requisitioned, either for title or use.

5.2 그와 같은 해약통지의 유무에 관계없이 이 보험은 다음의 경우 자동 종료한다.

5.2.1 전쟁핵무기의 폭발이 발생하는 장소나 시간 또는 피보험선박의 관련여부를 불문하고, 제 4 조 1항 1호에서 정의하고 있는 전쟁핵무기의 적대적 폭발의 발생시

5.2.2 다음 국가간에 전쟁발발 시(선전포고 유무 불문): 영국, 미국, 프랑스, 러시아, 중국

5.2.3 피보험선박이 소유권의 귀속이나 사용을 목적으로 수용되는 경우

해약통지 없이 보험계약이 자동적으로 종료되는 경우는 다음과 같다.

① 시간과 장소를 불문하고 전쟁핵무기의 적대적 폭발 시,

② 5대 강대국 간의 대전쟁의 발발 시, 또는
③ 소유권의 귀속이나 사용을 위해 선박이 수용되는 경우.

상기 제5조 2항 1호는 핵무기의 폭발로 발생하는 멸실, 손상, 배상책임 또는 비용을 면책하고 있는 제4조 1항 1호의 면책사항에 대해 피보험자의 주의를 환기시키기 위한 규정이다.

피보험자는 피보험선박이 그러한 핵폭발에 관련되는 경우 폭발로 인한 손해를 보상받지 못할 뿐 아니라, 피보험선박의 관련 여부에 관계없이 보험기간이 종료되어 모든 다른 피보험위험에 의한 손해까지도 보상받지 못한다.

이와 동일한 상황이 세계 5대국간의 대전쟁의 발발에도 적용되고, 그와 같은 대전쟁의 발발에 의해 발생하는 손해는 제4조 1항 2호에 의해 면책된다. 또한 소유권의 귀속이나 사용을 목적으로 피보험선박이 수용되는 경우에도 보험계약은 자동 종료한다.

4-4 환급보험료의 지급

> 5.3 In the event either of cancellation by notice or of automatic termination of this insurance by reason of the operation of this Clause 5, or of the sale of the Vessel, pro rata net return of premium shall be payable to the Assured.

> 5.3 제5조의 적용에 의해서 통지에 의한 해약이나 이 보험의 자동종료의 경우 또는 피보험선박의 매각의 경우에, 보험료의 일할 순보험료의 환급금이 피보험자에게 지급된다.

상기 해약조항에 의해 통지에 의해 보험계약이 해지되는 경우와 자동종료의 경우에 보험료의 환급이 인정되고, 이외에도 선박이 매각되어 보험계약이 해지되는 경우에도 보험료의 환급이 인정된다.

환급보험료는 해상보험증권에서 선박의 매각의 경우에 사용되는 "일할"(daily pro rata) 순보험료를 기준으로 산정된다.

4-5 위험개시 전 자동종료사유의 발생과 보험의 미개시

> *This insurance shall not become effective if, subsequent to its acceptance by the Underwriters and prior to the intended time of its attachment, there has occurred any event which would have automatically terminated this insurance under the provisions of Clause 5 above.*

> 이 보험은 보험자가 보험을 승낙한 후 예정된 보험개시일 이전에 상기 제 5 조의 규정에 의해 이 보험이 자동 종료되는 경우가 발생하면, 이 보험은 발효되지 아니한다.

통상적인 상황에서는 위험개시 이전에 보험자와 보험계약의 체결을 협상하고, 위험이 개시하기 전에 보험계약이 체결된다.[35] 만약 보험자가 위험을 인수한 후 위험이 개시되기 전에 보험이 자동적으로 해지되는 경우가 발생하면, 보험은 개시하지 않는다.

이와 같은 취지의 규정이 모든 선박전쟁스트라이크약관의 끝부분에 상기와 같이 규정되어 있다.

35) 예외로서 항해보험증권에서 위험이 특정 장소"에서부터"(at and from) 개시한다고 규정하고 있는 경우 보험자가 위험을 인수한 때에 선박이 이미 그곳에 정박해 있으면, 보험은 즉시 개시한다.

CHAPTER

7 선박보험의 사고처리와 손해사정

제 1 절 선박보험의 손해사정의 기초

1-1 영국해상보험법상 보상손해와 면책손해

1906년 영국해상보험법 제55조는 다음과 같이 규정하고 있다.

(1) 본 법에 별도의 규정이 있는 경우와 보험증권에 다르게 규정하고 있는 경우를 제외하고, 보험자는 피보험위험에 근인하여 발생하는(proximately caused by) 모든 손해에 대하여 보상책임이 있다. 그러나 전술한 경우를 제외하고, 보험자는 피보험위험에 근인하여 발생하지 않는 어떠한 손해에 대해서도 보상책임을 지지 않는다.

(2) 특히,

(a) 보험자는 피보험자의 고의적인 불법행위에 기인하는 어떠한 손해에 대해서도 보상책임을 지지 않는다. 그러나 보험증권에 별도로 규정하지 않는 한, 보험자는 피보험위험에 근인하여 발생하는 일체의 손해에 대하여는 비록 그 손해가 선장이나 선원의 불법행위 또는 과실이 없었더라면 발생하지 않았을 경우에도 보상책임을 진다.

(b) 보험증권에 별도로 규정하고 있는 경우를 제외하고, 선박 또는 화물의 보험자는 지연이 피보험위험으로 인하여 일어난 경우에도 지연에 근인하여 발생한 모든 손해에 대해서는 보상책임을 지지 않는다.

(c) 보험증권에 별도로 규정하고 있는 경우를 제외하고, 보험자는 보험의 목적의 통상의 자연소모, 통상의 누손과 파손, 고유의 하자나 성질에 대하여, 또는 쥐 또는 충(蟲)에 근인하여 발생하는 모든 손해에 대해서, 또는 해상위험에 근인하여 일어나지 않는 기관의 손상에 대해서 그 책임을 지지 않는다.

1-2 근인원칙의 적용과 예외

(1) 영법상 근인의 의미

보험자는 피보험위험에 근인하여 발생하는 손해에 대하여 책임이 있다. 그러나 보험자는 피보험위험에 근인하여 발생하지 않는 손해에 대하여는 책임이 없다(MIA 제55조 1항). 따라서 손해가 발생한 경우 보험증권상 보험자의 보상책임이 결정되기 위해서는 "무엇이 근인(proximate cause)이며, 근인을 결정하는데 어떤 원칙이 적용되어야 하는가?"라는 질문이 해결되어야 한다.

근인은 효과(또는 효력)상으로 가장 가까운 원인이며, 반드시 시간상으로 가장 가까운 원인은 아니다.

Lord Show는 1918년 Ikaria호사건의 상원 판결에서 "근인을 시간상 가까운 원인으로 취급하는 것은 논의할 가치도 없다. 진정으로 가까운 원인은 효과상으로 가까운 원인이다"고 하였다.

(2) 근인원칙의 예외

영법상 근인원칙은 두 가지 예외로서 ① 본법의 별도의 규정이 있는 경우, ② 보험증권에 별도의 규정이 있는 경우를 인정하고 있다(MIA 제55조 1항).

1) MIA의 규정이 있는 경우

근인원칙에 대한 영법규정상 예외로는 MIA의 제55조 2항 a호의 "보험지는 피보험자의 고의의 불법행위에 기인하는(attributable to) 모든 손해에 대하여 책임을 지지 않는다"는 규정과 근인이나 어떤 인과관계의 규정이 없이 동조항 c호에서는 "보험자가 보험의 목적의 통상의 자연소모, 통상의 누손 및 파손, 고유의 하자 또는 성질에 대하여 책임지지 아니한다"고 규정하고 있다.

이외에도 MIA에서는 위험과 손해 사이의 인과관계를 근인(proximate cause)으로 규정하지 않고, 여러 가지 변형된 수식어를 사용하고 있다. 예를 들면 MIA 제39조 5항은 피보험자가 은밀히 알면서도 선박을 불감항상태로 취항케 한 경우 보험자는 불감항에 기인하는(attributable to) 손해에 대해 책임이 없다.

제64조 1항에서 단독해손손해는 피보험위험에 기인한(caused by) 분손으로 정의하고, 제66조 1항은 공동해손손해는 공동해손행위에 기인하거나 직접적인 결과로서 발생하는(caused by or directly consequential on) 손해라고 규정하고 있다.

2) 보험증권에 별도의 규정이 있는 경우

현재 사용되고 있는 MAR양식의 해상보험증권에 첨부되는 협회약관에는 보험자가 근인원칙을 대부분 포기하고 있다. 이들 협회약관의 위험조항과 면책조항에는 피보험위험과 손해 사이에 MIA 제55조에 규정한 "근인하는"(proximately caused by)이라는 표현 대신에, "proximately"라는 말이 삭제되어 여러 가지 변형된 수식어로서 별도로 규정하고 있다. 선박보험약관의 제 6 조 위험조항에서도 위험과 손해의 인과관계에 관하여 "caused by"(기인하는)로 표현하고 있다.

1-3 위험부담방식

(1) 열거위험증권과 포괄위험증권의 의의

보험자가 위험을 부담하는 방식에는 두 가지의 기본 형태가 있다. 즉 열거위험증권(named-perils policy)과 전위험증권(all-risk policy)이다. 흔히 열거책임주의와 포괄책임주의의 보험증권으로 부르기도 있다.

열거위험보험증권에서는 오직 보험증권에 특별히 열거된 위험에 대해서만 보험자가 책임을 부담한다. 비열거위험이나 면책위험으로 인한 손해에 대하여는 보험자가 보상책임이 없다. 예를 들어 보험약관에 화재와 낙뢰가 열거되어 있는 경우 열거위험인 낙뢰로 인한 손상은 보상되지만, 홍수위험은 열거위험이 아니므로 특약이 없는 한 홍수손상은 보상되지 않는다. 선박보험약관인 ITC,Hulls가 열거위험 보험증권이다.

포괄위험 또는 전위험(全危險)보험증권에서는 보험증권에서 특별히 면책되는 위험이나 손해를 제외한 모든 손해에 대하여 보험자가 책임을 부담한다. 따라서 어떤 손해든 보험증권에 특별히 면책위험이나 면책손해로 열거되어 있지 않으면, 보험자에 의해 보상된다. 적하보험약관 중 ICC(A)는 포괄위험보험증권이며, ICC(B)와 ICC(C)는 열거위험보험증권이다.

(2) 포괄위험증권의 장단점

피보험자의 입장에서 포괄위험증권은 두 가지 중요한 장점을 가지고 있다. 첫째, 면책사항으로 열거되지 않으면 모든 것이 보험 보장된다. 열거위험증권에서 보상될 수 없는 특별한 손해 또는 일반적으로 생각할 수 없는 이례적인 손해들이 포괄보험증권에서 보상될 수 있다.

둘째, 보다 많은 입증책임(onus or burden of proof)이 보험자에게 있다. 입증책임이란 일반적으로 권리를 주장하는 자(claimant)에게 있다. 포괄위험증권은 특별히 열거된 면책손해를 제외한 모든 손해에 대하여 보상한다고 약속하고 있다. 따라서 피보험자는 손해의 발생사실만을 입증하면 되고, 보험자가 면책을 주장하기 위해서는 그 손해가 열거된 면책손해 또는 면책위험으로 인한 손해라는 사실을 입증하여야 한다. 열거위험증권에서 보험자로부터 손해보상을 받기 위해서는 피보험자가 열거위험으로 인하여 손해가 발생하였다는 것을 입증해야 한다. 따라서 증인의 확보 또는 증거의 제출 등의 현실적인 어려움을 감안하여 입증책임의 측면만을 고려하면, 포괄위험증권이 열거위험증권보다 피보험자에게 유리하다고 할 수 있다.

한편, 피보험자의 입장에서 포괄위험증권은 다음과 같은 단점을 가지고 있다. 첫째, 열거위험증권보다 보험료가 비싸다. 둘째, 일부의 경우 보험료가 싼 열거위험증권에서 보상될 수 있는 손해가 포괄보험증권에서 보상되지 않을 수도 있다. 이 경우는 포괄위훰증권이 매우 많은 변책사항들을 열거하고 있기 때문이다.

(3) 해상보험의 위험부담방식

해상보험은 위험발생의 장소가 해상이고 위험발생의 기회가 항해이기 때문에, 보험자가 부담하는 위험은 다양하다. 따라서 보험자는 어떤 방식으로든 부담하는 위험을 특정하여야 한다.

우리 상법 제693조는 "해상보험계약의 보험자는 항해에 관한 사고로 인하여 생긴 손해를 보상할 책임이 있다"고 규정하여 포괄책임주의를 채용하고 있다. 영법은 MIA 제 3 조에서와 같이 열거책임주의를 채택하고 있다.

실제에 있어서는 포괄책임주의를 채택하고 있는 우리나라에서도 보험자의 피보험위험을 열거하고 있는 영국의 협회기간약관(선박)을 사용함으로써 열거책임주의 부담방식을 채용하기도 하고, 전형적인 열거책임주의 국가인 영국에서도 적하보험약관에 전위험(all risks)조건인 협회적하약관(A)을 사용함으로써 포괄책임주의 방식을 채용하기도 한다.

영법에 있어서 해상위험의 부담방식을 사적 측면에서 살펴보면, 해상보험의 기원으로 통설인 모험대차계약의 성질상 포괄책임주의는 당연한 것이었다. 지중해약관을 승계하고 있는 초기의 영국의 해상보험증권은 포괄위험증권이었다.

그러나 19세기에 이르러 면책조항의 일반적 사용과 근인원칙의 도입으로 위험조항에 대한 해석이 보다 엄격해지고, 1816년 Cullen v. Butler사건에서 Lord Ellenborough에 의해 총괄적 문언(all other perils)의 해석에 동종제한의 원칙(principle of ejusdem generis)이 도입되었다. 이를 계기로 영국의 포괄책임주의 위험부담방식은 열거책임주의로 전환하게 되었다.

이와 같이 열거책임주의 위험부담방식으로 전환된 영국에서는 제 1 차 세계대전 때부터 보험증권에 피보험위험을 추가하는 경향을 보여 왔으며, 제 2 차 세계대전 후 1951년에는 전위험조건인 ICC(all risks)가 제정되었다. 이 약관은 그 후 수차례 개정을 거쳐 1982년 ICC(A)로 전면 개정되었다.

1-4 입증책임

(1) 입증책임의 의의

입증책임(onus of proof: burden of proof)은 거증책임이라고도 하며, 일반적으로는 사실유무를 증명하기 위해 증거를 제시하여야 할 책임을 의미한다. 법률용어로서 입증책임은 소송에서 자기에게 유리한 사실을 주장하기 위해 증거를 들어 법원으로 하여금 심증[36)]을 얻게 하는 책임을 말한다.

자기의 입장을 증명하여야 할 입증책임은 기본적으로 "권리를 주장하는 자"(claimant)에게 있다. 피보험자와 보험자는 각각 입증책임(onus of proof)과 반증책임(onus of exception)의 의무를 가진다. 일반적으로 손해가 피보험위험에 기인한 것이라는 사실을 증명하여야 할 책임은 피보험자에게 있다.

피보험자가 손해를 입증되면, 고유의 하자와 같은 면책위험에 의한 손해라는 사실, 또는 최대선의나 담보의 위반과 같이 계약조건에 의해 면책되는 손해라는 사실 등을 입증해야 할 책임은 보험자에게 있다.

(2) 위험부담방식과 입증책임

보험자로부터 손해를 보상받기 위해서는 손해가 보험증권의 조건에 해당된다는 사실을 입증하여야 할 책임이 피보험자에게 있다. 즉 위험부담방식이 열거책임주의방식이든 포괄책임주의방식이든 피보험자는 손해가 피보험위험으로 인하여 발생하였다는 사실을 입증하여야 한다.

1) 열거위험부담방식과 입증책임

열거위험 부담방식인 경우 피보험위험이 열거위험이므로 피보험자는 열거된 위험 중의 어떤 위험에 의해서 손해가 발생하였다는 사실을 입증하여야 한다. 피보험자가 손해의 발생사실과 원인을 증명하여야 한다. 손해원인에 관한 입증은 보통 증거가 될 수 있는 서류나 선원 등의 구두발언에 의해서 이루어지나, 추정적 증거(prima facie evidence)도 가능하다.

손해가 보험증권의 조건에 해당되기 위해서 피보험자는 보험기간 중에 피

---

36) 법률용어로서 심증(心證)이란 법관이 소송사건의 심리에서 그 마음속에 얻은 인식이나 확신을 의미한다.

보험위험에 의해 발생한 손해임을 입증하여야 한다. 이와 같은 피보험자의 입증책임이 이행된 경우, 보험자가 면책을 주장하고 보험금지급을 거부하려면 손해가 해당 약관의 면책위험에 의해 발생하였다는 사실 또는 보험기간(즉 위험개시) 이전이나 종료 후에 발생하였다는 사실을 입증하여야 한다.

2) 포괄위험부담방식과 입증책임

포괄위험보험증권에서 피보험자는 손해의 발생사실(손해액 포함)과 손해가 보험기간에 발생하였다는 사실만 입증하면 충분하고, 손해가 구체적 위험인 개개의 특정위험에 의해 발생하였다는 사실을 입증할 필요는 없다. 피보험자는 손해가 피보험위험에 기인하였다는 것을 입증하여야 하는데, All Risks약관에서는 피보험위험이 바로 보험기간 중 모든 위험(all risks)이기 때문이다.

적하보험증권과는 달리 선박보험증권에 포괄위험증권이 도입되지 못한 것은 손해가 면책위험으로 인하여 발생하였다는 사실을 보험자가 입증하여야 하는데, 거의 모든 증거가 피보험자인 선주나 그 사용인인 선장의 지배통제 하에 있어서 보험자의 입증책임 이행이 어렵기 때문이다.

제 2 절 선박사고 발생 시 피보험자의 의무

2-1 피보험자 등의 손해방지의무

손실 또는 재난이 발생한 경우에 선박보험에서 보상될 손해를 방지하거나 경감하기 위해 합리적인 조치를 취하는 것은 영법상 피보험자와 그 대리인의 의무이다. 그러나 선박보험약관에는 손해방지의무를 지는 자에 피보험자의 사용인(선장 등)도 추가하고 있다.

이러한 손해방지의무를 이행하기 위하여 정당하게 지출한 비용에 대하여는 전손보험금을 지급하였거나, 단독해손 면책조건이거나 또는 일정 비율 미만의 면책(소손해 공제)을 담보로 하고 있는 경우에도, 보험자로부터 보상받을 수 있다.

그러나 공동해손손해와 분담금 및 구조비용은 손해방지비용으로 보상받을 수 없고, 선박보험증권에서 보상할 수 없는 손해를 방지하거나 경감할 목적으로 지출한 비용에 대하여는 보험자는 보상책임을 지지 않는다.

보험의 목적의 구조, 보호 및 회복을 목적으로 피보험자 또는 보험자가 취한 손해방지조치는 위부의 포기나 승낙으로 간주되지 아니하며, 달리 어느 일방의 권리를 침해하지도 아니한다(ITC,Hulls 제13조 3항).

선박보험약관에 의거하여 손해를 방지하거나 경감시키기 위하여 정당하게 지출된 손해방지비용은 보험목적물에 대한 보상액 이외에 추가로 보험자가 부담하는 비용손해이다. 이 경우 전액보험인 경우에는 보험자는 실제로 지불된 손해방지비용의 전액을 부담하게 되나, 보험금액이 보험가액보다 적은 일부보험인 경우는 보험금액의 보험가액에 대한 비례계산으로 손해방지비용의 일부를 부담하게 된다.

그러나, 피보험선박이 전손으로 처리되고 손해방지비용이 구조된 가액을 초과하였을 때에는 그 초과분에 대해서만 비례보상이 된다.

2-2 보험사고와 선박수리입찰 통지의무

(1) 보험사고 발생 통지의무

ITC,Hulls의 제10조 사고와 입찰 통지조항은 피보험자의 사고통지의무와 수리장소와 수리회사에 관한 보험자의 거부권 등을 규정하고 있다.

보험사고가 발생한 경우 보험자에게 통지하여야 한다. 선장은 피보험자에게 통지하고, 피보험자는 보험중개인을 통해서(영국의 경우) 또는 그 자신이 직접 보험자에게 통지한다. 특히 중요한 것은 피보험자가 손해검정을 하기 전에 사고통지가 보험자에게 주어져야 한다는 것이다.

선박이 해외에 있는 경우 사고발생 후 그곳에서 가장 가까운 로이즈대리점(Lloyd's Agent)에 사고 통지할 것을 요구하고 있다. 이것은 피보험자가 선임한 손해검정인(surveyor)에 의한 손해조사가 실시되기 전에 보험자가 자기를 대리하는 손해검정인을 선임할 수 있도록 하기 위한 것이다. 물론 대리점에 대한 사고통지는 보험자에 대한 통지의 추가요건이다.

(2) 수리장소와 수리회사에 관한 보험자의 거부권

보험자는 손상을 입은 피보험선박의 입거 또는 수리(docking or repair)를 위한 항구를 결정할 권한이 있고, 피보험자가가 선택한 수리장소 또는 수리회사에 대한 거부권이 있다.

피보험선박의 수리항구의 선택권과 수리를 위한 조선소에 대한 거부권이 보험자에게 있다. 따라서 피보험자는 선박수리입찰에 관하여 보험자에게 통지할 의무가 있다. 피보험자에 의해 확보된 입찰에 대하여 보험자가 거부권을 행사하는 경우, 보험자는 피보험자에게 추가입찰의 회부를 요청하거나 또는 보험자 자신이 추가입찰에 회부할 수도 있다.

(3) 통지의무의 불이행에 따른 벌칙

피보험자가 자신의 손해조사를 실시하기 전에 보험자에게 사고통지를 하지 않거나, 보험자에게 수리장소와 수리회사에 대한 거부권을 행사할 수 있는 기회를 제공하지 않고 피보험자가 수리를 실시하는 경우에는, 확정된 보험금에서 15%가 공제된다.

손상수리비에 소손해공제액을 적용한 후 전체 보험금의 85%만을 보험자가 지급한다. 소손해공제액과 같이 15%의 범칙금도 매사고당 적용한다.

제 3 절 선박보험의 사고처리 절차

선박사고가 발생한 경우 피보험선박은 먼저 신속하고 합리적인 손해방지조치를 취하여 최소한 손해를 감소시켜야 하며, 선사, 대리점 및 보험회사 등 육상지원부서와 긴밀한 연락 및 협조체제를 구축하고 보험자와 전문가의 협조와 지원을 받아야 한다.

3-1 사고처리 관계자

선박의 사고발생시 사고처리에 관계가 있는 자들은 다음과 같다.

① Underwriters Surveyor(보험자 측 사고조사인): 보험자 측 사고조사인은 보험회사를 대신하여 사고발생 및 수리현장에 입회하여 사고의 원인과 손해의 정도를 확인하고, 채택된 수리방법과 발생한 수리비의 합리성에 관한 자신의 견해를 사고조사보고서(survey report)에 기술한다.

② Average Adjuster(해상손해사정사): 상기 사고조사보고서와 기타 자료들을 검토하여 해당선박의 보험가입조건에 따라 사고의 보상여부를 판정하고, 보험자의 지급보험금을 결정하여 정산서를 작성, 발행한다.

③ Class Surveyor(선급검사관): 입급 선박의 경우, 수리 전·후의 선박상태를 조사하고 선박의 감항성 유지를 위한 조사 및 안내를 한다.

④ Superintendent(공무감독자): 선박수리와 관련된 전반적인 사항을 감독하고 관리한다.

⑤ W. P. Surveyor(충돌상대선 측 사고조사인): 선박충돌 시 상대선에서 선임한 사고조사인으로 추후 충돌손해배상금 산정의 기본 자료를 위한 본선 Survey를 실시한다.

이외에 해상사고처리와 관련이 있는 자로는 P&I Surveyor(선주책임상호조합 측 사고조사인), Maritime Lawyer(해사변호사), Maritime Consultant(해사자문인) 등이 있다.

3-2 사고통보 및 선박 손상수리

(1) 사고 통보 및 손상검사

해난사고 발생시 선사는 보험회사와 P&I Club에 통지의무, 손해방지의무를 부담하고 있으며 선사는 보험회사 및 관련당사자들과 긴밀한 연락을 취하여 사고내용을 파악하고 보험회사와 협의하여 손해를 방지하고 경감하는데 최대한 노력하여야 한다.

(2) 선박의 손상수리

① 수리시행 여부, 수리시행 시기, 수리장소, 수리업자, 수리범위, 수리방

법의 결정과 수리비에 대하여 보험자와 협의할 필요가 있다. 선주에 의한 주도적 처리가 요구되지만, 보험자와 사전협의가 필요하다.

② 감항성과 무관한 손상: 선박정기검사 시까지 연기하여 선주수리와 동시에 수리 시행한다.

③ 감항성에 영향 있는 손상: 즉시 영구수리를 시행하거나, 임시수리 후 감항성을 획득하고 정기검사 시까지 연기하여 영구수리를 시행한다.

3-3 해난구조

(1) 구조계약 체결 및 구조계약의 종류

선박이 해난사고에 조우한 경우 가장 중요한 것은 조난상황에 대한 정보를 신속하게 접수하여 적절한 구조대책을 마련하는 것이다.

① 구조업자 물색과 선정 및 구조계약 체결: 조난 장소 및 본선의 상황을 고려하여 적절한 구조업자를 선정하여야 한다.

② 구조계약의 종류: 구조계약은 크게 계약구조(contract salvage)와 순수구조(pure salvage)로 나누어지고, 계약구조는 (a) Daily Basis, (b) Lump-sum Basis, (c) No Cure No Pay의 3가지 종류로 구분할 수 있으며, 이의 조합도 가능하다. 각각의 구조계약은 각기 장단점이 있으므로 해난상황에 따라 건별로 적절한 구조계약을 체결하여야 한다.

(2) LOF 구조계약

Lloyd's Open Form of Salvage Agreement는 구조와 관련하여 세계적으로 가장 널리 사용하는 불성공 무보수(No Cure, No Pay)의 구조계약이다.

구조 실패 시는 한 푼의 구조비도 받을 수 없으나(단, 유류 및 환경오염의 가능성을 배제한 경우는 비록 구조된 잔존물이 없다 하더라도 일정의 보수를 인정) 구조가 성공한 경우에는 잔존물 가액을 한도로 구조비가 정산되며, 합의가 되지 않을 경우 중재인을 선임하여 중재인의 중개절차에 따라 구조보수가 결정된다.

구조작업이 성공적으로 완료되면 선주와 화주는 구조업자가 요구하는 경우에 향후 구조비의 지불에 대한 보증장을 제공하여야 하는데, 이 경우 당해 보험자에 의해 보증장이 제공될 수 있다.

LOF 구조계약은 다급한 조난상황에 대처하는 데 있어서는 아주 합리적이고 능률적인 제도이지만, 실제 운용면에 있어서는 시간과 비용이 너무 많이 소요된다는 비판을 받고 있다.

(3) 자매선에 의한 구조

어선의 경우는 집단으로 어로작업을 행하는 것이 일반적이므로 조업 중에 사고를 당하는 경우에는 동일어장에서 함께 조업 중이던 자매선 또는 타 어선에 의해 기지에 예인되는 경우가 일반적이다.

이때에는 일반적으로 구조계약이 없으므로 자매선약관조항에 따라 단독중재인이 합리적인 구조보수를 결정하는데, 통상 해손정산인이 이 업무를 맡게 된다. 이 경우 사고당시 전문 구조업자가 구조하였다면 지불되었을 예상구조비용을 넘지 않는 범위 안에서 실제 구조작업으로 인해 자매선이 입게 된 조업손실을 구조보수로 산정한다.

3-4 충돌사고

(1) 선박충돌 시 긴급처리

본선이 다른 선박과 충돌할 때에는 긴급히 선박의 안전조치를 취하고 상대선박에 대한 필요한 조치를 취하여야 한다. 충돌사고가 발생하면 본선에 대한 손상뿐 아니라 상대선박의 손상에 대하여 과실비율에 따른 충돌손해배상책임 문제가 발생하므로, 보험처리 시 및 상대선박으로부터 구상처리 시에 본선손상 손해액뿐 아니라 운항손실 등 간접손해에 대한 보상을 받기 위하여 다음과 같은 사항들을 확인하고, 보험회사 및 관련당사자와 긴밀히 협의하여야 한다.

① 충돌시간, 충돌위치
② 상대선의 종류(Tanker, Bulk 등), 선명, 국적, 적하 유무
③ 충돌의 상태(선수방위, 각도, 속력)

④ 기상상태(시계, 풍파, 풍력, 조류)
⑤ 자선, 상대선의 인명 사상(死傷)의 유무 또는 양 선박 손해 상황
⑥ 기름 유출의 유무, 방가 대책

(2) 충돌사고 시 대처방안

1) 상대선의 확인서(Letter of Confirmation) 수령

충돌의 피해가 엄청나 침몰의 우려가 있어 긴급 퇴선 해야 하는 경우와 화재가 발생하여 바로 소화작업을 해야 할 경우 등을 제외하고 이러한 긴급사태가 아닌 경우에는 선장은 상대선의 과실을 구체적으로 기재한 현인서를 작성하여 이후 손해배상교섭과 해난심판에 있어서 유리한 입장이 되도록 하는 것이 중요하다.

2) 파일럿 진술서 첨부

충돌 시 파일럿(도선사)이 승선중이었을 때는 파일럿의 상황진술서를 수령하여 이를 선사에 제출하여야 하며 이는 이후 책임문제의 판결 시 중요한 증거서류가 될 수 있다.

3) 충돌시의 기록

충돌 당시의 상황은 모든 선원이 확실히 기억할 수 있으나 시간이 경과함에 따라 잊어버리게 된다. 후일 재판이나 해난심판 시 본선의 선장과 항해사 간의 중요한 사안에 대하여 상호 이견이 있다든가 또는 상대선의 증거서류 및 진술이 완벽할 때는 본선 측의 변호사나 해사보좌인이 아무리 우수하다 하더라도 패소하게 된다. 따라서 충돌 후 가능한 한 빨리 관계승조원의 의견 통일을 기함을 물론 증거수집에 노력하여야 한다. 중요한 조사 및 확인사항은 다음과 같다.

(a) 충돌 시 상황

ⓐ 시간: 선교, 기관실, Course Recorder와의 시간 Check
ⓑ 위치: 위도와 경도 부근에 현저한 목표물이 있을 때 그와의 방위와 거리
ⓒ 속력: 기관일지, 항해일지와 비교하여 기록

ⓓ 선수방위: Course Recorder, Degree 목표물과의 방위

ⓔ 충돌각도: 상대선과의 선수 방위, 쌍방의 교각

ⓕ 충돌개소, Rader, Loran, 항해기기의 사용상황

(b) 충돌 전의 상황

ⓐ 신호의 방법, 조타방법, 기관사용상황과 시간

ⓑ 선장, 당직자의 상황

ⓒ 견시원 배치 상황

(c) 상대선의 상황: 상대선을 초인한 시간, 방위(측정장소 기록), 거리(Rader 측정치), 등화, 침로, 속력, 신호의 유무, 조타 상황

(d) 주위의 상황: 기상, 시계, 풍향, 풍력, 달빛의 유무, 파랑, 부근 항행선박, 정박선의 상황

(3) 충돌시의 조치상황

1) 충돌손해채권의 권리보전조치

충돌이 발생시 민법 제750조의 불법행위책임으로서 손해배상의 문제가 발생한다. 충돌사고가 발생하면 다음과 같은 이유로 바로 충돌손해채권의 권리보전 조치를 취하여야 한다.

① 쌍방의 과실 책임 할당 또는 손해액을 결정하고 합의하는 데 상당시일이 소요된다.

② 외국선사 특히 1척 소유의 편의치적 선주는 파산하거나 아예 교섭에 응하지도 않는 경우가 있다.

2) 선박의 가압류

충돌상대선박으로부터 과실 책임정도에 따른 손해채권에 대한 보상의 보증이 없으면 민사소송법에 근거하여 가압류를 할 수 있다.

이 경우 보험자(인명의 경우 P&I, 선체손상은 보험회사)와 채권보전에 필요한 다음과 같은 비용의 전보방법을 협의하여야 한다.

① 변호사 비용

② 상대선 가압류에 드는 비용(자금차입이자 포함)

③ 증거 보전에 필요한 비용
④ 감정료

가압류를 집행하기 전 주의해야 할 사항은 상법 제744조에 "항해의 준비를 완료한 선박과 그 속구는 압류 또는 가압류를 하지 못한다. 그러나 항해를 준비하기 위하여 생긴 채무에 대하여는 그러하지 아니하다"라고 규정되어 있다.

따라서 출항준비 완료 전에 신속히 가압류의 조치를 취하게 되는 경우가 많으므로 보험자와 이에 대하여 협의하여야 하며, 아래와 같은 가압류에 필요한 서류를 준비하는 것이 중요한 사항임을 숙지하여야 한다.

① 신청자의 회사자격 증명
② 가압류할 선박 명세(국내선: 등기부등본, 외국선: Lloyd's Register Book 사본)
③ 위임장(변호사에게 가압류 신청권한 위임)
④ 소명서류
- 신청자의 선박원부
- 충돌증명서(해난보고서)
- 가압류 신청이유서
- 선장진술서(상대선측의 불법행위)
- 신청자의 손해액 내지 수리비 내역(조선소 견적 첨부)
- 상대방 정박 증명 또는 출항준비 완료 증명
- 당사자 목록(상대선, 주소, 선장 성명)
⑤ 담보제공: 가압류 명령에는 담보제공이 필요하다.

3) 가압류 해제

가압류를 당한 선박은 가압류를 해제하여 체선 손해가 발생하는 것을 방지하여야 한다. 따라서 관할 법원이 명한 공탁금을 공탁하거나 채권자(가압류 신청자)가 요구하는 보증장을 제공한다.

4) 보증장(Letter of Guarantee)

충돌손해(선체, 인명사상, 그 외 제3자 손해)가 발생한 경우 가압류에 의한 채권확보가 가장 확실한 방법이나 비용소모 및 수속이 매우 복잡하므로 통상 쌍방이 상호 보증장을 교환하고 가압류를 하지 않는 것이 일반적이 관행이다.

3-5 해난보고서(Note of Protest) 작성

선원법 제21조에 의하면 선장은 해운관청에 해난에 관하여 보고할 의무가 있다. 선원법 제21조(선박운항에 관한 보고) 내용 중 제 1 항에 선박의 충돌, 침몰, 멸실, 화재, 좌초, 기관의 손상 그 밖의 해난이 발생한 경우라고 명시되어 있다.

해난보고서는 보험회사, P&I조합 등에 대한 보험금청구를 위한 입증자료이고, 공동해손정산서에도 필요하며, 상대선과의 손해배상 청구소송과 해난심판에도 제출되는 중요한 서류이다.

3-6 보험금 청구서류

보험증권상 보험사고가 실제 발생한 경우, 보험자에게 보험금을 청구하기 위해 제출하여야 할 서류는 아래의 [표 7-1]에서와 같다.

〈표 7-1〉 보험금 청구서류

청구서류명	전손	분손			건조보험
		충돌	구조	기타	
보험금 청구서한	★	★	★	★	★
조선소 수리비청구서	×	★	★	★	★
해난 보고서	★	★	★	★	×
선급유지증명(선급보유시)	★	★	★	★	×
선박국적증서	★	★	★	★	×
선급검사보고서	★	★	★	★	×
선장진술서	◎	◎	◎	◎	×
항해일지	◎	◎	◎	◎	×
기관일지	◎	◎	◎	◎	×
선장 · 기관장 면허증사본	◎	◎	◎	◎	×
선원명부	◎	◎	◎	◎	×

구조계약서	×	×	★	×	×
출장비규정 및 급여명세	×	◎	◎	◎	×
보험증권원본	★	×	×	×	×

※ ★: 필수서류, ◎: 필요서류, ×: 불필요한 서류

이외에도 보험증권상 담보(warranty)준수 관련서류(KR 발행의 Seaworthiness Certificate, Condition Survey Report 등) 및 충돌사고 시 상대선과의 과실비율 확인을 위한 해난심판원재결서 사본 및 상대선박에 손해배상 청구를 위한 본선의 불가동손실금 산정근거서류도 필요 시 준비하여야 한다.

CHAPTER

8

손해유형별 손해사정실무

제 1 절 해상손해의 종류와 보험자의 보상책임

1-1 영법상 손해의 종류

보험자가 보상하는 해상손해는 분류기준에 따라 ① 전손과 분손, ② 직접손해와 간접손해, ③ 물적 손해와 비용손해 및 배상책임손해 등으로 구분할 수 있다.

MIA에서는 손해를 전손(total loss)과 분손(partial loss)으로 구분하고 있다. 전손(全損)은 현실전손(actual total loss)과 추정전손(constructive total loss)으로 구분되고, 보험증권의 문맥상 다른 의사표시가 없으면 전손을 보상하는 보험은 현실전손은 물론 추정전손도 포함한다.

분손은 전손을 제외한 모든 손해를 말한다. 분손에는 단독해손과 공동해손, 구조비용 및 단독비용이 포함된다. 이외에 추가되는 별개의 손해로서 손해방지비용과 선박충돌배상책임손해 등이 있다.

피보험자가 전손에 대한 소송을 제기하였으나 분손이 증거로서 입증된 경우에는 보험증권에 별도의 규정이 있는 경우를 제외하고 피보험자는 분손에 대하여 보상받을 수 있다(MIA 第56조 4항). 즉 피보험자가 전손의 보험금청구에 관한 소송에서 패소하였다고 해서, 분손에 대한 보험금 청구권을 상실하는 것은 아니다.

1-2 손해보상한도와 보험자의 책임

피보험자가 보험증권상 보상받을 수 있는 손해보상한도(measure of indemnity)는 미평가보험증권인 경우 보험가액의 전액(全額)이고, 기평가보험증권인 경우 협정보험가액의 전액이다.

해상보험의 전손과 분손 및 각 손해 형태별로 보상금액을 확정하는 표준이나 보상한도에 대해 MIA에서 자세히 규정하고 있으나, 구체적인 손해보상금액은 계약당사자, 즉 피보험자와 보험자간의 약정의 문제이다.[37]

해상손해의 보험금정산은 보험의 목적이 전부보험에 가입된 것을 전제로 실행된다. 따라서 협정보험가액이나 법정보험가액보다 적은 금액으로 보험에 가입한 경우, 즉 일부보험의 경우에 피보험자는 나머지 잔액인 무보험금액에 대하여 자가(自家)보험자(his own insurer)로 간주된다.

피보험자가 중복보험(double insurance)에 의해 초과보험으로 가입한 경우, 각 보험자는 계약상 자기에게 보상책임이 있는 금액의 비율에 따라 비례적으로 손해를 분담할 의무가 있다.

제 2 절 전손(현실전손과 추정전손)

2-1 현실전손

(1) 현실전손의 의의

현실전손이란 보험의 목적이 파괴되거나 또는 보험에 가입된 종류의 물건

37) MIA에서 보상한도와 보상금액의 결정기준을 규정하는 각 조항의 서두에는 모두 "보험증권에 명시규정이 있는 경우를 제외하고"(subject to any express provision in the policy)라는 전제조건을 규정하여 계약당사자간의 약정이 우선함을 강조하고 있다.

으로서 존재할 수 없을 정도로 심한 손상을 입은 경우, 또는 피보험자가 회복할 수 없도록 보험의 목적의 점유를 박탈당하는 경우를 말한다(MIA 제57조 1항).

영법상 현실전손(ATL: actual total loss)이 되는 경우는 다음과 같다.

① 보험의 목적의 실체적 파괴(physical destruction): 폭풍우나 충돌 또는 좌초, 폭발사고로 인한 보험의 목적의 난파나 구조가 불가능한 심해(深海)에서 침몰, 화재로 인한 전소(全燒) 등이다.

② 원래 성질의 상실(alteration of species): 보험에 가입된 종류의 물건으로 존재할 수 없을 정도의 심한 손상을 입은 경우이다. 심한 손상을 입어 고철화된 선박이나 사료용으로 사용할 수밖에 없는 쌀(米)의 해수 유입 손해 등 보험의 목적의 경제적 가치가 전부 멸실된 상태를 말한다.

③ 회복이 불가능한 점유박탈(irretrievable deprivation): 피보험자가 보험의 목적의 점유를 박탈당하여 회복할 수 없는 경우이다. 전시에 적에게 포획되거나, 적대국에 의한 압류 등이다.

④ 선박보험에서는 상당기간 선박의 행방불명(Missing ship)이 현실전손으로 간주된다.

현실전손의 경우에는 추정전손과는 달리 보험자에게 위부의 통지를 할 필요가 없다(MIA 제57조 2항). 그러나 보험의 목적의 점유박탈의 경우와 같이 현실전손 여부가 불확실한 경우에는 위부의 통지를 하여야 한다.

(2) 선박의 현실전손의 예

1) 일반적인 예

선박이 심해에 침몰하여 구조가 불가능하거나 화재로 전소(全燒)된 경우는 물리적 파괴로 인한 현실전손이다. 좌초된 상태에서 수리가 불가능할 만큼 난파되어 선박의 기능을 상실하고 고철로서의 가치만 남아있는 경우는 원질의 상실로 인한 선박의 현실전손이다. 또한 적선(敵船)이나 해적선에 의한 선박의 나포는 회복불가능한 점유박탈이다.

2) 선장에 의한 선박의 매각

추성선손에 해당하는 손상을 입은 선박이 이해관계자의 이익을 위해 선주와 상의하지 않고 선장에 의해 매각된 경우에도 현실전손이 있다고 판결되었다. 주목할 것은 손해가 피보험위험에 의해 발생하고, 선장의 행동(매각)이 정당화될 수 있을 만큼 불가피한 사정이 있어야 한다. 더욱이 선장이 피보험선주와 교신할 수 있는 경우에도 선주와 상의없이 선박을 매각하는 것은 정당화될 수 없다.

3) 행방불명선박

행방불명선박(Missing ship)에 대해 MIA 第58조는 "해상사업에 종사하는 선박이 행방불명되고, 상당한 기간이 경과한 후에도 그 선박에 대한 소식을 수취하지 못하는 경우에는, 현실전손으로 추정할 수 있다"고 규정하고 있다.

영법상 상당기간이란 각 경우에 따른 사실문제(a question of fact)이며, 선박의 종류, 적재화물 및 항해의 성격과 항해기간에 따라 좌우된다.[38] 행방불명선이 현실전손이 되기 위해서는 선박이 피보험항해에 출항하였다는 입증이 필요하다. 피보험위험(침몰 등)에 의한 손해의 추정은 보험자가 손해의 다른 원인(면책위험)에 대한 합리적인 증거를 제시함으로써 항변할 수 있다.

보험자가 행방불명선박에 대해 멸실된 것으로 보험금을 지급하고, 그 후에 선박이 나타나면, 선박은 보험자에게 귀속된다.

2-2 추정전손

(1) 추정전손의 의의

추정전손이란 현실전손과 분손의 중간위치에 존재하는 것으로서 이중적인 성격을 가진 혼성손해(混成損害)이다. 추정전손의 성격을 현실전손과 비교하면, 현실전손이 법률상, 사실상의 전손인데 비하여, 추정전손은 법률상의 전손이지만 사실상의 전손은 아니며, 피보험자가 보험자에게 전손보험금을 청구할 수 있도록 정당한 위부의 통지에 의하여 사실상의 전손으로 전환된 것이다. 위부의 통지(보험자의 승낙) 없이는 추정전손이 성립되지 않는다.

---

38) 일부 대륙법계의 국가에서는 행방불명선박의 손해를 추정하는 기간을 법에 정하고 있으며, 일반적인 기간은 선박의 출항후 1년이다. 우리나라 상법 제711조는 "① 선박의 존부(存否)가 2월간 분명하지 아니한 때에는 그 선박의 행방이 불명한 것으로 한다. ② 제 1 항의 경우에는 전손으로 추정한다"고 규정하고 있다.

대부분의 사건에서 현실전손과 추정전손의 차이점은 물리적 불가능과 상업적 불가능의 차이로 취급하고 있다. 현실전손이 물리적 전손이라면 추정전손은 상업적 전손이고, 대부분의 사건에서 추정전손은 산술적 계산을 기초로 한 관습상 전손이라고 할 수 있다.

추정전손(CTL: constructive total loss)이란 보험증권에 명시규정이 있는 경우를 제외하고, ① 보험의 목적의 현실전손이 불가피한 것으로 생각되기 때문에 또는 ② 비용이 지출되었을 때에는 보험의 목적의 가액을 초과할 비용의 지출 없이는 현실전손으로부터 보험의 목적이 보존될 수 없기 때문에 ③ 보험의 목적이 정당하게 위부된 경우를 말한다(MIA 제60조 1항).

(2) 추정전손의 성립요건

① 선박이나 화물의 점유박탈: 회복의 가능성이 없을 경우, 또는 회복비용이 회복후의 가액을 초과할 경우. 점유박탈이란 피보험자가 어떠한 피보험위험(좌초 등)에 기인한 물리적인 점유를 박탈된 경우의 손해에도 적용된다.

② 선박의 손상: 수리비용이 수리 후의 선박가액을 초과할 경우. 수리비를 견적함에 있어서, 그러한 수리비에 대하여 다른 이해관계자가 지불할 공동해손분담금이 수리비에서 공제되지 않아야 한다. 그러나 장래의 구조작업의 비용과 선박이 수리된다면 선박이 책임을 부담하게 될 일체의 장래의 공동해손분담금은 수리비에 가산되어야 한다(MIA 제60조 2항).

(3) 추정전손의 효과

추정전손이 있는 경우 피보험자는 그 손해를 분손으로 처리할 수도 있고, 보험의 목적을 보험자에게 위부하여 현실전손의 경우에 준하여 처리할 수도 있다(MIA 제61조). 즉 분손 또는 추정전손으로 처리할 수 있는 선택권은 피보험자에게 있다.

(4) 추정전손과 신중한 무보험소유자 원칙

영법상 추정전손의 기초이론이 되는 신중한 무보험소유자(prudent uninsured owner)의 원칙이란 피보험자가 손해를 추정전손으로 처리할 수 있는 권리가 있는지를 결정하기 위한 하나의 기준으로서, 손해가 발생한 경우 신중한 무보험소유자라면 어떤 행동을 취할 것인가를 고려해야 한다는 것이다.

예를 들어 피보험위험에 의해 선박이 손상을 입어 수리비가 수선 후 선박가액을 초과한다면, 합리적인 사람의 판단에 의하면 손상된 선박은 더 이상 상업적 가치가 없다. 따라서 선주가 신중한 무보험소유자라면 그 선박을 수선하지 않고 버리거나 매각하려고 할 것이다.

2-3 100% 분손

추정전손의 요건을 구비하고 있음에도 불구하고, 피보험자가 위부통지를 하지 않아서 실제 발생한 피보험자의 손해를 보험금액 한도로 보상하는 경우를 100% 분손이라고 한다, 이 경우에는 소손해 공제액이 적용된다.

피보험자가 100% 분손으로 처리하고자 하는 경우는 다음과 같다.

① 보험가액이 선박의 시장가액보가 현저하게 적은 경우
② 신조선가액이 폭등하여 대체선 건조비용이 보험가액을 현저히 초과하는 경우
③ 조선소 사정으로 대체선을 건조하는 데 오랜 기간이 필요한 경우.

2-4 타협전손

영국의 선박보험실무에서는 법률에 근거는 없지만, 추정전손의 경우 대부분 법정소송으로 가는 것을 피하기 위해 보험자와 피보험자간에 서로의 양보에 의해 처리하는 타협전손(compromised total loss) 또는 협정전손(arranged total loss)이 인정되고 있다. 그러나 특별한 경우를 제외하고 보험증권에는 피보험자가 합법적으로 타협전손을 청구할 수 있는 규정이 없으며, 타협정산은 전적으로 언더라이터의 재량권에 좌우된다.

선박이 손상을 입은 경우 선박이 추정전손인지 아닌지의 여부를 확정하는데 협정보험가액이 수리 후 선박가액으로 간주되는 추정전손조항이 있는 보험계약에서, 수리비가 수리 후 선가를 초과하지만 협정보험가액을 초과하지 않을 경우, 피보험자는 추정전손이나 현실전손에 대한 보험금을 청구할 수 없고, 피보험자는 선박을 수리하고 분손에 대한 보험금을 청구하여야 한다.

이 경우 비경제적인 수리를 하는 것 자체가 의미 없는 일이기 때문에, 타협전손에 합의할 수 있다. 대부분 협정보험가액(보험금액)의 범위 내에서(주로 적은 금액) 보험자와 피보험자가 합의한 금액을 보험금으로 지불하고 전손으로 처리하여 보험자는 그 책임을 면하게 된다. 선박이 추정전손인지 아닌지의 여부가 불분명한 경우에 이 방법에 의존하고 있으며, 실무에서는 두 차례 이상의 보험사고로 총수리비가 보험금액을 초과하는 경우에 타협전손으로 처리된다.

2-5 특혜보험금

보험자가 실제 면책인 경우에도 영국의 시장관습상 특혜보험금을 인정하여 전손 보험금을 지급하는 경우가 있다. 특혜보험금(ex-gratia payment)이란 다음 경우에 고객관계 등을 고려하여 선의의 표시나 중요한 고객(피보험자)의 편의를 도모해주기 위해 제공된다.

① 피보험자가 최대선의 의무를 위반한 경우
② 피보험자가 담보 또는 조건(warranty or condition)을 위반한 경우
③ 보험자가 손해의 부적합한 증거를 용인하는 경우
④ 손해를 야기한 위험이 피보험위험에 해당되지 않는 경우
⑤ 영국의 해상보험시장의 관습인 특혜보험금의 지급에는 항상 “선례로서 인정함이 없이”(without prejudice)는 조건이 전제되고 있다.

제 3 절 선박의 단독해손

3-1 분손과 손해보상액

(1) 분손과 단독해손

해상손해는 전손과 분손으로 구분되고, 분손은 영법상 전손(현실전손과 추정전손)이 아닌 손해를 말한다. 따라서 분손에는 보험의 목적의 직접손해인 단독해손, 간접손해의 성격을 가진 공동해손과 구조비용 및 단독비용을 포함한다. 이외에 손해방지비용과 선박충돌배상책임손해는 별도의 계약에 의해 본래의 보험증권에 추가되는 손해로 간주된다.

피보험자가 전손에 대한 소송을 제기한 경우 분손에 대한 증거만 입증되는 때에는, 보험증권에 별도로 규정하고 있지 않는 한, 피보험자는 분손에 대해서 보험금을 받을 수 있다.

단독해손손해(particular average loss)는 피보험위험으로 인하여 발생한 보험의 목적의 분손이며, 공동해손손해(general average loss)가 아닌 분손이다(MIA 제64조 1항).

단독해손은 손해의 성질과 부담 측면에서 공동해손과 다르다. 공동해손은 공동 안전을 위하여 임의로 초래한 분손이며, 항해사업의 모든 이해관계자에 의해 비례적으로 분담되는 분손이다. 이에 반해 단독해손은 해상위험으로 우연히 발생한 분손이며, 그 분손이 귀속되는 당사자에 의하여 부담되는 분손이다.

단독비용(particular charges)은 보험의 목적의 안전이나 보존을 위해 피보험자에 의하여 또는 피보험자를 대리하여 지출한 비용으로서 공동해손과 구조비용이 아닌 비용을 말한다. 단독비용은 일종의 간접손해로서 단독해손에 포함되지 아니한다(MIA 제64조 2항).

(2) 영국의 해손정산인협회 실무규칙

1) 해손과 해손정산인

해손(average)이란 분손에 대한 해상보험의 용어로서, 단독해손(particular average)과 공동해손(general average)을 의미한다.

해손정산인(average adjuster)은 해상보험에서 손해정산의 전문가이며, 특히 선박과 선박의 피보험이익과 관련한 전문 손해정산인이다. 통상적으로 해손정산인은 공동해손의 정산서를 작성할 책임이 있는 선주 측에 의해 공동해손 정산업무를 수행하도록 임명된다. 우리나라에서는 이와 유사한 업무를 수행하는 해상보험 손해사정사가 있다.

해손정산인의 주요한 기능[39]은 ① 공동해손의 정산, ② 해상위험에 직접 또는 간접적으로 노출된 이익에 관한 보험증권상 보험금의 정산, ③ 제3자를 상대로 한 보험금 명세서의 작성, ④ 제3자로부터 구상액 또는 화물의 매각대금의 분배, ⑤ 상기 문제 또는 이와 관련한 문제에 관해 발생하는 분쟁의 중재 등이다.

2) 영국의 해손정산인협회와 실무규칙

영국의 해손정산인협회(AAA: Association of Average Adjusters)는 "해손정산에 있어서 정확한 원칙 및 해손정산인들 간의 실무의 통일성 증진"을 설립 목적으로 1869년 설립되었다. "영국의 법과 관습"(English Law and Practice)에 따른다고 할 때의 "관습"은 해손정산인협회 실무규칙(Rules of Practice)을 말한다.

영국에서 이 실무규칙은 보험증권에 요오크엔트워프규칙(YAR)이 특별히 명시되지 않은 경우 공동해손에 관한 분쟁을 해결하기 위한 규칙이다. 이 규칙은 공동해손뿐 아니라 단독해손에 관하여도 규정하고 있다.

3-2 선박의 수리비 산정을 위한 정산실무

선박의 손해보상액은 ① 선박이 수리된 경우, ② 선박이 일부 수리된 경우, ③ 선박이 수리되지 않고 보험기간 중에 손상상태로 매각되지도 않는 경우, ④ 선박이 수리되지 않고 보험기간 중에 매각되는 경우 등에 따라 그 계산이 달라진다. 처음 세 가지 경우는 MIA 제69조에 규정하고 있으나, 네 번째의 경우는 규정하고 있지 않다.

---

39) 영국의 해손정산인협회실무규칙의 서문 참조.

(1) 손해보상한도와 관습상 공제(customary deductions)

선박이 분손(단독해손)을 입고 수리된 경우, 보험자가 피보험자에게 지급하는 손해보상액은 보험증권에 명시규정이 있는 경우를 제외하고, 합리적인 수리비에서 관습상 공제를 차감한 금액이다. 어느 경우에도 매 1회의 사고당 손해보상액의 최대한도는 보험금액(sum insured)이다.

최대 보상한도는 한 사고당 적용되는 것이므로, 수회의 사고로 선박이 손상을 입은 경우, 그 수리비의 합계는 보험금액을 초과하는 경우에도 보상된다. 비록 연속손해(successive losses)의 합계액이 보험금액을 초과하는 경우에도, 보험자는 그러한 연속손해에 대하여 보상책임이 있다(MIA 제77조 1항). 그러나 동일한 보험증권에서 선박이 손상을 입고 수리되지 않은 상태에서 전손이 되면, 그 보험증권의 보험자는 전손에 대해서만 책임이 있다(MIA 제77조 2항 참조).

선박상이 수리되는 경우 보험자가 지급하는 손해보상액은 보험금액을 한도로 합리적인 수리비에서 관습상 공제액을 차감한 금액이다. 영국의 관습에 따르면 목선의 경우 수리비에서 "신구교환에 대한 1/3"(one third new for old)을 공제하고 보험자는 수리비의 2/3만을 보상할 책임이 있다. 그러나 특별한 약정이 없는 경우 이러한 공제는 철선에는 적용되지 않고, 처녀항해의 목선에도 적용되지 않는다. "관습상의 공제"에 관해서는 영국의 해손정산인협회 실무규칙의 D7규칙에 자세히 규정하고 있다.

실제에 있어서 보험자는 통상적으로 보험약관에 의해 그 권리를 포기하고 공제하지 않는다. ITC(Hulls) 제14조는 "해손은 그것이 단독해손이든 공동해손이든 불문하고 신구교환에 대한 공제 없이 지급된다"고 규정하고 있다.

(2) 합리적인 수리비의 기준 및 범위

1) 신중한 무보험선주의 이론

선박의 분손이 있는 경우 매사고당 보험자의 손해보상액은 합리적인 수리비에서 관습상 공제액을 차감한 금액이다. 어떠한 수리비가 합리적인(reasonable) 것인가에 대하여는 영법상 규정이 없고, 사실문제(a question of fact)로 간주하고 있다. 그러므로 합리적인 수리비에 해당되는 것이 무엇인가에 대해서는 개개의 상황에 따라 주의 깊게 검토하여야 한다.

수리비가 합리적이라는 것은 피보험자가 무보험선주와 같이 신중하게 수리를 하여야 한다는 것을 의미한다. 이에 따라 무엇이 합리적인 것인가에 대한 일반적인 기준으로 "신중한 무보험소유자"(prudent uninsured owner)의 이론이 적용된다.[40]

해손정산인협회 실무규칙 제A4조는 수리비에 관한 정산인 의무에 관하여 "수리를 포함한 공동해손 또는 선박의 단독해손을 정산하는 데 있어서, 정산인의 의무는 수리비의 절감을 위해 신중한 선주가 무보험상태에서 취하였을 합리적이며 통상적인 예방조치가 취해졌는지를 확인하는 것이다"고 규정하고 있다.

2) 수리의 합리적인 장소 및 시기

어느 정도의 수리가 합리적인 수리비로 인정될 수 있는가의 기준은 손해발생 직전의 상태로 회복시키는 손해보상원리의 기준이 그대로 적용된다. 수리를 초래한 보험사고 이전의 선박의 상태를 기준으로 수리되어야 한다.

수리비에 대한 보험자의 손해보상액의 결정기준으로 "최초의 합리적인 기회"(first reasonable opportunity)가 적용된다. 최초의 합리적인 기회란 일반적으로 선박이 손상을 입은 항해가 종료한 후 즉시 수리가 행하여질 수 있는 첫번째의 항구에 있을 때이다.[41]

최초의 합리적인 기회란 통상적으로 해당 항해가 종료한 후 수리 가능한 항구에 최초로 기항했을 때를 말한다. 긴급을 요하지 않는 수리의 경우에는 통상적으로 차기 정기 Drydocking 시기를 최초의 합리적인 기회로 간주하는 것이 관례이다.

3) 합리적인 수리비의 범위

일반적으로 단독해손의 경우 합리적인 수리비는 다음 세 가지로 구분된다.

---

40) 소유자가 무보험상태로 있다는 것 자체가 신중하지 못하다는 반론이 있을 수도 있지만, 소유자 자신이 모든 비용에 대해서 책임을 지는 것을 전제로 행동하여야 할 범위로부터 어떤 기준을 얻을 수 있다는 것이다.

41) 합리적인 수리비는 어떤 장소와 시점을 기준으로 산정하여야 하는가가 중대한 문제이다. 왜냐하면 수리장소에 따라서 수리시설, 수리기술 및 수리비가 다르고, 시간의 경과에 따라 손해가 확대되거나 물가의 변동으로 수리자재, 임금 등이 변동되어 수리비에 크게 영향을 미칠 수 있기 때문이다.

① 본수리비(permanent repairs)
② 임시수리비(temporary repairs)
③ 연기된 수리비(deferred repairs)

그리고 합리적인 수리비에 포함되는 부수비용은 다음과 같다.

① 수리 가능한 항구까지의 회항비용(removal expenses)
② 수리에 소모된 연료 및 저장용품(fuel and stores)
③ 선거출입비용과 선거사용료를 포함한 건선거비용(dry dock expenses)
④ 탱크청소 및 가스 제거비용(cost of tank cleaning and/or gas-freeing)
⑤ 시간외 수리비용(overtime)
⑥ 부품에 대한 항공수송운임(air freight)
⑦ 회항 중 또는 시운전 중 선원의 급료 및 부양비(wages and maintenance)
⑧ 좌초 후 선저조사비용(cost of sighting bottom)
⑨ 선저의 청소 및 도장비용(scraping and painting)
⑩ 선주의 수리감독비용(cost of owner's superintendence)
⑪ 수리자금송금비용(cost of remitting funds)
⑫ 환율(rate of exchange)
⑬ 선박수리를 위한 적하의 양륙비용(cost of discharge of cargo)
⑭ 선급검사비용(classification surveyor's fee) 및 손해조사비용(survey fee)
⑮ 손해 및 수리와 관련 합리적으로 발생한 선주의 제반 경비, 교통비, 통신비용 등 부대비용(extra charges).
⑯ 미수리손상(unrepaired damage)으로 인한 합리적인 감가액.

(3) 임시수리비

"합리적인 수리비"란 말은 합리적인 영구수리(permanent repairs)에만 국한되지 않고, 임시수리(temporary repair)에도 적용된다. 임시수리는 나중에 영구수리에 통합된다.[42]

42) 손상을 입은 선박이 수리가 불가능한 항구에 있거나, 보험자가 수리를 원하지 않는 항구에 있

일반적으로 임시수리비는 보험자가 부담하지 않으나,[43] 다음의 경우에 한하여 합리적인 수리비의 일부분으로 보험자가 보상한다.

① 보험자의 책임액이 절약된 경우(Saving to Underwriters): 피보험자의 편의상 실시되는 임시수리가 보험자가 부담하여야 할 영구수리비를 절감한 것으로 입증되는 경우에는, 임시수리가 우선적으로 피보험자의 이익을 위해 실시되었다 할지라도, 임시수리비는 합리적인 수리비로 처리될 수 있다.

- 피보험자의 임시수리에 의해 정기 선급검사 시 선박이 건선거에 들어갈 때까지 영구수리가 연기됨으로써, 선주와 건선거비용을 분담하게 되어 보험자의 건선거비용을 절약되는 경우
- 보험수리를 연기하여 영구수리를 수리비가 저렴한 곳에서 실시함으로써 보험자의 최종 책임금액이 절약된 경우.

② Liner Service의 경우: 정기운항스케줄에 따라 운항하는 정기선(liner)의 보험증권에서는 그러한 운항스케줄을 지키기 위해 필요한 임시수리비를 합리적인 수리비로 인정하는 것이 관례이다. 정기선에 추가하여 예를 들어 자재공급선(supply vessel), 소방선(fire-fighting tug) 등이 시추선에 서비스를 제공하는 경우와 같이 계약에 의해 특수 서비스를 제공하는 선박에 대해서도 정기선의 경우와 동일하게 적용된다.

- 사전에 광고된 항해일지에 따라 정기적으로 화물 및 여객을 수송해야 하는 정기선의 경우(여객선 및 Container선 등) 이러한 선박들은 가능한 한 일정을 지켜야 하므로 항해도중 실시한 임시수리비는 수리비 절약에 상관없이 전액 합리적인 수리비의 일부로 인정된다.
- Liner선을 보험사고로 임시 수리한 경우 그 임시수리로 인하여 손해가 발생한 경우, 정상적인 임시수리에 의한 손해인 경우에는 원래

는 경우, 수리항으로 선박을 회항하는 데 선박의 감항성을 갖추기 위해 임시수리를 하는 것이 일반적이다. 이러한 임시수리는 나중에 영구수리로 대체되는 수리이다. 예를 들어 영구수리를 하기 위해 선박을 안전하게 회항할 수 있도록 손상부분을 시멘트포대로 땜질하는 것을 들 수 있다. 영구수리 중에 시멘트포대가 제거되고 손상부분이 적절히 수리된다.

43) 임시수리가 단지 선주 자신의 편의를 위해 실시되는 경우, 임시수리비는 합리적인 수리비에 해당되지 않고, 피보험자가 그 비용을 부담하여야 한다.

의 보험사고와 함께 한 사고(one accident)로 간주되지만, 불량한 임시수리로 인해 손해가 발생한 경우에는 수리업자의 과실에 따라 발생한 또다른 사고(another accident)로 간주된다.

③ 수리가 불가능(impossibility)하거나 부당하게 지체(unreasonable delay)될 경우: 적절한 시기에 선박이 항구에서 영구수리를 할 수 있는 설비가 없는 경우 또는 영구수리를 행하기 위해서 필요한 부품(spare parts) 및 자재(material)가 준비되기까지 상당한 기간 선박이 지체될 경우에는 합리적인 수리비로 인정한다.

보험자의 영구수리를 위해 선박을 회항하는 데 필요한 임시수리비는 합리적인 영구수리비에 추가된다. 해손정산인협회 실무규칙 제D1조 (a)항에 의하면 수리가 (신중하게) 실시될 수 없어서 수리를 목적으로 다른 항구로 선박을 회항하는데 지출된 비용은 수리비의 일부로 인정된다고 규정하고 있다.

(4) 연기된 수리비 및 수리비 증가분에 대한 보험자의 책임

선박을 수리하지 않고 항행할 수 있는 경우에 한하여, 수리가 연기될 수 있는 경우는 다음과 같다.

① 선박의 소유자나 관리자가 선박 손상에도 불구하고 항해사업의 계속을 원하는 경우

② 선박이 정기검사를 받기 위해 건선거에 입거하는 날짜까지 수리를 연기하여 비용을 절감할 수 있는 경우

③ 영구수리를 위한 시설이 예를 들어 강철의 공급부족이나 노동력의 부족 또는 노사분쟁 등으로 곧바로 이용될 수 없기 때문에 연기가 불가피한 경우.

선주가 수리의 연기를 요청한 경우, 보험자는 수리가 실시되어야 할 당시의 합리적인 수리비에 대해서만 책임이 있다. 수리의 연기 기간 중 물가의 상승에 기인한 수리비의 증가된 부분에 대해서는 책임이 없고, 피보험자가 부담한다. 즉 보험자는 선주의 운항 편의상 선박 수리가 연기되어 수리비가 증가

한 경우 그 증가한 부분에 대해서는 책임이 없다.

그러나 통상의 경우 수리가 연기된 경우 보험수리는 선주수리와 병행하여 실시되는 점이 일반적이다. 이는 결국 선거사용료(dockage) 등에 있어서 보험수리에 대한 보험자의 책임액 절감을 가져온다. 따라서 보험자는 보험수리연기로 인하여 초래된 절약금액을 한도로 수리비 증가분에 대하여 보상책임이 있다.

(5) 회항비용(removal expense)

신중한 수리가 불가능한 경우, 수리를 목적으로 다른 항구로 선박을 회항하는데 지출된 비용은 수리비의 일부로 인정되고, 선박이 수리후 회항되기 전 원래의 항구로 귀항하는 경우 귀항항해에 지출된 비용도 수리비로 인정된다(해손정산인협회 실무규칙 제D1조 (a)항).

선박이 손상상태로 있는 항구에서 만족스럽게(경제적 또는 다른 합리적 이유로) 수리될 수 없는 때에 회항에 의해 실시된 수리비가 절약된 경우에 회항비용이 인정된다. 이러한 상황에서 보험자는 보상하는 수리와 관련되는 경우에 한하여 회항비용을 보상한다.

선박을 수리항까지 회항함으로써 새로운 운임이 취득되거나 선박의 현행항해와 관련하여 어떤 비용이 절약되는 경우에는, 그러한 순수입이나 절약금액은 회항비용에서 공제된다. 그리고 선박이 수리항에서 새로운 적하를 적재한 경우에는 수리완료 후 비용은 수리비로 인정하지 않는다. 해상운송계약의 이행을 위해 지출된 통상적인 비용은, 그 비용이 수리항으로 회항에 의해 증가되는 경우에도, 수리비로 인정하지 않는다(동규칙 제D1조 (b)항 참조).

회항비용은 임시수리비, 바닥짐비용(ballasting), 선원이나 운항자의 급료 및 식대, 도선사비용(pilotage), 예인비용, 추가해상보험료, 항비(port charges), 연료 및 기관실소모품비용 등을 포함한다.

ITC(HULLS) 제10조 사고통보입찰조항의 제 2 항에서는 "보험자는 선박이 입거(入渠) 또는 수리하기 위해 항행하여야 할 항구를 결정할 권리가 있고(보험자의 요구에 따라 발생하는 항해의 실제 추가비용은 피보험자에게 환급함), 수리장소 혹은 수리회사에 관하여 거부권을 갖는다"고 규정하고 있다.

보험자는 선박이 사용되지 않는 동안 선원의 급료와 부양비로 지출되는 피보험자의 비용에 대해서는 책임을 지지 않는다. 그러나 보험자의 수리를 위해 회항 중에 있는 동안에는 예외를 인정하여 실제 회항기간의 선원의 급료와 부양비를 수리비의 일부로 보상한다.

(6) 건선거비용(dry dock expense)

선박이 건선거(건선거)에 입거할 경우 ① 선거에 들어가고 나오는 비용, 즉 도선사비용(pilotage)과 예인비용(towage),[44] ② 시설의 1일 사용료(dock dues)에 대해 고려하여야 한다.[45]

보험증권에서 보상되는 수리를 위한 건선거비용은 수리비의 일부로서 보험자가 보상한다. 건선거비용을 포함하여 전체 수리비에 보험증권상 소손해공제액(deductible)이 적용된다. 그러나 서로 다른 항해에서 여러 사고가 발생한 경우 현행 ITC(Hulls)의 소손해공제액이 사고당 적용되기 때문에 항해별 보험자의 책임을 결정하기 위해 사고별로 건선거비용이 배분되어야 한다.

보험수리가 입거하여 건선거(drydock)에서 수리를 요할 경우, 입출거비용(docking/undocking) 및 보험수리에 필요한 기간 동안의 건선거비용(drydock dues)은 다음의 경우를 제외하고 전액 보험자가 부담한다.

① 감항성: 선박의 감항성(seaworthiness)을 위하여 긴급을 요하고 또한 건선거의 사용을 요하는 선주수리가 보험수리와 병행하여 실시된 경우.

② 연기된 경우: 보험수리가 선주의 정기 Dockin g시까지 연기되어 입거를 요하는 선주 수리와 동시에 병행하여 실시된 경우.

③ 탱크소재 및 Gas fee 비용

④ 공무감독의 급여 및 비용

⑤ General Service Expenses(Fire Line, Watchman 등)

⑥ 항비

---

44) 이는 정박지(berth)에서 선거(dock)로 옮기는 데 필요한 예인비용(mooring charge) 및 선거에서 정박지로 다시 선박을 옮기는 데 필요한 예인비용(unmooring charge)이 포함된다.

45) 이외에도 건선거의 사용과 관련된 비용에는 ① 선박 좌우받침대(side block)의 설치 및 제거비용, ② 임시점등비용(temporary lighting charge), ③ 화재감시자비용, ③ 쓰레기처분비용, ③ 담수(淡水)의 공급비용 등이 있다.

위 예외의 경우에 있어서는 입출거비용 및 공통의 건선거비용은 선주와 보험자간에 균등히 분배된다. 실무규칙을 기초로 건선거비용이 보험자와 선주간에 배분되는 기준을 요약하면 다음 [표 8-1]에서와 같다.

〈표 8-1〉 건선거비용의 배분기준

상 황	보험자의 입장	선주의 입장	입출거비용		선거사용료		
					중복기간		추가분
			보험자	선주	보험자	선주	사용자
1. 보험사고의 직접결과와 선주의휴항	건선거사용 필수	감항성에 불필요한 선주수리 또는 선급검사	전액		전액		전액
2. 감항성 유지 위한 선주 수리	건선거사용 필수, 복수의 항해나 사고 또는 공동보험 불문	건선거사용 필수, 감항성유지에 필수	50%	50%	50%	50%	전액
3. 정기 건선거입거시 동시 수리	보험자수리 연기, 복수의 항해나 사고 또는 공동보험 불문	감항성 관련불문	50%	50%	50%	50%	전액

* 〈상황 1〉은 실무규칙 제D5조 1항, 〈상황 2〉는 실무규칙 제D5조 2항 (a)호, 〈상황 3〉은 실무규칙 제D5조 2항 (b)호에 규정됨.

(7) 기타 합리적인 수리비

1) 연료 및 저장용품

선박의 손상을 수리하는 데 관련하여 사용된 연료 및 저장용품(fuel and stores)의 대체비용은 수리비로 인정된다. 실무규칙 제D2조에 의하면 ① 선박의 손상을 수리하거나, ② 손상의 수리를 돕기 위하여 엔진이나 윈치(winches)를 작동하거나, 또는 ③ 선박이 정박하고 있는 항구의 경계 내 수리장소로 선박을 회항하는 데 소비된 연료 및 저장용품의 대체비용은 수리비의 일부로 취급된다.

2) 시간외 수리비용

선주의 편의상 선박의 신속한 운항을 위해 통상적인 수리비보다 높은 시간외수리비용에 대해 선주가 수리업자와 합의하는 경우 추가비용은 합리적인 수리비로 인정되지 않는다. 그러나 시간외 작업으로 수리기간이 단축되는 등 수리비의 절감효과를 가져오는 경우에는 예외가 인정된다. 시간외 작업에 따른 시간외수리비용(overtime)은 수리비의 절감액을 한도로 수리비로 인정된다.

영국의 실무에 있어서는 정기선 및 특수선의 경우는 사전에 광고된 운항스케줄을 지키기 위해 또는 특수한 서비스를 제공하기 위해 실시된 시간외 작업에 따른 시간외 수리비용은 임시수리비의 경우와 같이 보험자가 보상한다.

이를 요약하면 임시수리비와 다소 비슷한 측면을 고려하여, 선주의 임의적인 시간외 작업은 원칙적으로 보험자가 부담하지 않으나, 다음의 경우에 한하여 합리적인 수리비의 일부로 보험자가 보상한다.

① 시간외 작업을 행함으로써 수리기간을 단축시켜 건선거사용료 등 수리비 절감의 경우
② 정기선 서비스(Liner Service)의 경우
③ 불가피한 시간외초과수당(Unavoidable Overtime)의 경우: 작업의 성격상 시간외 작업이 불가피한 경우(Main Engine Shaft 발출 등) 또는 Compulsory Overtime의 경우

3) 선박부품에 대한 항공수송운임

선박의 손상수리에 필요한 선박부품을 수리가 실시되는 국가에서 조달할 수 없는 경우, 국외로부터 항공으로 관련부품을 반입해 오는 데 소요되는 비용에 대하여 실무규칙상 규정이 없다.

그와 같은 항공수송운임(air freight)에 대한 합리성 여부는 각 상황에 따라 판단되는 사실문제이다. 해상운송으로 인해 부당한 지연이 초래될 경우에는 수리부품의 항공수송운임은 합리적인 수리비로 간주된다. 선주 측의 입장에서 수리기간의 단축으로 항해사업을 신속하게 재개할 수 있고, 보험자의 입장에서는 수리비의 절감효과를 가져올 수 있기 때문이다.

4) 선원의 급료 및 부양비(wages and maintenance)

영법상 선원의 급료와 부양비는 보험의 목적에 대한 손해가 아니므로 수리비 일부로 보상될 수 없다. 보험자의 이득을 위해 그러한 비용이 지출되지

않은 경우에는 보상하지 않는다는 취지를 오래 전부터 보험증권에 삽입하여 왔다.

1983년 ITC(Hulls)의 제16조 급료부양비조항에는 “선원의 급료와 부양비에 대하여는 공동해손의 경우를 제외하고는 어떠한 클레임도 인정되지 않는다. 그러나 보험자가 보상하는 손상의 수리를 위해 필요한 한 항구에서 다른 항구로 회항을 위해서 또는 그러한 수리를 위한 시운전항해를 위해서 지출되는 때에는 예외이며, 선박이 실제 그러한 업무에 사용되고 있는 동안에 지출된 급료 및 부양비에 대해서만 클레임이 인정된다”고 규정하고 있다.

5) 좌초 후 선저조사비용(cost of sighting bottom)

선박이 좌초된 후 선저를 조사하는 것은 피보험자의 이익은 물론 보험자의 이익을 위한 것이다. 선저의 손상 여부를 확인하지 않고 항해하는 경우 악천후에 직면할 때는 선박이 전손의 위험까지 있기 때문이다.

이에 따라 보험자는 ITC(Hulls) 제12조 소손해공제조항에 의해 좌초사고 후 선저조사를 위해 합리적으로 발생한 비용은 손상이 발견되지 않는 경우에도 보상되고, 심지어 소손해공제액에 미달하는 경우에도 보상한다고 규정하고 있다. 선박이 별도로 건선거에 입거하지 않는 경우에는 잠수부비용(diver's charges)이 보상된다.

6) 선저의 청소 및 도장비용(scraping and painting)

선박의 밑바닥에는 각종 해초류나 권패류 등이 서식하여 페인트를 파고들어가 선저(船底)가 부식될 위험이 있다. 따라서 정기적으로 선저의 부착물을 제거하는 청소를 하여야 한다. 선저의 청소비용이나 부착물의 제거 후에 필요한 페인팅비용은 보험자의 부담위험과 관련이 없다.

이와 같은 점을 분명히 하기 위해 ITC(Hulls) 제15조 선저처리조항은 “어느 경우에도 선저의 부착물청소, 모래분사작업, 기타 표면처리 또는 페인팅에 관련된 클레임은 인정되지 않는다”고 규정하고 있다.

그러나 이 약관조항은 예외로서 다음의 경우는 피보험위험으로 손상된 선저외판과 관련된 합리적인 수리비의 일부로 인정한다고 규정하고 있다.

① 해안에서 새로운 선저외판(bottom plates)의 모래분사작업이나 기타 표

면처리 및 그 부분에 제공되고 적용되는 작업장에서 준비도장(準備塗裝)

② 용접이나 수리중 손상되어 재생되거나 다시 맞춘 외판(外板)에 바로 근접한 외판부분의 모래분사작업 또는 기타 표면처리, 작업장이나 해안에서 철판의 곡직(曲直)작업 중에 손상된 외판부분의 모래 분사작업 또는 기타 표면처리

③ 이들과 관련된 특정부분의 최초의 기초도장/방청도장 등

7) 선주의 수리감독비용(cost of owner's superintendence)

선박의 수리가 실시되는 경우, 선주와 보험자는 손상상태를 조사하고 필요한 수리범위 및 수리가격 등을 합의하기 위해 서베이어를 임명하는 것이 관례이다. 이에 추가하여 선주는 수리작업을 감시하기 위해 통상적으로 자기의 서베이어를 계속 사용하거나 다른 자격 있는 자를 별도로 임명하기도 한다.

보험자는 자기 자신의 서베이어의 손해검정비용(survey fee)에 대해서는 어느 경우에도 보상한다. 또한 선주가 수리를 조사하고 감독하는 데 지출한 수리감독비용에 대해서도 수리비의 일부로서 책임을 진다. 단 이 경우에는 그 수리감독비용이 과도하지 않고 합리적으로 지출되어야 하며, 손상의 수리비가 보험증권상 보험금으로 보상받을 수 있어야 한다.

8) 손해검정비용(survey fees)

선박이 손상을 입은 경우에는 손상의 정도와 예상 수리비의 견적 및 손해의 원인을 결정하기 위해 자격있는 손해검정인(surveyor)에 의해 손해조사를 실시할 필요가 있다. 보험자와 선주 및 선급협회(Classification Society)는 각각 그들의 서베이어를 임명한다.

손해검정비용은 보험증권상 클레임이 성립되는 경우에 한하여 수리비의 일부를 인정된다. 보험자가 손해검정을 구조협회(Salvage Association)에 지시한 경우에는, 보험자는 심지어 수리비에 대한 클레임이 성립하지 않는 경우에도, 구조협회의 손해검정비용을 지불한다. 손해검정비용은 흔히 "부대비용"(extra charges)이라고 부른다.

9) 탱크청소 및 가스 제거비용

위험물품이나 화공품 등의 액체화물을 취급하는 탱커(tankers)는 수리를 실시하기 전에 반드시 탱크 내부를 청소하고 가스를 제거하여야 한다. 탱크청소와 가스제거비용(cost of tank cleaning and/or gas-freeing)은 선박의 손상을 수리하기 위해 발생한 경우에는 합리적인 수리비의 일부로 간주된다.

보험자가 부담하는 수리와 선주가 부담하는 수리가 동시에 실시되는 경우에는 비용배분의 문제가 발생하는데, 이 경우에는 앞에서 설명한 건선거비용의 배분방법과 동일하다(해손정산인협회실무규칙 제D6조 참조).

10) 기타 수리비용

이외에도 판례상 합리적인 수리비의 일부로 인정된 비용은 다음과 같다.

① 선급검사비용(classification surveyor's fee): 예인증명서를 발행하기 위한 선급협회의 손해검사비용은 수리비의 일부로 인정된다.

② 수리자금 송금비용(cost of remitting funds): 외국 항구에서 수리되는 경우 수리비의 지불을 위해 필요한 자금을 송금하는 데 지불된 은행수수료를 보험자가 선주에게 보상할 책임이 있다고 판결하였다. 수리비를 지급하기 위해 자금을 해외에 송금하는 수리자금송금비용(cost of remitting funds)은 합리적인 수리비의 일부로 간주된다.

③ 환율(rate of exchange): 원칙적으로 보험금은 보험증권에 명시된 통화로 보험증권상 통화로 환산하여 지급하게 되는데, 보험금 지급 시와 수리비 지급 시의 환율이 변동할 수 있다. 과거에는 보험금 정산일자의 환율을 적용해야 한다는 것이 보험자의 견해였지만, 판례에 의해 부인된 후 선주의 수리비 지급일자의 환율을 적용하는 것이 관례이다.

3-3 합리적인 수리비로 인정되지 않는 비용

(1) 결과손해 또는 간접손해

선박보험의 보험자는 피보험위험으로 근인한 손해에 대해 책임이 있고,

피보험위험에 근인하지 않는 손해에 대해서는 책임이 없다. 따라서 결과손해나 간접손해에 대하여는 보상책임이 없다.

선박보험자는 선박의 수리 중 선박이 지체된 결과로 인한 손해에 대한 손해배상금 또는 부패한 적하의 제거비용에 대해 보상책임이 없다.[46] 그러나 손상을 입은 화물을 선박으로부터 제거하거나 매각하기 위해 양륙하는 경우가 아니고, 단순히 선박수리를 위해 임시로 적하를 양륙하는 비용은 수리비의 일부로 간주된다.

(2) 클레임의 입증비용과 대리수수료

피보험자가 보험금을 청구하는 경우, 손해가 발생한 사실과 손해의 원인이 피보험위험이라는 사실을 입증할 책임은 피보험자에게 있다. 그러한 증거 확보를 위해 변호사 등 타인에게 대금을 지불하는 것 외에도 많은 시간과 금전을 소비하여야 한다.

1983년 ITC(Hulls) 제17조에서는 그와 같은 성격의 대리수수료에 대하여는 어느 경우에도 보상하지 않는다고 규정하고 있다.

3-4 선박의 미수리손상과 손해보상액

(1) 미수리손상 후 전손(연속손해)

동일한 보험증권에서 선박이 손상을 입고 수리되지 않은 상태에서 전손이 되면, 그 보험증권의 보험자는 전손에 대해서만 책임이 있다. 그러나 손해방지약관에 의한 보험자의 책임에는 영향을 미치지 아니한다(MIA 제77조 2항).

ITC(Hulls) 제18조 2항은 "미수리손상이 발생한 이후 이 보험의 보험기간 중 또는 그 연장기간 중 전손(이 보험에서 보상 여부를 불문함)이 발생한 경우, 보험자는 어느 경우에도 미수리손상에 대하여는 보상책임이 없다"고 규정하고 있다.

---

46) 선박이 충돌로 손상을 입고 수리를 위해 건선거에 입거하지 않으면 안 되었다. 적하가 충돌사고 후 심하게 부패되어 화주는 인수를 거부하였고, 선주는 적하를 양륙하는 데 비용을 지출하였다. 선주는 선박수리를 위해 적하의 하역이 필요하였다는 이유로 하역비용에 대한 보험금을 청구하였다. 선박이 목적지에 도착했기 때문에 적하의 하역은 단순히 운송계약상 사건이며, 그러한 비용은 선박에 관한 보험증권에 의해 보상받을 수 없다고 판결되었다.

(2) 선박의 일부수리와 미수리손상

선박이 손상을 입고 선박의 일부만이 수리된 때의 손해보상액은 일부분의 수리에 대한 합리적인 수리비이고, 미수리된 손상으로부터 발생하는 감가액이 있는 경우에는 합리적인 감가액이다. 단, 합리적인 수리비와 감가액의 총액은 전체 손상의 수리비를 초과하지 아니한다(MIA 제69조 2항).

합리적인 감가액(reasonable depreciation)의 산정방법에 관하여는 MIA의 규정이나 해상보험증권과 관련한 판례도 없다. "미수리손상으로 인한 합리적인 감가액"을 산정하는 방법에는 ① 협정보험가액에서 실제 손상가액을 공제하는 방법, ② 실제 정상가액에서 실제 손상가액을 공제하는 방법,[47] ③ 손상가액과 정상가액을 비교하여 결정한 감가율을 협정보험가액에 적용하는 방법 등 세 가지 방법이 있을 수 있다.

이 문제를 명확히 하기 위해 ITC(Hulls)의 제18조 미수리손상조항에서 보험종료시 시장가액의 합리적인 감가액이며, 합리적인 수리비를 초과하지 않는다고 규정하고(제 1 항), 보험자는 협정보험가액을 초과하는 미수리손상에 관하여는 책임이 없다고 규정하고 있다(제 3 항).

(3) 선박의 미수리손상과 선박의 불매각

선박이 수리되지 않고 보험기간 중에 손상상태로 매각되지 않은 경우에, 피보험자는 미수리손상으로 발생하는 합리적인 감가액에 대해 손해보상을 받을 수 있는 권리가 있다. 그러나 손상의 합리적인 수리비를 초과하지 아니한다(MIA 제69조 3항).

이 경우에 기간보험증권에서 손해보상액이 결정되어야 하는 시기는 보험계약이 종료하는 때이다. 만약 수리가 실시되었다면 선박을 수리하는데 얼마의 비용이 소요되었을 것인가를 기초로 손해보상의 한도를 결정하여야 한다.

(4) 선박의 미수리손상과 선박의 매각

선박이 수리되지 않고, 미수리상태에서 보험기간 중 매각되는 경우에 대

47) 손상화물의 손해보상액을 결정하는 규정(MIA 제71조 3항)과 동일한 원칙을 적용하는 방법이다.

해 MIA 제69조에는 명시 규정이 없으므로 판례를 참조할 수밖에 없다. 이 경우 손해보상액은 예상 수리비에서 통상적인 공제액(관습상 공제)을 차감한 금액이며, 매각에 의해 확정된 선박가액의 감가액을 초과하지 않는다고 판결하였다.[48)]

제 4 절 공동해손

4-1 공동해손의 의의

(1) 공동해손과 해상보험

공동해손은 해상보험과 별개의 제도로서, 해상보험이 도입되기 훨씬 전부터 존재하였다. 해상보험계약의 존재여부는 공동해손의 분담의무와 공동해손의 정산에 아무런 영향을 미치지 않는다.

공동해손이 정산되기까지 오랜 기간이 소요되어 결과적으로 선주는 물론 화주도 경제적으로 피해를 입는다. 또한 공동해손제도가 세계적으로 인정되고, 해상보험에서 부담하는 위험의 결과로서 공동해손이 대부분 발생하고 있다.[49)]

이에 따라 보험자는 해상보험증권의 조건에 따라 일종의 간접손해인 공동해손분담금을 보상하고, 공동해손의 정산과 관계없이 직접손해인 희생손해를 부담하며, 영법에서는 공동해손을 해상손해의 일부인 분손으로 규정하고 있다.

(2) 요오크엔트워프규칙

공동해손의 정산은 운송계약서에 별도의 규정이 없으면, 통상적으로 공동

---

48) 이와 같은 외관상의 차이에도 불구하고, 보험자의 손해보상액에는 실질적인 차이가 없다는 견해도 있지만, 상기 판결이 불충분한 것이며 위험스러운 판결이라는 주장도 있다. 왜냐하면 감가액을 산정하는데 있어서 매각가격과 비교되어야 할 대상이 협정보험가액인지 또는 시장가액인지 등을 결정하지 않았기 때문이다.

49) 공동해손의 대표적 손해인 투하의 위험은 해상보험이 도입되던 때부터 보험자의 부담위험이었다.

해손에 관한 국제통일규칙인 2004년 York-Antwerp Rules(Y/A Rules, 2004)가 적용된다. 요오크엔트워프규칙은 각 국가별로 공동해손을 취급하는 법률이 상이하여 공동해손당사자들의 이해가 상반되어, 이의 통일성을 도모하기 위해 각국의 법률가와 해손정산인, 선주, 상인, 보험자들이 채택한 공동해손에 관한 국제통일규칙이다.

Y/A규칙의 유래를 간단히 살펴보면, Lloyd's가 주도한 1860년 Glasgow회의에서 처음으로 11개조항의 Glasgow Rules가 채택되었으며, 1864년 York회의에서 11개조항의 York Rules가 채택된데 이어, 1877년에는 Antwerp회의에서 12개조항의 York-Antwerp Rules가 채택되었다.

그 후 해운기술의 발전과 새로운 국제협약의 제정 및 판례법의 영향으로 수차례 개정되어 왔다. 1989년에는 국제해난구조협약이 제정되고 1990년에는 새로운 구조계약 표준서식이 개정됨으로써 1974년 Y/A규칙의 전면 개정의 필요성이 대두된 결과 1994년 12월 시드니에서 1994년 Y/A규칙이 채택되고, 다시 2004년 6월 4일 Vancouver에서 2004년 Y/A규칙이 국제해법회(CMI: Comite Maritime International)에 의해 새로운 공동해손에 관한 국제규칙으로 채택되어 현재 적용되고 있다.

(3) 공동해손의 의의

공동해손손해는 공동해손행위로 인한 손해 또는 공동해손행위의 직접적인 결과로서 발생하는 손해이다. 공동해손손해는 공동해손비용은 물론 공동해손희생을 포함한다(MIA 제66조 1항).

공동의 해상사업에 있어서 위험에 직면한 재산을 보존할 목적으로 위험의 작용시에 어떠한 이례적인 희생 또는 비용이 임의로 그리고 합리적으로 초래되거나 지출되는 경우에 공동해손행위가 있다(MIA 제66조 2항).

이와 같은 공동해손행위의 정의는 Y/A규칙의 A규칙의 정의와 거의 차이가 없다. Y/A규칙(2004)의 A규칙에서는 공동해손행위(general average act)에 대하여 "공동의 해상사업과 관련된 재산을 위험에서 보존할 목적으로 공동의 안전을 위하여 어떠한 이례적인 희생이나 비용이 의도적·합리적으로 발생되거나 지출된 때에 한하여 공동해손행위가 있다"고 규정하고 있다.

(4) 공동해손의 성립요건

공동해손분담금이 발생할 수 있는 손해는 공동해손행위로 인한 재산의 희생과 비용이다. 공동해손분담금의 원천이 되는 공동해손이 성립되기 위해서는 다음과 같은 필수적인 요건을 구비하여야 한다.

① 위험에 처한 공동의 해상사업(common adventure)
② 의도적인(intentional) 행위
③ 합리적인(reasonable) 행위
④ 이례적인(extraordinary) 성질의 희생과 비용
⑤ 전체 재산의 보존(preservation) 목적
⑥ 공동해손행위의 직접 결과로서 손해

4-2 공동해손손해의 종류

(1) 선박의 공동해손희생손해

공동해손손해는 공동해손희생손해(general average sacrifice)과 공동해손비용손해(general average expenditure)가 있다. 공동해손희생과 비용은 공동의 항해사업에서 서로 상이한 이해당사자들에 의해 분담된다.

대부분 공동해손희생손해는 선박이 공동해손행위에 의해 고의로 손상을 입은 경우이다.

1) 선박의 의장 등의 투하

위험작용 시에 선박을 가볍게 하거나 구조하기 위한 목적으로 돛대(mast), 원재(spar), 삭구(rigging) 또는 돛(sails)과 같은 선박의 속구의 투하는 공동해손으로 인정된다.

2) 투하와 공동안전을 위한 희생에 의한 선박손상

공동안전을 위해 행하여진 희생에 의한 또는 그 희생의 결과로서 선박이나 적하에 발생한 손상과 공동안전을 위해 투하할 목적으로 열어놓은 선박의 창구(hatches)나 기타 개구(開口, opening)로 흘러들어온 물로 인해 발생한 선박이나 적하의 손상은 공동해손으로 인정된다(Y/A규칙의 제Ⅱ조).

3) 선내 소화작업에 의한 선박손상

선내(船內)의 소화작업에 있어서, 소화수(消火水)로 인하여 선박이나 화물에 발생한 손상은, 화재가 발생한 선박을 해변에 좌초시키거나 또는 고의로 선저에 구멍을 뚫어서 발생하는 손상을 포함하여 공동해손으로 배상된다. 단, 원인여하를 불문하고 연기 또는 열에 의한 손상은 보상되지 않는다(Y/A규칙 제Ⅲ조).

4) 임의좌초(voluntary stranding)

공동안전을 위해 선박을 해안에 고의로 좌초시킨 경우에, 선박이 자연적으로 해안에 좌초될 수 있었든지 또는 그렇지 않든지를 불문하고, 이 결과로 인한 멸실 또는 손상은 공동해손으로 인정한다(Y/A규칙 제Ⅴ조).

5) 이초를 위한 기계와 보일러의 손상

좌초되어 위험한 상태에 있는 선박을 다시 부양시키는 과정에서 기계와 보일러에 생긴 손해는, 그와 같은 손상의 위험 속에서 공동안전을 위하여 선박을 다시 부양시키려는 실제 의도에서 발생하였다는 것이 입증된 때에 공동해손으로 인정된다. 그러나 선박이 부양되어 있는 경우에는 추진 중에 있는 기계와 보일러를 작동함으로써 야기된 멸실, 손상은 어떠한 상황에서도 공동해손으로 배상되지 않는다(Y/A규칙 제Ⅶ조).

6) 선박부양을 위한 선박의 기타 멸실 또는 손상

선박이 해안에 있고 적하와 선박의 연료 및 저장용품 또는 그 일부가 공동해손행위로 양륙되는 때에, 선박을 가볍게 하는 부대비용, 부선사용과 재선적의 부대비용 및 그로 인해 발생한 멸실, 손상은 공동해손으로 인정된다(Y/A규칙 제Ⅷ조).

7) 연료로 사용된 선박의 자재 및 저장용품

위험작용 시에 공동안전을 위해 부득이 연료로 사용한 선박의 자재와 저장용품 또는 그 일부는, 선박이 충분한 연료를 준비하고 있는 경우에 한하여 공동해손으로 인정된다. 소비되었을 예상 연료량은 선박의 최종 출발항에서 출항일자의 현재 시세로 계산하여 공동해손에서 공제하여야 한다(Y/A규칙 제Ⅸ조).

8) 하역작업시 연료와 저장용품의 멸실 또는 손상

화물의 취급, 양하, 저장, 재선적 및 적부의 행위시에 야기된 적하, 연료 또는 저장품의 멸실, 손상은, 이들 조치의 비용이 각각 공동해손으로 인정되는 때에 한하여, 공동해손으로 인정된다(Y/A규칙 제XII조).

(2) 공동해손비용손해

공동해손비용(general average expenditure)은 공동의 해상사업에서 선박 등의 재산을 전손으로부터 보존할 목적으로 선주가 위험작용 시에 정당하게 지출된 모든 이례적인 비용을 말한다. 공동해손비용은 해당 항해에 관련된 모든 이해당사자들에 의해 비례로 분담되는 공동해손분담금의 대상이 된다.

1) 구조비용

구조계약에 의하든 아니든 불문하고, 구조로 인해 항해사업의 당사자들이 지출한 비용은, 구조작업이 공동의 해상사업에 관련된 재산을 위험에서 보존할 목적을 위해 착수되었던 범위 내에서, 공동해손으로 인정된다(Y/A규칙 제VI조).

2) 피난항비용

피난항비용(expenses at port of refuge)이란 선박이 사고로 인해 피난항에 긴급 기항한 경우에 발생하는 비용을 말하며, 이에는 도선비, 입항비, 항구사용료, 적하의 양하비용, 적하의 창고보관비용, 적하의 재적재비용, 출항비용, 공동해손행위의 지점까지 회항비용 등이 있다.

Y/A규칙상 공동해손으로 인정되는 피난항비용은 다음과 같다.

① 사고, 희생 또는 기타 이례적인 상황의 결과 공동의 안전을 위해 부득이한 선박의 피난항 입출항비용
② 피난항이나 피난장소에 정박한 선박이 그 항구나 장소에서 수리 불가능하여 부득이하게 다른 항구나 장소로 회항하는 경우, 제 2 의 항구나 장소에의 입출항비용, 임시수선비와 예인비용을 포함한 회항비용
③ 선박의 회항으로 인해 발생된 항해의 연장기간을 포함한 피난항에서 선원의 급료와 부양비(이상 제X조 a항)

④ 적재항, 기항항 또는 피난항에서 공동안전을 위해 필요하거나, 희생이나 사고로 야기된 선박의 손상을 수리하기 위해 선상처리나 양하가 필요한 때 적하, 연료, 저장용품의 선상처리와 양하비용(Y/A규칙 제Ⅹ조 b항)

⑤ 화물, 연료 또는 저장용품의 처리비용이나 양하비용이 공동해손으로 인정되는 경우의 보관(합리적으로 지출된 보험료 포함), 재선적 및 적부비용(Y/A규칙 제Ⅹ조 c항)

⑥ 선박이 피난항이나 장소에 입항하거나 선적항이나 장소로 귀항하는 선박에 의해 야기된 항해의 연장기간 중에 합리적으로 지출된 선장과 고급선원 및 선원의 급료와 부양비 및 소비된 연료와 저장용품은, 그러한 항구나 장소에 입항하는 비용이 제Ⅹ조 a항에 따라 공동해손으로 인정되는 경우에는 공동해손으로 인정된다(Y/A규칙 제Ⅺ조 a항).

3) 임시수리비

Y/A규칙 제ⅩⅣ조는 선적항, 기항항 또는 피난항에서 실시되는 임시수리를 두 가지의 범주, 즉 ① 공동안전을 위해 실시되거나 공동해손희생으로 인한 손상에 대하여 실시되는 임시수리와 ② 항해의 완수를 위해 실시되는 임시수리로 구분하고 있다.

첫번째 범주에 해당되는 임시적인 성격의 수리는 공동해손으로 인정되는데 문제가 발생하지 않는다.

두 번째 범주에 해당되는 우발적인 손상(단독해손)의 임시수리가 항해의 완수를 위해 실시되는 경우에는 본래 공동해손은 아니지만, 그러한 임시수리가 결과적으로 공동해손비용의 절약이 되는 대체비용으로 인정되고, 공동해손비용을 절약하는 한도에서 공동해손으로 인정된다.

4) 대체비용

선박이 피난항에 입항 중 경제적인 조치를 취함으로써 공동해손비용이 절감되는 경우가 있는데, 그러한 비용을 대체비용(substituted expenses)으로 간주하여 대체로 인해 절감된 금액만큼 공동해손으로 인정된다.

Y/A규칙 제F조는 “공동해손으로 인정되었을 다른 비용을 내신하여 지출한 추가비용은 공동해손으로 간주되고, 그 추가비용은 다른 이익에 대한 절감

액과 관계없이 인정된다. 그러나 그로 인해 지출을 피한 공동해손비용의 금액을 한도로 인정된다"고 규정하고 있다.

"다른 이해관계자에 대한 절감액에 관계없이"라는 말은 대체비용으로 인한 비용절감액의 비율에 따라 공동항해의 이해관계자에게 대체비용을 배분하는 해손정산인협회 실무규칙보다 Y/A규칙이 우선함을 분명히 하고 있다. 또한 대체비용은 공동해손비용이 절약된 금액까지만 공동해손으로 인정된다.

대체비용의 지출을 정당화하기 위해서는 ① 대체비용의 채택으로 비용이 절약되었고, ② 운송계약상 선주에게 책임이 있는 비용이 아니라는 사실을 입증할 필요가 있다.

5) 공동해손기금에 대한 기타 비용

① 공동해손비용의 2% 수수료 등: 선장, 고급선원과 보통선원의 급료와 부양비 및 항해 중 대체되지 않은 연료와 저장용품을 제외하고, 공동해손비용에 대하여 2%의 수수료가 공동해손으로 인정된다.

② 공동해손배상액에 관한 이자: 비용과 희생 및 공동해손에 부과된 할당액에 관한 이자는 공동해손정산서의 발행일 이후 3개월까지 연 7%의 이율로 인정되고, 분담이해관계자에 의한 선급금 또는 공동해손공탁금으로부터 분할지급금(중간 지급금)에 대하여는 그 상당액을 공제한다 (Y/A규칙 제XXI조).

③ 공동해손정산비용: 해손정산인의 정산비용을 포함하여 정산서를 작성하는데 지출된 비용은 공동해손의 금액과 동일한 비율로 모든 분담이익이 부담한다.

(3) New Jason Clause와 비분리약정서(Non-Separation Agreement)

1) 미국법과 New Jason Clause

미국의 1893년 하터법(Harter Act)은 선주가 선박의 감항성을 유지하도록 상당한 주의를 다한 경우 자기 선박의 항해나 관리상의 과실이나 착오에 대해 책임을 지지 않는다고 규정하고 있다. 미국의 최고법원은 선박의 과실 있는 항해나 관리의 결과로서 희생이나 비용이 발생된 경우에 하터법이 선주에게 공동해손분담금을 회수할 권리를 주기 위한 목적은 아니라고 판결하였다.

이 판결의 결과 미국의 선하증권에 그러한 경우 화주로부터 공동해손분담금에 대한 권리를 선주에게 부여하는 약관이 도입되었다. 운송계약서상 그러한 약관의 유효성이 1912년 Jason사건[50]에서 미국 최고법원에 의해 최종적으로 확인되었는데, 그 약관을 "Jason Clause"(제이슨약관)이라고 부르게 되었다.

그 후 개정된 "New Jason Clause"(신제이슨약관)은 다음과 같다.

"과실에 기인하든 하지 아니하든, 어떠한 원인이든, 그 원인의 결과로서 발생한 항해의 개시 전·후의 사고나 위험, 손상 또는 재해에 대해 또는 그 결과에 대해 법률, 계약 또는 기타에 의해 선주가 면책인 경우에는, 적하의 송하인, 수하인 또는 소유자는 발생할 수 있는 공동해손 성격의 희생, 손해 또는 비용의 지급금에 대한 공동해손을 선주와 함께 분담하여야 하고, 적하에 관해 지출된 구조비와 특별비용을 지급하여야 한다.

구조선이 운송인에 의해 소유 또는 관리되는 경우, 그 구조선이 제 3 자의 소유인 경우와 동일하게 구조비 전액이 지급되어야 한다. 요구가 있는 경우 적하, 즉 적하의 송하인, 수하인 또는 소유자는 운송인이나 그 대리인이 적하의 예상분담금과 구조비 및 특별비용을 부담하기에 충분하다고 간주하는 공탁금을 화물인도 전에 운송인에게 지급하여야 한다."

2) 비분리약정서(Non-Separation Agreement)

선박이 피난항에서 수리되는 경우, 선적된 적하는 수리 완료 후 항해준비가 될 때까지 피난항에서 계속 보관하여 공동항해를 계속하는 것이 일반적이지만, 적하를 타선박으로 지연 없이 원래의 목적지까지 계반하는 경우도 있다. 비분리약정서는 그러한 계반에 의해 공동해손에 대한 권리와 책임이 영향을 받지 않는다는 데 합의하고 있는 특약이다.

비분리약정서에 의하면, 계반으로 인해 공동항해가 종료된다는 사실에도 불구하고, 마치 계반이 없었던 경우에 적하가 피난항에서 정당하게 보관된 후 원래의 선박으로 목적지까지 운반되는 것과 마찬가지로 그러한 항목(선원의 급료와 부양비 및 연료와 저장용품 포함)에 대해 공동해손분담이 이루어진다.

---

50) 이 사건에서 제이슨호는 과실에 의해 좌초되고, 적하 일부가 투하되었으며, 선박이 희생손해를 입은 후 구조자에 의해 부양되었다. 미국의 최고법원은 선주는 분담금을 지급해야 하고, 화주도 선주의 공동해손희생과 비용에 대해 분담하지 않고는 적하의 공동해손희생에 관해 선주로부터 분담금을 회수할 수 없다고 판결하였다.

비분리약정서의 표준서식은 다음과 같다.

“본선(本船)의 적하 또는 일부가 타선박, 선박들 또는 운송용구들에 의해 원래의 목적지까지 계반되는 경우, 공동해손의 권리와 책임은 그러한 계반에 영향을 받지 않는다. 적용되는 법률이나 운송계약서에 의해 정당화될 수 있는 기간 동안, 이해관계자들이 그와 같은 계반이 없는 경우 원래의 선박에 의해 항해가 계속된 경우와 거의 동일한 입장에 있도록 하기 위한 목적이 있다.

관련 재산의 공동해손에 대한 분담의 기초는 목적지 이전에 매각되거나 달리 처분되지 않는 한, 원래의 목적지에서 인도 시 가액이다. 그러나 적하가 본선으로 계반되지 않는 경우에, 본선의 적하 양하를 완료한 일자의 실제 가액을 기초로 본선은 분담한다.”

4-3 공동해손의 정산

(1) 공동해손의 정산원칙

1) 공동해손분담금

공동해손분담금(general average contribution)이란 공동해손행위로 인하여 재산이 구조된 당사자들이 그들이 받은 혜택의 정도에 따라 공동해손희생과 비용을 분담하는 금액을 말한다.

공동해손분담금을 정산 또는 확정하는 시기는 항해가 종료하거나 중단된 때이고, 운송계약서에 반대 규정이 있는 경우를 제외하고 목적지 또는 항해가 중단된 항구의 법률에 따라 정산된다. 그러나 대부분의 운송계약서에는 공동해손에 관한 국제적인 통일규칙, 즉 2004년 Y/A Rules에 따른다고 규정하고 있다.

2) 공동해손배상액과 분담가액

공동해손배상액(amount made good)이란 공동해손으로 인정된 금액이다. 즉 공동해손행위로 인해 희생이 발생하거나 비용을 지출한 당사자가 공동해손으로 배상(made good)받아야 할 금액을 말한다.

공동해손배상액의 지급을 위해 모든 타이해관계자의 분담금에 의해 조성되는 기금을 공동해손기금(general average fund)이라고 한다. 이 기금은 인정된 공동해손희생과 비용의 총액, 즉 각각의 공동해손배상액의 총액을 말한다.

공동해손분담가액(general average contributory value)이란 공동해손행위로 인해 전손을 모면하여 구조된 당사자들이 공동해손배상액을 분담할 재산의 가액을 말한다.

3) 공동해손의 정산방법

공동해손의 정산방법은 선박, 화물 및 운임의 공동해손배상액과 공동해손분담가액이 결정되면, 공동해손배상액의 총액(공동해손기금)을 분담가액의 총액으로 나누어 공동해손분담률을 산출한 후, 그 분담률을 각각의 이익별 분담가액에 곱하면 각 이해당사자의 공동해손분담금이 결정된다.

(2) 공동해손배상액(amounts made good)

1) 선박의 공동해손배상액

① 손상의 수리 또는 대체: 공동해손행위로 인한 선박, 기계 및 기관의 손상이나 멸실에 대한 공동해손배상액은 합리적인 수리비 또는 대체비용이다. 단, 선박의 선령이 15년을 초과할 때는 신구교환차익에 대해 1/3의 공제가 적용된다.

② 손상의 미수리: 공동해손행위로 선박, 기계 및 기관의 손상이 수리 또는 대체되지 않는 경우 공동해손으로 인정되는 금액은 견적 수리비를 초과하지 않는 합리적인 감가액이다. 선박이 현실전손이거나 또는 손상의 수리비가 수리후의 선박가액을 초과할(추정전손) 경우, 공동해손으로 인정되는 금액은 선박의 정상가액의 견적액에서 공동해손이 아닌 손상수리비의 견적액을 공제한 선박가액과, 그 순매각금(만약 있는 경우)에 의해 평가될 수 있는 손상상태의 선박가액과의 차액이다.(Y/A규칙의 제XVIII조 (b)항) 이에 대해 숫자로 예시하면 다음과 같다.

선박의 정상가액 견적액	$100,000	
단독해손 수리비 견적액	− 40,000	
①	$60,000	$60,000
② 선박의 순매각금		− 10,000

③ 공동해손배상액	$50,000

2) 적하의 공동해손배상액

희생된 화물의 공동해손배상액은 양하시 가액(보험료와 운임 포함)을 기초로 그 희생에 의해 발생한 손해액이며, 그 가액은 수하인에게 교부된 상업송장에서 확정되거나 또는 송장이 없을 때에는 선적가액에서 확정된다.

손상된 적하가 매각되고, 손상금액에 관해 별도로 합의되지 않는 때에는, 공동해손배상액은 순매득금과 순정상품가액의 차액이다(Y/A규칙의 제XVI조).

화물의 공동해손배상액은 대부분 손해검정인과 화주 간에 합의된 감가율을 손상된 화물의 상업송장가액이나 선적가액에서 확인된 양하완료시 가액에 곱하여 계산된다.

3) 운임의 공동해손배상액

선불운임(advanced freight)인 경우에는 화물의 공동해손배상액에 포함되어 결정된다. 벌크화물을 제외한 대부분의 화물은 선불운임이 관례이다. 그러나 운송인의 위험부담에 속하는 후불운임(collective freight)인 경우 선주는 화물의 멸실, 손상으로 인해 운임을 상실한다.

적하의 손상이나 멸실로 인해 발생한 운임의 손해는, 그것이 공동해손행위에 기인한 때 또는 적하의 멸실, 손상이 공동해손으로 배상되는 때에 공동해손으로 배상된다. 운임의 취득자가 그러한 운임을 취득하기 위해 지출하여야 할 비용 중에서 희생의 결과로서 지출되지 않은 비용은 멸실된 총운임(gross freight)에서 공제되어야 한다(Y/A규칙 제XV조).

(3) 공동해손분담가액(GA contributory value)

1) 선박의 공동해손분담가액

공동해손의 분담은 항해 종료시의 실제 정미가액(actual net value)에 따라 행하고, 희생된 재산의 공동해손배상액이 분담가액에 가산되어야 한다(Y/A규칙 제XVII조).

선박의 공동해손분담가액은 항해종료시의 실제 정미가액(actual net value), 즉 선박의 실제 손상가액에 공동해손배상액이 있으면 이를 가산한 금액이다.

선박의 공동해손분담가액과 분담금을 계산하는 예를 들자면, 선박의 도착 시 정상가액, 즉 수리 후 가액이 $4,000,000, 단독해손수리비 $1,500,000, 공동해손수리비 $500,000라고 가정한 경우, 선박의 분담가액은 다음과 같이 계산된다.

정상가액		$4,000,000
단독해손수리비	$1,500,000	
공동해손수리비	$500,000	− $2,000,000
실제 정미가액		$2,000,000
공동해손배상액(공동해손수리비)		+ 500,000
분담가액		$2,500,000

2) 적하의 공동해손분담가액

적하의 분담가액은 수하인에게 교부된 상업송장에 의해 확정되고, 이러한 송장이 없는 경우에는 선적가액에 의해 확인된 양하시 적하의 실제 정미가액(actual net arrived value)[51]이며, 보험료와 선불운임의 경우 운임이 포함된다. 여기에 추가하여 공동해손배상액이 가산된다(Y/A규칙 제XVII조).

적하의 분담가액에 대한 예외로서 적하가 목적지 이전에 매각되는 경우에는 그 화물은 실제의 순매각금에 공동해손배상액을 가산한 금액을 기초로 분담한다.

선하증권에 의해 선적되지 않은 여객의 수화물과 소지품 및 선원의 사유물은 공동해손에서 분담하지 않는다(Y/A규칙 제XVII조). 그러나 이런 종류의 물건이 공동해손행위로 희생되는 경우에는 공동해손으로 인정되고, 배상받은 금액에 대해서 분담하게 된다.

선적 시 실제가액보다 낮은 가액으로 부당하게 고지된 화물에 발생한 손상이나 멸실은 고지된 가액에 따라 배상되지만, 이러한 화물은 실제 가액에 따라 분담하여야 한다(Y/A규칙 제XIX조). 화물이 적하목록(ship's manifest)에 기재되지 않거나, 선하증권의 발급 없이 선적되거나, 악의로 부실기재하는 경우에는 해당화물이 희생되어도 공동해손으로 배상받을 수 없으나, 그러한 화물의

51) 실제 정미도착가액이란 목적지에서 지불되는 후불운임과 인도될 때에 화주가 부담하는 비용 중에서 양륙비용이나 관세, 중개수수료 등과 같이 적하의 전손의 경우에 면제된 기타 비용이 공제된 금액을 말한다. 선불운임 중에서 목적지에서 반환되지 않은 운임은 공제되지 않는다.

실제 정미도착가액을 따라 타이해관계자의 공동해손을 분담할 책임은 있다.

적하의 분담가액의 산정원칙은 목적지 가액을 기준으로 공동해손배상액이 도착가액에 추가된다. 실무에서는 해손정산인이 상업송장가액에서 양륙비용을 차감하고 손해검정인이 평가한 감가액이나 감가율을 공제하는 것이 관례이다.

적하의 분담가액을 계산하는 예를 들면, 상업송장가액이 $11,000, 양륙비용 $1,000, 감가액 $3,000, 적하의 공동해손배상액 $2,000인 경우에는 다음과 같이 계산된다.

송장가액	$11,000	도착가액	$10,000
양륙비용	- 1,000	평가된 감가액	− 3,000
도착가액	$10,000		7,000
		공동해손배상액	+ 2,000
		분담가액	$9,000

3) 운임의 공동해손분담가액

운임은 공동해손희생이나 비용에 의해 구조된 운임의 정미금액(net amount)을 기준으로 분담한다. 운임의 정미금액이란 선주의 위험에 속하는 운임 중 구조된 총운임에서 희생 시 선박과 적하가 멸실되었다면 지출되지 않았을, 즉 공동해손행위 이후에 지출한 항구사용료와 선원의 급료와 같은 운임취득비용을 공제한 금액을 말한다. 여기에 운임에 관한 공동해손배상액이 있으면 구조된 운임의 정미금액에 가산되어야 한다.

(4) 공동해손분담금의 결정

공동해손의 정산이란 공동해손분담금을 결정하는 것을 의미한다. 공동해손의 정산작업은 전문적이고 매우 복잡한 계산을 필요로 하므로 공동해손정산인(제 2 종 손해사정사)에 의해서 이루어진다.

공동해손분담금(general average contribution)이란 공동해손행위로 인하여 재산이 구조된 당사자들이 그들이 받은 혜택의 정도에 따라 공동해손희생과 비용을 분담하는 금액을 말한다. 공동의 항해사업에서 공동해손행위로 손해를 입은 당사자는 그 행위에 의해 혜택 받은 모든 이해관계자들로부터 분담금에 의해 그 손해를 배상받을 권리가 있다.

공동해손분담금을 정산 또는 확정하는 시기는 항해가 종료하거나 중단된 때이고, 운송계약서에 반대 규정이 있는 경우를 제외하고 목적지 또는 항해가 중단된 항구의 법률에 따라 정산된다. 그러나 대부분의 운송계약서에는 공동해손에 관한 국제적인 통일규칙, 즉 2004년 Y/A Rules에 따른다고 규정하고 있다.

공동해손의 정산방법은 선박, 화물 및 운임의 공동해손배상액과 공동해손 분담가액이 결정되면, 공동해손배상액의 총액(공동해손기금)을 분담가액의 총액으로 나누어 공동해손분담률을 산출한 후, 그 분담률을 각각의 분담가액에 곱하면 각 이해당사자의 공동해손분담금이 결정된다.

공동해손분담률 = 공동해손배상액 총액/공동해손분담가액 총액 × 100

각 이해당사자의 공동해손분담금 = 각각의 공동해손분담가액 × 분담률

선박의 공동해손분담금을 계산하는 예를 들자면, 선박의 도착시 정상가액, 즉 수리후 가액이 $4,000,000, 단독해손수리비 $1,500,000, 공동해손수리비 $500,000라고 가정한 경우, 선박의 분담가액은 다음과 같이 계산된다.

정상가액		$4,000,000
단독해손수리비	$1,500,000	
공동해손수리비	$500,000	− $2,000,000
실제 순가액		$2,000,000
공동해손배상액(공동해손수리비)		+ 500,000
선박의 분담가액		$2,500,000

여기에 적하의 공동해손희생 $20,000, 공동해손비용 $2,000, 적하의 분담가액 $2,700,000, 후불운임의 분담가액 $20,000라고 가정하면, 각 이해당사자의 분담금은 다음과 같이 계산된다.

선박의 공동해손수리비	$500,00
적하의 공동해손희생	20,000
공동해손비용	2,000

공동해손배상액 합계	$522,000		
분담률= 522,000/5,220,000 × 100 = 10%			
	분담가액	분담률	분담금
선박	$2,500,000	10%	$250,000
적하	2,700,000	10%	270,000
운임	20,000	10%	2,000
	$5,220,000		$522,000

적하의 희생 $50,000, 선박의 희생 $40,000, 공동해손비용 $110,000이고, 분담가액은 적하(A) $200,000, (B) $150,000, (C) $150,000, 선박 $1,500,000라고 가정하면, 각 이해당사자의 분담금은 다음과 같이 계산된다.

적하의 희생	$50,000		
선박의 희생	40,000	분담률 = 100 × 200,000/2,000,000	
공동해손비용	110,000	= 10 %	
공동해손기금	$200,000		
	분담가액	분담률	분담금
적하(A)	$200,000	10 %	$20,000
적하(B)	150,000	10 %	15,000
적하(C)	150,000	10 %	15,000
선박	1,500,000	10 %	150,000
	$2,000,000		$200,000

4-4 공동해손의 정산절차와 관계서류

(1) 공동해손의 선언과 유치권

공동해손행위 이후에 선박이 항구에 입항할 때 선장은 "공동해손하에서"(under average) 입항하는 것으로 선언한다. 선주는 통상적으로 공동해손이 발표되었다는 사실과 화물인수를 위한 필요한 조치를 취할 것을 요청하는 공동해손확정통지서를 공동해손본드나 공동해손지불보증서의 양식과 함께 화주들에게 통보한다.

각 이해당사자의 모든 공동해손분담금이 정산되고 회수되도록 합리적인 조치를 취하는 것은 선주와 그 대리인의 의무이며, 선주는 분담금의 회수가 완료될 때까지 적하에 대한 유치권(lien)을 갖는다.[52)]

공동해손분담 청구권과 관련한 선주의 유치권 해제를 위해 실무상으로 통용되고 있는 담보제공의 형태는 공동해손맹약서 또는 지불보증장 제출 또는 현금공탁이 있다.

선주(운송인)는 수하인으로부터 공동해손분담금이 지불될 때까지 수하인에게 화물의 인도를 거부할 수 있다. 만약 운송인이 화물을 인도하는 경우에는 해당화물에 대한 분담금은 운송인 자신이 지불하여야 한다.

(2) 화물인도를 위한 담보의 제공과 보증서류

선주로부터 화물을 인도받기 전에 수하인은 반드시 ① 선주의 유치권을 해제 하고, ② 공동해손본드(공동해손맹약서)에 서명하여야 한다.

그리고 수하인이 유치권을 해제하고 화물을 인수하기 위해서는 ① 최종분담금에 상당하는 공탁금(deposit)을 지불하거나 또는 ② 분담금을 전액 지불하겠다는 지불보증서를 제공하여야 한다.

1) 공동해손지불보증서(general average guarantees)

공동해손지불보증서는 화주를 위해 보험자 등이 공동해손분담금의 지불을 보증하고 서명한 증서를 말한다. 평판이 좋은 보험회사, 은행, 보증회사 또는 로이즈의 지불보증서가 통상적으로 운송인에 의해 인정된다. 지불보증서는 화주(피보험자)가 서명한 공동해손본드를 보강하기 위한 것이다.

보험자는 선주에게 분담금 전액의 지불을 보증하는 무한책임 공동해손지불보증서를 제공하고, 그 대신 분담금이 보험금액을 초과하거나 면책금액이 포함된 경우 화주(피보험자)가 보험자에게 지체 없이 상환하겠다는 것을 약정하는 공동해손역지불보증서(counter general average guarantee)를 요구한다.

---

52) 해상운송인은 공동해손분담금을 확보하기 위해 운송물을 유치할 수 있다(상법 제800조). 유치권자인 해상운송인은 공동해손분담금을 지급받기 위해 법원의 허가를 얻어 운송물을 경매할 수 있고, 또 경매대금에 대해 사실상으로 우선변제를 받는 효과를 갖는다.

2) 공동해손본드(G.A. Bond)

공탁금이나 지불보증서의 제공에 추가하여, 운송인은 수하인에게 공동해손본드에 서명을 요구하고 있다. 공동해손본드(general average bond)는 선주가 적하를 수하인에게 인도하는 경우 수하인은 추후 확정되는 공동해손분담금을 지불하겠다는 약정서이며, 선임된 정산인의 정산에 따를 것과 화물가액에 대한 명세는 물론 정산서 발행 이전이더라도 전도금을 요청하면 지급하겠다는 내용이 추가되어 있다. 본 맹약서에는 화물명세를 기재하고 화주가 서명 날인한다.

3) 공동해손공탁금(general average deposit)

공동해손보증장으로 담보제공이 미흡할 것으로 생각되면 분담금 추정액을 현금으로 예치케 하는데, 그 현금공탁금(cash deposit)을 공동해손공탁금이라 한다. 일부 경우에는 공동해손담보를 위해 수하인에게 의 지불을 요구하는데, 그 공탁금을 공동해손공탁금이라고 한다.

그 공탁금은 "신탁재산"(trust)의 성격을 가지며, 2인의 이름으로 개설된 별도의 은행구좌에 입금된다. 선박을 대표하는 자와 공탁자를 대표하는 자(통상적으로 해손정산인)의 공동명의로 개설되기 때문에 인출하기 전에 2인의 서명이 필요하게 된다.

(3) 손해사정사의 선임과 그 직무

공동해손을 정산할 손해사정사를 선임하는 책임은 선주에게 있다. 공동해손손해의 보상책임이 결과적으로 보험자에게 있으므로, 분쟁의 방지를 위해 특별한 사정이 없는 한 보험자와 협의하여 손해사정사를 결정하는 것이 관례이다.

손해사정사는 모든 공동해손손해를 평가하고, 운송계약서의 규정(통상 Y/A 규칙)을 기초로 당사자들 간의 손해를 배분하는 업무를 수행하는 자이다. 손해사정사는 대부분 수하인으로부터 공동해손담보가 확보되도록 주선하고, 공탁기금을 관리하며, 분담금을 위한 모든 가액을 계산하는 업무를 관장한다.

4-5 공동해손에 대한 보험자의 보상책임

(1) 공동해손손해와 보험자의 직접 손해보상

영법상 공동해손손해(GA loss)는 공동해손행위(GA act)로 인하여 발생한 손해 또는 공동해손행위의 직접적인 결과로서 발생하는 손해이며, 공동해손희생(GA sacrifice)은 물론 공동해손비용(GA expenditure)을 포함한다.

보험증권에 명시규정이 있는 경우를 제외하고, 공동해손희생에 관하여는 공동해손정산서에 의한 분담금의 정산과는 별도로 보험증권에 의한 손해로서, 보험자가 직접 보상책임을 진다(MIA 제66조 4항).

보험자가 공동해손희생에 대해 피보험자에게 보험금을 지급한 경우, 보험자는 분담의무가 있는 타이해관계자에 대한 피보험자의 분담청구권을 대위한다.

다만, 공동해손희생에 대한 보험증권상 다른 규정이 있는 경우는 예외이다. 선박보험에서 투하를 특별히 피보험위험으로 열거하고 공동해손희생의 경우에는 공동해손조항에서 피보험자가 전체의 손해에 관해 보상받을 수 있다고 규정하고 있으나, 전쟁과 스트라이크 및 핵에 관한 면책조항이 최우선조항이므로 이로 인한 공동해손은 보험자의 면책이다.

선박의 공동해손희생은 단독해손손상의 경우와 같이, 공동해손분담가액과 관계없이 협정보험가액(보험금액)을 한도로 하나의 사고당 모든 손상수리비가 보험금으로 지급된다.

(2) 공동해손비용

보험증권에 어떠한 명시규정이 있는 경우를 제외하고, 피보험자가 공동해손비용을 지출한 경우 그는 자기에게 귀속되는 손해의 비례부분에 관하여 보험자로부터 보상받을 수 있다(MIA 제66조 4항).

따라서 공동해손비용에 대한 보험자의 손해보상액은 공동해손정산서가 작성되어 해당 이해당사자에게 할당되기까지는 확정될 수 없다.

(3) 공동해손분담금과 보험자의 손해보상

영법상 공동해손손해가 있는 경우, 그 손해를 입은 당사자는 해상법에 의해 부과되는 조건에 따라 다른 이해관계자들에 대하여 비례적인 분담금을 청구할 수 있는 권리가 있고, 그 분담금을 공동해손분담금이라고 한다(MIA 제66조 3항).

보험증권에 명시규정이 있는 경우를 제외하고, 피보험자가 보험의 목적에 관하여 공동해손분담금을 지불하였거나 지불할 책임이 있는 경우 보험자로부터 분담금을 보상받을 수 있다(MIA 제66조 5항).

그러나 보험금액(또는 협정보험가액)이 분담가액보다 적은 일부보험인 경우에는 보험금액의 분담가액에 대한 비율의 분담금만을 보상한다.

그리고 보험자에게 보상책임이 있는 손해로서 분담가액에서 공제되는 단독해손손해가 있는 경우, 보험자가 분담책임을 지는 금액을 확정하기 위해서는 단독해손의 금액이 협정보험가액에서 공제되어야 한다(MIA 제73조 1항). 그러나 보험자가 부담하지 않는 위험으로 인한 단독해손인 경우에는 협정보험가액에서 공제되지 않는다.

(4) 피보험위험과 공동해손에 대한 보상책임

보험증권에 명시규정이 있는 경우를 제외하고, 피보험위험을 피할 목적으로 또는 피보험위험을 피하는 것과 관련하여 손해가 발생하지 않은 경우에는, 보험자는 어떠한 공동해손손해 또는 공동해손분담금에 대해 보상책임이 없다(MIA 제66조 6항).

특정 위험에 의한 손해가 보상되지 못하면, 그러한 위험을 피하는 데 지출한 비용도 보상받을 수 없다. 만약 선박의 불감항으로 인한 손해가 보험증권에서 면책인 경우, 오직 그러한 불감항 때문에 수리항에 입항하는 비용은 보험자가 책임지지 않는다.

영법상 "보험증권에 명시규정이 있는 경우를 제외하고" 피보험위험과 관련하여 발생한 공동해손과 공동해손분담금에 대해 보험자가 보상책임이 있다. 따라서 보험증권의 조건에 따라 공동해손에 대한 보험자의 책임은 달라질 수 있다. 선박보험약관인 ITC(1983)의 제11조 4항에는 영법과 동일한 취지로 규정하고 있다.

제 5 절 구조비용

5-1 구조비용의 의의

(1) 구조(salvage)의 상이한 개념

"salvage"라는 말은 여러 가지 의미로 사용된다. 해사법(海事法)에서는 구조자의 서비스(구조행위)는 물론 구조자의 보수(reward)를 의미하기도 하고, 해사법에 의해 권리가 부여되는 임의구조자의 서비스뿐만 아니라, 선주와의 구조계약에 의한 계약구조자의 서비스를 의미하는데도 사용된다. 보험법에서 "salvage"는 구조된 물건을 나타내는 데도 사용된다.

위험에 처한 해상의 재산에 대하여 임의로 서비스가 제공되고 그 결과 재산의 이득을 얻는 경우, 그 서비스를 제공한 자는 해사법(maritime law)에 의해 대가나 보수(reward)를 받을 권리가 있다. 지급되는 대가를 "salvage"라고 한다.

(2) 영법상 구조비용의 정의

영법상 '구조비용'은 계약과 관계없이 해사법상 구조자가 보상받을 수 있는 비용을 의미한다. 구조비용에는 피보험위험을 피하기 위하여 피보험자나 그 대리인 또는 보수를 받고 그들에 의해 고용된 자가 행하는 구조의 성격을 띤 서비스의 비용을 포함하지 아니한다. 그러한 비용은 정당하게 지출된 경우에 상황에 따라서 단독비용 또는 공동해손손해로서 보상받을 수 있다(MIA 제65조 2항).

영법상 인정되는 구조비용은 임의로 개입한 제 3 자의 구조, 즉 순수구조에만 적용되고, 피보험자나 그 대리인 또는 사용인에 의한 구조의 성격을 가진 기타 구조서비스에 대하여는 적용되지 않는다. 이러한 비용은 대부분 공동해손비용으로 처리되고, 경우에 따라 단독비용이나 손해방지비용으로도 처리된다.

(3) 순수구조와 계약구조

구조는 계약과 관계없이 공동 항해사업의 이해당사자가 아닌 제 3 자에 의해 임의로 수행되는 순수구조(pure salvage) 및 선주와 계약에 의해 구조 성패에 관계없이 일정한 보수를 받고 수행되는 계약구조(salvage under contract)가 있다.

영법상 구조는 임의구조(voluntary salvage) 또는 고유구조(salvage proper)라고 부르는 순수구조를 의미한다. 순수구조의 구조자는 구조된 재산에 대해 해상유치권(maritime lien)을 갖고, 구조재정액(裁定額)의 지급에 의해 유치권이 해제될 때까지 재산에 대한 화주의 소유권이나 사용권을 제한할 수 있다.

구조비는 구조자와 피구조자가 합의한 금액으로 결정되지만, 합의되지 않는 경우 구조재정액(salvage award)에 의해 결정된다.

순수구조에 의한 재정액이나 보수가 바로 영법상의 구조비용이다. 따라서 구조비용은 구조가 성공한 경우에만 인정된다. 즉 "구조되지 못하면, 보수도 없다"는 무구조·무보수(no cure, no pay)의 원칙이 적용된다.

5-2 구조비용의 청구권과 재정액의 산정

(1) 구조비용 청구권의 발생요건

순수구조의 성립으로 구조비용의 청구권이 발생할 수 있는 경우는 첫째, 구조서비스가 재산을 구조하는 데 상당한 도움이 되어야 한다.

둘째, 서비스가 제 3 자, 즉 항해사업의 이해당사자가 아닌 타인에 의해 제공되어야 한다. 선박의 선원은 선주의 사용인으로서 구조의무가 있으므로 구조비용을 청구할 수 없다.

셋째, 구조비용에 대한 권리는 재산이 안전한 상태에 도착되면 발생한다.

넷째, 구조비용에 대한 권리는 오직 선박이나 그 장비, 난파선의 표류화물, 투하된 화물과 부표달린 투하물을 포함한 적하 및 이들의 난파물 또는 위험에 노출된 운임에 관해서만 발생하고, 다른 재산에 관해서는 발생하지 않는다.

(2) 구조재정액의 할당

구조자에게 지불될 금액은 대부분 구조된 선박과 적하 및 운임의 전체에 대한 일괄금액으로 재정되고, 전체 구조비용의 할당시 일반적으로 각 당사자는 각각의 구조된 재산가액의 비율에 따라 비례로 분담한다. 오늘날 구조비용은 Y/A규칙상 공동해손으로 처리되고 있다.

5-3 계약구조와 구조비용

(1) 로이즈표준구조계약서

현대는 통신시설과 해운산업의 발달로 계약과 관계없이 제공되는 순수구조는 기대할 수 없다. 대부분은 로이즈표준구조계약서양식(Lloyd's Standard Form of Salvage Agreement)에[53] 의해 구조가 이루어진다. 이 계약서양식은 "No cure, No pay"조건을 기초로 중재에 의해 재정액을 결정하기로 규정하고, 경우에 따라서는 예외적으로 약정한 금액을 지급하기로 규정하기도 한다.

(2) 유조선의 계약구조와 무구조무보수원칙의 수정

로이즈표준구조계약서양식은 "No cure, No pay"원칙을 기초로 1890년 Llody's에 도입된 해난구조계약양식이며, 1910년 「해난에 있어서의 원조 및 구조에 관한 일부 통일조약」에서도 이 원칙을 채택하였다.

원유수송의 증가에 따라 유류에 의한 해상오염이 심각한 문제로 등장하고 국제적인 문제로 대두함에 따라 1980년 5월 Montreal국제회의에서 "No cure, no pay"의 원칙을 수정하는 조약안이 채택되었다. 이 결과 개정된 표준서식("LOF 80"으로 알려짐)에는 이러한 "no cure, no pay"원칙에 대한 예외가 도입되었다.

이 예외는 보통 "safety net"clause라고 부르는데, 구조된 재산이 유류를 선적(일부선적 포함)한 유조선인 경우에 한하여 적용되고, 구조행위가 성공하지 못한 경우에도, 구조자 측의 과실이 없으면 구조자(contractor)가 합리적으로 지출한 비용(15%를 초과하지 않는 증가액 포함)의 지급을 보증한다는 내용이다.

---

53) Lloyd's Open Form, Lloyd's Form 또는 "LOF"라고도 부른다.

5-4 구조비용과 보험자의 책임

(1) 피보험위험에 의한 손해로서 보상책임

보험증권에 명시규정이 있는 경우를 제외하고, 피보험위험에 의한 손해를 방지하는데 지출한 구조비용은 영법상 피보험위험에 의한 손해로서 보상될 수 있다(MIA 제65조 1항). 따라서 보험증권상 특별히 구조비용을 보상한다는 규정이 없어도, 피보험위험에 의한 손해를 방지하기 위해 지출한 비용은 피보험위험으로 인한 손해로서 보상된다. 그러나 구조비는 보험증권에 의해 보상되는 손해를 방지하기 위해 발생한 경우에만 보상된다.

구조비용에 대한 보험자의 책임은 보험증권의 명시규정에 따라 제한을 받는다. 현행 ITC(1983)에서는 피보험위험을 피하거나 피하는 것과 관련하여 지출되지 않은 공동해손과 구조비용에 대한 보험금은 인정되지 않는다.

실무에 있어서는 ITC(1983) 제12조의 공제액(Deductible)조항에 의해 선박충돌손해배상금과 공동해손, 구조비 및 손해방지비용을 포함한 한 사고당 보험금의 합계가 보험증권에 기재된 금액을 초과하지 않으면 보상하지 않고, 초과하는 경우에도 그러한 금액을 공제하고 지급한다.

(2) 구조비용의 정산과 보험자의 손해보상액

구조비용의 정산과 보험자의 손해보상액은 공동해손분담금의 경우와 동일한 원칙에 의해 결정된다(MIA 제73조 2항). 보험증권상 보험금액(협정보험가액)이 구조재정액의 산정시 보험의 목적의 분담가액보다 적은 경우 보험자의 손해보상액은 일부보험의 비율에 따라 감액된다.

공동해손분담금의 경우와 같이, 보험자에게 보상책임이 있는 손해로서 분담가액에서 공제되는 단독해손손해가 있는 경우에, 보험자의 손해보상액을 확정하기 위해서는 단독해손손해의 금액이 협정보험가액에서 공제되어야 한다.

ITC(Hulls) 제11조 공동해손구조비용조항은 "해상화물운송계약서에 그 문제에 관한 특별조건을 포함하고 있지 않은 경우에는, 공동해손과 구조비용은 해상사업이 종료하는 장소에서 인정되고 있는 법률과 관습에 따라 정산된다. 그러나 해상화물운송계약서에 규정하고 있는 경우에는 그 정산은 YorkAntwerp Rules에 따른다"고 규정하고 있다.

(3) 구조비용과 공동해손비용

영법상 구조비용은 계약과 관계없이 해사법에 의해 구조자가 회수할 수 있는 순수구조와 관련하여 발생한 비용을 의미한다. 피보험위험을 피하기 위하여 피보험자나 그 대리인 또는 사용인(선장이나 선원)이 제공하는 구조의 성질을 가진 서비스의 비용은 구조비용에 포함되지 않으며, 상황에 따라 단독비용이나 공동해손손해로서 보상된다.

공동해손비용은 공동의 안전과 재산의 보존을 위해서 임의(고의)로 행한 공동해손행위의 직접적인 결과로서 지출한 비용이다.

Y/A규칙을 포함하는 해상운송계약의 피보험자에게는 공동해손과 구조비용에 관한 MIA상 엄격한 구분이 더이상 적용되지 않는다. Y/A규칙 제Ⅵ조는 구조 때문에 항해사업의 당사자가 지출한 비용은 "계약에 의하든 또는 그렇지 아니하든," "구조작업이 공동의 해상사업에 관련된 재산을 위험에서 보존할 목적으로 행하여진 한도에서 공동해손으로 인정된다"고 규정하고 있기 때문이다.

현행 협회약관의 공동해손조항에서는 공동해손과 구조비용을 동일하게 취급함으로써 결과적으로 법률상 순수구조와 관습상 피보험자 등에 의해 제공되는 구조성질의 서비스를 구별할 필요가 없게 되었다.

(4) 구조비용과 단독비용(particular charge)[54)]

보험의 목적의 안전이나 보존을 위해 피보험자에 의하여 또는 피보험자를 대리하여 지출된 비용으로서 공동해손과 구조비용이 아닌 비용은 단독비용이라고 부른다. 단독비용은 단독해손에 포함되지 아니한다(MIA 제64조 2항).

단독비용은 피보험재산의 안전이나 보존을 위해 지출한 비용이라는 점에서, 공동의 항해사업에서 공동의 안전과 보존을 위해 지출한 공동해손비용과 구별된다. 단독비용은 피보험재산의 안전이나 보존을 위한 행위주체가 피보험자나 그 대리인이고, 구조비용의 행위주체는 제 3 자라는 점에서 구조비용과 구별된다.

---

54) 국내 일부 교과서에는 특별비용으로 번역하고 있으나, "particular average"를 "단독"해손으로 번역하고 있는 점과 "particular charges"라는 말 대신에 "special charges"(특별비용)라는 말이 사용되고 있는 점을 감안하여 "단독해손"으로 번역하였다.

제 6 절 손해방지비용

6-1 손해방지비용(sue and labour charges)의 의의

손해의 확대를 방지하거나 경감하기 위하여 합리적인 조치를 취하는 것은 피보험자와 그 대리인의 의무이며, 이 의무의 이행을 위해 소요된 비용이 손해방지비용이다. 손해방지비용은 보험증권에 손해방지약관이 있는 경우, 그 약관에 의한 합의가 보험계약을 보충하는 것으로 간주된다.

따라서 보험자가 전손보험금을 지급한 경우 또는 일정비율 미만의 단독해손면책조건의 경우에도 면책비율에 관계없이 피보험자는 그 비용을 보상받을 수 있다. 손해방지비용은 해상손해 중 분손에 해당되지 않고, 해상보험계약에 추가되는 별개의 보험계약으로 간주된다(MIA 제78조 1항).

공동해손손해와 분담금 및 구조비용은 손해방지약관에 의해 보상될 수 없으며(제 2 항), 보험증권에서 부담하지 않는 손해를 피하거나 경감할 목적으로 지출한 비용은 손해방지약관에 의해 보상될 수 없다(제 3 항).

영법상 손해방지비용의 보상은 추가계약에 의한 것으로, 보험자가 원래의 보험증권상 보상하는 손해를 피하거나 경감할 목적으로 지출한 비용에 대해서만 손해방지약관에 의해 보상된다.

6-2 손해방지비용의 보상요건

영법상 손해방지비용을 보상받기 위한 요건을 요약하면 다음과 같다.

① 손해방지약관의 존재
② 피보험자나 대리인의 손해방지행위
③ 합리적이고 적절한 비용의 지출
④ 피보험위험의 발생시 또는 작용시의 비용
⑤ 보험자의 보상손해에 대한 방지경감비용.

(1) 손해방지약관의 존재

보험증권에 손해방지약관이 있는 경우 그 조항에 의한 약정은 보험계약에 추가된 것으로 간주하고, 피보험자는 그 조항에 따라 적절하게 지출된 모든 비용을 전손보험금에 추가하여 보험자로부터 보상받을 수 있다(MIA 제78조 1항).

따라서 손해방지약관이 없는 경우 그러한 성격의 비용은 손해방지비용이 될 수 없고, 분손의 일종인 단독비용으로 보험금액 한도 내에서 보상받을 수 있다.

(2) 피보험자나 대리인의 손해방지행위

모든 경우 손해를 방지하거나 경감하기 위해 합리적인 조치를 취하는 것은 피보험자와 그 대리인의 의무이다(MIA 제78조 4항). 따라서 손해방지비용은 피보험자나 그 대리인에 의해 합리적으로 지출된 비용이다.

"그 대리인"(his agents)이란 말은, 손해방지와 관련하여 할 일 또는 하지 않아야 할 일을 피보험자에 의해 명시적으로 지시받지 않는 한, 선장이나 선원에게는 적용되지 않는다.[55] ITC(1983)과 ICC(1982)의 피보험자 의무조항에는 피보험자와 그 대리인에 추가하여 피보험자의 사용인(servants)을 추가하고 있다.

(3) 합리적이고 적절한 비용의 지출

손해방지비용은 피보험자, 그 사용인 또는 대리인에 의해서 적절하고 합리적으로 지출된 비용이어야 한다. 손해방지약관에 따라 적절하게 지출된 일체의 비용을 보험자로부터 보상받을 수 있다. 합리적인 비용이란 "손해방지의무를 염두에 두고" 주관적인 의사로서 지출한 비용이 보험자로부터 보상될 수 있다는 것을 의미한다.

(4) 피보험위험의 발생 시 또는 작용 시의 비용

손해방지규정은 오직 피보험위험의 작용에 의하여 보험의 목적이 멸실,

---

55) Astrovianis Compania S.A. v. H.O.Lirard 사건(1972)에서 Mocatt 판사의 판결.

손상을 입을 수 있는 위험한 상태에 있는 경우에만 적용된다. 손해방지약관에 의해서 지불될 수 있는 비용은 보험의 목적이 실제 피보험위험에 처해 있는 경우에 절박한 손해를 방지하기 위해서 지출된 것이어야 한다.

(5) 보험자의 보상손해에 대한 방지경감비용

보험증권에서 보상하지 않는 손해를 피하거나 경감할 목적으로 지출한 비용은 손해방지약관에 의해 보상될 수 없다(MIA 제78조 3항). 즉 손해방지약관에 의해 지출된 비용은 보험증권에서 보상하는 손해를 방지하거나 최소화하기 위한 목적으로 지출된 경우에만 보상받을 수 있다. 면책위험으로 인한 손해를 방지하거나 경감하기 위한 비용은 보상받지 못한다.

6-3 손해방지비용과 보험자의 손해보상액

전손에 추가되는 손해방지비용의 보상한도는 보험금액으로 제한된다. 영법상 일부보험의 규정이 손해방지약관에도 예외 없이 적용된다. 따라서 보험금액이 정상가액 또는 협정보험가액에 미달하는 일부보험의 경우에는 자가보험자로 간주하여 보험금액의 보험가액에 대한 비율로 비례보상한다(ITC,Hulls 제13조 4항).

전손에 대한 보험금(예를 들어 추정전손)이 인정되고 피보험재산이 구조된 경우에는 예외적으로 손해방지비용이 구조된 재산의 가액을 초과하지 않는 한, 비례보상이 적용되지 않고 그 비용이 전액 보상되며, 초과된 경우에는 손해방지비용 중 구조재산의 가액을 초과한 비용에 대해서만 비례 보상한다고 규정하고 있다(ITC,Hulls 제13조 4항 단서규정).

전손보험금이 인정되고 선박과 타재산(적하) 등을 구조하기 위한 비용이 합리적으로 지출되었으나 취득물이 없거나 그 비용이 취득금액을 초과한 경우에는, 이 보험은 그 비용(또는 취득금액을 초과한 비용) 중에서 선박에 관해 지출된 것으로 인정되는 비율에 따른 비례부분을 부담한다(ITC,Hulls 제13조 5항).

전손시 손해방지비용에 대한 보상액은 선박이 비용지출을 초래한 사고발생시 정상가액보다 낮은 보험금액으로 가입되어 있는 경우 일부보험의 비율에 따라 감액된다(ITC,Hulls 제13조 5항).

선박보험자가 전손보험금에 추가하여 그러한 비용을 전액 보상하지 않고, 선박에 관하여 지출되었다고 합리적으로 간주되는 비율의 비례부분만을 보상한다. 따라서 적하에 관해 지출된 것으로 간주되는 금액에 대해서는 적하의 구조가액이 없기 때문에 선주는 화주 측으로부터 회수할 수 없는 문제가 발생한다.

제 7 절 선박충돌배상책임손해

7-1 충돌배상책임과 선박충돌약관

(1) 선박충돌약관의 도입배경

1836년 De Vaux v. Salvador사건에서 법원은 충돌손해배상금은 바다위험(perils of the seas)의 필연적인 결과도 아니고, 직접적인 결과도 아니며, 국제법의 독단적인 규정에 의해 발생한 것이라는 이유로 보험자로부터 보상받을 수 없다고 판결하였다.

이 판결을 계기로 선박보험증권의 보장범위를 확장하여 25%(1/4)를 선주(피보험자)가 부담한다는 데 합의한 후에 선박충돌의 결과로 인한 선주의 배상책임을 추가 부담하는 충돌약관이 하나의 표준약관으로서 선박보험증권에 도입되었다. 실무에서 "충돌약관"(running down clause) 또는 "RDC"라고 알려진 충돌약관은 그 후 표준선박약관에 하나의 조항으로 삽입되었고, ITC(1983)에서는 "3/4충돌배상책임조항"으로 그 명칭이 변경되었다.

(2) 충돌약관의 추가계약의 성질

선박충돌로 인한 상대선박에 대한 배상책임보험은 해상보험증권에 첨가된 별개의 추가계약이다. ITC(1983)의 제 8 조 2항에서 제공되는 손해보상액은 이 보험의 조건에 의해 제공되는 손해보상액에 추가된 것임을 규정하고 있다.

이것은 피보험자가 충돌로 입은 피보험선박의 100%까지 보험금을 청구하고, 별도로 충돌배상책임에 대해 충돌약관에 의해 청구할 수 있다는 것을 의미한다. 충돌배상책임의 보험금 최고한도는 1회의 충돌사고당(any one collision) 협정보험가액의 3/4에 해당되는 금액이다.

7-2 충돌배상책임손해의 보상요건

(1) 피보험자에 의해 실제 지불된 손해배상금

보험자의 책임은 피보험자의 배상책임뿐만 아니라 피보험자에 의해 "실제 지급된"(paid by the Assured) 손해배상금에 좌우된다. 충돌배상책임약관에 의해 보험금이 정산되기 위해서는 반드시 피보험자에 의해 지급된 손해배상금의 증거가 제시되어야 한다.

(2) 피보험자의 손해배상금으로서 제 3 자 배상책임

충돌배상책임조항에 의한 보험자의 보상책임은 충돌로 인해 발생하는 "손해배상금으로서"(by way of damages) 피보험자가 실제 지불한 배상책임에 제한된다. 보험자는 피보험자의 불법행위(tort)에 의한 배상책임, 즉 제 3 자 배상책임(third party liability)만을 보상하고, 불법행위와 관계없는 계약이나 특별법에 의한 배상책임은 보상하지 않는다.

(3) 피보험자의 "법률상" 배상책임(legal liability)

충돌약관은 피보험자의 "법률상" 배상책임(legal liability)만을 부담한다. 이것은 충돌약관의 조건에 따라 법원에서 확정된 배상책임이 존재하여야 한다는 것을 의미한다.

실무상 소송비용 절약을 위해 보험자는 타협정산(compromised settlement)에 합의하는 경우도 있다. 타협정산은 전적으로 보험자와 피보험자의 문제이다. 예외로서 ITC(1983)의 제 9 조 자매선조항(Sistership)에서는 중재에 의해 손해배상금이 결정되기도 한다.

(4) 모든 타선박과 충돌 및 그 결과

1) 여하한 타선박(any other vessel)의 범위

충돌약관의 규정은 피보험선박과 모든 다른 선박 간의 충돌의 결과로서 피보험자에 의해 발생한 배상책임에만 적용된다. "여하한 타선박"이란 말은 해상법상 선박의 개념(상행위 기타 영리를 목적으로 항해에 사용되는 선박)과는 달리 사회통념상 보통 말하는 "배"를 의미한다.

충돌약관에서 의미하는 선박(vessel)은 선박으로서 ① 항행성(navigability)과 ② 유용성(use)의 두 가지 기준이 적용되어야 한다.

선박이란 상행위의 기타 영리목적의 여부를 불문하고 ① 자항능력의 유무에 관계없이 항행할 수 있어야 하고 ② 수로에 의해 사람이나 재물을 운송하는 목적을 위해 이용될 수 있어야 한다.

따라서 부선(barge or craft)이나 기중기선(floating crane)은 선박으로 간주되지만, 폐선이나 창고선, 부두대용의 배, 부표(buoy) 등과 같이 운송목적에 이용되지 않고 고정되어 있는 것은 충돌약관의 선박에 해당되지 않는다.

많은 항구에서 대형 부동크레인(floating crane)이 사용되고, 크레인의 서비스가 필요한 때에는 경우에 따라 자체 동력으로 또는 예인선에 의해 한 장소에서 다른 장소로 이동되는 그와 같은 부선(craft)은 선박으로 간주된다.

피보험선박과 비행정(flying-boat)과의 충돌은 "선박 또는 배"(ship or vessel)와의 충돌은 아니라고 판결되었다.

2) 타선박과 충돌(collision)의 범위

타선박과의 충돌이란 피보험선박과 타선박 간에 실제적인 접촉(actual contact)이나 실제적인 충격(actual impact)이 있어야 한다. 실제 접촉이나 충격이 없으면 충돌약관에 의해 보상받을 수 없다. 피보험선박과 타선박과의 충돌 없이 단지 과속항행의 결과로서 타선박이 전복되거나 타선박이 또 다른 선박과 충돌한 경우 보험자는 보상책임이 없다.

그러나 반드시 두 선박의 선체(hull) 간에 실제 접촉이 있어야 할 필요는 없고, 피보험선박의 일부분이 타선박의 일부분과 접촉하면 충분하다. 예를 들어 정박하고 있는 타선박의 닻에 부딪치는 것도 선박과의 충돌을 구성하는 데 충분하다.

그러나 피보험선박이 어선에서 1마일의 거리에 있는 어망(fishing net)과 접촉하여 발생한 어망의 손상에 대해 타선박과 충돌은 아니라고 판결하였다.

ITC(1983)의 제 1 조 2항에서와 같이, 해상에서 환적을 위해 선박과 선박간의 접현과정에서 타선과의 충돌로 인한 피보험선박의 손해는 물론 타선박에 대한 손해배상금도 보험자는 보상하지 않는다.

3) 선박충돌의 결과로서 손해배상금

보험자는 피보험선박이 타선박과의 충돌한 "결과로서"(in consequence of) 지불된 손해배상금에 대하여 보상책임이 있다. 즉 피보험선박이 타선박과 직접 충돌한 경우뿐만 아니라 타선박과 충돌의 결과로서 발생한 타선박이나 적재된 재산의 멸실, 손상, 지연이나 사용이익의 상실, 공동해손이나 구조 또는 계약구조의 손해배상금에 대하여 피보험선박의 보험자는 보상할 책임이 있다는 것이다.

피보험선박이 B선박과 충돌하고, 그 결과 B선박이 다시 C선박과 충돌하였다. 피보험선박의 선주는 B와 C선박의 소유자에 손해배상금을 지불할 책임이 있고, C선박의 소유자에 대한 배상책임은 첫번째 충돌의 결과이며, 따라서 보험자로부터 보상받을 수 있다고 판결하였다.

7-3 충돌배상책임손해의 보상범위

ITC(1983)의 제 8 조에 의한 타선박과의 충돌로 인한 손해배상금의 보상범위는 다음과 같다.

① 타선박 또는 타선박에 적재된 재산의 멸실, 손상: 타선박에 적재된 적하는 물론 승객이나 승무원의 소지품 포함한다.
② 타선박 또는 타선박에 적재된 재산의 지연이나 사용이익의 상실: 불가동운임이나 선임의 손실, 체선료 등을 포함한다.
③ 타선박 또는 타선박에 적재된 재산의 공동해손, 구조 또는 계약구조
④ 손해배상금의 이자
⑤ 소송비용: 보험자가 소송을 제기하는데 합의한 경우, 피보험자의 소송

비용중 3/4를 보상하며, 충돌약관에 의해 보상되는 금액에 추가되는 것이다.

⑥ 협정보험가액의 3/4의 최고보상한도 및 소손해공제액의 적용: 보험자의 총 손해보상액은 매 충돌당 협정보험가액(보험금액)의 3/4이다.

7-4 피보험선박의 과실과 보험자의 손해보상액

(1) 선박충돌사건의 유형

충돌사건은 과실의 유무에 따라 다음과 같이 세 가지로 구분할 수 있다.

① 쌍방의 무과실: 서로 상대방 선박의 선주에 대해 쌍방의 선주 측의 배상책임이 없는 경우이다. 불가항력(act of God)으로 인한 충돌이나 원인불명의 충돌인 경우에는 피해선박은 상대선박에 대해 손해배상을 청구할 수 없다.

② 일방과실: 과실이 있는 선박의 선주가 충돌의 결과로 발생한 전체 손상을 상대선박의 소유자에게 배상할 책임이 있다. 과실선박의 선주는 법에 따라 손해배상책임을 제한할 수 있다.

③ 쌍방과실: 손해배상금이 쌍방 선박의 소유자 간에 분담된다. 과실의 경중에 따라 각 선박소유자의 손해배상책임의 분담문제가 발생한다. 일반적으로 과실비율에 따라 배상하며, 선박충돌사고가 처리되는 국가의 법률과 관습에 따른다.

(2) 쌍방과실의 분담과 국제조약

1910년 벨기에의 브뤼셀(Brussel)외교회의에서 "선박충돌에 관한 법률규정의 통일을 위한 국제조약"(International Convention for the Unification of Certain Rules of Law in regards to Collision)이 채택되었다. 이를 1910년 선박충돌통일조약 또는 1910년 Brussel조약이라고 부른다.[56)]

---

56) 영국이나 독일, 프랑스, 이탈리아, 일본 등 주요 해운국가에서는 선박충돌조약에 대해 국회 비준을 얻고 있으며, 우리나라 상법도 선박충돌의 경우 사법상 법률관계에 관하여 1910년 통일조약을 참작하여 규정하고 있다.

쌍방과실의 경우 각각의 과실비율에 따라 손해배상의 책임을 분담하고, 과실의 경중을 판정할 수 없는 경우에는 균등분담의 원칙이 적용된다. 충돌과실의 정도와 선주의 배상책임은 쌍방 선주의 합의가 있는 경우를 제외하고, 대부분 해사전문가로 구성되는 해난심판소의 판결에 따르는 것이 각국의 공통된 현상이다.

(3) 단일배상책임과 교차배상책임

1) 단일배상책임(single liability)

쌍방의 과실로 선박이 충돌한 경우, 과실의 정도와 선박 상호간의 손해배상금이 결정되면, 법원은 배상책임금액이 많은 선박의 손해배상금에서 적은 손해배상금을 공제하여 그 차액을 지불하도록 함으로써 정산된다. 이와 같이 쌍방의 과실이 있는 경우에도 손해배상금을 서로 상계하여 일방으로 하여금 그 차액으로 정산하는 것이 단일배상책임(single liability)이다.

예를 들면 A선박과 B선박이 충돌하고 A와 B의 과실비율이 각각 50%이며, A선박의 손상금액이 $100,000, B선박의 손상금액이 $80,000이라고 가정하자.

법원이 판결한 B의 배상책임액	50% × $100,000 = $50,000
A의 배상책임액	50% × $ 80,000 = $40,000
법원이 재정한 B의 단일배상책임액	$10,000

만약에 이결과를 A선박의 보험증권상 충돌약관에 엄격히 적용하면, A는 아무 것도 실제 "지급"(pay)하지 않았기 때문에 A의 보험자는 제 8 조 1항에 의해 보험금을 지급할 필요가 없다. B보험증권에서 피보험자는 그가 실제 지불한 $10,000의 금액에 대해서만 충돌약관에 의해 보험금을 받을 수 있다.

2) 교차배상책임(cross liability)

법원에서 재정된 단일배상책임액을 ITC(1983)에 엄격하게 적용하면, 쌍방과실에 의한 선박충돌의 경우 피보험자에게 불리한 결과를 가져온다. 왜냐하면 상대적으로 배상금액이 적은 선주는 자기 선박의 손상(자기 보험자로부터 손해보상을 받을 수 있음)에 대한 손해배상금뿐만 아니라, 체선료와 적하손상(자기

보험자로부터 손해보상을 받을 수 없음)에 대해서도 상대선박으로부터 손해배상금을 받지 못하는 결과가 되기 때문이다. 또한 법원에서 재정한 손해배상금이 많은 선주에게도 이러한 관점에서 똑같이 불리하게 적용된다.

이와 같은 문제를 해소하고 각각의 경우에 공정한 정산을 위해 충돌약관은 교차배상책임의 원칙에 따라 보험금을 계산하도록 규정하고 있다. 즉, 쌍방의 선박에 과실이 있는 경우, 일방 또는 쌍방의 선박의 배상책임이 법률에 의해 제한되는 경우를 제외하고, 충돌약관에 의한 손해보상액은 충돌의 결과로서 쌍방의 손해비율에 따른 각각의 손해배상액을 각각의 선주들이 서로 상호간의 상대방에게 각각 지급하여야 하는 것과 같이 교차책임의 원칙에 따라 계산된다(ITC(1983) 제 8 조 2항).

상기의 예에서 A선주는 $50,000를 지불하고, B선주는 $40,000를 지불한 것으로 간주하여 보험금을 정산하도록 규정하고 있다. 이 경우 쌍방의 선주 간에 실제 정산된 손해배상금은 무시된다.

법률에 의한 선주의 책임제한이 있는 경우 과실의 균등분담이나 과실의 정도(비율)에 따른 손해배상금의 분담이 사실상 불가능하다. 이에 따라 ITC (1983)의 충돌조항에서는 선주의 책임제한이 있는 경우를 제외하고 교차배상책임의 원칙에 따라 보험자의 손해보상액을 계산한다고 규정하고 있다. 그러나 법원에서 선주간의 실제 정산은 책임제한이 있든 없든 항상 단일배상책임을 기준으로 결정된다.

7-5 소손해공제액과 3/4한도의 적용

(1) 소손해공제액의 적용

충돌약관의 추가계약의 성격에 관하여는 전술한 바 있다. ITC(1983)의 제12조 소손해공제조항에 의해 충돌배상책임의 보험금에도 소손해공제액이 적용된다. 피보험선박이 충돌로 인해 분손의 손상을 입었다면, 매 사고당 또는 매 사건당 충돌배상책임 보험금에 다른 분손(손해방지비용이 있는 경우 그 비용 포함)의 보험금을 가산한 합계액에 대해 소손해공제액은 한 번만 적용된다.

예를 들어 선박의 협정보험가액이 $4,000,000이고, 보험증권상 소손해공제액(deductible)이 $30,000미며, 피보험선박이 공하로 항해 중 100% 일방과실로 타선박과 충돌하여 심한 손상을 입고 침몰하였다. 피보험자가 타선박과 그 적하의 소유자에게 지불한 손해배상금은 $2,000,000인 경우 보험자가 보상하는 보험금은 다음과 같다.

충돌배상책임	$2,000,000 × 3/4	$1,500,000
소손해공제액		− 30,000
		1,470,000
전손보험금		4,000,000
		5,470,000

(2) 3/4한도의 적용

ITC(1983)의 충돌배상책임조항에 의한 보험자의 보상책임은 피보험자의 법률상 배상책임의 3/4이지만, 이러한 배상책임의 보험금은 다시 협정보험가액의 3/4로 제한된다.

보험자가 지급하는 보험금은 결과적으로 충돌배상책임과 협정보험가액 중 적은 금액의 3/4에 해당되는 금액이다. 그 보험금에 소손해공제액이 적용된다.

7-6 소송비용과 보험자의 면책사유

(1) 충돌손해배상금에 대한 소송비용의 추가보상

충돌손해배상금에 추가하여 그에 따른 소송비용(legal costs)의 3/4에 대해서도 보험자가 보상한다. 다만, 소송비용이 보상되기 위해서는 반드시 보험자의 사전 서면동의를 필요로 한다. 현행 피보험자의무조항에서는 충돌배상책임에 관한 소송비용을 손해방지비용에서 명시적으로 제외시키고 있다.

소송비용은 피보험자의 손해배상금에 관한 보험자의 최대보상한도에 추가하여 보상된다.

(2) 보석금(bail fee)과 보험자의 책임

충돌사건의 경우 손해를 입은 당사자는 상대선박에 대한 해상유치권을 갖고 그 선박을 압류할 수 있다. 충돌배상책임의 문제에 대한 결정이 지연되는 경우에 압류당한 선주는 자기의 선박을 방면시키기 위해서는 담보를 제공하여야 한다.

대부분의 경우 보석금(bail) 대신에 선주의 보증서 또는 P&I Club의 보증서가 인정된다. 선주가 보석금을 제공하는 경우에는 영국의 실무상 보석금(bail fees)은 방어비용으로 간주된다. 보석금에 대한 보험자의 보상책임은 3/4에 한정된다.

7-7 충돌배상책임조항상 보험자의 면책사항

ITC(1983)의 충돌배상책임조항은 어느 경우에도 다음 사항에 관한 멸실, 손상 또는 비용에 대한 피보험자의 제3자 배상책임 또는 계약상 배상책임을 보상하지 않는다.

① 난파선 등의 제거 또는 처분
② 타선박과 타선박에 적재된 재산을 제외한 재산
③ 피보험선박에 적재된 재산
④ 사망이나 상해 또는 질병
⑤ 오염 또는 오탁

(1) 난파선 등의 제거 또는 처분

난파물의 제거의무는 그 선주의 과실유무에 관계없이 선박의 소유자나 관리자에게 있다. 그러므로 선주나 관리자는 자기 측의 과실이 없는 경우에도 장애물이 된 난파선의 제거에 대해 책임이 있다고 판결될 수 있다.

타선박의 과실에 의한 선박충돌의 결과 피보험선박이 침몰되거나 좌초되어 항해상 장애를 초래하고, 피보험자가 난파선의 제거에 대해 책임이 있다고 판결되는 경우, 피보험자는 항만당국에 대한 배상책임액을 보상받기 위해 타

선박에게 손해배상금을 청구할 권리가 있다. 그러나 난파선의 제거를 위해 발생한 비용에 대한 클레임은 선박보험증권에는 적용되지 않는다.

(2) 타선박이나 타선박에 적재된 재산을 제외한 재산

이 면책사항은 충돌조항 상의 "충돌"에 해당되지 않는 배상책임손해이다. 충돌조항에 의해 보상되는 배상책임은 오직 피보험선박과 타선박과의 물리적 접촉이 있는 경우에만 적용된다.

충돌조항에 의하면 피보험선박이 타선박을 제외한 어떠한 물체와의 접촉으로 야기된 멸실, 손상 또는 비용에 대한 배상책임을 보상하지 않는다.

(3) 피보험선박에 적재된 적하, 재산 또는 사용계약

선하증권통일조약에 의하면, 피보험자의 사용인 측의 항해과실로 충돌이 초래되는 경우에도 피보험선박에 적재된 적하의 손해에 대해 선주(운송인)는 책임이 없다. 따라서 자기선박에 적재된 화물의 손해에 대하여 피보험선주는 법률상 배상책임이 없다.

충돌약관에 의해서도 피보험선박에 적재된 화물의 충돌손해에 대한 피보험선주의 배상책임에 관하여는 보험자가 보상하지 않고, P&I Club에서 보상받을 수 있다.

또한 충돌약관에 의해 보상되는 타선박의 사용이익의 상실손해와는 달리, 충돌의 결과로 피보험자가 상실한 운임이나 기타 사용수입에 대해서는 면책임을 명확히 하고 있다. 피보험선박의 사용계약에 관해 피보험자가 지불해야 할 손해배상금이나 상실운임이 있는 경우 P&I Club에서 보상받을 수 있다.

(4) 사망이나 상해 또는 질병

충돌조항에 의하면 어떠한 원인에도 불구하고, 개인의 인명이나 신체상해, 질병은 면책이다. 그러한 배상책임은 계약조건(예를 들면 선원이나 승객과의 계약, 적재 또는 양하계약, 화물운송계약 등)에 의해 발생할 수 있고, 제 3 자 배상책임에 의해 발생할 수도 있다.

보험자는 어느 경우이든 그와 같은 배상책임에 대하여는 충돌조항에 의해 보상하지 않는다는 것을 분명히 하고 있다.

(5) 오염 또는 오탁

해상유류오염에 관한 배상책임은 선박보험자가 감당할 수 없는 막대한 금액까지 부담될 수 있다는 것을 보험자들이 잘 인식하고 있다.

이에 따라 보험자들은 3/4충돌배상책임조항에서 면책으로 규정하고 있다. 오염과 오탁(pollution or contamination)의 면책사항에는 실제적으로 명시하고 있지는 않지만, 오염의 제거비용에 대한 배상책임이 면책에 포함된다.

중요한 것은 피보험선박과 충돌한 타선박이나 그러한 타선박에 적재된 재산의 오염 또는 오탁에 대한 배상책임은 면책이 아니라는 것이다.[57]

7-8 자매선조항(Sistership)

ITC(1983)의 제 8 조 충돌배상책임조항은 오직 피보험선박과 타선박의 충돌의 결과로 피보험자에 의해 발생된 "법률상"(legal) 배상책임만을 보상한다. 그러나 피보험선박이 자매선(동일한 소유자의 재산인 선박 또는 동일한 운항자에 의해 관리되고 있는 선박)과 충돌한 경우에는 "법률상" 배상책임이 존재할 수 없다.

피보험선박이 자매선과 충돌한 경우 두 선박 간에 법적 소송이 제기될 수 없다면, 충돌약관상 클레임도 성립될 수 없다. 선박의 멸실, 손상만이 발생한 경우에는 문제가 되지 않을 수 있다. 왜냐하면 충돌배상책임조항과 관계없이 해당 보험증권에 의해 선박의 멸실, 손상에 대한 보험금이 모두 지급되기 때문이다.

그러나 충돌의 결과로 적하의 멸실, 손상 또는 양선박의 사용이익의 손해가 있는 경우, 피보험자가 충돌조항에 의해 보험금을 청구할 수 없다면 피보

57) 예를 들면 대형 유조선인 피보험선박의 일방과실로 정박 중에 있는 타선박과 충돌하여 양 선박이 심한 손상을 입었고, 그 손상부분을 통해 기름이 유출되고 타선박의 선창에 유입되었다. 그 결과 법원은 타선박과 그 적하의 손상에 대한 손해배상금과 함께 타선박의 선창 내 유류제거비용과 그 적하의 오탁손해 및 오염의 결과로 항만당국에 의해 발생된 해상유류제거비용에 대해 피보험자에게 배상책임이 있다고 판결하였다. 이 경우 보험자는 보험금액의 한도 내에서 충돌약관에 의해 다른 충돌배상금과 함께 타선박의 선창내 유류제거비용과 그 적하의 오탁손해에 대한 피보험자의 배상책임을 보상해야 한다. 그러나 충돌약관에 의해서는 항만당국에 의해 발생된 해상유류제거비용에 대한 피보험자의 배상책임에 대하여 보상되지 않는다.

험자는 피해를 입게 된다. 이와 같은 상황에 대처하여 피보험자를 보호하기 위해 ITC(1983)에서 제 9 조 자매선조항을 삽입하고 있다.

자매선조항에 의하면 자매선 간의 충돌사고가 서로 다른 선주에게 속하는 선박 간의 충돌로 간주되기 때문에, 교차배상책임을 기준으로 상호 정산한 손해배상금이 보상된다.

또한 보험자와 피보험자 간에 합의하여 선정한 1인의 중재인(a sole arbitrator에게 충돌로 인한 배상책임문제를 위임하여 그 중재인이 재정한 금액으로 정산한다. 중재에 의한 정산은 자매선(동일 선주 또는 동일 관리자에 소속된 선박) 간의 충돌뿐만 아니라 구조작업에 대해서도 적용된다.

제 2 편

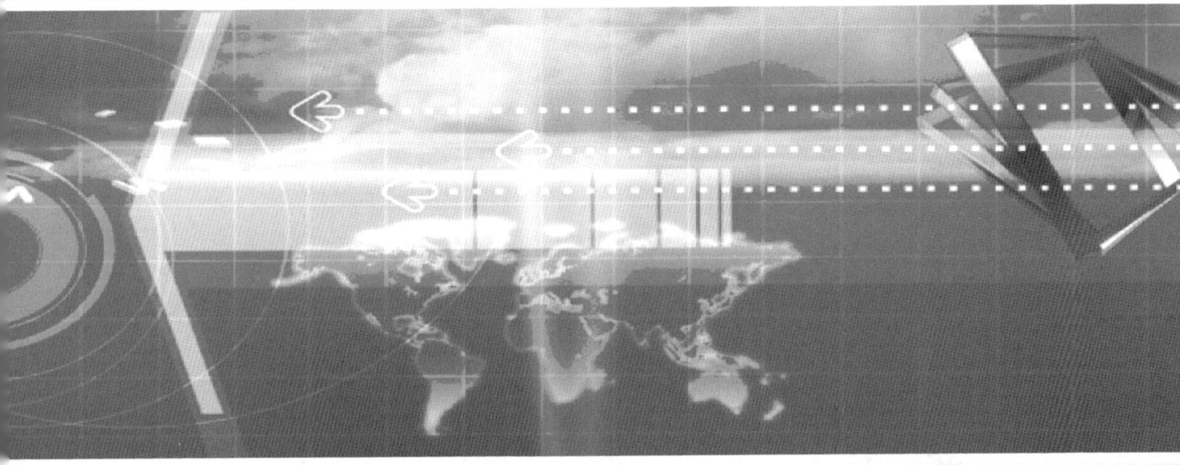

• 해 • 상 • 보 • 험 • 과 • 리 • 스 • 크 • 관 • 리

선주책임보험

CHAPTER

1

총 론

제 1 절 선주책임보험의 개요

1-1 해상기업과 리스크

각종 산업의 발달과 함께 경제규모가 확대되고 산업 활동이 활발해진 만큼 국민생활도 점차 향상되었다. 생활에 여유를 갖게 되면서 과거와 달리 그날그날의 자급자족에서 만족하던 시대에서 벗어나 이제는 내일 또는 장래를 생각하며 사람이나 기업이나 차츰 안정화를 희구하게 되고 이를 위해서 장래 발생 할 수도 있는 만일의 사태에 대비하여 상호부조하려는 풍토(One for all, all for one)가 조성되기에 이른 것이다. 바꾸어 말하자면 불행한 사태, 즉 불측(不測)의 리스크(Risk)에 대비하려는 유비무환(有備無患)의 의식이 태동하게 된 것이다.

오대양 육대주를 대상으로 기업 활동을 하고 있는 해운업도 예외가 될 수 없다. 해운업의 특수성에 비추어 볼 때 범선시대의 해운과 오늘의 해운은 여러모로 리스크의 내용면에서 큰 차이를 보이고 있다. 모든 보험이 리스크를 처리하는 수단의 하나이고 리스크의 내용이 산업의 근대화와 함께 변화되는 만큼 우리도 21세기 해운업의 형태에 부합되고 우리의 특수성에 알맞은 최적의 보험이 요구되는 것은 당연한 귀결이라고 할 수 있다.

우리나라는 삼면이 바다로 둘러싸여 있고 한반도 주변 해역은 좁은 수역에 많은 선박이 폭주하고 있기 때문에 사고의 위험 또한 매우 높은 수역이다. 대한해협을 중심으로 한려수도(閑麗水道), 서해안 등은 안개가 잦고 여름철을 중심으로 집중적으로 발생하고 있는 태풍 등은 폭주하는 교통량과 더불어 해상사고의 가능성을 한층 높여주고 있다.

특히 1970년대 이후 산업경제의 확대와 더불어 철강, 석유, 화학 공장 등의 중화학(重化學)공업이 집중되어 있는 포항, 울산, 여수 등에는 물자의 대량수송을 위한 전용선들과 이들 항구와 국내 타 지역을 연결하는 중·소형선들의 통항도 증가함에 따라 주변 해역의 해상교통은 대도시의 출·퇴근 시에 비교할 수 있을 만큼 문자 그대로 교통난의 연속이라 할 수 있다. 뿐만 아니라 연안에는 일반 어업 외에도 한려수도를 중심으로 거의 우리나라 전 해안선에 걸쳐 각종 양식장은 물론, 해수욕장 등이 광범위하게 산재 해있어 연안 수역 보호가 절대적으로 필요함에도 불구하고 날로 심각해 가고 있는 교통난과 함께 오염사고, 충돌사고, 항만시설의 손상, 인명사고 등 사고발생의 가능성이 도처에 존재하고 있는 것이 현실이다.

1-2 P&I 보험이란?

이러한 위험들과 관련하여 발생하는 손해, 비용, 배상 책임 등은 그 종류나 형태면에서 문자 그대로 천차만별이기 때문에 종래의 해상보험만으로서는 완벽한 보험 대책을 수립했다고 할 수 없다. 앞에서 언급한 것처럼 19세기의 해운과 비교할 때 오늘의 해운은 해상 운송방식의 변천과 더불어 양(量)적으로 커지고 있을 뿐만 아니라 질(質)적으로도 크게 달라지고 있기 때문에 해운경영을 안정시키고 불측의 사고로부터 피해자를 보호하기 위해서는 P&I 보험이 필수적이라고 할 수 있다.

일반 해상보험은 「물(物) 보험(property insurance)」인데 비해 P&I 보험은 「책임보험」으로 Protection과 Indemnity의 2종류의 보험을 말하고 있지만 양쪽 다 선주의 배상책임을 담보하는 것이다. Protection risk와 Indemnity risk의 구별은 그 출현 배경에 근거를 두고 있지만 이를 이론적으로 설명하기는 어렵다. 굳이 이야기 하자면 Protection Risk는 선박소유자(shipowner) 또는 선원의 고용주로서의 선주책임을 말하며 Indemnity Risk는 선박의 운항자(Operator), 즉 운송인(carrier)으로서의 책임을 의미한다.

1-3 P&I 클럽

P&I 보험을 전문적으로 행하는 보험자를 「P&I 클럽」이라고 부르며 그 주체는 주식회사 또는 상호회사와 같은 회사조직이 아니고 선박소유자 또는 운항자들로 구성되는 상호보험조합의 사업형태를 취하고 있는 것이 보통이다. 선박소유자 또는 운항자들이 조합을 결성하고 그 조합원이 되며 그들이 소유 또는 운항하는 선박에 발생하는 P&I 보험사고에 의한 경제적 손실에 대해 서로가 서로를 보험해 주는 즉 상호보험하기 위한 조직이라는 데서 "클럽"이라는 호칭이 생긴 것이다.

한국에는 「선주상호보험조합법」에 의거 설립된 한국선주책임상호보험조합이 한국 유일의 P&I 클럽으로서 활동하고 있고 이를 운영하는 사무국이 그 산하에 있다. 사무국은 조합원이 아닌 상임이사가 중심이 되어 운영하고 있으며 조합의 조직으로서는 조합원 중에서 선출된 이사로 구성된 이사회, 조합원 총회가 있으며 이사회가 사무국 이사와 함께 P&I 클럽의 운영을 담당하고 있다.

영국계 P&I 클럽은 클럽의 관리를 전문으로 하는 관리회사가 클럽과의 계약에 의거 클럽으로부터 보수(관리비)를 받고 클럽의 일상 운영업무를 행하고 있으며 외형상 클럽의 조직은 우리와 유사하다. 조합원 가운데서 이사(director)가 선출되고 관리회사를 주축으로 한 위원회에 의해 클럽의 일상적인 업무와 관련된 주요사항, 규칙(rules)의 개정 등을 논의하고 이사회는 클럽의 정책, 규칙 개정 등 중요사항, 일정한도 이상의 클레임 지급승인 등을 맡고 있다. 조합원을 위한 업무활동은 우리와 유사하지만 전문 관리회사가 사무국의 업무를 관장하고 있는 점 등 클럽의 일상적인 운영형태는 우리의 경우와 약간 다르다.

1-4 P&I 보험의 조직

앞에서 설명한 것처럼 대부분의 P&I 보험은 선주, 운항자 또는 선박관리자(shipmanager)가 서로를 보험하기 위한 상호보험의 형태를 취하고 있다. 즉 선주 등은 비영리 조합(P&I 클럽)을 만들고 그 조합원이 되며 거기에 소유, 운항, 관리하는 선박을 가입시켜 조합은 보험자가 되고 조합이 지급하는 보험금 및 조합의 경비를 가입한 톤수에 따라 조합원이 부담한다. 이 부담금을 보험료(call 또는 premium)라 부르며 일반적으로 보험년도 초에 조합원으로부터 「선불보험료(advance call: A/C)」를 징수하고 이 선불보험료만으로 조합이 지불하는 보험금이나 경비를 충당하지 못할 경우에는 보험연도 중간에 또는 다음해에 「추가보험료(supplementary call: S/C)」를 징수하여 해당 보험년도의 수 · 지가 균형을 이루도록(收支相等) 하는 조직이다. 추가 분담금은 경우에 따라 「중간분담금」(interim call)과 「최종분담금」(final call)으로 나누어 징수하는 경우도 있다. 보험료의 징수방법상에는 차이가 있을 수 있지만 되었던 특정 연도에 발생한 보험사고에 대해 클럽이 지불한 보험금과 그 해에 필요한 클럽의 제경비는 당해 연도의 조합원이 분담하는 것이 상호보험조합의 원칙으로 영국계 P&I 클럽들은 이 원칙을 충실히 지키고 있다.

한국 P&I 클럽이 적용하고 있는 보험료제도는 정액보험료(Fixed premium)로써 정산보험료(Mutual premium)제를 채용하고 있는 영국계 클럽과의 주된 차이점 중의 하나이다. 정액보험료를 적용할 경우 조합원은 정액 보험료를 납부하면 해당 보험년도에 관해서는 더 이상의 보험료를 분담하지 않으며 보험성적은 전적으로 클럽 자체의 문제가 된다. 정액보험료제를 적용하는 경우는 초창기의 클럽으로서 P&I 리스크를 조합원들이 여러 가지 이유로 상호보험하기를 꺼려 할 경우 또는 조합원들의 장래가 불투명할 경우 등에 적용되는 것이 보통이다. 초창기의 클럽에서는 리스크 자체를 제한적으로 인수(引受)하거나 보상한도(limit of cover)에 대해서도 클럽의 규모에 맞게 $20m 내지는 $30m 정도로 하는 것이 보통이다.

여러 영국계 P&I 클럽이나 일본 P&I 클럽도 초기에는 예외 없이 정액보험료제를 채용하였다가 일정기간이 경과한 후 정산보험료제로 전환하되 내항선이나 용선(Charter)선박 등 특정 영역의 선박에 대해서는 정액보험료제를 병행하여 운영하고 있다.

1-5 보험금액

보험금액은 보험자가 피보험자(被保險者)에게 보상하는 보상금액의 최고 한도이다. P&I 보험에서도 보험금액을 정해둔 경우와 그렇지 않는 경우가 있다. P&I 보험에서 취급하는 선주의 배상책임(손해와 비용)은 그 성질상 선박의 대소, 가격과 관계없이 발생하기 때문에 보험금액을 정하지 않고 발생한 손해나 비용을 전액 무제한으로 보상하는 경우와 「물 보험」인 선박보험의 경우와 같이 보험가액이나 보험금액을 정해 두고 그 범위 내에서 보험금을 정하여 지불하는 두 가지 방식이 있다.

영국의 P&I 클럽들은 최초에는 보험금액을 정하여 두는 경우가 많았으나 국제 그룹의 결성과 함께 클럽 상호간의 푸-울협정과 그룹재보험제도에 의존하여 보험금액을 별도로 정하지 않은 이른바 보상한도를 무제한(unlimited cover)으로 하는 P&I 보험을 제공하였었다. 이 조건하에서 그룹에 가입한 개별 클럽은 자체 보유한도액을 초과하는 일정액을 공동분담 또는 상호재보험(푸-울)하고 다시 그 한도를 초과하는 클레임에 대해서는 로이드 등 일반 상업보험 시장에 공동 출재(出再)함으로써 위험을 분산시키고 있다. 이러한 제도를 통해 사고당 약 US $20.5억달러까지는 보험년도 초에 결정한 보험료(a/c, s/c) 이외의 별도 추가보험료를 징수하지 않고 처리할 수 있다. 만일 US $20.5억달러를 초과하는 사고가 발생하였을 경우에는 해당 초과금액에 대해서는 국제 그룹에 가입해 있는 전체 클럽들이 각 클럽에 가입해 있는 선주들로부터 가입선박의 1976년 해사채권조약(LLMC)에 정해진 책임제한금액의 2.5% 한도 내에서 보상하고 그에 상응하는 '오버 스필'(over-spill)보험료를 추가로 징수할 수 있다. 아직까지는 '오버 스필' 보험료를 징수할 만큼의 대형사고가 발생한 적은 없다.

제 2 절 P&I 보험의 역사

2-1 Protection 부문

해상보험이 영국에서 발달하였던 것처럼 P&I 보험의 발상지(發祥地)도 이 제도가 가장 발달한 곳도 영국이지만 P&I 보험의 역사는 해상보험과 비교할 때 그렇게 오랜 역사를 가지고 있는 것은 아니다. 영국의 해상보험은 1719년부터 1824년까지 장기간에 걸쳐 정부로부터 특허를 얻은 Royal Exchange Assurance Co.와 London Assurance Co.와 로이드(Lloyd's) 보험자의 독점 하에 있었기 때문에 다른 선택이 없는 영국의 선주들은 불리한 조건과 비싼 보험료를 감수해가며 선박보험에 가입하지 않을 수 없었다. 그러나 시간이 경과하면서 이러한 독점에 의한 병폐(病弊)에 불만을 갖고 있던 선주들은 자위(自衛)적 목적하에 영리를 배제한 상호선체보험조합을 결성하고 이 조합에 자신들의 선박을 가입시켰다.

이 조합은 여러 가지 면에서 일반사교 클럽과 유사하였기 때문에 일명 Hull Club이라고 불렸으며 예상 외로 선주들의 호응이 높아 19세기 초에는 영국 전역에 20개 이상의 Hull Club이 성업(盛業)하고 있을 정도였다. 당시에는 로이드 이외에는 전기한 두 보험회사만이 해상보험을 취급할 수 있는 특권을 부여받고 있었기 때문에 엄격한 의미에서 상호보험조직의 이름으로 선박보험을 행한 Hull Club은 불법적인 조직이었다. 그럼에도 불구하고 Hull Club은 실비주의(實費主義), 즉 비영리적으로 경영되었기 때문에 Hull Club에 가입한 선주는 로이드나 두 보험회사에 부보(附保)하는 경우에 비해 보험료뿐만 아니라 조건 면에서도 더 유리하게 선박을 부보할 수 있었기 때문에 Hull Club은 한때 영국 전역에서 매우 번창하였다.

그러다가 1824년에 이르러 두 보험회사에 의한 독점체제가 종료되고 많은 해상보험회사가 출현함에 따라 해상보험시장은 경쟁체제로 전환하게 되었고, 선주들은 경쟁을 통하여 여러 보험자 중에서 조건이 가장 좋은 보험자를 선택하여 부보할 수 있게 되었다. 그 결과 Hull Club에는 노후선이나 사고 위험이 높은 선박들만 남게 되자 간접금융(間接金融)을 우려한 선주들의 탈퇴가 이어지면서 쇠퇴의 길을 걷다가 마침내 시장에서 사라지게 되었다.

한편 증기선(steamship)의 발달과 철선(鐵船)이 도래하면서 선박은 대형화되고 항해거리도 과거에 비해 대폭적으로 확장되었다. 때를 맞추어 영국의 해외 식민지가 확대되면서 자연스럽게 바다를 통한 해외무역도 급성장함에 따라 영국의 해운업은 그야말로 번창일로에 있었다. 해상운송을 통한 물자의 이동과 함께 19세기로 접어들면서 아메리카 신대륙을 향한 영국 및 유럽발 이민(移民)행렬도 증가하여 이민들을 만재(滿載)한 선박들이 줄을 이어 대서양을 횡단하였다.

이러한 해운활동의 급성장에 비례하여 해상사고 역시 증가하면서 여객, 화주는 물론 정부당국까지 각자의 권익을 찾기 위한 소송이 활발해짐에 따라 선주의 책임을 강화하는 새로운 법과 판례도 그 만큼 늘어나게 되었다. 1846년 영국에서는 Lord Campbell's Act라고 불리는 법이 제정되었다. 그때까지는 타인의 고의(故意)、과실(過失)에 의하여 사망한 유족은 손해배상청구 소송을 제기할 수 없었으나, 이 법에 의해 소송이 가능하게 됨으로서 선주들은 선원이나 여객이 사망하였을 시 유족에 의해 손해배상 청구소송을 당할 수 있는 위험이 증가하게 되었다.

당시 영국에서는 선원과 여객의 사상(死傷)에 대해 선주는 무한(無限)책임을 부담하도록 되어 있었기 때문에 만약 이민자들을 가득 실은 선박이 침몰하여 많은 인명손해가 발생할 경우 선주는 엄청난 책임을 부담하지 않으면 안되었다. 선주들은 이런 사태를 예방하기 위하여 영국 의회를 설득하여 1854년 상선법(Merchant Shipping Act)에 의해 선주의 책임을 인명사상(人命死傷)을 포함하여 선박의 총톤수 1톤당 영화(英貨) 15파운드로 제한하는 데 성공하였다. 그러나 1총톤당 15파운드는 당시의 선가(船價)보다 훨씬 높은 금액이었기 때문에 선주들의 입장에서는 여전히 무거운 책임이었다.

당시의 선박보험에 포함되어 있는 충돌약관에 의하면 선박 보험자는 충돌책임의 4분의 3만 지불하고 나머지 4분의 1은 선주가 부담하도록 되어 있는 것이 관행이었다. 충돌책임에는 선체손상, 화물손해, 여객 등 인명사상에 대한 클레임이 포함되게 되므로 선박이 대형화되면 될수록 충돌사고시 선주 자신이 부담해야 할 금액도 경우에 따라 엄청난 부담이 되었나.

이러한 외부 환경으로 인해 선주들은 날로 증가하는 선주의 책임을 커버할 수 있는 보험의 필요성을 통감하고 있었으나 당시 영국의 해상 보험자들은 보험기술적인 문제 등 여러 가지 이유로 선주책임보험 인수를 도외시 하였다.

때마침 경영부진을 벗어나지 못하고 있던 Hull Club 경영자들은 이러한 선주들의 곤란한 처지에 착안하여 Hull Club을 Protection Club(선주보호조합)으로 변신시키며 새로운 활로를 모색하였다. 당시 여러 개의 Hull Club을 관리(managing)하고 있던 Peter Tindall, Riley & Co의 파트너인 John Riley와 Peter Tindall 두 사람은[1] Protection Club의 설립에 착안한 최초의 사람으로 이들은 런던에 최초의 Protection Club인 The Shipowners' Mutual Protection Society(선주상호보호조합)를 설립하고 1854년 영국상선법의 발효일인 1855년 5월 1일부로 사업을 개시하였다.

이 Protection Society는 설립 목적에서, ① 1854년 영국 상선법에 규정된 인명상실 및 상해에 대한 선주의 책임, ② 충돌의 경우 일반 선체보험계약에서 커버되지 않는 위험으로부터 선주를 보호하는 것을 목적으로 한다고 밝히고 있다. 본 Protection Club이 인수하였던 선주책임보험은 당시 영국 선주들이 절실히 필요로 했던 보험이었기 때문에 업계로부터 호평을 받았으며 유사한 Protection Club이 연이어 설립되기에 이르렀다.

그 후 1862년 회사법(會社法, Companies Act)이 제정되자 그 법에 의거 Protection Club도 등기를 거쳐 법인이 됨으로써 Hull Club이 불법적인 존재이었던 과거와 달리 비로소 법률상 지위를 확보하기에 이르렀다.

Protection Club의 보험년도는 Hull Club과 마찬가지로 2월 20일 정오에서 다음해 2월 20일 정오까지 1개년으로 하였고 현재에도 해외 P&I Club 대부분이 그 보험년도를 그대로 유지하고 있다.

앞에서 이야기 한 The Shipowners' Mutual Protection Society는 그 후 The Britannia Steam Ship Insurance Association으로 되었고 이 조합은 세계에서 가장 오래된 P&I Club으로 현재에도 Tindal Riley & Co에 의해 관리되고 있다.[2]

---

1) 이 두 사람은 처남 매부 사이였다.

2) 이상에서 설명한 것과는 달리 일부에서 1836년의 Devaux V. Salvador 사건이 P&I 보험의 기원이라고 말하는 사람이 있으나 U.K. Club 의 "The History and Development of Protecting and Indemnity Clubs"(Insurance Institute of London 에 의해 'Report of Advanced Study Group No. 109' 이란 이름으로 1957년에 발간된 것을 U.K. Club이 동 협회의 승인을 얻어 회원들에게 배부함)에 의하면 상기 사건에서 발단이 된 충돌손해배상책임의 4분의 1 문제가 P&I Club 설립의 계기가 되었다는 '설'은 사실과 다른 것으로 판명되었다.

2-2 Indemnity 부문

화물에 대한 선주의 책임(Indemnity)은 19세기 후반에 이르기까지는 선주에게 별 문제가 되지 않았기 때문에 Protection 부문보다 늦게 출발했다. 당시의 관행은 화물손해가 발생하면 화물 보험자가 손해를 화주에게 지불하고 종결하였으며 현재와 같이 대위권(代位權)을 행사하여 운송인(선주)에게 구상 청구하는 것이 아니었다.

그러다가 1870년 Westenhope 호가 남아프리카 해안에서 침몰하여 적재하고 있던 Port Elizabeth향 화물이 전손된 사고가 발생하였다. 화주의 손해배상 청구 소송에 대해 선주는 면책을 주장하였으나 법원은 당해 화물의 손해는 운송계약을 위반한 부당이로(unreasonable deviation)에 의한 것인바 선주는 배상하여야 한다고 판결하였다.[3] 선주는 본선이 가입해 있는 Protection Club에 보상해 줄 것을 요청하였으나 동 클럽은 보상규정에 해당하지 않는다는 이유로 거부되었다(원칙적으로 거절되었지만 선주의 곤경을 감안하여 약간의 위로금이 지급된 것으로 알려지고 있다).

이 사건은 업계에 비상한 관심을 불러 일으켰고 당시 The Northern Maritime Insurance Co의 보험 인수인(underwriter)이었던 J. Stanley Mitcalfe 씨는 선주가 운송화물에 대하여 막중한 책임을 부담하게 되었는데도 당시에는 그러한 책임을 커버하는 보험이 없음을 지적하며 선주들의 주의를 환기시켰다. 이어 유력 선주들이 중심이 되어 Mitcalfe 씨에게 화물 클레임을 커버하는 상호보상조합(Mutual Indemnity Association)을 만들어 줄 것을 요청하여 1874년 뉴-캐슬(Newcastle)에 화물에 대한 선주의 책임을 커버하는 최초의 Indemnity Club, 즉 The Steamship-Owners' Mutual Protection and Indemnity Association이 탄생되었다. 이 조합은 후일 The North of England Protecting Association과 합병되어 The North of England Protecting and Indemnity Association이 되었다.

그 후 Indemnity Club은 화물에 대한 선주의 책임이 점차 증가하게 됨에 따라 급속히 발전하기 시작하였고 곧 이어 Protection과 합하여 P&I Club 또는 P&I Insurance 로 정착되면서 19세기 후반부터 20세기에 걸쳐 많은 P&I 클럽들

3) 선박과 함께 침몰한 Port Elizabeth 향 화물은 원래 나가는 항차(outbound voyage)에서 양하 할 화물이었으나 선주는 케이프타운에 들른 후 돌아오는 항차(return voyage)에 양하하려고 했다가 케이프타운을 떠난 후 침몰된 것이다.

이 영국에 설립되었다.

2-3 영국 이외의 P&I 클럽

북 유럽에는 노르웨이의 Skuld Club과 Gard Club, 스웨덴의 Swedish Club의 3개 클럽이 있다. 이들은 처음에는 선박보험을 주로 하였으나 P&I 보험까지 겸하게 되었으며 이들 클럽은 클럽의 운영을 선주들이 직접 행하고 있다는 점이 영국계 클럽과 크게 다른 점이다.

Swedish Club은 1872년경 산업혁명의 시기에 스웨덴에 있는 증기선 선주들이 직접 상호보험조직의 형태로 창설한 조합으로 당초에는 선체, 기관 및 전쟁위험을 담보하는 선박보험을 취급하였으나 1898년에는 275척의 선박을 인수 할 정도로 안정된 조직으로 정착되었고 그 후 1911년 1월에 P&I 보험회사를 설립하여 P&I 보험만을 인수하는 독립회사로 분리시켰다가 1950년 6월 P&I 보험회사를 해산하고 클럽 내에 P&I 보험부문을 설치하고 직접 P&I보험을 취급하여 오늘에 이르고 있다.

노르웨이의 양대 P&I 클럽은 선구적인 해운도시이자 조선(造船)의 도시로 알려진 Arendal에서 1900년을 전후하여 창설되었다. 이보다 선발 클럽인 Skuld는 1897년 Arendal 중심의 해운업이 절정을 이루고 있던 시기에 지역 선주들에 의해 설립되었고 Gard는 그로부터 약 10년 후인 1907년에 역시 Arendal 지방 선주들이 중심이 되어 설립되었다.

미국 P&I 보험의 역사와 발전은 제 3 자에 대한 선박과 선주의 책임에 영향을 미치는 미국 법률의 역사·발전과 궤를 같이 한다. 19세기까지 미국에서는 선주가 부담해야 할 중대한 책임이라고 할 만한 것이 없었기 때문에 P&I 보험은 존재하지 않았으나 그 후 제 1 차 세계대전이 발발함에 따라 P&I 보험의 수요가 높아졌다. 이 시기에 영국정부가 미국을 포함한 중립국 상선대의 P&I 보험을 현저히 저해하는 관리정책을 펴고 있는데 영향을 받아 1917년 자체 P&I 클럽이 설립되기에 이르렀으며 영국을 모방하여 설립하였기 때문에 전문 관리회사가 클럽을 운영하는 등 영국 클럽과 유사한 형태를 띠고 있다.

아시아권에서 제일 먼저 P&I 클럽을 설립한 국가는 일본이다. 일본은 섬나라로서 옛날부터 해운업이 발달했던 국가이며 근대해운업이 번창하기 시작

한 것은 메이지유신(明治維新) 전후로 알려져 있다.[4)]

제 3 절 P&I 클럽의 운영

3-1 가입 및 해약

(1) 가 입

선박을 P&I 클럽에 가입(부보)시키려 할 때 신청자는 가입시키고자 하는 선박에 관한 기본적인 정보, 예를 들면 선급, 등록총톤수, 항로 등을 알려 주어야 한다. 신규회원으로 가입할 경우에는 그 외에도 클럽에서 요구하는 다른 사항, 예컨대 회사에 관한 정보도 제공하여야 한다. P&I 클럽에 가입하기 위해서는 일반 해상보험의 경우와 같이 가입신청을 하여야 하나 특별한 양식이 있는 것은 아니며 클럽에서 요구하는 선박에 관한 기본사항을 통지하는 것으로 족하다.

언더라이터에게 필요한 정보는 다음과 같다.

① 이미 체결해 놓은 타 보험의 성격과 보상범위: 특히 선박보험의 경우 보험금액, 충돌배상책임(R.D.C)의 내용, 선원에 대한 별도 보험 유무 등

② 타 보험하에서의 공제액(deductible) 수준

③ 화물에 대한 책임, 여객 및 선원에 대한 책임을 포함시킬 것인지 여부

④ 선원의 국적과 인원수 및 별도 고용계약이 있을 경우에는 그 내용: 선원의 국적은 선원에 대한 선주의 책임과 관련하여 적용할 법 및 재판관할 등에 중대한 영향을 미친다.

⑤ 선형, 크기, 선급, 선종, 국적 등 선박에 관한 세부 명세(particular of ship)

4) 메이지원년은 서기 1869년으로 일본은 이 해에 애도(江戶)를 도쿄(東京)로 개칭하고 Osaka 항을 개항(開港)하였다(일본 P&I 클럽에 관한 사항은 제 3 장을 참조할 것).

⑥ 선박이 운항할 예정 항로와 종사할 무역의 종류(area and type of trade)
⑦ 선박의 관리, 선원의 훈련, 선박의 보수유지 기록 등(요구가 있을 시)
⑧ 최근 5년간에 걸친 선박의 이재율 또는 클레임 실적(요구가 있을 시)

가입 시 회원이 고시한 사항은 클럽에서 이를 받아들였을 경우 그 자체가 계약의 일부를 구성한다는 점에 유의하고 정확한 정보를 제공하도록 하여야 한다.

** Britannia Club Rules 6(2005년), London Club rules 5(2005년).
U.K. Club Rules 7(2005년).

가입은 증권(policy)의 발급에 의하여 이루어지는 것이 아니고 신청서(application form)를 제출함으로써 이루어지는 것이 상례이다. 물론 신청서를 제출하기 전이라도 클럽으로부터 가입을 확인해 주는 다른 절차가 있었을 경우(예컨대 텔렉스에 의한 확인 등)에는 예외이다. 클럽은 모든 가입신청을 받아들이는 것은 아니며 거부할 수 있다.[5] 그렇지 않은 경우로서 가입신청(request for admission)이 받아들여지면 해당 선박은 장부상에 기장(entry on the books)되고 가입증서(certificate of entry)가 발급된다. 이 두 가지 증서가 보험계약을 구성하는 동시에 클럽의 회원임을 증명하는 서류가 되며 P&I 담보를 위한 선행조건으로서 불가결한 필수조건이다. 이 가입증서는 보험증권이 아니며 증서상에 커버조건이 반드시 명기되어 있는 것도 아니나 클럽에 따라 다소 차이는 있지만 통상 가입증서에는

① 위험의 개시일(the date of commencement of risk)
② 보험요율(the advance call rate)
③ 거래화폐단위(the currency of transaction)
④ 보험료 부과방법(basis of contribution)
⑤ 가입톤수(the gross registered tonnage of the entered ship)
⑥ 회원(the name of the members)

5) P&I 클럽이 회원에게 부과하는 보험료(call)는 그 징수시기에 따라 계약의 당해 연도에 납부하여야 하는 advance call과 3~4년 후에 계약년도의 claim record 여하에 따라 추징하는 supplementary call로 나누어진다. 따라서 가입을 원하는 신청회사의 영업상태나 재정상태 등의 제반상황이 수준 이하라고 판단되어, 위험관리나 supplementary call 징수상 문제가 있을 것으로 예측될 경우에는 가입신청을 거부할 수도 있을 것이다.

⑦ 가입선박과 회원간의 이해관계(respective interests in the ship)

⑧ 가입조건 및 공제액(terms of entry and deductibles)

등이 기재된다. 또한 증서상에는 정관과 커버되는 리스크에 클럽의 규칙(Rules)이 적용된다는 취지가 기재되어 있다.

** Britannia Club Rules 6(3), London Club Rules 5.

보험계약이 체결되면 피보험자 또는 보험에 가입한 자는 보험자에게 증권을 발급해 줄 것을 요구할 수 있으며, 보험자는 인지를 첨부한 증권을 발급하는 것이 보통이나 P&I 클럽은 일반보험회사처럼 인지를 첨부한 보험증권을 발급하지는 않는다. 가입된 선주는 피보험자로서의 권리와 의무를 가질 뿐만 아니라, 클럽 그 자체를 구성하는 보험자의 조합원 혹은 회원으로서의 권리와 의무도 갖게 된다. 이 점이 곧 현재의 P&I가 일반해상보험거래와 그 성질을 달리하고 있는 특색이라 할 수 있다. 즉, 일반해상보험의 경우 피보험자의 권리와 의무 또는 책임이 전적으로 보험증권에 의하여 결정되는 경우와는 다른 것이다.

P&I 클럽이 회원에게 제공하고 있는 커버의 내용은 기본적으로는 동일하나 구상기준(recovery standards)이나, 계선(laid up)선박에 관한 규정, 공제액 등 일부가 다를 수도 있다. 이러한 차이는 각 클럽에 가입되어 있는 회원의 가입조건의 차이에서 기인되고 있다. 어떤 클럽은 정기선 회원과 부정기선 회원을 동시에 취급하고 있는 반면 클럽에 따라서는 정기선 회원만 또는 부정기선 회원만 취급하는 경우도 있다. 1970년대까지만 하더라도 Liverpool & London Steamship P&I Association Ltd.[6]는 정기선 회원만으로 결성되어 있는 클럽으로 그 Rules 또한 타 클럽과 상이한 부분이 많다.

클럽이 담보하는 내용은 클럽의 규정을 수록한 소책자, 즉 Rule book에 상세히 기록되어 있고 클럽의 정관에도 함께 수록되어 있다. 일반해상보험계약 하에서는 보험자와 피보험자간의 권리, 의무 관계가 보험증권상에 상세하게 기록되어 있고 선박이나 화물 보험계약이 체결될 때마다 보험증권이 발급되지만 P&I의 경우는 진기한 가입증서와 Rules book에 의해 보험조건이 결정된다.

---

6) 후일 North of England 로 흡수 합병되었음.

즉 선박에 따라 특별한 담보조건(special terms of cover)이 있을 시는 이를 가입증서에 표시하되 그 외의 공통적인 조건은 클럽의 Rules book에 상세히 기록되어 있다. 클럽에 가입함과 동시에 회원은(승계자도 포함) Rules book 및 Club의 정관(bye-laws)의 적용을 받는 것을 동의한 것으로 간주한다는 점에 유의하여야 한다.

※ Britannia Club Rules 6(5), U.K. Club Rules 6.

Rule book 내용의 해석을 두고 의견 차이가 있을 경우에는 우선 이사회(Committee)의 해석을 구하고 여전히 회원이 이사회의 해석에 불복할 경우에는 중재에 회부한다. 클럽에 가입할 때는 중개인(Broker)을 개입시키는 예가 많이 있으나, 영국에서는 P&I보험에 관한 한 브로커를 거의 개입시키지 않는 것으로 알려져 있다. 일반해상보험의 경우, 브로커는 설사 피보험자가 사용하였을 경우라도 브로커의 수수료(commission)는 관례적으로 선주에 의해 지급되며 편의상 선주 또는 피보험자가 부담할 보험료에 추가시켜 보험자가 지급하고 있으며 P&I 보험의 경우도 전혀 다를 바 없다. 일부에서 중개수수료는 피보험자나 선주와 무관하게 전적으로 보험자나 클럽의 부담인 것으로 오해하는 경우가 있으나 사실과 다르다.[7)]

(2) 회원의 자격

일반해운회사의 경우 대부분 선주 자신(소유회사)이 선박을 운항하는 것이 보통이나 선박운항을 타인에게 맡긴다거나 자체 선단을 보강하기 위해서 타인 소유의 선박을 빌려서 운항하는 경우도 있다. 따라서 선박을 운항하고 있는 회사와 선박을 소유하는 회사가 다를 수 있으며, 제 3 자와의 책임관계에 있어서는 각각 별개의 책임을 부담하고 있으므로(선원에 대한 책임 등 선박소유와 관련한 책임과 화물손해배상과 같은 선박운항에 수반하는 책임) 선주, 관리선주, 용선자, operator 중 어느 사람도 각자가 부담해야 할 책임을 대상으로 한 P&I 보험 가

7) P&I 보험의 경우에는 일반해상보험과는 달리 P&I 클럽이 소재하는 곳이 대부분 회원인 선박회사가 소재하는 곳으로부터 원거리에 위치하고 있으므로 업무거래의 편의를 위하여 중개인을 두는 것이 보통이지만, 반드시 중개인을 사용해야 하는 것은 아니다. 중개인의 수수료(commission, bro-kerage)는 가입비(entry fee)라는 이름으로 회원에게 부과되고 있으며, 그 수준은 GRT당 일정액이나 총보험료의 일정비율을 적용, 부과하고 있으며, 관례적으로 $0.05/GRT 혹은 총보험료의 5% 정도를 부과하고 있다.

입이 가능하므로 클럽의 회원이 될 수 있다. 단, 선박이 나용선(bare boat charter)되는 경우는 나용선주 자신이 제 3 자와의 관계하에서 사실상 선주에 가름하는 해상기업의 주체역할을 하고 있으므로 선주, 나용선자가 각각 별개로 클럽에 가입하지 않고 나용선자가 선주의 지위에서 전체의 위험을 P&I 보험에 부보하는 것이 실무관행이며 선주는 나용선계약서상에 이를 명문으로(나용선자가 P&I 보험계약을 체결한다는 취지) 규정하고 있는 것이 보통이다. 나용선계약은 대부분 선박매매를 조건으로 한다거나(hire purchase) 선박의 관리, 운항, 일체를 나용선자에게 위임한 계약으로 나용선기간은 통상 연간 단위의 계약인바, 나용선자가 선주의 지위에서 모든 위험을 자신의 이름으로 일괄부보하는 것이 가능하나 선박의 space만을 빌려 주는 정기용선이나 항해용선(time and voyage charter)에서는 용선자는 선박의 사용(employment)에 수반하는 책임을 대상으로 용선자를 피보험자로 한 용선자 책임보험(charterer's liability insurance)을 선주와 별개로 부보하는 것이 보통이다.

(3) 조건의 변경(Amendments to the Conditions)

통상 사적보험(private insurance)하에서 당사자간 합의된 조건들은 합의된 계약기간 동안 구속력을 갖는 것이나 중도에라도 보험자나 피보험자가 원할시는 해약할 권리를 갖는 것이 보통이다. 상호보험하에서도 클럽이나 회원이 원할시는 보험기간중이라도 필요하면 언제라도 변경할 수 있으며 신규가입 또는 해약도 할 수 있다.

신규가입은 가입신청 및 승인을 거쳐 어느 때라도 가능하나 조건변경과 해약은 규정된 일정기간을 두고 사전 통지하여야 한다. 가입자가 조건변경을 원하는 경우는 가입시의 full cover 조건을 제한(limited)된 조건으로, 이와는 반대로 제한된 조건을 full cover로 확장시키기를 원할 때 또는 이와 비슷하게 조건을 소폭 변경시키고자 할 때이며, 클럽이 변경하는 예는 극히 드물지만 새로운 법이 제정되어 클럽이 부담해야 할 책임의 내용상 현저한 증감이 예상되는 경우(예, 운송 관계법에서의 운송인의 책임이 대폭 증가되었을 시)나 기타 회원 전체에 영향을 미칠 수 있는 대폭적인 위험의 변경(substantial alteration of the risk)이 예상될 시에 사전 통지를 거쳐 조건을 변경할 수 있다. 전반적인 조건변경이 필요하다고 판단될 시 클럽은 모든 회원에게 합리적인 기간을 두고 사전 통지를 하여 추가보험료 부담을 조건으로(subject to A.P) 담보범위를 확대시키거나 반대로 제한하는 방안 중 회원으로 하여금 선택하도록 권유하는 것이 실무적으로 취하는 절차이다. 조건변경이 이루어지면 클럽은 그 변경내용을 기재하여 기 발급한 가입증서에 유첨한다(Endorsement라 함).

(4) 해약 또는 종료(Cancellation or Termination)

통상 P&I 보험은 매년 2월 20일 정오부터 1년 단위로 계약이 이뤄지고 있으나 회원 혹은 클럽의 요청에 의해 또는 기타의 사정이 있을 시는 사전 통지를 통해 종료될 수 있다. 사전 통지기준은 클럽에 따라 다소 차이가 있으나, 14~30일이 보통이며 북유럽 클럽은 14일, 영국의 클럽은 30일로 정하고 있으며 이 기간은 클럽의 요청에 의해 해약될 경우에 회원이 필요시 다른 보험을 수배하는 데에 요하는 기간, 회원의 요청에 의한 해약일 경우에도 회원이 다른 보험을 수배하는 데에 요하는 기간과 관련 재보험계약을 해약하는 데 필요한 기간 등을 감안하여 결정된 것이다.

회원의 요청에 의해 보험이 해약되는 경우는 선박이 매각되었을 때, 소유권이 변경되었을 때이고 아래와 같은 경우에는 클럽이 사전 통지에 의해서 계약을 종료할 수 있으며 종료의사를 통지할 시 그 이유를 밝힐 수도 있으나 꼭 그러해야 할 의무는 없다.

① 고지의무 위반(neglect of duty of disclosure)
② 위험의 변경(alteration of risk)
③ 감항능력상실과 안전규칙 위반
④ 보험료 미납(non-payment of premium)
⑤ 도덕적 위험(moral risk)
⑥ 회원의 선박에 대한 이해관계가 종료되었을 시
⑦ 가입선박이 나용선 등에 의해 회원의 통제를 벗어났거나 점유하에 있지 않을 시
⑧ 선박의 관리인(manager)이나 운영자(operator)가 변경되었을 시
⑨ 가입선박이 전손되었을 시(CTL, compromised, arranged total loss 포함)
⑩ 가입선박이 행방불명(Missing)되었을 시

⑪ 가입선박이 선급을 유지치 못했을 시

※ Britannia Club Rules 33, 34., U.K. P&I Rules 31.

선박이 멸실되었을 경우 계약은 당연히 해약되나 해약시점은 멸실에 관한 서면통지가 도착한 날을 기준으로 하는 경우(런던클럽)와 멸실한 날의 다음날 1일을 기준으로 하는 경우(북유럽클럽) 등 클럽에 따라 그 규정이 다를 수 있다. 선박이 추정전손되거나 행방불명되었을 시라도 멸실된 경우에 준하여 해약되며, 선박의 소속국이 전쟁에 관련되어 정부당국에 의해 동원(requisitioned)될 시에도 보험계약은 자동 종료된다.

선박이 전손됨으로 인해 혹은 사전 통지를 거쳐 해약 또는 종료 될 경우 그 이후에 발생한 사고라 할지라도 해약 이전 사고와 상당한 인과관계가 있을 시는 이를 커버하여야 한다. 예를 들어, 선박이 전손처리된 후 잔해물 표지(marking)가 적절히 되지 않음으로 인해 사고가 발생했을 시 클럽은 그 손해를 커버하여야 한다. 회원이나 클럽의 입장에서도 선박이 멸실되게 되면 즉시 모든 보험관계가 해약, 종료되는 것이 당연하겠으나, 멸실사실에 관한 서면통지 또는 다음달의 1일을 기준으로 하는 등 얼마간의 잔여기간을 두는 이유는 멸실종료 시기를 정확히 규정해 두려는 목적도 있지만 가장 큰 이유는 선박 자체가 멸실되더라도 그 선박에 관한 선주의 책임이 완전 면제되지 않기 때문이다. 잔해물 제거의무나 난파선 선원의 송환과 해고시까지의 고용계약상의 의무는 선박의 멸실 이후에도 여전히 선주에게 있다.

**. 항해중 클럽의 변경

벌크캐리어 한 척이 미국 여러 항에서 동아프리카 항으로 가는 여러 분량(shipments)의 곡물을 선창 1, 2, 3, 4에 선적하고 항해중 중도 남아프리카항에서 기름을 보급하고 선창을 체크해 본 결과 1번과 4번창에서 화물의 손상이 발견되었다. 이들 손상은 본선이 급유항에 있을 때 발생한 모종의 사고로 인한 것으로 보였다. 본선이 급유항에 도착하기 직전에 해당 선박은 당시 가입해 있던 A 클럽으로부터 탈퇴하고 다른 클럽으로 가입을 변경하였다. 1번과 4번 선창의 화물손해는 A클럽의 보상대상에서 제외되었다. 그러나 후일 선주는 1번창의 화물손상은 본선이 급유항에 도착하기 이전에 조우하였던 폭풍(storm)으로 인해 선창이 침수되었던 사실과 해당 폭풍과의 조우는 본선이 클럽을 탈퇴하기 이전이었음을 입증하여 A클럽으로부터 보상받을 수 있었으나 4번창의 경우에 대해서는 폭풍과의 인과관계를 입증하지 못하여 보상에서 제외

되었다.[8)]

3-2 조 직(Organization)

(1) 총　　회

회원 전체를 참가대상으로 하는 정기총회는 이사회 회장의 요청에 의한 임시총회를 제외하고는 매년 1회 개최하는 것이 관례이며 그 시기는 매 보험 회계연도 결산시로 한다. 임시총회는 이사회 회장(chairman of the committee) 또는 조합장(일본 P&I)이나 이사회의 요청이 있을 때, 일정수 이상의 조합원의 요청이 있을 시에 한해 회의의 목적사항, 소집이유 등을 기재한 서면요청을 통해 이사회 회장이 소집할 수 있다.

*** 선주상호보험조합법 제33, 34조, U.K. Club Bye-laws 제 5~8 조.

1) 결의사항

① 정관의 변경

② 사업방법서, 보험료의 책임준비금의 계산방법의 변경

③ 보험금의 소멸 및 보험료의 추정

④ 재산목록, 대차대조표, 손익계산서, 사업보고서, 잉여금 및 손실처리안의 승인

⑤ 이사회 또는 집행위(executive committee)의 위원 선출

⑥ 이사회 회원에 대한 보수(remuneration)의 결정

2) 결의수속

총회의 결의는 출석한 회원의 과반수로 결정하되 가부동수일 경우 의장의 결정에 따른다. 의장은 총회에서 선출하나 의장은 결정투표권(casting vote)을 가질 뿐 조합원 자격으로서 결의에 참가할 수는 없다.

3) 의 결 권

회원의 의결권은 가입선박의 척수, 톤수 또는 출자액수에 따라 총회에서의 의결권을 부여받는다. 일본 선주책임상호보험조합의 경우는 척수, 톤수, 출

---

8) Gard Handbook on P&I Ins., p. 578.

자액수 등과는 무관하게 조합원 각자에게 1개의 의결권을 부여하나 노르웨이의 Gard 클럽은 가입톤수에 따라 의결권을 차등 부여하고 있다. Korea P&I 클럽에서는 의결권에 관해 정관에서 별도의 규정을 두고 있으며 가입척수, 출자규모와 연계하여 의결권을 차등 부여하고 있다.

*** 선주상호보험조합법 제33조.

(2) 이사회(Committee)

보통 이사회의 회원(committee member)으로 알려져 있는 클럽의 이사는 클럽에 가입되어 있는 선주들 중에서 선출된다. 모든 가입선주에게 이사가 될 수 있는 자격을 부여하는 것은 아니며, 가입톤수의 규모에 기준을 두고 자격을 부여하는 것이 보통이다. 이사회는 주기적으로 회합을 갖게 되며(보통 월 1회) 클럽의 전반적인 정책을 협의하고 규칙(rule)의 증보, 개편을 결정하며 일정금액을 초과하는 클레임에 대해 검토, 의결한다. 이사회의 기능 중 중요한 업무의 하나는 보험료 수준의 결정권이다.

이사회의 주된 의결사항을 요약하면 다음과 같다.

① 보험조건(insurance condition)
② 보험요율(rate of call), 환급(returns) 및 공제액(dedictible)의 결정
③ 클럽 규칙에 대한 사전 검토(initiating amendments to Clubs rules)
④ 재보험계약의 서명
⑤ 클레임의 승인(approving of claims)
⑥ 회원과 클럽간 분쟁의 심의
⑦ 클럽자금의 관리
⑧ 관리회사에 대한 보수의 결정 및 지시사항
⑨ 관리요원의 채용(engagement) 및 해고(dismissal)
⑩ 직원의 정년 및 연금관계

(3) 관리회사

P&I 클럽은 세계 각국의 선주들에 의해서 결성된 만큼, 선주들이 곧 보험자의 위치에 있는 한편 책임보험가입자의 입장에서 볼 때는 피보험자이기도

하다. 그러나 P&I 클럽의 일상업무를 선주들이 직접 담당할 수는 없는 만큼 선주들을 대표할 수 있는 대표선박 또는 이사(committee member)를 선임하여 이들로 구성된 이사회로 하여금 클럽 업무를 관장하도록 하되 일상업무는 전문경영업체에 위탁, 관리시키는 것이 보통이며 이 전문경영업체를 관리회사(managing company) 또는 관리인(manager)이라고 한다.

관리회사 또는 매니저의 직무는 기본적으로 다음과 같은 것들이 있다

① 클레임의 처리(claims handling)
② 보험의 인수(underwriting)
③ 투자(Investment)
④ 기록(recording)
⑤ 통신(communication)
⑥ 규칙의 개정(amendment of rules)

P&I 클럽의 초기에는 전체 회원들이 Power of Attorney에 서명을 해서 관리회사에게 클럽의 일상업무를 위임하는 형식을 밟아왔으나 1873년도에 이르러 일부 선주들이 기존 클럽의 설립 근거 내지는 법적 타당성 문제를 거론, 보험료 지급을 면하려고 시도한 일이 있은 후 동일 관리회사에 의해 관리되고 있는 클럽들을 통합하여 조합(Association)의 형태를 결성하였다. 1876년 2월 20일부터 Tindall, Riley & Co.가 관리하던 모든 클럽들을 Britannia Steamship Insurance Association Ltd.란 이름의 조합을 결성하고 유한회사(limited company)로 등기한 예가 그 좋은 예이다. 현재 대부분의 클럽들은 유한회사 형태로 자본금을 갖고 있지 않으나(클레임에 대한 준비금은 비축하고 있음) North of England, Sunderland 및 Neptune Clubs은 무한회사(Unlimited Company) 형태를 취하고 있다.[9)]

이 관리회사는 위원회의 의결을 거쳐 사전에 약정된 보수(보통 가입톤당 일정금액), 즉 관리비를 클럽으로부터 받는 대신 사무실, 직원 등을 확보하여 클럽운영에 관한 업무를 취급하고 있다. 관리회사는 클럽 자체가 비영리공제조직인 만큼 회원들로부터 징수한 보험료 및 이를 투자하여 얻은 투자수익 총액

9) 이들 중 Sunderland와 Neptune Club은 더 이상 존재하지 않는다.

과 회원들에게 지급한 보험금이 균형을 이룰 수 있도록 클럽을 관리하여야 할 뿐만 아니라 비용지출도 최소한으로 제한하여야 하는 만큼 관리비 자체도 그 범위가 한정될 수밖에 없다. 클럽 자체의 업무가 해운업과 관련한 각양각색의 사고 및 배상책임을 관리하는 것인 만큼 이들 업무를 처리하기 위해서는 많은 직원을 필요로 하겠으나 클럽으로부터 지급되는 관리비가 제한되어 있으므로 소수의 정예화된 직원들에 의한 관리가 불가피하게 된다. 실제 주요 P&I 클럽의 관리회사를 살펴보면 소수의 선주책임관계 전문가, 해상전문가 및 법률가들이 관리의 핵심역할을 하고 있다. 클럽의 업무가 관리회사의 사무실 내에서만 이루어질 수 있는 성질의 것은 아니므로 세계 주요 항구에도 필요시 회원의 자문에 응하거나 지원을 할 수 있도록 조직망을 갖추고 있어야 한다.

일반상사의 경우 해외조직망이 점소(branch office), 대리점 등으로 구성되어 있으나 클럽의 경우는 연결망(correspondents) 또는 대리인(representative)으로 되어 있으며, 현지사무소(regional office)를 두는 경우는 극히 소수에 불과하다.[10] 클럽이 해외에 상주연락사무소(correspondents)를 가지게 된 것은 1975년 Antwerp가 처음인 것으로 알려지고 있으며 현재는 뉴욕, 샌프란시스코, 함부르크 등 전적으로 P&I 클레임만 취급하고 있는 사무소들이 있으며 세계 각국의 주요 항구에 연결망 또는 대리인을 두고 있다. 관리회사의 내부조직은 가입증서를 발급하고 보험료를 징수하는 언더라이팅, 회원선박의 사고와 클레임 등을 관리하는 클레임 부서 그리고 회원들의 이재기록이나 실적관리 등 기타 업무를 취급하는 부서의 3부서로 나누어져 있는 것이 보통이나 중추업무는 언더라이팅과 클레임담당부서이다.

실제 영국의 주요 관리회사의 조직을 보면 중추부서인 언더라이팅과 클레임 취급부서는 전적으로 고도의 경험과 실력을 겸비한 소수의 전문가로 구성되어 있는 만큼 수천만톤의 회원선박을 관리하는 관리회사의 직원수가 150명 전후에 불과하며 1억톤 이상을 관리하고 있는 회사도 200명 이내가 보통이다. 클럽의 클레임 관계 업무는 엄격한 의미에서 Rule book에 열거되어 있는 바와 같이 클럽이 보상하여야 할 클레임에 한해 클레임 서류를 검토하고 이상이 없으면 소정의 보험금을 지급하는 것으로 끝난다. 그러나 클럽의 업무는 지속적

10) 아시아 해운세력의 확장에 따라 유럽계 클럽의 대부분들이 홍콩 또는 싱가폴에 현지사무소를 설치해 두고 있으며 일본의 경우는 『외국보험사업자에 관한법(외자법)』에 의거 일본에서의 영업허가를 득한 U.K, Britannia, Gard 등이 현지사무소를 설립하였다.

이고 항구적인 것이기 때문에 클레임의 사전, 사후관리가 연속적으로 이루어지고 있다. 즉, 예방을 위한 사전관리와 일단 발생한 클레임을 분석하고 그 결과를 회원들에게 고지, 계몽시켜 유사사고의 재발을 방지하기 위한 사후관리가 그것이다. 뿐만 아니라 클레임의 유무와 무관하게 해사관계 제반분쟁과 관련한 회원의 자문에 응하여야 하며 회원사의 B/L, 선적서류 등의 기초작업에도 참여하는 경우도 있을 뿐 아니라 해사법관계, 각국의 국내법이나 국제법 등도 클레임과 직결되므로 항상 관심을 갖고 연구 검토하여야 한다. 주요 클럽들의 관리회사(Manager)를 열거하면 〈표 1-1〉과 같다.

〈표 1-1〉 주요 클럽의 관리회사

Club	Manager
(1) Britania Steamship Insurance Association Limited	Tindall, Riley & Co.
(2) Assuranceforeningen GARD	Gard Services As
(3) The Japan Ship Owners' Mutual Protection & Indemnity Association	직 영
(4) The London Steamship Owner's Mutual Insurance Association Limited	A Bilbrough & Co., Ltd.
(5) The North of England P&I Association Limited	North Insurance Management Limited
(6) The Shipowners' Mutual Protection & Indemnity Association Limited	The shipowners' Protection Ltd.
(7) Assuranceforeningen SKULD	직 영
(8) The Standard Steamship Owner's Protection and Indemnity Association Limited	Charles Taylor's
(9) The Steamship Mutual Underwriting Association(Bermuda) Limited	Steamship Mutual Management Limited
(10) Sveriges Angfartyge Assurance Forening	직 영
(11) The United Kingdom Mutual Steamship Assurance Association(Bermuda) Limited	Thos, R. Miller & Son.
(12) The West of England Shipowners	The West of England

Mutual Protection and Indemnity Association(Luxembourg)	
(13) American Steamship Owners Mutual Protection and Indemnity Association Inc.	Shipowners Insurance Service Ltd. Shipowners Claims Bureau, Inc

3-3 보험료(Premium, Call)

(1) 보 험 료

초기의 Hull Club은 일반보험계약처럼 보험에 가입할 때 보험료를 징수하는 것이 아니고 먼저 가입을 하고 후일 클럽이 회원에게 보험금을 지급해야 할 경우 그 전액을 회원에게 분담시키는 방법을 취해 왔다(pure assessment 방식이라 함). 분담액의 산출은 신고된 선가(신고되지 않았을 때에는 클럽 자체에서 계산)를 기준으로 하되 피해자(회원)를 제외한 나머지 전체 회원이 공동으로 부담하였다.

Britannia Club이 1866년 각 회원들에게 요청한 보험금 분담액 청구서(Call: 보험료)의 내용을 보면 충돌사고 후 양선박 간의 과실분담이 결정된 다음에야 비로소 회원들에게 분담액청구서를 발송하였다. 이와 같은 분담방법은 초기의 P&I 클럽에서 사용해 왔으나 대형사고의 경우처럼 처리에 장시일을 요하거나 소송중인 경우 등에는 각 회원의 책임금액(분담액)이 미확정된 상태로 장시일을 경과하게 될 뿐만 아니라 양질의 선박(better ship)과 그렇지 못한 선박을 동등하게 취급하는 등 이른바 상호호혜의 정신(principle of mutuality) 및 공평(equity)의 원칙에 반하는 불합리한 점들이 있어 현재는 가입선박의 총톤수(GRT)를 기준으로 보험료를 부과하며 이 보험료는 2회 이상으로 나누어 분납형태(installment)로 징수되고 있다. 보험료의 산정을 위하여 클럽에서는 예상되는 연간클레임(회원으로부터 청구될 금액) 혹은 추정책임금액(estimated annual liability)을 과거의 경험에 의거 산출한 후, 그 추정액을 가입된 총톤수와 비교하여 톤당 분담액을 결정한다. 물론 추정액에는 회원에게 지급할 보험금 이외에 클레임 취급비용, 기타 클럽 자체의 관리비 등이 포함된다.

선주의 제 3 자에 대한 배상은 청구가 있는 날로부터 장시일이 경과한 후에 이루어지는 것이 보통이다. 이는 피해의 크기, 가해자인 선주의 책임유무와 그 정도 등을 파악하는 데 상당한 시간을 요하기 때문이다. 따라서, 가입선주가 부보기간중 발생한 사고와 관련된 제 3 자의 청구에 대해서 배상금액을 확정한 후(판결 혹은 합의에 의해서)이를 지급하고 관계서류를 구비하여 클럽에 보험금을 신청하는 시점은 부보기간이 만료되고 난 이후가 되는 것이 보통이다. 클럽의 입장에서 볼 때는 보험계약에 의거한(as per rules) 보험금 지급자체가 해당 보험회계연도(policy year)를 경과하여 지급하는 부분이 회계연도에 지급하는 금액에 비해 훨씬 많으므로 피보험자이자 보험자의 위치에 있는 회원들에게 계약 혹은 가입과 동시에 예상보험료의 전액 납입을 요구할 필요는 없는 것이다. 뿐만 아니라, 최종 클레임 총액이 보험계약 시점에 추정했던 금액과 일치할 수는 없으므로 그 과부족으로 인한 보험료의 재정산은 불가피하다.

이와 같은 이유로 클럽은 해당 보험기간의 개시와 함께 선납보험료를 징수하고 동 보험회계연도에 발생한 클레임 최종금액에 대한 클럽부담금이 확정되게 되면(보통 2~3년 후), 그 결과에 의거 추가보험료(s/c 또는 Deferred call)를 징수한다. 물론, 추가보험료를 부과하지 않는 조건(fixed base)[11)]으로 가입된 경우에는 예외로 한다. 각 클럽의 보험료 관리방법(혹은 정책)에 따라 다르지만 선급보험료의 수준은 총클레임 예산액 및 비용의 추정액을 총가입톤수나 전체보험료(Total Call Rate: TCR이라고 정함)의 약 80~90% 정도로 하는 것이 보통이며 선급보험료도 연 2회(6개월 단위)로 나누어 징수하는 예가 많다. 클럽이 상호호혜와 공평한 운영을 기본으로 하고 있는 만큼 가입선박의 명세(particular) 등 개별 회원들의 사정과 관계없이 모든 회원에 대하여 동등한 보험료율을 적용할 수는 없으며 각 회원의 이재율(loss ratio: 납입보험료에 대한 지급보험금의 비율)에 따라 적정한 요율이 적용된다. 요율은 가입선박의 선령, 선급, 취항항로,

---

11) 회원의 제반여건이 supplementary call의 징수상 위험이 없다고 판단될 경우 정부관리회사(Goverment running company)에 대해서는 일종의 특별취급으로 fixed base를 적용한다. 이 경우의 fixed base는 보험료 부담이 거의 전적으로 자신의 loss record에 의해 결정되므로 스스로 자신이 부담할 보험료를 예측하여 조정(adjust)할 수 있는 장점이 있는 한편, s/c 징수상 문제가 있을 것으로 판단되는 경우에도 fixed base를 적용하는 경우도 있다. 소형선박회사에 대해서는 오히려 s/c 징수상의 위험을 제거하기 위해 몇 년 후에 징수해야 할 s/c를 a/c에 포함시켜 일시에 징수하므로 오히려 불리한 입장에서 보험료가 책정된다고 볼 수 있다. 일반손해보험에서는 fixed base를 원칙으로 하고 있으며 P&I 클럽의 경우도 설립 초기에는 fixed base로 운영되는 것이 보통이며 Mutual Club 에서도 계약위반을 대상으로 하는 Shipowner's Liability(SOL)나 용선자의 책임을 대상으로 하는 보험, 즉 용선자책임보험의 경우에는 예외없이 fixed base를 적용한다.

선종, 운송화물 및 부보조건에 따라 다르며 이미 가입되어 있는 선박의 갱신 요율은 이재율이 추가로 반영된다. 선박의 명세 및 이재율은 각 회원의 선급보험료율을 산출할 때 반영되나 추가보험료율은 클럽에 가입해 있는 전체 선박을 기준으로 클럽이 위험개시 시에 예상했던 클레임 총액과 선급보험료 총액을 비교하여 부족할 경우 동부족액을 선급보험료 총액에 대한 백분율로 환산하여 일정한 비율(%)을 전 회원에게 일률적으로 부과한다(예컨대, Advance Call의 20%).

** Britannia Club Rules 11(2).

P&I 클럽에서도 위험의 분산을 위해서 클럽들이 모여서 푸-울(Pool)을 결성하고 푸-울의 보유한도를 초과하는 사고에 대해서는 초과액 재보험계약(General Excess Loss Reinsurance Contract)을 체결하고 있다. 그러나 초과액 재보험 역시 보상한도가 제한된 조건인바 초대형사고(catastrophe claim)가 발생하여 초과액 재보험으로도 담보가 되지 않는 부분에 대해서는 클럽 자체에서 이를 부담하여야 한다. 이런 경우의 클레임을 overspill claim이라고 하며, 동 클레임을 처리하기 위하여 회원들에게 분담시키는 금액, 즉 보험료를 overspill call이라고 한다(또는 catastrophe call이라고도 함).

** Britannia Club Rules 11(4), U.K.Club Rules 19.

(2) 보험료의 산정과 지급

보험에 부쳐야 할 위험은 항로별, 운항형태(type of operation)별 및 보험담보를 원하는 회원의 요구에 따라 다양하기 마련인바, 일률적인 보험료 산정방법을 적용할 수는 없다. 따라서 클럽에서도 모든 회원에게 일률적인 보험료 산정방법을 적용할 수는 없다. P&I 클럽에서도 앞에서 언급한 바와 같이 회원별로 요율을 산정하되 운항 형태, 항로, 부보하고자 하는 보험의 성격을 일차적인 요율산정의 기초로 하고 여기에 당해 회원의 과거의 이재실적(loss record, claim record)과 장래 예상되는 위험(future risk)을 감안하여 산출되는 개인별 요율산정(individual rating) 및 실적별 요율산정(result rating)의 방식을 병용하고 있다. 요율작업은 회원이 클럽과 직접 협상하는 경우도 있고 중개인을 통하여 행하는 경우도 있는데 중개료는 일반해상보험의경우와 마찬가지로 회원이 부담한다. 보험료에는 예상되는 클레임, 푸-울 비용 및 클럽의 재보험비용, 관리회사의 보수 등이 포함된다. 그리고 회원이 클럽에 납부해야 할 보험료는 책임톤(국제총톤수)당 일정 금액으로 표시하며, 그 종류에는 고정보험료(fixed premium)와 상호보험료 또는 정산보험료(mutual premium)로 대별할 수 있다. 보험료는 당해 보험하에서 클럽이 부담하여야 할 위험의 정도와 기타 보험조건을 고려하여 산출한다. 여기서 말한 기본분담금이란 계약 당시에 확정한 금액과 관리회사와 합의된 공식을 적용하여 산출한 금액 또는 이 두 가지를 조합한 금액을 의미한다. 그 화폐단위는 미화(US$) 또는 관리회사와 사전에 합의한 경우에 한해 다른 화폐단위로 표시할 수 있다.

이사회는 A/C를 해당 보험회계연도의 개시이전 혹은 당시에 확정하며 당해 회계연도의 클레임이 전부 종결되기 이전에(보통 계약년도 후 2~3년 소요), 회원이 부담하여야 할 S/C의 크기를 결정하여야 한다. S/C의 표시는 이사회의 심의를 거쳐 기본분담금에 대한 백분율(%)로 표시하며 일단 의결된 사항에 대해서 회원회사는 이를 지급할 의무를 진다. 보험료의 납부방법은 관리회사의 결정에 따라 분납 혹은 일시급으로 하여 지정된 기일 내에 납부하여야 한다. S/C에 대해서는 그 비율(A/C에 대한)이 확정되기 이전에 관리회사가 예상치를 사전에 추정하여 각 회원에게 통지해 주고 있다. 이는 단지 회원회사의 자금운영계획을 수립하는 데 도움이 되도록 하기 위한 참고정보에 불과할 뿐 실제의 확정치는 예상치와 다를 수 있으며 그 정확도 여부와 클럽의 S/C의 청구문제는 전혀 무관하다.

다음은 런던의 메이저 클럽의 하나로 한국에도 900만톤 규모의 가입톤수를 보유하고 있는 "B" 클럽의 A/C 및 S/C의 당초 예상치와 실적을 나타낸 것이다. 예상과 실적의 차이는 해당 보험기간 동안의 이재율 여하에 크게 좌우되는바 클럽의 경영능력보다는 오히려 가입선박들의 질적 수준과 더욱 상관관계가 크다고 볼 수 있다.

〈표 1-2〉 보험료(A/C, S/C)관리 실적표

	A	B	C	D
	연간 선납 보험료의 증감	초기 예정 S/C의 규모	실적 S/C	예정과 실적의 차이(B-C)
1973/74	25%	30%	25%	- 3.85%
1974/75	10%	32%	36%	+ 3.03%
1975/76	13.6%	30%	28%	- 1.54%
1976/77	12%	30%	21%	- 6.92%
1977/78	7.14%	30%	20%	- 7.69%
1978/79	6.7%	30%	12.5%	- 13.46%
1978/80	6.25%	25%	10%	- 12.00%
1980/81	7.65%	20%	nil	- 16.67%
1981/82	9.29%	20%	nil	- 16.67%
1982/83	12.5%	204	*(A) -10%	- 25.00%
1983/84	8.9%	20%	*(B) -25%	3137.5%
1984/85	(10.2%)	20%	*(C)(-30%)	- 41.67%
1985/86	nil	20%	*(D)(-20%)	- 33.34%
1986/87	nil	15%	nil	- 13.05%
1987/88	nil	15%	nil	- 13.05%
1988/89	nil	15%	20%	nil

〈표 1-3〉 초기 예정보험료(Original Estimated Total Call) 대비 실제 징수보험료(Actual Calls)

연도	91	92	93	94	95	96	97	98	99	00
(%)	76.9	64.3	67.8	67.8	72	74	80	88	92	100
참 고										Open

〈Notes〉

* (A) S/C의 징수 없이 오히려 A/C의 10%를 회원에게 환급하였음.
* (B) S/C의 징수 없이 오히려 A/C의 25%를 회원에게 환급하였음.
* (C)&*(D) S/C의 징수 없이 오히려 A/C의 30%를 회원에게 환급하였음.

초기예정보험료 대비 징수보험료에서 보듯이 1991~2000년도의 전기간에는 예정보험료 이하로 해당년도를 마감하여 보험료 관리 실적이 안정적이었음을 나타내고 있다.

(3) 보험료 환불

선박보험과 마찬가지로 책임보험도 선박이 정상 가동할 경우를 기준하여 보험료를 부과하는 만큼 선박이 계선하거나 항내에 장기간 정박할 경우는 정상 가동시와 비교하여 위험이 그 기간만큼 감소된다고 보아 그에 상응하는 보험료가 환불되어야 한다. 그러나 선박이 계선 또는 항내에 정박하는 모든 경우에 대해 그 기간의 장단에 무관하게 보험료를 환불하는 것은 실무상 어려우므로 일정기간을 초과할 시에만 환불하도록 규정하고 있다. 즉, P&I 보험에서도 선박보험과 마찬가지로 연속된 30일을 초과(thirty or more consecutive days)하였을 경우에 한해 환불하며 기간계산은 계선지나 정박지의 도착일로부터 출발일까지로 하되 도착 또는 출발일을 다 계산치 않고 어느 한쪽 일수만을 포함한다.

계선기간에 대한 보험료를 환불받기 위해서는 계선이 종료되는 날로부터 일정기간 이내에 P&I 클럽에 계선 사실을 통지하여야 한다. 관련 Rules에 의하면 이 기간 내에 통지가 없을 시는 클럽에서 환불을 거절할 수 있도록 규정하고 있다. 통지기간은 클럽에 따라서 6개월(Britannia Club) 또는 12개월(U.K.Club)로 되어 있으나 환불을 위해서는 계선지가 안전항(safe port or place)일 것을 조건으로 하고 있기 때문에 계선을 개시하기 이전에 계선위치와 함께 계선 사실을 클럽에 사전에 통지하는 것이 좋다.

** Britannia Club Rules (13), U.K. Club Rules(27).

환불액은 회원이 기납부한 보험료 전액을 대상으로 하지 않고 해당일수에 대한 비례보험료(pro rata daily premium) 중개료와 관리비를 제한 나머지 금액을 기초로 하되 선원의 탑승 여부, 화물의 적재 여부에 따라 차등 환불한다.

① 전선원이 승선한 상태일 시는 보험료의 50%(장기정박 또는 수리)
② 선원이 승선치 않았을 시는 보험료의 95%(계선)

*** London Club Rules 37.1. 1~2.

계선에 대한 보험료 환불기준은 모든 클럽이 반드시 동일한 것이 아니며 클럽에 따라 다소의 차이가 있을 수 있으며 예컨대 Protection과 Indemnity 부분을 구별하여 취급하는 클럽(U.K. Club)과 그렇지 않은 클럽(Liverpool &

London)이 있어 환불 비율도 다르다. 30일 이상 안전한 항(safe port)에서 계선하였을 시 다음과 같이 차등 환불하는 클럽도 있다.

○ 60%: protection과 Indemnity 양측 공히 적용
○ 75%: Protection Club 중 화물을 적재하고 있지 않은 상태
○ 90%: Indemnity Club 중 화물을 적재하고 있지 않은 상태
○ 95%: P&I에 가입한 선박으로 화물 및 선원이 승선하고 있지 않은 상태

선박이 클럽의 승인을 득하여 안전한 장소에 장기간 계선할 시는 비상상황에 대처할 수 있을 정도의 최소 요원만을 승선시키고 대부분의 선원은 하선시키는 것이 보통이며 이 경우는 전선원이 하선한 것은 아니지만 그에 준하여 보험료를 환불한다. 비상 대기조(minimum crew)의 인원수 및 구성요원의 자격에 대해서는 상황에 따라 다르겠으나 갑판(deck), 기관부(engine) 사관 각 1명, 보통 선원 2명(갑판, 기관), 그리고 취사요원 1명 정도를 승선시키는 것이 보통이다. 선박의 계선보험이나 P&I 보험하에서도 감항성에 관한 한 묵시담보(implied warranty)를 요구하고 있으므로 선원을 전원 하선시킨다는 것은 있을 수 없으며 선원이 없는 선박이란 곧 감항능력이 없음을 의미한다.

3-4 위험관리

(1) 위험인수

위탁형 클럽의 경우 클럽 그 자체를 관리하는 관리회사는 전문성을 갖고 있는 조직체이며 클럽에 가입하고 있는 전체 회원의 위험을 관리하는 지위에 있으므로 위험인수는 중대한 과제 중의 하나이다. 전체 회원으로부터 갹출된 기금(보험료)에 의하여 안정적이고 지속적인 관리를 하기 위해서는 적정한 요율산정과 함께 가장 우선적으로 고려되어야 할 사항이 곧 신중한 위험 인수정책(underwriting policy)이라고 할 수 있다. 일반 영리보험회사의 경우도 마찬가지지만 P&I 클럽의 경우 지나치다고 할 만큼 위험 인수면에서나 보험요율 조정 면에서 보수적인 지세를 취하는 것도 이와 같은 조직 자체의 특수성 때문이다.

P&I 클럽이 영국에서 시작된 만큼 그 개념적 측면이나 구조적 측면에서 영국식일 수밖에 없으며 사실 클럽이 업무를 개시할 당시의 회원은 영국 선주뿐이었다. 초기의 회원들은 전원이 동등한 보험 분담금을 거출해서 기금을 조성하고 그 기금으로 클레임을 처리하였으나 이와 같은 방식은 가입회원들이 소유, 운항하고 있는 선박이 척수면이나 취항 항로면에서 상호 비슷할 때 즉 한마디로 노출되어 있는 위험의 성격이 비슷할 때에 가능하나 그렇지 못할 시는 공정성을 상실하게 된다. 해운이 발달됨에 따라서 선형, 크기, 운송화물의 종류, 취항항로 등의 기본 요소에 따라 회원별로 위험의 성격과 크기가가 상이(相異)하게 되므로 이른바 개별요율 산정제도(individual rating)로의 전환이 불가피해졌다. 더욱이, 회원이 다국적 선주들로 구성됨에 따라 각국의 법체제 및 업무 관행상의 차이로 인해 책임의 내용면에서 근본적인 차이가 생기지 않을 수 없으므로 모든 선주들에게 동등한 위험커버를 전제로 한 보험료 부담요청은 상호호혜 내지는 공정성 면에서 볼 때 위배된다 할 수 있다. 유럽제국의 선주들은 선박충돌배상책임 전체를 통상 선박보험회사가 인수하고 있으므로 1/4 R.D.C를 클럽에 의존할 필요가 없으며, 선원에 대한 선주의 의무와 보수수준이 동일하지 않으므로 이를 기초로 한 재해보상이나 손해배상도 상당한 차이가 있을 수 있다.

위험인수 기술상의 측면에서 볼 때 클럽이라고 해서 일반보험과 차이가 있는 것은 아니고 단지 영리성을 배제한 인수란 점에서 클럽의 위험인수 곧 언더라이팅의 특징을 찾아볼 수 있다. 엄격한 의미에서 정통 P&I 클럽에서는 일반 영리보험의 경우와 같은 영업활동을 하지 않아도 되며 기존 회원이 다른 클럽으로 옮겨가는 것을 방지하기 위해서 혹은 신규회원의 가입을 권유하기 위해 보험료를 적정한계 이하로 낮추는 등의 영업적인 자세를 취하지 않는 것을 원칙으로 하고 있다. 이는 자칫 클럽이 사세의 확장에 노력하다 보면 불량선박 내지 불량회원이 가입하게 되고 대형사고로 인해 다른 회원에게 피해를 입힌다거나 회비납부불능 등으로 인해 다른 회원의 부담을 가중시키는 결과를 초래하여 회원간의 형평을 깨뜨릴 가능성을 우려하기 때문이다. 그러나 현실적으로는 영업활동이 실존하고 있으며 클럽간의 약속에도 불구하고 사세확장을 위한 요율 경쟁이 있는 것도 사실이다

(2) 푸-울 제도

가입선박의 사고로 인한 클레임 총액 중 일정한도까지는 클럽 자체에서 보상하고 그 한도를 초과하는 금액부터 일정한 수준(limit)까지는 '푸-울'이라고 부르는 클럽간 공동정산제도(Pool System)에 의존하고 있다. 즉 국제 P&I 클럽의 그룹(International Group of P&I)이란 이름으로 결성된 13개 국제그룹클럽 상호간에는 푸-울협정이 체결되어 있으며, 각 클럽이 부담하는 위험의 분산창구 역할을 하고 있다(상세 내용 제3편 4장에서 후술).

(3) 재 보 험

보험사업의 합리적인 경영을 위해서는 위험의 평균화(average)와 분산(distribution)이 효과적으로 이루어져야 하며 이를 위해 일반보험자는 타보험자와 함께 위험단체를 구성하지 않으면 안 된다. 그 방법의 하나가 곧 재보험제도이다. 재보험이란 어떤 위험에 관해 성립된 보험계약, 즉 원보험에 의한 담보책임을 대상으로 체결한 새로운 보험계약에 의한 보험으로 원보험자와 재보험자 간의 계약관계로서 위험의 분할 및 전가를 목적으로 하는 것이다.

공동보험이 위험을 횡적으로 분할하는 제도라면 재보험은 이를 종적으로 분할하는 제도라고 할 수 있다. 이론적으로 보면 클럽은 회원 상호간에 공제조합의 형태를 취하고 있는바, 일반 손해보험체제와는 달리 재보험이 필요하지 않을 수도 있으나 위험의 크기가 점차 대형화해감에 따라 제한된 회원만의 능력만으로 거대한 위험을 소화하기에는 클럽의 안정적인 관리라는 측면에서 볼 때 무리가 아닐 수 없으므로 재보험 의존이 불가피하다. 클럽이 취하고 있는 재보험제도는 푸-울협정에 의한 일차적인 위험분산과 이에 추가하여 일반 상업보험시장을 통해 초과재보험계약을 체결하고 있다.

전기한 바와 같이 클레임의 내용에 따라 10.0억(유류오염)달러 및 20.56억달러까지를 재보험계약의 한도로 하고 있으나 클레임이 이 한도를 초과하여 발생할 수 없는 것은 아니다. 현재까지 이 한도를 초과하여 발생된 사고는 없었으나 만일 그러한 사고가 발생할 경우 이를 Over spill 클레임이라고 하며 이는 각 클럽이 보유하고 있는 총톤수와 전체클럽의 총톤수의 비율(proportion)에 따라 각 클럽이 공동비례로 분담하게 되어 있다.

최근의 대형사고

다음은 과거 국제 그룹클럽이 지출했던 클레임 총액을 기준으로 대형사고들을 열거한 것이다 표에서 보듯이 과거 30년동안 총액 기준 1억달러를 초과한 사고는 불과 4건이었다. 금세기에 들어 고액 클레임이 종종 발생하고는 있으나 그 규모는 여전히 4억달러 이하에 머물고 있다. 2007년 12월 태안에서 발생한 Hebei Spirit호 오염사고의 경우 해당클럽이 예상하고 있는 클레임 한도는 3억달러 정도로 추산하고 있다.

〈표 1-4〉 초과재보험 클레임(Excess of Loss)

일 시	선 명	선 종	사 고	총액(US$)
27/09/96	Julie N	Tanker	Bridge Maine호 충돌 오염	57,518,665
03/03/96	Nedlloyd Recife	Container	브라질. 좌초, 전손	60,813,801
23/07/95	Sea Prince	Tanker	한국 오염	63,101,191
07/02/90	American Trader	Tanker	켈리포니아 근처. 오염	69,063,538
22/09/93	Mauvilla	Tug&Barge	미국 Rail bridge와 충돌	77,446,974
28/09/94	Estonia	Passenger	Baltic Sea. 침몰, 인명 손해	85,005,691
11/04/91	Haven	Tanker	이태리 제노아 근처. 오염	101,332,379
08/01/79	Betelgeuse	Tanker	폭발. Bantry Bay Terminal, Ireland	118,066,761
16/03/78	Amoco Cadiz	Tanker	Brittany근해. 오염, 화물사고	128,529,371
24/03/89	Exxon Valdez	Tanker	알래스카 오염	400,863,151
합 계				1,161,741,522

자료: International Group "Worst Claims" by Marsh. Apr/2000.

(4) 보험갱신

클럽이 징수할 총보험료(total call)의 수준은 보험기간이 만료되어 갱신 하여야 할 시점에서의 클레임과 현 보험료를 비교한 후 결정된다. 회원 전체의 실적을 보아 현재까지 징수되어 있거나 징수할 보험료만으로 클레임 전체에 대해 예상되는 보험금을 커버할 수 없다고 판단될 때에는 전회원의 갱신요율이 인상되기 마련이다. 그 반대의 경우에는 여분의 보험료가 축적되어 있는 만큼 차기 회계연도로 이월시키고 비축된 금액만큼 보험료 인하요인이 생기게 된다. 원칙적으로 클럽 경영의 기본은 상호호혜의 원칙(principle of mutuality)이지만 클럽 전체의 실적이 양호하다고 하더라도 회원 개개인의 실적을 무시하는 것은 아니다. 이는 자신의 실적에 대해서는 스스로 책임을 부담함과 아울러 자신의 실적으로 인해 타인이 불리해질 수 없다는 것을 의미하는 것으로 이는 곧 실적에 의한 공평분담의 원칙이라고도 할 수 있다. 클럽 전체의 실적은 양호한 데 반하여 어느 회원의 실적이 극히 불량한 경우에는 타 회원의 갱신요율은 인하되어도 실적이 좋지 않은 회원의 요율은 인상되기 마련이다.

일반선박보험의 경우에는 갱신요율을 산출할 때 과거 4~5년간(closed 4 or 5 years)의 이재실적을 기초로 하고 있으나, P&I 보험의 경우는 이와 다르다. 물론 어느 일정기간의 실적을 기준으로 하고는 있으나 이는 단지 개략적인 윤곽에 불과할 뿐 각 회원에 따라 그 기간이 다를 수 있다. 클레임에 따라 속결되는 경우도 있으나 그 해결에 5년 이상, 경우에 따라 8~10년을 요하는 예도 적지 않다. 화물사고, 선원사고 등의 경우는 비교적 빨리 해결되는 클레임에 속하나 대형 유탁사고, 하역인부 부상사고, 용선계약상의 분쟁 등은 5~10년을 요하는 것이 보통이며 선박충돌 클레임의 경우도 통상 2~5년을 요하고 있다. 클레임이 발생에서부터 완결되기까지 소요된 기간을 검토해본 결과 전체 클레임의 6% 정도가 당해 보험년도에 처리되고 약 46% 정도가 3년 이내에 처리되며 8년이 경과해도 85%밖에 완결되지 않은 것으로 집계되고 있다.[12]

클레임이 장기간 미결로 남아 있는 경우에는 클레임의 내역과 진전사항을 검토하여 최종처리예상액을 추정하여 이를 실적에 반영시키고 있다. 예상액은 세계 각 지역에 산재해 있는 클럽의 현지 조직을 통해서 얻은 정보와 회원이 통지한 사실관계와 진전상황 등을 종합해서 추정하고 있으며 필요 할 경우 현지의 변호사 또는 전문가의 의견을 청취하기도 한다.

최근에는 점차 빨리 해결되는 경향을 보이고 있다고는 하나 여전히 상당 부분의 클레임이 5년 이상을 요하고 있는 실정이다. 클럽의 입장에서 볼 때 갱신기에 전체 회원들에게 일률적으로 어느 기간만의 실적을 기초로 하여 갱신요율을 산출한다는 것은 실무적으로 불합리한 것인바, 약 5년 정도의 실적을 기초로 하여 갱신보험료의 개략적인 수준을 정한 다음 5년 이전의 클레임

12) Speaker's Papers Presented at Seminar at San Francisco by Britannia Club, Oct, 1979).

실적과 현 보험년도(current policy year)에 발생한 클레임의 정도를 반영하여 갱신요율을 산출한다.

P&I 보험의 갱신에 즈음하여 적정 이재율(acceptable loss ratio)이란 용어가 자주 사용되고 있으나, 어느 정도의 이재율이 적정한지에 대해서는 회원에 따라 다르다. 일정 규모 이상의 선단(fleet)을 보유하고 있는 회원의 경우에는 다소의 예외적인 고액 클레임이 발생하더라도 그 자체의 규모에 비추어 볼 때 선단의 크기만큼 위험분산이 되어 있다고 볼 수 있으므로 클레임 한두 건 때문에 민감한 영향을 받지는 않는다. 이상적인 측면에서 추정한다면 적정이재율이란 총보험료에서 푸-울 분담금 및 초과재보험료를 공제한 잔금과 총클레임 중에서 푸-울 및 초과재보험으로 처리되는 클레임과 관리비를 공제한 잔액, 즉 클럽 자체의 순보유보험료(net premium retained)와 클럽 자신이 부담하여야 할 순 클레임액(net claim to be paid by)간에 과부족이 없을 정도의 이재율을 말한다고 할 수 있다. 기존 보험계약을 갱신함에 있어 클럽과 회원간에 이루어지고 있는 갱신관계는 클럽별, 회원별로 차이가 있을 수 있으나 대략 다음과 같은 두 가지로 대별할 수 있다.

1) 이재율(Loss Record)에 의한 방식

일정기간(3~5년)에 걸친 클럽과 회원 간의 수지관계를 기초로 평균 이재율을 산출하고 이를 기준으로 요율을 증감시키는 방식을 가리킨다. 예를 들면, 다음 표와 같다.

연 도	Claim (Paid+Outstanding)	보 험 료 (A/C + S/C)	이 재 율
2000	US$1,500,000	US$1,200,000	125%
2001	1,400,000	1,300,000	108
2002	1,200,000	1,400,000	86
2003	1,700,000	1,500,000	113
2004	1,900,000	1,500,000	127
Total	US$7,700,000	US$6,900,000	112%

갱신 당시 보유톤수 100만총톤, 추가보험요율을 A/C의 20%, 이재율 112%에 해당하는 Penalty increase를 15%, Inflation Surcharge를 10%로 가정하고 갱신 전 현재의 Total Call을 US$1.50/GRT라 할 때 갱신요율은 다음과 같다.

○ Total Call: US$1.50×1.15×1.1 = $1.90/grt(갱신요율)

○ Advance Call: US$1.90÷1.20=$1.58/grt

○ Suppl'ry Call: US$1.58×0.2=$0.316/grt

2) 손익분기점(Break Even Point)에 의한 방식

클럽이 갱신에 즈음하여 반영하고자 하는 경과년도의 클레임을 기준으로 회원에게 지급한 보험금과 부수비용을 합산한 총액, 즉 지출총액을 GRT 기준으로 산출(loss cost per GRT)하여 여기에 손익분기점을 형성하는 이재율(break even loss ratio)을 적용하는 방식을 말한다. 예를 들면 다음과 같다.

연 도	GRT	Claim (Paid + O/S)	Cost
2000	100,000	US$200,000	US$2.00
2001	120,000	258,000	2.15
2002	155,000	387,000	2.50
2003	225,000	472,000	2.10
2004	285,000	684,000	2.40
Total	885,000	US$2,002,000	US$2.26

현재 요율이 US$2.60이고 Break Even Loss Ratio가 70%라면 갱신보험요율은 US$3.23($2.60÷0.7)이므로 보험요율의 인상은 24.2%($3.23−$2.60)/($2.60×100)가 된다. 클럽이 예상되는 총보험료를 거출함에 있어서 A/C로 대부분을 보험회계연도에 징수하고 회계연도가 지난 후 S/C를 소액 징수하는 경우와 S/C가 다소 많아지더라도 A/C를 가능한 범위에서 최소 금액으로 하여 회원의 A/C 부담을 적게 하는 클럽도 있다.

이 두 가지 방식 중 어느 것을 택할 것인지는 클럽의 관리정책상의 문제에 속하는 사항으로 각 클럽이 그때 그때의 상황에 따라 결정하고 있다. 회원

의 입장에서 볼 때에도 어느 방식이 유리하고 불리한지에 대해 단정적으로 말할 수 없을 만큼 각자의 이해관계, 자금운영계획 등에 따라 달라질 수 있는 것이다. 만일 클럽이 A/C 징수액을 잘 운영하여 투자이익을 얻을 수 있다면 S/C 부담이 상대적으로 감소될 것인바 회원에게도 도움이 될 것이지만 그렇지 못한 경우에는 회원 스스로가 타방면에 자금을 활용할 수 있도록 A/C를 최소화시키는 것도 바람직한 것이다. 총보험료의 크기가 동일한 "A" 클럽과 "B" 클럽을 가정하고 A/C에 큰 비중을 두는 경우와 적정선으로 유지하는 경우를 비교하면 아래의 표와 같다.[13](총보험료 US$5,000만$)

클 럽	Club "A"	Club "B"
예상총보험료	US$50,000,000	US$50,000,000
Advance Call	100%	100%
예정 Supp, Call	60%	10%
계	160%	110%
징수할 A/Call	US$31,250,000	US$45,454,545(※1)
이자소득(※3)	US$ 4,875,000	US$ 9,150,000
계	US$36,125,000	US$54,604,545
최종 Claim 총액(1)	US$55,000,000	US$55,000,000
부족액	US$18,875,000	US$ 395,455
Supplementary Call	60.4%	0.9%=0(※2)
최종 claim 총액(2)	US$60,000,000	US$60,000,000
부족액	US$23,875,000	US$ 5,395,455
Supplementary Call	76.4%	11.9%
최종 claim 총액(3)	US$65,000,000	US$65,000,000
부족액	US$28,875,000	US$10,395,455
Supplementary Call	92.4%	22.9%

13) ※ 1: 클럽 "A"의 경우, A/C 를 100으로 볼 때, S/C는 A/C의 60%이므로 금리를 무시한다면 A/C는 Total Call의 62.5%(100/100 + 60)에 상당하며 클럽 "B"의 경우에는 90.9%(100/100 + 10)에 상당한다.
※ 2: 클럽 "A"의 S/C 는 부족액 US$18,875,000을 A/C 총액(US$31,250,000)과 대비한 비율이며(60.4%)이며 클럽 "B"는 US$395,455대 US$45,454,545의 비율, 즉 0.9%이므로 사실상 추가보험료를 징수할 필요가 없다는 결론이 된다.
※ 3: "A"는 투자이익을 15.6%로 "B"는 20%로 추정하고 보험료를 계산하였음.

3) 일괄인상(General Increase)

보험계약을 갱신할 때 갱신료율 산정의 기초가 되는 것은 재보험료, 사업비 및 해당 회원의 이재율이지만 소비자 물가인상, 인프레, 보험자의 책임증가 등의 사유로 개별 이재율과 무관하게 보험료가 인상되는 경우가 있다. 여기에 해당하는 것이 "일괄인상(general increase)"과 "처언효과(churn effect)"가 있다

일괄인상(General Increase)

보험료 인상은 이재율, deductible, 선대의 규모와 협상 파워에 따라 결정된다. 그러나 일괄인상이란 이러한 개별선주의 실적과 무관하게 모든 선박에 대하여 일괄적으로 요율을 인상하는 것을 말한다. 이 제도는 1985년부터 대형 클럽을 중심으로 시행해 온 제도로서 원래는 인플레이션과 선주의 법적 책임 강화로 인한 증가분을 보전하기 위한 것이 주 목적이었다. 그간 시행해 온 총액의 규모는 보험료의 약 700%(목표기준)로 매년 11.7%에 상당하며 클럽에 따라 300%~900%까지 다양하다. 일괄인상은 클레임이 주 요인이 아니고 개별클럽의 유보금 수준과 더 관련이 있다. 특정 연도의 클레임 실적은 양호하더라도 유보금이 낮을 경우 이를 일정 수준까지 끌어 올리기 위해 일괄 인상을 시행하는 경우가 더 많다.

목표(Requirement 또는 Published)와 실적(Achievement)의 대비(2004년 기준)

	목표(Published)	실적(Achievement)
Britannia	8.5%	7.0%
Gard	7.5%	7.5%
London	15%	11%
North of Eng.	17.5%	12%
Skuld	20%	13.2%
Standard	20%	18%
Steamship	20%	165
UK	17.5%	11.7%
West of Eng	15%	10%
평 균	15.7%	11.8% - 달성률 75%

Churn effect

2003년 하반기부터 시작된 해운의 호황 장세(好況 場勢)로 인해 노후선은 퇴출되고 대

형 신조선의 투입이 증가됨에 따라 P&I 시장에서도 노후선과 신조선의 단위보험료 차이만큼 보험료 수입이 줄어드는 현상이 발생하게 되었다. 이를 Churn effect라 하며 Standard 클럽의 발표에 의하면 2005년 1월 기준 신조선의 요율이 $1.50/grt 정도인데 비해 노후선은 $3.50/grt 정도로 같은 크기의 노후 선박이 신조선으로 대체될 경우 클럽은 $2.0/grt 정도의 보험료 수입이 감소하게 된다.

Club 'A'에 가입해 있는 선박은 2,850만grt이고 총보험료는 7,500만달러로 평균보험료는 톤당 $2.63이다. 이를 전제로 해서 이 효과를 계산해보면 다음 표와 같다

Tonnage split	0~9	10~19	20 이상
	9.12m(32%)	10.26m(36%)	9.12m(32%)
	11.54m(+26.5%)	10.26m	7.75m(−15%)
Average rate	$1.265	$2.63	$4.00
Premium share	$14.6m	$26.98m	$31m

Renewing Premium =$71.25m or −5%

Assume 15% "churn" plus 10% growth in world fleet tonnage

Tonnage split	0~9년	10~19년	20년 이상
	32%	36%	32%
Premium share	$11.54m	$26.98m	$36.4m
Average rate	$1.265	$2.63	$4.00
Tonnage	9.12m	10.26m	9.12m
Assume 15% "churn"	10.49m(+15%)	10.26m	7.75m(−15%)
Average rate	$1.265	$2.63	$4.00
Premium share	$13.27m	$26.98m	$31m

Renewing premium = $72.58m or −3.23%
Premium based on 31.35m gt × $2.63 = $82.45m
Actual renewing premium is 13.6% lower

실제 전세계 선단을 기준으로 할 경우 "Churn effect"는 연간 기준 약 7.0%의 보험료 감소 효과를 초래하며 전년도 수준으로 보험료를 복귀시키려면 약 7.5% 상당의 일괄인상이 필요한 것으로 산출된다.

제 4 절 P&I 보험의 조건 및 원칙

4-1 일반조건

(1) 보험기간

P&I 클럽으로부터 보상을 받고자 하는 모든 책임손해(damages)나 손실(loss)은 보험기간(period of insurance)중에 발생한 사고로 인한 것이라야 한다.

P&I 클럽의 영업연도는 매년 2월 20일부터 다음해 2월 20일까지이므로 보험기간도 이에 맞추게 된다. 따라서 보험기간 중도에 클럽에 가입할 경우도 다음해 2월 20일부로 보험기간이 만료되도록 계약하고 있다. 보험기간의 시종을 매년 2월 20일 정오로 통일시킨 데는 Hull Club 당시 선박들의 주요 활동무대가 되었던 발틱해가 겨울 동안 결빙되었다가 다음해 2월 20일경이 되어야 완전히 해빙되므로 그 기간 동안은 모든 선박이 휴항하는 것이 관례로 되어 있었기 때문이다. 이런 이유로 그 당시의 선박보험증권에도 "별도의 합의가 없는 한 11월 1일부터 다음해 2월 20일가지 휴항한다(laid up from 1st November unless otherwise agreed)"는 내용의 조건(warranty)을 포함시키는 것이 보통이다.

(2) 회원의 클레임 선지급의무와 구상권 행사

클럽이 커버하는 모든 책임, 손실, 손상에 대한 배상은 클럽과 별도의 합의가 없는 한, 회원은 배상책임을 선 이행하거나(discharge liability first), 비용을 지출한 후 클럽에 보상을 요청하여야 한다. 즉, 회원은 클레임을 청구자와 선 해결한 후 그 결과를 제시하고 보상을 요청하여야 한다. 그리고 회원은 책임, 손실 및 배상을 일으킨 사고가 제 3 자에게 책임이 있는 사유로 발생하였을 경우는 그를 상대로 구상권(rights of recourse)을 행사하여야 하며 이를 포기하여서도 안 된다. 즉, 클럽의 담보 역시 구상권 행사를 전제로 하며, 회원이 클럽의 동의 없이 구상권을 포기하거나 면제해 주었을 경우 클럽은 보상을 거부할 수 있다.

** U.K. Club Rule 5(A).

(3) 이중보험의 제한

어느 특정위험을 대상으로 클럽과의 보험 이외에 다른 보험계약이 이중으로 체결되어 있을 시는 클럽은 그 다른 보험에 의해서 담보되는 범위를 한도로 보상을 거부할 수 있다.

(4) 공제액 및 보상한도

클럽과 회원 간에 서면으로 합의된 공제액이 있을 시 이를 지급할 보험금에서 공제하며 클럽이 지급할 보험금의 한도 역시 계약에 의거 합의된 최고한도액을 초과할 수 없다.

**. Deductible 의 적용기준

a) 철제품의 손상과 관련한 클레임에 대해서는 US$50,000을 공제액으로 하는 조건으로 P&I 클럽에 가입한 선박이 철제와 광석을 함께 운송하는 도중 동일 사유(same event)로 두 가지 화물 모두가 손상되었다. 이 경우 철제화물의 클레임에 대해서는 US$ 50,000을, 광석화물에 대해서는 표준 공제액인 US$15,000을 각각 별개로 적용한다.[14]

b) 선주가 화물클레임에 대해 US$25,000/case를 공제금액으로 하여 P&I 클럽에 가입하였다. 1990년 화주에 대하여 US$100,000의 화물클레임 배상책임이 발생하여 그중 선주가 US$25,000을, 클럽이 US$75,000을 화주에게 직접 지불하였고 클럽은 이에 더하여 부대비용(cost & expense) US$20,000을 지출하였다. 그 후 1995년 본 사고가 잘못된 적부방식(negligent stowage)에서 기인된 것으로 판명되어 용선계약에 의거 용선자로부터 US$80,000을 구상하였다. 구상금은 원금 $55,000, 이자 $20,000 및 비용 $5,000로 분할(apportion)되었고, 원금 전액과 이자의 75%와 비용전액은 클럽에 배정하고 선주에게는 을 입금이자의 25%를 배정하는 방식으로 정산하였다.[15]

---

14) Gard Handbook on P&I Insurance, p. 562.

15) Gard Handbook on P&I Ins, p. 595.

(5) 준거법 및 중재조항

P&I 클럽과 해당보험료, 클레임 기타 업무와 관련 클럽과 회원, 회원의 대리인이나 양수인 간에 분쟁이 발생할 수 있다. 예컨대, 회원의 입장에서 볼 때 당연히 클럽에서 보험금을 지급하여야 할 사고임에도 이를 거부할 경우 등에는 상호간 원만한 해결이 이루어지지 않는 한 소송 또는 중재에 의해서 처리할 수밖에 없다. 대부분의 클럽에서는 분쟁이 있을 경우 먼저 클럽의 이사회에 회부하되 이사회의 결정에 불복할 경우 이를 중재에 의해서 처리하는 것을 원칙으로 하고 있다. 클럽에 따라 약간씩 차이가 있지만 중재를 원칙으로 하되 1인 중재 또는 의장중재인(Umpire)을 포함한 3인의 중재재판부를 구성하는 것으로 하고 중재회부 및 중재에 관한 수속 등 제반절차는 1950년도 영국중재법(English Arbitration Act, 1950), 1996년 중재법 또는 그 개정법에 따르는 것으로 규정하고 있다. 클럽에 대한 소송은 회원이 일단 클레임을 클럽의 이사회에 이첩시켜 동위원회의 심의를 거친 후라야만 가능하다.

** Britannia Club Rules 44(1)(Adjudication).

클럽 이사회에 분쟁의 내용이 회부되고 이사회가 분쟁의 내용을 검토한 후 여전히 회원의 주장이 관철되지 않을 시에 한해 소송이나 기타 절차를 취할 수 있는 것이며 단지 관리회사와의 이견 또는 분쟁 그 자체만으로 아예 이사회에 회부하지도 않고 소를 제기한다는 것은 규칙에 반하는 것이라 하겠다. 중재재판부에서 재결서가 나오고 그 결과에 따라 클레임이 처리되었을지라도 중재재결서 자체가 최종적이고 확정판결과 같은 효력을 갖는 것이 아닌 한 회원이 다시 소송을 제기할 수도 있다. 영국의 클럽들은 클럽의 규정이나 회원과 클럽간에 체결된 모든 계약은 영국법을 준거법으로 하고 있고 이에 따라 해석한다.

** U.K. Club. Rule 42(Law of Contract).

(6) 영국 해상보험법

클럽의 제반규칙(rules)과 회원, 클럽간에 체결된 모든 협정(agreement)은 영국해상보험법(Marine Insurance Act, MIA 1906)의 적용을 받는 것으로 규정하고 있다. MIA는 전문 94개조로 이루어져 있으며 피보험이익, 고지 및 표시

(disclosure and representations), 담보(warranties), 손해와 보상(loss and indemnity) 등 보험자와 피보험자간의 권리 의무 등에 관한 규정을 두고 있다. 영국 P&I 클럽들의 경우, 동법에 규정된 제반사항들은 책임보험의 성격상 이에 부합하도록 다소의 수정을 가한 후 대부분 P&I 클럽의 규칙에 명시하고 있으나, P&I 규칙에 명시되어 있지 않은 사항에 대해서는 일반해상보험 시장과 다를 바 없이 영국해상보험법을 그대로 채용하도록 규정을 두고 있다.

※ London Club Rules 1.3, Shipowners, Class Ⅱ Rules 30.

영국해상보험법에 규정된 사항 중 선주들이 특히 유의해야 할 사항은 고지(disclosure, 제17조부터 20조까지)와 담보(제33조부터 44조까지)에 관한 사항이다. 보험계약이 이른바 최대선의(utmost good faith)에 의한 계약인 바(MIA 제17조) 보험계약에 앞서 선주는 자신이 알고 있는 일체의 중요사항(every material circumstance)을 클럽에게 고지하여야 하며, 대리인(agent)이나 중개인을 통하여 보험계약을 체결한 때도 마찬가지다(MIA 제18,19조). 고지 또는 표시된 일체의 사항은 진실된 것이라야 하며(must be true), 만일 부실한 경우에는 클럽이 계약을 취소할 수 있다. 보험계약을 유효하게 유지하기 위해서는 보험자와 피보험자가 상호 지켜야 할 기본사항들이 있다. 책임보험의 객체인 선박은 전적으로 선주의 관리하에 있으며 보험기간중 선박의 운항에 관한 일체의 사항은 보험자가 전혀 관여할 수 없으나 선박의 보수유지 정도와 그 운항에 관한 사정은 이에 수반하는 각종 위험을 인수한 보험자에게 직접적인 영향을 미치게 된다. 따라서 보험자는 계약에 앞서 선박의 유지, 운항 등에 관해 피보험자인 선주에게 어느 정도의 기본적인 요구를 하고 선주는 이를 지킬 것을 약속하였을 시 그 약속은 보험계약의 한 조건을 이루게 된다.

이와 같은 피보험자, 즉 선주의 약속을 담보라고 하며 여기에는 명시(express)담보와 묵시(implied)담보가 있다.

좀더 구체적으로 말해서 담보란,

① 어떤 특정한 일이 행해지거나 행하여져서는 안 되며
② 특정한 조건이 충족되어져야 하며
③ 특정한 사실, 상태의 존재를 긍정 혹은 부정하는 것을 말한다.

보험에서 담보가 사용되는 경우는 두 가지로 나눌 수 있다.

첫째는 피보험자가 충족하여야 할 조건을 표시하기 위해서 사용되며, 둘째는 보험증권상의 제한이나 제외를 표시하는 경우로 예컨대 포획, 나포 부담보(warranted free from capture and seizure) 약관이 그것이다. 묵시담보란 보험증권, 즉 P&I 규칙(rules)상에는 나타나지 않으나 법에 의해서 구속력을 갖거나 보험자와 피보험자, 즉 클럽과 선주 사이에 계약체결시(가입시) 묵시적으로 양해가 된 사항을 말하며 묵시담보에는 감항능력담보와 회원의 사업이 합법적인 사업이며 선주가 사정을 지배할 수 있는 한 그 사업이 합법적인 방법으로 수행되어야 할 것을 요구하는 적법담보(warranty of legality)의 두 가지가 있다. 명시담보는 보험증권 혹은 P&I 규칙에 포함되어 있거나, 증권부속서류에 기재되어 있는 담보를 의미한다. 선주가 담보를 위반했을 때 클럽은 그에 기인하는 일체의 손해에 대해 책임을 부담하지 않는다(MIA 33(3)).

4-2 커버의 기본원칙

(1) 커버대상은 책임손해(liability)만을 커버대상으로 하며 계약서상에 명문으로 표시된(positively indicated)사항에 한한다. P&I 보험이 원칙적으로 책임보험인 것은 사실이나 모든 책임을 커버하는 총괄적 책임(general liability)보험은 아니다. 따라서 해운업에서 발생할 수 있는 수많은 책임손해 중에서 P&I 보험에서 취급할 책임을 선별하여 열거하고 그 열거된 책임에 한해서만 클럽이 커버한다. P&I 보험이 책임손해를 대상으로 하는 보험인 것은 사실이나 엄격한 의미에서 책임의 성격은 아니더라도 계약상(혹은 규정상)에 확실히 표기되어 있을 경우에 한하여, 책임과 관련하여 회원이 지출한 비용이나 그 외의 손해도 커버하며, 대표적인 예로는 손해방지성격의 비용, 선박의 압류해제 등을 위한 담보제공비용(cost of providing security), 소송비용 등을 들 수 있다. 예외적으로 엄격한 의미에서 볼 때 책임손해 혹은 열거된 손해 중 그 어느 항목에도 해당하지 않지만 선의의 회원을 구제한다는 차원에서 클럽 이사회의 재량에 의해 커버해 주는 Omnibus 클레임은 별개 문제이다.

** London Club Rules 9.28.1.

(2) 손해는 선박의 운항(Operation of the ship)과 직접 관련하여 발생한 것이라야 한다. 손해가 어느 특정선박과 직접적으로 관련이 있을 뿐만 아니라 그 손해가 해당선박의 운항과 직결된 경우에 한해 커버한다. 따라서 화주와의 유대관계 등을 이유로 지불한 클레임 등 선주의 일반영업(general business)과 관련하여 발생한 손해는 대상에서 제외된다. 특정선박에 승선하지 않고 육상에서 대기중인 선원, 선주가 소유하고 있는 육상 또는 항만시설물(그것이 가입선박의 운항과 관련 설치되었을지라도)은 그 선원이나 설치물이 특정선박이 아닌 여러 선박(동일 선주의 소유하에 있을 경우라도)을 대상으로 하고 있기 때문에 별도 특약이 없는 한 통상의 P&I 보험규정의 담보위험에서 제외된다.

화물 역시 특정선박에 선적하기 위하여 창고에 보관중인 경우는 커버범위(scope of cover)에 속하나 선박이 지정되기 이전 상태에서 선적을 위해 수취한 화물(goods have been received for shipment but before any ship has been nominated)은 커버범위에서 제외된다. 인수 이전의 건조중인 선박 또는 인수 이전 상태의 도입선박의 감독이나 검사를 위해 파견된 인수 선원 또는 육상대기선원(건조지 또는 인수지)은 특약에 의해서 커버된다. 이 경우의 특약은 특별한 요식행위를 요한다기보다는 당해 선박의 P&I 보험가입이 기정사실화되어 있을 경우(전원가입통지가 있었거나 이미 클럽과 회원관계가 유지되어 인수선박도 가입할 것으로 믿어질 때)에는 출국선원의 직위, 성명, 도착일시 등 일정과 승선일자 등을 클럽에 통지하면 별도 보험료를 부과함이 없이 가입선박의 커버를 연장하여 커버하는 것이 관례이다.[16] 적·양하 작업중의 화물에 대한 책임도 원칙적으로 커버한다.

전기한 바와 같이 가입선박에 선적하기 이전 창고 보관중에 발생한 책임(liability arises during storage before loading in the enterd ships)은 조건부로 커버한다. 즉, 첫째는 동화물은 가입선박에 선적을 하기 위해서 입고되었을 것(have been stored). 그리고 입고보관이 운송의무를 이행하기 위한 회원의 통상적인 임무의 한 부분(normal part of the assured's duty to carry out his transport obligation)이어야 한다는 조건이다. 따라서 회원이 창고 보관주(store keeper)로서 창고업을 행하는 과정에서 발생한 화물에 대한 책임은 제외되며 이러한 원칙은 양하 이후 인도 이전에 발생한 손상에 대해서도 적용된다.

16) Britannia Rules 19(3) Liabilities in respect of Supernumeraries.

** 선박의 운항과 관련성

한 선박의 선장이 선원들이 비번(off duty)중일 때 사용할 수 있도록 조그만 선박(pleasure boat)을 빌렸다. 그런데 선원이 그 보트를 파손하였을 뿐만 아니라 제3자의 재산에 손상을 입혔다. 선주는 당연히 파손된 보트 선주와 선원의 행위로 인해 피해를 입은 사람에 대해 보상 책임이 있으나 P&I 클럽은 선주의 그러한 책임에 대해 보상할 의무가 없다 이유는 그러한 손해가 선박의 운항과 직접 관련하여(in direct connection with the operation of the ship) 발생한 것이 아니기 때문이다.

P&I 클럽에 가입한 한 선주와 고용계약을 체결했는데 그 선원이 육상에서 동 선주를 위해 일하다가 부상을 당했다.

① 부상 당시 해당 선원이 가입된 선박과 관련된 일에 종사하지 않았고 특정선박에 배정되지 않은 상태로 동 선주의 터미널에서 파렛트를 쌓아올리고 있었다거나 항구역(port area) 밖에서 차량을 몰고 있었다면 이는 클럽의 보상대상이 아니다.

② 만일 부상 당시 해당 선원이 가입선박의 적양하 작업을 돕거나 검수(tallying), 감독(supervising)업무에 종사하고 있었다면 이는 선박 운항과 직접 관련하여 발생한 것이므로 클럽의 보상 대상이 된다.[17)]

(3) 책임은 커버하되

1) 그 책임은 법적 책임(legal liability)이라야만 한다. 회원이 도덕적 이유나 영업정책상의 이유로 지출하는 손해는 법적 책임이 아니고 회원의 재량과 자유에 의해서 지출한 것인 만큼 제외된다. 여기서 말하는 법적 책임이란 소유자의 모든 재산을 상대로 집행이 가능한 책임, 즉 인적 책임(personal liability)을 의미하며 대물책임이란 선주의 책임과 무관한 용선자의 채무 때문에 선박이 해사유치권(maritime lien)의 대상이 되는 예를 들 수 있다. 선주의 입장에서는 선박이 압류되는 것을 방지하기 위하여 용선자를 대신하여 동 채무를 변제하였을 시 클럽은 선주의 대물책임을 커버하며 용선자에 대한 선주의 권리에 대위한다. 단, 이 경우 클럽의 커버는 일반 P&I 보험 커버에서는 불가능한 F.D.&D. 등과 같은 별도의 보험에 가입했을 시를 전제로 한 것이다.

2) 책임의 유형은 대별하여 계약책임(contractual liability)과 불법행위책임(liability in tort)으로 나눈다. 책임은 각국의 법을 토대로 하여 발생하고 있지만 그 책임은 계약책임(예: 화물에 대한 운송인의 책임)이든 불법행위책임(예: 충돌배상

17) Gard Handbook on P&I Insurance pp. 99, 100에서.

책임)이든 구별하지 않고 커버한다. 그 책임은 과실책임주의에 근거를 둔 책임일 수도 있으며 엄격(strict) 또는 절대(absolute) 책임주의하에서 부과된 책임일 수도 있으나(예: 접안 혹은 이안중의 선박이 기관 고장으로 부두를 파손시켰을 시) P&I 클럽에서 커버하고 있는 책임은 다음의 3그룹 중의 하나에 속한다.

① 선주의 과실에 대한 책임(liability for the owner's fault or privity): 책임제한(global limitation) 권리상실도 포함한다.
② 사용인의 태만이나 과실에 대한 책임(liability for fault or neglect by the assured's servants): 대리책임(vicarious liability)이라고도 한다.
③ 엄격 또는 절대책임(strict or absolute liability): 유류책임(oil pollution liability)과 같이 선주, 사용인, 이행보조자의 과실여부와 무관하게 부과하는 책임이다.

3) 계약책임은 조건부로 한다. 회원이 체결한 계약을 근거로 책임을 커버하지만 그 계약이 일반 해사관계법에 따라 체결된 계약이라야 하며 계약에 의거 회원이 부담하는 책임의 수준은 관계법에 규정된 수준의 책임이라야 한다. 예를 들어, 운송관계법하에서 운송인이 부담하여야 할 멸실화물에 대한 책임은 835 S.D.R/Pkg임에도 불구하고 이를 1,000 S.D.R/Pkg로 약정하였을 경우 등을 들 수 있다(단, 1,000 SDR에 대해 사전에 클럽의 동의를 득했을 시에는 보상한다). 이외에도 보험자가 금하고 있는 조건을 사용한 계약이나 관행에 벗어난 계약은 제외한다. 예인계약이나 조건과 같이 예인선측의 고의과실에 의하지 않은 모든 손해는 피예선의 부담으로 하는 경우처럼 그 내용은 합리성을 다소 결여하고는 있지만 이러한 계약조건이 관행으로 받아들여지고 있음으로 P&I 보험의 커버대상이 된다.

4) 타보험과 마찬가지로 책임보험도 클럽과 회원 간에 체결된 계약인 바 계약조건에 따라야 한다. 보험계약이 클럽과 회원 간에 체결된 계약인 만큼 클럽은 회원에 대해서만 보험금 지급의무를 부담하며 클럽측의 동의 없이는 보험금 수취권을 타인에게 양도할 수 없다.

(4) 커버의 범위

각 P&I 클럽들은 표준형 커버(standard cover)를 갖추고 있다. 클럽에 가입할 시 커버리스트(cover catalogue)를 정하거나 단순히 가입하고자 하는 등급(Class, 예: Class 5-P & I, Class 8, Feight-Demurrage and Defence)을 사전에 결정하는 것이 보통이다.

4-3 면책사유

(1) 방사성물질과 핵위험

다음의 위험으로부터 직접 혹은 간접으로 기인되거나, 이들에 의해서 발생한 모든 멸실, 손상은 클럽의 담보범위에서 제외된다.

① 핵연료(nuclear fuel) 연소한 후 남은 핵찌꺼기(nuclear waste)를 포함하여, 모든 핵연료로부터 발생한 방사능 오염이나 이온현상(inonising radiations)

② 폭발성 핵물질(nuclear assembly) 혹은 분자(component)의 방사능, 유독성 폭발성 혹은 타위험성

③ 화물로서 운송되는 방사능제품의 방사능, 유독성, 폭발성 혹은 타 위험성

(2) 전쟁위험

일반 해상보험에서 제외시키고 있는 전쟁위험의 내용과 비슷하다. 책임보험에서도 다음의 사항으로부터 발생한 모든 책임, 멸실, 손상은 담보위험에서 제외된다.

① 포획(capture), 나포(seizure), 강류(arrest), 억지(restraint) 또는 억류(detainment) 및 이러한 사항의 결과(the consequences thereof) 또는 그러한 행위를 하려고 한 기도(any attempt thereof)의 결과

② 선전포고(declaration of war)의 유무를 불문하고 적대행위(hostilities) 또

는 군사적 행동(warlike operation)의 결과, 그러나 교전국에 의하여 또는 교전국에 대하여 행하여진 적대행위로 인하여 직접적으로(그리고 관계선박 또는 충돌의 경우에는 충돌에 관계가 있는 모든 선박이 수행중에 있는 항해 또는 서비스의 성질과는 관계없이) 생긴 경우를 제외하고, 선박의 충돌, 고정물체 또는 부유물체(기뢰 또는 어뢰를 제외함)와의 접촉, 좌초, 황천 또는 화재를 면책하는 것은 아님. 여기에서 "국"(power)이라 함은, 어느 국가와 제휴하여 해군, 육군, 또는 공군을 유지하는 모든 정권(authority)을 포함함.

③ 내란, 혁명, 모반, 반란 또는 이로부터 생기는 국내투쟁의 결과 또는 해적행위

(3) 기타 면책사유

① 동맹파업(strike), 소요(riots)의 행위에 참여한 자의 행위에 기인한 손해

② 악의적인 특별손해(punitive or exemplary damages): 악의로 발생시킨 손해나 응징적인 성격을 띤 행위의 결과로 발생한 손해를 가리킨다.

** Britannia Club Rule 23~25.

**. 전쟁위험과 평시위험의 구분

여객선 페리 Peter Wessel호가 여객 1,690명을 태우고 노르웨이의 Larvik항을 떠나 덴마크로 항해중 선상에 폭탄이 설치되어 있다는 익명의 전화를 받았다. 본선은 즉시 Larvik 항으로 회항하여 선내를 수색하였으나 폭탄은 찾아 내지 못하였을 뿐만 아니라 전화를 건 사람의 신원도 확인하지 못하였다. 익명의 폭탄설치 위협이 전쟁위험인지 여부와 어느 보험자가 위협으로 인한 비용(costs and expense)을 보상할 것인지를 두고 선박보험자와 전쟁보험자의 주장이 일치하지 않았다. 법원(노르웨이)에서는 "전쟁위험인지 아닌지를 판단함에 있어 결정적인 사항은 폭탄위협의 동기(motive behind the bomb threat)라고 말하고, 만일 위협이 정치적인 동기에서 비롯되었다면 전쟁위험이라 할 수 있으며 장난전화(vandalism)였다면 이는 바다의 위험(sea peril)으로 보아야 한다. 본건의 경우 정치적 동기가 입증되지 않았으므로 선박보험자가 보상해야 한다"고 판결하였다.[18)]

전쟁위험과 관련한 P&I 클럽의 면책은 반드시 전시(time of war)에만 국한

18) Peter Wessel ND(1990), p. 140. GH, p. 504.

된 것이 아니고 평시(time of peace)에도 해당할 수 있다. 예컨대 평시에 선박이 항해중 과거 이란/이라크 전쟁 당시 부설한 기뢰와 접촉하여 피해를 입었을 경우에도 그 결과로 인한 손해는 보상대상에서 제외된다.

4-4 해상보험과의 관계

(1) 선박보험

전술한 바와 같이 P&I 클럽의 기원은 19세기에 당시의 선박보험자들이 인수를 거부 또는 기피했던 위험을 취급하거나 비싼 보험료 부담을 면하기 위해 선주들이 결성하였던 조합에서 비롯되었던 만큼 P&I 클럽과 선박보험은 초창기부터 상호 보완적 관계하에 있다고 할 수 있으며 선주의 입장에서 볼 때는 선박보험과 책임보험이 조화를 이룸으로써 비로소 자신의 재산을 관리하기 위한 보험면에서 완벽을 기했다고 할 수 있다. 이를 가장 잘 나타내고 있는 예로 충돌배상책임(collision liability)을 들 수 있다. 즉, 충돌사고로 인해 발생할 수 있는 손해는 자선 및 타선의 물적 손해를 비롯해서 인명손해, 시설물의 손해, 오염 등 여러 가지 손해가 발생할 수 있으나 선박보험하에서 담보하고 있는 손해는 손해의 종류별, 금액별로 제한되어 있다. 통상적인 보험조건에 의하면 충돌배상책임액 중 그 3/4에 해당하는 금액(3/4 RDC)은 선박보험하에서, 나머지 1/4은 P&I 보험에 의해 담보되고 있으며 선박보험은 주로 양 선박 자체에 발생한 물리적 손상을 대상으로 할 뿐, 인명, 화물(부보선박의) 등에 대한 책임손해는 제외시키고 있다.

ITC(hulls)조건에서 제외되는 위험으로 약관에 명시되어 있는 항목들은 다음과 같다.

① 선박, 화물 기타 장애물(obstruction)의 제거

② 부보선박의 화물 및 재산 손해

③ 인명손해(loss of life personal injury)

④ 유류오염(oil pollution)

(2) 화물보험

P&I 클럽은 화물보험과 직접적인 관련성이 있는 것은 아니다. 그러나 화물보험이 화주와의 보험계약에 의거 선박에 적재되어 있는 화물의 멸실, 손상을 담보대상으로 하고 있고 선박회사는 운송중인 화물의 멸실, 손상에 대하여 배상책임을 부담하고 동 배상책임을 P&I 클럽이 커버하고 있는 이상 간접적인 관계를 갖고 있다.

따라서, 운송중에 있는 화물 중 특히 고가품이 대파되었을 시는 화주의 요청에 따라 화물보험업자와 선박회사를 대리한 P&I 클럽이 손상검사에 임하는 경우가 있을 수 있으며 운송중에 있는 화물이 운송인이 아닌 제 3 자에 의해 손상되었을 시 손해배상청구 행위 등 이해관계인(운송인이나 화주)의 보호(protect)를 위해 공동보조를 취할 수도 있다.

이와 반대로 이해관계가 상호 상반된 지위에 서게 되는 경우는 화주에게 보험금을 지급한 화물보험자가 화주의 권리(운송인에 대한 청구권)에 대위하여 선주에게 멸실, 손상에 대한 배상청구를 행할 경우 또는 선주가 가입해 있는 P&I 클럽에 직접 청구를 할 경우이다. 클레임이 제기되면 선주가 배상책임을 이행하고 이에 지출된 금액을 클럽에 보상 청구하는 것이 원칙이나 화주 혹은 그의 대리인이 P&I 클럽에 직접 청구하였더라도 무리가 없는 범위 내에서 선주와 협의하에 이에 응하고 있다.

(3) 해상보험과의 차이

구체적으로 차이를 든다면 보험 인수단계로부터 클레임 처리과정에 이르기까지 전체 과정이 다르다고 하겠으나 가장 근본적인 차이를 지적한다면 다음과 같이 요약할 수 있다.

① 보험의 성격: 일반 해상보험은 재산상에 발생한 손해를 취급하는 물보험(property insurance)인 데 비해 책임보험은 보험가입자의 제 3 자에 대한 책임손해를 취급한다.

② 보험자: P&I 클럽이 선주 자신들의 조합인 만큼 선주들은 보험자이자 피보험자의 지위에서 일부 대표를 선출하여 이사회(committee)를 구성

하고 이사회로 하여금 클럽의 정책수립, 일상업무의 관리와 감독을 하도록 하는 데 반해 일반해상보험은 보험자와 피보험자가 전혀 별개의 지위에 있다.

③ 영리추구: 회원들이 납부한 보험료는 관리회사의 관리비를 공제한 전액이 재보험료와 회원의 클레임 처리를 위해 사용되어진다. 클럽이 징수한 선납보험료는 클레임으로 지출될 때까지는 투자에 사용되어지며 거기에서 얻은 투자수익도 클레임 처리자금으로 충당된다. 선납보험료 총액과 클레임 총액을 비교하여 부족한 정도에 따라 추가보험료를 징수하며 그 액수도 결정된다. 즉, 보험료의 증감은 전적으로 클레임 실적여하에 따라 좌우된다. 이러한 이유로 P&I 클럽을 상호호혜의 원칙에 기초를 둔 비영리조직이라고 부르고 있다.[19)]
반면, 일반 해상보험은 클레임실적이 큰 비중을 차지하고는 있으나 영리를 추구하는 기업체에 의해 운영되는 만큼 보험료 구성요소에는 보험자의 이윤이 포함되어 있다.

④ P&I 클럽은 회원, 즉 피보험자의 법적 배상책임을 담보하는 만큼 사실상 무한책임에 준한 담보를 제공하고 있으나 일반해상보험은 보험계약의 조건에 따라 담보를 제공할 뿐만 아니라 보험금액의 한도 역시 보험가액을 기준으로 하는 유한책임이 적용되고 있다.

(4) "Pacific Lake" 사건

P&I 보험과 선박보험이 한 사건에 직접 관련되는 경우는 드물지만 가장 대표적인 케이스는 선박충돌의 경우로, 상대선에 대한 배상책임문제, 사고로 인한 인명, 화물손해배상, 기타 유류손해 등에 대해 두 보험자는 상호 긴밀하게 협조하여야 한다. 다음에 예시하는 사고는 통상 있을 수 있는 단순한 security 수배, 손해배상액의 공동분담(1/4, 3/4 RDC), 소송관계비용의 분담 등의 차원을 벗어나 두 보험자가 심도 있게 상호 협의할 수 있는 깊이를 나타내주고 있는 사건이다. 6,320톤의 석회석(limestone)을 실은, 3,661 GRT의 Pacific Lake가 동해의 "A"항을 떠나 서해의 "B"항을 향해 항해중 1991년 12월 28일 17:20 "B"항 입구에서 Good Faith호와 충돌, 본선 1번창(No. 1hold) 우현이 대파

19) P&I 클럽은 비영리조직이지만 이는 위탁 운영하고 있는 관리회사는 영리조직이다.

되었다.

본 사고로 "Pacific Lake"호는 침몰하였으나 선원 13명 전원은 인근해역에서 조업중이던 어선들에 의해 무사히 구조되었다. 침몰된 선박으로부터 기름이 유출되지 않도록 적절한 조치를 취하는 한편 유출유를 제거하기 위한 작업이 4주에 걸쳐 진행되었으며, 작업비용으로 총 US$400,000이 지출되었고 이외에 어장손실, 배상금조로 $500,000이 어민에게 지급되었다. 잠수부를 동원하여 침몰된 선박의 손상 정도를 조사한바, 당초 예상과는 달리 외판이 심하게 파손된 것으로 판명되어 구조의 실익성 여부가 의문시 되었으나 선주는 아래와 같은 이유를 들어 구조작업을 강력히 주장하였다.

① 본선은 1974년도에 건조되었으며 선박을 신조하려면 훨씬 고액이 소요된다.
② 석회석 수입업자와 선주간에 장기용선계약이 체결되어 있다.
③ 본선을 추정전손처리할 경우 대체선 건조에 장기간이 소요된다.
④ 연안선주(coastal vessel owners)들 간에 체결된 선박의 해체와 건조(scrap and build) 협정에 따라 신조할 경우 선박의 화물적재용량(cargo capacity)을 현선박보다 감소시켜야 하며 그럴 경우 예정된 서비스를 수행할 수 없다.

만일 본선을 수리하기 위해 구조할 경우 구조비는 약 $5,600,000으로 추산되었으며 구조비와 수리비를 합할 경우 그 총액은 본선의 보험금액을 훨씬 초과할 것으로 추정되었다. 선박보험자 입장에서는 추정전손처리하는 것이 당연하나 이 경우 선주가 부담해야 할 잔해물제거(P&I 클럽에서 처리할 것이지만)비용 등을 감안, 선박보험자는 P&I 클럽과 신중한 절충한 끝에 본선을 3등분하여 선수, 선미부는 구조를 하되 중앙부는 제거할 것을 내용으로 하는 선박구조 및 잔해물 제거원칙에 합의하였다. 구조회사가 제출한 자료에 의하면 선수, 선미부를 구조하는 비용 약 $4,400,000 정도, 중앙부 제거비는 약 $3,150,000 정도로 추정되었다.

비용분담관계를 두고 난항을 거듭한 사흘간의 마라톤 협상끝에 구조/제거작업비를 총 $3,380,000로 하고 그중 $1,400,000를 P&I 클럽이 부담하기를 합의하기에 이르렀고 동 작업은 1982년 1월 21일 착수, 동년 3월 17일 완료하였으며 선박재건조작업은 동년 6월 15일 완성, 관계 다수의 축하를 받으며 처녀항해를 개시하였다.[20]

20) 본건은 실제 사건이나 항구와 선명 등은 편의상 가명으로 처리했다.

CHAPTER

2

담보하는 위험(Risks covered)

제1절 인명사고

인명상실(loss of life and personal injury)로 인한 클레임은 P&I의 설립과정에서 볼 수 있는 바와 같이 초기단계에서 클럽이 담보했던 위험 중 대표적인 것의 하나이었다. 인명사고와 관련하여 발생하는 클레임의 내용은 의사, 약품, 병원비 그리고 관련교통비 등을 포함한 일체의 치료비용(expenses for treatment)과 치료기간 동안의 수익상실(loss of income), 기능장애 또는 상실로 인한 장래의 손해의 두 가지로 대별할 수 있다.

오늘날에는 P&I 클럽의 담보위험 중 인명관계 클레임이 절대적인 비중을 차지하고 있지는 않지만, 그 밖의 다른 위험과 비교할 때 여전히 상당한 부분을 차지하고 있는 것으로 나타나고 있다.[21] 인명손해와 관련하여 선주에게 손해배상청구를 할 수 있는 자는 그 신분이 반드시 선원에만 한정되어 있는 것이 아니고 하역인부(stevedore), 도선사(pilots), 내방객(visitors), 여객(passenger) 등 일시적으로 승선해 있는 자도 포함하며 가입선박이 타선과 충돌한 경우에

21) 클럽에 따라 다르지만 보통 20~25% 정도를 점하고 있다.

는 타선에 승선해 있는 사람도 포함한다. 뿐만 아니라 가입 선박측에 책임이 있는 때에는 인근 타선박의 인부, 육상인부 혹은 선원등도 포함될 수 있으므로 가입 선박측에 책임이 있는 모든 인명사상으로 인한 클레임이 이 범위에 속한다고 할 수 있다.

인명관계 클레임은 여러 가지 형태로 발생할 수 있다. 예컨대, 탱커(tanker)가 해상에서 충돌하여 폭발한 경우, 여객선과 충돌한 경우, 항만 내에서의 유사한 재난에 의해 육상인부를 포함한 많은 인명사고가 발생한 경우 등을 들 수 있으며 그 손해의 크기를 고찰해 본다면 P&I 보험에서 담보하는 위험 중 금액면에서 가장 큰 비중을 차지하고 있다.

여기서 말하는 인명사상을 두 가지로 대별하면 계약상의 청구와 비계약적 청구가 있으며 선원과 인부 등이 전자에, 내방객과 타선의 선원과 여객 등이 후자에 속한다.

1-1 선원에 대한 책임

이 항목을 구체적으로 예시하면 입원비, 치료비, 장례비, 이로(deviation)로 인한 비용, 선원의 교체를 위한 송환 및 대체비용(repatriation and substitution) 등의 비용과 선박의 난파 이후 당해 선박의 기국법(law of the vessel's flag)에 의거 지급하여야 할 급여와 선박사고로 유실된 선원의 개인소지품 등이 여기에 속한다. 선원, 여객, 기타 승선 중에 있는 자의 질병이나 상해로 인해 치료를 위해서 혹은 육상에 인도할 목적으로 선박이 원래 예정된 항로(intended or scheduled voyage)를 벗어나 가까운 항구를 향해 이로를 하는 경우, 선주는 이로기간(원침로를 벗어난 시점에서 다시 복귀하기까지)에 발생한 연료, 보험료(H/M & P&I), 선원 급여, 식량소모품 등 제비용과 항비(port charge) 등을 클럽에 청구할 수 있다.

이로거리의 장단에 따라 다르겠지만 이로로 인한 클레임 중 가장 큰 비중을 차지하고 있는 항목이 주로 연료소비량(bunker consumption)이며, 최근의 고유가 시대 이후 이러한 현상은 더욱 두드러지고 있다. 참고로 선원상병으로 인한 이로 claim 총액 중 연료소비량이 차지하는 비중을 실례로 들어 비교해 본다.

** 브라질에서 페르시아만으로 항해중 선장의 긴급치료를 위해서 세인트 헬레나를 향해 이로, 전속 항진했다. 클레임 총액 US$165,894 중 유류소비량이 US$153,100에 달했다.

** 외국적 선박에 승선중이던 영국인 일등항해사가 본선 탱크에 들어갔다가 산소부족으로 질식사했고, 고용계약에 따라 보상금 US$170,560이 지급되었다.

** 선장이 입원치료중 병원에서 뇌일혈(cerebral haemorrhage)로 사망했다. 유족들이 배상금청구에 대해 선주는 한국법상 동사망은 직무상의 사망이 아니므로(non-occupational) 보상금을 치를 수 없다고 거절하였다. 그러나 뇌일혈의 원인이 사망자의 피로(fatigue and physical)라는 치료기록(medical evidence)을 토대로 한국노동법(Korean Labor Board)의 규정에 의거 동 선장의 사망은 직무상의 사망(death from occupational causes)으로 처리, 보상금 US$52,440이 지급되었다.

선박이 전손된다거나 난파됨으로써 승선근무를 계속할 수 없는 선원에게 2~3개월 정도 급여를 지급하는 것은 1920년 국제노동협약(International Labour Convention, 1920)에 근거를 둔 것으로 이를 난파선 실업보상(shipwreck unemployment indemnity)이라고도 부른다(선원법 제51조: 2개월). 선원의 개인소지품의 유실에 대한 클럽의 보상범위에는 현금(cash), 보석(jewelry) 및 선원의 일상생활에 있어 필수품이라고 간주할 수 없는 품목 등은 제외되며 그 보상한도는 실제의 손해를 기준으로 하는 것이 원칙이나 사고 후 선원의 신고에 의하거나 사전에 그 한도를 직급별로 규정해 두는 것이 관례이다.

**. 발병/발생시기가 애매한 경우

한 선원이 20년간 해상근무 후 석면침착증(asbestosis)을 보였으나 정확히 언제부터 발병한 것인지 그 시기를 확인할 수 없었지만 해당선원은 약 10년간 석면가루 흡입위험에 노출되었었음이 확인되었고 그동안 그는 해당 A클럽에 가입해 있는 선주가 소유하고 있었던 선박에 승선했었다. 그러나 문제의 선박이 A클럽에 가입했던 기간은 5년 동안이었던 관계로 선원에 대한 해당 선주의 책임 중 50%만 보상 받을 수 있었다.[22]

22) Gard Handbook on P&I Ins, p. 580.

1-2 손해액의 산정

사망의 경우 발생할 수 있는 클레임은 본인(사망자)에게 생긴 손해액과 장례비, 기타 부수실비(out of pocket expense)가 기준이 된다. 이중 본인에게 발생한 장래의 수익상실에 대한 손해는 유족 또는 부양가족들에 대한 손해배상의 산정 기초가 되며 총액은 수입이 가능한 전기간(정년 퇴직 또는 근로 정년까지)의 총수입 그리고 공제해야 할 생활비의 수준(본인이 수입을 얻기 위해서 지출해야 할 생활비) 등을 종합하여 산정한다.

(1) 정신적 손해(Injury by shock and other mental policy)

정신적 손해라 함은 재산 이외의 손해, 즉 사고로 인한 충격 등 정신적 고통을 말하며 그 배상은 보통 위자료라는 이름으로 행해진다. 위자료를 어떤 경우에 인정하느냐는 나라마다 입법취지에 따라 차이가 있으나 설사 인정하는 경우라도 정신적 손해는 금액으로 평가하는 것이 불가능하기 때문에 판결에 의하지 않는 한 당사자 쌍방의 합의에 의하는 수밖에 없다. 위자료에 대해 선주에게 책임이 있을 시(재판 또는 법에 의해)는 클럽이 그 손해도 커버하며 사고통보를 접한 본인 가족의 충격으로 인한 손해도 마찬가지다.

(2) 개인 휴대품(personal effects)

신체손해 또는 사망에 대해 선주에게 책임이 있는 한, 동사고로 인해 멸실 또는 손상된 본인(피해자)의 휴대품 예컨대 의류, 시계, 가방 등 통상적으로 휴대하고 있는 소지품에 대해서도 배상하여야 하며 클럽의 커버범위에 속한다.

(3) 손해배상금 계산의 일반원칙

피해자에게 지급하여야 할 손해배상액을 산출함에 있어 총손해액에서 선주의 비용으로 가입한 타보험, 연금, 기타 사회보장제도하에서 지급되는 금액은 공제되어야 한다. 통상적으로 배상금액을 산출하는 순서는 대략 다음과 같다.

우선 피해자의 손해액을 사고 당시의 수입(통상급여 기준), 수입이 가능한 기간 그리고 해당 생활비 등을 감안하여 일시보상액(보통 호프만식 또는 라이프니츠식에 의함)을 산출하고 그 다음 사회보장제도 또는 타보험이나 연금에 의하여 지급되는 금액을 공제한다. 손해배상금액에서 공제되어야 할 가장 중요한 항목은 근로기준법, 선원법 등의 규정에 의거 선주나 고용주가 지출한 비용이다. 즉, 상병등급에 따라 지급한 장애, 재해보상금과 본인의 치료를 위해 선주가 지출한 치료비, 상병수당, 노무의 제공 없이 지급된 급여 등도 공제한다. 손해보상은 고용주와 사용인 간의 과실(negligence) 유무와 그 정도 또는 비율(%)에 근거를 두고 있는 만큼 사고의 원인이 전적으로 선주의 과실에 의하지 않고 본인의 과실이 개재되어 있을 때에는 본인 과실의 정도 만큼 손해보상액에서 공제되어야 한다.

1-3 여객(passenger)에 대한 책임

선박을 이용한 여행은 우리나라의 경우 국내항로는 제주도, 울릉도 등 도서간을 취항하는 정기여객선과 한국-일본, 한국-중국을 연결하는 페리 서비스의 2가지 경우에 국한되어 있어 국제 정기여객선 항로는 극히 미미하다고 할 수 있으나, 미국이나 유럽 등의 경우는 해외 여행 시에 선박을 이용하는 여객이 총여행자수의 상당부분을 점하고 있으며 선박의 대형화와 시설이 개선되어 감에 따라 점차 증가해 가고 있다. 선박을 이용한 여행은 비행기의 경우와 비교할 때 여객이 선상에 체류하는 기간이 길고 지정된 선실을 중심으로 해서 그 행동반경이 선내 제반 위락시설을 포함한 선내 전 구역에까지 미치게 되므로 선내 체제기간 동안 여객의 신상에 사고가 발생할 가능성이 많다. 선주는 여행중 발생한 여객의 인사상 사고와 여객의 휴대품이 멸실·손상되었을 경우 여객과의 계약에 따라 그 손해를 배상해야 하며 P&I 클럽은 이러한 선주의 배상책임을 담보한다.

(1) 해상여객운송계약

해상여객운송계약이라 함은 해상에서 운송인이 선박에 의하여 사람, 즉 여객을 운송할 것을 인수하고 상대방은 이에 대하여 보수를 지급할 것을 약정하는 계약인바, 운송계약이라는 점에서 해상화물운송계약과 개념이나 성질이 같고 그 법적 성질은 도급계약이며 낙성, 불요식의 계약이다.

해상여객운송계약에는 개개의 여객운송을 목적으로 하는 개별계약의 경우와 여객운송을 위하여 선박의 전부 또는 일부를 목적으로 하는 용선계약을 나누어지고 화물운송의 경우처럼 용선계약에도 기간용선과 항해용선으로 다시 나눌 수 있다. 여객의 운송을 위해서 선박이 용선되는 예는 이민의 운송, 단체 유람항해 등에 사용될 경우이다. 용선에 의한 여객운송은 부정기적이고 항로 자체도 일정하지 않으나 개별운송은 사전 공시된 항로, 일정표에 따라 운항되고 있으며 우리나라의 경우와 같이 도서간 연안 여객운송은 예외 없이 정기여객항로에 의한 개별운송이다. 용선에 의한 여객운송의 경우라 해도 해상운송인과 용선자와의 사이에 용선계약은 해상물건운송과 다를 바 없으나 여객과 용선자 사이에는 여객운송계약에 따라야 한다. 일반해상화물운송의 경우 운송화물을 수취한 후 운송인이 선하증권을 발급하듯이 여객운송의 경우도 계약의 성립과 운임의 지급을 증명하는 승선표(또는 선표)을 발급하는 데 그 성질은 선하증권과는 다르다. 즉, 여객의 성명을 승선표에 기명하여 발급하였을 시는 타인에게 양도할 수 없으며 단순한 증거증권에 불과하나(상법 제821조) 철도나 고속버스와 같이 육상여객운송 시 발급되는 승차권의 경우처럼 무기명식(또는 지시식) 승선표일 시는 승선 전까지는 타인에게 양도할 수 있는 유가증권이지만 승선 후에는 기명식 승선표와 같이 단순한 증거증권에 불과하다.

(2) 운송인의 책임

해상화물의 경우 운송인은 감항능력주의의무(Hague Rules 제3조 제1항), 화물의 선적으로부터 양하에 이르기까지의 전 과정에 걸쳐 선량한 관리자로서의 의무(properly and carefully load . discharg: Hague Rules 제3항 제2항)를 다할 것을 요구하고 있는 것처럼 여객 운송에서도 여객을 목적지까지 안전하게 운송하여야 할 의무를 부담한다. 전자의 경우 화물이 운송에 적합한 상태(포장, 마크, 화물 자체의 특성 등)일 것을 요하듯이 여객도 선박 내의 질서에 따를 의무가 있으며 여객이 지켜야 할 제반 선내 규정을 준수하여야 한다. 여객의 관리에 관한 운송인의 의무를 좀더 구체적으로 살펴보면 선실제공의무(항해중, 선박이 수리를 요할 경우도 상응하는 거처를 제공해야 함), 식사제공의무(수리시도 동일함)와 기타 서비스를 제공하여야 할 의무가 있다(상법 제822조). 여기서 선실, 식사, 서비스 등의 질이나 정도에 대해서는 별도 약정이 없는 한 통상적이고 해당 항로의 관행에 상당한 것이면 족하다.

승선중 혹은 해상운송인의 책임구간 내에서 발생한 여객의 사상사고에 대해서는 국내법 또는 관련 국제조약에 따라 운송인은 자기 또는 사용인이 운송에 관한 주의를 해태하지 않았다는 것을 증명하지 않는 한 배상책임을 부담하여야 한다(Athens조약 제 3 조, 상법 제830조, 148조 제 1 항). 만약 충돌, 좌초, 폭발, 화재 등으로 인해 여객이 손해를 입었을 시 운송인은 자기 또는 사용인이 과실이 없었다는 것(not to blame)을 입증하지 못하는 한 그 손해를 배상하여야 한다.

운송인의 책임구간에는 여객이 모선에 승선한 시점부터 하선할 때까지는 물론 모선에 탑승하기 위해 육상 터미널로부터 모선까지 제공되는 소형보트나 주정 등 타 운송수단 내에 있을 때 또 하선 후 터미널에 도착하기까지, 즉 승선표에 기재된(included in the price of the ticket) 전 구간을 책임구간으로 한다.

손해액의 크기(quantum of loss)에 대해서는 청구자가 입증책임을 부담하는 것으로 되어 있는 것이 보통이나(국제조약) 우리나라의 경우는 특별규정을 두어 피해자와 가족의 정상을 참작하여 즉 피해자의 수입과 가족수 등을 고려하여 법원이 손해배상액을 정하여야 한다고 규정하고 있다(상법 제830조, 제148조 2항).

손해배상액을 산정함에 있어 사회보장제도에 의한 보험(social insurance)에 의해 커버되는 금액은 공제되어야 하며 기타 손해액 계산 원칙에 준하여 산정된 청구액에 대하여 운송인은 법적 책임제한을 주장할 수가 있다. 책임제한 금액의 계산단위(unit of account)는 프랑(Francs)으로 표시되어 있으나(아테네조약 제 7 조, 제 8 조) 현재는 그 단위가 SDR로 바뀌어져 가고 있다. 책임제한 권리는 사용인의 과실로 인한 책임에 대해서도 적용되므로 운송인이 부담하여야 할 배상액의 총액은 규정된 한도를 초과할 수 없다.

운송인은 여객의 수하물(luggage)에 의하여 여객 1인당 일정중량을 초과하지 않는 범위 내에서 무임 운송의무를 지고 있으나 초과 시는 별도 운임을 지급하여야 한다. 무임운송의 경우라도 수하물에 손해가 발생하면 운송인은 그 손해를 배상해야 할 책임이 있으나 동수하물을 운송인이 인수한 경우(탁송수하물)와 그렇지 아니한 경우, 즉 여객 자신이 휴대한 경우에 따라 각각 다르다.

해상운송인은 여객으로부터 인도를 받은 수하물에 대해서도 운임을 받지 아니한 경우에도 화물운송인과 동일한 책임을 지며(상법 제830조, 제149조 제1항), 인도를 하지 않고 여객 자신이 휴대한 수하물에 대해서는 운송인 또는 그 사용인에게 과실이 있을 경우에 한하여 책임을 진다(상법 제830조, 제150조). 따라서 휴대수하물의 손해를 배상받고자 하는 자는 운송인측의 과실을 입증하여야 한다.

일반 해상화물운송과 같이 관계법이나 계약에 위반하여 선적·반입된 수하물은 언제든지 도중이라도 양육·처분할 수 있고 선박, 인명이나 타 화물에 위해를 가할 염려가 있을 때는 언제라도 무해처분할 수 있으며 그 비용은 해당 화주의 부담으로 한다(상법 제791조).

여객의 사고가 "사고가 발생할 것을 인지하면서 행한 중과실 또는 고의(wilfull or by gross negligence with knowledge that loss would probably occur)"에 의해 발생하였을 시는 책임제한권이 상실된다(아테네조약 제13조). 따라서 중과실이 있었다는 것만으로는 책임제한권리를 박탈하기에 부족하며 그 과실의 정도(degree of blame)는 거의 고의적인 인과관계(wilful causation)에 가까운 것이라야 한다. 따라서, 사실상 사고를 일으키기 위해 의도적으로 행한 과실을 제외하고는 거의 모든 사고에 대해 책임을 제한할 수 있을 만큼 운송인의 책임제한권리는 철저히 보호되고 있다. 이는 운송인의 책임제한금액을 고액 수준으로 유지하되 상대적으로 극히 예외적 경우 이외에는 그 책임제한권리가 박탈되지 않도록 보장함으로써 균형을 유지하자는 데 그 목적이 있다.

(3) P&I의 보상 범위

여객운송과 관련하여 P&I 보험이 커버하는 내용은 회원, 즉 여객운송인이 부담하는 법적 책임을 대상으로 하지만 책임의 크기를 어느 특정국가의 법 또는 조약만을 적용하여 그 책임을 논하는 것은 아니다. 클럽은 여객운송시 여객에게 발급하는 선표에 기재되어 있는 운송약관이나 여객운송계약을 기초로 하여 보험을 인수하며 그 계약조건은 반드시 사전에 클럽의 동의를 득할 것을 요구하지만 어느 국가의 강행법에 의해 계약서상에 명시된 책임보다 더 무거운 책임을 회원이 부담할 경우에도 클럽은 회원의 책임손해를 보상한다. 이는 화물운송 시 화물의 멸실, 손상 등의 책임에 관한 분쟁에 대해 선하증권통일조약(1924, Hague 규칙)을 적용하기로 B/L상에 명기되어 있더라도 관할법원에 따라 미국해상물품운송법(U.S COGSA)이나 헤이그-비스비규칙을 적용하여 운송인에게 무거운 책임을 부담시키더라도 클럽이 여전히 보상하는 것과 마찬가지다.

책임의 기간(period of responsibility)은 타운송의 경우와 마찬가지로 인수(승선)에서 인도(하선)까지로 되어 있다. 그러나 여객이 여객을 운송할 선박뿐만 아니라 여객의 승하선에 사용되는 보조선의 선내에 있는 동안(while the passenger is on board the ship or in one of the owner's means of conveyance between ship and shore)도 운송인의 책임구간에 포함된다. 여객선은 화물운송과 달리 유람의 성격을 내포하고 있어 중간 기항지에서는 사전에 계획된 관광프로그램에 따라 버스나 택시 등을 이용해 단체관광이 행해지고 있는 것이 보통이다. 관광 도중 운전자의 부주의 또는 차량 자체의 하자로 인해 여객의 신상에 사고가 발생하였을 경우는 운전자 또는 차량의 하자에 기인된 사고일지라도 선주가 여객에 대해 손해배상책임을 부담하여야 하나 이러한 책임은 클럽이 보상하지 않는다(보상의 기본원칙 참조). 클럽이 전보하는 내용을 구체적으로 예시하면 치료비, 송환비, 장례비, 장해보상, 수하물의 멸실, 손상 등의 법적 책임을 위시하여 여객의 상병과 관련한 이로비용 등을 전보하나 보건위생법, 출입국 관계법 위반(breach of immigration of health regulation)이나 선박의 지체(detention)로 인한 추가 기숙 및 식사제공 등 여객관리비용, 목적지까지의 여객운송비용 등은 제외하며 회원이 법적 책임을 초과하여 지급한 책임에 대해서도 그 초과분은 전보하지 않는다.

** Steamship Club Rules 9. 2. 3 Passengers(persons holding passage ticket).

국제여객운송분야에서 미국이 차지하고 있는 비중은 지대하다. 여객 및 수하물의 운송에 관한 아테네조약이 발효하기 위해서는 10개국 이상의 나라가 비준, 가입하여야 하나 미국은 아직 비준하지 않고 있다. 사실상 국제간 여객운송은 유럽제국과 미국 간의 항로가 주를 이루고 있으며 왕래여객도 제일 많다. 따라서, 이 항로에 취항하고 있는 각국 여객선사는 미국의 태도 여하에 따라 운송인의 책임의 내용이 크게 좌우되므로 미국이 가입하지 않는 한 그 국제조약은 동항로에 취항하고 있는 타국 여객운송인에게는 별 의미가 없게 된다. 대부분의 국가가 여객 및 수하물의 손해에 대한 운송인의 책임은 어느 정도는 제한할 수 있도록 허용하고 있으며 국제조건도 운송인의 면책사유(exemption clause) 및 책임제한(limit of liability)을 규정함으로써 동일한 입장을 위하고 있으나 미국만은 여객운송인이 약관(ticket clause)을 사용해서 책임을 제한하는 것은 공익(public policy)에 반하는 처사라는 입장을 고수하고 있으며 여객운송인에게 절대적인 책임을 요구하고 있다.

여객선에서는 항해기간 동안 선내 식당이나 bar 등에서 영리행위의 하나로 여객에게 주류를 제공하고 있으나 만일 여객이 과음하였을 경우 운송인은 그 여객을 잘 보살펴서 객실까지 인도하여야 할 의무가 있으며 그러하지 아니한 경우에 여객이 부상을 입었을 시는 운송인이 책임을 부담하여야 한다는 것이 미국판례의 취지다.

여객의 클레임을 산출할 때는 특별손해와 일반손해로 나누며 그 내용은 다음과 같다.

① 특별손해(Special Damages): 피해자가 지출한 모든 직접비용과 장래의 수익손해(loss in future operation)를 합한 총액을 말한다.

② 일반손해(General Damages): 여러 가지 간접적인 손해로 구성되며 우선은 고통(pain and suffering)으로 인한 손해, 즉 육체적 · 정신적 고통(physical and psychological suffering)에 대한 경제적 보상, 삶의 즐거움을 상실한 데 대한 보상으로 예컨대 낚시, 등산, 스포츠 등과 같은 위락활동이 불가능해짐으로 인한 손해(loss of life's pleasure) 기타 사고로 인해 흉터가 생겼을 시 이로 인한 미의 상실(loss of beauty) 등에 대한 손해 등을 말하며 그 산출기간이 다분히 애매하고 그 타당성을 논하기도 어렵다.

**. 감항능력과 인명사고

선원 44명과 여객 12명이 승선한 선박이 대양을 항해중, 조리사가 잠을 자고 있는 사이 소화용 도끼(fire axe)로 난폭하게 살해되었지만 범인은 색출되지 못했다. 조리사의 부인과 자녀들은 본선의 감항능력 불비를 이유로 손해배상을 청구하였으나 법원에서는 "선주의 감항능력 담보의무는 무조건적인 안전(Unconditional safety)을 보장하는 그런 성격의 것이 아니라 합리적인 것(reasonable fitness)이라야 한다. 범인이 여객이 아니라 선원 중의 한사람임을 입증하는 증거가 없는 한 감항능력 불비를 이유로 선주에게 책임을 물을 수 없다"고 판결하였다.[23]

**. 선내 의사의 과실

선내 의사가(ship's doctor) 당뇨병 환자를 제대로 진단하지 못한 채 5일 동안 치료하다가 문제의 여객이 의식불명에 빠졌다. 동 여객은 환자의 상태를 제대로 진단하지 못한 과실과 선박으로부터 조기 하선 조치하지 못한 책임을 물어 선박을 상대로 US $1,000,000 이상의 손해배상을 청구하였으나 법원에서는 운송인(선박)은 유자격(competent and qualified) 의사를 고용하여야 할 의무가 있을 뿐이라는 오랜 규칙(longstanding rule)을 재확인하였다. 즉 유자격 의사를 고용하는 것으로 선주의 의무를 다한 것이며 동 의사의 오진이나 처방 잘못으로 인한 손해에 대해서는 책임을 물을 수 없다는 취지이다.[24]

미국법의 입장

선내의사를 고용하여야 할 법적 의무는 없으나(There is no requirement that passenger ship to carry doctor) 실무에서는 1~2명 정도의 의사를 태우고 다닌다. 미국에서 오랫동안 관행으로 인정되어 온 규칙에 의하면 선주가 의사를 고용할 시에는 선출(selection)과 유지(retention)에 있어 합리적인 주의를 다하여야 하지만 운송인이 의사를 감독할 수 있는 기술이나 지식이 없는 만큼 기본적으로 환자는 의사의 고객이며 의사가 고객을 통제(control)한다는 데 기본을 두고 있다.

(4) 해상여객운송에 관한 국제조약

국제 여객운송하에서 발생하는 책임관계를 통일하기 위한 움직임은 제 1 차 대전 후 구체화되었으나 해상 운송분야는 국제해법회(CMI)의 주관하에 『1961년 해상여객운송통일조약(Brussel Convention)』, 『1967년 해상수화물운송조약』이 성립되었으나, IMO 주관하에 기존의 여객과 수하물에 관한 조약을 통합하여 『1974년 아테네조약(Athens Convention Relating to the Carriage of Passengers and Their Luggage by Sea, 1974)』이 채택되었다. 아테네조약에 규정되어 있는

23) Gard Handbook on P&I Insurance, p. 210.

24) Barbette v S.S. Bermuda Star, 848 F. 1988 A.M.C : GH Handbook, p. 225.

책임제한금액은 각국의 선박소유자 책임제한(global limitation)법 내지는 『1976년 런던해사채권조약(Convention on Limitation of Liability for Maritime Claims, 1976, London, November 19, 1976)』에 규정된 유한책임한도의 적용을 배제하는 것은 아니며 운송인은 여객·수화물에 대한 손해배상액의 합계가 선박소유자 책임제한금액을 초과할 시는 후자에 준한 책임제한이 가능하다.

1974년 아테네조약에서는 책임의 주체로서 운송인(carrier)의 개념을 명확히 하고 있다. 즉 실제 운송행위의 이행여부와 관계없이 여객과 운송계약을 체결한 사람을 운송인으로 규정하고 있으며 운송인은 운송과정에서 발생한 손해에 대하여 그 손해를 일으킨 사고가 운송인의 과실 또는 태만(fault or neglect)으로 인한 경우에 책임을 진다고 규정하여 과실책임주의를 취하고 있다. 그러나 손해를 일으킨 사고가 운송인의 의도적인 행위나 손해발생의 개연성을 인식하면서 한 무모한 행위로 인한 것이 아닌 한 운송인은 책임을 제한할 수 있다. 개별책임제한의 내용은 여객의 사상에 대해서는 여객 1인당 46,666SDR로 하며 수하물에 대해서는 휴대수하물과 비 휴대수하물로 나누어서 책임제한을 인정하고 있다.

1976 의정서

1974 아테네 조약은 책임제한의 계산단위로 금의 공식가치(official value of gold)와 연계한 포앙카레 프랑(Poincare franc)을 채용하였으나 1969 CLC와 1971 FC의 1976 의정서 채택과 함께 계산단위를 SDR로 바꾸었다. 아테네 조약의 1976 의정서는 1976년 11월 19일에 채택되어 1989년 4월 30일부로 발효되었다.

2002 의정서

1974 아테네 조약의 책임한도가 지나치게 낮아 각국이 이를 수용하기 어렵다는 지적에 따라 책임한도를 상향조정한 1990 의정서가 1990년 3월 29일 채택되었다. 동 의정서에 의하면 여객에 대해서는 175,000SDR로, 수하물은 1,800SDR, 자동차는 10,000SDR로 각각 인상하도록 하였으나 발효요건(10개국이 비준 가입한 날로부터 90일)을 충족하지 못한 상태로 있다가 결국 2002 의정서가 채택됨으로써 사실상 사문화되었다 영국은 2002년 의정서가 채택되기 이전에 발생한 Herald of Free Enterprise호 사고로 인해 영국에 주된 사무실을 두고 있는 여객운송인에 대해 일방적으로 300,000SDR까지 인상한바 있다.

2002 의정서는 기존의 과실책임주의(fault basis liability)를 엄격책임주의(strict liability)로 강화하고 사고의 성격에 따라 선박사고(Shipping related accident)와 비선박사고로 나누어 책임을 달리하고 있다. 여기서 선박사고는 선박의 난파(shipwreck), 전복(capsizing), 충돌, 좌초, 선내화재나 폭발 또는 선박의 결함(defect in the ship)으로 정의하고 있다. 2002 의정서에 규정된 책임제한 금액은 ① 사고의 원인이 전쟁이나 불가항력인 경우, ② 사고가 제3자(예; 테러리스트)의 고의적인 행위로 인한 경우 등의 두 가지 원인에 한해서는 여객당 250,000SDR, 그 외 운항자(operator)의 태만으로 인한 경우에는 여객당 400,000SDR로 하고 있고 피해자의 구제를 확실히 하기 위해서 강제보험제도를 도입하고 있다.

아테네 조약이 채택된 후 P&I시장에서는 강화된 여객에 대한 책임의 커버 문제를 놓고 여객선과 비여객선, 여객선이 가입해 있는 클럽과 그렇지 않은 클럽간의 이해관계 때문에 국제 그룹클럽 내부에서 상당한 논란이 있었으나 여객선에 대해서도 과거와 같이 보험커버를 제공하기로 의견을 모았다. 그러나 문제는 사고가 발생할 경우 1회에 한해서는 보험커버하는 데 문제가 없으나 일단 여객선의 전손사고가 발생하면(보험금 지급사유가 이미 발생한 후 새로운 커버를 위해) 즉시 동일한 내용의 보험커버가 자동으로 복원(reinstate)되어야 하나 2006년 말 현재 복원이 불가한 것으로 되어 있어 여전히 해결되어야 할 문제로 남아 있다.

2002 의정서는 2002년 11월 1일 채택되었으며 10개국이 비준 가입한 날 로부터 12개월 후에 발효한다.

우리나라는 아테네 조약에 비준하지도 않았고 상법에서도 조약을 수용하지 않은 상태로, 해상여객운송인의 책임에 관한 한 과실책임주의를 채용하고 있으며 책임제한이나 면책에 관한 규정은 해상화물운송인의 경우와 유사하다. 책임한도에 대해서는 개별책임제한 규정을 두지 않고 운송인의 총체적 책임제한제도를 규정한 상법 제746조(선박소유자의 유한책임)에 따라 처리되고 있다. 이에 의하면 해상여객운송인의 책임은 선박검사증서에 기재된 여객 정원에 46,666SDR을 곱한 금액과 2,500만SDR 중 적은 금액으로 한다. 즉 소수의 여객이 사망한 경우에는 책임제한을 할 수 없는 반면 정원이 535명[25] 이상인 선박

25) 25,00만/46,666.

이 침몰하여 전원 사망하였을 경우에는 1 인당 46,666SDR로 책임이 제한되기 때문에 국제협약과의 관계하에서 볼 때 지나치게 낮은 금액이 되어 국제항로에서 사고가 발생할 경우 새로운 문제를 일으킬 가능성이 높다.

국제조약과 비교할 때 우리 상법이 갖고 있는 문제점을 요약해보면 대략 다음과 같다.

① 해상여객운송인의 책임한도액이 지나치게 소액이다. 개정상법에서는 책임한도액을 증서상의 여객정원당 46,666SDR에서 175,000SDR로 인상을 시도하고 있지만 관련업계의 현실에 비추어 볼 때 일거에 375%를 인상하기에는 여객선 선주의 부담을 고려할 때 무리라고 판단되어 2008년 8월 3일부터 3년간은 여객정원×8만 7,500SDR로 하고, 2011년 8월 3일 이후부터는 정원당 175,000SDR을 적용하는 것으로 개정하였다(제770조 제1항).

② 강제보험제도에 대한 규정이 불명확하다. 상법에는 여객운송인에 대해 보험의 가입을 의무화하는 강제보험 규정이 없고 단지 해운법에서 국토해양부장관이 필요하다고 인정할 경우 여객운송사업자에게 보험가입을 명할 수 있다고 규정하고 있다. 물론 실무에서는 해상여객운송사업자 대부분이 관련보험에 가입하고는 있으나 그 보상한도가 법상의 책임을 전액 부보하고 있지 않은 경우가 많고 이를 규제할 명시적인 규정이 없다는 점이다.

③ 국제조약과 달리 우리는 과실책임주의를 택하고 있어 피해자보다는 여객운송사업자에게 더 유리한 입장을 취하고 있다.

④ 앞에서 언급한 것처럼 우리 상법에는 해상운송인의 개별적 책임제한제도가 없다.

현재 우리나라의 여객운송 사업분야는 국내운송이 주류를 이루고 있고 국제간 여객운송은 한-일, 한-중, 한-러 항로에 평균 10,000톤급의 화·객선 중심으로 운영되고 있다 이들 3개국 중 에는 여객운송관련 국제조약을 수용한 국가와 그렇지 않은 국가가 있기 때문에 균형을 기할 필요는 있겠으나 우리상법의 여객운송인의 책임관련 규정은 국제기준과는 너무나 차이가 크다. 현재 진행중인 상법 개정과정에서 드러난 관련업계의 반응으로 볼 때 여객운송인의 책임을 일거에 국제수준으로 끌어올린다는 것은 불가능할 것으로 보이지만 우선 책임한도액만이라도 단계적으로 인상하되 강제보험제도를 법으로 명확히 하는 것이 필요하다.

1-4 하역인부(stevedore)에 대한 책임

(1) 책임일반

미주지역에 취항하고 있는 선박들이 겪고 있는 어려움 중의 하나는 하역인부사고와 관련한 클레임이다. P&I 클럽이 지불하고 있는 각종 클레임 중 하역인부사고가 차지하고 있는 비중을 검토해 보면 선주들이 부담하고 있는 금액을 가히 짐작할 수 있다. 적양하 작업중 하역인부가 상해를 입을 수 있는 가능성은 전 세계 어느 항구나 다를 바 없으나, 그 중 미국의 항구에서 야기되는 인부사고는 그 사고의 사실여부를 논하기 이전에 오랫동안 선주나 P&I 클럽의 난제 중의 하나였던 것이 사실이다. 이러한 하역인부사고는 대형 전용선이나 탱커보다 일반화물을 운송하는 선박, 컨테이너선보다는 재래잡화선에서 특히 많이 발생하고 있으며 금액을 기준할 때는 선박 항차당 화물 클레임보다 오히려 더 클 만큼 그 청구액이 거액에 달하는 것이 보통이다.

하역인부관련 클레임은 대부분 본선의 감항성 불비를 이유로 하고 있으며 배심원제도라고 하는 미국 고유의 법체계로 인해 많은 클레임이 발생되고 있다. 하역인부가 감항능력불비를 근거로 해서 선주에게 손해배상을 청구하는 근거는 크게 두 가지로 나눌 수 있다.

첫째, 미국법하에서 선주는 선원이 관계되는 한 묵시담보의 하나로 감항능력 확보에 관한 절대적인 의무를 부담하고 있으며, 둘째, 이와 같은 묵시적 담보사항은 "전통적으로 선원에 의해 행하여진(traditionally done by seamen) 업무나 작업을 수행하는 모든 자들에게도 확대 적용된다는 점이다.[26] 따라서 선적(loading), 적재(stowing) 및 양하(discharging)작업등 전통적으로 선원이 행하였던 이러한 작업을 수행하고 있는 하역인부들도 감항능력에 관한 선주의 묵시담보의무 위반을 이유로 배상청구를 하고 있는 것이다.

---

26) 과거에는 화물을 싣고 내리는 작업이 선원들에 의하여 행하여졌다.

선박의 감항능력 불비를 이유로 한 선원의 손해배상청구권을 인정하는 제도가 언제부터 비롯된 것인지는 분명치 않으나 고대 해사관련법에는 치료(cure)와 생계비에 상당하는 금액, 즉 치료비와 급여를 지급하여야 한다는 규정만을 두고 있다. 유사한 규정은 A.D. 1150년에 공표된 Laws of Oleron에도 포함되어 있으며 한자 동맹시대의 Laws of Visby, 루이 16세의 해사조례 등에도 동일한 규정을 두고 있다. 그 이후부터 치료비와 생계비에 대한 청구권은 계속 인정되어 왔으며 미국 법원에서도 승선근무중 부상당한 선원에 대한 선주의 책임을 판단함에 있어 이러한 고대법들을 기준으로 해서 규율해 왔다. 미국 재판부가 감항능력에 관해 언급한 최초의 케이스는 급여문제와 관련 선원이 제기한 소송사건인 것으로 알려지고 있다. 이 사건은 선원이 자신의 비행(misconduct)이나 탈주행위(desertion)로 인하여 자신의 급여가 몰수당하지 않도록 하기 위해, 즉 자신의 비행을 면죄받기 위한 역공의 한 방법으로서 선박의 감항능력불비를 거론한 것으로부터 비롯되었으며 해사법에 감항능력불비문제가 대두된 또 다른 경로는 일반해상보험과 해상운송에 관한 규칙을 통해서였다. 즉, 해상보험계약이나 해상운송계약의 당사자가 되는 선주는 관련 선박의 감항능력을 확보하여야 할 묵시적 의무를 부담하며 관계법에도 이를 선주의 묵시적 담보사항으로 규정하고 있다.

선원이 청구할 수 있는 손해의 내역에 대해서는 초기부터 치료비와 급여에 한해서만 인정해 왔으나 19세기 말에 이르러 미 해사법원에서는 치료비와 급여뿐만 아니라 그 이상의 손해, 즉 기대이익(loss of earning in the future)까지도 손해에 포함시켜야 한다는 입장을 취하기 시작하여 현재에 이르고 있으며 선주가 상당한 주의(due diligence)를 태만히 함으로 인해서 발생한 선원의 상병에 대해서는 배상책임을 부담하여야 한다는 인식이 점차 일반화되었고 이러한 인식은 고용주가 종업원들에게 안전한 작업장(safe place to work)을 제공하기 위해서 합리적인 주의를 다하여야 한다는 취지로 받아들여지게 되었다. 물론, 일부 법원에서는 선주의 적극적인 과실(active negligence)에 의해 기인된 상해에 한해서 선주에게 배상책임을 인정한 사례도 없지 않으나 대부분이 적극성 여부에 무관하게 선주에게 과실이 있을 시는 책임을 부담하여야 한다는 입장을 취하고 있다.

(2) 선주의 주의의무 원칙

하역인부를 고용(hire)하여 본선 작업을 수행하는 과정에서 선주가 부담하여야 할 주의의무는 국가에 따라 지역에 따라 다를 수 있겠으나, 앞에서 설명한 바와 같이 하역인부에 관한 한 선주에게 가장 엄격한 의무를 부과하고 있는 미국의 예를 참작하는 것이 선주의 입장에서 무난할 것으로 본다. 미국에서는 하역인부에 대한 선주의 의무에 대해서는 다음과 같은 원칙이 적용되고 있다.

1) 법적 의무(Longshore and Harbor Workers' Compensation Act)

① 선주는 하역인부에게 작업을 의뢰하기 이전에(prior to turning over the vessel to the stevedore) 작업장(work areas)에 대한 합리적인 검사를 수행하여야 할 의무가 있다.

② 선박은 알고 있거나 당연히 알고 있어야 할 본선상의 잠재하자나 위험(hidden dangers), 작업 도중에 인부들이 당면하게 될 위험들에 대해 인부들에게 알려야 한다.

③ 위험이나 상태가 잠재된 상황이 아니고 밖으로 드러나 있는 상황일 경우에는 선주가 취해야 할 조치는 다음 상황에 따라 달라진다.

(가) 선주가 다음의 위험을 인지하고 있었거나 통지를 받았는지의 여부

(ㄱ) 작업개시 전에 존재해 있는 것으로 선주가 알고 있는 것으로 추정되는 위험

(ㄴ) 작업 도중에 형성된(created) 위험으로 실제 선주의 주의(actual attention)하에 있었어야 할 위험

(나) 만약 통지를 받았거나 인지하고 있었다면 그 다음은 하역인부가 그러한 위험을 시정(correct)하지 않을 것이라는 것을 선주가 당연히 알고 있어야 하는지 여부

(다) 이상의 조건이 충족되었다면 그 다음 문제는 동 위험이 시정(제거)될 때까지 선주가 작업을 중단시키지 못한 사실이 사고에 대하여 책임을 져야 할 만큼 부주의 한 것인지(improvident) 여부이다.

2) 선박속구(ship's equipment)상의 하자

① 양하기(Winch)

하역인부사고와 관련 선주의 표준 주의의무에 대해 논한 케이스로는 양하기의 고장을 다룬 Scindia Steam Nav. Co, Ltd. vs. De Los Santos 사건[27]을 들 수 있다. 이 사건에서 선주에게 책임이 있는지 여부를 결정하는 데 중요한 척도가 되었던 기준은 아래와 같다.

㈎ 문제의 양하기가 적절한 작동상태하(in proper order)에 있지 않았다는 것을 단정하기에 충분한 사실들(sufficient facts)을 선주가 알고 있었는지 아니면

㈏ 하역작업을 개시하기 전에 양하기에 하자가 있었고 이에 대한 인지사실이 선주의 유책사유가 될 수 있는지 여부

실제 양하기의 고장과 관련한 사고에 대해 선주의 책임유무는 위험의 발생시기, 인지여부에 따라

첫째, 양하기의 고장이 하역작업 개시 직후에 발생하였을 시

둘째, 고장이 작업을 상당히 진행한 후 발생하였을 시

셋째, 양하기의 결함에 대해 선주나 인부가 상호 어느 정도 인지하고 있는 상황하에서 사고가 발생하였을 시 등의 대략 세 가지 유형으로 나누어질 수 있다.

하역인부 측에서 볼 때 가장 선주에게 불리한 케이스가 첫번째 경우이며, 둘째, 셋째의 경우는 하역인부 자신도 본선 속구의 결함을 어느 정도 인지하고 있었음으로 인부의 일상주의의무(workmanlike performance)에 근거한 주의책임을 부담하여야 한다.

② 기타 기기

갑판상의 파공, 현측 사다리(side ladder)의 발판이 깨어진 경우, 선체구조물의 파편 등으로 인한 인부사고가 이 범주에 해당하며, 선주는 이러한 부위에 내재하는 위험을 제거 보수하여야 할 의무를 부담하고 있다. 선주는 다음 두 가지 사항에 해당하는 경우에는 그로 인한 인부의 사고에 대하여 책임을 부담한다.

27) United States Supreme Court 451. U.S. 156-1981.

(가) 선주가 위험한 여건을 사고 이전에 이를 시정하거나 인부에게 경고할 수 있는 시간적 여유를 가질 만큼 충분한 여유를 두고 이를 인지하였거나 당연히 인지하였어야 할 경우로서 이러한 경우는 주로 설계상의 하자(design defect)나 일상적인 정기 검사(routine inspection)를 통해 확인할 수 있었을 상황을 말한다.

(나) 하역인부가 작업과정에서 어느 구역에서 작업할 것이라는 것을 인지하였거나 어떤 속구를 사용할 것임을 당연히 예견하였어야 할 경우, 바꾸어 말하면 그 반대의 경우에 해당할 시는 선주는 면책될 수 있는 경우로 예컨대 하역인부가 작업중 밟고 서 있어서는 안 될 Sweat batten 위에 서 있다가 자신의 체중을 못이겨 Sweat battens이 부러지면서 부상당했을 경우에는 동 사고에 대해 선주는 면책이다.

(다) 화물로 인한 사고: 하역인부가 본선에 승선한 후 하선하기까지는 거의 대부분의 시간을 선창 내에서 하역작업을 하면서 보내고 있기 때문에 인부사고가 발생하는 빈도 역시 선창 내가 가장 많고 그 원인은 대부분 화물과 직접 간접적으로 연계되어 있다. 하역작업중 발생한 사고라 할지라도 하역의 대상이 되는 화물이 선적화물인지 양하화물인지에 따라 책임관계가 다르다.

(ㄱ) 선적화물: 화물을 선적하는 과정에서 발생한 화물과 관련된 인부사고는 선주의 방어(Defence)가 양하화물의 경우에 비해 조금 용이하다. 화물의 포장이 취약하다거나 포장상의 결함 때문에 인부가 넘어졌을 경우 또는 화물이 추락, 인부에게 부상을 입혔을 경우 등과 같이 화물 자체의 하자로 기인된 인부의 사고에 대해 최근의 추세는 제조업자 배상책임(Product's liability) 원리를 적용하여 선주가 아닌 화주(Shipper)를 상대로 소송을 제기하는 방향으로 변하고 있다. 즉 화물이 이제 바로 본선에 선적되려고 할 시점에 있으므로 선주가 화물의 하자를 사전에 인지하고 있었다거나 당연히 인지하고 있었어야 한다는 것을 하역인부가 입증하기란 지극히 어려운 것이기 때문이다.

(ㄴ) 타항에서 이미 선적된 화물: 물론 이전에 이미 선적되어 있는 화물의 경우에도 포장상의 문제점이 인부사고의 원인이 될 수 도 있으나

선적화물의 경우와 다른 것은 화물의 하자가 아니고 위험스러운 적부상태(dangerous stowage)가 사고를 유발시킨 것으로 되어 구체적으로는 고박(lashing shoring 및 fencing)상의 결함이 선주의 유책사유를 형성한다.

3) 선상에서 미끄러지거나 넘어진 경우

하역인부가 고박용 와이어(lashing wire)나 방충·분리재(dunnage board)에 걸려 넘어졌다거나 갑판상에 있는 그리스(greasing), 기름이나 얼음 등에 의해 미끄러져 부상을 당한 경우가 여기에 해당한다. 이런 유형의 사고에 대해 선주의 책임유무를 확인하기 위해 배심원들은 De Los Santos 사건을 토대로 해서 다음 두 가지 사항을 검토하였다.

① 선주가 사전에 그러한 위험여건을 인지하였는지 또는 합리적인 주의를 기울였더라면 그러한 위험을 사전에 제거할 수 있는 충분한 시간여유를 두고 이를 인지할 수가 있었는지 여부. 실무적으로 보면 대부분 그 대답은 긍정적으로 선주에게 절대 불리하다. 물론 하역인부들에 의해 그러한 위험이 조성되었음이 입증되었을 경우 선주는 면책될 수 있다.

② 선주가 그러한 위험여건을 인지하고 있었거나 그 위험을 사전에 제거할 수 있는 시간을 갖고 있었다고 보여질 경우에는 다음의 어느 하나에 해당하지 않는 한 선주는 책임을 부담하여야 한다.

(가) 하역인부 또는 하역회사가 그 위험여건을 인지하고 있었거나

(나) 하역인부가 그 위험여건을 제거할 수 있는 능력을 갖고 있었거나

(다) 본선측에서(ship's Officer) 하역인부가 그 위험을 시정할 것으로 기대할 만한 이유가 있었는지

갑판상에 존재한 기름이나 얼음과 관련된 사고에 대해 선주측이 가장 많이 주장하고 있고 또한 용이한 항변은 하역인부의 사전 인지 사실 그리고 하역인부가 이를 시정하기 위해 적절한 조치를 취했어야 한다는 주장이다. 실제 기름이나 얼음은 톱밥이나 소금 등을 뿌려서 쉽게 위험성을 제거할 수 있을 뿐만 아니라 하역인부 자신들이 이러한 재료를 갖고 있지 않을 시는 이를 본선측에 요청하여야 할 의무를 갖고 있는 것이다. 로프나 와이어 그리고 컨테

이너 고박설비(lashing equipment)는 이들의 존재가 작업여건상 위험이 될 수 있으면 별도 재료를 동원하지 않고도 쉽게 시정할 수 있으므로 본선뿐만 아니라 하역인부 역시 이를 인지한 즉시 위험을 제거하여야 할 의무를 부담하고 있는 것이다.

컨테이너를 양하하기 위하여 본선측의 선원이 컨테이너를 고박하고 있는 로프를 절단한 후 절단된 로프를 갑판상에 그대로 방치하였다가 하역인부가 여기에 걸려 넘어져 부상을 당했다. 하역인부는 오전 내내 그 구역에서 하역작업을 하였으며 본선의 preventer guy에 shackle을 채우기 직전에 하역인부 자신의 손으로 절단된 로프가 방치된 그 주변 구역을 정리하기까지 하였다. 문제의 로프는 은폐나 엄폐되어 있는 것도 아니고 눈에 곧바로 띄일 수 있는 상태로 널려져 있었으며 로프를 절단하여 고박을 해제하는 것 자체도 통상 선원들이 하고 있는 작업의 일부일 뿐 비상적(unusual)인 것도 아니다. 지방법원이나 순회재판소 공이 "문제의 로프조각의 존재는 인부 자신이 충분히 인지할 수 있었을 뿐만 아니라 쉽게 치울 수 있는 상태였고 본선측에 이를 제거해 달라는 요구도 한 적이 없었다"는 점을 지적 인부에게 패소판결을 내렸다.[28)]

하역인부사고와 관련된 여러 가지 케이스를 종합해 보면 하역작업을 개시하기 이전, 즉 하역인부가 승선중이거나 하역개시 직전에 발생한 사고에 대해서는 본선측에 엄격한 작업장 준비의무를 요구하고 있으나 일단 작업이 개시되면 상대적으로 하역인부측에 무거운 주의의무를 부담시키고 있다. Russel Williams, Ⅲ. v. Delta Steamship Lines, Inc. 사건을 통해 피력된 재판부 견해는 타 여러 케이스에서 자주 인용되고 있다. 이에 의하면 하역작업이 개시된 이후에 발생한 인부사고에 대해 다음의 몇 가지 경우에 해당하지 않는 한 선주는 책임이 없다.

① 하역작업에 지장을 줄 수 있는 위험의 존재에 대해 본선측에 통지되었는지
② 위험을 하역회사가 제거하지 않았다는 것을 본선측에서 인지하고 있었는지
③ 위험의 성격이 하역회사에서 이를 제거할 수 없는 유형의 것이라고 선

28) Albergo v. Hellenic Lines, 658 F 2d 66-2nd Circuit 1981.

주가 믿을만한 이유가 있었는지

(3) 감항능력

하역인부사고가 감항능력 불비로 인한 경우 선주에게 절대책임을 부과하는 원칙을 수립한 표본적인 사건으로서는 1903년 Osceola 사건을 들고 있다. 이 사건에서 판사는 다음과 같은 요지로 선주의 패소판결을 내렸다. 즉, 영·미 양국의 법에 의거해 볼 때 선박의 감항능력 불비 혹은 선박의 속구나 설비를 적합한 상태로 두지 못함으로 인해 기인된 선원의 상해에 대해 선주와 선박은 배상책임을 부담하여야 하며 그 배상책임 범위는 단순한 치료와 치료기간에 대한 급여 이상의 것이라야 한다. 그러나 상해사고의 원인이 선박의 감항능력과 무관한 경우는 그렇지 아니하다. 1876년 영국 상선법(Merchant Shipping Act, 1876)에 의하면 선주는 선박의 감항능력을 확보하기 위하여 모든 합리적인 수단(all reasonable means)을 다해야 한다고 규정하고 있어 감항능력 확보 그 자체를 절대적 의무로 규정하지 않고 합리적인 노력을 다할 것을 요구함으로써 다소 완화시킨 감이 없지 않다.

그러나 1937년 H.A.Scandrett 사건에서 미국법원은 설사 사고를 전혀 예상할 수 없었다 치더라도 감항능력 불비로 인하여 발생한 상해사고에 대해서는 배상책임을 부담하여야 하며 Harter Act(운송관계법)에 의하더라도 감항능력 확보를 위해 상당한 주의를 경주하였다는 사실만으로 면책될 수는 없다고 판결함으로써 인명상해사고에 관한 한 감항능력 절대담보원칙이 적용되어야 함을 밝혔다. 그럼에도 불구하고 선박의 감항능력 확보를 위한 선주의 주의의무 성격에 관해 다소 애매한 점이 없었던 것도 아니다. 이에 대한 의구심은 1946년의 Seas shipping Co. vs. Sieracki(일명 Sieracki) 사건에서 명백해졌다. 이 사건은 Osceola 사건과 함께 주의의무 성격을 논한 대표적인 케이스로 널리 알려져 있는 사건으로 판사는 그 성격을 다음과 같이 논했다.

"감항능력 확보를 위한 의무(duty)의 성격(character)은 근본적으로 일종의 무과실책임 유형에 속하는 것이며 그 의무 위반에 대한 책임은 작업수행 과정에 수반하는 위험에 근원을 두고 그 위험의 정도에 대응할만한 책임으로서 과실의 개념이나 계약에 의해 제한 될 수 없는 책임이다."

한마디로 그 의무는 인도주의적 견지에서 만인에 대해 부담하여야 할 절대적인 성격의 의무이다(It is form of absolute duty to all within range of its humanitarian policy). 이는 선 내외에서 행하여지는 작업으로 그 작업내용이 전통적으로, 바꾸어 말해서 해운 초창기에 선원들이 수행해 왔던 그런 류의 작업일 경우 선주는 이들 작업에 종사하는 인부들에 의해 본선의 감항능력 확보를 위해 주의를 다해야 할 절대적 의무를 부담하는 것이며 그 의무는 계약에 의해서 또는 과실의 정도에 따라 경감될 수 없는 성격의 의무이며 주의 태만으로 인해 발생한 인부사고에 대해서는 치료비는 물론 그 사고로 인한 손해에 대해 배상책임을 부담하여야 한다는 취지이다.

하역인부의 상해사고가 누구의 과실에 기인한 것이며 그 과실이 사고에 기여(contribute)한 정도 여하에 따라 선주의 책임범위도 달라져야 한다는 것이 선주들의 입장이다. 즉, 사고에 대해 전적으로 선주에게 과실이 있더라도 그 기여도에 따라 비례책임을 부담하는 것이 선주들로서는 바람직한 제도인 것이다. 그러나, 하역인부측의 주장은 이와는 상반된 입장으로 사고가 선상에서 발생하는 한 자신의 과실에 의하지 않은 일체의 사고는 선주가 책임을 져야 한다는 주장이다. 1978년 미국의 순회재판소들 간의 이견에 대해 미국연방대법원에서는 "선주의 과실의 정도(degree of fault)가 아무리 작더라도 단지 상해를 입은 인부 자신의 기여 과실 정도만을 감안하고(contributory negligence of the injured man himself) 그 이외는 전적으로 책임을 져야 한다"고 판결함으로써 선주에게 무거운 책임을 부담시켰다.

** 선창의 승강구 상부에 설치되어 있는 뚜껑의 열쇠고리가 풀어져 뚜껑이 인부를 때려 한 사람은 척추에, 또 한 사람은 양쪽 발에 심한 부상을 입었다. 진단결과 척추부상은 만성요통과 천골부상(chronic lumbar sprain and lumbar sacral instability) 등 심각한 상해인 것으로 판명되었고 의학적으로는 동사고의 직접적인 결과임이 드러났다. 소송이 진행되는 과정에서 인부조장(stevedore foreman)은 당시 뚜껑을 안전볼트(safety bolt)로 고정시켰어야 하는데 이를 이행하지 못하였음을 자인하였으나 하역인부측에서는 당시 걸쇠고리가 불안전하고 적합지 못한 것이었으며 이 사실은 선주가 사전에 알고 있거나 당연히 알고 있었어야 할(knew or should have known) 사항이라고 주장했다.

6일간에 걸친 사실심리를 마친 끝에 선주는 사고와 관련된 어떤 부분에서도 태만함이 없었다고 배심원들이 판결했다. 이 사건은 다음에 예시하는 사례와 함께 작업에 임하는 하역인부도 인부로서의 상무를 인지하고 인부가 취하여야 할 주의의무, 즉 "workmanlike performance"를 법원이 요구하고 있는 예다.

** 51세의 하역인부가 육상에서 선박의 계류작업(mooring)을 돕고 있는 도중, 본선의 스프링 라인이 절단되어 인부를 치는 바람에 치명상을 입고 본선과 부두 사이로 떨어져 곧 사망했다. 사망자의 처라고 주장하는 여인이 자신과 네 명의 자녀 명의로 선주를 상대로 손해배상청구소송을 제기했다. 사실심리 과정에서 선주측에서는 동인부가 지나치게 스프링 라인에 근접해 있었으며 라인으로부터 멀리 비켜서라는 본선측의 경고를 무시했을 뿐만 아니라 안전모(helmet)와 구명복(life jack)을 착용하고 있지 않음을 지적, 법원에서는 사망자가 인부로서의 상무 또는 주의의무를 태만히 하였음을 지적, 선주에게 승소판결을 내렸다.

이상의 사건들은 선주의 기여과실(contributory negligence) 정도 여하에 따라 인부상해에 대한 선주의 책임이 좌우될 뿐만 아니라 인부 자신이 안전을 위해 취하여야 할 주의의무를 태만히 하였을 시에 그에 상응하는 책임을 부담하여야 한다는 입장을 취하고 있다.

하역작업중 인부들에 대한 선주의 책임은 선주가 작업장의 안전을 위협하는 장애물의 존재를 알고 있거나 또 불안전한 여건을 조성하였을 경우는 책임을 부담하여야 하며 장애물의 제거나 불안한 여건을 바로 잡는 데 있어 태만하였을 시에도 그로 인한 사고에 대해 1차적인 책임을 져야 한다. 그러나 설사 작업장에 존재하고 있는 위험이나 장애물이 작업에 임하는 인부가 통상적인 주의를 태만히 하지 않았더라면 능히 발견할 수 있었고 피할 수 있는 것이었음에도 이를 태만히 하였을 경우는 인부 자신도 전기한 "인부의 상무" 또는 "workmanlike performance" 의무 위반에 해당되어 그에 상응하는 2차적인 책임을 부담하여야 한다.

여기서 '선주'라 함은 선주 자신(shipowner himself)뿐만 아니라 그의 대리인들, 오퍼레이터, 용선자 그리고 선장, 선원까지도 포함된다. 적지(loading port)에서 선적작업을 행하던 인부들이 충분히 주의를 하지 않고 작업을 시행함으로 인해 양지에서 발생한 인부사고에 대해 그 결과가 본선 선장이 선적작업을 철저히 감독치 못한 이른바 감독 소홀로 인한 사고일 경우 선주가 배상책임을 부담해야 한다.

용선된 선박에서 인부사고가 발생하였을 시 선주와 용선자 중 어느 쪽이 인부에 대한 배상책임을 부담해야 하는지는 사고 내용에 따라 다르겠으나 일차적인 책임은 "선박"이 지게 되어 있으므로 곧 선주가 우선 인부에게 손해를 배상하여야 한다. 선적지 하역작업중의 미비로 인해 적부상 하자로 발생한 양지의 인부사고에 대해 미국하급법원에서는 용선자와 선주가 공동 책임이 있는 것으로 판결되었으나 상급법원 판사는 어느 쪽이 배상금을 지급하느냐는 쟁점이 될 수 없으며 사고는 선박(vessel)이 배상하여야 한다고 판결하였다. 용선자와 선주간의 책임문제는 인부와 무관한 별도의 구상관계(seperate indemnity issue)일 뿐이며 NYPE(New York Produce Exchange) 용선계약서 제 8 조는 적지에서의 부적절한 선적작업으로 야기된 인명사고에 대해서는 용선자가 책임을 부담한다는 취지인바 선주는 하역인부에게 배상금을 선 지급하고 용선자에게 구상청구해야 한다.

(4) 선주의 하역작업 감독

하역회사는 화물의 적 · 양하작업을 수행하는 전문업체로 선주에 의해 계약을 통해 어느 특정지역의 하역작업을 위임받은 독립된 계약업체이다. 선주는 운송계약상의 의무에 따라 화물의 적 · 양하작업이 원만하게 수행되도록 감독을 하여야 하며 화주와의 관계하에서는 그 결과에 대해서 책임을 부담하여야 하는 만큼 하역작업의 전 과정에 대해 관리감독을 하여야 하나 하역회사와 관계하에서는 관리감독의 정도가 불확실하다.

즉 독립된 하역 전문업체인 하역회사가 하역업무를 수행함에 있어서 비전문가인 선주에게 어느 정도까지의 관리감독책임을 부담시킬 것인지에 대해서는 두 가지의 견해가 있다. 그 하나는 단순히 작업의 결과에 대해서만 책임을 부담하는 경우이고 또 다른 견해는 작업의 전 과정에 대한 관리감독 책임을 부담하는 경우이다.

미국법원이 취하고 있는 입장은 전자의 경우이다. De Los Santos 사건에서 "선주는 하역인부의 작업내용(details of the work of the longshoremen)까지 감독(supervise)해야 할 의무는 없다. 하역회사는 그 분야에 있어서의 전문가이며 자신의 고용인의 안전에 대해 일차적인 책임(primary responsibility)을 부담하여야 하며, 선주가 하역인부의 전문기술(expertise)에 의존하고 있는 것도 바로 그러한 이유에서 비롯된 것이다"라는 것이 재판부의 입장이며 이 내용은 후일의 유사사건 판결에도 그대로 반영되어 왔다. 그러나 선주가 하역의 어느 특수과정에 깊이 관여하였고 그 감독과정에서 사고가 발생하였을 시에는 예외이다. Mattew J. Bilbow v. Moore McCormack Lines Inc. 사건에서 Luongo 판사는 평결에 앞서 배심원들에게 이렇게 요구했다.

"만일 선주가 하역작업을 감독하고 관리(control)할 권리가 있고 실제 관리감독을 하였다면 선주는 하역작업을 적절한 주의하에 안전하고 주의 깊게(carefully) 수행하여야 할 책임을 부담하여야 하며 화물의 취급에 관해서도 똑같은 규정과 제한(restriction and regulations)의 적용을 받아야 합니다. 배심원 여러분들이 좀 어려울지 모르지만 분명히 구별하여야 할 점이 여기에 있습니다. 여러분들에게는 다소 어려울지 모르겠습니다만 가사의 경우를 예로 들어 보겠습니다. 어떤 일을 하기 위해 독립업체(independent contractor)를 고용하는 사람은 그가 원하는 일의 내용을 밝히지만 반드시 그 작업이 어떻게 수행되어야(how the work should be done)하는지를 말할 필요는 없습니다.

여러분이 집에서 어떤 증축(addition)을 하고자 증축업자를 고용하였을 시 여러분은 언제까지 일을 끝내 주기를 바랄 것이며 경우에 따라서 어떤 부분이 먼저 끝나고 다른 부분은 그 다음에 마쳐 주었으면 좋겠다는 정도는 말할 수 있겠지요. 그러나 인부 중 누구는 어디에서 무엇을 하고 누구는 벽돌을 쌓고 누구는 기초공사를 하되 어떤 요령으로 해달라는 주문은 여러분이 할 수 없을 뿐만 아니라 받아들여지지도 않을 것입니다. 즉, 여러분은 공사의 세부내용에 대해서는 간섭하지 않을 것이며 따라서 작업과정이 여러분의 관리감독하에 있다고 주장하지도 않을 것입니다. 일정이 촉박하면 여러분이 추가비용지불을 약속하면서 인부를 더 많이 동원해 달라는 요구는 할 수 있을 것입니다. 그럼 배심원 여러분 선주의 관리감독의 내용이 작업의 결과에 대한 단순한 감독행사(exercising control over the result)로 볼 것인지 아니면 화물취급의 작업방식, 수단 등 작업 전과정에 걸친 감독(exercising control over the entire method of operation of removing cargo)으로 볼 것인지 구별하여야 합니다."

동 사건에서 재판부는 안전에 관한 사항은 기본적으로 하역회사의 책임이나 선주의 관리감독의 정도(degree of control)에 따라 그 책임이 선주에게 이전될 수도 있음을 지적하고 선주가 인부들에게 구체적으로 작업방식을 지시하는 등 적극적인 행위(affirmative act)가 있었을 경우에 한해서만 안전에 대한 책임이 선주에게 전가될 수 있다고 판결하였다.

(5) 하역계약

하역인부 사고와 관련된 선주와 하역회사간의 책임관계를 작업의 성격에 따라 케이스별로 검토하여 귀책관계를 규명하는 번거로움을 다소라도 줄이기 위하여 하역계약서상에 양 당사자들의 의무관계와 필요시 합동조사(joint inspection)를 할 수 있는 절차를 규정해 두는 것도 필요하다.

(6) 최근의 동향

국제화물운송 형태가 컨테이너화됨으로 인해 하역인부들의 선내 작업도중 부상사고의 가능성은 줄어들었지만 하역인부사고로 인한 클레임은 여전히 P&I 클럽들이 지출하는 보험금 내역중 최고를 차지하고 있다. 국제 그룹이 밝힌바에 의하면 하역인부를 포함한 인사사고로 인한 지출이 연간 약 4억달러에 달해 전체 클레임의 약 20%를 차지하고 있다. 사고의 내용에 따라 항상 선주에게 불리한 것만은 아니지만 인사사고의 특성상 다음과 같은 세 가지 이유로 소송보다는 원만한 소송외 처리를 권고하고 있다. 첫째, 하역인부 등 인사사고의 경우 유럽이나 미국의 경우 소송관련 비용이 엄청나다는 점이며, 둘째 소송의 결과가 항상 불확실(outcome of litigation is uncertain)하다는 점이다. 셋째, 그동안 판례에서 들어났듯이 선주가 인사사고에 대비해 적정한 보험을 갖고 있을 경우 법원의 판결에 클레임의 실체(merits of claim)보다는 피해자에 대한 동정심이 영향을 미칠 가능성이 높다는 점이다.[29)]

1-5 도선사, 내방객, 기타

인명사고와 관련, 선박 소유자가 배상책임을 부담하는 경우는 전기한 선원, 인부 이외에도 도선사, 세관원, 검역관 등 선박의 입출항 또는 출입국관계 업무에 종사하고 있는 제3자 그리고 본선 내방객, 선측을 지나치는 행인(passer-by)에 이르기까지 본선의 책임 있는 사유로 발생하는 모든 사고를 포함

29) Lloyd's List Oct. 17, 2007에서.

할 정도로 실로 다양하다. 도선사의 경우 선측에 설치된 도선사용 사다리(ladder)나 선상 구조물의 하자로 인한 상해를 예로 들 수 있으며 관리들의 경우도 마찬가지다. 이들 업무와 관련된 사람들이나 선상파티 또는 홍보를 위한 목적으로 기타 개인 자격으로 초대된 내방객(visitors)들에 대해서도 선박측의 과실로 인한 상해일 시는 손해배상책임을 부담하여야 한다.

부두에 접안하여 있는 그리스 선박에서 현측 사다리(gangway)를 타고 승선중이던 Pilot가 선측에서 추락한 사건이 발생하였다. 당시 본선의 우현 사다리는 길이가 47개 계단으로 구성된 표준형의 것으로 부두에까지 뻗쳐져 있었으며 미국 하역인부 안전관리규정(Safety requirements for longshoremen in U.S.A)에 준하여 Stanchion Rope 그리고 안전그물(Safety net)까지 규정대로 설치하고 있었다. 동 도선사는 본선의 출항 직전에 도착 한손에 가방과 코트를 들고 사다리를 약 1/3 정도 올라갔을 때 갑자기 현기증을 일으켜 부두로부터 약 3m 높이에서 추락, 의식을 잃은 채 병원으로 이송되었다. 도선사가 감항능력 불비를 들어 선주를 상대로 제기한 손해배상청구소송에서 "당시 본선의 상황은 주간이었고 사다리가 흔들릴 위험도 없을 만큼 해상상태도 조용하였을 뿐만 아니라 사다리도 관행에 따라 하자 없이 설치(rigged)되어 있었으나, 본사고의 경우 안전그물이 쳐진 사다리를 오르는 도선사의 자세는 해상경력이 오래된 숙련된 도선사가 취했어야 할 자세가 아니며 더욱이 이러한 도선사가 승선하는 데 있어 본선측에서 경비원(Guard)을 사다리 주변에 세워야 한다는 원고측의 주장은 타당치 않다"고 판결되었다.

본 사건에서 중요한 사항의 하나는 사고자체가 사다리에 부착된 로프나 안전그물의 설치와 관련이 있든 없든 이러한 설치사실 그 자체가 안전에 대한 본선측의 사전 주의의 정도를 측정하는 결정적인 척도(Scale)가 되었다는 사실이다.[30]

**. 도선사 부상

1999년 3월 양하차 중국의 닝보(Ningbo)항에 입항하던 파나마선적 화물선(7,624g/t)에 2명의 도선사가 본선의 자콥(Jacob)사다리를 이용하여 승선하던 중 사다리의 로프가 절단되어 2명의 도선사가 선측에 붙어있던 도선선상으로 추락하였다. 한사람은 경상이었으나 나른 한명은 중상으로 하반신 불수의 후유증을 갖게 되었다.

30) Skuld Newsletter lssue No 121-1980.

도선사의 고용자라고 할 수 있는 닝보항무국에서는 본선의 출항을 금지하며 도선사 부상과 관련 US$1,060,000의 지급보증서를 요구하였고 P&I 클럽에서는 우선 동 보증서를 제출하고 본선은 출항하였다. 그 후 두 명의 도선사들은 선주를 상대로 한 명은 US$16,000을 다른 한명은 US$1,200,000을 요구하며 닝보해사법원에 제소하였다. 이 금액은 중국최고제판소규칙(Chinese Supreme Court Regulation)에 규정된「외국법인에 의한 인신사고책임제한액」(RMB800,000~US$100,000 상당)을 상회하는 금액이었다.

닝보해사법원에서 선주측은 문제의 사다리 로프가 절단된 원인은 도선선과 사다리가 접촉함으로 인한 것인바 도선선의 소유자인 항무국측의 기여과실(contributory negligence)이 있으며 책임제한액 US$100,000이 본건에 적용되어야 한다고 주장하였다. 그러나 닝보해사법원은 선주의 주장을 받아들이지 않고 도선사 1명에게는 US$1,600(RMB12,875.61)을 다른 한 사람에게는 US$460,000 상당 RMB를 지급하도록 판결하였다. 도선사측이나 선주 양측이 모두 상급법원인 절강성고등법원에 상소하였으나 상급심에서도 1심판결을 지지하였다. 2심결과를 접한 선주는 우선 경상 도선사와는 판결에 따라 처리하고 중상도선사에 대해서는 2심결과에 불복하고 북경 최고법원에 상고하고 본선에 대한 엄격책임 적용의 철회와 책임제한규칙의 적용을 요청했다. 병행하여 닝보항항무국의 상대로 동 국의 기여과실에 대한 책임을 묻으며 1심판결액에 대한 구상청구소송을 닝보해사법원에 제기하였다.

북경최고법원은 선주의 엄격책임적용에 대한 시비(항무국의 기여과실 유무) 및 책임제한의 적용에 대해서는 일체 판시함이 없이 사건을 하급심인 닝보해사법원에 재심을 명했다. 이에 따라 닝보해사법원에서 재심리가 개시되었으나 동법원은 선주측의 종래의 주장을 심리함이 없이 본건이 조기에 법원의 화해조정에 따라 처리되지 않으면 기존의 원심판결을 그대로 유지할 것임을 시사하였다. 닝보해사법원에서 선주, 도선사 및 이해관계당사자로서 구상소송의 피고인 닝보항무국의 3자를 상대로 화해조정이 개시되었다. 동 해사법원에서는 기존의 입장을 바꾸어 본건에 대해서는 엄격책임을 적용할 수 없으며 항무국에도 50%의 기여과실이 인정된다고 판단하고 항무국도 이를 인정하였다.

결국 세 당사자들의 합의에 따라 선주가 약 $220,000의 금액을 지급하고,

닝보 항무국은 별도로 도선사에 대해 기여과실분을 보상하되 선주는 항무국을 상대로 한 구상청구를 취소하는 것으로 합의 되었다. 법원에 의해 승인된 조정사건에서 닝보해사법원의 원심판결은 장래의 사건에서 참고판례(precedent)로 하지 않기로 하였으나 북경 최고재판소의 책임제한규칙이 장래의 사건에 적용될 것인지 여부는 두고 보아야 할 일이다.[31)]

1-6 선박충돌사고와 인명손해(제2장 충돌배상책임 8절, (6) 참조)

제 2 절 충돌배상책임

가입선박이 타선박과 충돌한 경우 상대선의 멸실, 손상뿐만 아니라 충돌의 결과로 발생한 상대선에 적재된 화물의 손상 및 재산(property)의 손해도 커버한다. 우리나라의 경우 충돌배상책임에 대해서는 대부분 3/4 RDC의 조건으로 선박보험에 부보되어 있으나 4/4 RDC 조건으로 부보한 선박도 있는 반면 P&I 클럽에 4/4RDC를 전부 부보하는 경우도 있다. 선박보험이 4/4 RDC로 되어 있을 경우 1/4 RDC는 당연히 P&I 클럽의 커버 대상에서 제외시켜야 한다.

선박보험하에서 보험자의 보상책임은 보험금액(insured value)을 한도로 하고 있는 것이 보통이다. 그러나 선박보험의 충돌배상약관에 명기되어 있듯이 충돌배상약관 그 자체는 타 약관과는 별도의 독립된 계약을 이루고 있으므로 본선의 과실로 타선박과 충돌하여 양선박이 함께 전손되었을 시 본선 선박보험자의 보상책임은 자선의 손해에 대해서는 보험금액을 한도로 지급하고 상대선에 대해 충돌손해배상금조로 지급한 금액 역시 보험금액을 초과하지 않는 범위에서 이를 보상한다(제 2 편 제 2 장 제 8 절 (2) 참조). 충돌배상책임은 선가나 보험금액을 초과할 수도 있으나 클럽에 가입할 시 선박보험에 부보된 보험금액의 수준에 대해 클럽에 통지하고 사전 동의를 득했을 경우에 한해 이와 같은 초과 위험도 클럽에서 커버한다.

31) JP&I Annual Report 2004.

대부분의 국가가 충돌손해배상약관을 일반 선박보험과는 별개의 독립된 계약인 것으로 규정하고 있으나 이를 혼합된 단일약관(combind contract)으로 취급하고 있는 국가도 있다.

프랑스나 노르웨이 등 일부 국가의 보험약관에 의하면 충돌의 경우라도 보험자의 책임은 손해배상금과 자선의 물적 손해를 합한 금액이 보험금액을 초과할 수 없도록 규정되어 있다. 이러한 보험계약하에서는 충돌사고 시 선주가 부담하여야 할 초과위험(excess collision liability)의 크기는 거액에 이를수도 있다.

클럽이 회원의 사고 혹은 클레임 처리 업무를 지원하는 형태를 보면 일반 선박보험자의 서비스가 피보험자의 요청에 따라 선별적으로 이루어지는 소극적인 자세라 한다면 P&I 클럽의 지원은 클럽 자체의 인력(manpower) 및 해외 조직망(net work)을 총망라한 전문적이고도 적극적인 형태의 것으로, 경우에 따라서는 회원사를 계몽, 인식시켜 가면서 관련 업무를 주도해 나가는 예가 많다.

이와 같은 클럽의 서비스는 충돌사고의 경우 특히 두드러지며, 사고처리 과정에서 큰 비중을 차지하고 있다. 상대선에 대해 지급보증서(security)를 제공하거나 회원회사의 선박 피해에 대해 상대로부터 담보 확보 등을 통해 선박의 운항이 압류 등으로 인해 지연되는 것을 방지할 뿐만 아니라 해사관련 전문인(maritime expert)을 통해 관계 선원이나 참고인의 진술을 청취하기도 하고 검사인(surveyor)을 통해 피해액을 사정하여 충돌선박간의 배상책임, 과실비율 등을 확정시키는 데에 있어 중요한 기초 업무를 수행한다.

2-1 충돌 일반

선박은 주야를 불문하고 전천후 항해를 하며 역학적 측면에서 볼 때 선박은 그 자체의 크기 때문에 거대한 운동량을 갖는 한편, 일반 육상 운송수단과는 달리 해상에서는 제동능력(braking power)이 거의 없기 때문에 운동 자체가 자유롭지 못하다. 이러한 여건하에서 선박이 폭주하는 항구나 협소한 수로 등을 항해할 시 특히 악천후 야간 항해에서는 충분히 주의를 기울여 조선(maneuver)을 하더라도 충돌의 위험을 전적으로 배제할 수는 없다. 하물며 인간은 실수를 하기 마련이며 그러한 실수가 좁은 수로나 선박이 폭주하는 항내에서 이뤄질 시는 어떤 형태든 사고는 발생하게 되어 있다. 본항에서의 충돌이란 육해상 시설물과 본선간의 충돌보다는 선박간에 발생한 충돌을 대상으로 하고 있다.

충돌로 인해 충돌선박의 어느 한쪽 또는 양쪽 선박에 적재되어 있던 화물이 멸실, 손상되었을 시에는 그 결과 손해(consequent loss)를 정산함에 있어 충돌법(Collsion Law)뿐만 아니라 운송관계법도 함께 적용되어야 한다. 즉 운송계약상의 운송인 면책약관(exemption clause), 쌍방과실충돌약관(both to blame collision clause) 등도 앞에서 언급한 여러 가지 방법들과 함께 충돌로 인하여 양선박 중 어느 한쪽 혹은 양측 모두가 손상정도 여하에 따라 전손 혹은 심각한 위험에 직면하게 되어 선박과 화물을 구조하기 위한 목적으로 어떤 희생이나 처분이 있었을 시에는 선박구조(salvage) 또는 공동해손 문제도 함께 수반되며 양선박 혹은 어느 일방의 피해(재산, 인명)가 거대할 시는 책임제한(Limitation of Liability, Global limitation) 관계법의 적용문제가 대두되는 경우도 많다.

2-2 「충돌」의 정의

해상보험 분야에서 사용되고 있는 「충돌」이란 용어는 상당히 제한된 의미를 갖고 있다. 일반적으로 통용되고 있는 「충돌」은 타선박은 물론 부표(buoy), 상설 또는 부유오일리그(permanent or floating oil rig), 부두나 안벽(quay or dock), 기타 시설물과의 충돌 등을 의미하나 해상보험하에서의 충돌 클레임은 선박간의 현실적인 충돌(actual impact)과 관련된 것들이다. 따라서, 인근 선박이 과속으로 항해함으로 인해 생긴 파도 때문에 타선박에 손상이 발생한 경우(wash or wake damage)는 해상보험하의 충돌로 간주되지 않는다.

가항능력을 갖고 있는 부유구조물(floating structure)은 「선박」으로 정의될 수 있으므로 해상크레인(floating crane), 반잠수식오일리그(semi-submersible) 등은 「선박」에 포함되나 유조선의 적·양하용으로 사용되고 있는 계류부표(single point mooring buoy)는 제외된다. 선박의 속구(tackle)도 「선박」이란 용어에 포함되므로 닻(anchor)과 부딪히는 것도 「충돌」로 간주되나 어망(fishing nets)과의 접촉은 제외된다.[32]

선박보험 충돌약관하에서 선박이란 우선 가항성(navigability)과 운송용(use)의 두 가지 요건만 갖추면 된다. 가항성이란 반드시 자력(own power)에 의한 것만을 말하는 것이 아니고 타력에 의하더라도 항해할 수만 있으면 된다. 또한 여객이나 화물의 운송용으로 사용될 수 있는 것이면 충돌약관하의 선박으로 간주될 수 있다. 따라서, 가항능력은 없으나 타력에 의해서 항행할 수 있는 부선, 전마선 등은 선박이 될 수 있으나 부두 대용선, 창고선 등은 일정 장소에 고정되어 있는 만큼 선박이라 할 수 없다.[33] 부선상에 설치되어 있는 기중기(floating crane on a pontoon)는「선박」이 아니다. 따라서, 타선박이 이 기중기선에 가한 손해는 P&I 클럽에서 지급하여야 하며 선박보험자가 담보하는 충돌약관하의 손해가 아니다.

2-3 상법상의 정의

상법에 규정된 선박의 충돌이라 함은 항해선 상호간 또는 항해선과 내수항행선간에 직접, 간접으로 수면에서 접촉하는 것을 말한다(상법 제843조).

상법에 규정된 충돌배상책임이 성립하려면 다음과 같은 요건을 필요로 한다.

① 2척 이상의 독립된 선박간의 충돌이어야 하며 적어도 그 일방은 항해선이어야 한다.
② 직접 또는 간접으로 수면에서 접촉하여야 한다.
③ 충돌로 인하여 손해가 발생하여야 하며 손해란 선박 또는 선내에 있는 물건이나 인명에 대한 손해를 말한다.

※ 예외적인 경우

(1) 예인선(Tug Boat)의 충돌

선박의 충돌은 현실적인 접촉이 있어야 하나 예인선이 피예인선을 예인하

32) Bennett Steamship Co.v. Hull Mutual Steamship Protecting Society, 1914.

33) Merchants Marine Insurance Co, Ltd. v. North of England P&I Association 1926).

다가 예인선이 타선박과 충돌한 경우이다. 설사 예인선이 실질적으로 피예인선(towed vessel)의 선체의 일부라고는 볼 수 없으나 예인선이 피예인선으로부터 항해상의 지시를 받을 때는 법률상 1척의 선박으로 간주된다(McCowan V. Baine-일명 Niobe호 사건 1981년).

- Niobe호 사건 -

예인선인 Flying Serpent호의 예인으로 Oyde로부터 Cardiff까지 Niobe호가 이동중 Valetta호와 충돌하여 타선이 침몰되었다. 당시 원동력은 Flying Serpent호로부터 제공되었지만 항해에 관해서는 Niobe호의 통제하에 있었다. 해사재판소에서는 Flying Serpent호의 항해사의 과실을 지적하고 이에 대한 책임은 Niobe호가 져야 한다고 판결되어 Niobe호의 선주는 손해배상금을 지급하고 자기 보험회사로부터 보험금을 받기 위해 소송을 제기하였다. 보험자는 Niobe호와 Valetta호 사이의 현실적인 접촉의 결과가 아니므로 배상책임이 없다고 맞섰으나 법정에서는 충돌약관에서의 Collision의 정의는 Niobe호의 경우 보험자가 Valetta호에 지급할 선주의 배상금을 커버할 수 있도록 확장 해석되어야 한다고 판결되었으며 이 판례는 오늘날까지도 보험시장에서도 유효한 판례로서 인정되고 있는 것이다.

- Furness, Withy & co. V. Duder - 1936사건 -

충돌로 인한 손해배상책임이 부보선박측의 과실 때문에 부담하는 책임이 아니고 예인계약조건(부보된 선박이 예인되고 있는 동안 예선과 충돌했을 경우로써 예인계약에 의거 피예선 이 충돌결과에 대해 전적으로 책임을 부담한다) 때문에 부담하는 책임일 경우 이는 "손해배상조(by way of damages)"로 지급되는 배상금이 아니므로 선박보험의 충돌약관에 의거 담보되는 책임이 아니며 그런 류의 클레임은 P&I 클럽에서 처리되어야 할 성질의 것이다.

(2) 침몰선(Sunken Vessel)과의 충돌

선박은 가항능력이 있어야 하나 현실적으로 가항능력이 없는 상태이지만 향후 가항능력을 회복할 수 있을 시는 선박으로 간주한다. 침몰선박과의 충돌이 "선박"과의 충돌로 간주될 수 있는지 여부도 침몰선의 당시 상황에 따라 좌우된다. 즉, 침몰선이 구조되어 수리를 거쳐 항행할 수 있는 상당한 전망이 있으면 침몰선은 충돌약관에서 칭하는 선박으로 간주한다.[34)]

---

34) Perlon S.S. Co. vs. North of England P and I Association-1925.

2-4 배상책임

선박 충돌사고로 인하여 야기되는 배상책임관계 클레임은 그 원인에 따라 대략 다음과 같이 분류할 수 있다.

(1) 일방과실로 인한 충돌(상법 제845조)

일방적으로 과실이 있는 선박(solely to blame)은 충돌로 인하여 발생한 모든 손해를 부담하여야 한다. 상법은 일방과실에 의해 충돌이 발생하였을 시는 불법행위 일반원칙에 따라서 과실 있는 선박의 소유자는 타선의 피해에 대한 손해배상책임을 부담한다고 규정하고 있다. 즉, 본선상의 재산, 여객에 대해서는 운송계약 불이행 또는 계약 채무와 경합하는 불법행위로 인한 손해배상책임을 부담하며 상대선의 화물, 여객에 대해서는 불법행위로 인한 손해배상책임을 부담한다.

(2) 쌍방과실로 인한 충돌(상법 제846조)

과실의 경중에 따라 그 정도가 다르더라도 쌍방의 과실로 인하여 충돌이 발생한 경우에는 충돌의 결과에 대하여 쌍방선박이 과실의 정도(degree of fault)에 따라 손해배상책임을 부담한다. 과실의 정도를 판정할 수 없는 때에는 양선박이 균분하여 배상책임을 분담한다. 본선상의 화물여객에 대해서는 계약책임을, 상대선의 화물 · 여객에 대해서는 불법행위책임을 부담하여야 하므로 각 선박의 소유자는 피해자에 대해서는 연대하여 손해배상책임을 부담하여야 한다. 통일조약은 제 3 자의 사상으로 인하여 생긴 손해에 대해서만 연대책임을 인정하고 재산에 생긴 손해에 대해서는 과실의 경중에 따라 책임을 부담하도록 규정하고 있다(조약 제 4 조). 우리 상법도 통일조약의 취지를 따르고 있다(제846조 2항).

※ 통일조약

해운업이 국제무대를 활동범위로 하고 있는 만큼 국적을 달리하는 여러 이해관계인이 관련되기 마련이다. 선박이 충돌하였을 시 우선 양 선박의 국적이 다르고 적재되어 있는 화물의 이해관계인, 여객, 승무원, 선박 소유자의 국적 또한 다른 경우가 대부분이며 선박의 충돌사고도 영해, 공해 어느 곳에서나 발생한다.

이에 국적을 달리하고 법체제가 다른 충돌 이해관계인들간에 발생할 수 있는 복잡한 법률문제를 해결하기 위한 국제적인 통일법의 필요성이 제고되어 19세기 말부터 노력한 결과 1910년 9월 23일 Brussel의 해사법 외교외회의에서 『선박충돌에 관한 규칙의 통일을 위한 조약(International Convention for the Unification of Certain Rules of Law in regard to Collisions)』이 성립되었다. 본조약은 전문 17개조문으로 충돌로 인한 손해배상책임 관계에 관한 기본적 사항을 정하고 있으며 각국이 이를 국내법으로 채용하고 있다. 우리 상법도 이 조약의 기본정신을 채용하였으나 전문을 그대로 국내법으로 채용한 것은 아니다.

(2) 불가항력으로 인한 충돌(상법 제844조)

충돌을 일으킨 원인이 양 선박 어느 쪽이 과실과 무관하거나 원인불명으로 판명될 시는 이해관계인이 각자의 손해를 부담한다. 여기서 불가항력적인 사고 또는 불가피한 사고(inevitable)라 함은 통상적인 관리, 주의와 전문기술을 기울이더라도 예방할 수 없었던 사고를 의미한다. 돌풍이나 태풍으로 인한 충돌사고는 불가항력적인 사고라 할 수 있다.

2-5 손해의 유형

충돌로 인하여 발생할 수 있는 책임손해를 유형별로 나누면 다음과 같이 대별할 수 있다.

① 충돌선박들 자체의 손상에 대한 책임
② 양선박이 운송중인 재산상의 손해, 특히 대물손해
③ 양선박 또는 양선박에 실린 재산의 이용상실(불가동, 운휴손해 등)에 대한 책임
④ 충돌선박과 운송화물 사이에 발생한 공동해손 또는 구조비(salvage charges)
⑤ 양선박에 탑승해 있던 선원과 여객들에게 발생한 인명손해에 대한 책임
⑥ 유탁손해에 대한 책임(oil pollution liability)

⑦ 잔해물 제거에 대한 책임(wreck removal)

상기한 손해들은 특별한 이유 때문이라기보다는 전통적으로 선박 보험자가 일부분을 그리고 P&I 보험자가 일부분을 전보하여 왔다.

2-6 「충돌책임」 담보의 역사

P&I 보험이 제공하는 충돌배상책임에 대한 커버와 선박보험시장이 제공하는 커버와의 상호관계를 이해하기 위해 두 보험시장의 발달과정을 살펴본다. P&I 보험의 기원에서 언급하였듯이 충돌로 인한 선박의 멸실, 손상에 대한 책임 담보는 당초 선박보험에서 취급치 않았던 위험이었으나 발달과정에서 일종의 파생물 내지는 지류적인 성격으로 커버되기 시작했으며 선박보험이 피보험자의 재산상에 발생한 손해가 커버의 주류라 한다면 충돌손해에 대한 책임의 전보는 그 지류라고 볼 수 있다.

1836년 De Vaux v. Salvador 사건에서 영국법원이 당시의 해상보험증권(S. G. Marine Insurance Policy)은 제 3 자에게 끼친 손해에 대한 책임은 커버되지 않는다고 판시한 이후 이를 전보하도록 하기 위해 "충돌약관"을 선박보험증권에 추가하기에 이르렀다.

본 충돌약관은 충돌손해에 대한 책임의 전부를 대상으로 하지 않고 제한된 부분에 대해서만 커버하도록 되어 있는데, 이는 당시의 선박보험자들이 판단할 때 충돌손해에 대한 책임 전체를 커버하는 것보다 그 일부를 선주가 부담토록 함으로써 선박운항 측면에서 선주가 좀 더 신중을 기하도록 하는 것이 바람직하다는 의견 때문이었던 것으로 전해지고 있다. 이와 같은 연유로 선박보험자가 커버하는 충돌손해 중 잔해물 제거, 피보험자 선박상에 적재된 화물과 재산에 대한 손해 그리고 인명손해를 우선 제외시키고 나머지 책임손해에 대해서도 금액적인 제한(보험금액 한도)을 추가 적용하여 그 3/4에 대해서만 충돌약관에 의해 커버하고 있다. 일반 선박보험의 기본 조건과 마찬가지로 충돌배상책임에 대한 선박보험자의 커버 범위도 선박부보 금액을 한도로 하고 있으며 부보조건이 3/4RDC일 시는 선박가액의 3/4을 한도로 한다. 충돌약관이 도입된 초기에는 전기한 바와 같이 선주의 신중한 항해를 고무하기 위한 목적으로 충돌배상책임의 1/4을 무보험 상태, 즉 피보험자 자신이 부담하는 위험으로 한다는 내용의 담보(warranty)를 관계 보험증권에 포함시키는 것이 보통이었다.

그러나 세월이 경과하고 선박 자체가 대형화됨에 따라 무보험상태로 있던 1/4 책임부분의 규모나 금액이 선주 자신이 부담하기 어려울 만큼 거대해지게 되어 선주는 이를 선주상호클럽(Shipowner's Mutual Clubs)에 의존하기에 이르렀다. 여기까지는 영국 보험시장의 과정을 소개한 것이나 다른 나라의 경우는 약간 다르다. 노르웨이나 독일의 선박보험증권은 4/4 충돌약관을 사용하고 있으며 고정 또는 부유시설물에 대한 손해까지도 확장, 커버하고 있으나 영국에서는 이러한 리스크들은 선박보험에서 제외하고 있으며 P&I 보험에서 커버한다. 물론 영국의 선박보험시장이나 P&I 보험에서도 피보험자의 요청이 있을 경우 어느 쪽이든 4/4RDC를 커버할 수도 있으며 건조보험이나 계선보험에 관한 협회약관에 의하면 충돌배상책임 전액을 커버할 뿐만 아니라 일부 P&I 위험까지도 커버할 수 있도록 단서규정을 두고는 있지만 선박보험에 관한 표준약관에 의하면 역시 3/4 커버가 관례라고 볼 수 있다.

2-7 충돌과 보험계약

충돌에 대한 배상책임은 과실책임주의 원칙에 의해 결정되고 있으며 그 책임은 충돌을 일으킨 양선박의 과실정도(degree of fault)에 따라 배분된다. 이 원칙은 1910년 선박충돌에 관한 통일조약에서 채용된 것으로(조약 제4조) 대부분의 국가가 이에 따르고 있다. 즉, 영국이 통일조약의 기본정신을 채용하여 Maritime Convention Act 1911을 제정하였고, 이외 독일, 프랑스, 벨기에도 동일한 책임주의를 채택하고 있으며 통일조약 자체는 아직 비준하지 않았지만 미국도 이에 따르고 있는 실정이며 우리나라 상법도 본 조약 정신을 채용했다는 사실은 앞에서 언급한 바와 같다. 충돌이 어느 한쪽 선박의 일방과실에 의해 발생하였을 시, 해당 선박의 멸실, 손상 등 상대선의 모든 피해를 배상하되 법이 허용하는 범위에서 자신의 배상책임한도를 제한할 수는 있으며 책임한도액에 대해서는 선박소유자의 책임제한제도에 따라 그 수준이 다르다.

충돌이 쌍방 과실로 기인되었을 시는 과실의 비율에 따라 손해도 비례 분담하도록 되어 있으나 통일조약 또는 이를 각국이 국내법으로 채택하기 이전까지는 충돌이 정도의 차이는 있지만 양선박의 쌍방과실로 기인되었을 시는 구체적으로 그 비율을 결정함이 없이 50 : 50으로 분담시켜 왔다. 충돌이 어느 한 선박의 일방과실로 기인되었을 시, 동선주와 해당 선박의 선박보험자간의 보험 클레임 처리는 오히려 간단하다. 즉, 선박보험자는 동선박 자체의 손해(보험자가 책임이 있는)와 피해선의 손해액중 3/4을 합한 금액을 지급하고 그 차액 1/4과 선박보험에서 제외된 손해는 선주 또는 P&I 보험자가 부담한다 그러나, 쌍방과실일 경우 각 보험자의 입장은 한층 복잡해지기 마련이다. 즉, 충돌배상책임을 인수한 선박보험자는 자체의 손상(수리비)도 함께 커버하고 동 손상중 상대선으로부터 손해배상금조로 회수한 금액은 다시 보험자에게 반환하여야 함으로 그 정산과정이 복잡할 수밖에 없다.

충돌손해액과 양선박의 과실비율이 결정되면 실제 각각의 배상금액을 지급하고 받는 것이 아니라 상쇄 후 그 차액만을 지급하게 된다(단일책임주의: Single liability). 따라서, 각 선박은 양선박의 피해액 중 자신의 과실비율에 해당하는 금액을 부담하여야 한다. 이와 같은 정산방법과는 달리 양선박이 상대선으로부터 입금될 금액을 상쇄치 않고 각자가 상대클레임에 대해 지급할 금액을 전액 지급하고 마찬가지로 전액을 상대선으로부터 받는 형식의 정산방법, 즉 교호책임주의(cross liability)도 고려해 볼 수 있다. 물론, 이상의 두 가지 정산방법 중 어느 것을 택하더라도 충돌 양선박 사이에는 동일한 결과가 되나 양선박의 관계보험자(선박보험자: 3/4RDC, P&I 보험자: 1/4RDC)는 차이가 있다.

충돌배상책임을 선박보험자가 인수, 개발할 당시에는 보험클레임 처리시 어느 정산방법을 보험증권에 적용할 것인지에 대해 명확히 하지 못하고 있을 즈음 1982년 Stoomvart Matschappy Nederland v. Peninsular and Oriental Steam Navigation Cl.(The Khedive) 사건에서 재판부가 단일책임주의를 적용하여야 한다고 판시한 이후 선박보험자는 충돌약관을 개정하여 선주와 선박보험자 간의 처리를 교호책임주의에 의할 것임을 명시하였다.

교호책임 및 단일책임주의를 클레임처리에 적용할 경우 선주와 보험자에게 미치는 결과는 어떻게 다른지 다음 예를 보면 알 수 있다.

Single Liability

M/S EASTERN(이하 E호) M/S WESTERN(이하 W 호)

자체손해 US$4,000,000 US$2,000,000

E호 50% 과실

W호 50% 과실

E호: W호의 $2,000,000중 $1,000,000 책임

W호: E호의 $4,000,000중 $2,000,000 책임

따라서, W호는 E호에 $1,000,000 지급

E호가 W호에 지급할 금액 "0"

실제 선주간의 정산은 총손해액의 50%를 각각 부담하는 것으로 결과적으로 W호가 E호측에 $1,000,000을 지급한다. 그러나 단일책임주의하에서 선박보험자의 부담은 다음과 같이 정산된다

E호의 선박보험자(3/4RDC 조건 전제) 부담

E호의 자체 손해 : $4,000,000

W호에 구상청구 : $1,000,000

E호 선박보험자의 순부담액: $3,000,000

단일책임주의일 경우 E호 선주는 P&I 클럽에 대해 청구(claim)할 것이 없게 된다

Cross Liability

선주간의 정산은 단일책임주의의 경우와 동일하나 교호책임주의를 적용할 경우 W호에 대한 E호의 청구와 E호에 대한 W호의 청구가 존재하게 되어 선박보험자와 P&I 클럽의 부담관계가 달라지게 된다.

E호 선주는 선박보험자에 대하여 자신의 손해액 $4,000,000과 W호에 대한 자신의 책임($1,000,000)의 4분의 3(즉 $750,000)에 대해 보험구상을 한다.

E호의 선박보험자(3/4 RDC 조건전제)

E호의 자체 손해: $4,000,000

W호에 대한 손해: $ 750,000($1,000,000 × 3/4)

E호 선주가 선박보험자에게 행하는 보험금 청구총액은 $4,750,000이 된다.

E호의 선박보험자는 선주에게 $4,750,000을 지급하고 W호를 상대로 $2,000,000을 대

위 구상 청구하게 되므로 실채무 총액은 $2,750,000이 된다(단일 책임주의에 의해 정산할 시에는 $3,000,000이었다). E호는 P&I 클럽에 대하여 자기책임(RDC)의 4분의 1, 즉 $250,000의 보험금을 청구하게 된다(단일 책임주의를 적용하여 정산할 경우에는 P&I 클럽 상대 청구액은 아무것도 없었다).

교호책임주의가 적용되는 경우는 양선박 공히 각자가 부담해야할 배상금을 아무런 제한 없이 전액 지급할 수 있을 시에 한하며 양 선박 또는 그중 또는 어느 한 쪽이 법에 의해 책임을 제한할 경우는 단일책임주의가 적용된다.

동일 소유하에 있는 자매선(sister ship)끼리 충돌하였을 시는 법 이론상 손해배상문제는 제기될 수 없으나 선박보험자와 선주간의 클레임 처리는 전적으로 별개 소유의 선박이 충돌한 경우와 동일하게 취급한다.

** Britannia Club Rules 19(9).

2-8 충돌책임에 대한 P&I 커버

선박보험의 충돌배상책임 약관하에서 선박보험자가 보상하는 위험과 그 금액적 제한 그리고 제외된 위험에 대해 이해가 되었다면 P&I 클럽에서 커버하는 충돌배상책임의 내용은 쉽게 파악할 수 있다. 클럽에 따라 커버 내용이나 금액 한도에 대해 다소의 차이는 있을 수 있겠으나 위험의 종류가 다를 수는 없으며 클럽이 커버하는 충돌배상책임의 내용을 분류한다면 대략 다음과 같이 대별할 수 있다.

(1) 1/4 충돌배상책임(1/4RDC)

선박보험의 충돌약관(RDC)에서 제외된 1/4RDC를 커버하되 선박보험이 4/4RDC 조건으로 부보되었거나 1/4RDC를 P&I 클럽에 부보하지 않기로 합의하였을 시는 별개다.

클럽과 선박보험자가 서로 직접적인 이해관계하에서 상호 협조하며 회원 내지는 피보험자를 위해 업무를 지원하는 가장 대표적인 예가 충돌배상책임이 두 보험자에게 분할 부보된 선박이 충돌한 경우이다.

선박보험자와 P&I 클럽은 상호 보완적 지위에서 선주의 충돌책임을 커버하되 선박보험자는 위험의 종류에 따라 선별적으로 인수할 뿐만 아니라 금액면에서 일차적으로 3/4RDC를, 추가로 부보가액 한도액으로 제한하고 있으나 P&I 보험은 책임한도에 대한 규정이 없이 법적 책임을 전제로 해서 사실상 무제한 커버를 하고 있다.[35] P&I 클럽 역시 회원의 요청이 있을 시는 추가보험료를 받고 3/4RDC를 함께, 즉 4/4RDC 전체를 인수할 수도 있다.

** U.K. P&I Club Rules Section 10(Collision with other ships).

(2) 초과책임(excess Liability)

선박보험자가 커버하는 3/4RDC는 RDC 총액이 선박부보가액을 넘지 않을 것을 조건으로 하고 있으므로 초과할 경우 선박보험자는 책임총액과 부보가액의 비율을 적용하여 비례보상을 하게 된다. P&I 보험에서 인수하는 초과책임이란 선박보험자로부터 보상 받은 비례보상액과 실제 상대선에 대한 배상책임의 3/4과의 차액, 즉 비례보상액을 초과하는 책임이다.

이 초과책임은 선박보험계약에 앞서 부보가액이 적정 수준으로 결정되었는지 사전에 클럽이 검토하고 합의를 했거나 적정하다고 판단되는 금액을 회원에게 부보하도록 요청하고 회원이 이를 이행 하였을 시에 한하여 클럽이 커버한다. 시가(market value)를 기준으로 적정금액(proper amount) 여부를 판단하지만 부보가액을 항상 시가와 일치시킨다는 것은 실무적으로 불가능하다. 따라서 선박보험계약 또는 갱신 시 부보가액 수준을 클럽과 협의 조정하여 계약을 하고 부보기간 도중에 선가가 크게 증감되었을 시는 필요하다고 판단될 시에 한해 재조정한다면 초과책임을 클럽이 커버하기 위한 전제조건은 충족된 것으로 볼 수 있다.

** Steamship Club - Rules 25 v (Collision Liability).

(3) 잔해물 제거(Wreck Removal)

이는 충돌로 인하여 가입선이나 상대선이 침몰되어 선주가 법에 의거 잔해물제거의무를 부담할 경우를 대상으로 하며, 법적 의무 없이 자발적으로 시행한 제거비용은 클럽이 커버하지 않는다. 잔해물의 잔존가액이 있을 시는 제

---

35) P&I 클럽은 위험의 종류별로 제한금액을 설정하지 않고 사고당(Per accident 또는 Per each occurrence) 최고한도액(2007년 현재는 약 53.5억달러)으로 제한하고 있다.

거비용에서 해당금액을 공제하여야 하며 그 차액에 대해서만 클럽이 커버하되, 잔해물상에 설치한 등화, 표지(marking), 파괴, 인양, 제거등과 관련하여 발생한 비용(the costs, charges and expenses of or incidental to the raising, removal, destruction, lighting or marking of the wreck of such other ship)도 제거의무에 포함된다.

(4) 육 · 해상 시설물 대한 손해(damage to fixed and floating objects)

충돌로 인하여 발생한 고정 혹은 부유물에 발생한 손상을 말하며 가입선에 의한 손상이든 상대선이 가한 손상이든 불문하고 일단 가입선에 책임이 있는 시설물에 대한 손상을 말한다.

(5) 유탁손해(oil pollution liability)

가입선에게 책임이 있는 한 가입선 자체로부터 유출되었든, 상대선으로부터 유출되었는지는 불문하고 충돌로 인하여 발생한 모든 유탁손해를 대상으로 하며 청소비용(clean-up expense)도 유탁손해에 포함된다.

(6) 인명손해(Loss of life, personal injury or illness)

가입선 또는 상대선의 선원이나 여객이 충돌사고로 인하여 사망 또는 부상하였거나 발병하였을 시를 말하며 가입선에 책임이 있는 모든 인명손해를 커버한다. 인명사고에 대해서는 양선박이 공동연대책임을 부담하여야 함으로 일방과실일 경우는 과실 선박이 불법행위로 인한 손해배상책임을 부담하며(상법 제845조) 쌍방과실일 경우라도 공동불법행위 이론에 의거 각 선박의 소유자는 피해자에 대하여 연대하여 배상책임을 부담하여야 한다.

물론 양선박의 내부관계에서는 과실의 경중에 따라 분할책임을 부담하더라도 충돌로 인하여 인명손해가 발생하였을 경우 본인(피해자)에 대해 양선박의 선주가 부담하는 책임은 그 성격이 다르나(계약책임과 불법행위 책임) 우선 공동연대 책임을 부담하여야 한다(조약 제 4 조 제 2 항). 이 경우 한쪽 선박은 상대선의 여객에 대해 불법행위 책임을 부담하여야 하는 바 청구가 있을 시는 여객의 인명손해에 대해 전액배상(fully liable)하여야 하며 상대선의 선원에 대하여도 마찬가지다.

충돌로 인한 상대선의 여객이나 선원의 인명손해는 선박보험하에서는 면책약관(exemption clause)에 의거(R.D.C의 이탤릭체 단서), 선박보험자가 담보책임을 면하도록 규정되어 있으므로 P&I 보험에 의해 처리할 수밖에 없다. P&I 클럽에 가입한 선박(이하 "가입선"이라 칭함)에 승선해 있던 여객이나 선원이 충돌로 인해 인명손해를 입었을 경우 본인이 승선했던 선박의 선주를 상대로 직접 배상청구를 제기할 경우는 선주의 비용으로 수배된 타보험, 연금, 사회보장제도, 노동기본법이나 선원의 규정에 의거 지출한 보상이나 치료비 등을 공제하게 되므로 본인에게는 상대선의 선주를 상대로 손해보상청구를 하는 것보다 불리하다. 그러나, 상대선의 선주가 가입선의 여객이나 선원에 대하여 지급하는 금액은 양선박간의 충돌 과실비율을 적용하였을 시에 부담했을 금액을 초과하게 된다.

예를 들어, 가입선의 선원 A에게 발생한 손해가 100만원이고 가입선과 상대선의 충돌과실 비율이 50:50일 경우를 가정하여 볼 때 A가 상대선에 직접 손해배상을 요구할 시 100만원 전액을 받을 수 있으나 상대선이 자신의 과실비율에 해당하는 부분만 지급할 시는 50만원에 대해서만 배상책임이 있다 할 것임으로 차액에 대해서는 가입선의 선주가 부담하여야 할 금액이라고도 볼 수 있다. 실제, 이 경우 상대선의 선주가 가입선의 선주에게 초과 지급한 차액을 환불해 주도록 요구할 수 있는지 여부는 각국에 따라 다르다.

다음의 예는 충돌한 양측 선박 그리고 여객간의 문제에 1976년도의 해사채권의 책임제한에 관한 조약(Convention on Limitation of Liability for Maritime Claims, 1976)이 적용된다고 가정하여 본인과 본인이 탑승한 선박 그리고 상대선과 본선간 클레임 처리관계를 알아본다.

예) 관련당사자

여객(Passenger) … P

P가 승선한 선박 … A

A가 충돌한 상대선박 … B

P는 상대선 B에게 인명손해배상을 청구하여 70,000SDR에 상당하는 금액을 지급받았다. 전기한 해사채권 책임제한조약에 의거 여객의 사망 또는 상해에 관한 선박소유자

A의 책임한도는 여객당 46,666SDR이다(조약 제7조 1항, the limit for passenger claims). P에게 배상금 70,000SDR을 지급한 B는 A를 상대로 충돌로 인한 선체 및 화물손해와 함께 70,000SDR을 포함시켜 충돌손해배상청구를 제기한다. A와 B의 청구금액을 처리함에 있어 다음과 같은 분쟁이 양선주간에 제기될 수 있다(과실은 50:50 전제). 즉, 첫째, P가 손해배상청구를 A에게 직접 했을 경우 선사 A의 일방 과실이었을지라도 조약에 의거 A의 책임은 46,666SDR인 바, B로부터의 구상청구 클레임에 대한 책임은 동금액의 1/2에 해당하는 23,333SDR이다(A측 주장). 둘째, A는 사고에 대해 50%의 과실이 있는 만큼, P의 손해 70,000SDR의 1/2을 지급하여야 하며 이 금액이 책임제한금액 46,666SDR에 미달인 바 35,000SDR을 전액 지급하여야 한다(P 또는 B의 주장).

이 분쟁은 해사채권조약을 채택하고 있는 노르웨이 선박이 타국적선과 충돌하여 노르웨이 선박에 승선했던 여객이 상해를 입었던 사건으로 본선, 타국적선간의 클레임 처리 시 제기되었던 분쟁이다. 본건은 B의 주당이 타당한 것으로 받아들여져 A는 35,000SDR에 상당하는 금액을 지불하였다. 선박이나 화물보험약관에 포함되어 있고 일반 운송계약이나 용선계약서상에 반드시 삽입되어 있는 쌍방과실충돌약관의 요지를 감안하더라도 A는 책임제한금액을 초과하지 않는 한 사고로 인한 인명손해에 대해 자신의 과실부분에 해당하는 배상책임을 부담하는 것이 당연하다고 보겠다.

** 1972년 3월 덴마크 선박 한 척이 캘리포니아의 산쟈퀸(San Joaquin)강을 따라 항해를 하고 있었다. 본선이 항행하는 동안 특기할 만할 이상은 전혀 없었고 강을 따라 항해를 하는 전기간 동안 도선사와 일항사가 계속 선교에서 당직을 보고 있었으며 조타수 이외에 갑판원 1명이 선교 한쪽에서 견시(Lookout)를 하고 선장도 전방을 주시하는 등 정상적인 당직 및 견시하에 하구까지 항해를 마쳤다. 그 후 2주가 경과한 다음 본선이 Vancouvor B.C에 정박해 있는 동안 Coast Guard 직원이 승선하여 본선이 산쟈퀸강을 항해했던 그날 저녁 모터보트 한 척이 선명미상의 선박에 받혀 타고 있던 선원 3명이 익사하였으며 본선이 혐의를 받고 있다고 통보해 왔다.

선장은 본선의 상황을 설명하고 무관함을 주장하였으나 Coast Guard마저도 이 주장을 묵살하고 본선의 선체페인트를 채취해 가는 등 본선에 대한 광범위한 조사를 시행하였다. 물론 이와 같은 조사 분석만으로도 본선의 귀책사유를 입증치는 못하였으나 본선이 정박상태하에 있던 모터보트와 부딪혔을 가능성이 가장 큰 배 중의 하나라는 사실은 여러 가지 상황을 종합해 볼 때 부인하기 어려웠다. 사망자의 유족들이 샌프란시스코에서 US$2,800,000을 청구하는 소송을 제기했다. 소송이 진행되는 동안 여러 사람들이 증인으로 나서서 본선의 충돌을 입증키 위해 노력하였으며 더욱 놀라운 것은 초기단계에서 사고조사를 맡았던 Coast Guard 직원까지도 이제는 개인 자격으로 유족편에 서서 증언에 참여했다. 페인트를 정밀조사 분석한 결과 본선에서 채취한 모터보트의 그것이 유사하다는 것은 밝혀졌으나 동일하다는 것은 입증치 못했다. 본선측에서도 선장, 일항사, 견시원을 포함해서 도선사까지 전원이 심문에 응했다. 조사결과 본선은 강을 항해할 시 지켰어야 할 제한속력 그리고 적정한 견시를 이행했음이 입증되었고 동시에 모터보트는 당시 위치해 있던 곳이 관련규정에 위반되는 곳일 뿐만 아니라 소정의 등화도 켜고 있지 않았음이 밝혀져 본선은 사고와 무관한 것으로 처리되었다.

여기에서 간과해서는 안 될 사실은 만일 본건을 심판하는 과정에서 통상 인사사고에서 채택되고 있는 배심원제도를 적용했더라면 본선의 무죄 가능성은 한층 희박해졌을 것이다.[36)]

(7) 가입선 화물에 대한 책임(Collision liability to cargo carried in an entered ship)

충돌과 관련하여 발생할 수 있는 화물에 대한 책임은 자선 또는 본선(carrying ship)에 실린 화물과 상대선(non-carrying ship)에 적재된 화물에 대한 책임의 두 가지로 나눌 수 있다. 본선에 적재된 화물손해는 운송계약에 규정된 항해과실(error in navigation or management)을 이유로 일단 면책주장이 가능하겠으나 후자인 상대선의 화물손해에 관한 처리는 이른바 비계약적청구가 되어 운송계약에 포함되어 있는 면책을 주장할 수 없다.

다음은 본선에 적재된 화물 클레임 커버에 관한 클럽의 규정이다.

The U.K. P&I Club Rule 2 Section 10(Collision with other ships) B

(iii) the cargo or other property on the entered ship, or general average contributions, special charges or salvage paid by the owners of that cargo or

36) Skuld Newsletter No.118 1979에서.

property.

일견하면 본선에 적재된 화물에 관해서도(in respect of cargo carried on board the ship) 본선 선주는 충돌상대선 선주로부터 그에 대한 청구가 있을 시는 배상책임을 부담하여야 하는 것처럼 보여 운송계약상의 면책주장과 모순되는 결과가 되나 이러한 문제는 충돌에 관한 1910년 통일조약을 채택하지 않은 국가의 법에 의해 충돌손해가 결정될 시에만 발생된다. 영국, 독일 등과 같이 1910년 통일조약을 채택한 나라의 법에 의해 충돌손해가 다뤄지게 되면, 우선 양 선박간에 과실비율이 결정된 후 화주는 적재선박과 이해관계를 같이 하여 비적재선 즉 상대선 선주로부터 자신의 충돌손해 총액에서 상대선의 과실비율에 해당하는 금액을 보상받고 적재선의 과실비율에 상당하는 손해는 화물보험자로부터 구상받는다.

예를 들어, 본선, 즉 적재선측의 과실 비율이 25%일 시 본선측 하주는 화물손해액 중 75%에 상당하는 금액을 상대선 선주로부터 보상을 받을 수 있으나 잔액 25%의 손해는 충돌이 운송계약상(the Hague Rules 혹은 the Hague-visby Rules)의 면책사유에 해당하므로 적재선의 선주로부터 보상받을 수 없으며 보험계약조건에 따라 화물보험자와 보험 처리하는 수밖에 없다. 통상 이뤄지고 있는 관행에 따르자면 화주는 충돌선박간에 책임관계 및 비율이 확정될 때까지 기다렸다가 상대선에게 과실비율에 따라 청구하는 경우(불필요한 소송경비 등을 절감하기 위해)와 충돌선박에 대한 청구권을 화물보험자에게 양도하고 전액 보험처리하는 경우(이 경우 보험자는 상대선에게 해당 비례부분을 청구)의 두 가지로 분류할 수 있으나 화물보험에 의해 커버되는 한, 화주들은 후자를 택하는 것이 보통이다.

1910년 통일조약을 아직도 비준하지 않은 미국의 경우는 충돌 양선박이 정도 차이는 있더라도 모두 과실이 있을 때는 과실비율을 따지지 않고 동등과실책임(equally liable or equally to blame)을 부담시켜 왔었으나 1975년 "Reliable Transfer"사건을 계기로 통일조약이 취하고 있는 비례과실책임주의를 미국법에도 적용할 것임을 분명히 했다. 그러나, 화주의 이해관계를 보호하기 위한 측면에서 상대선측에 다소라도 과실이 있는 한(무과실일 경우를 제외하고) 화주는 자신의 손해 전액을 과실비율의 대소와 무관하게 상대선 선주를 상대로 청구할 수 있도록 법으로 허용하고("Innocent Cargo Rules"라 함) 있으므로 이 손해를 지급한 상대선 선주는 본선, 즉 적재선에 대한 배상 청구 시 동금액을 포함시킬 것인바 본선 화주는 계약상의 면책 특혜에도 불구하고 자신의 과실 비율에 상당하는 금액을 간접적으로 보상치 않을 수 없는 결과가 되며 전기한 클럽의 규정은 이와 같은 배상책임을 커버하기 위함이다.

** 충돌, 침몰, 화물/연료유 유출

일본 내항 Chemical Tanker(411g/t)가 2002년 10월, 일본 Kashima 항에서 Nagoya 향 키실렌(Xylene) 500톤을 싣고 출항하여 항해 중 Irozaki 등대 남서쪽 약 10마일 해상에서 동경을 출항하여 Shimizu로 항해중이던 컨테이너선과 충돌하여 곧 전복되었다.

본선은 선수 일부분만 수면상으로 나온 상태에서 표류하다 Cape Hagachi 근처 수심 780미터의 심해에 침몰하였으나, 본선의 선장을 포함한 선원 4명은 탈출하여 부근을 항행중이던 타 선박에 의해 구조되었다. 충돌로 인하여 본선의 연료유와 화물(키실렌)의 일부가 유출되었고, 선주는 해상재해방제센터에 연료유 및 화물의 방제청소조치 작업을 해 줄 것을 요청하였다. 일본 해상보안청은 유출된 화물이 주로 페인트 등에 사용되는 것으로 인화성이 있고 인체에 유해한 유기용해제인점을 감안, 침몰지점을 중심으로 반경 1마일 내 선박의 항행을 금지하였다.

기름 제거작업은 작업선을 동원하여 하루 만에 완료 하였으나 침몰선박에서 키실렌이 공기방울 형태로 계속 떠올라 주변 해역이 화물의 자극성 냄새로 휩싸이게 되었다. 선주는 예인선과 함께 청소작업을 계속하였고 해상보안청 순시선은 항행금지구역으로 선박이 진입하는 것을 막기 위해 근처 해역을 감시하였다. 비록 항행경보는 사고 후 10일간 지속되었지만, 침몰 선박에 화물이 남아있기 때문에 선주는 작업선을 고용하여 12월 초까지 현장을 감시하였다.

이 사고로 P&I 클럽에서 지급한 보험금 총액은 US$590,184(7,200만엔)으로 검정비 US$81,970, 선원 송환비 US$57,379, 방제비 US$450,835였다. 선주는 제비용을 지출한 후 일본해난심판의 재결(상대선 주원인, 본선 1인)에 따라 변호사를 통해 상대선으로부터 약 2/3에 해당하는 금액을 회수하였다.[37)]

37) JP&I Annual Report 2004.

2-9 선주책임제한조약

(1) 각종 책임제한제도

해상운송업의 주체인 선박소유자는 그 기업활동을 수행함에 있어 선박의 이용 또는 항해와 관련하여 사고가 발생할 경우 그로 인한 손해배상책임을 부담할 것인지 아닌지는 사고의 형태, 손해의 종류에 따라 다르나 선박 소유자에게 책임이 있을 경우라도 일정한 요건하에 그 책임을 일정 범위로 제한하는 특수제도가 오래 전부터 확립되어 있다. 이는 해상에 있어서의 기업활동이 일반 타기업과는 달리 위험성이 높고 특수한 여건하에 있기 때문에 기업보호의 관점에서 채택된 것으로 세계 각국에서 인정하고 있다. 이와 같은 선박 소유자의 책임제한제도는 각국법에서 채택하고는 있으나 제한의 방법이 통일되어 있지는 않으며 그 입법례는 대략 다음의 6가지로 분류된다.

1) 위부주의

선박 소유자는 선박에 의해 발생한 채권에 대하여 원칙적으로 인적 무한책임을 지지만 항해 종료시에 있어서의 해산, 즉 선박 · 운임 등을 특정한 채권자에게 위부하여 그 책임을 면할 수 있는 것으로 이와 같은 위부를 면책위부라고 한다. 프랑스와 상법개정전 일본이 채용했던 주의이다.

2 집행주의

독일법계가 취하고 있는 입장으로 선박소유자는 채무의 전액을 부담하나 선박 및 당해 항해에 있어서의 운임만을 갖고 책임을 부담하며 채권자는 그 해산에만 강제집행을 할 수 있다. 물적 유한책임제도라고도 한다. 그러나 선박을 채권자에게 위부할 필요가 없기 때문에 당연히 선박소유자의 책임이 해산에 제한되기는 하지만 선박소유자가 선박을 여전히 사용할 수 있다는 점에서 위부주의보다 선박소유자에게 유리하다 독일은 1957년 조약에 따라 금액주의로 변경하였다.

3) 선가주의

미국법이 취하고 있는 입장으로 선박 소유자는 항해의 완료시에 있어서의 해산가액을 한도로 하는 인적유한책임을 부담하고 예외적으로 해산을 채권자의 수탁자에게 위부함으로써 그 책임을 면할 수 있다. 그러나 인적손해에 대해서는 일정 기준의 금액으로 제한하는 금액주의를 취하고 있다.

4) 금액책임주의

영국법과 선주책임조약이 취하고 있는 주의로 사고마다 선박 소유자의 책임을 정하고 채권을 발생시킨 당해 선박의 일정 톤수에 따라서 물적 손해에 관한 채권 및 인적 손해에 관한 채권에 대하여 일정 비율로 산출된 금액으로 책임을 제한하는 것으로 타 방식보다 좀더 합리적인 책임제한제도인 것으로 알려지고 있다.

5) 선택주의

소련이 취하고 있는 입장으로 선박 소유자는 원칙적으로 인적무한책임을 부담하나 해산을 위부하거나 선가 범위에서 제한하는 방법 중 책임을 제한하는 선택권을 선주에게 부여하는 제도이다.

6) 병용주의

1924년의 선주책임제한조약이 취하고 있는 주의로 선가주의에 금액책임주의를 가미한 것으로 양 주의를 병용하여 어느 쪽이든 낮은 쪽으로 책임을 제한하는 방식이다.

이상과 같이 여러 제도가 병존하고 있으나 이 중에서 위부주의와 집행주의는 현실적으로 불합리하며 선가주의 역시 항해종료 시에 있어서의 해산가액을 한도로 하고 있기 때문에 많은 문제를 않고 있다. 금액주의 역시 책임액이 사전에 숫자로 결정되어 있어 보험부보처리 등 실무상 간단한 점도 없지 않으나 선박의 톤수에 의해 책임액이 제한된다는 것은 피해자 보호 측면에서 볼 때는 그렇게 합리적인 제도라고 할 수 없다. 이와 같은 선박 소유자의 책임제한제도는 각국마다 나름대로의 특성과 사정에 의해 국가마다 서로 다른 법제를 취하고 있으나 국제적인 운송에 종사하고 있는 해운의 특성에 비추어 볼 때 그 항행구역마다 책임제한의 방법이 다르다는 것은 극히 불편하고 불합리한 것이다.

(2) 1957년 선주책임제한조약

전기한 바와 같은 불합리를 제거하기 위해 각국의 법제를 국제적으로 통일해야 한다는 지적이 오래 전부터 거론되어 오다가 1924년에 『해상운행선박의 소유자의 책임제한에 대한 약간의 규칙의 통일에 관한 국제조약』이 성립되었으나 내용이 충실치 못하고 복잡하다는 이유 때문에 주요 해운국들에 의해 지지를 받지 못해 발효되지 못했다. 그 이후 국제해법회가 이 문제를 계속 검토 추진한 결과 1957년 벨기에(Belgium)의 브뤼셀(Brussel)에서 개최된 『해사법에 관한 국제조약(International Convention relating to the Limitation of the Liability of Owners of Sea-going Ships 〈1957년 조약〉이라 칭함)』이 채택되어 비로소 해운업계의 오랜 과제였던 통일조약의 성립을 보기에 이르렀다.

이렇게 해서 성립된 1957년 조약은 책임제한의 방법으로 금액책임주의를 취하고 선박 소유자 등(선박소유자, 선박임차인, 용선자 등)은 자신의 고의 또는 과실이 있는 경우를 제하고 a) 선박 내의 인 또는 물에 대한 책임, b) 선박외의 인 또는 물에 대한 책임, 난파물, 항의 구조물 등에 대한 책임 등의 채권에 대해서 한 사고당 물적 손해만의 경우에는 1조약톤당 1,000프랑(순도 1,000분의 900의 금 65.5밀리그램으로 구성되는 단위로 통상 금 프랑 또는 포앙카레프랑이라고 칭함)으로 인적 손해를 포함하는 경우에는 1조약톤당 3,100프랑(이 중 2,100프랑은 인적 손해에 우선 충당하고 1,000프랑은 물적 손해와 2,100프랑만으로 커버되지 못한 부족부분의 인적 손해와 동 순위로 충당한다)으로 책임을 제한할 수 있다.

그러나 해난구조와 공동해손에 근거한 채권 및 선원 등 고용계약상의 채권에 대해서는 그 책임을 제한할 수 없다. 본 1957년 조약은 1959년 영국이 비준한데 이어 프랑스, 스페인 등 주요 해운국들이 차례로 비준하여 1968년 5월 31일 정식 발효되었다.

(3) 1976년 해사채권책임제한조약

1957년 조약이후 인프레와 함께 근래에 들어와서 조약에 정해져 있는 책임제한금액이 낮기 때문에 피해자에게 충분한 보상이 이루어질 수 없다는 비판이 높아지자 IMO가 이를 수용 검토를 거친 끝에 1976년 11월 런던 회의를 개최 1957년 조약의 책임제한금액을 인상함과 동시에 제한권 자체를 강화한 것을 주내용으로 한 『1976년 해사채권에 대한 책임제한에 관한 조약(Convention on Limitation for Maritime Claims, 1976)』이 채택되기에 이르렀다. 신조약에서는 계산단위로 IMF의 SDR을 채택하고 IMF의 회원국이 아니거나 여타 이유에 의해서 SDR을 사용치 않는 국가는 포앙카레프랑을 사용토록 하였으며 1957년 조약하의 책임톤제도를 철폐하고 이를 1969년 선박측도조약(International Ship Measurement Convention of 1969)에 의거한 총톤수로 대체하였다. 500총톤을 최저톤으로 하고 이를 초과하는 선박에 대해서는 초과하는 매톤당 일정금액으로 책임제한금액을 정하였다.

이 조약은 1986년 12월 1일에 발효되었으며 영국(1979년)과 일본(1982년)도 관련법을 개정하여 이 조약을 받아들였다. 우리나라의 경우, 1991년 해상법(상법전 제5편)의 개정(1993년 1월 1일 발효)과 함께, 선주의 총체적 유한책임제도에 관하여 종전의 1924년 선주책임제한조약의 처지에 있던 해상법이 일거에 1957년 조약을 뛰어넘어 1976년 해사채권책임제한조약을 채택함으로써, 선주의 책임은 현저히 증가되었다. 그 후에도 책임제한금액의 현실화를 이유로 1996년에 책임제한액을 상향조정하여 2004년 5월 13일에 개정 조약이 발효되었다.

제 3 절 운송화물에 대한 책임

3-1 해상운송계약

해상물품운송계약이란 선박에 의한 물품의 해상운송을 인수하는 계약을 말하며, 여기에서 '물품(goods)'이란 운송되는 동산을 말한다. 해상운송계약의 법적 성질은 도급계약으로 유상, 불요식의 계약이다. 즉, 해상운송계약의 체결에 대해서는 형식에 대한 구애 없이 전적으로 자유롭게 체결할 수 있기 때문에 반드시 계약서와 같은 형식을 갖추어야 할 필요도 없으며 항해용선계약과 개품운송계약의 두 가지로 나눌 수 있다.

(1) 개품운송계약

개품운송계약이란 개개의 물품의 운송을 목적으로 하는 해상운송계약으로 통상 대형선에 의한 정기항해에 이용되는 운송계약의 형태이다. 운송인(선박회사)은 다수의 하주로부터 개개물품의 운송을 인수하며 운송의 대가로 운임을 받고 별개의 운송계약서를 작성함이 없이 각 물품별로 선하증권을 발급하여 계약에 가름한다. 우리 상법에도 개품운송계약에 관한 규정이 있기는 하나 해운시장에서 운송과 관련하여 발생하는 문제의 대부분은 선하증권의 약관이나 상관습에 따라 처리되고 있는 것이 보통이다.

(2) 국제해상운송법과 그 적용범위

현재 세계의 주요 해운국은 1924년에 성립된 선하증권에 관한 통일조약(Hague rules, 1924)을 비준하고 여기에 근거하여 각국이 자체 국내법을 제정하였기 때문에 그 국제성에 걸맞게 국제해상운송에 관한 한 선하증권 통일조약을 통해서 국제해상운송관련 법제는 전세계적으로 통일화된 경지에 도달하였다고 해도 과언은 아니다.

본 조약의 적용범위를 세분하면 다음과 같다.

1) 인적 적용범위

인적 적용범위에 대해서는 우선은 송하인과 운송계약을 체결한 선주나 용선자를 그 대상으로 하고 있으며, 용선계약의 경우에는 선하증권이 발행된 경우에 한해 증권 소지인과 운송인과의 관계에 대해 헤이그규칙을 적용한다(제1조 a).

2) 물적 적용범위

조약 제1조 (C)항에 의거 정기선, 부정기선 어느 편에 의하든 묻지 않고 선박에 의해 운송되는 모든 물품(goods, wares, merchandise and articles)의 운송계약에 조약이 적용되는 것으로 규정하고 있으나 생동물(live animal)과 계약에 의거 운송되는 갑판적 화물은 헤이그규칙이 적용되는 『물품』에 해당되지 않으므로 헤이그규칙과 무관하게 면책약관을 적용할 수 있다.

3) 시간적 적용범위

헤이그규칙을 채택한 배경에는 해운자체의 국제성에 비추어 운송을 규율하는 국제적인 통일법의 필요성이 크게 작용하였다. 그래서 상황이 허용하는 한, 운송 전구간 즉 하주를 중심으로 볼 때 물건의 발·착지 간을 그 적용대상에 포함시키고자 하는 것이 당초의 의도였으나 각국의 관습이 다르고 법체제가 다른 만큼 통일이 가능한 영역의 범위를 해상운송선박이 물건을 관리하는 구간 즉 물건이 선박에 선적되는 시점부터 양하되는 시점까지로 보고 이 구간을 운송관련법을 통일할 수 있는 구간으로 하였다. 그래서 통일조약 제1조 (e)항에는 물품을 선박에 적재한 시점부터 이를 선박으로부터 양하할 때까지로 적용 기간을 한정하고 있다. 운송품의 선적 이전, 양하 이후에 대해서는 헤이그규칙이 적용되지 않으므로 동 조약의 책임을 벗어난 면책특약이 가능하다.

통상 "tackle to tackle"로 불리워지고 있는 헤이그규칙의 적용범위(tackle to tackle)와 운송인의 책임구간(인수에서 인도까지)은 별개의 것이라는 점에 대해서 오해가 있어서는 안 된다.

(3) 해상물품운송계약의 내용

우리 해상법은 이용도 면에서 볼 때 개품운송계약보다 그 빈도가 적은 용선계약을 중심으로 규정하고 있는 한편 실무에서는 개품운송분야에서도 상법에 의존하기보다도 선하증권약관에 의존하고 있는 것이 업계의 실상이다. 실제 해상물품운송거래 측면에서 보면 개품운송에 관한 한 상법의 규정보다는 Liner B/L의 약관해석이 더욱 중시되고 있으며 그 비중면에서 볼 때 B/L 약관자체가 살아있는 해상물품운송법으로 받아들여지고 있다. 해상운송약관의 내용을 살펴보면, 요약하여 운송인의 권리·의무와 운송물의 손해에 대한 배상관계로 나눌 수 있는데 운송인의 의무는 다음과 같다.

1) 선적에 관한 의무

① 선박의 제공에 관한 의무: 원칙적으로 계약에 따라 운송인이 선박을 제공하여야 하나 개품운송 특히 정기선 화물의 경우에는 선박을 특정하는 이외에 통상 B/L에 대선약관(substitute) 또는 환적(transhipment)

약관을 삽입하고 있는 것이 보통이다.

② 운송물의 수취 · 선적의무: 운송인은 하주가 인도하는 운송품을 인수할 의무가 있으며 특약이 없는 한 그 인수 장소는 선측(shipside)이다. 이와 같은 경우 해상운송인의 책임기간은 선측에서 선측까지(tackle to tackle)로 한정될 수 있다.

③ 선하증권의 교부의무: 운송인 또는 선장은 송하인의 청구에 따라 화물을 선적한 후 지체 없이 선적 사실을 기재한 선하증권을 교부하여야 한다(상법 제813조). 선하증권을 교부하는 실무절차는 S/O와 M/R(또는 Dock Receipt)을 기초 서류로 하며 M/R을 통해서 선적 또는 인수사항을 확인하고 선하증권을 발급한다.

2) 항해에 관한 의무

① 감항능력담보의무 해상운송인은 용선자나 송하인에 대하여 발항전 또는 발항 당시 선박이 안전하게 항해를 감당할 수 있을 것, 즉 감항능력(seaworthiness)을 담보하는 의무를 부담한다(상법 제787조). 이 규정은 강행규정이므로 선박소유자나 해상운송인이 특약에 의해 책임을 면하거나 경감하려 해도 그것은 무효이다. 감항능력담보의무의 성격은 무과실책임의무인지 아니면 과실책임의무인지에 따라 그 성격이 다르다. 즉, 감항능력확보를 위한 상당한 주의를 다하여도 발견할 수 없는 숨은 하자에 기인한 불감항도 의무위반이 되느냐(결과책임론) 아니면 발항 당시 감항능력 확보를 위해 주의를 태만하지 아니하였음을 입증하면 결과에 대하여 책임을 묻지 않느냐라는 두 가지 책임유형 중 대부분의 국가가 과실책임주의를 택하고 있다. 우리나라도 감항능력담보의무에 관해서는 과실책임주의를 취하되 무과실의 입증책임은 선박소유자에게 부담시켰다. 헤이그규칙 제3조 1항에는 운송인의 감항능력에 관한 주의의무로서 다음과 같이 규정되어 있다.

운송인은 발항 전 및 발항 당시 다음 사항에 대하여 상당한 주의를 다하여야 한다.

i) 선박이 항해를 감당할 수 있는 상태에 있을 것

ii) 필요한 선원이 승선하고 있는 선박이 적절한 의장을 갖추고 생필품을 확보하고 있을것

iii) 선창(hold), 냉장실(refrigerating, cool chamber) 기타 운송물을 적재 할 장소가 운송물의 수령, 운송과 보존을 위하여 적합한 상태하에 있도록 할 것

② 발항의무: 항해준비가 완료되면 지체없이 발항하여야 하며(선원법 제9조) 발항의 시기에 대해서는 통상 계약에 의해 정해지나 정기선 화물의 경우는 스케줄에 의하여 하주가 운송품의 선적을 태만히 할 시에는 선장은 즉시 발항할 수가 있다(상법 제784조 제2항).

③ 직항의무: 운송인은 특별한 이유가 없는 한 예정항로를 변경치 않고, 즉 이로deviate) 함이 없이 상당한 속력으로 목적항까지 항행하여야 한다(선원법 제9조). 단, 해상에 있어 인명 또는 재산의 구조행위를 위한 이로나 기타 정당한 이유가 있을 시에는 이로행위를 인정한다. 헤이그규칙에는 이로에 대하여 정의하고 있지는 않으나 이로의 결과에 대해서만 언급하고 있다. 즉, 해상에서 인명, 재산의 구조를 위한 이로나 합리적인 이로는 그 자체가 운송계약 위반으로 간주되지 아니하며(infringement or breach of contract of carriage), 이로의 결과로 인한 손해에 대해서도 면책된다고 규정하고 있다(제4조 제4항).

④ 운송물의 보관처분의무: 운송인은 운송물을 수취해서 인도할 때까지 선량한 관리자로서의 주의를 다하여 운송물을 보관하여야 한다(상법 제788조 제1항, 헤이그규칙 제3조).

또한 용선자, 송하인 또는 B/L 소지인이 운송의 중지, 운송물의 반환, 기타의 처분요청이 있을 때에는 그의 지시에 따라야 할 의무가 있다(상법 제812조). 이 경우 해상운송인은 그에 필요한 비용의 지급을 청구할 수 있다.

3) 양하에 관한 의무

① 양하항에 입항할 의무: 운송인은 운송계약에 의해 예정된 양하항에 입항하여야 할 의무를 부담한다. 용선계약의 경우는 계약에 의하여 지정된 양하항 또는 발항 후 용선자나 송하인이 지정하는 항구에 입항하여

계약 또는 관습에 따라 양하 하지만(상법 제812조의 3), 정기운송, 즉 정기선 화물의 경우에는 오로지 운송인의 공시에 따르며 송、수하인의 지시에 의하는 경우는 없다.

② 양하준비 통보의무: 용선계약의 경우 운송물을 양하할 준비가 완료되면 선장은 지체 없이 수하인에 대하여 준비완료통보(notice of readiness)를 발송하여야 한다(상법 제798조). 개품운송의 경우 선장은 수하인에 대하여 양하에 관한 지시를 하여야 한다고 규정되어 있으나 보통은 선하증권에 따라 인수도가 되고 있으므로 양하항의 관행에 따라 공시된 선박동정표에 의해 수하인이 선박의 동정을 스스로 파악하여야 한다고 해석하는 경우가 많다.

실무에서는 수하인에 대한 안내의 성격으로 선박의 도착일시를 서면 또는 유선으로 통지하는 것이 보통이다.

③ 운송물의 인도의무: 운송인은 양하항에 도착하면 수하인 또는 선하증권 소지인에게 운송물을 인도할 의무를 지고 있으며, 인도에 의해 운송인의 운송계약상 임무는 종료되는 것이다. 선하증권이 발행되지 않는 경우는 운송계약상에 수하인으로 지정된 자에게, 선하증권이 발행되었을 때는 정당한 증권 소지인에게 인도 하여야 한다(상법 제816, 817조). 운송물의 인도는 특약이 없는 한 선측인도를 원칙으로 하므로 항만 사정에 의해 접안작업이 불가능하여 해상작업(stream operation)을 할 경우 선측에서 부두창고까지의 비용은 해상운임에 포함 지급하지 않는 한 수하인이 부담해야 한다(The Hague Rules 3조 2항).

3-2 해상운송인의 배상책임

해상운송인의 운송계약상 주의의무와 동 의무를 태만하였을 때의 배상책임에 관하여 우리 상법과 선하증권통일조약을 기초로 운송인의 책임을 개략적으로 설명하되 필요시는 헤이그비스비규칙(Hague-Visby Rules)과 함부르크규칙까지도 참고로 한다.

(1) 상법상의 해상운송인의 책임

1) 손해배상책임

운송물의 멸실(loss), 손상(damage) 및 연착(delay)에 대한 운송인의 책임에 대해 상법에서는 육상운송에서의 운송인의 책임에 관한 규정을 준용한다. 즉, 운송인은 운송인 자신 또는 이행보조자가 운송물의 수취, 인도, 보관 및 운송에 관한 주의의무를 태만히 하지 않았음을 증명하지 못하면 멸실, 손상, 연착에 대한 손해를 면할 수 없다(상법 제788조 제 1 항, 제789조 제 2 항).

2) 손해배상액의 산정

운송인이 배상하여야 할 금액의 산정은 운송물의 전부 멸실 또는 연착의 경우는 인도할 날 또는 인도되었어야 할 날의 도착지 가격, 즉 시가에 의하며 일부 멸실의 경우는 인도한 날의 도착지 시가를 기준으로 한다. 단 멸실, 연착이 운송인의 고의나 중대한 과실로 인한 때에는 그로 인한 모든 손해를 배상하여야 하며, 운송물의 멸실, 손상 때문에 지급을 면한 운임 기타의 비용은 배상액에서 공제할 수 있다. 그러나, 면책약관의 제한에 대한 특별규정을 설정하여 해상운송인 자신의 과실, 선원 기타 사용인의 악의 또는 중과실, 감항능력 불비의 세 가지 사유로 인하여 생긴 손해에 대해서는 면책특약을 금지시키고 있다(상법 제 790조). 이는 법정면책사유와 함께 운송인과 운송물의 이해관계자간(송수하인, B/L 소지인 등) 이해의 조화와 균형을 기하자는 데 그 목적이 있다. 그러나 운송인 자신이 스스로 자신의 책임이나 의무를 더 무겁게 하거나 운송물 이해관계자에게 유리한 약관을 포함시키는 것은 상관없이 유효하다.

3) 법정면책사유(상법 제789조)

가. 항해 과실 선장, 해원, 도선사 기타의 선박사용인의 항해 또는 관리에 관한 행위로 인하여 생긴 운송물의 손해에 대하여는 손해배상책임을 지지 아니한다.

나. 선박에서의 화재 운송인의 고의, 또는 과실로 인한 것이 아닌 한 화재로 인하여 생긴 운송물의 손해에 대해서는 손해배상책임을 지지 아니한다. 화재를 해상위험 중 가장 전형적인 것으로 취급하고 일단 화재가 발생하였을 시 초래될 수 있는 손헤의 크기를 감안할 때 이런 위험을 운송인에게 부담시

키는 것은 가혹하다는 점을 고려하여 항해상의 과실에 대해 면책을 허용하는 것과 같은 이유로 화재에 대해서도 법정면책을 인정하였다.

다. 기타의 사유 상법 제789조에 열거된 사유

4) 단기소멸시효

운송인의 악의에 의한 경우를 제외하고 운송인의 화물에 대한 책임은 수하인이 운송물을 수령한 날로부터 1년을 경과하면 소멸시효가 완성되며 화물이 전부 멸실된 경우에는 인도되었어야 할 날로부터 기산(commence to run)한다.

(2) 국제조약하의 해상운송인의 책임

해상운송의 국제성에 비추어 볼 때 운송인의 책임에 대한 법체제를 국제적으로 통일하는 것이 바람직하며 앞에서 언급한 것처럼 현재 통일의 견인차 역할을 담당하고 있는 것이 바로 전기한 선하증권통일조약이다.

이 조약은 1924년에 성립된 것으로 80여 년이 지난 현재에도 50개국 이상이 이에 가입하여 해상운송관계 국제통일법으로서 크게 공헌하고 있다. 1968년에는 헤이그규칙의 여러 규정 중 책임제한금액의 현실화, 컨테이너선의 등장에 따른 컨테이너조항(container clause)의 신설, 그리고 시효의 연장 등 일부를 현실화시킨 것을 그 내용으로 하는 개정조약 즉 헤이그-비스비규칙(Hague-Visby Rules 또는 Hague Protocol)이 성립, 1977년에 발효되어 영국을 위시한 유렵 선진해운국이 가맹하여 해상운송인의 책임체제에 적지 않은 영향을 미치게 되었고 멀지 않은 장래에 헤이그규칙과 대체될 것으로 전망된다.

한편 개발도상국의 주도하에 1978년에 성립된 함부르크규칙으로 불리워지고 있는 「UN 국제 해상물품운송조약」은 종전의 2가지 선하증권조약하에서의 운송인의 책임체계에 근본적인 변혁을 가져온 혁신적인 조약이다. 함부르크규칙에 이어 컨테이너에 의한 육·해·공 복합운송의 발전에 대응하여 복합운송인의 책임을 규정한 것이 1980년 「UN 국제물품복합운송조약」이다. 해상운송분야도 복합운송의 한 구간운송으로 포함시키고 있는 이 조약은 함부르크규칙에 이어 전통적인 해상운송책임체계를 대폭적으로 수정한 것이나 국제적인 조약으로 효력을 갖기까지는 역시 상당한 시간이 소요될 것으로 보인다.

1) 운송인의 기본적 의무

가. 일반적인 의무 운송인이 화물에 대하여 부담하는 책임은 운송기간 중 화물에 대하여 상당한 주의의무를 다하는 것이며 상당한 주의를 다 했다는 것을 입증할 책임은 운송인측에 있다. 화물의 멸실, 손상사고가 발생하였을 때, 그 원인이 다음에 열거하는 면책사유에 해당하지 않을 경우는 상당한 주의의무 이행여부와 무관하게 책임을 면하기는 거의 불가능에 가깝다. "상당한 주의"의 내용 그리고 그 정도에 대해서는 사례별로 판단할 수밖에 없으나 가능한 모든 조치를 다 요구하는 것이 아니고 그 당시 상황에 따라 요구되는 합리적인 조치를 성실하게 이행할 것을 뜻하며 신기적인 기능이나 배려까지 요구하지는 않는다.

화물을 수취(receive), 선적(load), 취급(handle), 적재(stow), 운송(carry), 보관(keep), 관리(care for) 및 양하(discharge)와 인도(delivery)함에 있어 주의를 태만히 하였을 때 운송인은 책임을 면할 수 없으며 이와 같은 주의의무를 태만히 하였을 경우를 일반적으로 "상사과실 또는 상업상의 과실"이라고 한다(Schade V. National surety Corp-1961-AMC. 1225: What is due diligence is a pure question of fact, to be decided in each case on its merits).

나. 감항능력에 관한 의무 운송인은 본선의 발항 시 선박이 감항능력이 있도록 상당한 주의를 다하여야 하며 발항 시 그 주의를 태만히 하였을 때 부주의가 원인이 되어 사고가 발생하면 설사 사고가 면책사유에 해당하더라도 책임을 면할 수 없다. 기관의 상태가 순조롭지 못함에도 불구하고 그 상태로 출항, 항해하다가 도중에 기관정지 또는 조선불능 사태가 생겨 타선과 충돌하였을 때 등이 그 좋은 예이다. 감항능력이란 항해할 수 있는 능력뿐만 아니라 안전하게 화물을 보관 운송할 수 있는 상태(cargoworthiness)까지도 포함한다.[38](제3장 1절 (3) 참조)

여기에서 '발항 시'라 함은 당해 화물에 관한 운송계약을 기준하여 발항시점을 논한다. 즉 홍콩, 대만을 경유하여 부산에 입항한 선박을 예로 들 경우 부산에서 선적한 화물에 대해서는 부산항을 출항한 시기가 곧 발항 시에 해당하나 홍콩, 대만에서 선적한 화물의 경우 부산 출항시점은 발항 시에 해당하

38) The ship must also be "Cargoworthy" to be "Seaworthy."
Seaworthiness is not confined to security of the "hull" of the vessel.

지 않는다.

**. 감항능력과 발항시기와의 관계

캘커타에서 선적되어 로테르담으로 가는 화물이 수침상태로 인도되었다 문제의 화물은 본선이 그후 Port Sudan에 기항하여 하역작업중 선주측 하역인부가 스톰밸브 뚜겅(Storm valve cover plate)을 절취해감으로 인해 발생한 침수가 원인이었다. 영국법원은 문제의 밸브 뚜껑이 없이 Port Sudan으로부터 출항한 이후 본선은 감항능력이 없었지만 문제의 화물이 선적되었던 캘커타를 발항할 당시에는 감항능력이 있었다고 판결하였다.[39]

3-3 해상운송인의 면책

(1) 면책약관의 금지 및 인정

운송인의 화물손해배상에 관한 제규정(통일조약 제3~7조), 기타 운송인의 의무와 책임에 관한 규정에 반하는 특약을 이용하여 송하인, 수하인 또는 선하증권 소지인에게 불이익을 초래하는 것은 무효로 하며 화물보험계약에서 발생하는 권리를 운송인에게 양도하는 계약과[40] 기타 유사한 일체의 계약도 무효로 한다(조약 제3조 제8항). 예컨대 "상사과실"에 관한 면책약관의 금지, "감항능력주의의무"에 관한 면책계약 금지 등은 송하인, 수하인, 기타 B/L 소지인의 불이익을 방지하기 위한 중요한 규정이다. 이와 같은 면책약관의 금지 규정(non-responsibility clause)은 헤이그규칙의 적용 범위 내에서만 그 효력이 미치는바 다음의 경우에는 면책특약이 인정된다.

1) 선적 전(before loading) 및 양하 후(after discharge)

헤이그규칙의 제1조 제2항은 그 적용범위를 나타내는 조문으로 알려져 있고 제7조에 의하면 선적 이전 및 양하 이후의 화물의 멸실, 손상 또는 화물의 관리, 취급에 관한 의무와 관련한 특약이나 면책 기타 유보는 가능하다.

2) 용선계약의 당사자간

헤이그 규칙은 용선계약의 경우에도 운송인과 선하증권 소지인과의 관계

39) Gard Handbook on P&I Insurance, p. 266.

40) 이같은 특약이 삽입되어 있는 B/L을 Red B/L이라 함.

에는 적용되나 용선계약의 당사자 간에는 적용되지 않는다.

3) 특수운송

화물의 특수한 성질, 상태 또는 운송상의 특수한 사정에 의해 운송인의 책임을 면제 또는 경감시키는 것이 인정될 수 있는 운송, 생동물 운송이나 갑판적 운송이 특수운송에 해당된다. 전자의 경우는 위험물, 폭발물 등 일반화물과 동일하게 취급하는 것이 현저하게 불합리할 경우에 해당하며 생동물이나 갑판적화물은 이른바 바다 고유의 위험을 수반하는바 면책약관을 인정하되, 이 경우에 있어서도 면책약관을 선하증권에 기재하지 않았을 때는 운송인은 그 특약을 들어 B/L 소지인에게 대항할 수 없으며 갑판적을 하고 그 사실을 B/L에 기재하지 않았을 때도 대항할 수 없다.

(2) 항해과실

선장, 기타 운송인의 항해 또는 선박의 취급에 관한 행위에 기인하여 화물사고가 발생하였을 때는 면책된다. 항행 또는 선박의 취급이란 순수하게 선박 그 자체에 연관된 행위로서 화물의 취급에 관한 행위는 포함되지 않는다. 예컨대 기관(engine)을 조작하기 위한 전기스위치 취급과 냉동컨테이너의 Power를 공급하는 스위치의 취급상의 차이를 비교할 수 있다. 본선측의 과실에 의해 선박이 충돌하여 화물이 손상되었을 경우가 항해과실면책에 해당하는 전형적인 사유이다. 이와 같은 항해과실이 운송인 자신(carrier himself)으로부터 기인되었을 때는 면책이 불가하나 운송인의 대부분이 회사조직의 형태인바 누가 '운송인 자신'인지는 단정하기 쉽지 않다. 회사의 대표이사가 해당된다는 것은 당연하나 회사의 직원 모두가 운송인 자신에 해당하는 것은 아니지만 적어도 대표이사로부터 직접 명을 받아 업무를 수행하고 있는 감독적 입장에 있는 자(부장이나 지점장)는 포함되어야 한다는 설이 유력하다.

(3) 선박에서의 화재

선박 화재에 대한 면책도 항해과실과 함께 전통적인 면책사유의 하나이다. 운송인은 자신의 고의나 과실(fault or privity of the carrier)에 의한 경우를 제외하고 선박에서의 화재에 의해 발생한 화물의 손해에 대하여 면책된다(제4

조 2항 b문). 화재는 엄격한 의미에서 바다 고유의 위험이라고 간주하기에는 다소 문제가 있으나, 이는 선박에서 화재가 발생한 경우 진화에 한계가 있고 그로 인한 손해가 거액에 달할 뿐만 아니라 과실의 판정이 곤란하며 화재로 인한 화물손해에 대해서는 화물보험에서 커버되므로 운송인의 면책을 허용하더라도 하주 보호적 측면에서 크게 불합리한 점은 없다고 판단하여 설정한 면책사유다.

(4) 일반면책사유

헤이그규칙은 일정의 면책사유를 열거하고(통상 면책 catalog라 함), 화물의 손해가 이들 열거사유로 기인하여 발생한 것을 운송인이 입증하고 나아가서 하주측에서 운송인이 사고방지를 위한 상당한 주의를 결여했다는 것을 입증하지 못하는 한 운송인은 화물손해에 대하여 면책된다. 이 면책사유는 헤이그규칙, 비스비규칙 및 이를 국내법으로 채택한 각국의 국내법에 열거되어 있는 일반면책사유로 우리 상법에도 11가지 사항으로 열거되어 있다(상법 제789조 제 2 항).

통일조약상의 면책사유는 다음과 같다(1978년 함부르크규칙 및 1980년 복합운송조약에서는 면책 catalog가 전면 폐지되었다).

① 해상 기타 가항수역(navigable waters)에서의 위험(perils, dangers and accidents)
② 천재(act of god)
③ 전쟁, 폭동 또는 내란(act of war)
④ 해적행위나 기타 이에 준하는 행위
⑤ 재판상의 압류(arrest under legal process), 검역상의 제한(quarantine restriction) 기타 공권력에 의한 처분
⑥ 송하인 또는 화물의 소유자나 그의 사용인의 행위
⑦ 동맹파업, 태업, 작업장 폐쇄 기타의 쟁의행위
⑧ 해상에 있어서의 인명이나 재산의 구조행위 또는 이를 위한 이로
⑨ 화물 특유의 성질 또는 특유의 하자
⑩ 화물의 포장불량이나 기호의 불충분한 표시

⑪ 상당한 주의를 통하여서도 찾아낼 수 없는 잠재 하자

(5) 항해의 포기(abandonment of voyage)와 면책

해상운송은 일반 육상운송과 달리 항상 바다 고유의 위험에 접하며, 운송기간 자체도 타운송에 비해 길기 때문에 운송 도중 양지나 기항지에서 예상하지 못한 사고가 발생하여 소정의 운송을 완료하는 것이 불가능해지거나 지극히 곤란해질 경우가 발생할 수 있다. 예컨대, 전쟁, 대규모 항만 스트라이크, 천재지변 등이 그 전형적인 케이스에 속한다. 통신수단의 발달로 이와 같은 사태가 양지나 기항지에 이미 발생했다거나 그 가능성이 있다는 정도의 정보는 쉽게 파악할 수 있으나 전혀 예상치 못한 상황하에서 항해중 돌연 발생할 가능성은 여전히 상존하고 있다.

이와 같이 계약당시 당사자가 전혀 예상치 못한 사정에 의해 운송계약의 이행이 불가능 또는 지극히 곤란해질 때에는 그 시점에서 계약이 종료된다. 해상운송에 있어서의『항해의 포기』는 어디까지나 계약 당시의 사정이 상당한 범위에서 변경되었을 때에 한하여 인정되므로『포기』가 정당한 것인지 여부는 그 성립상 필요한 엄격한 요건을 충족시켜야 하며 정당하다고 판단되면 중도항에서 화물은 양하되며 곧 하주의 처분하로 돌아간다. 그러나『포기』이후에도 운송인은 하주의 이익을 위해 최선의 조치를 다해야 할 의무가 있으며 이를 위해 비용이 발생하면 하주가 부담한다.

3-4 책임의 제한

운송인이 화물사고에 대해 책임이 있는 경우에도 그 책임금액은 화물의 단위 또는 선적단위(shipping unit)당 일정 금액을 한도로 제한된다. 선하증권조약에 의하면 이 제한금액은 화물의 포장당 영국화폐 100파운드(£100/package)로 되어 있으며 화물이 포장되어 있지 않은 경우, 즉 단위화될 수 없는 bulk류 화물일 때는 그 화물의 양을 표시하는 목적으로 통상 사용되는 단위, 즉 선적단위 또는 운임단위(freight unit)당 일정금액으로 제한된다. 포장의 크기가 얼마나 되든 물건의 가액이 얼마나 고액이든 불문하고 "단위 또는 포장"의 정의에 해당하면 동 금액을 배상액의 최고한도로 한다.

컨테이너 화물과 관련 한 개의 컨테이너를 1포(package)로 간주할 수 있는지 여부에 대해서는 정설은 없으나 화주가 적입한 컨테이너(shippers packed container) 화물에 대해서는 B/L상에 적입된 화물의 개수 표시가 되어있지 않으면 컨테이너 그 자체를 한 단위로, 컨테이너 내에 적입된 화물의 개수가 선하증권에 기재되어 있으면 그 기재된 개수별로 책임을 제한할 수 있다는 것이 판례로 나타난 대세이다. 물론 하주의 입장에서 이와 같은 책임 제한 방식은 택하지 않고 실가액 한도까지 배상받기를 원하면 해당 화물의 가액을 운송인에게 신고하고 선하증권에 신고금액을 기재하면 된다(이 경우에는 고가화물에 적용되는 추가운임 즉 종가운임을 징수한다).

실무에서는 예외 없이 B/L상에 책임제한규정을 두고 있고 우리나라 상법에도 운송물의 매포장당(package) 또는 선적단위당(unit) 500SDR로 책임한도를 정하고 있다(제789조의2 제1항, 5항). 책임제한 금액을 내국 화폐단위로 증권상에 명기해 주는 국가도 많으나 아직도 대부분의 정기선 B/L에는 1924년의 선하증권 통일조약에 규정되어 있는 포장당 100파운드를 책임제한 금액으로 정하고 있으나 80여 년 전과 지금의 화폐가치, 상품가격의 수준 등 여러 가지 현실을 감안할 때 100파운드로 책임한도를 제한하는 것은 비현실적이라는 점에 대해서 이론이 없다.

그래서 이를 개정하기 위해 1968년의 헤이그-비스비규칙에서는 포단방식과 중량방식을 병용하여 1포당 10,000포앙카레 프랑 또는 화물중량 1kg당 30포앙카레프랑 중 큰 금액을 한도로 하도록 병용주의를 채용한바 있다. 해상운송에서는 화물에 대한 포장 또는 중량단위의 책임제한(package or unit limitation)과는 별개로 선박단위로 책임을 제한하는 총체적 책임제한제도(global limitation)가 있다. 1957년 선주책임제한조약이나 1976년 해사 채권에 관한 책임제한조약(London Convention)이 이와 같은 선박단위 책임제한제도를 규정하고 있는 조약이다.

일본의 경우는 1957년 조약에 근거를 둔 국내법을 두고 있었으나 1983년에 조약을 파기하고 1976년 런던조약을 비준하여 1984년 5월부터 신조약에 의거한 국내법이 발효된 바 있다. 이 책임제한제도는 선박의 운항에 수반하여 발생하는 운송인의 책임(충돌 등에 의한 제3자의 인적 · 물적 손해에 대한 것을 포함)을 해당 선박의 총톤수에 따라 산출되는 일정금액까지 제한하는 제도이다.

이상과 같이 해상운송에는 단위당 책임제한(unit limitation)과 총체적 책임제한(global limitation)의 두 가지 책임제한제도가 중복되어 적용될 경우에는 낮은 금액으로 책임이 제한된다.

** 총체적 책임제한과 단위당 책임제한

2001년 4월 파나마 국적의 일반화물선(9,002g/t)이 일본에서 철제품, 건설기계, 지게차, 군수물자등 약 4,400m/t을 싣고 미국으로 항해중 태평양상에서 황천에 조우하였다. 건설기계(Excavators)를 고박(lashing)하고 있던 설비가 풀리면서 동화물이 움직이면서 선체 외판과 부딪혀 외판에 파공이 생겼고 화물창 내로 해수가 유입하여 본선은 화물과 함께 침몰하였다. 다행히 선원들은 인근을 항해중이던 컨테이너선에 의하여 전원 구조되었다.

화물보험자들로부터 US$48,000,000에 상당하는 손해배상을 청구를 접한 선주는 동경지방법원을 통해 책임제한절차(본선의 책임한도액: US$2,187,500)를 개시하였다. 이런 과정에서 화물보험자들 사이에는 본선의 책임한도액의 배정을 두고 논란이 생겼다. 화물가액을 살펴보면 군수물자의 화물가액은 US$ 45,860,000이었고 나머지 화물은 모두 합해서 US$2,110,000에 불과하였다. 만일 책임한도액을 화물가액의 비율로 배분할 경우 군수물자는 US$2,031,250이고 나머지는 YS$156,250에 불과하였다.

그러나 논의과정에서 포장으로 구성된 군수물자에 대해 포단책임한도액(package limitation) 이상을 배정하는 것은 불합리하다는 주장이 제기되었다. 준거법인 일본의「국제해상물품운송법」에 규정된 포장당 책임한도액을 적용할 경우 군수물자에 대한 배상한도액은 1억천만엔(약 US$860,000)에 상당하게 된다. 이에 동경 지방법원에서는 군수물자에 대해 포단책임한도액을 기준으로 제한기금의 배당에 참여하여야 한다고 판시하고 군수물자에 대해서는 8천만엔(US$625,000)을, 나머지 화물에 대해서는 억엔(US$1,562,500)을 배정하였다.[41]

---

41) JP&I Annual Report 2004.

3-5 책임의 소멸기간

화물이 인도된 날 또는 인도되었어야 할 날로부터 1년 이내에 재판상의 청구 즉 소송(또는 중재)을 제기하지 않으면 해당 화물의 멸실, 손상 등에 관한 운송인의 책임은 소멸한다. 보통 Time limitation으로 불리워지고 있으며 시효와 유사한 제도이다. 여기에서 "재판상의 청구"라 함은 소송의 제기 이외에 지불명령의 신청, 중재인 선정의 통지 등을 포함한다.

화물사고가 발생하게 되면 하주와 운송인간에 절충을 통해 최종합의에 이르기까지는 상당기간이 소요되며 실제 1년 정도는 쉽게 지나가게 되므로 소송을 제기하여 시효를 중단시키는 것이 원칙이겠으나 이럴 경우 운송인과 하주 모두 번잡하게 되므로 이를 피하기 위해 실무에서는 이 기간의 연장을 상호 합의하고 재판외 합의를 통해 처리하는 것이 보통이다. 함부르크규칙이나 1980년 복합운송조약에서는 이 기한을 1년에서 2년으로 연장하였다.

3-6 선하증권

(1) 선하증권의 기능

선하증권을 그 기능적 측면에서 다음과 같이 정의할 수 있다.

① 증권에 기재된 물건을 특정 목적지(specified destination)까지 운송하기 위해 선적되었거나 혹은 선적을 위해 선주의 관리하로(under the custody of shipowner) 인수하였음을 인정하며 운송인 또는 그의 대리인이 서명하여 송하인에게 발급하는 수령증이다.
② 운송을 의뢰한 자(송하인)와 운송을 인수(undertake)한 자(선주 또는 운송인) 간에 체결된 운송계약을 증명하는 서류다.
③ 증권상에 기재되어 있는 목적지에서 수하인으로 하여금 물건을 처분할 수 있도록 하거나 증권을 배서(endorsement) 양도함으로써 물건을 처분할 수 있도록 하는 물건에 관한 권리증권(document of title)이다.

매매계약(contract of sale)을 이행하기 위해 물건을 매수인(buyer)에게 인도하는 데는 물건의 현실적 인도와 추정적 인도(constructive delivery)의 두 가지

방법이 있다. 전자는 현품 인도를 의미하나, 후자는 현실적으로 물건을 인도함이 없이 단지 물건에 대한 소유권을 취득할 수 있는 수단을 인도하는 것을 의미한다. 송하인이 선박회사에 물건을 인도시킴과 동시에 선하증권이 발급되는 예는 드물다(수취 선하증권-Received B/L은 예외). 즉 B/L로서의 기능을 갖추기 위해서는 선적된 후에 발급되는 선적선하증권(Shipped Bill of Lading)이라야 하므로 선적 이전의 보관상태하에서는 증권이 발급될 수 없기 때문이다.

따라서 매매계약의 당사자 관계하에서는 매수인이 운송선박의 기명 여부에 관계없이 물건이 매도인(seller)에 의해 운송인에게 인도되었을 때를 곧 매수인에게 인도된 것으로 추정한다(regarded as prima facie delivery to the buyer). 그러므로 물건이 운송선박에 실리고 난 후, 예컨대 선상 화재에 의해 손상이 되었을 때 그 손상처리는 매수인의 이해관계에 속할 문제다. B/L의 주된 목적은 비록 물건은 자신의 수중에 있지 않고 운송인이 관리하고 있지만 하주로 하여금 필요시 신속히 물건을 처분할 수 있도록 하는 데 있으며, 이러한 기능이 있기 때문에 B/L을 '국제거래의 기초(the foundation of overseas trade)'를 이루는 무역화폐(trade currency)라고도 부르고 있다.

물건을 선적하고자 하는 송하인은 우선 보내고자 하는 항구에 취항하고 있는 선박회사에 연락하여 스페이스(space)를 예약(reserve)하고 선박회사에서 지정하는 시기 및 장소로 물건을 보내야 한다. 선박회사에서 선적에 앞서 물건을 인수하는 장소는 임해 부두(dock, wharf)가 되는 것이 보통이며, 이곳에서 물건을 인수하게 되면 선박회사에서는 물건에 대한 인수증을 발급하여 이 시점부터 물건은 사실상 운송인의 관리하(custody)로 들어가게 된다.

운송선박이 선적지에 도착하면 물건이 선적되고 B/L이 발급된다(물건 인수증이 이미 발급되었을 때는 이를 회수한다). 여기서 발급되는 B/L은 운송계약의 증서, 물건에 대한 인수증 및 권리증서의 기능을 갖는 증권으로 대외적인 관계하에서 볼 때 물건매매와 관련한 금융면에서도 실로 막중한 비중을 차지하고 있다(예: B/L을 담보로 한 대출). 선하증권을 발급받은 송하인은 물건에 대한 해상보험증권, 그리고 선적된 물건의 가격에 상당하는 환어음(draft)을 선하증권과 함께 은행에 제출하여 대금을 결제하고, 매수인, 즉 수하인은 선박에 실려온 물건을 자신이 직접 인수하거나 선박이 도착하기 이전이라도 물건을 매매하고자 할 때에는 선하증권을 타인에게 이서, 양도하여 주고 대금을 수취·처분할 수 있다.

선하증권의 기재사항에는 법적 기재사항과 임의적 기재사항이 있으나 선하증권의 법적 효력이나 기능에 지장을 주지 않는 범위에서 일부 기재사항이 누락되더라도 문제되지 않는다. 종전에 운송인이 기재하는 사항은 주로 운송물의 크기(중량, 용적), 수량(개수), 종류(운송물의 성격), 그리고 포장과 기호가 되겠으나, 이러한 기재사항들은 선적 전 또는 선적 당시에 조사하여 기재하여야 한다. 그러나 정기선에 의한 개품운송과 선박의 대형화, 그리고 항만업무가 기계화 내지는 전산화된 현실에 비추어 볼 때 선하증권에 기재되는 사항중 외관손상 여부 이외의 모든 사항은 송하인에게 운송물의 일반적 성격, 기호, 개수, 중량 및 수량에 관한 통지의 정확성을 담보할 의무를 부과하고 이러한 통지사항의 부정확으로 발생한 손해에 대해서는 송하인이 이를 배상하도록 규정하고 있다(1924년 통일조약 제3조 제5항, 1980년 복합운송조약 제12조 제1, 2항).

1) 법정 기재사항(상법 제814조)

선하증권에는 다음의 사항을 기재하고 발행자가 기명, 날인하여야 한다.

① 선명, 국적, 톤수, 운송선박의 국적: 선적 선하증권의 경우에만 기재가 가능하며 재판관할 등의 기준이 된다.
② 송하인이 서면통지한 운송물의 종류, 중량 또는 용적, 포장의 종류, 개수와 기호
③ 운송물의 외관상태: 선하증권의 기재사항은 운송물에 관한 모든 사항을 기재하도록 요구하는 것이 아니고, 운송물의 식별에 필요한 필수적인 사항을, 즉 동일성 확인에 필요한 범위 내에서 기재하면 된다. 전항에서 언급한 것처럼 대부분의 기재사항은 하주의 신고에 의존하나 외관상태에 대해서는 기재사항이 운송물의 동일성을 표시하는 기준임을 인식하고 상당한 주의를 기울여(상태, 소리, 냄새 등을 포함) 관찰, 기재하여야 한다.
④ 용선자 또는 송하인의 성명 또는 상호: 운송계약의 당사자 내지는 운송물을 보낸 사람의 성명을 기재한다.
⑤ 수하인 또는 통지수령인의 성명 또는 상호: 기명식 또는 지시식에 따

라 수하인, 통지수령인의 성명이 기재된다.

⑥ 선적항: 선적선하증권인 경우는 실제 화물이 운송선박에 선적된 항을 기재하며 수취선하증권인 경우에는 기재하지 않거나 예정된 항구를 기재한다. 수령선하증권의 경우 후일 선적확인(on board notation)을 할 시에는 선적선하증권과 동일하게 선적항을 반드시 기재하여야 한다.

⑦ 양하항: 별도로 인도지를 표시하지 않은 한 양하항은 수하인에게 화물을 인도할 장소를 나타내는 것인바 반드시 기재하여야 한다. 운송선박의 도착항과 반드시 일치하는 것은 아니다.

⑧ 운임: 운임이 선불되었을 때에는 액수 표시 없이 "운임선불"로 기재하여도 무방하나 후불일 때에는 반드시 액수를 표시하여야 한다. 운임 기재란에는 아무런 표시가 없더라도 증권 자체의 효력에는 지장이 없으나 수하인을 포함한 제 3 자에 대해서는 선불운임으로 간주되어 대항할 수 없다.

⑨ 발행지와 그 발행년, 월, 일: 발행지가 반드시 선적지와 일치하지 않을 수도 있으며 증권에 기명, 날인한 곳을 발행지로 한다. 발행년, 월, 일은 기명 날인한 날을 말하며 운송물을 선적한 날이거나 그 이후인 것이 보통이다. 선적개시일 이전일 때는 수취 선하증권이 아닌 한 이른바 공권 선하증권 또는 선 선하증권(antedated B/L)으로 간주된다.

⑩ 선하증권 작성 통수: 선하증권은 관습상 정본 포함 3통을 발행하여 정·부본이 각각 독립적으로 유효하므로 각 증권상에는 작성 통수를 기재한다.

2) 국제조약상의 기재사항

1978년 UN 국제해상물품운송조약에 의하면 선하증권에는 다음 사항을 포함시켜야 한다.

① 물건의 종류, 주요 마크, 위험성, 포 및 개품의 수, 물건의 중량이나 수량

② 물건의 외관 상태(the apparent condition)

③ 운송인의 명칭과 주된 영업소의 소재지(내새의 경우 본사 소재지)

④ 송하인의 성명

⑤ 수하인이 기명(named)된 경우는 수하인의 성명: 기명식 선하증권에 해당한다.

⑥ 선적항과 실제 운송인이 선적항에서 물건을 자기의 보관하로 인수한 장소 및 일자: 수령선하증권일 경우 운송인이 하주로부터 화물을 인수한 날짜와 입고시킨 창고 또는 기타 보관소를 말한다.

⑦ 운송계약하의 양하항

⑧ 1통 이상의 선하증권이 발급되었을 때는 그 통수

⑨ 선하증권을 발급한 장소

⑩ 운송인이나 그를 대리한 자의 서명

⑪ 수하인이 지급할 범위의 운임 또는 운임을 수하인이 지급할 것임을 나타내는 표시: 후불운임의 금액과 수하인이 그 부담자임을 표시한다.

⑫ 적용이 있을 때는 화물의 갑판적에 관한 기재

⑬ 당사자간 합의가 있었을 때는 양하항에서 물건을 인도할 날 또는 기간: 지연 또는 연착으로 인한 손해 산정의 기초가 된다.

이상 열거된 각종 기재사항 중 하나 이상의 누락이 있더라도 선하증권으로서의 요건을 충족시키는 한 법적 성질에는 영향을 미치지 않는다.

3) 운송계약과 선하증권

운송계약이란 어느 지점에서 다른 목적지까지 화물을 운송할 것을 약속하는 계약으로 해상운송계약도 이와 다를 바 없다. 해상운송은 항구간 선박에 의한 화물운송을 위해 계약 당사자인 선박회사와 하주 간에 이루어진 운송계약으로 Contract of Carriage 혹은 Trip Charter Party라고도 부른다. 화물운송계약은 거의가 1항해를 기준으로 하고 있으나 운송할 화물의 양이 많아서 여러 항해로 연속 운송하여야 할 경우에는 계약서상에 운송선박을 지정하지 않은 채 연속 운송계약을 의미하는 COA(Contract of Affreightment)도 있다. 앞에서 설명한 것처럼 운송계약은 이른바 낙성 불요식계약으로서 반드시 어떤 요식(B/L 등)을 필요로 하는 것은 아니다.

단일 항해에 수백 명의 하주가 관련되는 정기선(잡화선, 컨테이너선)의 경우와 같은 개품운송에서는 별도의 운송계약서 없이 B/L이 작성되나, 전용선의 경우와 같이 한 선박에 특정 하주의 단일 화물만이 선적·운송될 경우에는 용선계약서(Trip Charter Party)란 이름의 계약서가 작성되고 경우에 따라 B/L이 발급되기도 한다. 운송계약서와 B/L의 관계를 한마디로 표현하기는 어려우나 운송계약서가 특정화물의 운송행위 그 자체를 주 내용으로 하고 있다면 B/L은 운송목적인 화물 그 자체를 표창하는 권리증권이라고 할 수 있다.

운송계약서와 B/L의 유사성 내지는 공통점을 찾아보면 다음과 같다.

◇ 공통점

① 양자 모두 운송의 완료를 목적으로 한다. 만일 운송이 완료되지 못하면 운송계약의 불이행이 되며, B/L하에서는 화물인도채무의 불이행이 된다.

② 운송행위를 구성하는 요건으로서 선명 및 운임을 제외하고는 선적항, 운송 경로, 양하항, 선적 및 양하의 조건, 적부방법 등이 같다.

* 선명은 운송계약서가 작성될 즈음에는 미정으로 있는 경우가 있으나, B/L은 선적사실을 근거로 작성되므로 작성 시점에서는 이미 선명이나 운임이 확정된다.

◇ 차이점

① B/L은 그 자체가 유가증권의 기능을 갖고 있으나 운송계약서란 당사자 간의 의사일 뿐이다.

② B/L이 없이는 화물에 대한 처분상의 지시뿐만 아니라 인도 자체가 원칙적으로 불가능하나 운송계약서는 그렇지 않다.

③ B/L의 당사자는 운송인을 중심으로 송하인, 수하인 또는 다수의 불특정 B/L 소지인(third party B/L holder)이 되나 운송계약서는 운송인과 용선자(화주)일 뿐이다.

④ 운송계약서는 도급계약의 일종으로서 운송계약서를 구성하는 필요 조항을 내용으로 하고 있으나, B/L은 운송행위에 관련되는 책임사항을 그 내용으로 하고 있다.

(4) 선하증권 종류

선하증권은 보는 관점에 따라 여러 가지로 구분할 수 있으나 대략 다음과 같이 분류한다.

1) 화물의 인수(Receipt) 시점을 기준

○ Shipped B/L(선적선하증권)

○ Received B/L(수취선하증권)

Shipped B/L은 문자 그대로 화물을 선적한 후에 발행한 B/L이고 Received B/L은 선적 이전에 운송인이 화물을 수취한 시점에서 발행한 B/L이다. 선하증권은 운송계약의 성립을 전제로 하고 있으므로 화물이 선박에 적재되었음을 증명하는 선적선하증권이 발행되는 것이 순리이겠으나 정기선 개품운송의 발달과 선박의 대형화 추세로 취급화물량이 증대함에 따라 선적 후 선하증권을 일시에 발급하는 것이 실제 곤란하므로 실무에서는 화물을 수취하였으나 선적 전 상태에서 선하증권을 발행하는 관습이 생겨나게 되었다. 운송인이 자신의 육상터미널에서 화물을 수취하는 체제를 구비하고 있는 컨테이너선 화물의 경우 Received B/L이 발행될 수 있다. Received B/L 자체는 현재 신용장 거래에 있어 그 유통성(negotiability)이 제약을 받기 때문에 선적이 이루어진 이후에 『선적증명』(on board notation)을 동 B/L에 부과하여 유통하고 있는 것이 보통이다.

**. B/L의 선적일자

Saudi Crown 호의 화물 선적작업이 7월 26일에야 종료되었는데 해당 대리점은 7월 15일자로 선적선하증권을 발행하였다. 화물의 매수인(Buyer)은 B/L은 실제 화물이 선적된 날짜로 발행될 것(to be dated when …)과 선적일자를 6월 20일~7월 15일 사이로 할것을 조건으로 해당 화물을 매입하였다. 제시된 B/L에 의거 대금을 결재한 매수인은 만일 B/L이 사실대로 발급되었더라면 매도인이 계약기간 내에 선적하지 않았기 때문에 대금 지급을 거절하고 화물도 수령하지 않았을 것이라고 주장하며 선적일자를 B/L상에 잘못 기재(misrepresentation)한 과실을 들어 배상을 청구했고 법원에서는 선주는 대리점의 잘못에 대해 책임을 져야한다고 판결하였다.[42]

42) Gard Handbook on P&I Insurance, p. 313.

2) 운송구간에 대한 책임 여하를 기준

○ Direct B/L
○ Through B/L
○ Multimodal B/L

선박으로부터 목적지까지 동일 선박에 의하여 운송되는 것을 나타내는 B/L을 Direct B/L이라고 한다. Through B/L은 양지(port of discharge) 항구명 이외에 최종 목적지가 구체적으로 기재되어 있는 경우로서 양지로부터 최종 목적지까지의 전송(forwarding)의 수배를 운송인이 약속하는 것이다. 그러나 운송인의 의무는 전송의 수배 그 자체로 끝나며 최종 목적지까지 운송책임을 부담하는 것은 아니다.

Combined B/L 또는 Multimodal B/L은 최근 특히 컨테이너화가 정착되면서 사용하기 시작한 용어로서 주로 컨테이너에 의한 복합운송에서 발행되는 B/L이다. 이 B/L을 Through B/L과는 달리 복수의 운송수단에 의해 인수지(place of receipt)에서 인도지(place of delivery)까지의 전체구간에 대해 1인의 운송인이 운송책임을 부담한다.

3) 수하인의 지명방식을 기준

○ Straight B/L(기명식 선하증권)
○ Order B/L(지시식 선하증권)

수하인으로 특정의 개인이나 회사명이 기재되어 있는 B/L이 기명식이고 "to order" 또는 "to order of A co."로 되어 있는 것이 지시식 B/L이다. 전자는 "order of shipper"의 의미이고 후자의 A는 신용장 발행은행 또는 물건의 매수인이다. "to order"로 되어 있는 경우 B/L을 양도할 때는 우선 송하인으로부터 시작해서 최종 소지인에게 이르기까지 배서(endorsement)가 연결되어야 한다. "consigned to"로 되어 있으며 기명식으로 수하인이 특정된다. 그러나 기명식일 경우라도 특별히 배서금지문언(non-negotiable)이 부기되어 있지 않은 한 선하증권은 배서에 의해 양도될 수 있는 것이 각국의 법 취지이다. 그러나 미국에서는 Straight B/L을 비유통증권으로 규정하고 있다(U.S. Code, Title 49, Section 86).

**. Chinese bills of lading

비유통성 기명식 선하증권(non-negotiable straight B/L)하에서 화물의 인도와 B/L의 상환관계에 대해 그동안 지역에 따라 법원의 해석이 달라 해운업계에서 주목을 하고 있는 관심사 중의 하나였다. B/L상에 기명되어 있는 수하인은 설사 B/L을 소지하고 있지 않더라도 화물의 인도를 요청할 수 있다는 것이 미국법원의 입장인 반면 다른 국가에서는 발행된 형식과 관계없이(how it is made out), B/L은 항상 권리증권이며 설사 B/L상에 수하인으로 기명되어 있는 자라고 하더라도 화물의 인도를 청구하려면 B/L을 제시하여야 한다는 입장을 취하고 있는 법원도 있기 때문에 화물의 인도와 관련하여 운송인이 선주이든 아니든(NVOCC) 난처한 상황에 처하는 경우가 많았기 때문에 기명식 선하증권이 발행된 화물의 인도에 관한한 매우 신중하지 않을 수 없었다.

특히 B/L과 상환하지 않은 화물의 인도와 관련 운송인과 B/L 소지인간에 분쟁이 많았던 중국에서 최근 이와 관련하여 매우 주목할 만한 진전을 보여주었다. 중국의 입법최고기관이라 할 수 있는 중국인민회의 법사위원회(Commission of Legislative Affairs of the National People's Congress)는 향후 중국해사법(Chinese maritime code)이 적용되는 모든 사건에서 화물의 인도는 B/L이 지시식(order)이든 기명식이든 관계없이 B/L과 상환하여야만 화물을 인도할 수 있는 것으로 한다는 데 의견 일치를 보았다. 과거 중국 최고법원이 "기명식 B/L은 권리증권이 아니다"라는 입장을 취해 왔던 관계로 기명식 B/L하의 화물 인도에 대해 논란이 많았던 점에 비추어볼 때 매우 바람직한 진전이라고 할 수 있다.[43)]

4) 이면약관의 유무를 기준

○ Long Form B/L

○ Short Form B/L

이면약관 전부가 인쇄되어 있는 것을 Long Form B/L, '운송인이 정한 운송

43) Maritime Advocate Online(ISSO) Issue 181- Nov. 09, 2004/Wang Jing & Co.

약관이 본 B/L에 포함되어 있는 것으로 한다'는 취지의 문구만이 인쇄되어 있고 약관 자체는 기재되어 있지 않은 B/L을 Short Form B/L이라고 한다. 이는 주로 북미에서 출하되는 화물용의 B/L에 전통적으로 사용되고 있다.

5) 화물의 상태를 기준

○ Clean B/L(정상선하증권)
○ Foul B/L(하자선하증권)

B/L의 표면에는 '외관상 양호한 상태로'(in apparent good order and condition) 화물을 운송인이 하주로부터 인수하였다는 것을 나타내는 문구가 인쇄되어 있다. 이와 같은 인쇄 문언을 부정하거나 수정하는 단서문구가 없을 경우에는 정상선하증권, 부정이나 수정문구가 있으면 이를 하자선하증권이라고 한다. 이는 화물의 상태가 정상이 아님을 나타내는 것인바, 그 유통이 상당히 제약받거나 통상 유통이 안 된다. 그래서 송하인은 운송인에게 보상장(Letter of indemnity)을 제공하고 정상선하증권을 발급 받아가는 편법이 이용되고 있다. 그러나, 명백히 손상이 있는 화물에 대해서는 보상장과 교환해서 Clean B/L을 발행하는 것은 선하증권의 공신력이나 공정한 거래를 저해하는 행위인바 근절되어야 할 관행이다.

**. 보상장(Letter of Indemnity)의 효력
포장에 결함이 있는 화물에 대해 선박회사의 대리점은 송하인(shipper)으로부터 보상장을 수취하고 정상 선하증권(clean B/L)을 발행하였다. 화물손해를 수하인에게 배상한 선주는 보상장을 근거로 송하인에게 보상을 요청하였으나 법원에서는 선주의 대리점과 송하인은 보상장을 수취하고 B/L을 발행함으로써 수하인을 기만(fraud on the receiver)한 것인바 선주는 보상장을 근거로 송하인으로부터 보상받을 수 없다고 판결하였다.[44]

6) Sea Waybill

선하증권과 유사한 기능을 갖고 있는 것이 Sea Waybill이다. 선하증권이 일단 발행되면 유가증권으로서의 기능 때문에 그 취급이나 관리면에서 크게 신경을 쓰지 않을 수 없다. 또 하주의 입장에서 본·지점간의 거래 같은 경우

44) Gard Handbook on P&I Insurance, p. 317.

처럼 반드시 유통성 B/L이 필요하지 않은 한 유통성 B/L에 부수하는 까다로운 절차를 피함과 동시에 트러블을 방지하고 화물의 수령증과 운송계약의 기능 두 가지만을 충족시키기 위해 고안된 것이 Sea Waybill이다. 즉 Waybill은 유가증권으로서의 기능은 갖고 있지 않고 단지 화물의 수령증과 운송계약의 증거로서의 기능만을 갖는다. 그래서 Waybill만을 제시하고 화물의 인도를 요청할 수는 없으며 Waybill에 기재된 수하인이라는 사실을 입증하여야만 한다.

Sea Waybill은 실제 장기간에 걸쳐 신용이 수립되어 있는 매매자간 또는 본지점, 계열회사간 거래에서 많이 이용되고 있고 앞으로 점차 그 이용도가 증가될 것으로 예상된다.

3-7 P&I 담보

P&I 클럽은 가입선박에 의해 운송되거나 운송예정인 화물의 멸실, 손해에 대하여 다음에 열거한 사항을 전보한다.

가. 멸실(loss), 부족(shortage) 선주의 계약 위반(breach), 화물의 선적(load), 취급(handle), 운송(carry), 보관(keep), 관리(care for), 양하(discharge) 또는 인도(deliver)와 관련한 주의의무의 위반이나 선박의 감항성불비로 기인된 손해

나. 손상화물의 처분(disposal) 손상화물의 양하, 취급 및 처분비용을 커버하되 타인으로부터 구상이 불가능한 부분을 보상한다.

다. 인수불능화물의 처리(failure of consignee to remove) 양하지 또는 인도지에서 수하인이 화물을 인수하지 않음으로 인해 발생한 선주의 추가비용은 보상하나 동 화물의 매각대금을 초과한 부분 및 제3자로부터 구상이 불가한 부분에 한한다.

이와 같은 커버에는 다음의 조건을 단서로 한다.

가. 표준계약조건(standard terms of contract)일 것 클럽에서 특별히 승인한 경우 또는 별도 커버조건이 있을 경우를 제외하고 화물 손해에 대한 운송인의 책임은 표준계약서 조건하에서 발생한 것이라야 한다. 현재의 표준계약

이라 함은 1924년 선하증권 통일조약 및 1968년 동 의정서를 말한다.

나. 이로(deviation) 클럽이 동의하거나 사전에 승인한 경우를 제외하고 계약항로를 벗어나 항해함으로 인하여 발생한 불이익(면책이나 책임제한의 배제 등으로 인한)에 대해서는 제외한다.

다. 제외사항 별도의 절차에 의해 이사회에서 승인되지 않는 한 아래의 사유로 인한 클레임은 커버하지 않는다.

a) 운송계약서상에 기재된 장소 이외의 곳에서 양하
b) B/L 원본과 상환하지 않고 행한 화물의 인도
c) 비유통성 B/L, Waybill 또는 유사서류상에 기재된 자가 아닌 타인에게 화물을 인도하였을 시
d) 선 B/L(ante-dated B/L)
e) B/L상에 사실과 상이하게 화물의 상태, 수량, 명세를 기재
f) 별도의 특별 커버가 수배되지 않는 한 고가화물, 종가화물은 제외
g) 선주 자신의 화물

※ U.K. P&I Club rules Sec. 17.

뉴욕 프로듀스 서식(NYPE Form)이라고 불려지고 있는 용선계약서식에는, 화물손해 배상청구에 대한 선주와 용선자 사이의 책임에 관한 구분이 명확하게 설정되어 있지 않다. 따라서 분쟁을 최소화하기 위하여 국제 그룹을 결성하고 있는 각 클럽들은 인터클럽 어그리먼트(Inter-Club Agreement)라고 세계적으로 알려져 있는 협정을 클럽간에 체결하였다. 여기에는 화물손해 배상청구에 대한 책임의 배분에 관한 사항이 규정되어 있는바, 분쟁을 미연에 방지하고, 분쟁해결의 절차를 간소화하기 위한 목적에서 다음과 같은 규정을 두고 있다.

* 불감항성으로 인한 화물의 멸실이나 손상에 관한 배상청구－선주가 100% 부담
* 적재(stowage)나 처리불량(화물이 풀어진다거나 새어나오는 경우, slack/ullage 포함)에 의한 화물의 멸실이나 손상에 관한 배상청구－용선자가 100% 부담

* 부족인도(pilferage 및 overcarriage 포함)에 관한 배상청구－선주와 용선자가 각각 50%씩 부담.

이 공식(formular)과 협정은 용선계약서 자체에 대폭적이거나 중요한 수정(material adjustment)이 없는 경우에만 적용된다. 여기에서의 수정은, 특히 용선계약에 있어서 위의 공식이 해당 용선계약의 당사자 자신의 의지를 전혀 반영하지 않은 것이 될 정도로, 각각의 책임을 명확히 규정한 정도의 수정이라야만 한다.

3-8 운송관련조약

(1) 헤이그/비스비 규칙

「헤이그 룰」(the Hague Rules) 즉 1924년 선하증권 통일규칙은 국제해상운송에 있어서 선주와 화주의 이익을 조정하기 위해 선하증권에 관한 국제적 통일을 목적으로 제정된 것이다. 대부분의 주요 해운국은 이 조약을 비준하고 국내법으로 채용하고 있으며 국제적인 해상화물운송의 경우 대체적으로 이 조약에 기준을 두고 운송계약을 체결하고 있다. 우리나라도 이 조약에 정식으로 비준 가입은 하지 않았지만 이 조약의 내용을 상법 해상편에 원용하고 있다. 이 조약은 그 후 해운계의 상황변화와 경제 실정에 부합되도록 하기 위해 1968년 브뤼셀에서 채택된 선하증권 통일조약 개정의정서(일명 헤이그 비스비 규칙) 및 운송인의 책임한도액의 계산단위로 SDR을 채용한 1979년 의정서에 의해 두 차례 개정되었다.

역사적으로 운송인의 운송계약상의 책임은 매우 엄격한 것으로 영국의 경우 'Common law'상의 해상운송인은 이른바 'common carrier'의 책임, 즉 운송인은 운송물을 안전하게 목적지까지 운송하여 인도할 의무를 부담하며 운송도중 운송물에 발생한 일체의 손해를 배상할 책임을 부담한다.

이와 같이 엄격책임주의를 적용하면서도 한편으로는 해상운송인에게 선주유한책임제도를 인정하여 해상운송인의 보호를 도모하고 있다. 그러나 한편, 이른바 계약자유의 원칙이 일반적으로 인정되어왔기 때문에 엄격책임주의하에서도 해상운송인들은 면책약관을 폭 넓게 계약에 삽입하여 여러 가지로 운송인의 면책을 시도 해 왔다. 그러나 법원에서는 엄격책임의 예외로써 인정될 수 있는 면책약관을 매우 제한적으로 해석하는 등 엄격한 입장을 견지하고 있기 때문에 운송인은 자위수단으로 면책약관을 확장하고 점차 면책조항을 확대하는 등의 조치로 대응하였고 화주들은 면책약관 제한운동으로 맞서기 시작하였다.

이와 같은 상황하에서 주요 화주국인 미국은 1893년 하-터법(the Harter Act)을 제정하였다. 이 법에 의하면 선원의 과실을 상업상의 과실(Commercial error)과 항해상의 과실(Navigational error)로 명확히 구분하되 상업상의 과실에 대해서 책임을 면제하는 특약을 무효로 하였고 이어 감항능력유지를 위해 상당한 주의를 이행해야 할 의무를 감면하는 일체의 특약을 무효로 하는 한편 상당한 주의의무를 다 했을 시에 한해 항해상의 과실 또는 선박취급상의 과실에 대해서 운송인이 면책되는 것으로 하였다. 또한 불가항력, 화물의 성질 및 하자(瑕疵), 포장의 불충분으로 발생한 손해 및 인명 · 재산의 구조를 위한 이로(離路)로 인해 발생한 손해에 대해서는 법정면책으로 규정하였다.

비단 「하-터법」 뿐만 아니라 면책약관을 제한하기 위한 세계적 차원의 입법 필요성이 높아짐에 따라 종래 이 문제에 관한 한 적극적이지 않았던 영국도 여기에 관심을 갖게 되었다. 그러나 당시 선주국인 영국이 자국에서만 그러한 법을 제정할 경우 자국의 선주에게만 불이익을 초래할 것이기 때문에 국제적인 통일에 앞장서게 되었다.

그 후 우여곡절을 거쳐 1921년 헤이그에서 개최된 국제법회의에서 「하-터법」의 정신을 채용한 「헤이그 규칙」 이 제정되었으나 이것은 조약이 아니고 이를 계약내용에 포함시켜야 비로소 양당사자를 구속하는 것으로 일종의 국제적인 양해사항에 불과한 성격의 것이었다. 이 규칙 자체는 선주에 의해 스스로 면책약관을 제한하는 불이익적인 측면이 있기 때문에 기대와 달리 선주들이 B/L상의 약관으로 채용하는 경우도 드물었다.

1922년 10월 만국해법회에서는 이 「헤이그 규칙」에 약간의 수정을 가한후 브뤼셀 외교회의에서 조약으로써의 초안을 작성하고 1923년 6월 동 외교회의의 심의를 거쳐 「헤이그 규칙」, 즉 「1924년 선하증권에 관한 규칙의 통일을 위한 국제조약」 을 채택하였다.

「헤이그 규칙」 이 성립한 후 약 반세기를 거치는 동안 이 규칙하에서 발생되는 여러 가지 문제들을 해결하기 위해 노력해 왔던 만국해법회는 1968년에 동 조약의 개정의정서, 이른바 「헤이그 비스비 규칙」을 제정하였다. 이 규칙은 「헤이그 규칙」 의 기본체제를 바꾼 것은 아니고 동일한 책임체제를 전제로 하되 컨테이너화에 따라 포단(包單)방식의 책임제한을 컨테이너 수송에 적용하기 위한 조항, 즉 Container clause 를 신설하고 책임제한의 계산단위로 포-앙카레 프랑을 채용한 것 등이 주 내용이다. 그 후 계산단위를 금(gold) 기준에서 SDR 로 바꾸기 위한 1979년 의정서가 채택되었다.

「헤이그 규칙」과 「헤이그 비스비 규칙」의 내용을 간단히 요약하면 다음과 같다.

「헤이그 규칙」 - 「1924년 선하증권 통일조약 규칙」

1. 물품의 선적에서 양하시까지의 구간에 대해 적용하며, 생(生)동물, 갑판적화물에 대해서는 적용하지 않는다.
2. 운송인은 발항전 및 발항 당시에 감항성 유지를 위해 상당한 주의를 해야한다.
3. 선장은 송하인의 요구에 의해 주요 기호(main mark), 송하인이 서면으로 통지한 개수(個數), 중량과 물품의 외관상태를 기재한 선하증권을 발행하여야 한다 그러나 통지된 기호, 개수, 중량이 실제 수령한 물품을 정확히 표시하지 않았을 시 또는 정확한 것 인지를 확인할 적당한 방법이 없을 시 에는 그것을 선하증권상에 기제하지 않아도 된다.
4. 이와 같은 선하증권은 반증(反證)이 없는 한 기제되어 있는 바와 같은 물품을 운송인이 수취하였다는 것을 추정하는 증거가 된다.
5. 물품이 운송계약상의 권리를 갖고 있는 자에게 인도되기 전 또는 인도 될 당시에, 그 자가 서면에 의해 멸실(滅失), 손상 및 그 개황에 관하여 통고하지 않았을 시에는, 반증이 없는 한, 선하증권에 기제된 바 와 같이 물품이 인도되었음을 추정하는 증거가 된다.
6. 물품의 멸실, 손상에 대한 운송인의 책임은, 물품이 인도된 후 또는 인도되었어야 할 날로부터 1년 이내에 소(訴)가 제기되지 않으면 소멸(消滅)한다.
7. 운송인은 물품의 선적, 취급, 적부(積付), 운송, 보관 및 양하를 적절(適切)하고 신중하게 행하지 않아서 발생한 멸실, 손상에 대해 책임을 부담하나, 항행 또는 선박의 관리상 부주의 또는 과실에 의해 발생한 멸실, 손상에 대해서는 책임을 부담하지 않는다.
8. 해상(海上)에 있어서 인명 또는 재산의 구조를 목적으로 한 이로 또는 상당한 이유가 있는 이로에 의해 발생한 물품의 멸실, 손상에 대해서 운송인은 책임을 부담하

지 않는다.

9. 운송인은 물품의 멸실, 손상에 대해 1포(包, package) 또는 1 단위(unit)당 100스터링 파운드를 한도로 책임을 부담한다.

「헤이그 비스비 규칙」-1968년 개정의정서

1. 선하증권 기제사항의 추정적 효력을 확정적 효력으로 바꾸고, 반증(反證)은 선의의 제3자에 대해서는 인정되지 않는다.
2. 종래에는 운송인의 책임이 1년 기간으로 소멸하는 제척기간(除斥期間)으로 정하였으나, 당사자의 합의에 의해 기간을 연장 할 수 있도록 하였다.
3. 운송인의 책임한도액은 과거 1포장당 또는 1단위당 100스터링 파운드로 규정 하였으나 1포장당 또는 1단위당 666.67SDR 또는 멸실, 손상된 물품의 총중량의 1 kg. 당 2SDR 중 높은 금액으로 개정하였다.
4. 손해배상의 총액은 선박으로부터 양하된, 또는 양하되었어야 할 때와 장소에 있어서의 물품의 가액으로 산정한다.
5. 운송품이 컨테이너, 파레트(pallet) 등을 사용하여 운송되었을 경우에는 그것에 적입(積込)된 운송품의 매 포 또는 단위의 수(數)가 선하증권에 기재되어 있을 시에는 그 포 또는 단위를 기초로 하여 운송인의 책임한도액을 산정한다.
6. 손해를 발생시킬 의도로, 또는 무모(無謀)하게, 또한 손해가 발생할 위험이 있다는 것 을 인식하고 행한 운송인의 행위에 의해 손해가 발생하였을 경우, 운송인은 책임제한의 이익을 상실한다.
7. 운송인의 책임이 불법행위(不法行爲)에 의한 손해배상청구로 인한 경우에도, 계약책임(契約責任)과 동일한 항변사유(抗辯事由) 및 책임제한을 인정한다.
8. 소(訴)가 운송인의 사용인 또는 대리인을 상대로 제기되었을 시에도, 그 사용인 또는 대리인은 운송인이 원용(援用)하는 항변사유(defence) 및 책임제한을 원용할 권리가 있다.
9. 운송인이 지불하는 배상금의 총액은 조약에 정해진 한도액(선주책임제한액)을 초과할 수 없다.

(2) 함부르크 규칙(The Hamburg Rules)

종래의 헤이그 규칙이나 헤이그 비스비 규칙이 취하고 있는 해상운송인의 책임체계는 선진 해운국에 유리하게 규정되어 있어서 화주국인 발전도상국의 경제발전에 저해(沮害)요인이 되고 있다는 비판을 움직임을 반영하여 UN 상거래법위원회(United Nations Commission on International Trade Law 이하 Uncitral)가 중심이 되어 「헤이그 규칙」을 기준으로 화주와 운송인간의 리스크 재분배

(Reallocation)를 위해 문제점들을 적극적으로 검토 · 심의하며 새로운 조약안의 작성에 착수하였다.

Uncitral 국제해운입법 작업부회(作業部會)는 수 차례의 실무작업반(working group) 회의를 거쳐 1976년 5월 총회에서 「해상물품운송에 관한 조약안」을 채택하였다. 이러한 작업과정에서 적극적으로 중추적 역할을 수행한 측은 화주국인 발전도상국(또는 77그룹이라고도 함)으로 이들의 주 목적은 해상운송인에게 유리한 종래의 책임체계를 혁신적으로 개혁하여 운송인의 책임을 대폭 강화하는 것이었다. 1978년 3월 독일 함부르크에서 개최된 UN 주최 해상물품운송에 관한 전권(全權)대표회의에서 Uncitral 원안을 기초로 한 「함부르크 규칙」, 즉 「1978년 UN 해상물품운송조약」(United Nations Convention on the Carriage of Goods by Sea, 1978)이 채택되었다.

「함부르크 규칙」은 헤이그 규칙이나 헤이그 비스비 규칙과 비교할 때 예컨대 항해과실면책이나 화재면책의 폐지가 보여주듯이 운송인의 책임체계를 근본적으로 개편하여 운송인의 책임강화를 확실히 하였다. 이는 해상운송법 역사상 획기적인 의의를 갖는 것으로 해상운송인의 책임체제의 장래 방향을 시사하고 있다는 데 주목할 필요가 있다.

「함부르크 규칙」은 1992년 11월에 발효요건(20개국이 비준한 날로부터 1년 후)을 충족하였으나 예상했던대로 비준국의 대부분은 개발도상국들로서 이들 국가가 전체 국제무역에서 점하는 비율은 그렇게 높지 않은 것으로 알려져 있으며 주요 무역국가들이 비준할 가능성은 그렇게 높지 않은 것으로 알려지고 있다.

「함부르크 규칙」의 주요 내용을 요역하면 다음과 같다.

1. 생동물, 갑판적화물을 조약의 적용 대상에 추가하였다.
2. 선하증권의 유무에 관계없이 유상계약(有償契約)인 해상운송계약 전체를 적용대상으로 한다.
3. 「헤이그 규칙」의 적용대상 구간은 선박에 선적될 때부터 양하될 때까지이나 이를 물품이 운송인의 관리하에 있는 전 구간으로 확장하고 '운송인의 관리하'라 함은 선적항에서는 물품을 수취한 때부터 양하항에서 인도할 때까지의 기간으로 하였다.
4. 「헤이그 규칙」은 운송인의 면책사유에 관해 열거(列擧)주의를 채택하고 있으나

이를 폐지하고 운송인의 손해배상책임을 과실책임주의로 하였다.
5. 항해과실 면책, 화재면책제도를 폐지하였다.
6. 물품의 멸실, 손상 이외에 인도지연에 관한 운송인의 책임을 명기하였다.
7. 운송인의 책임제한금액을 「헤이그 비스비 규칙」 수준보다 25% 증가시켜, 예컨대 1포장당 835SDR 또는 1kg당 2.5SDR 중 큰 금액으로 하였고 연착(延着)손해에 대해서는 연착한 물품에 대해 지불한 운임의 2.5배로 하되 해상물품운송계약에 의거 지불한 운임의 총액을 초과하지 못하도록 제한하였다.

제4절 난파선의 인양 및 제거

4-1 잔해물 제거의무

선박이 사고로 인해 난파(wreck)된 경우, 난파물의 위치 여하에 따라 난파물을 제거하여야 할 경우가 생긴다. 난파물이 타선의 운항에 지장을 초래하거나 항행에 위험을 미칠 수 있을 때에는 당연히 제거되어야 하며 그 제거의무는 선박소유자에게 있다.[45]

난파선의 인양, 제거와 관련하여 비용이 지출될 수 있는 부대작업으로는 인양, 제거, 파괴, 등화표식(잔해물의 소재를 나타내주기 위함) 등을 들 수 있으며, 이들 작업으로 인한 비용은 거액에 달하는 것이 보통이다.

잔해물을 제거하여야 할 필요성은 관계법에 의거 당국으로부터 제거요청(명령)이 있었거나 확실히 예상될 경우에 한한다. 선주가 이행하여야 할 잔해물 제거의무는 법정의무(statutory obligation)를 의미하므로 개인(private person)이 요구할 수는 없으며 개인의 요구에 의한 제거는 법정의무가 아니므로 P&I 보험의 대상이 될 수 없다. 바꾸어 말하면, 선박이 국가의 관할권이 미칠 수 있는 영해 이내에서 난파되었을 때에 한해서 관할당국이 선주에게 내린 제거명령에 근거한 제거를 대상으로 한다. 우리나라의 경우는 개항질서법(제28조 및 동시행령 제16조의3)에 그 근거를 두고 있으며 대부분의 국가가 Harbour Act 또

45) 한국-개항질서법 제28조: 영국-Removal of Wreck Act 1877, Merchant Shipping Act 1894. SS. 530-524).

는 이와 유사한 법에 근거하여 제거를 요청하고 있다.

선박이 잔해물 또는 난파선으로 간주되는 시기에 대해서는 그 한계가 다소 애매하나 그 기준은 선박으로서의 기능을 상실하였는지의 여부 보다는 구조 가능성이 있는지 여부가 더욱 중요한 기준이 되어야 한다. 즉 어느 선박이 선박보험조건에 의하든 타 해사관계법에 의하든 "선박"으로서 더 이상 존재 할 수 없을 만큼 대파되었거나 악조건에 처해 있더라도, 구조가 가능한 한 난파선 또는 잔해물로 간주할 수 없겠으나 물리적으로 구조가 불가능할 시 또는 경제적 측면에서 구조의 가치가 없을 경우는 난파선으로 간주하는 것이 타당하다.

난파된 선박이 화물을 적재하고 있을 시 선주는 제거작업에 임하기 이전에 화주 또는 화주 보험자에게 잔해물 제거명령을 수령(수령할 것이 예상될 경우도 동일함)하였음을 통지하여 그들로 하여금 화물제거에 임하도록 하여야 한다.

4-2 선박보험과 잔해물

선박이 해난에 의해 대파되어 경제적으로 수리할 가치가 없는 경우 선박보험상으로는 추정전손으로 처리되지만 선박의 잔해는 여전히 해중에 남아 있게 된다.

추정전손보험금을 지급한 선박보험자는 선박에 관한 권리를 취득하게 되므로 그 선박의 잔해가치는 선박보험자에게 귀속되게 되나 선박보험자가 잔해물의 제거의무는 부담하지 않기 때문에(I.T.C. hull, 제 1 조 이탤릭체 문구), 잔해물 제거책임은 여전히 선주에게 있다. 잔해가치를 평가함에 있어서 그 선박을 처분하는데 소요된 비용(제거비용)을 공제하여야 하며 처분비용이 잔해가치를 초과할 경우, 선박보험자는 잔해가치를 주장할 수 없고 선주는 제거의무를 이행하기 위하여 오히려 초과된 비용을 부담하여야 한다(P&I 보험자 부담).

선박이 타선과의 충돌에 의해서 난파된 경우 난파된 상대선의 제거의무 및 비용은 일단 상대선주가 부담하여야 하며, 그로 인한 손해는 충돌배상청구에 포함될 것이므로 자선의 선박보험자와 처리하게 된다. 그러나 표준 선박보험약관에 의하면 피해선박(상대선)의 선체 및 화물손해에 한해서만 R.D.C. 클레임으로 인정하며 잔해물, 유탁손해 등으로 인한 상대선에 대한 피보험선박의 책임손해에 대해서는 명문으로 이를 제외하고 있다. 즉 선박이 추정전손될 경우 또는 충돌로 인해 선박이 난파될 경우에도 선박의 잔해물 제거의무나 제거비용은 자선의 선박보험자와 무관하므로, 전적으로 선주 자신의 의무 및 비용으로 제거하여야 하고 선주는 이러한 위험을 P&I 클럽에 담보시키는 것이다.

그러나, 선박보험자가 예외적으로 잔존물에 대한 제거의무까지도 부담하고(이런 예는 처분이 극히 용이한 선박이나 화물의 경우에 많다) 직접 제거에 착수하였다면(매각처분하기 위하여 어느 장소까지 예인하는 작업을 선박보험자가 자신의 책임으로 시행한 경우) 그 이후의 제거의무에 대해서는 선주와 무관하다. 사고선박의 부양(refloating)작업을 선박보험자가 행하다가 영해 내에서 다시 침몰되었을 때는 해당 잔해물 제거비용은 선박보험자가 부담하여야 하며 선박보험자가 인양 또는 구조작업을 시도하였으나 실패하였고, 그 결과 오히려 작업여건이 악화되어 시간이나 비용이 추가로 소요되었을 때도 선박보험자는 그로 인한 추가비용을 부담하여야 한다. 물론, 선박보험자가 선주보다 앞장서서 직접 선체 인양 등 구조작업에 임하는 예는 극히 예외적인 경우를 제외하고는 찾아보기 힘들지만 상황에 따라 자신의 책임과 비용으로 잔해물 제거작업을 행할 수도 있는 것이며 그러한 권리가 부여되고 있다.

선박보험자가 전손보험금을 지급하면 해당 선박에 관한 모든 권리를 취득한다고 했으나 이와 관련, 종종 의문이 제기되는 것은 선박의 기기 또는 장비의 철거 및 처분을 두고 있을 수 있는 견해차이다. 즉, 선박보험자의 입장에서는 전손보험금을 지급한 이상 본선상에 부착되어 있는 각종 항해기기, 구명정은 물론 부속장비를 철거하여 처분할 수 있다고 주장할 수 있는 한편(strip the wreck라고 표현함), P&I 보험자측에서 볼 때는 당국으로부터 내려진 제거 명령의 대상이 되는(또는 내려질 것이 분명한) 선박은 난파된 시점에서의 상태(at the moment of being wrecked), 즉 난파 순간의 원상(original condition) 선박을 의미하며 이들 제반기기 및 부속물들의 잔해가치는 제거비용조로 충당되어야 하되 최종 순잔액(net proceeds)이 있다면 이는 선박보험자에게 귀속되어야 한다는 주장도 논리적으로 잘못된 것이 없다.

물론, 이제까지 선박보험자와 P&I 보험자 사이에 이러한 분쟁이 실제 있었던 것은 아니며 상호 긴밀한 협조관계를 유지하고 있으므로 현실적으로 문제화될 가능성은 없으리라고 믿어지지만 잔해물에 관한 선박보험자의 권리는 선체, 기관, 기기, 부속물 등을 개별로 취급한다기보다는 이들이 일체를 이루는 『선박』을 대상으로 하고 있을 뿐만 아니라 선주가 이행하여야 할 잔해물 제거의무 역시 선박 전체를 대상으로 한다고 해석하여야 하며 제거비용을 초과한 순수잔존가치는 선박보험자에게 귀속되어야 함으로 선박보험자가 기기나 부속물을 난파선으로부터 사전에 철거 처분할 수 없다는 것이 통설이다.

4-3 제거의무와 대집행

잔해물이 선박의 통항에 중대한 지장을 초래한다거나 수로가 봉쇄될 가능성이 있을 시, 또는 잔해물 제거작업이 굉장히 까다롭고 막대한 비용이 소요될 것으로 예상될 뿐만 아니라 국가적 차원에서 신속한 제거가 필요할 시는 항만당국이 시한부 제거명령을 내릴 수 있으며 만일 그 기간 내에 선주가 제거치 못할 경우에는 초기단계부터 정부당국이 작업을 주관하여 전문업자에게 위임할 수도 있다.

이와 같이 선주 대신 정부가 잔해물 제거를 대집행할 경우는 선주에게 제거비용에 대한 담보(security)제공을 요청할 수 있다. 선주가 설사 이와 같은 요청에 따라 담보를 제공하였을 경우라도 잔해물 제거비용에 대한 선주의 책임제한권리는 하등 침해받지 않는다. 유의하여야 할 사항은 관계당국의 요청에 의해 제거비용부담을 약속하는 각서(letter of undertaking) 등을 제출할 시 자신의 책임제한권리를 포기하는 일이 없도록 하여야 한다.

잔해물 제거책임에 대해서도 타 해사클레임(maritime claim)과 같이 책임을 제한할 수도 있겠으나 대부분의 국가가 책임제한 대상에서 제외시키고 있다. 경우에 따라 정부에서 선주를 대리하여 제거작업을 시행하고 비용을 지출했더라도 그 비용은 선주가 부담해야 한다. 주의할 것은 정부당국이 제거비용을 청구함에 있어 사고 당시의 선주에게 청구해야 함이 당연하겠으나 국가에 따라 비용지출 당시의 소유자에게 청구될 수도 있다는 점이다(선박보험자가 추정전손보험금을 지급한 후라도 잔해물을 인수하지 않는 이유 중의 하나이다).

난파된 선박을 투기의 목적으로 이를 구입하고자 하는 자가 있어 선주가 제거작업을 하기 이전에 난파된 상태 그대로 타인에게 매각할 경우도 있을 수 있으나 사정이 여의치 못하여 투기업자가 제거비용 자체도 부담할 능력이 없을 시는 문제가 될 수밖에 없다. 이런 이유로 선주가 잔해물을 매각했더라도 제거의무는 여전히 선주자신이 부담하여야 하며 원칙적으로 매각 자체를 금지하는 나라도 있다. 우리나라 개항질서법에 의하면 제거의무자를 장애물의 소유자 또는 점유자로 규정하고 있을 뿐 매각금지 등에 관한 구체적인 규정을 두고 있지 않다.

4-4 책임의 내용

P&I 보험에서 취급하고 있는 잔해물제거 책임이란 선박 또는 유사 구조물이 사고로 인해 타 선박의 항행에 장애가 되는 형태로 항만, 운하 및 연안에 남아 있을 경우에 항만 당국의 명령에 의한 잔해물 제거책임을 말하며 이 중 타선박의 소유자에 대한 책임은 선박의 운항이 지체되었을 경우 그 기간에 대한 손해배상이 추가되나 그 이외는 제거명령에 의거 회원 자신이 지출하는 제거비용을 대상으로 한다.

다른 선박의 항행을 방해하거나 통항에 위험을 미침으로 인해 발생하는 장애물 제거책임은 가입선박의 운항과 관련하여 여러 가지형태로 나타날 수 있다. 항행에 장애를 일으키는 물건은 반드시 선박에만 한하는 것은 아니고 화물도 통항에 지장을 일으킬 수 있으며 가입선에게 책임이 있는 사유에 의해 타 선박 또는 타인도 장애의 요인이 될 수 있다. 항행을 방해하거나 위험을 초래할 수 있는 유형을 들어보면 선박이 좌초하여 수로를 봉쇄하거나 항로상에 침몰하여 타선박의 자유로운 통행에 위협을 줄 경우 이외에 갑판상에 적재되어 있는 대형철재구조물이 선박의 과도한 경사에 의해 선외로 추락, 동화물이 항로장애물이 될 수도 있으며 선박의 충돌에 의해 상대선이나 그 화물이 유사한 장애를 일으킬 수도 있다. 선박이 수상교량(bridge)과 충돌, 교량이 붕괴되거나 선박의 폭발, 화재 등에 의해 타선박이나 육상 시설물이 손상되어 장애를 일으킬 수도 있고 본선이 직접적으로 개입되지 않았더라도 본선의 예선(tug boat)이 타선과 충돌하여 유사한 결과를 초래할 수도 있다.

화물로 인해 선박의 자유로운 통항이 위협받는 경우는 화물이 항로를 봉쇄시켜 위협을 주는 경우도 있지만 위험화물이 항해 중에 침몰하여 폭발위험을 갖고 있거나 또는 기타의 화학반응을 일으켜 선박에 위협을 줄 수도 있다. 선박이 난파되어 항로를 봉쇄하거나 통항에 지장을 초래함으로 인해 제기될 수 있는 지연손해의 예로는 동 항로를 통항하는 타선박, 철도회사(철도파괴), 해당 항로에서 조업하고 있는 도선사, 원자재 보급이 중단됨으로 인해 조업에 지장을 받은 생산회사 등이 제기한 손해배상청구 등을 들 수 있다. 그러나 이런 유형의 클레임은 사고로 인한 직접 손해가 아닌바 난파선의 선주에게 배상책임이 있는지 여부는 각국에 따라 다르기 때문에 획일적으로 논하기는 어려우나 해운과 관련한 선주의 배상 책임은 전통적으로 과실책임주의를 택하고 있을 뿐만 아니라 선주책임제한제도가 있기 때문에 유사한 클레임이 성공한 선례는 찾아보기 힘들다.

1957년 한 선박(노르웨이 국적)이 수에즈운하에서 좌초되어 한동안 타선박의 통항에 지장을 초래하자 지체로 인한 손해(몇 백 파운드로 알려지고 있음)를 보상받기 위해 이태리선주가 동 선박을 포트사이드 지방법원에 제소했다. 일심에서는 항해상의 과실을 들어 이태리선주가 승소하였으나 항소심(court of appeal)에서는 패소하였다(이유는 시효소멸).

이집트의 법 체제가 프랑스의 법을 기초로 한 이상 프랑스법을 기초로 하고 있는 포트사이트지방법원의 판결과 대차 없을 것으로 추정된다. 미국이나 영국의 상황은 불확실하나 노르웨이 Skuld 클럽에서는 동 클럽이 실제 미국이나 영국에서 회원에게 제기된 유사한 클레임 때문에 거액을 지불한 예가 있었으며 예를 들어 선박사고로 인해 파나마운하가 수주일 동안 봉쇄될 경우 엄청난 금액을 손해배상금으로 지불하게 될 가능성도 배제할 수 없다고 지적하고 있다.

잔해물에 대한 책임이 선박보험에서 커버될 경우는 당연히 P&I보험에서 제외된다. 영국의 선박보험 충돌약관이나 미국충돌책임약관(Americal Collision Liability Clause)하에서는 난파된 선박이 가입선이든 상대선이든 그 제거 또는 처분에 대한 책임은 제외되어 있으나 노르웨이에서는 충돌로 난파된 상대선의 제거에 대한 책임을 선박보험자가 담보하고 있으며 잔해물 제거비에 대한 클레임이 상대선으로부터의 충돌배상청구 속에 포함되어 제기된 경우는 물론, 항만당국과 같은 제 3 자로부터 직접 청구된 경우에도 구별 없이 커버한다고 규정하고 있다.

선박을 수리불가등의 이유로 전손으로 해석 또는 추정할 수 있는(condemnable) 경우는 다음과 같은 예이다. ① 선박의 현위치 또는 이동이 가능한 장소에서 수리를 행할 수 없을 시, ② 선박의 이동 및 수리비가 정상가액(보험금액)을 초과하여 수리하는 것이 경제적으로 바람직하지 못할 때. 그러나, 국가에 따라 추정전손의 성립여부를 보험금액 전액을 기준으로 하는 경우(우리나라, 영국)가 보통이나 80%로 하는 나라(노르웨이 163 Marine Insurance Plan of 1964)도 있다.

영국법에 의하면 위부(abandonment)는 ① 실제의 손해는 아직 전손은 아니나 그 발생의 가능성이 대단히 높을 경우 또는 전손의 발생이 확실시되나 그 증명이 곤란할 경우, ② 보험의 목적을 구조, 수선하는 것이 물리적으로는 가능하나 그 비용 지출면에서 볼 때 경제적 가치를 회복하는 것이 불가능할 경우에 인정되고 있으며 우리 상법에도 제710조부터 위부에 관한 상세한 규정을 두고 있다.

4-5 P&I 담보

선박이 항로상에서 또는 타선의 통항에 지장을 초래할만한 곳에서 사고로 인해 추정전손 으로 처리될 시, 실무적으로 그 처리과정을 살펴보면 대략 다음과 같다.

즉, 사고와 동시에 선주는 구조 가능성을 검토하고 필요시에는 선박보험자에게 위부통지(notice of abandonment)를 하여 보험자로 하여금 원할 시는 구조 또는 손해방지작업에 착수할 수 있도록 권리를 부여한다. 그러나 관례적으로 선박보험자가 선주를 제쳐두고 직접 구조작업에 임하는 경우는 거의 없고 선주 자신이 전문구조업자를 동원하여 직접 구조작업에 임하는 것이 보통이다. 한편 P&I 보험자도 잔해물 제거비용을 담보하고 있는 이상 사고 초기단계부터 진전상황과 함께 선박보험자의 전손처리 여부를 주시하는 것이 보통이며 선박보험자에 의해 추정전손 처리가 불가피할 것으로 판단되는 시점부터 제거작업에 적극적으로 개입하게 된다.

필요한 경우 P&I 보험자는 선주나 선박보험자에게 전손처리나 구조작업에 관한 방침을 신속히 결정하여 줄 것을 요구할 수도 있으며 시간을 지체시킴으로써 향후 잔해물 제거 작업이 어려워지거나 추가비용 지출이 예상될 경우에는 잔해물 제거비용이나 잔해선가 정산시, 지체로 인한 추가부담을 반영시킬 수도 있다.

"잔해물 제거책임은 인양(raising), 이동(removal), 파괴(destruction), 등화표시(lighting or marking) 및 이에 수반하여 합리적으로 지출된 부대비용(incidental) 등을 포함하고 있으며 여기에서 말하는 제거대상은 선박 자체의 제거만을 의미하는 것이 아니고 잔해물 제거를 위해 필요하다고 판단되는 범위 내에서 화물, 기타의 처리비용도 동 책임에 포함되나, 처분으로 인해 생기는 화물의 손해, 선체부품의 손상 등에 대한 책임은 제외한다. 여기에서 의미하는 "화물"은 상당히 광범위한 것으로 선박에 속하지 않은 물건들로써 일정지에서 타장소로에의 운송을 목적으로 한 것은 아니더라도 선 내에 운송중인 것은 모두 다 포함되는 것으로 본다.

선박이 전쟁위험(war peril)에 의하여 난파된 경우에는 별도의 전쟁 위험에 관한 특약이 없는 한 P&I 클럽의 담보대상에서 제외되며 전쟁위험과 일반 해상위험(marine peril)이 경합하여 발생한 때에도 해상위험으로 인한 부분에 대해서만 커버한다.

P&I 보험하에서 커버되는 잔해물 제거책임은 항행에 장해가 되거나 통항에 위협이 되는 원인이 첫째, 전적으로 사고로 인한 것(due to a casualty)이라야 한다. 즉 선박이 사고 아닌 다른 사유로 통항에 지장이 되는 경우는 P&I 보험에서 취급하는 잔해물 제거에 포함될 수 없다. 예를 들어 선박이 dock 또는 lock로 진입하기 위해 고조(high tide)를 기다리며 항로상에 묘박하고 있는 동안 타선박의 통항에 장해를 일으킬 경우는 전보대상이 될 수 없다. 둘째, 손해를 입은 특정인에 대한 책임(liability to certain positively enumerated persons who suffer damage)만을 전보한다. 이는 사실상 항만당국, 운하당국 및 타 선박의 선주를 손해를 입을 수 있는 대상으로 간주할 수 있으며 이들에 대한 책임이 법적 책임(legal liability)일 경우에 한해서만 전보한다.

** Britannia Club Rules 19(13) Removal of Wreck.

***. 좌초, 기름유출, 선원사망

2004년 11월, 일본 북해도 Ishikari만 신항 외항에서 정박중이던 한국국적의 화물선

(5,565g/t)이 강풍으로 인한 주묘(drag)로 동항 내의 북측 방파제상(tetra-pods)에 좌초하였다가 선체는 세부분으로 절손되어 침몰하였다.

이 사고의 결과로 선원 16명 중 7명(한국인 5명, 미얀마인 2명)이 사망하였고 나머지 9명의 선원은 중경상을 입었다. 당시 본선은 공선상태로 화물은 없었으나 연료유(FO 198kl, DO 15kl)의 대부분이 해중으로 유출되어 항내와 인접해안을 오염시켰다. 선주는 해상재해방지센터에 방제작업을 의뢰하는 한편 별도 기름방제전문가를 기용하여 유출유의 회수작업과 청소작업을 하였다.

이 사고로 P&I 클럽이 지출한 보상금은 아래와 같다.[46)]

– 선원고용계약상의 재해보상금	US$1,170,000
– 유출유 제거 및 서베이 비용	US$1,140,000
– 선박 잔해제거비용	US$1,720,000
총 계	US$4,030,000

4-6 선원의 급여

난파선 선원의 급여문제와 관련 해고수당으로 처리할 것인지(P&I 문제) 아니면 전손 이후에 지출된 특별비용(선박보험자 부담)으로 처리할 것인지에 대해 혼선이 생길 수 있다.

선박이 해상위험(marine peril)에 의해 심하게 손상되어 추정 전손이 불가피할 것으로 판단되면 선주는 선박보험자에게 선박의 위부통지를 하지만 대부분의 경우 선박보험자는 자신이 확인하고 인정할 수 있을 때까지 일단 위부의 승인을 거부하는 것이 보통이다. 몇 개월 이후 보험자가 추정전손을 인정하고 보험금을 지급하였을 경우 선주의 위부통지는 유효한 것으로 소급 인정된다. 선주는 추정전손을 뒷받침할 수 있는 신뢰할 만한 정보(reliable information)를 제시하여 위부통지를 하였더라도 보험자가 이를 승낙하지 않을 시는 선원을 철수시킬 수 없으므로 선내 혹은 인근 육상에 선원을 대기시켜 두지 않으면 안 된다. 이 기간에 대한 선원의 급여는 일단 선주가 선 지급하고 그 비용은 선박보험자와 P&I 클럽 중 어느 보험자가 보상하여야 한다.

46) JP&I Annual Report 2005.

벨기에의 리버티형 선박(전표선) 한척이 요코하마 근처에서 해저 암초와 접촉, 선저가 대파되었다. 선주는 선박의 추정전손이 불가피한 것으로 판단하고 선박보험자에게 위부를 통지한 후 선원을 귀국시키기 위해 전세 비행기를 수배하였다. 그러나, 선박보험자는 추정전손 성립여부에 대해서 즉시 인정할 수 없으므로 선원의 송환은 시기상조라고 반대했다. 선주는 보험자가 선원에 관한 막대한 추가비용을 부담할 것인지의 여부에 대해 의문을 가진 체 할 수 없이 비행기를 해약하고 선원을 현장에 상당기간 대기시켰다. 결국, 그 선박은 선주의 주장대로 추정전손이 인정되고 보험금이 지급되었으며 위부통지 이후부터 실제 송환시킬 때까지의 선원급여 부담문제로 논란이 있었으나 전문정산인의 정산서에 따라 선박보험자가 부담하였다.

선박보험자가 손상된 선박의 위부를 승낙하지 않는다는 사실은 본건 급여처리와 관련해서 그렇게 중요한 것은 아니다. 보험자가 전손보험금을 지급하였다는 사실은 위부통지가 행하여졌을 시, 선박은 추정전손이었다는 것을 인정한 것으로 볼 수 있으며 따라서 위부가 정당화된 것으로 간주할 수 있다. 그러나 그 자체만으로 선박보험자가 선원의 급여를 보상해야 한다고 주장하기에는 미흡하여 대기기간 동안(위부-전손확정), 선장 이하 전선원들이 선박보험자의 사용인(servant) 혹은 대리인(agents)의 지위에 있었다거나 잔해물(손상된 선박)의 소유권이 선박보험자에게 이전되었는지의 여부가 중요한 것이다.

소유권이 이전되었다면 잔해물에 대한 모든 권리 및 책임은 소유권의 이전과 함께 보험자에게 이전되는 것이다. 선주 혹은 선장이 재산의 구조나 보호를 위한 목적으로 선원을 대기시켰을 경우, 이 행위가 항상 선박보험자의 대리인으로서의 행위라고 간주할 수 있는 것은 아니며 결과적으로 보아 그 선박이 추정전손 처리되었는지 여부와 관련시켜 판단하여야 한다. 그러나 선원이 구조문제와는 전혀 무관하게 단지 송환을 위한 절차나 교통편을 기다리고 있는 동안 발생한 급여는 P&I 클럽이 부담하여야 할 범주에 속한다.

4-7 난파선 제거 조약(Wreck Removal Convention)

IMO의 발표에 의하면 전세계적으로 방치된(abandoned) 난파선의 수가 1,300여 척에 달하며 그 수가 날로 증가하고 있는 것으로 알려지고 있다.[47] 그러나 UN 해양법이나 구조협약(Salvage Convention)에도 난파선 제거에 관해서는 세부 규정을 두고 있지 않기 때문에 법적으로 애매한 부분이 많고 특히 난파선이 영해 밖에 위치할 경우 연안국의 법적 지위가 명확하지 않아 오히려 사태를 악화시킬 수도 있다. 이에 IMO 2005년 말 총회의 결의에 따라 2007년 5월 케냐의 나이로비에서 난파선제거조약(WRC)을 채택하기 위한 외교회의(64개국 참여)를 거쳐 정식조약으로 채택되었다.

새로운 조약은 연안국의 해양환경에 위협이 되거나 통항에 위험을 초래할 수 있는 난파선, 부유물이나 침몰된 화물의 취급과 관련한 선주와 국가의 권리 및 의무에 관한 규칙의 제정을 목적으로 하고 있으며 위험한 난파선, 특히 배타적 경제수역(EEZ) 내에 있는 난파선들의 인식, 보고(reporting), 위치파악과 제거등과 관련된 권리와 의무를 명확히 하고 있다.

조약에는;

① 선박과 난파선의 위치파악 및 보고: 연안국에 대한 사고 보고, 난파선에 관한 연안국 및 항해사들에 대한 경고(warning), 선박과 난파선을 추적하기 위해 연안국이 취한 조치

② 위험(hazard)에 관한 결정: 선박이나 난파선이 영해 밖에 위치해 있을 시 항로로부터의 근접도(proxomity), 난파선의 수면하 높이 등을 포함한 특별 기준에 의거 위험이 존재하는지 여부를 결정하는 주체에 대한 규정

③ 위험선박과 난파선의 제거와 관련한 권리와 의무: 난파선의 제거에 대해 선주가 책임을 지는 시기와 국가가 개입하는 시기에 대한 규정

④ 선박과 난파선의 제거, 표지(marking), 위치 추적을 위한 재정적 책임

⑤ 시효(time bar): 손해보상 청구 시효에 관한 규정

⑥ 재판관할: 보상청구의 소를 제기할 관할법원의 지정

⑦ 재정보증(financial security): 조약하에서의 보상 청구에 관한 책임을 커버하기 위해 필요한 보증(security)에 관한 규정

⑧ 분쟁의 해결 등이 포함되어 있다.

---

47) Lloyd's List May 21, 2007.

본 조약에서는 난파선 제거와 관련된 재정부담을 담보하는 강제보험제도와 보험자를 상대로 한 해당국가의 직접청구권(direct action)을 인정하고 있으며 난파선제거를 포함하여 선주의 각종 법적 책임을 커버하는 단일보험증서제도의 도입문제를 도입하도록 IMO에 촉구하고 있다. 10개국이 조약에 가입한 날로부터 1년 후에 발효하며 특별한 정치적 이슈가 없기 때문에 타 조약과 달리 발효시기는 그렇게 오래 걸리지 않을 것으로 예상하고 있다.

제 5 절 벌금 · 밀항자, 난민

5-1 벌금(Fines)

선박을 운항하는 과정에서 선주에게 벌금이 부과되는 예는, 주로 관세법 위반, 입국관리법 위반 및 선박안전 관계규정 위반 등을 들 수 있고 해상오염, 시설물의 파괴행위 등에 대하여 벌금이 부과되는 경우도 있다. 관세법 위반으로 인한 벌금이 부과되는 예는, 선원의 밀수행위(smuggling), 세관에 신고한 적하목록(manifest)상의 화물수량과 B/L 수량이 일치하지 않을 경우 세관당국의 봉인(seal)이 파괴된 경우, 불법으로 화물을 소지하는 행위 등을 들 수 있다. 또 실제 양하된 화물수량이 B/L 수량보다 부족할 경우(non-delivery or short), 화주로부터 차후 제기될 부족인도에 대한 손해배상청구 외에 적지(loading port)에서 선적되지 않았음이 입증되지 않는 한 화물이 양지에 전량 도착하였다는 추정하에 동 부족 수량이 불법적으로(unlawfully) 양육된 것으로 간주하여 벌금이 부과되는 경우도 있다.

극히 예외적인 케이스이지만, 적하목록을 적지에서 우송할 때 일부를 누락시켰거나 운송되는 과정에서 적하목록 일부가 분실되었음에도 불구하고 양지의 점소(Agent)가 도착된 화물을 적하목록 그대로 신고하지 못하고 분실된 페이지의 목록에 해당하는 누락분에 대해 전량 벌금이 부과된 사례도 있다(인도의 경우). 정기선이 소량의 화물을 싣기 위해 중간항에 기항하였는데 그 나라는 엽연초 취급이 국가 전매하에 있는 곳이었다. 당시 본선에는 그 이전 기항지에서 200톤의 엽연초가 선적되었으나 적하 목록은 적지에서 양지로 직접 우송하였던 관계로 본선에는 비치되어 있지 않았다. 엽연초는 압류, 폐기 처분되었고 선박에는 약 25만달러의 벌금이 부과되었다.

입국관리법 관계의 벌금(immigration fines)은 도주선원, 밀항자 이외에 선원의 입국관련서류상에 하자가 있는 때에도 대상이 된다. 밀수행위에 대한 강력한 처벌규정을 갖고 있는 국가로써 남미지방을 빼놓을 수가 없다. 남미제국의 선주들이 가입해 있는 클럽의 보고에 의하면 선원의 밀항행위로 인해 선주나 클럽이 지출한 금액은 타 어느 지역의 회원과 비교할 수 없을 정도로 거액인 것으로 알려지고 있다. 다음에 예시하는 사건은 남미 제항에서의 밀수행위가 어떤 결과를 초래하는지를 알리고 유사한 사고의 재발을 방지하기 위해 회원들에게 소개한 사건이다.

1968년 한 선박이 북미항에서 일반잡화를 싣고 발파라이소(Valparaiso)항에 도착하였다. 파나마 당국으로부터 본선에 금수품(Contraband)이 숨겨져 있다는 사전 통지를 받은 세관당국은 도착 즉시 본선을 검색하여 선적서류에 기재되어 있지 않은 다량의 향수, 담배, 술, 라디오 등 전체 1만 4천달러에 상당하는 물품을 발견해 내고 이를 몰수했다. 선장, 일등항해사 등 밀수사건에 관련된 수명의 선원이 체포되었고 선박 또한 칠레 당국에 의해 압류되었다.

본 사건이 처리되는 방향은 두 가지 방법이 있다.

첫째는 본건을 형사법원에 회부하여 재판결과에 따르되 제세금 및 비용조로 $72,800에 대한 보증서를 제공하거나, 둘째는 선원들이 밀수사실을 인정하고 ESC 170,000(금수품의 2~5배)에 상당하는 벌금을 지불하는 길이다. 선주는 둘째방법을 택하여 $54,400을 벌금조로 지불하고 선원들을 본국으로 송환하였다. 밀수행위에 가담한 선원들은 송환된 후 벌금 기타 부수비용조로 선주가 지출한 노르웨이 화폐 Kroner 525,000을 배상하여야 했다.

이러한 법규의 위반으로 인해 선주가 부담하여야 하는 손해를 살펴보면, 첫째, 관계법 당국에 지급하는 벌금 이외에 지출되는 부대비용과 이로(deviation), 지연(delay) 등으로 인한 연료, 선원들의 급여, 보험료 등의 실비손해(out of pocket expenses) 등으로 나눌 수 있다. 클럽이 전보하는 범위는 벌금, 직접비, 부대비용 등의 실비손해에 한한다. 여기서 실비손해 혹은 직접비손해란 시간손해 등과는 별개로 선박회사가 직접 지불한 비용을 의미한다.

최근 유류오염에 관한 한 가장 강경한 입장을 취하고 있는 미국에서 빈발하고 있는 사건의 하나가 선내 폐유의 처분 내지는 불법 방출과 관련한 벌금과 관련자들의 형사처벌이다. 미국의 경우 해상에서의 불법폐유 배출은 그 자체가 중대한 범법행위(criminal offence)일 뿐만 아니라 이를 조사하는 과정에서 허위 또는 조작이 있을 경우 관련자 전원은 물론 선주와 오퍼레이터 까지도 처벌 대상으로 하고 있기 때문에 유류오염방지 관련법(Act to Prevent Pollution at Sea)을 위반하지 않도록 유의해야 하며 일단 위반행위가 있었을 시 이를 은폐하려 하거나 허위 진술을 할 경우 오염관련법 위반을 물론 공무집행방해죄까지 추가되어 심각한 결과를 초래할 수도 있다.

2005년 12월 한국의 31,234 dwt(1985년 건조)급 벌커가 미국의 캄덴(Camden)항에 입항하였을 시 본선의 필리핀 선원 들이 본선이 수주전 공해(high sea)상에서 불법으로 기름찌꺼기(oil sludge)를 배출한 사실이 있다고 당국에 고발하였다.[48] USCG는 즉시 본선을 억류하고 승선하여 조사를 하였고 고발자들의 주장을 뒷받침할 만한 사실을 확인하고 기관장과 2등기관사를 입건하였다. 조사결과 USCG는 이들에 대해서 유수분리기를 사용치 않고 불법 가지관(by-pass pipe)을 사용하여 폐유를 불법 배출한 사실과 유류기록부 조작등의 협의를 들어 기소하였다. 관련법에 의하면 이들은 5년 징역, 6년 징역형에 각자 $250,000의 벌금에 처할 수 있었으나 후일 본인들이 자신들의 위법사실을 시인하고 관련선사에게는 $400,000의 벌금에 추가하여 환경기구에 $100,000을 지급하는 것으로 종결되었다.[49]

** London Club Rules 9.23(Fines).

5-2 밀항자(Stowaway)

이국에 대한 동경 내지는 호기심 또는 친척을 만나기 위한 목적으로 밀입국을 하는 자들이 선박을 이용하는 예가 종종 있으며, 이들을 밀항자(Stowaway)라고 부르고 있다. 밀항자들의 문제점은 본국 송환이나 관리, 감호에 소

48) 미국에서는 내부고발을 장려하기 위한 일환으로 오염관련법 위반행위를 고발하는 사람에게 관련사건의 벌금징수액의 50% 상당액을 포상금으로 지불하고 있다. 이로 인해 불법배출, 유수분리기 운영 및 유류기록부와 관련한 내부고발행위가 빈발하고 있다.

49) Lloyd's List Dec. 08, 2006.

요되는 비용 그 자체보다는 대부분의 밀항자들이 상륙이나 송환에 필요한 서류 예컨대 선원관계 기본서류(Elementary Papers of identification)나 여행에 요하는 서류(Passport of Travel Document)를 지참하고 있지 않는 것이 보통이므로 송환에 필요한 절차서류를 구비할 때까지 장시일을 선박에 태우고 다녀야 하는 사례가 많다는 데 있다.

밀항자들이 많이 발생하는 곳으로 널리 알려진 지역으로 동·서 아프리카, 중동, 남미 그리고 극동지역을 들고 있다. 선박이 어느 항구를 출항하여 항해 중 밀항자가 선상에서 발견되면 국적을 위시한 신원관계를 우선 파악하여야 하며 기항지에 도착하면 해당국가의 공관과 접촉 인도하도록 노력하여야 한다. 그러나 신원이 파악되지 않을 시는 파악될 때까지 선상에서 철저히 감호하여야 하며 특히 항구에 정박중에는 불법 이선하는 사례가 발생치 않도록 더욱 유의하여야 하며 경우에 따라 기항지 당국에서 특별경비 고용을 요구하는 예도 있다. 밀항자와 관련 클럽이 커버하는 내용은 밀항자와 관련한 책임(Liability), 비용손해(Out of Pocket Expenses), 이로손해(Deviation)의 3가지로 나눌 수 있다.

책임관계는 밀항자가 본선으로부터 불법 이탈하였을 경우 그 나라로부터 추방 내지는 송환하는 비용과 밀항자가 선상에서 화물을 손상시켰다거나 여객을 습격하였을 시 이에 대한 선주 내지는 운송인으로써의 배상책임이 대표적인 케이스가 될 수 있고 비용손해란 회원 자신이 직접 지출한 경비를 말하며 수익이나 불가동 손실 등은 포함되지 않는다. 밀항자를 설사 여객실에 수용하였다 치더라도 그 객실요금은 비용손해로 취급되지 않는다(설사 객실을 여객이 사용하였더라면 요금을 징수할 수 있었더라도) 밀항자의 감호를 위해 경비원을 고용했을 경우 그 비용은 커버될 수 있으나 선원이 경비에 임했을 시는 제외된다.

선상에서의 숙식비용은 직접지출비의 성격으로 간주할 수도 있으나 그 밀항자도 항해중에는 선상의 잡무를 거둘 수 있다는 이유로 커버 대상에서 제외된다. 이로기간(이로개시 시점부터 다시 원지점에 복귀하기까지)에 대한 선박의 실운항경비(Actual Running Cost)만을 대상으로 하며 이로 인한 Off-Hire나 시간손실은 전보되지 않는다.

** Britannia Club Rules 19(5), (6), (7). ** London Club(Rule 9.9), UK Club(Sec. 7 &8).

『밀항자에 관한 1957년 브뤼셀 국제협약(Int'l Convention Relating to Stowaway, Brussels 1957)』이란 명칭하에 밀항자의 상륙과 송환관계를 다룬 협약이 초안된 바 있었으나 이를 지지하는 국가들이 별로 없어 발효되지 못하였다. 밀항자로 인하여 불필요하게 선박이 지연되는 기간을 최소화하기 위해, 선장은 밀항자를 발견한 즉시 밀항자의 인적사항을 파악하여 본사, 자국의 공관(기항지) 및 클럽에 상세하게 타전하여 밀항자 인도에 필요한 절차를 밟도록 해야 한다. 밀항자의 국적이 확인되면 해당국가의 공관으로 하여금 밀항자의 송환에 필요한 여행서류(Temporary Travelling Papers)를 발급해 주도록 요청해야 한다. 대부분의 경우 송환비용은 소속국가의 공관에서 부담하지 않으며 선박회사가 부담하여야 한다. 밀항자의 인적사항 중 우선적으로 파악되어야 할 사항은 다음과 같다.50)

① 성명과 주소(Name of stowaway and address)
② 생년월일(Stowaway's date and place of birth)
③ 부모의 성명과 본적(Name, date and place of birth or either or both of the stowaway's parents)
④ 국적(Nationality of stowaway)
⑤ 밀항자 및 부모의 거소(Postal and residential address of stowaway and either parent)
⑥ 밀항자의 여권 또는 선원 수첩번호 및 발급지와 일시
⑦ 가장 가까운 친척(Next of kin, if different from above)

경우에 따라서는 밀항자가 여행서류 기타 신분확인을 위해 필요한 서류를 전혀 소지하지 않을 수도 있다. 이런 경우에는 다음을 추가하여야 한다.

⑧ 좌우 다섯 손가락 전체의 지문(A full set of fingerprints)
⑨ 밀항자 자신의 사진임을 입증할 수 있도록 변호사, 제외공관, 공증기관 등에 의해 공증을 한(사진 뒷면에) 여권용 크기의 사진 3매
⑩ 승선방법, 밀항동기 등을 기술한 밀항자 자신의 구술서. 이 구술서 역시 ⑨와 같은 요령으로 공증받아야 한다.

50) P&I International October 1987 참조.

⑪ 밀항자를 언제, 어디서, 어떻게 발견하였는지를 상술한 본선의 항해 일지 발췌본

밀항자가 선상에서 발견되었을 시 재송환되기까지의 비용손해, 관리책임 등 선주에게 경제적 손해를 초래하는 것은 물론 예상외의 사고를 유발하는 수도 있다. 1982년 콜롬비아에서 뉴욕으로 바나나를 운송중인 냉동선이 뉴욕 도착 직전에 2번창에 화재가 발생, 선창에 해수를 주입하여 화재를 진압하였으나 2번창에 적재되어 있던 화물이 전손되었다. 조사결과 화인(火因)은 밀항자가 추위를 피하기 위하여 종이상자를 태우다가 발화된 것으로 확인되었다. 선주를 상대로 제기한 $382,000의 화물손해 배상청구에서 수화주측은 본선은 발항당시 이미 밀항자가 승선해 있었으므로 감항능력불비라고 주장하였다. 미국 제 9 순회 재판소(Ninth Circuit)에서 사건 심리가 진행되는 과정에서 선주측이 미국 변호사를 통해 법적 의견을 검토해 본 바 본선의 감항능력이 부인될 가능성이 크다는 보고를 받고 재판과정에서 US$180,000로 처리하였으나, 법적 검토비용 조사비 등이 상대에게 지급한 금액을 훨씬 상회하여 결국 선주는 청구액 이상의 비용을 지출할 수밖에 없었다.51)

**. 밀항자와 용선자의 책임
용선된 선박 Isla Plaza호가 운항중 바나나를 선적한 냉동선창안으로 콜럼비아인 밀항자가 숨어들었다가 항해중 추위를 면해보려고 불을 지피다가 화재가 발생하였다. Isla Plaza호의 선주는 용선자측의 하역인부들이 선적작업을 하는 과정에서 밀항자가 숨어드는것을 막지 못한 책임을 들어 용선자를 상대로 US$702,000의 손해배상을 청구하였으나 법원에서 부인당했다 판사는 용선자로 하여금 선적작업중 선박의 보안(vessel's security)을 보장하도록 하려면 용선계약서상에 적절한 조항을 삽입했어야 한다고 판시하였다.52)

5-3 난민(Refugees)

통계에 의하면 베트남전쟁이 종료된 이후 수 년에 걸쳐 남지나해를 항해하는 선박에 의해 해상에서 구조된 베트남 난민의 숫자는 매년 약 14,000명선

51) Gard News issue No.107 Oct, 1987.
52) Gard Handbook on P&I Insurance, p. 253

에 달했으며 이들 대부분이 구조선박의 예정된 기항지에서 인도되었던 것으로 알려지고 있다. 물론 인도지에 따라서 인도절차상 어려움이 있다는 것은 당연하겠으나 문제는 선박의 운항에 중대한 차질을 초래할 만큼 관련수속에 장시간이 소요되므로 인해 구조선박의 선주 입장에서는 막대한 불가동 손해를 감수할 수밖에 없는 사례도 자주 발생하였다.

여기에서는 이들 난민의 구조와 관련하여 가급 난민 인도시 발생할 수 있는 체선손해를 최소화시킬 수 있도록 유의하여야 할 사항과 사례를 예시한다.[53)]

(1) 난민 인도지

과거의 사례로 비추어 볼 때 남지나해에서 구조된 난민의 경우 약 50% 정도가 싱가폴에서 그리고 나머지가 홍콩, 일본, 한국, 필리핀, 태국 등 기타 항구에서 당국에 인도된 것으로 알려지고 있다. 이들을 인수하는 동남아 각국에서는 난민들은 일시적으로 인수하는 것이며 반드시 다른 지역(국가)으로 이주 재정착(resettlement)되어야 한다(통상 인수일로부터 90일 이내를 요구하고 있음)는 것을 해당 국가(베트남)나 UN 난민고등판무관(UNHCR: The United Nations High Commissioner for Refugees)로부터 보장받기를 예외 없이 요구하고 있으나 이 문제는 이들 난민을 해상에서 인수한 선박이나 선주의 힘으로 해결 될 수 있는 사항이 아니기 때문에 본선측으로서는 속수무책일 수밖에 없다. 난민을 해상에서 인수한 선장이 예정된 기항지에서 이들을 인계하고자 하는 경우도 있으나 차항(次港)이 먼 곳에 위치하여 있을 시는 인근 가장 가까운 항구로 긴급 기항하여 인계를 시도하는 경우도 있다. 그러나 예컨대 식수 또는 식량부족, 긴급환자 발생 등과 같은 극히 예외적인 경우가 아닌 한 입국관계당국에서는 본선의 입항 자체를 허용치 않는 것이 보통이다.

1) 난민 인도 절차(Procedures)

① 해상에서 난민을 구조한 선장은 첫 기항지에 도착하기 이전에 난민구조상황(circumstances of their rescue) 그리고 난민의 숫자를 현지 대리점에 타전한다.

53) Gard News Issue 96-Dec 1984.

② 선장으로부터 전문을 입수한 대리점은 즉시 이 사실을 항만 및 출입국 관계당국에 알리고 선박의 입항 승인을 득하여야 하며 동시에 본선이 소속되어 있는 국가의 현지 공관 및 가까운 UNHCR에도 통지하여야 한다.

③ 본선이 소속하는 국가에서 난민들을 받아들일 수 있는 입장일 경우는 입항지의 항만 당국에 그 취지를 통상 90일 이내에 통지한다.

④ UNHCR은 이들 난민들이 기항지에서 체류하고 있는 동안 그 비용을 부담할 의사가 있을 시는 이를 당국에 통지한다. 통상 난민들이 수용되기 이전에 당국과 UNHCR 사이에 협의되는 것이 보통이다.

⑤ 구조선이 편의치적선일 경우 또는 소속국에서 이들 난민을 받아들이기를 꺼려할 시에는 UNHCR은 타 희망국가를 물색하게 되는데 이런 경우에는 기항지에서의 상륙 자체가 지연될 수도 있다.

⑥ 난민의 정착(resettlement) 문제가 해결이 되면 UNHCR의 관리가 래선하여 난민들을 면담하고 상륙이 허용되게 된다.

⑦ 상륙(입항)이 되면 신체검사, 치료를 받게 되고 선박은 난민으로부터 해방된다.

⑧ UNHCR은 난민 한 사람 한 사람(또는 가족단위)을 면담하고 신장, 신체적 특성 등을 파악한 후 연고지 또는 연고자가 있는지 조사하고 정착지를 택하도록 한다.

이상은 난민들이 해상에서 구조된 후 정착지가 택해질 때까지의 일반적인 절차를 개략적으로 설명하였으나 본선의 선장이 취해야할 조치는 전기한 절차와는 별개로 이루어져야 한다. 물론 세부사항은 국가에 따라 다소 차이는 있겠으나 통상 입항지의 당국이 요구하는 사항은 대략 다음과 같다.

2) 기항예정지에 타전할 정보

① 구조선의 선명(Name of the rescuing ship)

② 구조선의 기국 및 선적항(flag and port of registry)

③ 선박소유자의 주소, 성명(Name and address)

④ 기항지에 소재하는 선주의 대리점(Owner's agent)

⑤ 기항지의 도착/출항예정 일시 및 목적지
⑥ 난민의 수, 구조일시, 장소 및 당시의 건강상태
⑦ 기항지 도착 즉시 긴급치료가 필요한지 여부 및 필요시는 환자의 건강상태

3) 서면으로 작성, 기항지 도착 즉시 항만당국에 제출하여야 할 사항: 난민들의 성명, 생년월일, 국적, 성별, 가족구성관계

4) 이상의 정보는 다음 관계자들에게도 타전하여야 한다
① 선주, 대리점
② 기국국가의 대사관 또는 재외공관(diplomatic representative)

이상의 제반정보는 적어도 하루 이틀 전에 기항지에 타전하여야만 난민들의 상륙과 관련 하여 지체를 최소화할 수 있다. IMO의 지침에 의하면 선장은 선내에서 밀항자를 발견한 즉시 밀항자의 신상(인적사항)과 승선경위 등을 확인하여 해당사항을 선주는 물론, 승선지, 다음 기항할 항구와 기국(flag state)에 통지할 것을 요구하고 있으며 이러한 의무를 소홀히 하였을 시에는 벌금을 부과 당할 수 있다.[54] 스페인의 경우 밀항자가 기항지에서 탈주하였을 시에는 US$160,000 의 벌금이 부과된다.[55]

제 6 절 징수불능의 공동해손, 구조료 및 특별비용 분담금

선박이 공동해손비용, 구조료 혹은 기타 특별비용을 지출하였을 시 공동해손의 성립요건을 충족하는 한, 공동 분담하는 것이 원칙이나 운송선박회사측의 운송계약위반, 도착 선가(arrived value)가 보험금액을 초과할 경우 등에는 분담액 전액의 징수가 불가능하다. 화물의 경우를 예로 들면, 무고장선하증권을 발급하고 화물을 갑판적운송을 한 경우[56] 혹은 부당한 환적이나 이로

54) 호주, 캐나다, 미국의 경우 US$5,000 이상의 벌금 부과대상이 될 수 있다.
55) Lloyd's list 27, Apr. 2001.
56) 특수선박이 아닌 한 선박자체의 구조상, 화물은 갑판상(under deck)에 적재하도록 설비되어 있

(deviation)가 있었던 때에 당해 하주는 운송계약위반을 이유로 분담금 지급을 거절할 수 있으며,[57] 감항능력이 없는 선박의 경우도 마찬가지이다. 특히 감항능력불비는 화주, 화물보험자 또는 이들을 대리한 변호사들이 G/A 분담금 지급을 거절하는 구실로 널리 사용되고 있으며, 근래 보험자들이 G/A 클레임에 대해 과거와과는 달리 엄격하게 취급하는 경향을 보이고 있어 분담금 징수가 점차 어려워져가고 있는 실정이다.

Container 화물을 운송중이던 선박이 북태평양을 항해중 기관실에 화재가 발생하여 공동해손이 선언되었고 정산결과 화주들이 부담하여야 할 공동해손 분담금이 US$563,250에 달했다. 이중 약 40%에 해당하는 화주들은 분담금을 지급하였으나 나머지는 본선의 감항능력불비를 주장하여 분담금 지급을 거부했다. 조사결과 Donkey Boiler에 대한 연료공급라인(Fuel Feed Line)이 항해개시 이전에 개수되었는데 그 방법이 "Unsafe"한 것이었음이 판명되어 동 분담금은 P&I 클럽이 지불하였다. Container 화물을 운송중이던 선박이 운하(Canal)를 통과중 예기치 못했던 조타기구(Steering Gear)의 트러블로 인해 암벽(Rock Wall)과 충돌 공동해손이 선언되었다. 정산결과 미주지역 화주들이 부담하여야 할 분담금이 총 US$780,000에 이르렀으나 화주들은 본선의 감항능력불비를 이유로 분담금 지급을 전면 거부하였다. 문제의 조타기 고장은 선주 또는 운송인이 보수유지를 태만히 한데서 비롯되었다기보다는 기기 구조상의 결함 내지는 잠재 하자에 가까운 것이었음에도 감항능력에 관한한 선주나 운송인에게 엄격한 책임을 부과하여 왔던 미국의 관계법과 판례경향을 참작하여 동 분담금을 조타기기 제조업자, 선주 그리고 P&I 클럽이 상호 협의 후 합의비율에 따라 공동 분담하였다.

** U.K Club Rule 2. Sec. 19, Britannia Club Rule 19(18)(B).

선박의 경우 선박보험자의 공동해손 분담금의 부담은 선박보험금액에 부과되는 분담금을 그 한도로 하고 있는 한편, 공동해손분담금 산출의 기준이 되는 선박의 가액은 도착지 시가(arrived market value)를 기준으로 하므로 도착

으며, 갑판 그 자체는 갑판상선창을 둘러싸고 있는 파이프와 같은 구조물로서 강력재 역할을 하고 있으므로 갑판상에 화물을 적재, 운송하는 것은 정상적인 운송방식이 아니다. 따라서 선하증권상에 갑판적(on deck)의 사실에 관한 기재가 없는 한 이는 선창내, 즉 갑판하 적재를 나타낸다. Clean B/L을 발급하고 갑판적으로 운송하는 행위는 운항계약위반이 된다.

57) Hamburg Rules-1987년 제24조 제 2 항.

지 시가가 선박보험금액을 초과하면 초과하는 부분이 부담하여야 할 분담금은 선박보험자로부터 징수할 수 없다. 이러한 사례는 그렇게 빈번하게 발생하는 것은 아니고 예기치 못했던 사태로 인해 선가에 급격한 변화가 생겼을 경우에 발생하기 쉽다. 예컨대, 한국전쟁시(1952) 선가가 급등 현상을 보이자 도착가격이 부보금액을 초과하는 예가 늘어났고 G/A 분담금 중 초과하는 부분에 해당하는 분담금은 선박보험자로부터 회수할 수가 없었다.

이러한 징수불능의 공동해손분담금을 클럽이 커버해 주되, 운송계약위반 여부를 판단하는 기준은 1924년 헤이그규칙 및 1968년 의정서(protocol) 곧 비스비규칙에 따르며, 선박의 경우는 보험금액의 결정 시 그 적정여부에 대하여 클럽의 사전 승인을 얻은 경우에 한하여 징수불능의 분담금을 클럽이 부담한다.

※ U.K Club Rules Sec.20: Britannia Club Rules 19(18)(A).

제7절 항로·항만 시설물의 손상

선박에 설치된 시설물이 아닌 선외의 여러 구조물 예컨대, 해안에 위치한 부두, 컨테이너 크레인 기타 하역장비 등에 가한 손해로서 손상된 정도에 따라 그 손해가 거액에 이를 수도 있다. 예컨대, 대형 탱커나 전용선이 접안중 본선의 전진타력 기타의 이유로 부두와 충돌하였거나 부두에 설치된 송유관을 파손하여 오염이 발생하였을 경우(oil pollution에 대해서는 후술함) 그 피해는 엄청난 것이다.

그밖에 부표(buoy) 등의 항로표지물에 가한 손해는 금액은 크지 않지만 자주 발생하는 사고라 할 수 있으며 다소 예외적인 경우로서는 해저의 전선(cable)이나 송수관 등에 가한 손상 등도 여기에 속한다. 가입선박과의 현실적인 접촉(actual contact)이 없어도 발생할 수 있는 사고로서는 항내 혹은 협수로에서의 과속 항진 시 발생한 파도의 작용에 의해 접안해 있던 타선박이 부두와의 접촉으로 발생한 선체손상 등(wash damage), 가입선박의 과실에 의해 타선박이 시설물에 가한 손해, 기타 가해선박의 과실로 인한 충돌위험을 피하기 위해 타선박이 좌초한 경우 등도 들 수 있다. 실무에서 자주 발생하는 대표적인 케이스로서는 선박이 접안 작업중에 발생한 방충재(fender)의 파손 혹은 탈락사고를 들 수 있다.

선박측의 과실로 인해서 발생하였을 경우라도 분쟁의 대상이 되는 것은 그 피해금액의 산출이다. 즉, 엄격한 의미에서 본다면 설치한 지 1개월밖에 되지 않은 방충재와 10년이 경과한 낡은 방충재의 전손사고는 그 피해의 크기면에서 동일할 수는 없는 것이다. 그러나, 대부분의 경우 이와 같은 항만시설물이 항만당국의 관리하에 있기 때문에 원상복구 요청이 있을 경우 신구교환차익 문제를 거론하기에는 실무상 어려움이 많다. 국가에 따라 또 지역에 따라 차이는 있으나 내구한을 감안, 감가율을 적용하여 합리적으로 처리하고 있는 경우도 있지만 반대의 경우가 대부분이다. 당연히 신구교환차익은 클레임에 반영되어야 한다.

Tug Boat의 조력하에 도선사가 조선중인 대형 유조선이 네덜란드의 Abtilles항에서 대형 석유회사가 소유하고 있는 유류터미널과 부딪혀 터미널에 손상을 입혔다. 터미널측의 손해배상청구에 대해 선주측은 도선사의 과실이 상당부분 사고의 원인이 되었다는 점을 주장, 터미널측을 설득하였고, 조사 결과 동도선사는 터미널 소유자의 고용인이었다는 사실이 밝혀졌다. 네덜란드법에 의거 터미널 소유자는 동도선사의 행위에 대해 책임을 져야(vicariously liable for his …)한다는 것도 밝혀졌다. 본건과 유사한 사건을 다룬 헤이그 대법원은 도선사와 선장 모두 주의를 태만히 하였음을 들어 선주와 부두(jetty) 소유자는 사고에 대해 책임을 분담하여야 한다고 판결한 바 있었던 "Topaz"호 선례를 인용하여 터미널 손해에 대해 터미널 측에서도 50% 책임을 부담하기로 하고 선주는 합의금을 지급하였다.

현실적인 접촉에 의해 발생한 시설물 손해는 P&I 클럽에서 전보하는 것이 보통이나 지역에 따라 선박보험에서 확정, 전보하는 경우도 있다(독일, 노르웨이). 이 경우에는 당연히 P&I 클럽의 전보 범위에서 제외된다.

** 북한에서의 안벽손상

2005년 파나마 적 일반화물선(5,460g/t)이 도선사가 승선 예선 2척의 지원하에 남포항으로 통하는 수문(lock gate)을 2knots의 속력으로 통과하던 중 본선좌현측 선미가 유도수로안벽(guide wharf)과 접촉하였다. 이 접촉으로 인해 유도수로 안벽상부가 높이 60cm, 길이 70cm, 폭 20cm 정도가 떨어져 나가고 V형 휀더(fender)가 손상되었다.

항만당국에 의해 안벽 및 방충재 복구비용에 대한 담보제공 요청이 있었다. 과거 북한에서 발생한 사고에 대해 북한 당국에 의해 JP&I 클럽의 보증장이 용인된 사례가 없었기 때문에 본선의 압류나 스케줄의 지연을 예방하기 위해 현금공탁이나 은행보증장 중 한 가지를 제공해야 되는 것 아닌가 검토하였으나 당시 일본에서 북한으로 직접송금한다거나 은행보증장을 수배한다는 것이 실질적으로 불가능하다는 점을 주장하며 현지의 연락사무소(correspondents)로 하여금 당국이 JP&I 클럽의 보증장을 용인하도록 당국과 교섭을 하도록 하였다 어려운 협상의 결과 북한당국은 수리비 및 불가동 손해를 포함하여 €80,000(약 US$98,000)의 클럽보증장을 받아들이게 되었다.

선주는 손상정도의 확인 및 손해액의 타당성 사정(assess)을 위해 제 3국의 전문가(expert)를 현지에 파견하였고 현지 Surveyor의 보고에 의해 수리비 €28,000 및 불가동 손해 €24,000 의 합계 €52,000이 손해액인 것으로 사정되었다. 그러나 선주는 당국에 의해 수리비 및 불가동 손해 €95,000(약 US$123,000)에 상당하는 청구와 기물파손에 대한 과태료(fine) €20,000을 지정한 기일 내에 납부하라는 통지를 받았다. 현지 코레스를 통해 과태료를 부과하는 근거법이나 규정을 제시해 줄 것을 당국에 요청하였으나 입수할 수 없었다. 현지로 파견된 홍콩 Surveyor 로부터 수리비와 불가동 손해를 합해서 €93,000 정도가 타당하다는 견해를 접한 후 코레스를 통해 수리비, 불가동손해 및 과태료를 모두 포함해서 보증장 발행액인 €80,000을 상한선으로 한 일괄타결을 추진한 결과 당국은 조기지불을 전제로 동 제안을 수용하여 타결되었다.[58)]

** Dolphin 손상

2003년 12월 UAE에서 프로판가스(11,344M/T)와 부탄가스(11,175 M/T)을 적재한 파나마국적 LPG탱커(45,965 G/T)가 양지인 중국의 라오핑(Raoping)항 LPG 터미널에서 예선 3척의 지원을 받으며 도선사가 돌핀에 접안시도중 접안속도를 적정수준으로 유지하지 못하여 본선의 우현외판과 스프링 돌핀이 강하게 접촉하여 돌핀이 정위치를 벗어나게 되었다. 선주는 즉시 변호사와 마린컨설턴트를 지명하여 손상정도를 조사하고 타당한 수리방안을 강구하도록 하였다. 컨설턴트에 의하면 스프링 돌핀을 지지하고

58) JP&I Annual Report 2006에서.

있는 내부 보강재(steel reinforcement)와 콘크리트 파일이 20cm 이상 휘어졌기 때문에 손상된 돌핀에 대한 보강공사를 할 필요가 있다는 의견과 함께 보강공사비용으로 US$360,000~US$482,000을 견적하고 공사기간 동안 불가동 손해는 발생하지 않을 것으로 전망하였다.

그러나 2004년 터미널 소유자는 독자적인 조사를 통해 해당 돌핀은 보강공사가 아닌 재건설(reconstruction)공사가 필요하다고 주장하고 추정공사비 US$1,200,000의 현금공탁을 요구했다. 또한 공사기간 동안의 불가동손해에 대해서도 별도로 배상청구할 것임을 표명하였다. 선주측 변호사와 터미널소유자간 협상의 거쳐 현금공탁 대신 일체의 클레임, 금리 등을 포함 US$ 850,000에 상당하는 클럽의 보증서(Letter of Guarantee)를 수용하기로 하였다.

2004년 8월 현장을 재조사한 결과 손상된 파일(pilings)의 배치가 설계도면과 일치하지 않은 것으로 판명되었고 동 파일이 본선급 선박의 접안을 감당할 만큼 충분한 강도를 갖고 있지 않았을 가능성이 지적되었다 이를 근거로 문제의 돌핀을 신조하는 것은 적절하지 못하며 처음에 제안하였던대로 보강공사를 하는 것이 타당하다는 주장을 견지하며 협상을 한 결과 기술적인 견해차이 때문에 협상이 진전을 보지 못하고 있던 차 터미널 소유자측이 변호사를 교체하였고 신임변호사는 신규공사비 US$850,000 및 불가동손해 US$ 620,000 합계 US$1,470,000 해결하지 않으면 소송을 개시하겠다고 선주를 압박하기에 이르렀다. 이에 굴하지 않고 선주측이 제안한 수리방안의 합리성을 강조하며 협상을 거듭한 결과 2005년 구정 이전에 지급할 것을 조건으로 US$340,000에 합의 종결하였다.[59)]

** 교각손상(Damage to Bridge)

2001년 3월 소형화물선(666g/t)이 일본 내해(Seto-naikai)를 서항중 조선 잘못으로 Seto 대교의 하나인 Kita Bisan-Seto Bridge에 충돌하는 사고가 발생하였다. 선수부가 교각의 완충방호강(steel buffer systems)과 부딪쳐 강재 안으로 파고들었고 그 결과 자력이탈이 어려워 구조업자로 하여금 본선의 선수부 일부를 절단하였으며 손상된 완충방호시설물은 새것으로 교체되었다.

이 사고로 인한 손해배상액의 규모가 본선의 책임한도액(194,722 SDR = 약

59) JP&I Annual Report 2005.

3천만엔)을 초과할 것이 거의 확실시 되었기에 선주측 변호사는 책임한도액을 초과하지 않는 범위 내에서 시설물의 소유자와 조기타결을 모색하였으나 상대측은 본선이 충돌로 인해 발생한 손상과 구조작업중 발생한 손상은 별개의 사고라고 주장하며 선주책임한도액을 기준으로 한 합의를 거부하였다.

선주측에서는(P&I 클럽) 상대측과 협상을 계속하는 한편 금리부담을 면하기 위해 즉시 책임제한절차를 개시하였고 법원의 명령에 따라 6,000SDR을 현금공탁하고 잔액에 대해서는 P&I 클럽의 보증서(letter of guarantee)를 제출하였다. 결국 책임제한 절차 개시 직전에 책임한도액 상당액을 기준으로 합의 처리되었다.[60)]

** 항만설비손상(Damage to Berth and Shore Facilities)

2002년 1월 파나마 선적 화물선(27,011g/t)이 도선사 인도하에 예선 2척의 도움을 받으며 부산항 부두에 접안중 선속을 줄이기 위해 도선사가 미속후진(dead slow astern)을 명하였으나 갑자기 발생한 엔진 트러블로 인해 조선 불능상태가 되었고 그 결과 본선은 타력으로 인해 지정선석을 지나 옆의 타 선석으로 진입하는 중이었다. 본선에서는 선석과의 충돌을 방지하기 위하여 양현묘를 투하하고 예선 2척으로 하여금 본선을 끌어당기도록 하였으나 본선의 전진 타력으로 인해 부두와 방충재(Fender)와 갠트리 크레인의 레일(rail)에 큰 손상을 입혔다.

문제의 부두는 항만당국의 소유로 한국의 선사가 임차하여 사용중이었다. 부두임차인은 본선에 대하여 금액을 표기하지 않은 무조건부(unconditional) 클럽의 지급보증서를 요구하였고 항만당국은 본선의 출항을 금지시켰다. 선주는 책임한도액인 4,594,337SDR에 상당하는 지급보증서를 제안하였으나 임차인이 거부하여 재협상 끝에 책임한도액의 120%에 상당하는 US$ 7,500,000의 보증장을 제공하는 것으로 합의하였다(단 선주의 책임제한권은 그대로 유지). 그 후 동 임차인은 본선에 대하여 한화 32억원의 손해배상을 청구하였고 선주는 별도로 전문 엔지니어를 통하여 손해액을 사정토록 한바 24억원이 적정한 것으로 산출하였다 선주측 변호사는 이를 근거로 부두임차인과 합의처리를 추진하였으나 임차인은 한국법원에 제소할 것임을 시사하였다. 청구 내역을 검토컨대 불가동손해 등에 대해 법원이 전액을 인정할 가능성이 있음을 고려하여 협상 끝에 27억원(약 US$2,150,000)으로 합의 종결하였다.[61)]

60) JP&I Annual Report 2002.

**. 낡은 해도의 사용(Out of date chart)

Marion호 선장이 Teesport 외항에 투묘를 하였으나 불행하게도 해저에 부설되어 있는 송유관(oil pipeline)위에 투묘를 한 관계로 막대한 손해를 야기하였다. 당시 선장이 사용하였던 해도는 문제의 송유관이 표시되어 있지 않은 아주 오래된(out-of-date) 것이었으나 실제 본선에는 송유관이 표시되어 있는 최근 발간된(up-to-date) 해도가 있었지만 선장은 이를 사용치 않았던 것이다. 영국법원은 선박관리인(ship's managers)에 의한 선상해도의 유지 및 감독체제상 결함이 있었으며 이 과실(fault)은 법적으로 곧 선주의 과실이 되는 것이며 본 사고가 선주의 'actual fault or privity'가 없이(without) 발생하였다는 것을 입증하지 못하였으므로 선주는 책임제한을 할 수 없다고 판결하였다.[62]

** 해도(Chart)와 정부의 책임

2004년, 노르웨이의 Bergen항 근처에서 27,000dwt급 bulker가 천소(shallow)에 걸려 전복, 선원 18명이 사망하고 본선은 거액의 구조료를 지불하고 인양되어 폴란드의 Gdansk 조선소에서 대대적인 수리를 한 후 매각, 현재는 Nordness호로 개명되어 운항중이다.

본 사고의 원인인 문제의 천소는 1995년에 확인되었으나 정부 당국(Norwegian Mapping Authority)이 관련 해도에 표기하지 않았을 뿐만 아니라 업계에도 알리지 않았으며 해당지역의 도선사에게 조차도 통지하지 않았던 것으로 알려지고 있다. 본사고로 인해 수리비(US$53m)와 선원에 대한 보상금(US$31m)을 지급한 선박보험자(Norwegian Hull Club)와 P&I 클럽(Gard)은 노르웨이 정부를 상대로 2008년 1월 노르웨이 법원에 US$84m에 대한 손해배상 청구 소송을 제기하였다.

노르웨이 국적의 클럽이 자국 정부를 상대로 거액의 청구소송을 제기한 이면에는 해당클레임이 Gard뿐만 아니라 타 국제 그룹클럽(13개)이 참여한 Pool에서 대부분이 지출되었고 그 클레임은 결국 Gard에 가입한 전 세계 선주들의 부담이 되기 때문에 불가피한 구상조치를 취하지 않을 수 없었던 것으로 보인다. 사실관계로 보아 정부 당국의 책임으로 귀착될 가능성이 크지만 책임이 확정되기까지는 3~5년의 기간이 소요될 것으로 보고 있다.[63]

---

61) JP&I Annual Report 2003.

62) The *Marion*[1983] 2 Lloyd's Rep. 156-GH, p. 465.

63) Tradewinds 25th Jan. 2008.

제 8 절 유탁책임(Oil Pollution Liability)

8-1 유류오염과 P&I

(1) 유류오염과 책임

해상을 항해하는 모든 동력선은 본선의 연료용이나 운송 화물로 기름을 싣고 다니기 마련인 바 이와 같은 기름이 어떤 사유로든 일단 선외로 배출되면 필연 유류에 의한 해상오염사고를 수반하게 된다. 기름이 선외로 유출되는 원인은 폐유 또는 기름찌꺼기의 방기 등과 같은 고의에 의한 경우와 충돌, 좌초 등의 우발적인 사고로 인한 유출 등과 같은 재난에 의한 경우로 대별할 수 있다. 고의적인 배출에 의한 오염사고는 그 범위가 크지 않기 때문에 질서적 측면에서 이를 규제하고 있는 것이 각국의 현실이나 사고로 인한 유출은 그로 인한 재산손해는 물론 심각한 공해문제까지 초래할 수도 있는 만큼 매우 엄격하게 취급하고 있다.

기름 유출로 인하여 야기되는 책임을 대별하면 유출유를 제거하기 위한 비용, 즉 유출유의 수면청소비용(Cleaning or disposal, removal)과 어업보상, 그리고 수산 또는 해양자원의 파괴로 인한 환경손해 등으로 나눌 수 있다.

어업보상이란 해산물에 가한 손해를 말하며 그 가운데는 양식장에 입힌 손해, 패류, 어류에 대한 직접손해, 해수욕장, 해산물 판매업자를 포함한 인근 해안업자가 유탁에 의해 영업을 할 수 없었거나 제한받았을 경우 등의 휴업보상 등이 그 대상이 될 수 있다.

모든 선박이 선박보험에 부보되어 있으나 유탁손해와 관련한 선박보험자의 보상은 유출사고가 선박보험자가 전보하는 위험으로 기인되었을 경우에 한해 유실된 연료유 정도가 보상될 뿐이며 그 외 유탁사고로 인해 타인에게 끼친 손해의 배상책임은 선박보험자와는 무관하다. 단 선박간의 충돌사고로 인한 상대선의 유탁손해(피해자들에 대한 배상책임)에 대해서는 충돌배상책임에 포함되어 가해자의 선박보험자가 보상하는 위험에 포함되나 가해선 자체의 유탁책임손해는 증권상에 명문으로 규정하여 이를 제외하고 있으며 설사 선박보험자의 부담(보험금)을 경감 내지는 확대방지를 위한 조치의 결과로 유탁손해가 발생하였더라도 선박보험자의 책임은 제한되어 있다.

지금까지 발생한 대형 유탁사고는 대부분 그 원인이 충돌, 좌초등의 우발적인 사고로 인해 적재유가 유출된 경우이다. 지난 반세기 동안 전세계를 놀라게 했던 10대 초대형 유조선사고를 유출유의 양을 기준으로 열거하면 다음과 같다.

선 명	발생연도	위 치	유출량
1. Atlantic Express	1979	off Tobago, West Indies	287,000톤
2. ABT Summer	1991	700 nm off Angola	260,000
3. Castillo de Bellver	1983	off Saldanha Bay S. Africa	252,000
4. Amoco Cadiz	1978	off Brittany, France	223,000
5. Haven	1991	Genoa, Italy	144,000
6. Odyssey	1988	700 nm off Nova Scotia Can.	132,000
7. Torrey Canyon	1967	Scilly Isles, UK	119,000
8. Urquiola	1976	La Coruna, Spain	100,000
9. Hawaian Patriot	1977	300 nm off Honolulu	95,000
10. Independenta	1979	Bosphorus, Turkey	95,000

이외에도 최근에 유류오염 손해배상이 완결되었던 Braer호 사건(1993년, Shetland Isles, UK- 85,000톤 유출), Sea Empress호 사건(1996년, Milford Haven, UK- 72,000톤 유출), Prestige호 사건(2002년 스페인 갈리시아 근처에서 기름 약 5,000톤 유출 후 잔유 70,000여 톤과 함께 침몰) 등이 있다.

(2) P&I 담보

P&I 클럽이 선주에게 제공하는 커버 내역들은 그 종류를 나열한다는 것이 무의미할 만큼 다양한 법적 책임을 포함하고 있으나 그중 유탁사고에 관한 위험은 타 위험과 비교할 때 좀 특징적인 면을 찾아볼 수 있다.

위험의 크기면에서 P&I 클럽은 그 기능과 규모에 비춰볼 때 사실상 무제한 커버를 제공할 수 있어야 하는 것이 당연하나 여타 위험들의 경우와는 달리 유탁사고에 대해서만은 굳이 유한보상을 고집하고 있다. 더욱이 그 담보한도가 우리나라 화폐로 환산할 때 약 1조원(미화 10억달러)에 달하는 천문학적 숫자임에도 불구하고 굳이 이를 클럽의 보상한도라고 고집하는 이유는 뒤집어 생각해 볼 때 그 이상의 사고도 능히 발생할 수 있다는 것으로 해석하여야 한다. 유류오염과 관련 P&I 보험하에서 담보되고 있는 내용들을 요약하면 대략 다음과 같다.

① 가입선박으로부터 배출(discharge) 또는 유출(escape)된 기름, 기타 오염물질(polluting substance)로 인한 또는 그러한 위험으로부터 기인한 책임 및 비용손해들을 커버한다. 즉 배출 또는 유출로 기인한 오염(contamination), 손상(damage), 멸실(loss)에 대한 책임손해로써 어업보상 등이 그 구체적인 예이다.

② 오염주체(polluter)로서의 책임 또는 동 협약에 의거한 의무를 이행하기 위해 회원에 의해 지출된 비용손해, 바꾸어 말하면 탱커의 선주 또는 정부가 지출한 제거비용(removal or cleaning expence) 및 손해방지비용 등이 여기에 해당한다.

③ 오염의 위협(threat)을 피하기 위해 또는 오염의 최소 경감(miniizing)을 위한 목적으로 취한 합리적인 조치의 비용과 그러한 조치의 결과로 인한 책임(liability incurred).

④ 1989년 국제해난구조협약(International Convention on Salvage 1989)의 14조에 따라 인수한 선주의 책임 또는 로이드 표준구조협약 1995 서식(Lloyds Standard Form of Salvage Agreement LOF 1995) 및 그 개정판에 규정된 "No Cure No pay"원칙에 대한 예외 규정하의 책임, 즉 구조에는 성공치 못하였더라도 구조업자가 성공적으로 취한 오염방지를 위한 비용

** The London Club rule 9. 15, ** Britannia Club Rule 19(12).

* 면책사항

유류오염사고가 다음의 사유로 기인되었을 시에는 선주는 면책되나 입증책임은 선주에게 있다.

① 전쟁행위 또는 준 전쟁행위(Act of war or warlike operation)

② 불가항력적(irresistable)이거나 불가피(inevitable)한 자연현상(natural phenomenon) 예컨대 조류(tidal wave)나 지진(earth quake)

③ 손해를 야기할 의도를 갖고 행한 제 3 자의 행위(Act of third party)

④ 항로표지(navigational aids)나 등화(lights)의 보수유지와 관련하여 정부당국(public authority)의 과실이나 부당한 행위(wrongful act)

* 사고발생시의 조치사항

현실적으로 사고가 발생하였을 시 선주(회원), 선장 등 당사자가 취하여야 할 사후조치 내지는 수속, 준비서류 등은 사고 개황, 위치, 유출량, 관련 P&I 클럽 등에 따라 다소의 차이는 있겠으나 대략 다음과 같이 요약할 수 있다.

① 지체 없이 방책(oil fence) 설치 등의 손해확대방지 조치를 취한다.

② 육상사무소(본사 또는 점소)를 경유하거나 직접 사고지역을 관할하는 해당관청(Coast Guard, Safety Agency, Patrol)에 신속히 사고를 통보하고 지원을 요청할 것이며 P&I 클럽에 사고를 통지한다.

③ P&I 클럽과 협의하여 신속하게 사고 및 손해의 조사에 착수할 것이며(surveyor의 수배 포함) 필요시는 손해배상 등과 관련한 법적문제에 대비하여 변호사, 전문가 등을 수배한다.

④ 해난보고서, 사고전말서 등을 작성한다.

⑤ 방제작업은 신속하고도 정확하게 행할 것이며 자재비, 작업비 등의 지출에 대해서는 상세하게 세목을 작성하고 각각 증거서류를 구비한다.

⑥ 피해자들에 대한 보상문제는 대부분의 경우 단시일 내에 해결하기 어려운바 관련 보험사 등과 충분한 협의를 거쳐 조정 시행하여야 한다.

사고발생 시의 조치에 관해서는 대부분의 클럽들이 특별규정을 두고 있지 않으나 일본 P&I 클럽의 경우에는 정관 제40조에서 조합원(회원)은 조합의 책임, 손실, 손해 또는 비용 지출을 초래할 사고가 발생하였을 시는 신속하게 조합에 통지할 것과 손실, 손해 또는 비용의 경감을 위해 적절한 조치를 취할 것을 명문으로 요구하고 있으며 이를 태만히 하였을 시 조합은 전보의 책임을 면하거나 그 감액을 요구할 수 있다고 규정하고 있다.

8-2 유류오염에 관한 조약 입법

(1) 조약제정까지의 경위

선박의 운항에 수반하여 제 3 자에게 끼친 손해의 배상에 관하여는 1957년 브뤼셀 외교회의에서 채택된 '해상운항선박 소유자의 책임의 제한에 관한 국제조약'에 규정되어 있다. 이는 제 3 자에게 끼친 손해뿐만 아니라 화물, 여객에 끼친 손해 및 잔해물의 제거의무로부터 발생한 채권 등에 관해 적용되는 선박소유자, 임차인(demise charterer), 용선자 등의 책임제한에 관한 일반적인 제도(책임제한의 방법은 선박의 톤수에 비례하여 산정된 금액주의)이다. 그러나 이 조약은 이들 채권이 발생한 후에 적용되는 책임제한에 대해서만 규정하고 있을 뿐 책임이 발생하게 된 원인에 관해서는 규정하고 있지 않다. 그 결과 그러한 책임이 발생하게 된 원인에 대해서는 각국의 국내법에 의해 결정될 수밖에 없게 되었다. 우리나라의 경우는 상법 제746조(선박 소유자의 유한책임) 등의 규정이 여기에 해당한다.

선박으로부터의 유출유에 의한 해양오염에 관해 규제 움직임이 일기 시작한 것은 1940년대부터로 기관실 청소 후 발생한 기름 찌꺼기나 기름걸레 등을 함부로 버리는 등 이른바 고의적인 유출 행위에 의한 유탁을 방지하는 데 주력해 왔으며 그 범위 또한 지역적으로 제한되어 왔었다. 제2차 세계대전 이후 전세계적으로 경기가 활성화되고 교역량이 증대함에 따라 원유의 운송량도 급격히 증대해 가고 이와 함께 이를 수송하는 탱커도 전용화, 대형화되는 추세를 보였다. UN의 통계에 의하면 1945년대에는 2만 중량톤급의 탱커가 표준형이었으나 1955년에는 3만톤급으로 별 변화가 없다가 1965년대에 이르러서는 20만톤급이 표준형이 될 만큼 급격한 대형화 현상을 보인 후 현재는 30만톤급에서 50만톤에 이르는 탱커도 다수 취항하고 있는 실정이다.

과거 탱커 이외의 선박은 사고가 발생하더라도 통상 그 손해가 본선자체 또는 충돌 상대방에 한하게 되므로 사회적 측면에서 크게 문제될 것은 없었으나 2000년대 후반에 이르러 주요 간선항로에 취항하는 선박이 8,000teu 급 이상의 대형 컨테이너선이 주력선대가 됨에 따라 이들 선박이 적재하고 있는 연료유의 양도 수천 톤에 이르게 되어 지금은 비유조선의 사고도 상황에 따라 심각한 피해를 초래할 가능성을 배제할 수 없다.

** 2007년 11월 7일 현지시각 08시 30분, Oakland에서 container를 싣고 부산을 향해 출항중이던 5,447teu급 Cosco Busan호(65,131grt, 2001년 건조)가 Oakland 와 San Francisco를 연결하는 Bay Bridge의 교각의 방충재(wooden fender)를 들이받아 본선의 선수부 좌현외판이 약 50m 정도 찢어지고 그로 인해 손상된 본선의 연료탱크에서 약 30분간 기름이 유출, 약 200톤 정도가 바다로 흘러나가 주변해안을 오염시켰다. 당시 본선은 한국선사가 용선하여 운항중이었다. 이 사고로 인해 Bay area 주변의 어장이 한달간 이상 폐장하였고 30여 개 해안이 오염되고 해조류 수천 마리가 폐사하였다.

청소비(clean-up)만 $61m이 지출되었고 어장피해, 해안업계의 피해 등 관련손해가 $200m 에 이를것으로 추정하고 있으며 이에 추가하여 사고조사 결과에 따라 선주에 대해 벌금등 민·형사상의 책임을 추궁할 것으로 알려지고 있으며 이 사건을 계기로 무중항해통제, 육상관제소(VTS)의 통제권 강화 등은 물론 비유조선의 연료탱크에 대한 이중보강(double skin)의무화와 함께 이유조선에 의한 오염사고에 대해서도 책임원칙, 책임한도 등에 대해서도 유조선에 준하는 책임을 부과하려는 입법이 추진될 것으로 예상하고 있다.[64]

탱커의 대형화와 함께 유사시 그로 인한 피해도 거대화됨에 따라 1960년대 후반부터 국제적으로 규제 움직임이 강화 되었다. 대형 탱커에서 유출사고가 발생하게 되면 ① 유출유에 의한 오염손해, ② 유출유 자체 및 오염방지를 위해 살포하는 중화제 등에 의한 수산물 등의 피해, ③ 유출유에 본선 또는 타선박으로부터의 화기에 의해 발생한 해면 화재 및 결과에 의한 육상 화재 등, 그 손해의 크기가 엄청나기 마련이며 또 한가지 간과할 수 없는 사실은 이와 같은 사고는 가해자가 한정되어 있는 반면 그 피해자 범위는 불특정 다수로 실로 광범위하기 마련이라는 점이다.

유탁사고와 관련한 국제적 법제도의 필요성에 따라 UN은 당초 해양오염 문제에 대해서는 IMO가 이를 검토토록 하여 그 규제방안을 만들 예정이었으나 그 성립 이전에 해양오염에 대해 지대한 관심을 갖고 있는 영국을 중심으로 『1945년 기름에 의한 해수오염의 방지를 위한 국제조약』(1958년 발효)이 먼저 채택되었고 이를 개정하는 조약이 1962, 1969년에 각각 채택되었다. 이와 같은 일련의 조약을 통해서 선박으로부터 배출된 기름에 의한 손해를 방지하기 위한 조치가 강화되는 한편 기술적 측면에서 빌지(bilge) 배출 방지장치의 설치의무화, Incinerator, 유수분리기(Oily Water Separator)등의 폐유 처리시설의 설치, 촉진 및 유류기록부(Oil Recorder Book)의 비치의무화 등을 규정하였다.

날로 거대화해가는 오염손해와 비교할 때 종래의 선주책임제한법상의 책임한도는 지나치게 낮은 것 아닌가 하는 우려가 계속 제기되고 있을 즈음 1967년 3월 영국남서부 해안에서 유조선이 좌초되어 대규모의 기름이 유출된 「토리 케년(Torrey Canyon)」호사고가 발생하였다. 사고로 인한 피해는 영국과 프랑스 양국 연안(沿岸)에 걸쳐 막대한 어업손해와 수많은 해조(海鳥)의 사

64) Lloyd's List, Tradewinds, CNN News 2007년 11월/12월 참조.

멸을 초래하였다. 협상을 통해 최종적으로 해결되기까지 2년 8개월이 소요되었지만 이 사건을 계기로 ① 해난사고의 예방을 위한 연안국의 긴급조치권과 비용 부담문제, ② 공해상의 사고에 대한 적용법, ③ 손해배상책임의 주체 ④ 보험과 보상한도문제, ⑤ 보험금액 · 선주책임한도액을 초과하는 손해액 처리 등의 법률상의 문제에 대해 이제까지 국제간 명확하게 결정된바가 없었기 때문에 차제에 무언가 새로운 제도를 확립할 필요가 있다는 점에 대해서 각국이 인식을 같이하게 되었다.

이와 같은 세계적 움직임을 반영하여 우선 영국정부는 1967년 4월 「토리 케년」호 사고에 관한 백서(white paper)를 의회에 제출하고 이어 대형 탱커의 안전대책 · 사고대책을 검토하기 위해 IMO에 임시 이사회 소집을 요구하였고 같은 해 5월 소집된 IMO 임시 이사회에는 영국정부가 제출한 각서(覺書) 「토리 케년호 사건에서 얻은 교훈」을 기초로 토의한 후 탱커 사고로 인한 민사책임과 연안국의 긴급조치 등의 법적사항을 검토하기 위해 법률위원회를 설치하기에 이르렀다.

한편 해사법(海事法)의 국제적 통일을 위해 여러 조약의 초안을 작성하고 조약성립을 위해 크게 공헌을 하고 있는 만국해법회에서도 IMO의 움직임에 호응하여 1967년 5월 「토리 케년호 국제소위원회」를 설치하고 IMO와 협력하였으며 IMO도 만국해법회의 보고를 받아 민사책임문제를 검토하는 형식으로 심의를 진행하였다. 1969년 3월 동경에서 개최된 만국해법회총회에서 민사책임에 관한 조약의 해법회 최종안을 결정하고 1969년 4월 개최된 IMO 법률위원회에서 해법회안을 조약채택회의에 제출할 초안으로 결정하였다.

이와 같이 국제적으로 움직임이 활발해지게 된 데에는 많은 정유회사가 위치해 있을 뿐만 아니라 조류의 흐름 때문에 일단 유사시에는 막대한 피해를 받을 가능성이 큰 유럽 제국이 적극적인 자세로 임하게 된 일방, 연안 국가의 권리가 영해에까지 밖에 미치지 못함으로 자국선에 대해서만 일방적인 규제를 행한다는 것이 규제적 측면에서 생각할 때 국제경쟁상 불리한 입장에 처할 수도 있다는 우려와 함께, 공해규제에 대한 일반적인 관심이 높아졌다는 사실이 그 저변에서 크게 작용했음은 말할 필요도 없다. 그래서 1969년에는 공법조약으로 『기름에 의한 오염을 수반하는 사고의 경우에 있어서 공해상의 조치에 관한 국제조약』 및 사법조약으로 『유탁손해에 대한 민사책임에 관한 국제조약'(이하 유탁 민사책임조약)』이 채택되었다. 이는 전술한 바와 같이 1967년 영불해협에서 발생한 「토리 케년」 호 사건을 직접적인 계기로 하여 피해 구제조치와 연안국에게 공해상에서 필요한 조치를 취할 수 있는 조치권을 부여해야 할 필요성이 강력하게 작용되었기 때문이라고 할 수 있다. 이들 조약은 공해관계를 규제하기 위한 공법, 사법적인 움직임과 선주책임제한조약이라고 하는 전통적인 해사법적 입장이 함께 반영되어 있기 때문에 그 내용이 복잡하다는 것을 부인할 수 없다.

한편 유탁책임조약의 채택에 즈음하여 이들 조약이 선박 소유자의 입장에서는 책임을 가중시킨다는 지적을 면치 못하면서도 피해자를 구제하여야 한다는 측면에서 볼 때는 아직 충분하지 못하다는 점도 부인할 수 없다. 이에 유류의 해상운송을 통해 이익을 얻고 있는 석유사업자도 그 손해의 일부를 부담하여야 한다는 취지하에 『1971년 유탁손해의 보상을 위한 국제기금의 설립에 관한 국제조약』-1969년의 유탁손해에 대한 민사책임에 관한 국제조약을 보완하는 국제조약(이하 국제기금조약이라 함)에 의거 이를 실현하기에 이르렀다. 이하 유탁책임조약과 국제기금조약의 2가지 유탁손해와 관련한 보상제도에 대해 그 개요를 살펴본다.

(2) 민사책임조약

이러한 과정을 거친 후 1969년 11월, 민사책임조약채택을 위한 외교회의인 「해양오염손해에 관한 국제법률회의」가 IMO의 주관으로 브뤼셀에서 개최되었고 검토 결과 『기름에 의한 오염손해에 대한 민사책임에 관한 국제조약(International Convention on Civil Liability for Oil Pollution Damage』 (이하, 1969년 민사책임조약 또는 1969 CLC)이 채택되어 1975년 6월 19일부로 발효되었다.

1969년 민사책임조약은 벌크로 해상운송되는 기름이 초래 할 수 있는 오염의 위험을 인식함과 동시에 선박 유출유에 의한 오염 손해의 피해자에게 적정한 배상을 확보하고 이를 위한 통일된 국제적인 규칙 및 수속(手續)을 채용할 목적으로 채택되었다.

이 조약은 57년 책임조약에 대해서는 특별법적 지위에 있는 것으로 본 조약은 유탁손해에 관한 선주의 배상책임을 과실책임주의에서 무과실책임주의로 변경시킴과 동시에 책임한도를 인상시켰다는 2가지 점이 특징이라 할 수 있으며 그 주요내용은 대략 다음과 같다.

1) 책임의 주체

책임의 주체는 등록된 선주(registered as the owner of a ship)이며 운항자나 화주는 아니다(제 3 조 1항). 이는 오염손해배상을 어디까지나 선주와 피해자간의 문제로 규정하여 선주에게 책임을 집중시키기 위한 것으로 1957년 조약과 다른 점이다. 선박이 나용선 되었을 경우 등록선주(登錄船主)는 선박운항에 직접적인 관계가 없음에도 불구하고 오염손해에 대한 책임을 부담하도록 한것이며 선주는 피해자에게 선(先) 보상을 하고 운항의 주체인 용선자에게 구상(求償) 청구할 수 있도록 하였다. 이는 선박의 운항형태가 점차 복잡화 되어감에 따라 제 3 자로서는 책임의 주체를 파악하기 어렵다는 점을 고려하여 피해자 구제를 중시한 데서 비롯된 것이다. "유탁은 석유산업의 운영에 따르는 이른바 인더스트리얼 리스크(Industrial risk)인 바 책임의 주체를 화주로 해야 한다"는 일부의 주장은 부인되었다. 사회주의 국가의 경우는 국유선의 운항자로써 등록되어 있는 회사에 의해 운항되고 있을 시는 그 회사가 책임의 주체가 된다.

2) 책임의 원칙

오염손해가 발생하였을 시 탱커선주에 대해서는 1957년 책임제한조약과는 별개로 무과실(無過失)손해배상책임을 부과하는 엄격책임(嚴格責任)주의(무과실책임주의 또는 절대책임주의에 가까우나 손해가 자연계의 불가항력적 작용, 제삼자의 행위에 의하였을 경우 등에는 가해자의 항변이 인정된다)를 채용하였으나 오염손해가 다음의 사유에 의하였을 시는 면책된다.

① 전쟁(act of war), 적대행위(hostilities), 내란(civil war), 폭동(insurrection), 예외적(exceptional)이며 불가항력적(irresistable)이고도 불가피한 자연계의 현상에 기인한 경우
② 손해를 일으킬 의도하에 행한 제 3 자의 행위 또는 부작위만에 의해 기인된 경우
③ 등대 기타 항로표지에 대해 유지할 책임이 있는 정부 또는 타 관리자

의 과실 또는 불법행위만에 의해 기인되었음을 선주가 증명한 경우

3) 대상이 되는 손해

선주가 부담하는 손해배상책임은 유탁손해에 대한 책임이다. 즉 벌크 상태로 선적하여 화물로 수송하고 있는 원유(原油), 중유(重油), 중(重) 디젤유, 윤활유(潤滑油), 고래기름(鯨油) 등 지속성유(persistent oil)를 대상으로 하며 유탁손해는 선박으로부터의 기름의 유출(escape) 또는 배출(discharge)로 발생한 손해를 말하며 방제조치의 비용 및 방제조치에 의해 발생한 손해를 포함한다(제 1 조 6항). 단, 화재 또는 폭발에 의한 손해는 제외한다.

4) 책임제한

선주는 사고마다 기준 톤당 2,000포앙카레 프랑으로 그 책임을 제한할 수 있으며 이 금액은 57년 조약의 2배에 상당한다. 책임의 상한선은 2억 1,000만 포앙카레 프랑이나(제 5 조 1항) 선주의 현실적 고의 또는 과실에 의해 사고가 발생하였을 시는 책임제한의 이익을 주장할 수 없다(제 5 조 2항). 2억 1,000만프랑은 2,000포앙카레 프랑으로 환산하면 105,000조약톤에 해당하며 이 크기는 230,000dwt의 VLCC에 상당한다.

5) 강제보험제도의 도입

조약에 규정된 선주의 책임이 제대로 이행되도록 하기 위한 목적으로 2,000톤 이상의 기름을 화물로써 벌크상태로 운송하는 선박의 선주는 전항에 의해 확정된 금액의 보험 또는 보증(financial security)을 확보하여야 한다(제 7 조 1항). 이와 같은 보험 또는 보증을 확보하고 있는 선박에 대하여는 등록국의 정부가 증명서를 발급하여 입출항 시 동 증명서를 입출항관계 관리에게 제시토록 하며 보험 또는 보증이 없는 선박에 대해서는 각국 정부가 입출항을 금지시키고 있다.

이상과 같이 1969년 조약의 특징은 보험의 강제화, 엄격책임주의의 채용, 책임한도액 인상과 피해자에게 보험자를 상대로 한 직접손해배상청구권을 인정한 점 등이다. 1969년 조약 이후 국제적인 인플레로 인한 화폐가치의 하락, 대규모 유출유 사고의 빈발 등 여러 가지 정세 변화로 인해 69년 조약을 재검토해야 할 필요성이 높아짐에 따라, 책임한도액의 계산단위를 금프랑(gold franc)에서 SDR로 개정하는 1976년 의정서가 1981년 4월에 발효하였고 책임한도액도 1조약톤당 133SDR 또는 1,400만SDR 중 큰 금액으로 하기로 하였다.

이어 1984년도 5월에는 1969년 민사책임조약을 개정한 1984년 의정서가 채택되었으나 미국이 의정서에 가입하기를 거부함으로 인해 조약으로 발효되기 어렵게 됨에 따라 발효요건을 완화한 개정의정서「1969년 기름에 의한 오염손해에 대한 민사책임에 관한 국제조약을 개정하는 1992년의 의정서-1992 CLC」가 1992년 11월에 채택되었다.

동 의정서에 의한 주요 개정사항은 책임한도액의 대폭적인 인상으로, 5,000국제총톤 이하의 선박은 300만SDR, 5,000국제총톤 이상의 선박은 5,000톤을 초과하는 1톤당 420SDR을 곱한 금액을 가산하여 최고 5,970만SDR로 하며, 선주는 유류오염손해가 자기의 고의에 의했다거나 손해가 발생할 위험이 있다는 것을 인식하고 행한 무모한 행위에 의해 발생한 것이 아닌 한, 책임을 제한할 수 있다 또한 대상유(對象油)에서 고래기름을 제외하되 공선 탱커로부터의 연료유나 OBO선(鑛油兼容船)으로부터 유출된 기름도 조약의 적용대상으로 하였으며, 지리적 적용범위를 영해에서 200해리 수역까지로 확장한 것 등을 들 수 있다. 1992년 의정서는 1996년 5월 30일에 발효하였다.

(3) 국제기금조약

유탁사고로 인한 피해자를 보호한다는 측면에서 선박 소유자의 책임을 가중시킨 유탁 민사책임조약은 석유업계로부터는 지지를 얻을 수 있었으나 사고의 직접적인 당사자라고 할 수 있는 선주나 피해자 양측으로부터는 지지를 받지 못했다.

가해자의 입장에 서 있는 선주측에서는 종래의 해법이 갖는 전통 또는 통념이라고 할 수 있는 과실책임주의를 일종의 무과실책임주의로 바꾸었을 뿐만 아니라 그 책임한도액 역시 선주책임제한조약 수준의 2배로 인상시키는 것은 가혹한 처사라는 불만을 나타내었고 피해자의 입장에 있는 각국에서는 피해 자체의 크기나 가해자의 행위 여하보다는 보험시장의 소화능력의 크기에 따라 결정되는 보상액은 대형 탱커에 의한 유탁사고의 예에서 보듯이 점차 대규모화하는 경향에 비추어 볼 때 피해자의 구제를 위해서는 충분치 못하다는 비난이 일어났다.

살펴보면 69년도의 민사책임조약이 선주의 책임을 무과실책임으로 바꾸어 책임제한액을 인상시킨 것은 사실이나 해사법의 전통이라 할 수 있는 책임제한제도가 있으므로 해서 사실상 손해의 크기와 무관하게 선박의 크기에 따라 책임을 제한할 수 있으므로 손해가 어느 범위를 초과하게 되면 선주의 책임액이 유탁사고의 크기와 무관하게 일정 수준으로 제한되게 되므로 피해자의 현실적인 손해를 보상한다는 실손보상의 원칙에 비추어 볼 때는 아직 미흡하다고 하지 않을 수 없다. 예컨대, 500톤급의 유조선이 사고에 의해 대파되어 적재유가 전량 유출되었을 경우, 어장이나 수산물에 끼칠 수 있는 손해의 크기를 상상해 볼 때 그 보상액이 $80,000(500톤×2,000프랑÷5프랑×$1.20)로 제한된다면 이는 비현실적인 보상액이라 아니할 수 없다.

그래서 피해자측의 불만을 해소하기 위한 한 방안으로 석유의 해상운송을 통해서 타인에게 위험을 조성하는 한편 그로부터 이익을 얻고 있는 석유업계도 손해의 일부를 부담하여야 한다는 여론에 따라 유탁민사책임조약의 채택에 즈음하여 "유탁손해에 대한 국제보상기금에 관한 결의"가 부대하여 이루어졌다. 이 부대결의의 목적이 국제적으로 보상기금을 조성하여 피해자를 구제하는 일방 69년 조약에 의해 선주에게 부과된 추가적 재정부담을 경감시키자는데 있었다.

다음의 2대 원칙이 부대결의 요지이다.

① 피해자에게는 엄격책임주의제도에 의거 충분한 보상이 이루어져야 한다.
② 기금은 원칙적으로 민사책임조약에 의해 선주에게 부과된 추가적 재정부담을 구제한다.

이 결의를 접수한 IMO 법률위원회의 작업부회는 국제보상기금의 설정을 위한 조약안의 입안작업에 착수, 수차례의 검토를 거쳐 1971년 4월에 개최된 법률위원회에서 최종안(final draft)이 마무리되었다. 이 최종안은 1971년 국제외교회의의 심의를 거쳐 동년 12월 기름에 의한 오염손해의 보상을 위한 국제기금의 설립에 관한 조약 「1969년의 기름에 의한 오염손해에 대한 민사책임에 관한 국제조약을 보완하는 조약(International Convention of the Establishment of an International Fund for Compensation for Oil Pollution Damage. Supplementary to the International Convention on Civil Liability for Oil Pollution Damage, 1969」이라는 정식 명칭하에 조약으로 채택되었다. 본 기금조약은 발효요건(제40조)을 충족시켜 1978년 10월에 정식 발효하였으며 그 주된 내용은 다음과 같다.

1) 보상요건

기금은 ① 유탁민사책임조약하에서 선주에게 책임이 없는 경우, ② 손해에 대해 책임이 있는 선주 또는 보증을 제공한 보험자 등이 유탁민사책임조약하의 책임을 이행할 수 없는 경우(financially incapable), ③ 손해가 민사책임조약 또는 타 국제조약(기금조약 채택 당시 발효중이거나 비준 가입 절차중인)에 의거 제한되는 선주책임제한액을 초과할 경우(제 4 조 1항)에는 유탁민사책임조약에서 보상되는 금액을 포함하여(including) 4억 5000만 포앙카레프랑까지 피해자에게 보상한다(제 4 조 4항).

단, 유탁손해가 ① 전쟁, 폭동위험으로부터 발생하였을 시, ② 군함(Warship), 공용선(ship owned or operated by a State and used, at the time of the incident, only on Government non-commercial service) 등으로부터 유출된 기름에 의한 경우, ③ 손해가 선박사고로부터 발생하였다는 것을 피해자가 입증할 수 없을 경우 기금에서는 보상될 수 없다(The Fund shall incur no obligation 제 4 조 2항).

2) 보상범위

피해자에 대해서는 1969년 민사책임조약에 정해진 책임한도액과 합산하여 4억 5,000만프랑까지 보상하고, 1971년 국제기금조약의 체약국에 등록되어 있는 선박의 소유자에 대해서는 1969년 민사책임조약의 책임총액 가운데 1조약톤당 1,500프랑을 곱하여 계산된 금액 또는 1억 2,500만프랑 가운데 적은 금액을 초과하여, 동시에 1조약 톤당 2,000프랑으로 계산한 금액 또는 2억 1,000만프랑 중 낮은 금액을 초과하지 않은 부분에 대하여 보상을 행하도록 하였다(제 5 조 1항).

단, 유탁손해가 선주의 악의(wilful misconduct)로 발생하였을 시는 기금은 위와 같은 보상책임을 면하며 ① 유탁손해를 발생시킨 선박이 각종 국제조약에 규정되어 있는 요건을 준수하지 않았다는 사실(did not comply with the requirement) 및 ② 사고 또는 손해의 전부 또는 일부가 그러한 요건을 준수하지 않음으로(non-compliance) 인해서 발생되었음을 기금이 입증하였을 시에는 그 보상책임의 전부 또는 일부를 면제받을 수 있다(제5조 3항).

여기서 말하는 '각종 국제조약'이라 함은

① 1954년 유류에 의한 해상오염방지를 위한 국제조약 및 1962, 1969년도의 개정판
② 1960년 해상인명안전조약(SOLAS, 1960)
③ 1966년 국제만재흘수선조약(International Convention on Load Lines 1966)
④ 1960년 국제해상충돌예방규칙(Colreg, 1960) 및 이상의 제조약과 관련되는 타 조약을 의미한다.

3) 기금의 조성

1971년 국제기금조약(1971 FC)은 유류오염손해의 경제적 영향은 선박소유자만이 아니고 그 일부를 기름 수송에 이해관계를 갖고 있는 자, 즉 기름의 수령인(하주)도 부담하여야 한다는 관점에서 연간 15만톤 이상의 기름을 수취하는자(수입하는 자)로부터 거출금을 모아「국제유류오염보상기금」을 설립한다. 기금은 초기 거출금(initial contribution)과 연차 거출금(annual contribution)으로 분류하고 그 수준은 양자 공히 취급하는 기름량을 기준으로 톤당 일정금액으로 정하며 그 금액은 조약 발효 후 2개월 이내에 총회에서 결정한다. 초기 거출금의 산출방법에 대해서는 조약 제11조에 다음과 같이 규정되어 있다. "초기 거출금 1톤당의 금액은 본 조약이 발효한 그 해 기준 전년도에 전 세계적으로 해상 운송된 거출유량의 90%에 대해 부과하는 총액이 7,500만프랑에 상당하도록 결정한다."

이 규정에 의해 1978년 11월에 개최된 제1회 기금총회에서 1977년의 운송량을 176,630만톤으로 추정, 초기 거출금을 거출유 1톤당 0.04718프랑(176,630만톤×0.9×0.04718프랑)으로 정하고 거출유량 7억 9,147만톤으로부터 총액 3,730만 프랑(791,470,000×0.04718프랑)을 징수하기로 결정했다.

연차 거출금은 조약기금의 운영비와 클레임보상액을 감안하여 매년 10월초에 개최되는 기금총회에서 그 금액을 결정하여 연내 징수되도록 하고 있다. 기금은 이른바 운영자금으로 200만파운드를 보유하고 사무소 경비는 운용금리

를 이용해서 충당한다. 갹출금의 수준은 매년 사고실적에 따라 좌우된다. 1980년도에는 안토니오 그램시(Antonio Gramsci)호 사고에 의해 스웨덴 정부에 지급한 보상액 약 930만 파운드가 포함된 관계로 인상이 불가피하였으며 1982년도 발생한 타니오(Tanio)호 사고로 거액의 거출금이 징수되었다.

4) 기금의 기능

조약기금은 유탁사고의 피해자(정부를 포함)에 대한 보상과 선주에 대한 보상의 두 가지 기능을 갖고 있다.

가. 보상을 받을 수 있는 피해자

본 조약 체약국의 영역(영해를 포함하여)에서 발생한 유탁손해의 피해자, 그리고 그와 같은 손해를 방지 경감시키는 조치를 행한 자(선주와 그의 대행자를 포함)로써 전기한 보상요건에 해당할 경우.

나. 지급한도액

1사고당 기금으로부터 지급되는 금액의 한도는 선주에 대한 보상을 포함하여 6억 7,500만프랑이다. 지급한도액은 4억 5,000만프랑으로부터 시작하여 총회에서 필요하다고 인정할 경우 3/4의 다수결에 의해 9억프랑까지 증액할 수 있으며 1974년 4월에 개최된 제 2 회 총회에서는 Amoco Cadiz호 사고의 경험을 바탕으로 책임한도를 6억 7,500만프랑으로 인상하였다. 이는 69년 조약에 의해 선주측으로부터 지급되는 보상액과 기금으로부터 지급되는 보상액의 합계가 6억 7,500만프랑을 초과할 수 없음을 의미한다. 바꾸어 말하면 105,000 조약톤 이상의 선박이 일으킨 사고로 인해 손해가 6억 7,500만프랑을 초과하였을 시에도 피해자에게 지급되는 금액은 69년 조약의 기금한도액 2억 1,000만프랑과 6억 7,500만프랑과의 차에 상당하는 금액이 된다.

1971년 기금조약은 1978년 10월 발효되었고 국제유류오염보상기금이 설립되었다 그 후 국제정세의 변화에 따라 계산단위가 금프랑에서 SDR로 바뀌었다 1969년 민사책임조약의 1976 의정서는 1981년 4월에 발효되었지만 기금조약의 1976 의정서는 1994년 11월에야 발효되었다. 1984년에는 민사책임조약의 1984년 의정서와 함께 기금조약의 1984년 의정서가 채택되었으나 민사책임조약과 같은 이유로 미국의 반대로 인해 발효요건을 일부 완화한 1992년 의정서(1992 FC)가 1992년 4월에 채택되어 1996년 5월에 발효되었다.

1971년 기금조약의 1992년 의정서에 근거한 국제기금에 의한 보상은 모든 경우에 대해 1992 의정서 범위 내에서 발생한 사고당 총보상액은 1억3,500 만 SDR을 초과할 수 없다. 즉 동 기금으로부터의 보상액은 1969년 민사책임조약의 1992년 의정서에 의거 실제 지불된 배상액과 1억 3,500만SDR과의 차액이 된다.

국제기금은 분담유(contributing oil)의 양과 연계하여 석유사업자들이 조성하는 것이기 때문에 그 분담금은 결국 원가에 반영되어 소비자의 부담으로 귀결된다. 즉 국제기금은 석유를 수입하는 국가의 전체 국민의 부담으로 조성되는 것이다. 기금에서 지출되는 피해보상은 선주와는 무관한 것이기 때문에 P&I 클럽의 취급대상도 아니다. 다만 오염사고가 발생하였을 시 선주의 법적 책임한도와 피해자, 피해의 규모등 이 확정되기까지는 상당 시일이 필요하기 때문에 P&I 클럽과 국제기금은 오염사고 초기부터 상호 협력하여 손해의 파악과 보상업무 등을 처리하고 있다.

오염의 원인이 전쟁행위, 비상업적 용역에 종사하는 정부선박이나 함정으로부터 유출된 기름으로 인하였을 시는 보상을 거부할 수 있으며 피해자가 고의적으로 오염을 야기하였을 시도 보상대상에서 제외된다.

(4) 추가보상기금

1992 CLC와 1992 FC가 1996년 5월 발효된 지 얼마되지 않아 1999년 "Erika"호 대형 오염사고가 발생(프랑스 근해)하였고 이 사고를 계기로 92CLC와 92FC하의 한도액이 2003년 11월을 기해 50% 인상이 되었다. 그러나 아직도 보상 수준이 낮다는 지적에 따라 92 CLC 와 92 FC 가입국을 위한 제3단계기금조약(92 FC에 대한 추가기금-이하 '3rd tier')의 창설을 별도로 검토하기로 하였다.

〈Prestige호 사고와 영향〉

3rd tier 창설문제가 논의되고 있는 도중에, 2002년 10월 Prestige호가 스페인 근해에서 침몰하여 오염피해총액이 10억유로를 초과할 것으로 예상되는 대규모 오염사고가 발생하였다. 이 사고는 피해 규모면에서 사상 최대의 사고로, 이와 같은 대규모 오염사고가 발생할 경우, 현 체제하에서 피해자에 대한 보상은 92-CLC/FC를 합하여 최고 1.35억SDR(1SDR=1.22Euro)에 불과하기 때문에 2003년 1월 1일부로 이를 50% 인상하

더라도 2.03억SDR에 불과하여 Prestige호급 사고의 경우에는 여전히 적정 보상이 불가능해진다.[65]

Prestige호 사고를 계기로 급물살을 타게 된 오염피해보상액 상향조정과 관련 2003년 5월 초 개최된 IMO 회의에서는 3rd tier를 설정하여 오염피해자에 대한 보상한도를 7.5억SDR까지 상향조정하고 동시에 단일국가의 분담금 상한선을 전체 체약국의 연간분담금 총액의 20%를 한도(capping)로 하기로 합의했다. 7.5억SDR은 92-CLC/Fund와 "Second tier" 및 '3rd tier'를 합한 총액이다.

Third tier가 도입되게 되면 피해자에 대해서는 pro-rating payment[66] 관행없이 조기에 손해액 전액이 보상될 수 있게 된다. 이렇게 보상한도를 급격히 인상한 것은 당시 EU측이 Eur 1.0bn안을 보상한도로 밀어붙이고 있었기 때문에 EU의 시도를 사전에 차단시킨다는 차원에서 이루어진 것 같다. 이번 기금 보상한도 인상은 최악의 사태(Worst case scenario)를 전제로 한 것으로 IMO는 실제 그러한 피해규모의 사고는 발생하지 않을 것으로 보고 있다. 신설된 기금은 연간 450m톤 이상의 석유를 수입하는 국가 8개국 이상이 비준한 날로부터 3개월 후에 발효하게 된다.

해운업계에서도 일단 환영하는 분위기이며 이러한 조치는 지나치게 현행 한도를 고집하다가 자칫 미국 방식과 같이 환경복구비용까지 손해범위에 포함시키는 강경조치를 유발할 수도 있다는 우려가 작용한 것으로 보인다. 3rd tie 기금은 여기에 가입한 국가에 한해서만 적용된다. 현재 총기금의 약 18%를 분담하고 있는 일본은 3rd tier로 인해 기금한도는 증액되지만 10년 동안 20% capping 제안을 관철시킨 데 대해 만족해하고 있으며 우리나라는 체약국이지만 3rd tier의 분담에는 참여하지 않겠다는 입장을 표시했다.

3rd tie는 유조선에만 적용될 것이지만 결국 Bunker convention이나 HNS 등에도 영향을 미칠 것으로 본다.

---

65) 1992 CLC/FC 한도를 50.37% 인상하기로 한 것은 2000년 10월 IMO 법률위원회에서 였으며 동 개정사항은 2003년 11월 1일부로 발효한다. 동 개정내용에 의하면 140,000gt 또는 그 이상의 선박의 경우 선주의 배상책임한도는 89.77m SDR이 되며 동 기금조약의 보상한도는 2.03억SDR이 된다(CLC 한도 포함).

66) 일정 시점에 청구된 claim에 대해 예상되는 총피해금액(claim 총액)의 규모를 감안하여 청구액의 일정 비율을 선 지급하고 나머지는 청구가 완료(시효완성)된 후 최종처리하는 형태.

(5) 분담비율 조정을 위한 자주협정

Prestige 호와 같은 대규모 오염사고의 경우 석유사업자의 분담액이 선주가 부담하는 책임한도액을 현저히 초과하게 되어 이러한 불균형을 그대로 방치할 경우 실제 오염사고의 주체인 선주에 대한 비난이 비등할 가능성이 있음을 우려한 나머지 불균형의 개선차원에서 국제P&I그룹은 3rd tier 발효와 동시에, 29,548총톤 이하의 소형 유조선이[67] 3rd tier 체약국에서 일으킨 오염사고에 대해서는 CLC상의 책임한도액을 일률적으로 2,000만SDR까지 인상하는 선주들의 자주협정(voluntary agreement)인 STOPIA(The Small Tanker Oil Pollution Indemnification Agreement)를 제안하기에 이르렀다. 이는 기존의 5,000g/t 이하의 소형유조선의 책임한도액 US$6.7m을 2,000만 SDR로 대체하는 것으로(책임한도액을 거의 5배 인상하는 효과) 3rd tier의 발효로 증가되는 부담을 기름수입업자(receiver)와 함께 유조선 선주들도 분담하겠다는 취지의 제안이다. 즉 92 CLC와 2,000만 SDR의 차액을 STOPIA가 부담하며 이 자주협정은 2005년 3월 3일부로 발효되었다. 그 후 대형사고의 경우 선주의 책임한도가 너무 낮다는 지적에 따라 이를 인상하기 위해 92 CLC의 개정을 추진하였으나 회원국들의 지지를 얻지 못해 무산되었으며 그 대신 선주들의 자주협정을 보강하여 기본적으로 피해액을 선주와 석유사업자가 동등하게 분담한다는 취지하에 기존의 STOPIA를 강화하기로 하였다.

2005년 10월 기금총회(Fund Assembly) 이후 국제기금, OCIMF, 국제P&I그룹, Intertanko, ICS 등이 일련의 회의를 거쳐 TOPIA(Tanker Oil Pollution Indemnification Agreement, 油槽船 油濁補償協定) 와 STOPIA 2006의 두 협정초안을 마련하였다. 새로 마련된 두 협정의 기본적 취지는 92 CLC, 92 Fund, 2003 추가기금의정서(Supplementary Fund Protocol) 이내에 해당하는 유류오염클레임 총액은 선주와 석유사업자가 동등하게 분담한다는 것이다.

STOPIA 2006은 기존의 STOPIA와 두 가지 점에서 차이가 있다. 첫째는 2006년 2월 20일 이후 10년간 총클레임 중 3대 협정(92 CLC/Fund와 2003 추가기금의정서)에 의거 선주와 석유사업자가 부담하는 총액의 비율이 55%를 초과하게 되면 자주협정을 재검토(review)하기로 하고 만일 60%를 초과하게 되면 자주협정은 조정한다(must be adjusted)는 점이고, 둘째는 STOPIA가 2003 추가기금

67) 척수면에서는 전세계 유조선의 약 3/4을 점하고 있음.

의정서에 가입한 국가에 한해서만 적용되는 데 비해(92 Fund와 함께), STOPIA 2006은 92 Fund 체약국 전체에 대해서 적용된다(2003 의정서 가입 여부와 무관하게)는 점이다.

TOPIA는 STOPIA 2006과 유사하다. 유조선 선주는 추가기금 이내의 클레임에 대하여 50% 상당액을 추가기금(Supplementary Fund)측에 보상할 것을 약속하며 TOPIA는 크기(size)와 상관없이 모든 유조선에 적용된다. TOPIA에도 STOPIA 2006과 유사한 재검토 조항이 있어 일정기간 실적에 따라 보상액을 조정 또는 재검토할 수 있는 장치를 갖고 있다.

이 두 가지 협정 초안은 2006년 2월 기금총회에서 채택되어 2006년 2월 20일부로 발효되며 기존의 STOPIA는 2006년 6월 2일부로 효력이 종료된다.

(6) 유류오염손해배상보장법(유배법)

우리나라는 1969 CLC, 1971 FC와 이들 양 조약의 1992 의정서에 가입하였기 때문에 이들 조약은 국내에서 국내법과 동일한 효력을 갖는다. 따라서 우리나라가 별도의 법을 제정하지 않더라도 국내에서 이들 조약을 시행하는 데에는 별 문제가 없겠지만 우리나라는 유류오염으로 손해를 입은 피해자의 보호와 선박에 의한 유류운송의 건전한 발전을 도모한다는 취지하에 1992 년 유배법을 제정하였다. 그후 CLC와 FC가 개정될 때마다 유배법을 몇 차례 개정하여 왔고 최근에는 Prestige 호 사고 직후 1992 의정서의 보상한도를 약 50% 정도 추가 인상한 2003년 개정 의정서의 내용을 반영하기 위하여 2003년 12월 유배법을 다시 개정하였다.

전체적으로는 CLC와 FC의 내용을 수용하였기 때문에 민사책임조약이나 기금조약의 내용과 다를바 없다. 그러나 이들을 유배법으로 수용하는 과정에서 일부 내용을 변용(變容)함으로써 오히려 시행상 혼란을 초래할 수 있다는 지적이 있다. 특히 국제조약과 달리 나용선자를 책임의 주체로 포함시킨 점(국제조약은 피해자를 보호하고 신속한 보상이 이루어질 수 있도록 하기 위해 책임의 주체를 확실히 할 필요가 있다는 이유로 책임의 주체를 등록선주로 하고 그 대신 나용선의 경우에는 운항의 주체인 나용선자를 상대로 구상권을 행사할 수 있도록 하고 있다), 선박소유자의 사용인과 대리인 등의 면책 범위, 책임제한의 배제사유, 강제보험, 직접청구권 등 핵심사항에서 일부 국제조약과 상치되는 조항들로 인하여 피해자에게 불리한 규정이나 불필요하게 소형유조선 선주에게 부담을 주는 규정(200톤 이상 2,000톤 이하의 소형선에 대한 강제보험규정) 등은 시급히 개정되어야 할 사항으로 지적되고 있다.

현 유배법은 총칙, 손해배상책임 및 책임제한, 배상보장계약, 국제기금, 책임제한의 절차, 보칙, 벌칙의 7장으로 전문 55조와 부칙으로 구성되어 있고 하위법령으로 유류오염손해배상보장법 시행령과 시행규칙이 있다.

8-3 주요 오염사고 사례

(1) Torrey Canyon호 사건

1967년 3월 18일 이른 아침, 리베리아 선적의 탱커 '토리 케년'호(118,285 dwt)는 BP(British Petroleum) 회사의 밀포드하벤(Milfordhaven) 정유소로 가는 쿠웨이트 원유 117,000톤을 싣고 영국 본토의 남서해상을 북상중이었다. 지도상에 나타나듯이 영국의 남서부에서 대서양으로 뻗어나 있는 반도의 서단에 Lands End가 있고 이 지점에서 서방 약 20마일 정도 떨어진 곳에 '시리제도'라 부르는 섬들이 위치해 있다.

Land End와 시리제도 사이에는 '세븐스톤(Seven Stone)'이라 부르는 암초가 있는데, 그 주변에는 수를 헤아릴 수 없을 정도로 많은 암초가 산재해 있어 예부터 난소(難所) 중의 난소로 알려진 곳으로 아예 접근을 하지 않는 것이 상식으로 되어 있고, 북상하는 대형선이 취하는 항로는 시리제도의 서방을 통과하는 것으로 되어 있다.

그런데 그날 아침 토리 케년호는 조류에 밀려서 언제부터인지 예정침로를 벗어나 시리제도의 동쪽 해역으로 나와 있었다. 이러한 사실을 인지한 선장은 그때부터 섬의 서측으로 돌아가면 양지에의 도착이 늦어지고 조류를 기다려야 한다는 것이 마음에 걸려서 배를 그대로 북상시켰다. 전방에 암초가 있다는 사실을 알고 있었지만, 암초와의 섬 사이의 수도를 통과할 예정으로 본선은 전속항진의 상태 그대로 오전 9시경 암초와 충돌하였다. 당시의 천후는 구름이 끼고 바람이 강하게 불고 있었으며, 시계는 좋지 않았다. 좌초한 본선으로부터는 곧 대량의 원유가 유출되기 시작했으며, 예선을 사용해서 선체의 이초를 위한 작업이 1주간이나 계속되었으나, 선체의 하부가 파괴되어 결국 선체와 화물의 구조가 불가능하게 되었다.

영국정부는 선 내에 남아 있는 원유 4만톤을 폭격에 의해 불태워버리고, 3월 28, 29일 양일에 걸쳐 해군기 54기가 출동하여 30톤 가까운 고성능폭탄을 투하하여 본선에 남아 있던 잔유를 소각시켰다. 한편, 유출유는 영국 남부해안뿐만 아니고 4월에 들어와서는 프랑스의 브류타뉴(Bretagne) 지방의 연안에 표착하기 시작하였고 어패류의 피해는 물론, 많은 해조가 사멸하는 등 대량유출유에 의한 환경파괴의 현상이 얼마나 무서운 것인지를 전세계에 알려주는 계기가 되었다.

이 사고를 계기로 하여 제기된 문제를 살펴보면 대략 다음과 같다.

① 공해에서 발생한 해난사고에 수반하여 예상되는 손해를 예방하기 위해 연안국은 어떠한 조치를 취할 수 있으며, 손해방지 차원에서 피해국 정부가 자발적으로 지출한 유탁청소비는 누구의 책임이 되는 것이며 정부가 취한 조치의 비용을 개인에게 청구할 수 있는가?
토리 캐년호 사건에서 본선으로부터 상당량의 기름이 사고 직후 해중으로 유출되어 영불 해안에 심각한 손해를 초래했지만 아직 본선 Tank내에 남아있는 기름은 이를 완전처리치 못할 경우 또 다른 오염사고를 일으킬 가능성은 문자 그대로 시간문제인 바 이를 제거하려는 노력(영국 해군기를 동원한 폭파처리)은 당시의 여건으로 보아 필수적인 것이었다.

② 공해에서 발생한 해난사고는 어느 국가의 법률이 적용되는가?

③ 사고에 의한 손해배상책임은 누가 부담하여야 하는가? 등록선주(registered Owner)인가, 나용선자인가? 화주인가? 그리고 그 책임한도는 얼마인가(본선의 경우와 같이 편의치적선으로 선주, 나용선자, 항해용선자와 용선계약관계하에 있는 때에는 특히 문제가 복잡해진다). 선박을 운항하는 자는 선주 또는 나용선자이지만 대량의 기름을 거래하고 있는 용선자로서의 석유업자에게 막대한 책임의 일단을 부담시킬 수는 없는지?.

④ 불가항력적인 사유로 발생한 탱커의 사고에 의해 유탁손해가 발생하였을 경우 종래의 해사법하의 책임원칙, 즉 과실책임주의를 유탁사고에도 똑같이 적용할 경우 선주측이 과실이 없다는 이유를 들어 엄청난

손해에 대해 선주가 전혀 책임이 없다고 하면 그 손해는 누가 배상하는 것인가?

⑤ 막대한 피해를 일으킨 유탁사고에 대해 선주에게 책임이 있더라도 과연 과거(1957년 책임제한조약)와 같이 금액(톤당 일정금액을 곱하여 산출한 금액주의)적 한도를 적용하여 선주의 책임을 제한하도록 하는 것이 그 피해의 크기와 공해를 규제한다는 차원에서 볼 때 타당한 것인지? 보험에 의한 보상범위는 어느 정도이며, 보험금액을 초과하는 손해액 또는 선주의 책임한도를 초과하는 손해액은 누가 보상하여야 하는가?

영국 정부는 잔유를 소각시키기로 하고 이를 위해 동년 3월 28일부터 30일까지 영국공군기(Royal Air Force)를 출격시켜 선체폭격을 감행, 잔유를 소각시켜 결과적으로 영불 양국의 피해를 크게 감소시켰으나 이런 경우 제 3 자의 재산에 감행한 피해국 정부의 폭격행위는 정당한 것이며 또 허용되어야 할 것인지 등의 공법상의 문제가 대두되기에 이르렀다.

이상과 같은 법률상의 문제에 관하여, 토리 케년호 사고 이전까지는 명확한 국제법적인 기준이 없었던 관계로, 많은 문제가 클로즈업되면서 새로운 제도를 확립하여야 할 필요성이 각국에서 인식되기 시작했다(제 2 장 제 8 절 8-1 유류오염에 관한 조약입법 참조).

이렇게 입안된 초안은 과정을 거쳐 1969년 11월 민사책임조약채택을 위한 외교회의인 "해양오탁손해에 관한 국제법률회의"가 IMCO 주최에 의해 브뤼셀에서 개최되었고 "기름에 의한 오염손해에 대한 민사책임에 관한 국제조약"(International Convention on Civil Liability for Oil Pollution Damage)이 채택되기에 이르렀다.

이 사고와 관련, 영국과 프랑스 양국 정부는 각각 850만달러, 750만달러, 합계 1,600만달러의 손해배상을 선주에게 청구하였고, 토리 케년호의 선주는 영국, 프랑스 정부와 손해배상에 관해 협의, 양국정부에 합계 300만파운드(720만달러)를 지급하고, 양국은 이를 반분한다는 것을 내용으로 최종적 해결을 보기까지는 2년 8개월이 소요되어 1969년 11월 결말을 보기에 이르렀다. 720만달러는 양국 클레임 총액의 1/2 이하의 금액이나, 유탁사고에 관한 조약이나 법제가 정비되기 이전의 사고에 대한 손해배상인바, 이해하기에 따라서는 수긍

이 갈 수도 있는 결과라 보겠다.

117,000톤의 원유를 유출시켜 영불 양국에 막대한 손해(약 890만파운드)를 끼쳤던 토리 캐년호 사고는 단순히 거액의 유탁사고를 일으킨 최초의 사건이었다는 데서 끝나지 않고 이 사건을 계기로 유탁사고에 수반되는 각종 법률적 문제를 제기시켰다는 점에서 역사적 사건이라 아니할 수 없다.

(2) Amoco Cadiz호 사건

Amoco Cadiz호 사고의 개요는 다음과 같다.

토리 케년호 사고로부터 11년이 경과한 1978년 3월 16일 밤 대서양쪽으로 뻗어나 있는 브류타뉴반도의 북서해안에 리베리아 국적의 탱커 '아모코 카디즈'호(228,513dwt)가 좌초하여 대량의 원유가 유출되었다. 당시 본선은 중동으로부터 네덜란드의 유로포트(Europort)로 가는 이란, 아라비아의 원유를 만재하고 항해를 하다가 조타장치에 고장을 일으켜 예선에 의해 예인되던 중 거친 파도 때문에 2차례나 예삭(tow line)이 절단되어 표류 끝에 결국 암초에 얹히게 된 것이다. 그 후 선체는 황파로 파괴되었고, 그 잔해는 침몰되어 완전히 구조불능의 상태에 이르렀고, 유탁손해가 확대되는 것을 우려한 나머지, 프랑스 해군에 의해 폭파 처리되었다. 이 사고로 인한 프랑스 국내의 피해액은 미화 10억달러를 초과하는 것으로 집계되고 있으나, Torry Canyon호 사고를 계기로 채택된 1969년 조약(1975년 6월 19일 발효)에 의거 본선 선주의 유탁책임한도액은 1600만달러에 불과하였다

피해액은 10억달러를 초과하는 데도 선주의 책임제한이 인정되어 그 한도액이 1,600만달러로 될 경우, 청소비를 지출한 프랑스 정부나 피해자인 어민들에 대한 보상은 누가 하여야 하는가 하는 문제가 대두되었다. 당시에는 유탁사고로 인한 피해를 보상하는 제도로서는 P&I 보험, TOVALOP 이외에 CRISTAL(Contract Regarding an Interim Supplement to Tanker Liability for Oil Pollution, 탱커 유탁책임에 대한 임시추가보상제도에 관한 계약)이 있다.

CRISTAL은 세계의 주요 석유회사간의 협정으로 1971년 조약(유탁보상기금조약)이 발효되어 세계적으로 널리 적용될 때까지 석유회사로부터 거출한 민간기금으로 현행법제도하에서의 선주 책임과 보험보상액을 상회하는 손해에 대해서 추가보상을 행할 것을 목적으로 하고 있다. 이는 "유탁사고에 대한 책임

은 선주에게 있으나, 석유회사도 유탁사고에 관한 하주의 입장에서 이차적 책임을 인식하고 선주책임한도를 초과하는 손해액은 석유회사가 적극적으로 피해자 보상에 노력한다"는 석유업계의 자각에 근거를 두고 있는 것이다.

'아모코 카디즈'호 사고 당시의 CRISTAL 규정에 의하면, 보상 최고한도가 다른 보상원(補償源)으로부터 지급되는 금액을 포함하더라도 겨우 3,000만달러 정도 였다. '토리 케년'호 사고와 '아모코 카디즈'호 사고의 경험에 비추어 볼 때 대량유출사고에 대비하여 만든 국제조약이 규정하고 있는 선주의 책임한도액과 국제기금(1971년 기금조약)으로부터의 보상한도액이 너무 낮다는 비판이 있어 1979년에는 1971년 조약상 기금에 의한 보상한도액이 1.5배(약 5,400만달러)로 증액되었다.

(3) 천지호 사건

1) 사고개요

천지호는 1945년 건조된 총통수 5,242톤의 부산선적 유조선으로 소유자는 대한해운공사(현 한진해운)의 소유이었으나 대한유조선 주식회사(대한해운공사가 출자한 회사)에 나용선되어 국내 벙커시유(Bunker-C유) 연안 운송을 위하여 용선자에 의하여 운항중이었으나 1968년 5월 17일 울산서 인천으로 항해 도중 전라남도 진도군 병풍도에서 좌초되어 인명손해와 함께 선박으로부터 유출된 벙커시유에 의하여 대규모 해상오염 사고가 발생되었다.

2) 운송계약 및 출항 전 선박상태

원래 소유자 대한해운공사는 천지호가 사고 당시 선령 23년의 노령선이기 때문에 폐선 처분하고 고철로 해체하여 처리키로 결정하고 경매에 붙였으나 원매자가 없어 2회나 유찰되어 부산항에 계선중이었다.

그러나 대한유조선 주식회사는 대한석유공사와 체결한 벙커시유 연안운송 계약을 긴급히 수행해야 할 필요성 때문에 동 선박을 대한해운공사로부터 3년간 나용선하기로 계약을 체결하고 용선기간중의 선박검사와 수리비, 사고비, 사고복구수리비와 부대비용 등 사용과 보존상에 필요한 일체의 비용을 용선자가 부담하기로 약정하여 1968년 3월 29일 선박의 가인도 후 1968년 5월 13일까지 부산의 대한조신공사에서 수리를 마치고 한국선급협회의 중간검사를 통과하였다. 그러나 그 수리가 완전한 것이 아니므로 용선자는 보수되지 아니한 불량부분을 항해중에 수리하기 위하여 기관수리공 13명을 승선시킨 채 1968년 5월 14일 울산으로 출항하였으나 항해중에 기관 성능이 좋지 않아 보조기관의 고장을 2차례나 수리한 바 있었다.

3) 항해 상황

천지호는 울산에서 벙커시유 7,377톤과 연료유 400톤을 적재하고 기관수리공 8명을 승선시킨 후 1968년 5월 16일 인천으로 출항을 하였다. 9 내지 9.5 노트의 속력으로 항해를 수행하였으나 3차례에 걸쳐 기관이 정지되는 등 불완전한 상태에서 운항을 계속하였으며 출항 그 익일 20:30시경 전라남도 진도 부근 해상에 이르러 심한 무중황천 항해에 돌입하였으나 레이다에 고장이 생겨서 선박의 위치마저도 확인할 수 없게 되었다. 선장은 이때 전라남도 진도군 조도면 병풍도는 이미 지나온 것으로 믿고 예정항로인 맹골수도는 협소하여 이를 통과하기에 위험하므로 병풍도와 맹골도 사이로 빠져 외해로 나가 레이다를 수리한 다음 항해를 계속 하는 것이 안전할 것으로 판단하고 침로를 변경하여 항해를 계속하던 중 동일 21:20시경 위 병풍도 북서암벽(북위 34도 8분 동경 125도 50분 45초)에 충돌되면서 좌초되었다.

4) 피해규모

본 사고로 인하여 16명의 선원이 사망하고 선박의 유류 저장탱크가 파손되면서 벙커시유 약 4,000톤이 유출되었으며 선체는 구조업자에 의하여 부산으로 예인되어 오던 중 침몰하여 현재 관매도 근해에 수장되어 있다. 유출된 기름이 전라남도 진도군, 무안군, 완도군 일원의 해역에 확산되어 인근 양식장의 어패류 등 양식수산물 약 1억원 상당의 손해를 입히게 되었으며, 피해를 줄이기 위하여 유출유 수거작업과 유출유 확산 방지책을 설치하여 오염지역의 확산을 방지하고자 노력하였으나 작업진행과 설비가 완전하지 못하여 실효를 거두지 못하였으며 오염방재에도 상당한 어려움이 있었다.

5) 소송의 쟁점과 판결취지

본 사고로 손해를 입은 진도군, 완도군, 신안군의 양식업자는 천지호의 소유자인 대한해운공사와 운항을 수행하였던 용선자, 대한유조선 주식회사를 상대로 서울민사지방법원에 손해배상청구소송을 제기하여 대한해운공사에게는 패소하였으나 대한유조선 주식회사에게는 승소판결을 받았으며(1973년 7월 19일 선고, 사건번호 71가합7942호), 제 1 심 판결에 불복하여 항소를 제기한 대한유조선 주식회사의 서울고등법원 항소심 판결에서도 원고승소 판결을 선고하여 확정되었다(1974년 4월 19일 선고, 사건번호 73나1709). 본 소송의 쟁점과 판결이유는 다음과 같다.

가. 어민피해에 대한 귀책자는 누구인가 사고 당시 선박은 선주로부터 용선자에게 나용선되어 용선자가 이를 해상기업을 목적으로 항해에 사용한 것이므로 선주는 선박의 소유권자일 뿐이고 선박은 용선자의 점유하에 있었으며 점유자에게 공작물의 설치 보존상의 하자로 인한 책임(민법 제758조)이 인정되므로 선주에게 피해보상책임이 있는 것이 아니라 나용선자인 대한유조선 주식회사에게 배상책임이 있다고 판시하면서 선주와 나용선자의 연대배상책임을 부인하였다.

나. 선주책임제한 상법 제746조 선박 소유자의 유한책임규정에 따라 용선자는 본사고가 당시 기상돌변으로 인한 불가항력적 사고 내지 선장 등 기타 선박 사용인의 과실로 인하여 발생한 것이므로 선박 소유자의 책임은 항해에 사용한 선박과 그 속구, 운임, 그 선박에 관한 손해배상 또는 부수청구권 기타 선박 부속물의 가액을 한도로 하는데 이 사건 선박은 침몰되었으므로 그 운임만을 한도로 책임을 부담하여야 하나, 선주가 용선자를 대리하여 상법이 규정하는 정액운임으로서 이 사건 선박의 발항시 선박가액인 63,235,090원의 10/100에 해당하는 6,323,509원을 피해 어민들의 손해배상조로 변제 공탁하고 피해어민들이 수령하였으므로 그 이상의 손해를 배상할 책임이 없다고 주장했다. 이에 대하여 제 1 심 판결에서는 선박 용선자가 선박을 항해에 사용함에 있어서 안전하게 항해할 수 있을 정도의 충분한 시설과 정비를 하지 아니한 설치 、보존상의 하자와 선장과 기타 선박 사용인의 항해상의 과실이 경합하여 발생한 것이므로 해상기업의 주체인 동시에 선박의 점유자로서 어업 피해를 배상할 책임이 있다고 하고 사고의 일인이 용선자가 점유하는 이 사건 선박의 설치、보존상의 하자이므로 책임제한을 할 수 없다고 판시하였다. 제 2 심 판결에서도 원심판결과 그 취지를 같이 하면서 용선자의 손해배상채무는 상법 제746조에 열기되어 있는 책임제한의 대상에 해당되지 않기 때문에 그 책임제

한이 인정되지 않는다는 것을 전제로 하고 있다.

다. 선주의 감항능력 담보의무 법원은 본건에서 감항능력 담보의무(상법 787조)는 해상 운송인이 용선자 또는 송하인에 대하여 발항 당시 선박이 안전하게 항해를 감당할 수 있는 능력을 담보하는 의무이며 용선자 또는 송하인 이외의 제 3 자에 대하여 일반적으로 부담하는 의무라고는 할 수 없다고 판시하고 있다.

라. 선주의 선장 및 선박 사용인에 대한 선임·감독상의 책임 본건 판결에서 법원은 선주와 용선자와의 나용선 계약에 따라 선장을 용선자에게 3개월간 파견한 상황하에서는 동 선장에 대한 감독권은 용선자에게 있다고 볼 수 있고 선장의 선임은 국가가 부여한 해기면장을 가진 유자격자에 한정되는 것이므로 특별한 사정이 없는 한 그 선임에 관하여 선주에게 과실이 있다고 볼 수 없다고 판시하였다.

마. 방제의무

본건 소송에서 해상유류오염에 대한 방제의무에 관한 판단은 없었으나 피해어민의 손해액을 산정할 때 피해어민과 선주 또는 용선자간에 체결한 부유유류 및 표착유류의 제거작업 계약에 의거하여 사고 후 4개월이 지난 1968년 10월경에 유류가 제거된 사실을 전제로 하였으므로 간접적으로 용선자 또는 선주에게 방제의무가 있음을 판시한 결과가 되었다.

바. 소멸시효

본선 사고 발생일인 1968년 5월 17일부터 3년이 경과된 이후에 소송이 제기되어 소멸시효 항변에 관한 판단이 있었으나 이는 일반민사법이론으로서 1968. 10. 1. 관계자 회의에서 선주 및 용선자가 피해보상을 확약을 하였기 때문에 이는 채무승인으로 소멸시효가 중단되었으며 이로부터 3년의 시효완성 이전인 1971. 9. 22. 최고를 하였고 그로부터 6개월 이내인 12. 30. 재판상 청구를 한 것이므로 소멸시효는 중단되었다고 판시하였다. 여기에서 주목할 만한 것은 1971. 9. 22. 최고 시 손해배상으로 73,000,000원의 지급을 구하였기 때문에 이건 손해배상청구권이 위 최고 금액 범위 내에서만 소멸시효가 중단되었음을 확정한 사실이다.

CHAPTER

3

국제 P&I 시장과 구조

세계 P&I 시장은 국제 그룹을 결성하고 있는 이른바 국제 그룹클럽(또는 IG클럽), 준회원클럽, 정액보험료제 클럽(Fixed Carrier), 그리고 일반 상업보험자의 네 그룹으로 나눌 수 있다. 상업보험자에 대해서는 그 수를 헤아릴 수 없을 정도이므로 소개를 생략한다.

제 1 절 국제 그룹클럽

국제 그룹에는 다음 13개 클럽이 가입해 있다. 그룹클럽의 자회사(subsidiary)는 제외한다.

① American Steamship Owners Mutual P and I Association, Inc
② Assuranceforeningen GARD(GJENSIDIG)
③ Assuranceforeningen SKULD(GJENSIDIG)

④ The Britannia Steamship Insurance Association Ltd.

⑤ The Japan Ship Owners Mutual P & I Association,

⑥ The London Steam-ship Owners' Mutual Insurance Association Ltd.

⑦ The North of England P and I Association Ltd

⑧ The Shipowners' Mutual P and I Association(Luxembourg)

⑨ The Standard Steamship Owners' P and I Association Ltd

⑩ The Standard Steamship Owners' P and I Association(Bermuda) Ltd.

⑪ The Standard Steamship Owners' P and I Association(London) Ltd.

⑫ The Steamship Mutual Underwriting Association Limited Ltd.

⑬ The Steamship Mutual Underwriting Association(Bermuda) Ltd.

⑭ The Steamship Mutual Underwriting Association(Europe) Ltd.

⑮ Sveriges Angfartygs Assurans Forening(The Swedish Club)

⑯ The U. K. Mutual Steam Ship Assurance Association(Bermuda) Ltd.

⑰ The West of England Shipowners Mutual Insurance Association (Luxembourg)

1-1 영국 P&I 클럽

(1) Britannia Club(London)

가. 설　립

세계 최초의 P&I 클럽으로서 영국 Shipping Act가 시행된 다음해인 1855년에 설립되었고 2005년에 창립 150주년을 맞이하였다 설립 초기에는 Protection Risk만을 인수하였으나 후에 화물손해(Indemnity Risk)까지 인수하였다. 1899년에 체결된 International P&I Group Pool 설립 시의 창립멤버이며 Japan P&I 초기에 동 클럽의 재보험을 인수하였다. 국제 그룹클럽 중 대형 클럽에 속한다.

나. 위탁관리형태로 관리회사는 설립 이후 150여 년간 Tindall, Riley & Co가 하고 있다. 가입톤수(2006년 기준)는 가입척수 3,357척에 1.1억톤에 이른다, 가입선은 Tanker/OBO가 주축이며 그 다음 Bulk Carrier, Dry Cargo 순이며 Britannia는 전통적으로 유조선선주 클럽으로 더 잘 알려져 있다. 한진해운, 현

대상선 등 한국 외항상선대의 절반 정도가 이 클럽에 가입해 있어 사실상 한국시장을 과점하고 있다.

다. 보수적 경영을 유지하고 있으며 대형선사의 요율 드라이브에도 비교적 흔들리지 않는 클럽으로 일각에서는 융통성이 부족하다는 지적도 있지만 보수적 경영을 통해 안정적으로 성장을 하고 있는 클럽이다. 국제 그룹클럽들의 보험료 인상 수준을 사실상 선도하고 있으며 Japan P&I, Shipowner's 와 함께 보험료 관리(Call management)를 가장 안정적으로 하는 클럽으로 알려지고 있다. 관리회사인 Tindal Riley사가 Standard 클럽의 Manager인 Charles Taylor 와의 합병을 시도하였으나 선주들의 반발로 무산되었다. 그 이듬해인 2,000년 Tindal Riley가 동사 주식을 세계유수의 보험사인 Allianze group으로 완전 매각함에 따라 한때 상업화 가능성이 제기되었으나 2007년 말 Allianz 그룹이 동 회사를 다시 매각하고 P&I 부문에서 철수할 것임을 발표하였다.

(2) London Club(LSSM)

가. 설 립

1866년에 설립, Skuld의 초기 재보험을 인수했다. 그룹클럽 중 중형급 클럽이다

나. 설립시부터 A. Bilbrough & Co., Ltd.에 의한 위탁관리 체제로 가입척수 966척에 약 3,000만 총톤을 갖고 있다. 가입선은 Bulker와 Tanker가 주종으로 평균 선형이 약 28,000gt로 타 클럽에 비해 대형선의 비율이 높고 그리스 선대의 비중이 높은 편이다(2006년 기준 약 40%). 현재 클럽에 가입해 있는 최대 선사는 오페르(Ofer) 그룹이다.

다. 한국에 제일 먼저 진출한 클럽으로 1980년대 초까지 한국에서의 시장 지분이 가장 많았으나 최근에는 한국시장 점유율이 한 자리 숫자에 그칠 정도로 약화되었다.

(3) The Standard Club

가. 설 립

1885년에 설립되었으며 그룹클럽 중 대형 클럽에 속한다.

나. Charles Taylor & C0.(Bermuda)가 관리회사이지만 런던이 본부이다. 총 가입척수 4,117척에 약 6,800만총톤을 확보하고 있다. Liverpool & London의 초기 재보험을 인수하였으며 T.T Club의 공동 Partner이다. 과거 브로커 Clarkson과 Britannia manager인 Tindal Riley를 흡수하려고 한 적이 있다. Charles Taylor는 10년 전에 상장된 회사(stock listed)로 현재 주식의 약 30%를 직원이 소유하고 있으며 Richards Hogg(정산회사)를 계열사로 갖고 있다. 가입선은 Petroleum Tankers를 주축으로 하며 Passenger도 있다. Off-shore 전문클럽으로 Off shore maintenance, pipelaying or installation work 등을 커버하고 있다.

(4) The Steamship Club

가. 설　립

1911년에 설립되었고 중급 클럽이다.

나. Steamship Mutual Management Ltd. Bermuda에 의해 위탁관리되고 있으며, 가입척수 9,354척에 약 6,200만총톤을 갖고 있는 중대형클럽이다(2006년). 2000년 초 투자실패와 Erika호 사고, 주재보험사인 Reliance의 파산으로 인해 재정불안과 함께 Free reserve가 급감하였으나 3년간에 걸친 Cash call과 함께 내부 구조조정을 통해 관리비를 절감하는 등의 노력으로 실적이 개선되고 있다. 한때 한국시장 등 아시아 시장을 겨냥한 공격적인 경영으로 선대는 다소 증가하였으나 일부 저질선박에서 발생한 과도한 클레임 등으로 인해 2003년부터 보수적인 인수정책으로 전환하였다.

Britannia, UK, Gard, Standard 등 이른바 'Big four'가 주도하는 개별보유와 Pool 한도 인상 등을 통한 클럽의 구조조정 시도에 대해 정면으로 반대 논리를 피력하며 'Minor Club'들의 입장을 대변하고 있다.

(5) The U.K Club

가. 설　립

1869년 설립되었으나 현재의 U.K.클럽은 1969년 버뮤다에 설립되었다.

나. 설립 초기부터 Thomas R. Miller and Co(Bermuda)에 의한 위탁관리로 운영되어 왔으며 규모면에서는 전 세계 선대의 약 1/4을 인수하고 있는 2007

년 현재 세계 최대의 클럽으로 가입톤수는(grt)(2006년) 사선 약 1억톤, 용선 4,600만톤 총가입척수 5,650척이다.

한때 JP&I와 Gard의 재보험을 인수하였으며 Standard, West of England와 함께 T.T Club의 공동 Partners이다. 1989년 4월에 Britannia에 이어 해외클럽으로서는 두 번째로 일본정부로부터 영업면허를 취득하였으며 일본 P&I 클럽을 통해 일본선주들과 오랫동안 유대관계를 유지해 온 클럽으로서 NYK의 고(故) 아리요시(有吉) 회장이 일본인 최초로 동 클럽의 이사에 취임한 이래 현재에도 NYK, MOL, K-Line 등이 이사로 취임하고 있다.

Britannia, Standard, Gard와 함께 P&I 시장의 개혁을 주도하고 있으며 DEX와 제휴하여 선박보험분야에도 진출하고 있다. 1972년 구 소련 선박을 처음으로 유치하여 한때 UK클럽의 전 선복량의 약 10%를 점하여 소련이 그리스, 일본 다음의 세 번째 대형 client가 될 만큼 구 소련과의 관계가 깊다. 영업정책면에서도 강·온과 보수·공격형의 양면을 함께 구사할 정도로 선사의 요구에 신축적으로 대응을 하고 있다. 1991년 흡수하였던 Sunderland P&I Club의 면허를 근거로 최근 자회사인 U.K.(Europe)를 설립하였다.

(6) The West of England

가. 설　립

1856년에 설립된 중급 클럽이다.

나. West of England Shipowners Mutual Insurance Association(London) Ltd가 관리하고 있으며 사선 3,300만톤 용선 1,700만톤 등 약 6,000척이 가입해 있다. Swedish Club과 Shipowners'의 재보험을 인수했다. 한국에는 늦게 진출하였으며 중소형 벌크선사의 소수 선박이 가입해 있다. 국제 그룹 내의 대형 클럽과 비교할 때 재정적 기반이 다소 취약하다는 평이 있으며 최근 재무구조 개선을 위해 보험요율 현실화를 강력히 추진하고 있다.

(7) The North of England

가. 설립

1860년에 설립되었으며 Newcastle에 본부가 있다. 중급클럽이다.

나. North Insurance Management Ltd가 관리하고 있으며 사선 5,200만톤, 용선 1,300만톤 등 약 2,850척이 가입해 있다. Ocean marine Mutual, Newcastle, Liverpool & London을 흡수 합병하여 오늘의 NoE가 되었다. 기존의 A/C + S/C로 나누어 징수하는 보험료체제를 벗어나기 위하여 Total Estimated Premium (TEP)체제를 도입하여 UK, SSM에 이어 보험료 체제를 Fixed Premium화하려고 노력하고 있다. 타 클럽에 비하여 높은 Deductible 정책을 유지함으로써 선주들의 자발적인 리스크 관리를 유도하고 있다.

(8) The Shipowners' Club

가. 설 립

1855년에 설립된 Britannia와 함께 가장 오래된 클럽으로 그룹 중 최소 클럽이다.

나. The Shipowners' Protection Ltd.가 관리하고 있으며 사선 1,030만톤 용선 170만톤(2005년)으로 Tugs, cable layers, dredgers, yacht 등 소형선 전문 클럽으로 25,000척이 가입해 있다. Japan P&I와 함께 가장 안정적으로 보험료를 관리(call management)하고 있는 클럽이며 release call의 수준도 5% 정도로 클럽 중 가장 낮다.

1-2 북유럽 클럽

영국계 클럽보다는 설립이 늦지만 나름대로의 전통을 갖고 있으며 가입톤수면에서는 영국계 클럽을 능가 할 정도로 국제 그룹 내에서 상당한 영향력을 행사하고 있다. 북유럽 클럽의 특색은 직영관리체제가 많고 Hull Business를 겸하고 있다.

(1) Gard Club

가. 설 립

1907년에 설립되어 2007년으로 창립 100 주년을 맞는다. 대형 클럽이다.

나. 운영관리회사는 Gard Service AS이며 사선 7,650만톤 용선 4,000만톤,

가입척수 6,300척으로 가입톤수 기준으로 UK 다음의 두 번째 대형클럽이며 적극적인 해외선복 유치전략으로 15년 사이 선복량이 2배로 증가하였다. 최근 안정적으로 지속 증가하고 있으며 그룹클럽 중 최다액 보유하고 있다.

2000년 초에 한국에 진출하였으나 시장점유율은 미미하다. Management가 'If P&C'와 합병되면서 상업화하고 있으며 P&I와 선박보험을 함께 취급하는 이른바 One-stop service 체제를 운영하고 있기 때문에 기본적으로 영국계 클럽들과는 성향이 다르다. 향후 예상되는 국제 그룹클럽의 재편움직임과 관련하여 Gard 는 독자노선을 택할 가능성이 높은 것으로 알려지고 있다.

(2) Skuld

가. 설 립

1897년에 설립되었으며 소형 클럽이다.

나. 클럽의 운영은 선주직영체제로 사선 3,580만톤 용선 2,400만톤 총가입척수 3,882척(2006년 현재)으로 유조선 중심(50%), 유럽선대 중심(78%) 클럽으로 Hull Club에는 H/M과 loss of hire 보험을 포함하여 약 3,300여 척의 선박이 가입해있다. 1999년 포함 3년간의 보험년도에 대해 Unbudgeted call을 시행할 정도로 재정상태가 불안정 하였으나 최근 호전되고 있다.

IG 클럽 중 합병 이야기가 가장 많았던 클럽 중의 하나로 Swedish, North of England, 독일의 Gerling group, Norwegian Hull Club 등과도 통합이 논의된바 있다. 최근에는 Skuld 와 Swedish Club이 사실상 전면 합병(full merger)에 합의했다고까지 발표한바 있었으나 1996년 2003년의 경우와 마찬가지로 Swedish 클럽측 선주의 반대로 성사 일보직전에 무산되었다. 통합과 관련한 일련의 움직임은 노르웨이 선주들의 주도로 이루어지고 있으며 이는 런던/로이드 보험시장에 도전하기 위한 포석으로 이해되고 있다. China P&I 클럽의 재보험클럽으로 최근 태안 앞바다에서 대형오염사고를 일으킨(2007년 12월 7일) 홍콩적 유조선 Hebei Spirit 호(1993년 건조, 268,605dwt, China P&I 가입) 사건으로 한국에 많이 알려져 있는 클럽이다.

(3) The Swedish Club

가. 설 립

1872년에 설립되었으며 소형클럽으로 선주직영체제이다.

나. 사선 1,460만톤 용선 160만톤 가입척수 759척이나 One-stop service로 인해 클럽의 정통성을 잃고 있다는 지적이 있다.

1-3 미국 및 아시아 클럽

(1) American Club

가. 설 립

American Club이 설립되기 이전까지 미국 선주들은 영국계 클럽에 가입해 있었으나 1916년 영국법에 의해 미국선박에 대해 조건이 엄격해지고 세계 제1차 대전에 의한 영향으로 미국선주들의 요망에 의해 설립되었다. 운영관리회사는 Shipowners Claims Bureau, Inc(SCB)이다. SCB는 2002년까지 대형 Broker인 Marsh가 소유하는 회사이었으나 2003년에 매각하여 현재는 American Club이 직접 관리하는 Management company가 되었다.

나. 사선 1,940만톤과 용선 60만톤의 소형 클럽이다. 10년 전에는 미국계 25개사, 350만gt를 갖고 있었던 클럽이 지금은 400개 회사, 3,750척에 2,250만gt를 확보하였고 2005년 현재 톤수 기준으로 유럽이 63%, 미국계가 16%, 아시아권 17%로 다국적화되었으며 유조선이 전체의 47%를 차지하고 있다. American Club도 1988년 11월 London Club에 재보험 출재하며 푸-울에 간접적으로 참여해 오다가(준회원) 1998년에 이르러 Group의 정회원이 되었다.

그리스 선박이 많으며 인적클레임(personal injury)의 비중이 높은 미국 선박 등으로 인해 선복 구성상 이재율 면에서 타 클럽에 비해 취약점을 갖고 있다는 지적도 있다. 이 클럽의 심각한 현안의 하나는 근래 세계적으로 논란의 대상이 되고 있는 Asbestos 클레임건이다. 15년 이전의 클레임이 제기 될 경우 클레임 실적에 따라 s/c를 징수해야 하는 상호보험클럽의 입장에서는 매우 난감한 처지에 직면할 수 있다. 이미 결산을 하고 마감한 해(closed year)의 클레임에 대해 이러한 상황에 대비하여 별도의 특별자금을 유보해 두고 있지 않는

한 클럽은 재원을 확보할 길이 없다.

1990년대 초부터 2000년 초까지 10년간 25~130%에 달하는 과도한 S/C를 부과하였으며 2000, 2001, 2002년 보험년도에 대해 cash call을 한데 이어 최근에도 인명손해 등으로 인해 악화된 2003년도 실적개선을 위해 2003년도에 대해 30%, 2005년도에 15%에 상당하는 cash call을 하였다. 선대확장을 과도하게 추진한 나머지 이재율 악화 등으로 인해 전반적으로 재정상태가 취약해졌다는 것이 중평이다.

(2) The Japan P&I

가. 설 립

1950년에 설립되어 2007년 10월 2일부로 창립 57주년을 맞았다.

나. 일본선주들에 의한 직영체제(Self-managed)로 운영되고 있어 명실상부한 일본국적 클럽이라고 할 수 있다. 2007년 현재 총가입톤수는 원양 중심으로 약 7.6천만총톤이며 연안해운의 침체로 인해 과거 12년간 척수면에서 감소세를 보이다가 2005년 들어 비로소 증가세로 전환되었다. 선종별로는 Bulk carrier-45.9%, tanker-21.2%, Car carrier-11.6% 등이다. 대부분의 선대가 직접가입하고 있어 중개인이나 중간관리자 비중이 매우 낮다. 조합원은 총 4,246명이고 가입척수는 6,201척이다.

1991년 이후 2006년까지 세 차례 보험료를 인상(91/92-20%, 2001/02, 2003/04 각 10%씩)하였고 1994/95년도에는 10%를 인하하는 등 지난 15년 동안의 보험료 관리실적은 타 클럽의 추종을 불허할 정도였으나 5개년 재무구조강화계획에 의거 2007년도에는 10% 일괄 인상을 시행하였다. Average Expense Ratio는 약 6% 수준으로 그룹클럽 중 가장 저원가 경영체제를 갖추고 있다. 2006년 2월 S&P는 Japan P&I Club에 대해 등급 BBBpi를 부여하였다. 외부감사제를 채용하지 않고 있다는 이유로 2년 전부터 중단되어 왔으나 Japan P&I Club이 2005년 회계연도부터 외부감사제를 다시 도입하면서 등급부여를 재개한 것으로 2년 전의 BBpi에 비하여 1등급 격상된 것이다. 신용등급이 없다는 것만으로 재정상태가 취약하다고는 할 수 없으나 신용등급이 없음으로 인해 경영의 투명성 문제에 관한 논의가 많았으나(주로 유럽계 클럽들에 의해) S&P의 신용등급(BBBpi-good)을 회복함으로써 그러한 의구심들은 불식하게 되었다.

주식시장에는 전혀 투자를 하지 않는 등 보수적인 투자정책으로 인해 투자수익은 매우 낮으나 영업실적은 매우 양호하여 5년 평균 이재율(combined ratio)이 96.8% 수준이다.[68] IG 클럽의 경우 equities 부분이 80% 이상을 점하고 있다. NYK, MO-line, K-line, Sanko 기선 등 일본의 대표선사 선대를 주축으로 하고 있으며 2006년 갱신 후 IG 클럽 중 Mutual 선복기준 제 4 위의 클럽으로 부상하였다. Japan P&I Club의 회장은 설립초기부터 일본 3대 외항선사(NYK, K-line, M-O line)들이 교대로 맡고 있다.

제 2 절 고정보험료 시장(Fixed Carrier Market)

1980년 이전의 해운계는 선박의 크기, 보유톤수와 척수면에서 볼 때 대형선주와 소형선주 간의 격차가 그렇게 크지 않았으나 오늘의 해운계는 M&A 등을 통한 해운자본의 과점화 현상으로 인해 그 격차가 현격하게 커졌다. 특히 호화여객선, 유조선 등 대형선의 경우 선주의 법적 책임이 천문학적 수준으로 인상되고 있는 환경 속에서 소형선 선주들이 대형선 선주와 상호보험을 통해 리스크를 공유하는 것이 과연 자신들의 이익에 부합할 것인지 여부에 대해 심각하게 생각할 수밖에 없다.

대부분의 소형선 선주는 Mutual 클럽이 제공하는 정도의 거액의 cover를 불요할 뿐만 아니라 그런 클럽에 가입하므로 인해 대형유조선, 여객선, 호화유람선과 같은 천문학적 수준의 리스크를 갖고 있는 선주들의 리스크를 분담할 이유가 없는 것이다. 그러나 국제 그룹클럽들은 푸-울이나 그룹재보험 등 보험기술적 이유로 선주들이 원하는대로 보험조건을 다양하게 운영하는 것이 기술적으로 불가능하다.

해운원가의 모든 부분이 즉시 또는 최소한 회계연도 이내에 확정되는 데 반해 해운원가에서 상당한 비중을 점하고 있는 P&I 보험료는 상호보험의 특성상 회계연도 안에 확정될 수 없기 때문에 적기에 경영을 분석하고 평가하는데 여간 불편한 것이 아니다. 이에 소형선 선주들은 보상한도 등 보험조건을 자

68) Lloyd's List Mar. 02, 2006.

신의 선대규모에 맞게 선택할 수 있고 동시에 보험료도 확정되는 고정보험료제(fixed base)에 관심을 갖게 된 것이다.

2-1 British Marine Mutual

1879년 영국에 설립된 소형선 전문 상호보험회사로 오랜 역사에도 불구하고 국제 그룹에 소속되지 않은 클럽이다. 설립 이후 Mutual로 운영되어 오다가 2000년도에 Demutua하고 대형선으로 영역을 확장하였으나 성공적이지 못해 다시 소형선 중심으로 복귀하였다.

미국자본인 Capital Z가 소유하였으나 2005년에 호주의 보험그룹인 QBE가 126년 역사를 갖고 있는 BMM을 매입하였다. 국제 그룹클럽들의 주요 재보험 거래선의 하나인 Lloyds 의 Limit syndicate 역시 QBE 그룹 소속이기 때문에 이를 바탕으로 하여 BMM은 P&I 보험료의 95%를 보유하며 Fixed market에서 리더의 역할을 하고 있다. 약 11,000척의 소형선이 가입해 있으며 2005년 현재 거수보험료 $121m이다.

QBE가 인수하면서 선택적으로 선사에 대해 $1.0bn까지 cover 한도를 인상하여 국제 그룹클럽들과 대등한 경쟁을 할 수 있는 여건을 조성하였다. 국제 그룹클럽과 달리 BMM은 일괄인상을 하지 않으면서 보험료를 산정할 때 철저하게 개별선사의 실적(이재율)만을 기초로 하고 있기 때문에 선사 스스로가 부담해야 할 보험료 규모를 예측할 수 있다. 국제 그룹클럽 중 Shipowners' Mutual이 주 경쟁대상이다. 최근에는 컨테이너운송 등 인터모달(Inter-modal) 수송분야까지 커버 영역을 확장하고 있다.

2-2 Ingosstrakh

구 소련연방 시절에는 국영보험회사로서 해상부문에서도 상당한 비중을 점하고 있었으나 연방의 붕괴와 더불어 1992년 민영화되어 현재는 알루미늄 재벌로 알려진 Oleg Delipaska의 소속으로 되어 있다. Fixed basis로 $500m까지 P&I cover를 제공하고 있으며 American club의 러시아 연락사무소(Correspondent)로 되어 있다. 주로 소형선 중심으로 러시아의 대형선박이나 유명회사의 선대는 해외 P&I에 가입되어 있다. Sovcomflot, Fesco는 UK 클럽에 Novorossiy나 Shipping은 West of England에 가입되어 있다.

2005년도에는 해상부문에서 괄목할 성장을 보여 지금은 Hull과 P&I가 거의 반반 정도로 균형을 이루고 있으며 보험료 기준 23% 신장하여 US$57.8m에 달한다.

AXA, Markel 등 대표적인 Fixed carrier 들이 당초 몇 년 전의 예상과 달리 저조한 데 비해 Ingosstrakh만큼은 착실한 성장을 보여 현재는 BMM에 이어 세계에서 두 번째의 위치를 차지하고 있으며 러시아 시장의 78%를 점하고 있다. Primorsk, Volgotanker, Novoship, Priamos, Fedcomshipping, Aquaship, Ukrainian Danube River Shipping 등을 회원으로 확보하고 있다.

S&P의 rating은 BB에서 BB+로 상향 조정되었으며 앞으로 더욱더 상향 조정될 가능성이 크다고 전망했다. 현재는 $500m까지 cover를 제공하고 있다. Rules은 UK 클럽의 것을 기준으로 하고 있으며 IACS 가입선을 조건으로 하고 있다. 가입선박의 75%가 $10m 이하의 한도로 가입해 있으며 선종별로는 General Cargoship이 46%, 유조선 12.8%, 어선 11.8%, 냉동선 9.3% 수준이다.

2-3 China P&I Club(CP&I)

중국의 상선대는 COSCO(China Overseas Shipping Corporation)가 운항하는 중국적 외항상선대와 COSCO와 합작 또는 단독형태를 취하고 있는 지방성 단위의 연안 및 근해취항 상선대로 대별할 수 있지만 사실상 중국의 상선대의 주력은 단연 COSCO[69]라고 할 수 있다. 중국이 개방정책을 펴기 시작한 1970년대 후반 정부의 지시에 의거 국영선사인 COSCO가 중심이 되어 수년간의 준비기간을 거쳐 1984년 1월 1일부로 베이징에 설립된 CP&I는 사실상 국영 P&I라고 해도 과언이 아니다. 설립원년의 선대는 3개사 50척에 457,000총톤에 불과하여 타 신생클럽들과 마찬가지로 CP&I도 재보험 확보가 가장 큰 문제였다.

69) 1961년 4월 중국 교통성(Ministry of Communication)산하에 설립된 국영선사로 1979년까지 거의 P&Icover 없이 운항하다가 U.K 클럽, West of England에 가입하기 시작하였다. Cosco는 원양중심으로 본사는 베이징에 있고 중국 주요항구에는 독립된 운항회사가 있다. 수백 척 중 일부가 CP&I에 가입해 있다. Cosco 이외에 지역별로 선박회사가 있으나 일부는 Cosco와 J/V인 것도 있으며 주로 Coastal traffic, shortsea용 선박이다.

재보험을 확보하기 위해 필요한 최소한의 선대나 재보험료 산정에 필요한 과거 실적(record)이 없는 상태하에서 재보험을 확보하기란 거의 불가능하였고 재보험이 없는 상태에서 선박을 유치하는 것도 난제 중의 난제였지만 재보험 확보난을 이유로 P&I 육성을 포기할 수 없다고 판단한 정부당국과 COSCO는 CP&I 설립 취지에 따라 처음부터 상호보험료, 무제한 보상 및 선주 직영체제로 출발하였으니 보험 기술적 측면에서만 보면 다소 무모한 시작이었다.

CP&I가 설립된 후 재보험자를 주선하기 위해 접근한 영국계 Broker는 중국해운시장의 현황에 비추어 볼 때 국제 그룹클럽이 CP&I의 비즈니스에 연관되는 것이 바람직하지 않다는 의견을 제시한바 있었다. 그 이유인즉 당시 그룹클럽들 간에는 1976년 이전에 이미 그룹클럽들과 맺어진 재보험계약 이외에는 외부클럽(outsider)과 재보험계약을 체결하는 것을 일체 금하기로 한 내용의 그룹클럽간 합의가 있기 때문이다. 이 합의의 목적은 그들의 그룹 재보험프로그램(Group reinsurance program)의 혜택을 타인에게 공여하는 것을 금하기 위함으로 결과적으로 자기들 이외에 신생클럽(national Clubs)이 설립되는 것을 원천봉쇄하거나 최소한 그들로 하여금 저렴한 가격으로 재보험을 확보하지 못하도록 하여 후발 클럽들을 견제하기 위함이었으며 실제 그들의 그러한 목적은 적어도 현재까지는 효과적으로 기능하고 있다고 볼 수 있다.

이와 같은 국제 그룹간의 담합에도 불구하고 구체적인 과정을 알 수 없으나 IG 클럽 중의 하나인 Steamship Mutual(이하 SSM)이 CP&I와 접촉하여 CP&I는 설립 후 2년차부터 SSM을 통한 재보험(Jardine이 중개)과 로이드 등 상업보험시장을 통한 재보험(Sedgwick이 중개)의 양 체제를 일시 운영하였지만 CP&I와의 재보험체제가 가동한 지 일년도 안 되어 IG 클럽들이 SSM과 CP&I의 협력관계에 이의를 제기하였다. IG 클럽들은 현 SSM과 CP&I의 거래는, ① 사실상 재보험의 형태인바 이는 그룹간의 협정(IGA)을 위반하는 것이다. ② 동시에 그룹클럽간의 비경쟁규칙(non competition provision)을 위반하는 것이라고 주장하였다.[70] 그룹내부의 논쟁 끝에 SSM은 CP&I와 재보험을 계속할 경우 푸-울협정 혜택을 박탈할 수도 있다는 IG클럽들의 압력에 굴하여 독자제휴를 포기, SSM과 CP&I의 협력체제는 1987년 2월까지 존속하다가 1년 만에 종지부를 찍게 되

70) 우연의 일치인지는 모르나 CP&I와 SSM 간의 협력관계 개설, 그리고 연이은 IG 클럽들의 빈발과 SSM의 타의에 의한 협력관계 취소 등의 일련의 과정이 KP&I의 과정과 매우 유사하다.

었다.[71] 그룹클럽들과의 마찰이 진행되는 과정에서 CP&I는 Lloyd's 등 일반 상업보험시장과 협상을 통해 재보험계약을 차질 없이 마무리하였지만 상업재보험자들을 통해 확보하기 곤란한 무제한 담보제공, Security 문제 등을 해결하기 위해 그룹클럽들과의 제휴가 필요한 반면, 상황이 악화될 경우 중국시장과의 단절을 우려한 국제 그룹클럽들은 상업보험시장에 비해 경쟁력 우위에 있는 자신들의 보험시스템을 무기로 협상의 길을 열어두고 있었다.

국제 그룹이 CP&I에 제시한 초기의 제안서의 내용에 따르면 국제 그룹은 중국시장 내에서 아무런 제약이 없이 자유롭게 비즈니스를 할 수 있는 반면 CP&I에게는 여러 가지로 영업활동에 제약을 가하는 것이었다. 그 이면에는 다소의 제약을 가하더라도 CP&I가 보험조건면에서 경쟁우위에 있는 국제 그룹을 외면하기 어려울 것이라는 판단이 있었기 때문이다. 당시 US$10.0m을 한도로 하는 Lloyd's를 통한 재보험의 보험료 수준은 무제한담보를 제공하는 국제 그룹의 보험료와 동일 수준이었다.

당시 중국은 개발도상국 중 가장 잠재력이 큰 시장으로 인식되고 있었기 때문에 CP&I에 대해 국제 그룹의 이름으로 견제를 하고는 있었지만 다른 한편으로 그룹소속의 개별클럽들과 Broker들은 CP&I를 통해 비즈니스를 확보하기 위해 중국 출입이 빈번히 이루어지고 있었을 때 였다.[72] 이와 같은 상황하에서 불리한 조건을 감수해가며 국제 그룹과의 제휴를 서두를 이유가 없다고 판단한 CP&I는 영국계 Broker(Sedwick)를 통해 국제 그룹측의 제안을 조정해가며 지루한 협상을 통해 조건부로 재보험을 확보하였다. 즉, IG클럽들은 CP&I에게 재보험을 재공하는 대신 CP&I 는 ① 국제 그룹이 중국선박을 자유롭게 인수할 수 있도록 한다. ② CP&I는 PRC 국적선만 인수하며 홍콩 등 해외치적선에 대해서는 인수를 금한다. ③ 향후에도 CP&I는 국제 그룹이 중국시장에 진출하는 것을 방해하지 않는다. ④ CP&I의 보유는 미화 40만달러를 한도로 한다. ⑤ 재보험선박의 클레임은 IG클럽이 관장한다[73] 등 CP&I의 이해관계와 독립성을

71) 이러한 과정은 KP&I가 한진해운/SSM/KP&I 간의 deductible insurance 채택시 겪었던 반발과 매우 유사하다.

72) "The China P&I Club Reinsurance Proposals and Development Plan by Sedwick Nov. 1987."

73) 이외에도 ⑥ Full mutual 이라야 한다. 즉, fixed 조건인수는 안 된다. ⑦ 기존의 Group account를 유치하여서는 안 된다. ⑧ 현재 P&I cover 가 없는 선박도 Group이 할 수 있어야 한다. 등 CP&I는 중국 밖에서 Group과 경쟁을 해서는 안 되지만 Group은 중국시장에서 CP&I와 경쟁할 수 있도록 하는 조건 등이 있었다.

현저히 저해하는 조건을 수용하며 국제 그룹의 푸울재보험기구 준회원의 자격을 부여받았다.

당시 국제 그룹은 CP&I의 출현이 달갑지는 않지만 날로 부상하는 중국의 잠재력을 인식하고 자신들의 기득권을 옹호하기 위한 전략적 측면에서 CP&I의 경쟁력을 제한하면서 최소범위 내에서 중국측의 요구를 수용한 것이다. 이러한 협상의 이면에는 일본의 외자법 못지않은 중국이란 통제사회의 특수성을 감안한 것으로 국영 P&I를 압박하려 할 경우 중국 정부가 정책차원에서 취할 수도 있는 강경조치의 가능성을 우려한 것이다. 그런 우려가 없었더라면 신생클럽의 출현을 원천봉쇄하려는 IG클럽들의 기본방침을 고수하였을 것이며 CP&I는 상업보험시장을 통한 재보험에 의존한 채 중국의 일부 중소형 선박만을 대상으로 하는 영세 클럽에서 만족하지 않으면 안 되었을지도 모른다.

CP&I의 선단은 일반인의 인식과는 달리 선박의 질적 수준이 상당히 우수한 것으로 알려지고 있다. CP&I의 연차보고서(1994~2001년)에 의하면 설립 후 10년간 보험료의 추이는 매우 안정적이었다. CP&I가 Mutual premium 제도를 채용하면서 추가보험료(S/C)의 수준을 예외 없이 매년 선납보험료의 20%로 예정하고 있으나 실제 결산실적을 보면 10년 사이에 S/C의 규모가 20%를 초과한 적은 단 한차례(1990/91)뿐이고 6년 동안은 0%, 3차례는 10~17% 수준으로 이는 국제 그룹의 수준을 훨씬 상회하는 것으로 JP&I의 실적에 비견할 수 있을 만큼 매우 양호한 수준에 속한다. 이는 초기부터 엄격한 인수기준을 적용하며(단선선주, 유조선배제 등) 중국선급을 통한 검사를 의무화한 데 그 원인이 있는 것으로 알려지고 있다.

CP&I는 설립 후 2년 동안은 독자인수체제를 유지하다가 2년 후부터 상업보험시장과 IG 클럽(SSM)을 통해 재보험체제를 구축하였고 곧 이어 4개 IG 클럽을 통한 재보험(Piggy back R/I라 함)체제를 구축하는 데 성공하였다. 바꾸어 말하자면 중국정부와 국영COSCO의 주도하에 설립 초기에 곧 바로 국제 그룹의 준회원(Grandfathered entry)자격을 갖게 됨으로써 사실상 국제무대 진출의 교두보를 마련한 셈이다. 준회원 자격을 갖게 됨에 따라 선주는 CP&I와 국제 그룹클럽들과 동일한 조건으로(보험료는 약간 높을 수 있지만) 정상적인 보험계약을 체결하고 CP&I는 자신의 보유한도(retention) $400,000/accident을 초과한 부분에 대해서는 국제 그룹클럽에 재보험을 부보하는 형태의 계약으로 보험가입, 갱신, 클레임처리 등 모든 분야에서 선주는 CP&I와 업무를 처리할 수 있게 된다. 이는 후발클럽들이 거쳐야 하는 정상적인 과정으로 현재 국제 그룹에 가입해 있는 후발클럽들도 다소 기간의 차이는 있으나 예외 없이 이 과정을 거쳐 준회원, 정회원이 되었다.

그 후 CP&I는 중국경제발전과 궤를 같이한 선복량의 증강에 힘입어 지난 6년 사이에 선복량이 배가되어 2007년 10월 현재 가입척수 925척, 선복량 15.5백만총톤(평균 16,756총톤)과 유보금 $165m에 달하는 건실한 클럽으로 성장하였다. 선복량면에서는 국제 그룹 중 소형클럽의 수준에 해당하나, 클럽의 재정상태를 가늠하는 척도라고 할 수 있는 유보금의 규모는 IG클럽의 평균의 약 4배에 달하여 다수의 영국계 클럽을 능가하고 있다.[74]

중국이 WTO에 가입한 직후인 2003년, CP&I가 국제 그룹에 정회원(full membership)자격을 신청하였으나 신청 4년이 경과한 현재까지 '검토중'으로 아직까지 가입여부가 불투명한 상태다. 대외적으로는 정회원이 되기 위한 여러 가지 조건 중 국적의 다양성(wide spread of nationality) 요건이 포함되어 있는데 CP&I의 가입선복이 이 요건을 충족시키기에는 아직 미흡하다는 점을 이유로 들고 있으나 그 이면에는 CP&I를 정회원으로 받아들였을 시 이미 중국에 진출해 있는 영국계 주요 클럽들의 시장 지배력이 상대적으로 약화될 가능성에 대한 우려 때문이라는 것이 설득력을 얻고 있다. 사실이라면 CP&I의 정회원 가입은 무망하거나 적어도 단시일 내에 실현될 가능성은 희박하다고 할 수 있다.

74) Tradewinds Oct. 10, 2007.

CHAPTER

4

국제 그룹협정(IGA: The International Group Agreement)

P&I 클럽은 형식상 그 클럽에 가입해 있는 선주들에 의해 운영되는 단체로 클럽에 가입해 있는 선주가 일으키는 모든 P&I 손해에 대해서는 가입선주 전원이 공평하게 분담하기로 합의한 상호부조(mutuality)의 바탕 위에서 운영되고 있다.

클럽들의 집합체라 할 수 있는 그룹클럽은 상호부조의 원칙을 갖고 클럽 상호간의 신뢰를 바탕으로 대형 클레임의 일정액을 초과하는 부분을 공동분담하는 푸-울협정과 집단재보험을 양대 축으로 하여 타 어느 보험과 비교할수 없을 만큼 저렴한 코스트로 거액의 P&I 커버를 선주들에게 제공하고 있는 것이다. 이와 같은 양대 축을 바탕으로 한 위험분산 대책이 없다면 클럽은 안정적으로 운영될 수 없을 뿐만 아니라 보험료의 등락이 전적으로 이재율에 좌우되게 되어 극히 불안정한 변화를 보여 결국 보험으로서의 가치를 상실할 수밖에 없다. 바꾸어 말하면 저원가 체제를 위한 양대 축은 클럽의 안정적인 운영을 위해 필수적인 요건이며 존립에 불가결한 제도라고 할 수 있다.

개별 선주의 입장에서 보면 자신의 선박이 자기와 같은 클럽에 가입해 있는 전체 선주들에게 미치는 리스크의 정도에 부합하는 코스트와 해당 클럽이 부담하는 푸-울 분담금, 재보험 비용 등을 합한 금액을 P&I 보험료로서 지불할 책임을 부담하는 것을 의미한다.

클럽이 실질적으로는 영리를 추구하는 관리회사에 의해 운영되고 있기 때문에 문제가 되기 쉬운 것이 클럽간의 경쟁이다. 이미 국제 그룹클럽에 가입해 있는 선박이나 선주의 선단에 신규로 추가 도입되는 선박의 P&I 보험에 대해 선주는 보험료 부담을 줄이기 위해 가능하면 여러 클럽들과 접촉해서 싼 보험료를 찾으려 시도하기 마련이므로 별도의 제도적 장치가 없을 경우 그룹클럽 상호간 과당경쟁이나 출혈경쟁을 초래할 것인바 적정 보험료 부담 원칙이 흔들리고 클럽 상호간의 신뢰와 협동정신도 와해될 수 있다.

이러한 사태를 미연에 방지하기 위하여, 그룹클럽간에 가입선박이 이동할 경우나 이미 가입해 있는 선단(fleet)에 신규로 추가되는 선박의 인수 등에 일정한 조건을 적용하기로 그룹클럽간에 합의된 것이 국제 그룹 협정이다.[75)]

제 1 절 IGA의 연혁(History)

1855년 최초의 P&I 클럽인 Britannia Club이 설립된 이래 1856년 West of England, 1869년 UK Club, 1876년 London Club 등 P&I 클럽의 신설이 줄을 이었다. 이들 클럽들 중 런던에 본부를 두고 있는 클럽들(초기 Britannia, London, Newcastle, Standard, Sunderland, UK 등 6개 클럽)이 중심이 되어 이른바 런던그룹(London Group)을 형성하였다. 이들이 그룹을 형성하게 된 주인 중의 하나는 런던그룹 푸-울협정을 통해서 위험의 분산을 도모하기 위함으로[76)] 오늘의 푸-울협정의 시작이라고 할 수 있다. 당초 클레임 분담을 목적으로 결성하였던 런던 그룹은 1951년에는 집단재보험계약을 체결할 수 있는 법적 기구로 발전되었고 이들은 IGA에 근거하여 개별 클럽의 재보험을 처리하며 P&I 클럽의 공통 문제, 특히 선주의 책임에 중대한 영향을 미치는 법제에 관한 검토, 정보교환 등을 행하였다.

75) 그룹협정이 클럽간의 경쟁을 제한하는 측면도 있지만 선주들의 클럽 선택을 필요 이상으로 제한하는 역기능이 오히려 더 강하다는 비판이 대두되고 있다.

76) 가입선박당 10,000파운드를 초과하는 클레임에 대해서는 각 클럽의 가입톤수에 따라 상호 분담한다.

IGA의 역사는 1899년 태동한 푸-울협정의 역사와 동일하다. 런던그룹회원들은 푸-울협정을 효과적으로 운영하기 위해서는 여기에 참가한 모든 클럽들이 준수해야 할 최소한의 규약이 필요하다는 인식하에 클럽간 선박을 유치하기 위해 요율을 인하한다거나 기타 재정적 유인책(financial inducement)을 사용하지 않을 것을 공동 양해사항으로 채택하였다.[77]

그 이후 런던그룹에 가입해 있는 클럽과 재보험거래를 하고 있는 영국의 Liverpool & London Club, West of England, North of England, Steamship 등 4개 클럽과 북유럽의 Gard, Skuld, Swedish Club 등 3개 클럽은 런던그룹과 합하여 1982년 2월 Groupscanll을 구성하였으며, Gard, Skuld, Swedish가 정회원(full member)이 된 것은 1981년이다.

그 이후 1976년 Japan P&I Club이 Groupscanll에 가입함과 동시에 명칭을 '국제 P&I 클럽그룹(International P&I Club Group)'으로 변경하였다 그러다가 Sunderland가 UK에 흡수되고 American과 Shipowner's의 양 클럽이 가입을 하고 North of England와 Newcastle의 합병등을 거쳐 현재의 국제 그룹이 결성된 것이다.

국제 P&I 클럽그룹에는 13개 멤버 클럽이 있으며 국별로는 영국계 7, 북유럽계 3, 미국 1, 일본 1 등으로 구성되어 있으며 가입 총톤수는 2005년 현재 약 7.0억만 총톤으로 전세계 외항선복량의 약 95%를 점하고 있는 국제민간협정으로[78] 현재의 IGA는 EU가 1999년 4월 12일부로 EC Treaty 제85조의 1항의 적용을 1999년 2월 20일부터 10년간 면제하기로 결정함으로써 EC의 독금법당국에 의해 인가되어 있는 일종의 카르텔 조직이다. 유예기간이 2009년 2월에 만료될 예정이나 특별한 사유가 없는 한 가격카르텔로서의 기능은 2009년 이후에도 그대로 계속 될 것이라는 전망이다. 현실적으로 IGA가 국제 P&I 시장을 좌우하는 핵심이고 모든 선주들이 직간접적으로 그 영향하에 있기 때문에 차제에 IGA의 배경과 역사 그리고 구율절차(quotation procedure) 등 중요사항에 대해 검토해 볼 필요가 있다.

77) 양해사항을 문서화하지 않고 신사도 입장에서 양해사항을 준수하기로 하였기 때문에 이를 일명 신사협정(The Inter-Club Gentlemen's Agreement)이라 부른다.

78) 몇 천톤 이상의 유조선과 원양을 항해하는 Handy size 이상의 신박은 IG 클럽이 전세계 선대를 독점하고 있다고 할 수 있다.

1-1 EU와 IGA

그룹측의 경쟁법적용제외 신청에 대하여 EC 당국은 푸-울협정의 공익성과 중요성 및 이를 지탱해 주고 있는 IGA의 필요성에 대해서 이해할 수 있지만 규정의 내용이 선주의 클럽 선택의 자유를 과도하게 제한할 우려가 있다는 지적과 함께 내용을 보다 완화한 공식적인 협정(more formal agreement)을 다시 만들어 제출하도록 요구했다

EC 경쟁법인 로마 조약에는 공동시장(common market) 내에서의 경쟁을 저해 또는 왜곡(distorted)되지 않도록 하기 위한 규정이 포함되어 있다 특히 제85조 제1항에는 기업들간에 체결된 협정이나 일치된 행동 등이 공동시장 내에서의 경쟁을 제한하기 위한 목적이거나 그러한 효과를 초래할 때, 그리고 EC 회원국간의 무역에 영향을 미칠 경우에는 이를 금지한다고 명문화되어 있으며 이 조항은 회원국 내에서도 법적 효력을 갖고 있다.

보험사업도 이 조약의 적용대상인바 보험자들이 보험회사간의 선의의 경쟁을 금지하는 협정을 체결한다면 이 또한 무효화되어야 하며, 만일 금지된 협정을 체결한 사실이 EC에 통지되고, 조사결과 그러한 담합행위(concerted practice)가 의도적이었다거나 태만의 소치였다고 판단되면 관련당사자들에게 무거운 벌금이 부과될 수도 있다. EC 경쟁당국에는 사실을 조사, 관련협정이 금지사항에 해당되는지 여부를 심사 및 판정할 수 있는 권한도 부여되어 있으며(이를 "Negative clearance"라 함), 설사 조약 제85조 제1항에 의해 금지된 제반 사항이 협정내용에 포함되어 있더라도 협정형태나 종류에 따라서 이를 승인할 수 있는 권한도 갖고 있다(이를 "Exemption"이라 함).

Negative clearance나 면제(exemption) 처분을 받으려면 EC 당국에 심사요청을 하여야 하며, 관련 협정이 실소비자에게 상당한 경제적인 혜택을 부여하고 있어야 면제 판정을 받을 수 있다. 즉 그러한 경제적 혜택을 성취하기 위해 협정이 필수적이라고 판단될 경우에 한해서만 면제판정이 허용된다.

국제 그룹은 전기한 신사협정이 로마조약에 저촉될 가능성이 있음을 인지하고 신사협정을 "국제 그룹협정"으로 문서화하고 1981년 6월 IGA를 『경쟁법적용제외협정』으로 인가해 줄 것을 요청하는 신청서를 EC의 경쟁담당총국(The European Commission Competition Directorate General Ⅳ-DGⅣ)에 제출하

였다.

그룹측의 인가신청을 접한 EU 당국에서는 그룹측과 수차에 걸친 협의 조정을 거쳐 1985년 2월 20일부로 10년간 경쟁법적용을 유예하기로 1차 결정하였고 유예기간이 경과하자 다시 1997년부터 10년간 2차 유예를 결정하였다.[79)]

이러한 과정에서 EU측이 유예의 조건으로 그룹클럽측에 요청한 사항은 대략 아래와 같다.

① 보상한도액(limit of cover)의 수준이 지나치게 높다 클럽 커버의 한도액을 대폭 인하하고 보험금액을 다양화 할것
② 그룹클럽이 획일적이고 합의된(defined and agreed) 클레임에 대해서만 재보험 대상으로 함으로써 다양한 보험상품을 선주에게 제공하지 못하게 하고 있다.
③ 국제 그룹의 초과액재보험계약(Group General Excess Loss Reinsurance Contract)은 공동구매행위(Common purchase of supplies)로써 로마조약 제85조 (1)에 저촉된다.
④ 경쟁원리를 더 보강하는 방향으로 IGA를 변경할 것
⑤ 상업베이스 일반보험자들에 대한 푸-울 기구 개방을 주 내용으로 개선책을 검토할 것.

이 중 ①에 대해서는 당시 이른바 무제한담보(unlimited cover) 조건을 1976년 LLMC와 연계한 한도(약 54.5억달러)를 담보한도로 하였으나 ②와 ③에 대해서는 집단재보험체제만이 선주들에게 저렴한 보험료로 가장 경쟁력 있는 재보험을 확보하는 길임을 EU측에 설득시켰다 ④ 및 ⑤와 관련 국제 그룹은 일반보험자에게 푸-울협정을 개방하는 방향으로 푸-울협정을 보완하였으나 실효면에서는 사실상 유명무실하다는 비판이 제기되고 있다.[80)]

1-2 IGA 1999

IGA는 기본적으로 클럽 상호간 과열경쟁이나 저가 보험료 제시 등 영업적 이유로 그룹클럽전체의 이익을 해치지 않도록 하기 위해서 클럽간 상호호혜와 신뢰의 정신을 강조하며 그룹에 가입해 있는 클럽들간의 단합과 결속을 다짐하는 것을 목적으로 하고 있다 동시에 협정에는 IGA 가맹 회원들이 P&I 보험

79) 본 신청에 대한 EU측의 유예 결정은 1999년부터 발효했다.
80) 푸-울협정 가입조건 참조.

사업을 영위하면서 지켜야 할 원칙과 질서에 대해 규정해 두고 이를 위반하였을 시 위반한 클럽에 대해 적용할 수 있는 재제에 대해서도 구체적으로 열거하고 있어 IGA는 한마디로 카르텔 협정이자 그들의 행동규범이라 할 수 있다.

전문에는 IGA의 기본 정신에 대해 다음과 같이 규정하고 있다.

① 이 합의서의 당사자들은 통상 P&I라고 부르는 해상리스크에 관한 보험에 종사하는 선주들의 비영리 상호보험조합이다

② 비영리상호보험조합인 이상 특정 피보험자가 분담금의 일부만 부담(under-contribution)하였을 경우 그 부족분에서는 다른 피보험자가 초과 분담(over-contribution)하여 보충(made good)하여야 하는 만큼 각 클럽의 회원(선주)으로 하여금 클럽의 비용과 클레임을 공평하게(equitably) 분담하도록 하는 것이 매우 중요하다.

③ P&I 리스크는 오랜 기간에 결쳐 확정되는 특성(long tail nature)을 갖고 있는 만큼 수년간의 기간에 걸쳐서 각 회원의 분담금을 산정하는 것이 가장 공정할 수 있기 때문에 많은 회원들이 오랜 기간 동안 가입해 있는 클럽이 회원의 리스크를 가장 공정하게 평가할 수 있다.

④ 그러므로, 가능하면 특정 클럽에 오래 안정적으로 가입해 있는 것이 회원에게 유리하며 이 클럽에서 저 클럽으로 이동하는 회원에게 적용되는 보험요율은 해당 회원의 기록 전반에 대한 분석을 반영한 것이어야 한다. 물론 회원의 이익을 위해 회원들이 클럽을 바꾸는 것을 부당하게 제한하지 않도록 하는 것도 중요하다

⑤ 클럽은 가입의 계속성(continuity)과 이동의 자유간에는 균형이 이루어져야 하며 모든 요율은 합리적이어야 한다는 대원칙하에서, 연차 갱신일 이전에 충분한 시간을 두고 한 클럽에서 다른 클럽으로 옮길 것임은 확약한 회원과 그러한 확약을 할 수 없는 회원을 차별화함으로써 그러한 균형을 도모할 수 있으며 보험료는 한 해(One year)에 대해서만 적용되도록 제한하는 것은 적절한 것이다.

⑥ 본 협정의 당사자들은 그들이 인수한 P&I 리스크로부터 발생하는 책임에 대하여 일정부분(certain layers)을 상호 분담할 것을 목적으로 하는 푸-울협정의 수혜자 또는 당사자가 된다.

⑦ 푸-울은 참여하고 있는 클럽들의 회원들에게 최소의 비용으로 상당한 혜택을 제공하며 그러한 혜택을 유지하는 것이 회원들의 이익에 부합하는 것이다.

⑧ 푸-울의 운용은 클럽들 사이의 호의(goodwill)의 유지에 달려 있다.

⑨ 보험료를 깎아 주며 회원을 유치하려는 행동에 대해 제제수단이 없을 시에는 클럽에 가입해 있는 회원들 간의 공평한 관계나 클럽들간의 호의는 동시에 위태롭게 될 것이며 본 협정에 의해 부과되는 제제는 그러한 위태로운 상황을 예방하기 위해 필요한 최소의 것이다.

⑩ 유조선에 적용되는 특별위험, 클레임의 패턴, 관련된 고액의 재보험 비용 및 유조선에 관련된 시장의 특징은 유조선에 대한 적절한 보험료를 산정하기 위해 클럽들의 전문성을 함께 나누는 것(pool the expertise)이 바람직하다.
⑪ 본 협정은 1985년 12월 16일자로 EC의 결정에 의해서 10년의 기간 동안 유예된바 있다.
⑫ 본 IGA 당사자들은 1995년 2월에 EC의 경쟁담당 사무국(DGⅣ)에 유예의 갱신(renew)을 신청했다.
⑬ 본 개정된 협정은 DGⅣ 의 합의를 득하는대로 개정내용은 발효된다.

일차 IGA-1985와 현행의 IGA-1999간에는 아래와 같은 차이가 있다.

① 클럽의 관리비는 보험료 산정시 반영할 수 없으며 보험료에는 다음 세 가지만 포함시켜야 한다.
   - 클럽의 보유한도 이내의 클레임 비용과 잠재적(potential) 클레임, 그리고 회원들의 클레임 처리를 위해 외부에서 발생한 비용(external cost)
   - 푸-울클레임에 대한 분담금
   - 그룹의 초과액재보험계약 비용
② 모든 클럽들은 과거 5년간 에 대한 관리비의 평균(AER)치를 산출하여 이를 공개하도록 하였다 AER은 각 클럽들의 총보험료 수입과 투자수익을 합한 금액과 클레임 처리비용을 제외한 개별 클럽의 운영비를 백분율로 나타낸 것이다.

AER은 매년도 클럽의 연간 회계보고서에 포함되어야 하며 타 클럽에 가입되어 있는 선박에 대해 요율을 제시할 때 함께 알려 주어야 한다.

클럽간의 과당경쟁을 예방하기 위한 수단으로 국제 그룹은 클럽간 건전한 경쟁은 허용하되 아래와 같은 구율절차(rate quotation procedure)를 준수하도록 하고 있다

<u>2월 20일 기준 절차(The 20th February Procedures)</u>

이 절차는 어떤 선박을 현재 그 선박이 가입되어 있는 특정클럽(Holding Club)으로부터 2월 20일부로 다른 클럽(New Club)으로 옮기려 할 경우에 적용되는 절차로서 가입조건(terms of entry)에 관해 2월 20일 이전의 전년도 9월 30일 이전에 합의(firm commitment)가 되지 않은 경우에 적용된다. 절차를 요약하면 다음과 같다.

① New Club은 요율을 제시하기에 앞서 Holding Club에게 당해 오퍼레이터에 관한 기록과 함께 그 선박이 세시하는 소선으로 요율을 요청 받았더라면 Holding Club

이 제시하였을 보험료 수준이 얼마인지를 요청하여야 한다. 물론 선주로부터 New Club 이 요청받은 조건을 명시하여야 한다.

② New Club으로부터 요청을 접한 Holding Club은 늦어도 10일 이내에 New Club의 요청에 따라 협정에 의거 이재율과 보험료 수준을 통지하기에 앞서 오퍼레이터의 동의를 득하여야 한다.

③ 오퍼레이터의 승인을 득한 후 Holding Club은 요청한대로 New Club에게 오퍼레이터의 이재율과 보험료에 관한 자료를 제공하여야 한다.

④ New Club이 Holding Club이 제시한 요율보다 낮은 보험료로 선박을 인수하였을 경우 우선 New Club은 IGA를 위반한 것으로 간주된다. 어느 클럽의 보험료가 다른 클럽의 그것보다 낮은지 여부를 결정함에 있어 재정적인 유인책(financial inducement), 예컨대 차년도에 보험료를 인하해 주겠다는 등의 약속이 있었는지 여부 등도 함께 고려된다.

9월 30일 기준 절차(The 30th September Procedure)

9월 30일 절차는 그룹클럽간 선의의 경쟁을 늘리기 위해서 IGA-85에 도입되었으며 그 주요 절차를 요약하면 아래와 같다.

① 현재 그룹클럽의 어느 클럽에 가입해있는 선박을 New Club이 인수하려면 우선 9월 30일 이전에 New Club과 해당 선박의 오퍼레이터(Operator)간에 가입 확약이(firm commitment) 있을 것과 보험료 수준이 비합리적으로 낮지 않을 것을 조건으로 New Club은 매년 2월 20일부로 인수할 수 있다.

② New Club은 요율을 제시하기에 앞서 먼저 Holding Club에 대하여 오퍼레이터의 이재율과 Holding Club이 해당 선박에 적용하고 있는 현 보험료를 요청하여야 한다.

③ New Club은 Holding Club에 정보를 요청할 시 9월 30일 이전에 오퍼레이터와 가입확약을 체결할 예정이라는 사실과 함께 New Club이 인수하려고 하는 가입조건을 요청 내용에 기재하여야 한다.

④ New Club의 요청을 접한 Holding Club은 가능한 한 빠른 시일 내에 오퍼레이터의 동의를 득하고 늦어도 10일 이내에 오퍼레이터의 이재율, 현보험료 그리고 보험료 산정기준(basis)을 New Club에 알려 주어야 한다.

⑤ New Club은 다음 2월 20일부터 개시되는 보험기간에 대해 오퍼레이터와 합의된 적용 보험료를 서면으로 Holding Club에 알려 주어야 한다.

⑥ New Club으로부터 새로운 요율을 접한 Holding Club은 통지를 접한 날로부터 30일 이내에 New Club의 요율이 불합리하게 낮은지 여부를 판단하기 위해 특별위원회(special tribunal)에 회부할 수 있다.

⑦ 특별위원회에서 New Club의 요율이 불합리하다고 판단될 시에는 New Club은 IGA를 위반한 것으로 처리된다.

신규선박에 대한 구율 절차(Quotation procedure for New Vessel)

Holding Club에 대한 정의는 특정선박의 상황에 따라 다를 수 있다. 즉 선박이 이미 그룹클럽에 가입되어 있는 경우와 선박을 신규로 취득하였거나 취득절차가 진행중으로 다른 오퍼레이터의 선단에 소속될 예정인 경우로 나누어서 여기에서 '신규선박'이라 함은 후자의 경우를 말한다.

신규선박과 관련하여 'Holding Club'이란 해당 신규선박이 들어갈 선단이 가입해 있는 클럽을 칭하며 그 선단이 분산 가입되어 있을 시는 각 클럽이 여기에 해당한다. Holding Club에 대한 정의가 조금 다를 뿐 신규선박에 대한 구율 절차는 앞서 설명한 2월 20일 절차와 유사하다.

예컨대 10척을 보유하고 B 클럽에 가입해 있는 선주가 신규로 배를 취득할 경우 클럽 B는 그 선박의 Holding Club이 되며 클럽 B가 제시한 요율이 곧 Holding Club의 요율이 된다. 만일 다른 클럽이 그 B클럽보다 낮은 요율로 그 신규선박을 인수할 경우 다음에 기술한 제제(sanction)가 발동하게 된다.

제제(The Sanction)

위에서 기술한 절차를 위반한 클럽에 대해서는 이른바 "Reduced Pooling Facility"라는 제제가 2년 동안 가해진다. 푸-울 참여제한(Reduced Pooling Facility)이란 IGA 절차를 따르지 않은 클럽의 해당 선박에 대하여 2년간 푸-울커버와 US$150m 한도 내에서 그룹초과재보험(Group's Excess Loss Reinsurance Cover) 혜택을 박탈하는 것을 말한다.

제재를 가할 것인지 여부 등에 대해서는 IGA 산하에 그룹클럽간의 분쟁을 처리하기 위해 설립된 특별위원회에서 의결하며 동위원회는 Holding Club 또는 New Club으로부터 사안이 위원회로 이첩되었을 경우에만 결의한다.

제 2 절 재보험과 위험관리(Risk Sharing Agreement)

2-1 푸-울협정(Pooling Agreement)

국제 그룹의 기본적 조직은 상호보험[81]의 조직형태를 갖고 있는 동종의 클럽(조합)이 모여 책임보험, 다시 말하자면 P&I Risk에 대한 보상을 사업목적으로 하며 저렴한 재보험 코스트로 우수한 재보험기구를 구축하고 이를 유지하기 위한 푸-울협정이라고 할 수 있다.

국제 그룹의 기둥이자 그룹을 형성하는 제 1 의 목적이라 할 수 있는 푸-울협정은 그룹클럽이 인수하는 공통의 리스크에 대해 그룹에 가입해 있는 각 클럽이 선주에게 지급하는 보험금의 특정부분에 대해 사전에 합의된 공식에 의거 분담하는 것으로, 개별 클럽이 부담하기에는 과중한 리스크를 상업적 요소를 완전히 배제한 문자 그대로 실비기준에 의해서 그룹클럽을 통해 분산시킴으로써 보다 안정적이고 저렴한 비용으로 선주가 필요로 하는 P&I 커버를 지속적으로 제공하기 위해서 고안된 P&I 특유의 리스크공통 분담협정이다. P&I 클럽이 가입 선주간 상호부조를 통한 리스크 분산책이라면 그룹클럽간의 상호부조 체제가 푸-울협정이며 또 하나의 클럽들의 거대상호보험클럽(One huge mutual)이라고 할 수 있다.

비회원(outsider)이 푸-울협정에 가입하였을 시의 실질적인 메리트는 국제적 신뢰도 확보와 함께 푸-울을 통하여 재보험 문제를 완전히 타결 할 수 있을 뿐만 아니라 일반 상업보험시장을 통하여 확보할 수 있는 여타 재보험료와 비교할 때 훨씬 더 경쟁력 있는 재보험을 확보 할 수 있어 국제 그룹클럽들과 대등한 여건하에서 경쟁을 할 수 있게 된다는 점이다

즉 푸-울의 기능을 활용함으로써 적어도 재보험 코스트 면에서 불리한 입장을 해소하고 동시에 클럽 독자의 보험료 체계를 수립할 수 있는 등 커다란 이점이 있기 때문에 클럽의 기반을 굳히는 데 결정적인 역할을 할 수 있다. 보험료 경쟁력을 확보할 경우 실질적으로 해운을 지배하는 외항선복이 해외

81) 공제조합 또는 협동조합 상호보험, 즉 조합-클럽-을 구성하는 멤버로서 리스크를 공정한 방법으로 상호 보험하며 멤버가 상호 책임을 부담하는 비영리의 조직.

시장으로 대량 유출됨으로 인해 클럽 존립의 위기라고 하는 최악의 사태를 회피할 수 있음과 함께 클럽 회원 전체에게도 해외 P&I 클럽에 비해 경쟁력 있는 보험료를 제공할 수 있게 되어 선사들에게도 해운원가 절감효과를 가져다 줄 수 있게 된다.

2007년 현재 푸-울협정에 의하면 각 클럽 자체의 보유(retention) 한도는 미화 700만달러까지이며 이 한도를 초과하는 클레임에 관하여는 협정에 따라 사전에 결정된 비율대로 초과 부분을 푸-울의 회원 클럽들이 분담하게 되어 있다. 푸-울에 참가하고 있는 각 클럽이 푸-울에 대해 분담하는 푸-울 비용 또는 보험료는 모든 클럽에 동일한 것이 아니고 매 클럽의 가입톤수, 이재율 및 총보험료 수입과 연계하여 결정되며 톤수, 보험료, 이재율이 대략 1/3 정도 반영된다. 보험료의 경우는 총보험료 수입에서 초과 재보험료를 공제한 클럽 자체의 순보험료(net premium)가 전 클럽의 보험료 징수총액에서 차지하는 비율이 반영된다.

이렇게 산출된 분담비율이 15%일 경우 그 클럽은 푸-울협정에 의거 지급해야 할 다른 클럽에 클레임에 대해서는 15%를 분담하여야 하며 푸-울협정에 해당하는 자신의 클레임은 85%를 푸-울을 통해 다른 클럽에서부터 구상(recover)할 수 있다. 2007년 현재 푸-울에서 처리하는 클레임은 미화 700만달러로부터 5,000만달러를 그 한도로 하고 있으며 이를 초과하는 클레임에 대해서는 클레임의 성격에 따라 그 최고한도 금액을 달리하고 있다. 이 최고한도는 클럽이 회원에게 제공할 수 있는 담보의 최대 크기를 나타내는 것으로 유류오염사고와 일반 클레임으로 분류하여 초과손해재보험(excess reinsurance)에 관한 계약을 체결하고 있다. 클럽과 푸-울의 보유한도액은 일정기간을 두고 계속 조정되고 있으며 클럽에 가입되어 있는 선복량의 증가와 직접적인 관련이 있다.

즉, 개별클럽이 매사고당 700만달러까지를 부담하며 700만달러에서 5,000 만달러까지는 13개 클럽의 푸-울협정에서 소화하고 그 이상에 대해서는 초과액 재보험계약에 의해서 위험을 분산 처리하고 있다. 초과액 재보험의 내용을 보면 유탁(Oil Pollution) 손해의 경우 2007년 현재 10억달러를 한도로 하고 있으며 기타 사고의 경우는 20억 5,600만달러를 한도로 하고 있다. 이 한도를 초과하는 클레임을 Overspill 클레임이라고 하며 현재 약 50억

3,500만달러[82]를 한도로 다시 클럽들이 비례 분담하고 있어 사실상 무제한 담보(Unlimited cover)를 제공할 수 있다. 천문학적인 재보험 계약은 국제 그룹의 재보험 전문 Broker를 통해 Lloyd's 신디케이트 및 일반 상업시장의 재보험회사와 맺어져 있다.

(단위: 1천달러)

연 도	클럽보유한도	풀보유한도
1984	US$1,000	US$ 8,000
1985	US$1,200	US$12,000
1990	US$1,200	US$12,000
1991	US$1,600	US$12,000
1992	US$2,000	US$15,000
1993	US$3,000	US$25,000
1994	US$4,000	US$30,000
1995	US$5,000	US$30,000
2004	US$5,000	US$50,000
2005	US$6,000	US$50,000
2007	US$7,000	US$50,000

2007년 현재의 푸-울협정[83]에 의하면 건당 우선 미화 700만달러까지의 보험금 보상(전보)에 대해서는 각 클럽의 보유 리스크로 해서 개별 클럽이 지불하고 700만달러를 초과하여 5,000만달러까지의 보험금 지불에 대해서는 푸-울 멤버간 공동분담, 공동정산에 해당하는 금액으로 그룹 푸-울(Group Pool)이라 칭하는 자유정산기구에 맡겨진다. 푸-울 대상 클레임에 대해 각 클럽의 가입 총톤수, 보험료, 손해율 등에 의해 공정하게 산정된 클럽별 분담률에 근거하여 공동 분담하며 멤버 클럽의 자주운영기구에서 정산한다.

푸-울 보유한도까지는 영리보험회사를 통한 재보험과 연관되어 있지 않기 때문에 최저 코스트로 거대한 가입 선복량을 확보하여 바꾸어 말하자면 거대

82) Overspill claim의 한도는 전세계 총선복량과 SDR(Special Drawing Right)의 가치에 따라 달라진다. 이는 런던해사채권조약(LLMC-1996)에 의거 전세계 선박의 책임한도액 총액의 2.5% 상당액을 그 한도로 하고 있고 LLMC의 계산단위가 SDR이기 때문이다.

83) 현행의 푸-울협정은 Tokio Marine/Standard 제휴(TS-21) 등으로 들어난 취약점을 보완하기 위해 개정된 "Pooling Agreement-2000"으로 전문 31개조와 10개 부속서(Appendix)로 구성되어 있음.

한 선복량을 발판으로 코스트의 평준화를 도모할 수 있게 된다.

다시 5,000만달러를 초과하여 20.5억달러까지의 클레임에 대해서는 그룹 푸-울에 의해서 확보되는 거대한 선대를 배경으로 로이즈 일반재보험 시장과 교섭하여 매우 저렴한 재보험료로 일괄 재보험계약을 한다. 사실상 전세계의 외항선대 약 7억톤을 단일 선대화하여 체결하는 본 재보험계약은 단일계약으로는 세계 최대의 계약으로 국제 P&I그룹을 통한 저렴한 재보험료는 여타 영리 재보험회사의 추종을 불허하는 것으로 단연 국제 P&I 그룹의 독주를 가능케 하는 결과가 된다. 즉 국제 P&I그룹이라는 창구를 통하여 재보험계약을 체결하는 것이 결국 선주들에게 싼 비용으로 P&I 커버를 제공할 수 있는 유일한 수단이라고 할 수 있으며 실제 국제P&I 그룹이 카르텔의 일종인 IGA 체제를 합리화시키기 위해, EC에 대해 주장하고 있는 논리 가운데 가장 설득력이 있는 논리도 바로 이것이다.

그룹은 20.5억달러를 초과하는 초거액 클레임(Over Spill Claim)에 대해서도 각 클럽은 가입해 있는 선박의 총톤수에 따라 그 초과액을 분담하도록 되어있으며 이는 이른바 Mutuality(공제/협동조합상호보험)의 이론을 극대화한 결과로서 일반 영리보험회사에서는 찾아볼 수 없는 그룹클럽의 특색중 하나이다.

1899년에 결성된 London 그룹의 6개 클럽들은 후발 또는 해외P&I 클럽 들을 Pool에 가입시키되 예외 없이 자신들을 통해서 재보험을 하지 않으면 안되도록 통제를 하였으며 간접가입 후 상당한 기간이 경과한 후에야 직접가입을 허용하였다.[84] 국제 그룹클럽 13개 클럽 중 London 그룹을 제외한 타 클럽들이 푸-울협정의 정회원으로 가입된 시기를 정리하면 다음과 같다.

Full membership	가입시기	설립 후 가입까지
West of England	1903년	47년
Steamship Mutual	1955년	81년
North of England	1965년	71년
Gard 등 북유럽 3개 클럽들	1980년	83년
Japan P&I 클럽	1989년	39년

84) 비회원의 재보험을 받아들일 경우 비회원은 실비기준의 보험료에 추가하여 재보험클럽의 일정 이윤을 부담하지 않으면 안 된다.

American Club	1998년	81년
Shipowners 클럽	1999년	144년

2-2 Hydra

선주의 법적 책임이 갈수록 커지고 클레임의 규모도 점차 대형화되어 감에 따라 재보험의 중요성도 증대하게 되었다. 최근 빈발한 대형 해상사고나 오염 등으로 인해 재보험 시장이 불안해짐에 따라 국제 그룹클럽들은 재보험료를 안정시키기 위한 방안의 하나로 재보험 시장에 의존해 왔던 부분의 일부를 클럽들이 추가로 흡수하기 위해 설립한 것이 Hydra이다. 국제 그룹클럽들의 클럽이라고 할 수 있는 Hydra Insurance는 2003년부터 개발에 착수, 2004년에 그룹클럽에 의해 설립되었으나 활동을 개시한 것은 2005년 2월부터이다. 버뮤다에 본거지를 둔 이 회사는 일차적으로 푸-울 한도의 일부인 $30m~$50m(upper pool)까지를 인수하며 그룹 재보험 제 1 단계(first layer, $50m 초과 $500m까지)의 25%인 $125m을 인수한다. 즉, 최악의 경우 Hydra는 $145m($20m + 125m)까지 부담하게 된다. Hydra의 발족으로 인해 클럽들은 재보험시장의 부침에 따른 충격을 다소 완화할 수 있을 뿐만 아니라 장기적으로는 IG 클럽들의 재보험 의존도를 단계적으로 줄여나가면서 동시에 클럽간 결속력과 클레임 처리상의 투명성을 기할 수 있을 것으로 기대된다.

미화 5천만달러를 초과한 클레임 중 20.5억달러(단, 하기 ②와 ③ 부분을 제외한)는 그룹 초과액재보험으로 런던 재보험시장을 중심으로 공동재보험의 형태로 수배되고 있다. 이는 일반상업보험자들로서는 수배하기 어려운 거액의 재보험으로 그룹클럽에 가입해 있는 전 세계 선복량의 90%를 재보험 가입선복량으로 하고 그 위에 오랜 기간 축적되어 온 클레임 처리의 신뢰성, 그리고 푸-울을 통한 재보험 리스크의 안정화 등의 강점을 최대한 활용한 제도로 재보험 시장의 상황에 신축적으로 대처할 수 있는 유연성을 가진 가장 경쟁력 있는 재보험이라고 할 수 있다.

푸-울협정을 통해 실현되는 거액의 커버, 그룹클럽의 우수한 클레임 서비스 체제는 선주에 대해서는 거액의 보험금에 대한 신속한 지급을 보증하고 피해자에 대해서는 신속한 보상을 가능케 한다는 점에서 공익적 측면에서 기여하는 바도 크다.

2007년 현재, 국제 그룹에 가입한 클럽은 척당 사고당 클레임에 대해 미화 20.5억과 그룹클럽이 인수한 전 선박을 기준으로 1976년 해사채권조약(76 LLMC)에 규정된 물적 손해에 대한 책임제한액 총액의 2.5% 상당액을 합한 금액(약 US$5.35bn)을 클럽의 커버 한도로 하고 이 중 다음 부분을 푸-울협정에 의거, 공동 리스크로 처리하고 있다.

① 600만달러를 초과하여 3,000만달러까지의 2,400만달러 부분의 클레임 (푸-울)
② 3,000만달러 초과 5,000만달러까지의 2,000만달러 부분(Hydra)
③ 5,000만달러 초과 5억달러까지의 부분의 클레임의 25%(Hydra)
④ 20.5억달러 초과 클럽 커버 한도액까지의 클레임(Over-spill)

제 3 절 국제 그룹의 운영

IGA 가맹 클럽들은 본 협정이 체결된 이래 현재까지 실질적으로 전세계 P&I 시장을 독점하고 있으며 특별한 상황변동이 없는 한 향후에도 그들의 시장 지배는 계속 될 것으로 본다. IGA 가맹 클럽 하나 하나의 면면을 보면 규모면에서 아주 소규모다 사실상 전세계 P&I시장을 지배하고 있는 IGA 가맹 13개 클럽 전체의 연간 외형(총보험료수입)이 2006년 현재 US$2.3bn(한화 약 2.2조원)에 불과해 매출규모로 볼 때 한국의 제 5 위 해운회사 정도의 크기에 불과하다. 이처럼 소규모 조직임에도 불구하고 100여 년 이상 세계 P&I 시장을 지배하고 있는 IGA 가맹클럽들의 경영 안정화 내지 경쟁력의 근간은, ① 실적과 연계한 무제한 보험료 징수권, ② 푸-울협정을 통한 가장 경쟁력 있는 재보험료, ③ 셋째 IGA를 통한 독·과점체제 확보 등 크게 세 가지로 나눌 수 있다.

즉, 정산보험료제로 운영함으로써 초기 계약 시에는 선주에 따라 영업적 신축성을 갖고 보험료를 부과하였다가 보험사업의 실적(적자/흑자)에 따라 몇 차례든 횟수에 제한 없이 추가보험료를 부과할 수 있으므로 이재율 자체가 클럽경영에 압박요인이 될 수 없으며 클럽을 위탁경영하고 있는 매니저의 입장에서는 클레임이 많을수록 보험료는 상승하고 자신의 위탁수입(Management fee: 총보험료의 일정비율로 산정)도 그만큼 증가하게 되므로 보험금 지급에 인색해야 할 이유가 없으며(이재율에 따라 보험료가 인상되므로) 상황에 따라 영업적 측면(선사 유치)에서 도움이 되고 명분만 갖추어지면 선사가 청구하는대로 보험금을 지급할 수도 있다.

책임보험의 성격상 재보험자는 일단 유사시 최악의 경우(worst case scenario)를 상정(想定)하여 재보험료를 산정하고 비상시에 대비한 재보험자로서의 비상위험준비금 확보를 위한 적정 마진을 포함시켜 재보험 요율을 산정하는 것이 원칙이다. 따라서 장기적으로 보면 재보험자가 부과한 재보험료는 재보험자가 지출한 보험금(burning cost)보다 항상 크기 마련이다. 국제 그룹의 13개 클럽들은 푸-울 대상 클레임에 대해서는 상호 재보험하는 형태로 계약초기에 재보험료를 주고 받는 것이 아니라 클레임이 발생하면 해당 클럽이 선지급한 후 사전에 약정된 비율에 따라 13개 클럽이 분담하는 사후 정산제(Claim sharing agreement)를 채용하고 있기 때문에 일일이 재보험 시장에서 재보험을 구득해야 하는 다른 클럽(Korea P&I Club)과 비교할 때 재보험 코스트 면에서 훨씬 경쟁력이 있으며 푸-울 보유한도를 초과하는 클레임에 대해서는 일반 상업시장에서 재보험을 구입하되 이번에는 13개 클럽에 가입해 있는 전체 선대, 약 7.0억톤을 묶어서 취급하는 전 보험업계 최대의 단일 재보험계약이기 때문에 소규모의 선대(예컨대 Korea P&I Club 의 경우 180만톤-2006년)를 대상으로 하는 재보험과는 비교할 수 없을 만큼 저렴한 재보험료로 재보험 구입이 가능해진다.

다시 말하면 US$50m 이하의 클레임에 대해서는 푸-울이라고 하는 공동정산제를 통해서, 이를 초과하는 부분에 대해서는 세계 최대의 단일 집단재보험계약을 통한 초저가 재보험료로 구성된 보험료 경쟁력을 갖고 있기 때문에 가격 경쟁력 그 자체만 비교하면 타의 추종을 불허할 정도이다. 무제한 보험료 징수권, 초저가 재보험료 및 선주의 P&I 클럽 선택권을 실질적으로 제한하고 있는 IGA를 통해서 13개 클럽간 선박의 이동(그룹회원 클럽간 요율 경쟁을 통해)이나 경쟁을 원천적으로 차단함으로써 정산보험료제, 푸-울협정 및 IGA의 3 대

축을 근간으로 한 13개 클럽의 우월적 지위는 P&I 시장에서 필적할 상대가 없을 만큼 가히 난공불락의 아성이다.

실제 국제 P&I 그룹 카르텔은 기득권 보호차원에서 그룹에 가입하고자 하는 후발 P&I 클럽들에 대해서 아주 폐쇄적으로 운영해 오고 있을 뿐만 아니라 시장 상황에 따라 또는 자신들이 필요하다고 판단될 경우에는 후술하는 바와 같이 푸-울규정과 무관하게 특정국가와의 협상을 통해 철저한 주고 받는(Give and take) 협상을 통해 문호를 조금씩, 그것도 아주 천천히 개방하는 자세를 견지해 왔다.

국제 그룹클럽에 가입해 있는 선대의 현황과 지역별 분포를 보면 아래와 같다.[85)]

대상클럽: 13개 국제 그룹클럽

총가입선복량: 503,259,000grt

평균가입톤수: 3,870만 톤(기준년도: 2004년 7월)

13개 클럽 중 상위 3개 클럽(U.K, Gard, Britannia)의 보유톤수가 절반(49.3%)을 차지하고 있으며 이어 Japan 클럽(5,638만톤), Standard(4,679만톤)의 순서이고 나머지 7개 클럽은 13개 클럽의 평균보유톤수 이하의 소규모 클럽이다. 국제 그룹은 5위의 Standard 를 포함한 상위 4개 클럽이 주도하고 있으며 제 4 위의 클럽인 Japan 클럽은 지리적 · 문화적 이유 등으로 그룹 내의 활동은 그렇게 적극적이지 못하다.

◎ 아시아권 선대의 비중

클 럽	Britannia	Shipowners	Steamship	London	Swedish
총가입톤수	55%	41%	38%	31%	28%

Britannia(7,400만톤)를 제외한 나머지 4개 클럽들은 클럽 평균 보유톤수(3,870만톤) 이하의 소규모 클럽들인 사실을 감안하면 Britannia의 아시아권 선대 의존도는 절대적이다.

85) 자료 근거: "Broker's Note - P&I" by Marsh.

◎ 유럽지역 선대의 비중

클 럽	Gard	NoE	U.K	Standard	WoE
총가입톤수	67%	67%	61%	54%	52%

이 표에서는 3,000만톤 이하의 소형 클럽은 제외하였다.

◎ 미주지역 선대의 비중

클 럽	Japan	American	Standard	Steamship	WoE
총가입톤수	68%	27%	24%	17%	15%

미주지역 선대의 비중은 Japan P&I(68%), American(27%), Standard(24%)의 순이나 Japan P&I 의 경우 미주지역 선대의 비중이 큰 것은 일본선주 지배하에 있는 파나마 등의 편의치적선 비중이 크기 때문이다. 뉴욕에 소재하는 American 클럽을 제외하면 Standard의 미주지역 비중이 상대적으로 큰 편이다.

라인(Rhine) 바지선 내수(Inland water) 소형선박을 주종으로 하고 있는 Shipowner's 클럽의 경우 아시아권 선대의 비중이 41%이다. 소형 내항선의 비중이 큰 일본과 중국의 경우 각각 자국의 P&I 클럽이 있는 점을 감안하면 한국 등의 선박이 다수 가입해 있음을 알 있다.

◎ 한국선박 P&I 가입 현황 (단위: 1,000 총톤)

클 럽	Britannia	UK	SSM	Standard	KPI	기타
가입톤수	7,803	3,955	2,273	728	748	2,019
분포(%)	45.6	23.1	13.3	4.3	4.4	9.3

※ 보유톤수 50,000 총톤 이상 선사기준(2005년 12월 현재, Korea P&I 작성).
※ 기타: 분포 4.0% 이하의 클럽(JP&I, LSSM, Gard, WOE, NOE의 5개 클럽).
※ KP&I의 가입톤수에는 일부 제한된 조건(crew risk only)으로 가입한 선박이 포함되어 있음.

3-1 그룹의 회원

현실적으로 이러한 집단 재보험에 힘입어 국제 그룹클럽들은 사고 당 약 54.5억달러에 이르는 천문학적인 보험 담보를 저렴한 보험료로 제공할 수 있는 반면, 비그룹클럽들은 상대적으로 경쟁력의 열세로 P&I 보험 인수에 제약을 받을 수밖에 없다. 이러한 이유 때문에 국제 그룹에 가입하지 못한 클럽들이나 후발클럽들이 국제 그룹이 제시하는 여러 악조건을 감수(예: 국제 그룹클럽을 통하여야만 재보험을 허용)하면서도 그룹에 가입하려고 노력하고 있다.

국제 P&I그룹에 가입하는 형태에는 준회원으로 부르는 간접가입(Associated member)의 형태와 그룹에 직접 가입하는 정회원(Full member)의 두 가지가 있다. 준회원은 국제 그룹클럽을 재보험자로 하여 그룹에 우회적으로 가입하는 경우(Piggy-back R/ins.)로 현 13개 그룹클럽들 중 최초의 런던그룹을 제외한 나머지 클럽들, 즉 북유럽의 3개 클럽, American Club, 및 Japan P&I Club 들이 모두 준회원, 정회원의 단계를 거쳐 국제 그룹에 가입하였다.

(1) 준 회 원

Korea P&I Club과 같은 비회원(outsider)들은 보험료 경쟁력, 국제적인 조직과 전문성, 서비스 등 여러 가지 면에서 취약점을 갖고 있지만 가장 큰 취약점은 국제적인 신뢰도의 확보문제다. 신생클럽의 경우 개별 클럽의 재력여하와 무관하게 범세계적인 신용이 구축되어 있지 않으므로 유사시 선주들이 필요로 하는 지급보증서를 적기에 발급할 수 없기 때문에 선주들이 가입을 꺼리기 마련이다. 그러나 일단 준회원의 자격으로라도 국제 P&I 그룹과 협력관계를 갖게 되면 지급보증문제를 포함하여 후발 클럽의 취약점의 대부분이 해소될 수 있어 그만큼 경쟁력이 강화되게 된다. 바꾸어 말하자면 경쟁력의 차이가 과거 비회원과 정회원 간의 격차에서 준회원과 정회원의 차이로 좁혀지게 되어 정회원 클럽의 입장에서 보면 경쟁력의 차이가 좁혀진 만큼 비회원 클럽과의 경쟁에서 그만큼 부담을 느끼게 되는 것이다.

(2) 정 회 원

준회원 클럽도 몇 가지 핸디캡(handicap)은 있다. 첫째, 푸-울 클레임의 회수(回收)와 관련 간접가입 클럽의 경우는 푸-울협정에 의거 자체 보유액과 재보험 클럽의 보유액을 초과하지 않는 부분에 대해서는 회수가 불가능하다 즉 푸-울 가입 클럽에 비해 자체 보유액만큼 푸-울의 혜택을 기대할 수 없다. 둘째, 푸-울은 사실상 그룹 운영의 핵심조직으로 다방면으로 그룹의 중요사항을 결정하게 되는데 푸-울에 관한 중요정보 예컨대 각 클럽의 가입현황 등에 대해서는 대외비밀사항으로 되어 있어 간접가입 클럽에게는 접근이 허용되지 않는 등 중요 결정사항에는 전혀 참가할 수 없어 그저 결과나 듣는 정도이다.

바꾸어 말하자면 간접가입 클럽으로서는 재보험 클럽에 대해 지불하는 푸-울 부분의 재보험료가 적정 수준인지 아닌지를 판단할 수 있는 정보가 없기 때문에 결과적으로는 재보험 클럽이 부과하는 추가 마진(margin)을 부담하지 않을 수 없다. 또한 푸-울의 재보험료는 전불(advance payment)인 데 반해 푸-울 클레임의 분담청구는 사후정산이기 때문에 재보험 클럽은 그 기간 동안 보험료를 이용할 수 있다. 준회원 역시 정회원과의 차이만큼 경쟁력면에서 열세이기 때문에 정회원 클럽들은 준회원 클럽들의 신분 상승을 부담스럽게 생각한 나머지 과거의 예를 보면 준회원에서 정회원이 되기까지 몇십 년이 걸리는 것이 보통이다.

공정거래법이나 경쟁법 등에 저촉되는 것을 피하기 위하여 그룹클럽들은 제도적으로는 문호를 비회원들에게 개방하는 것으로 되어 있지만 내면적으로는 매우 폐쇄적으로 운용하면서 문호를 개방하기를 꺼리고 있다. 1984년 설립된 China P&I Club의 경우는 그룹클럽들과 협상을 통하여 설립 시부터 준회원 자격을 취득하였고 2003년도부터 이르러 정회원이 되기 위하여 노력하고 있으나 2008년 1월 현재 국제 그룹은 아직까지도 어떤 결론을 내리지 않고 있으며 일각에서는 가입을 허용하지 않을 것이라는 회의론까지 나오고 있어 두고 볼 일이다.

3-2 회원의 자격

현행의 IGA를 독금법 적용대상에서 한시적으로 제외시키는 유예(moratorium)조치를 결정할 때 EU의 요청에 의거 국제 그룹은 외관상으로는 비회원에게도 푸-울협정에 참여할 수 있도록 가입의 길을 열어두고 있지만 무조건적으로 문호를 개방하고 있는 것이 아니라 일정조건을 충족할 경우에만 문호를 개방하고 있다.

비회원들에게 국제 그룹클럽이 푸-울협정을 통한 재보험을 허용하는 경우는 ① 간접가입형태로 국제 그룹클럽을 통한 재보험을 허용하는 준회원(Grand-fathered entry 라고 함), ② IGA 및 푸-울협정의 당사자가 되는 정회원의 두 가지 형태가 있으며 각각의 경우에 대하여 다음과 같이 조건을 규정하고 있다.

(1) 준회원(Grand-fathered entry)

다음 두 가지 경우에 한하여 준회원 자격을 부여하고 있다.

① 일반상업보험자(Commercial insurer) 또는
② 국제 그룹클럽의 자회사(subsidiaries of the clubs)로서

푸-울협정의 부속서 Ⅸ(Qualification for entry) part 3 규정에 부합할 것

① Paragraph 3.3의 절차를 필할 것, 그리고
② Paragraph 3.4의 열거 조건을 만족시키고 회원 3/4의 동의를 득할 것

** Para. 3.3의 규정에 의거 신청자는 다음의 서류를 제출하여야 한다

(a) 일반상업보험자(Commercial insurer)
- 보험인수 조건
- 정관, 계약 규정 등 보험사업에 관한 소정의 정보제공(제출)
- P&I 규칙과 다른 부분에 대한 열거 및 분석
- 최소 5년간의 실적과 가입선박 리스트
- 현 재보험에 관한 상세 정보

(b) 국제 그룹클럽의 자회사(Reinsured subsidiaries): (설명생략)

**Para. 3.4 -가입시 신청자가 갖추어야 할 자격요건(Qualification for entry)

(a) 일반상업보험자(Commercial Insurer)

- 선주의 P&I 선택권을 현저히 제한하는「차별법」의 수혜자일 것
- 신청자의 보험조건이 그룹클럽이 제공하는 조건과 유사할 것
- 재무구조의 건전성
- 재보험자(그룹클럽)가 클레임을 취급(handling)할 것
- Mutual base로 재보험자가 요율을 산정(rating)할 것
- 푸-울 및 초과액재보험(Pool/Excess R/I)에 대한 분담의무 부담
- IGA를 준수할 것
- 필요 시 가입선에 대한 검사(condition survey)를 할 수 있을 것

(b) IG 클럽의 자회사(Reinsured subsidiaries): (설명생략)

Korea P&I Club이 국제 그룹에 가입하려 할 경우 현 푸-울협정과의 관계를 검토해 본다.

Korea P&I Club은 국제 그룹클럽과는 무관하므로 '자회사'에 해당하지 않으며 그렇다고 일반상업보험자도 아니다 설사 Korea P&I Club이 선주상호보험조합법과 정관을 개정하여 상업화(Commercial)한다 치더라도 또 다른 장벽은「차별법(discriminatory law)」 또는「차별정책」 관련 조항이다. Para. 3.4. (a) (i)에 의거 가입을 신청하는 클럽이나 보험자는 선주의 보험자 선택권을 현저히 제한하는「차별법」의 수혜자 일 것'을 조건으로 하고 있으며 실질적으로 이 부분이 허용조건의 핵심사항이다.

일본이 국제 그룹클럽에게 일본 시장을 개방하는 대신 그들로 하여금 Japan P&I Club을 국제 그룹의 정회원으로 받아들이도록 하기까지는 일본의 보험산업육성법인「외국보험사업자에 관한법(외자법)」의 역할이 결정적이었음은 앞에서 설명하였다. 우리나라에도 일본의 외자법과 거의 동일한 차별법이 있었으나 1977년 보험산업의 국제경쟁력 강화를 이유로 한 보험업법 개정 시 일반손해보험산업에 미치는 영향만 검토하고 P&I 분야에 대해서는 검토 없이 그냥 폐기해버렸다. 물론 당시 손해보험업계는 군사정부의 육성정책에 힘입어 국내 손해보험업계가 이미 국제적 수준으로 성장하였기 때문에 손해보험시장을 해외에 개방하고 우리 손해보험업계가 해외로 진출하기 위하여 외자법을 폐기하는 것이 오히려 바람직했다.

Korea P&I Club을 설립하는 과정에서 정부가 사업기금을 지원하고 설립

이후에도 재무구조 강화 차원에서 추가 지원을 한바 있기 때문에 보는 시각에 따라 정부가 Korea P&I Club을 정책적으로 지원하고 있다고 할 수는 있겠지만 그렇다고 푸-울협정 부속서에서 규정하고 있는 차별정책(discriminatory policy)의 대상이라고 주장할 수는 없다. 결론적으로 현재의 Korea P&I Club은 푸-울에서 규정하는 준회원 자격도 구비하고 있지 못하다.

(2) 정회원(Full membership of P/A－부속서 Ⅸ part 2)

전례로 볼 때 가능성은 희박하지만 규정상으로는 다음의 조건을 충족할 경우 비회원이 준회원의 과정을 거치지 않고 바로 정회원이 될 수도 있다.

조건(Qualification for entry)
회원 전원의 만장일치 동의를 득할 것
IGA의 각종규약을 준수할 것
Office of Fair Trading(영국)의 실질적인 감독준수
90% 이상의 tonnage가 클레임 분담(contribution)에 참여할 것(mutual)
회계절차/Rules, 재무관련 대외 공표자료가 동일할 것
Omnibus/contractual claim 처리 사례를 제시할 것
비영리(Non-profit) 조직으로 30인 이상의 Mutual member를 가질 것
Fund는 회원을 수혜자로 또는 회원의 명의일 것
담보범위(type of risk and tonnage) 등이 그룹클럽과 동일할 것
가입선복의 적정한 분산(Reasonable spread of business－가입톤, 항로, 국적 등)
표정가격제가 아닐 것(No tariff)
외환관리법적용대상이 아닐 것 (No exchange control)
회원을 상대로 무제한 보험료를 청구할 수 있는 법적 청구권을 가질 것
요율산정(Rating) 정책이나 절차가 IG 클럽과 상치되지 않을 것
전문성(Expertise and experience)
재무건전성 및 International rating agency의 기준에 부합한 상태
보험년도와 회계기준이 동일할 것(Same policy year)
차별법이나 정책이 없을 것(No discriminatory law or policy)
비영리 정산보험료제(Mutual non profit)로 최소 5년 이상 경력이 있을 것

이상의 조건 중 상당 부분에 대해서는 Korea P&I Club도 충족 가능하다고 보겠으나 그 기준이 애매하여 심사과정에서 해석상 편견이 작용할 수 있는 부분, 예컨대 para.2.3 (a).(vi)에 규정된 "reasonable spread of business by reference to range of P&I cover, types of tonnage, tonnage trading internationally, countries of ownership, countries of management -"에 관한 한 Korea P&I Club과 같은 신생 소규모 클럽이 충족하기에는 한계가 있을 수밖에 없고 더구나 Korea P&I Club을 경쟁 상대로 인식하고 있는 기존 클럽들이 "Reasonable spread"의 요건을 Korea P&I Club이 충족시키고 있다고 볼 것인지, 과연 Korea P&I Club을 정회원으로 받아들이는 것에 대해 13개 IG 클럽들이 만장일치로 합의가 이루어질지에 대해서는 기술적 측면만으로도 회의적일 수밖에 없다.

Japan P&I Club이 푸-울협정에 정회원으로 참여할 당시(1989년)만 해도 이러한 제한조건이 없었으나 정확한 시기는 알 수 없지만 Japan P&I Club이 가입하고 난 이후에 이러한 애매한 조항이 추가된 것으로 알고 있으며 2003년에 정회원 가입을 신청한 China P&I Club이 직면하고 있는 여러 가지 장애 요인 중 가장 대표적인 사항이 바로 이 부분인 것으로 알고 있다. 이외에도 신청클럽의 재무건전성과 관련된 조건 중 국제신용평가기관이 설정한 이른바 'Appropriate Industry standard'가 과연 존재하는지 그리고 그 내용이 국제적으로 인정되고 있는지도 알지 못하는 마당에 만일 국제적으로 인정되고 잘 정의(define)된 "Standard"가 없을 경우 애매한 조건의 해석을 IG 클럽들이 신청자에게 유리하게 해 줄지도 의문이며 이 점도 China P&I Club이 넘어야 할 과제 중의 하나인 것으로 보인다.

결론적으로 현행 푸-울협정에 의하면 Korea P&I Club은 아직 준회원이나 정회원 자격이 없다. 국제 그룹카르텔의 가입이 Korea P&I Club의 존립을 위해 불가결한 선택이라면 푸-울규정이 아닌 다른 대안을 강구하지 않으면 안 된다.

Insured Deductible과 준회원자격

중국이 개방정책을 펴기 시작한 1970년대 후반 정부의 지시에 의거 국영선사인 COSCO가 중심이 되어 수년간의 준비기간을 거쳐 1984년 1월 1일부로 베이징에 설립된 China P&I Club(CP&I)은 사실상 국영 P&I라고 해도 과언이 아니다. 설립 원년에는 3개사 50척에 457,000총톤에 불과한 선대로 상호보험료, 무제한 보상 및 선주 직영체제로 출발하였으나 보험 기술상의 이유로 초기에는 재보험이 없는 다소 무모한 시작이었다. 설립 직후부터 정책적 차원에서 중국 국적 선대 전체를 인수하기 위해 노력하였으나 통제사회의 강점에도 불구하고 여러 가지 보험기술적 이유로 한계에 봉착할 수밖에 없었다.

결국 후발 P&I 클럽의 취약점을 보완해가며 성장의 기반을 구축해 나가기 위해 IG 클럽들과 타협하지 않을 수 없었고 이미 시장을 지배하고 있는 영국계 클럽들도 중국국가의 특성을 감안하여 중국 시장을 잃지 않기 위해서는 China P&I Club과 절충하지 않을 수 없었다. 즉 외항선박에 대해서는 China P&I Club이 일정부분까지를 보유하고(40만달러) 그 이상에 대해서는 당시 시장을 과점하고 있었던 4개 P&I 클럽(SSM, L&L, UK, WoE)들을 통해서 재보험 계약을 하도록 하되 중국시장을 국제 그룹클럽들에게 개방하도록 함으로써 상호 win-win 효과를 얻을 수 있었다. 물론 여기에는 정부의 지원과 국영선사(Cosco)의 동참이 있었음은 물론이다.

당시 국제 그룹은 CP&I의 출현이 달갑지는 않지만 날로 부상하는 중국의 잠재력을 인식하고 자신들의 기득권을 옹호하기 위한 전략적 측면에서 CP&I의 경쟁력을 제한하면서 최소범위 내에서 중국측의 요구를 수용한 것이다. 이러한 협상의 이면에는 일본의 외자법 못지않은 중국이란 통제사회의 특수성이 반영된 것으로 국영 P&I를 압박하려 할 경우 중국 정부가 정책차원에서 취할 수도 있는 강경조치의 가능성을 우려한 것이다. 그런 우려가 없었더라면 국제 그룹측은 신생클럽의 출현을 원천봉쇄하려는 그들의 기본방침을 고수하였을 것이며 CP&I는 상업보험시장을 통한 재보험에 의존한 채 중국의 일부 중소형 선박만을 대상으로 하는 영세 클럽에서 만족하지 않으면 안 되었을지도 모른다.

이와는 별개로 2002년 Standard Club이 동경해상(Tokio Marine & Fire Co., Ltd)와 제휴하여 일명 "TS-21"이라는 새로운 scheme을 개발하여 일본시장에서 Standard의 위상을 강화하려고 하자 IG 클럽 내에서 TS-21이 IGA의 기본정신에 위반한다는 이유로 타 클럽들, 특히 일본시장에서 강세를 보이고 있는 Britannia 클럽이 강력하게 반발한바 있었다.[86] 논란 끝에 푸-울협정의 규정과 별개로 정책적 측면에서 China P&I Club과의 합의(일명 China P&I Minutes라 함)사

86) 당시 일본 대장성으로부터 영업허가를 득한 클럽은 Britannia, U.K, Gard뿐이었음.

항과 함께 TS-21을 인정하기로 그룹클럽들이 합의한바 있었으나 그 직후 그와 유사한 사례의 재발을 방지하기 위한 차원에서 푸-울협 정상에 Clause 2.2를 새로 도입하였다.

CHAPTER

5

특수 클럽

제 1 절 T.T. 클럽

1-1 T.T. 클럽의 의의와 필요성

정식명칭은 Through Transport Mutual Insurance Association Ltd.로, 약해서 T.T. 클럽(Through Transport Club)으로 부르고 있으며 이는 복합운송을 위한 상호보험조합으로서 1969년 Bermuda섬에 설립되었으며 기본개념은 종래의 P&I 클럽과 유사하다.

전통적인 의미에서 해상운송은 선측에서 선측까지(tackle to tackle)를 그 구간으로 하고 과거 재래정기선 회사들은 해상구간에 한해서만 운송을 인수하고 동시에 그 구간에 대해서만 운송화물에 대한 책임을 인수해 왔다. 그러나 1956년 이후 시작된 컨테이너화의 영향으로 인해 지금은 port to port 구간을 넘어 door to door 구간을, 육·해·공을 망라하는 복수의 운송수단을 동원해서 포괄적으로 운송을 행하는 이른바 복합운송시대이다.

이에 따라 과거 순수 해상운송구간의 책임만을 인수해 왔던 P&I 클럽들도 복합운송을 인수한 복합운송인의 책임을 취급하는 새로운 보험체계를 갖추지 않으면 안 되었다 보험 기술적 측면에서만 보면 기존의 P&I 클럽들이 복합운송인의 책임을 처리할 수도 있지만 상호보험의 기본 정신에 비추어 볼 때 복합운송인의 책임과 순수 해상구간만을 취급하는 단일구간운송인의 책임을 함께 상호보험으로 처리하기에는 리스크 관리 측면에서 복잡한 문제가 발생할 수 있을 뿐만 아니라 사실상 전 세계 약 7억총톤에 상당하는 선박들을 대상으로 하고 있는 공동정산제(Pool system) 적용에도 복합운송과 해상운송의 책임체계가 너무나 상이하기 때문에 전통적인 P&I 클럽을 통해서 복합운송인이 필요로 하는 보험을 인수하는 것보다는 복합운송만을 대상으로 하는 별도의 클럽을 결성하는 것이 더욱 더 효과적이라는 판단하에 영국을 중심으로 한 Mutual Club의 메니저들이 T.T. Club을 발족시켰다.

복합운송인(Multi-modal or Through Transport Operator)이 필요로 하는 위험은 주로 세 가지로 나눌 수 있다.

(1) 화물에 대한 책임

복합운송인이 화물을 운송하거나 취급(handle)할 경우, 자신의 책임구간에서 발생한 화물의 멸실 또는 손상에 관한 대 화주 배상책임을 의미하며 책임의 범위와 크기는 화주의 무역조건(trading condition)과 운송계약의 내용에 따라 달라진다. 책임의 크기는 운송인(operator 포함)이 독자적인 책임원칙을 채택하고 있는지, 아니면 CIM(철도운송조약), CMR(도로운송조약), 헤이그규칙과 같은 국제운송조약을 적용받는지 등 운송조건에 따라 달라진다. 화물에 대한 책임의 내용은 표준조건(클럽의 규칙에 정해져 있음), 표준조건이 아닐 시는 가입전 합의를 거쳐 정해진 조건에 따라 커버한다.

(2) 복합운송인이 소유 또는 임차(lease)한 장비(equipment)의 멸실이나 손상

운송에 필요한 컨테이너 등 각종 장비 및 기구를 대상으로 하며, 이들 장비나 기구를 소유(임차)한 경우 그 멸실, 손상 등의 물리적인 손해를 보상한다. 커버의 범위나 정도에 대해서는 각자가 정책적으로 결정해야 할 사항이나, 요즈음 컨테이너선의 경우 단 한 척이 운송할 수 있는 Container 그 자체의 가격이 수천만달러에 달하는 것이 보통이다. 일반 컨테이너와 고가의 냉동컨테이너가 함께 운송될 경우를 예상한다면 총액은 그보다 더 고액일 수 있다.

(3) 제 3 자에 대한 책임

복합운송계약에 의거한 대 화주 배상책임, 자신의 소유 혹은 임차장비 또는 기구의 물리적 손상으로 인한 재산상의 손해 이외에 제 3 자에 대한 배상책임을 의미한다. 컨테이너 기타 장비의 사용에 부수하여 발생한 인명손해나 타인의 재산에 가한 손해의 경우, 그 사고의 원인이 컨테이너나 장비 자체의 어떤 하자(defect)로부터 기인되었을 경우 이들 비계약책임(non-contractual liability)은 거액에 달할 수 있다.

복합운송하에서의 책임과 관련하여 보험을 필요로 하는 주체들은,

① 선주나 용선자
② 터미널이나 육상 데포(inland depot)의 운영자
③ 운송주선인(freight forwarder)이나 NVOCC
④ 컨테이너 임대업자(lessor) 들이다.

복합운송사업에 종사하고 있는 자가 선주이든 용선자이든 또는 그 외 복합운송인이든 간에 그들은 자신이 사용하고 있는 컨테이너, 트레일러, 기타 취급하고 있는 장비들에 대해서 보험에 가입하여야 한다. 그러한 장비들이 자신의 소유일 경우는 자신의 재산을 보호하기 위해서 필요하며 임대장비일 경우에는 예외 없이 임대회사가 그러한 보험가입을 임대조건으로 하고 있다.

T.T. 클럽에서 커버하는 내용을 요약하면 다음과 같다.

① 화물과 컨테이너 멸실 · 손상에 대한 책임: 여기서 말하는 멸실 · 손상에 대한 책임이란 계약상의 책임뿐만 아니라 불법행위책임도 포함한다. 이들 책임은 사용계약이나 조건 등에 따라 달라질 수 있으므로 T.T. 클럽 가입 시 각자의 계약과 조건에 알맞은 보험계약이 되도록 그 내용을 클럽에 알려야 하며 인도지연 등으로 인한 책임은 커버 대상에서 제외된다.
② 회원이 소유 혹은 사용중인 장비의 멸실 · 손상에 대한 '전위험 담보(All

Risks)': 여기서 말하는 '장비'(handling equipment)란 제반화물취급기기(cargo handling gear)와 설비(plant) 등은 물론 터미널 밖에서 사용되는 육상차량까지도 포함한다.

③ 제 3 자에 대한 책임손해: 위 ①항의 화물이나 컨테이너에 대한 재산상의 손해(property damage) 이외에, 제 3 자의 재산에 가한 손해와 인명사상(death or injury)으로 인한 책임.

④ 잔해물 제거: 사고로 인해 화물취급장비 등이 파손되어, 그 잔해가 육·해상의 항로나 통로(passage or fairway)의 통행을 방해 할 경우 그 잔해를 이동 또는 제거하여야 하며, 이를 위해서 지출된 비용손해를 커버한다.

⑤ 방역비용(quarantine and disinfection expenses): 검역법 혹은 공공위생·건강법의 규정에 의거 취급장비, 컨테이너 및 화물의 소독을 위해 지출한 비용.

⑥ 벌금(fine and penalties): 컨테이너 취급장비의 수리 또는 보수를 포함하여, 컨테이너의 조작의무, 화물관리와 관련하여 밀수행위 등을 이유로 오퍼레이터에게 법원 또는 당국이 부과한 벌과금으로, 보세창고나 시설 등을 운영하는 오퍼레이터의 경우 화물 인도상의 착오 등으로 인해 부과되는 관세법 위반으로 인한 벌과금(custom penalties) 등이 이에 해당한다. 적지에서 선적되지 않았다는 사실이 입증되지 않는 한 일단 그 국가 내로 반입된 것으로 간주하고 양지에서 확인된 부족분에 대해 벌금을 부과하는 국가도 있다.

⑦ 소송비용: 클럽이 커버하는 위험과 관련된 클레임의 방어(defence), 손해방지 및 경감을 위해 지출한 비용, 그 밖에 사고에 관한 공식심문 또는 조사를 할 때 회원의 이익을 보호하기 위해서 지출한 비용도 클럽이사회의 심의를 거쳐 커버 대상이 될 수 있다.

⑧ 기타 오퍼레이터의 임무 수행에 부수하는 책임 또는 비용: 여기서 클럽이 커버하는 부수적인 책임 또는 비용이란 클럽 규칙에 의거 반드시 커버해야 하는 성격이나 책임 이외의 것으로 커버 여부는 전적으로(exclusively) 클럽이사회의 제량사항이며, 일반 P&I 클럽의 "Omnibus clause"와 유사한 담보제도이다. 주어진 계약과 여건하에서 엄격한 의

미에서 클럽이 커버해야 할 성격의 클레임은 아니지만, 사고 당시의 상황을 사전에 예견하였더라면 클럽에 부보하였을 리스크였다고 판단될 경우, 이사회의 의견을 거쳐 클럽이 예외적으로 커버해 주는 책임 또는 비용을 말한다.

제 2 절 F.D.& D 클럽

F.D.& D(Freight, Demurrage & Defence) 클럽은 선박의 소유, 운항에 부수하여 발생하는 클레임, 분쟁 기타의 문제와 관련하여 회원이 할 수 있는 권리의 주장 또는 이익의 방어(defence)를 지원하고 그로 인하여 발생한 비용 등을 커버하는 것을 주기능으로 하는 클럽이다. F.D.&D에서 커버의 대상이 되는 것은 클레임이나 분쟁의 금액 그 자체가 아니라 그러한 분쟁이나 클레임에 대한 방어, 집행 또는 상대를 공격하기 위해 지출된 법무비용(legal costs)만을 커버의 대상으로 하고 있다. 일부에서는 회원에게 불리하게 내려진 재정(裁定)금액 자체에 대한 위험뿐만 아니라 이와 관련된 클레임의 방어 내지는 실행비용들까지도 커버되는 것으로 오해하고 있는 경우가 있으나 분쟁금액, 클레임 금액 그 자체는 F.D.&D의 커버대상이 아니라는 점을 확실히 이해해야 한다.

F.D.&D가 주로 취급하는 클레임은 운임관계의 소송을 비롯해서, 체선료(demurrage), 조출료(despatch), 용선료(charterage) 등과 관련된 분쟁으로 일반적으로 말해서 용선계약하에서 발생되는 운임, 체선료, 혹은 부적운임(dead freight)과 관련된 분쟁이 F.D.&D 클럽이 커버하는 가장 보편적인 예라 할 수 있다. 이러한 문제가 발생하면 회원은 가장 빠른 방법으로 클럽에 사실을 통지하고 안내를 받아야 한다. 분쟁에 관한 법적 분석이 불리함에도 불구하고 또는 소송의 실익이 없음에도 불구하고 클럽에서 소송비용을 부담해 줄 것으로 믿고 비용문제에 대해서는 전혀 개의치 않고 무조건 분쟁을 소송이나 중재로 해결하려는 경우도 있을 수 있으나 클럽의 사전 동의 없이 조치를 취하였을 경우 커버대상에서 제외될 수도 있음에 유의하여야 한다.

용선계약과 관련된 분쟁을 커버하는 이외에 선주, 즉 회원들이 체결한 다른 계약 사항에 대해서도 커버한다. 예를 들면 매매(sale and purchase)계약, 하역(stevedoring)계약, 선박보험계약, 화물 운임 및 저당약정(mortgage agreement) 등을 들 수 있다.

2-1 커버 범위

U.K. 클럽의 F.D.&D의 조건하에서 커버하는 대상은 대략 다음과 같다.

① 용선계약, 선하증권, 기타의 계약으로부터 발생하는 운임, 부적운임 및 여객운임에 관한 클레임, 공동해손, 단독해손부담금 또는 비용에 관한 클레임.
② 가입선박의 체선손해(damages for detention) 및 체선료에 관한 클레임.
③ 가입선박의 멸실(loss), 손상(damage) 또는 억류(detention)에 관한 클레임.
④ 용선계약, 선하증권, 기타의 운송계약의 위반 혹은 화물의 운송과 관련하여 발생한 법적의무(breach of any legal duty)에 관한 클레임.
⑤ 질이 낮거나 부적합한 연료, 장비(outfit), 의장품(艤裝品), 기타의 필수품의 공급과 관련된 클레임 또는 가입선박의 부주의 또는 부적당한 수리나 개조와 관련된 클레임.
⑥ 화물의 부적당한 적제(loading), 부선작업, 적부(stowage), trimming 혹은 양하와 관련된 클레임.
⑦ 과당청구(overcharges in accounts)에 관련된 클레임.
⑧ 보험회사 또는 보험사업을 행하는 개인이나 회사로부터 받을 금액이나 선박, 화물 또는 운임에 부과되는(due on ship, cargo or freight) 금전에 관한 클레임.
⑨ 가입선박에 의해 제공된(rendered by) 해난구조 또는 예항(曳航)작업에 관한 클레임.
⑩ 가입된 선박으로 운송될 예정이거나 운송중의, 혹은 운송된 여객이나 그 대리인 혹은 유족에 의한 클레임 또는 그러한 자들에 대한 클레임.
⑪ 가입선상 또는 부근에 있는(on or around an entered ship) 선장, 사관,

선원, 밀항자 및 그 밖의 사람에 의한 클레임 또는 그와 같은 자들에 대한(against) 클레임.

⑫ 가입선박의 건조, 구입, 매각 또는 저당권에 관하여 발생한 클레임, 다만 선박의 건조 또는 구입에 관한 클레임은 본선의 클럽 가입이 당해 계약 체결일 당시에 체결되어 있는 경우에 한한다.

⑬ 가입선박과 관련 세무 또는 관세당국에 의한 클레임 또는 그러한 자들에 대한 클레임.

⑭ 가입선박에 관한 당국의 조사, 검사관의 검시 기타 유사한 심문에서의 회원의 대리.

⑮ 기타 이사회의 전적인 제량에 의해 클럽의 담보범위에 속한다고 결정한 클레임, 분쟁, 문제 및 기타의 소송 혹은 기타의 행위(상기 각항에 규정되어 있는 이외의 것).

2-2 F.D.&D 클럽의 운영

보험년도는 일반 P&I 클럽의 경우와 마찬가지로 매년 2월 20일에서 시작하여 다음해 2월 20일까지이며 이사회의 운영이나 기능도 유사하다. 일반클럽이 보험년도 단위로 수지가 균형을 이루도록 보험료(a/c 및 s/c)를 부과하는데 비하여 F.D.&D에서는 보험년도별 수지균형에 대한 분석은 하지 않으며 보험년도 매 4개월마다 지난 4개월 동안 분쟁의 발생년도와 무관하게 지출된 비용(보험금)과 다음 2기(8개월)에 예상되는 비용과 적정 수준의 예비기금을 더하여 그 시점의 회원에 대하여 부과하는 이른바 'Rolling forward'방식을 채택하고 있다. 로링 포워드 방식하에서는 P&I 클럽의 경우와 달리 보험년도가 종료한 후 이미 클럽을 떠나버린 탈퇴회원에게 추징금을 부과하는 문제는 생기지 않는다.

보험료는 이재율을 기준으로 해서 몇 단계로 분류하여 이재실적에 따라 차등 부과하며 보험료는 톤당으로 부과되는 것이 아니고 척당으로 부과한다. 클럽에 따라 다소 차이는 있으나 대략 척당 수천달러 수준이다.

제 3 절 스트라이크 클럽

이 클럽은 동맹파업 곧 스트라이크로 인해 그 기간 동안 발생한 회원 소유 선박의 운항비손실(loss of running costs)의 커버를 목적으로 하며 상대적으로 복잡다단한 일반 P&I 보험에 비해 비교적 단순하다. 즉 스트라이크로 인해 선박이 지체되었는지의 여부와 지체의 결과로 선주가 피해를 입었는지의 여부에 관한 사항만을 문제로 삼을 뿐이다.

'스트라이크'란 서비스의 제공이나 상품의 생산을 방해, 제한 또는 간섭할 목적으로 노동자들에 의해서 취해진 쟁의행동(industrial action)의 유형이라고 정의하고 있으며 스트라이크의 주체에 따라 다음의 세 가지로 분류된다.

① Class I : 스트라이크나 직장폐쇄(lockout)로 인한 지연손실, 즉 가입선박의 일당 운항비 손실을 커버한다. 실제 스트라이크 기간에 대해서만 손실을 보상하며 선원의 스트라이크는 제외된다. 가입선박이 실제 스트라이크 지역 내에 있어야만 커버되며 그 인근지역에 있는 경우는 보상대상에서 제외된다.

② Class Ⅱ: Class I 과 동일하나 스트라이크가 행해진 실제 기간이 아니고, 스트라이크는 종료되었으나 그로 인한 후유증, 즉 선박의 폭주 등으로 인한 운항비 손실을 커버한다.

③ Class Ⅲ: 선원의 스트라이크로 인한 운항손실을 커버한다.

여기에서 운항손실이란, 실제의 스트라이크 기간에 발생한 운항손실을 의미하는 것이 아니고, 클럽에 가입할 당시 연료비, 항비(port charge), 보험료, 인건비 등 이른바 직접비 등을 토대로 사전에 약정한 일당 운항비를 말한다. 스트라이크란 그것이 부분적이든 전면적이든(whether partial or general) 상관없이 행해지는 모든 스트라이크를 말한다.

전쟁위험의 경우와 유사하게 스트라이크 역시 상습적으로 또는 자주 발생하는 특정지역이 있다. 예컨대 오스트레일리아의 부두파업(dock strike)이나 스페인의 항만 스트라이크 등을 들 수 있다. 이러한 지역들은 이미 상습지역으로 잘 알려진 곳이기 때문에 그곳으로 선박으로 배선하려는 선주의 입장에서는 스트라이크에 대한 보험을 가입하고자 할 것이지만 클럽에서는 가입을 조건 없이 받아들이지는 않는다. 즉, 가능성이 있는 지역으로 배선하면서 클럽 커버를 기대한다는 것은 실무적으로 실익이 없다는 점을 인식하여야 한다. 오스트레일리아처럼 악명이 높은 지역에 대해서는 보상한도는 짧고 공제일수는 그만큼 높기 때문에 사실상 스트라이크 보험에 의존한다는 것이 무의미해진다.

보험료는 보험금액의 백분율이나 톤당으로 산출되는 것이 아니고 "운항비 2일 상당액" 등과 같이 날짜 단위로 부과된다. 일반보험의 경우처럼 스트라이크 보험에서도 deductible제도가 있으나 일반보험이 금액으로 표시되는 데 비해서 스트라이크 보험에서는 날짜로 정해지며 보상한도 역시 1개월 또는 2개월등으로 정해진다. 예컨대 "보상한도 연간 30일, Deductible 4일, 운항비 US$ 30,000/day, 보험료 2일분"과 같이 표시된다.

스트라이크 클럽에는 다음과 같은 조건이 있다.

① 모든 클레임은 약정된 공제(deductible)의 적용을 받는다.

② 이 보험하에서 클레임은 스트라이크 기간 동안에 발생한 지연으로 인한 회원의 실손해(loss due to delay actually suffered)를 초과할 수 없다.

③ 전시금수품을 운송하거나 불법 무역에 종사한 경우 또는 불법적인 행위를 수행중에 발생한 자연은 담보대상에서 제외된다.

④ 클럽이 부적절하거나 안전하지 못하다고(unsafe or improper) 판단되는 항로나 항해에 대해서는, 클럽은 이를 회원에게 통지할 권한이 있으며, 그 이후 그러한 항로나 항해에서 발생한 스트라이크에 대해서는 담보하지 않는다.

⑤ 지연손해가 해당선박이 보험에 가입할 당시 이미 존재한 상황(circumstances existing at the time the ship was entered)에서 기인한 것일 경우, 그 손해는 담보하지 않는다.

⑥ 육상 스트라이크(class Ⅰ)와 그로 인한 후유증으로 인한 손해(class Ⅱ)가 연속(during one continuous period)해서 발생한 경우의 클레임에 대해서는 1회의 deductible을 적용한다.

⑦ 가입선박이 용선되었거나(charter out) 또는 그와 유사한 계약이 되어 있는 경우, 용선 기타의 계약에 의거 지연손해를 클럽 아닌 타인으로부터 보상받을 수 있는 경우에는 클럽에 대해 보상을 청구할 수 없다.

제 4 절 용선자책임보험(Charterer' s liability)

1854년 최초의 P&I 클럽이 설립된 이래 P&I 클럽들은 선주의 책임사항만을 인수해 왔으나 선박의 용선이 성행하게 됨에 따라 용선운항중 발생한 용선자의 책임에 대한 문제가 대두되었다. 그러나 대부분의 용선활동이 기존의 선대에서 발생한 사고 또는 일시적인 선복의 부족분을 보충하기 위한 수단으로 선주들에 의해서 이루어지고 있었기 때문에 선주 중심의 P&I 보험을 약간 확장하여 용선자의 책임을 처리하여 왔다. 그 후 용선이 선박을 조달하는 주요수단의 하나로 부상하고 비선주 그룹에 의한 용선이 활발해짐에 따라 용선자만을 위한 별도의 보험이 필요하게 되어 전통적인 P&I 클럽의 담보대상과는 별개의 용선자 책임보험을 1986년에 결성하기에 이른 것이다.

용선자가 P&I 클럽에 가입하는 예는 기간용선과 연속항해용선(Consecutive voyage charter)의 경우가 대부분으로 이 경우에는 용선자가 선박을 소유하거나 통제(control)하지 않는 경우들이다. 물론 항해용선자(Voyage charterer)도 1항해를 대상으로 P&I 클럽에 가입할 수 있다.

영국 P&I 클럽들의 용선자 보험관련 규칙(rules)을 보면 회원(member)과 관련하여 특별한 제한을 두고 있는 것은 아니다. 즉 선박소유자, 나용선자뿐만 아니라 통상의 용선자도 이 보험의 회원이 될 수 있다. U.K. 클럽의 규칙을 보면(제44조) "회원이란 선주 이외에 합명선주, 개별지분보유선주, 공유선주, 저당권자, 관재인, 용선자, 운항자, 관리자 또는 건조자, 기타의 자를 의미한다"고 규정되어 있다.

선박의 용선이 기간 혹은 항해용선 중 어느 형태이든 선주와 용선자간에 발생할 수 있는 책임관계는 크게 다음의 세 가지 분야로 나눌 수 있다.

① 용선계약하에서 발생한 선주에 대한 책임
② 선주를 제외한 제 3 자에 대한 책임(Third party liability-TPL)
③ 불법행위 또는 비계약책임(liability in tort or non-contractual liability)

이상의 책임사항은 표준계약서식(standard form)을 기준으로 한 것인 만큼 세부사항은 당사자간의 협상에 따라 약간 달라질 수는 있지만 기본 주류는 바꿀 수 없다. 통상적으로 용선계약하에서 용선자가 책임을 부담하는 경우는 대략 다음과 같다.

① 화물의 선적(loading), 적부(stowing), 양하(discharging)상의 과실(negligence)
② 안전치 못한 항(unsafe berth or port)으로 선박을 배선하여 발생한 책임
③ 화물의 과 · 부족, 밀수(smuggling), 항해 또는 운송화물의 수속상의 문제로 야기된 벌금

용선자의 책임이 되는 전형적인 선체손상의 예는 용선자의 책임과 비용으로 수배된 하역인부들이 야기한 winch, derrick, 선체의 손상을 들 수 있으며 이들의 적부(stowing) 잘못으로 항해중 화물이 이동(shifting)하여 발생한 선체 손상도 포함될 수 있다.

가입선박의 손상에 대한 책임에 관한 문구를 보면, "가입선박의 물리적 손상(physical loss)이나 손해로 인하여 발생한 손해(damage)나 보상(compensation)을 선주에게 지급하며, 여기에는 체선료, 용선료나 지체보상금(including detention and or demurrage and or hire)이 포함되며, 선체(hull), 기관(engine), 컨테이너(선주가 빌린 것이거나 소유하고 있는 것), 장비(equipment), 보급품(store), 연료(fuel), 보급품(supplies) 및 기타 선상에 있는 선주의 모든 재산(property)이 포함된다"고 되어 있다.

용선선박에 규격 미달의 연료(substandard bunker)를 공급하여, 그러한 저질유로 인하여 기관이 손상된 경우에도 용선자의 책임이 될 수 있다. 이러한 유형의 클레임은 실제 자주 발생하고 있는 것으로, 용선중인 선박에 기관사고가 발생하게 되면 선주는 별도의 사고가 없는 한 일단 연료의 질에 대하여 의심하게 되는 것이 보통이고 만일 연료유가 저질이었다는 것이 드러나게 되면,

이를 기관사고에 연결시키려는 것이 상례이기 때문이다.

제 5 절 전쟁보험클럽

통상 선체 및 기관에 대한 해상보험증권에는 전쟁위험을 커버범위에서 제외한다는 약관을 포함시키는 것이 일종의 관행으로 되어 있었다. 즉 선체 및 기관에 대한 보험증권에 FC&S 약관(Free from Capture & Seizure clause-나포 및 억류 부담보)이 포함되어 있고 P&I 규칙에도 다음과 같은 사유로 발생된 인명손해 및 재산손해에 관련된 비용 및 제반 책임에 대해서, 선주에 대하여 보상하지 않는 것으로 규정하고 있다.

① 전쟁(war), 내란(civil war), 혁명, 폭동(rebellion, civil strike)이나 교전국(belligerent power)에 의한 것이거나 그를 상대로 한 적대행위
② 포획, 나포, 억류, 억지(capture, seizure, arrest, restraint or detainment) 및 그로 인한 결과나 위험
③ 기뢰(mines), 어뢰(torpedoes)나 폭탄(bombs), 로킷)rockets), 유탄(shells) 및 기타 유사병기(weapons of war).

이러한 상황하에서 선주들이 전쟁위험에 대처하기 위한 길은 클럽으로 하여금 특별전쟁위험 커버를 결성토록하고 희망하는 선주들이 여기에 동참하는 것이었다. 초기의 P&I 클럽이 제공했던 커버의 내용은 당시 해상보험증권에서 제외되어 있었던 "포획 및 나포 부담보약관"에 의해 제외되어 있었던 전쟁위험을 취급하는 것이었다. 그러나 1900년대 초에 결성된 전쟁보험 클럽은 수용능력의 한계와 재보험 미비 등으로 인해 부진을 면치 못하다가 세계대전 직전인 1914년부터 전쟁보험 부보가액의 80%를 영국 정부가 재보험 기능을 수행하기로 함에 따라 영국 국적선을 중심으로 한때 활성화되었으나 가입대상이 영국 국적선으로 한정됨에 따라 종전 이후에는 기능이 정지되었다. 그 후 냉전종식과 더불어 대전과 같은 전쟁위험은 현저히 줄어들었지만 국지적으로 정치정세

가 불안하고 테러행위가 빈발하고 있는 현실하에서 실제 '전쟁위험'에 해당되는 클레임의 사례들이 급증되고 있기 때문에, 경영 안정차원에서 되도록 통상적인 P&I 커버에 더하여 전쟁위험 커버를 별도로 마련해 두는 것이 바람직하게 되었다.

다른 전쟁보험의 경우와 마찬가지로 여기에서 커버되는 기본적인 위험들은 일반선박보험증권에서 제외된 위험들로서, 협회 기간약관(ITC-hull) 에 열거된 이른바 'war exclusion', 'strike exclusion' 및 'malicious act exclusion'이라고 부르는 포획, 나포, 억류, 억지, 내란, 민란, 기뢰, 어뢰, 폭탄, 기타 악의적으로 행동하는 자들에 의한 폭발이나, 노동쟁의에 참여하고 있는 자들이나 스트라이커(striker)들에 의한 행위 등이었다.

이에 더하여 회원들은 다음과 같은 사유로 발생된 억류(detention and detainment)에 대하여서도 폭넓은 커버를 제공받을 수 있다.

① 전쟁위험으로 인한 선박의 멸실 및 손상을 피하기 위한 억류나 억지.
② 전쟁위험으로 인한 가입 선박의 멸실 및 손상을 면하기 위하여, 그 선박이 소유(owned),, 관리(manage) 또는 등록(registery)된 국가의 기관이나 정부의 명령(orders), 지시(direction) 및 기타 권고(recommendation), 또는 그러한 명령, 지시나 권고를 발할 수 있는 다른 어떤 국가나 군대의 명령, 지시 및 권고를 수행하기 위한 억류나 억지.
③ 내란이나 폭동, 전쟁에 참여하고 있는 자들에 의한 억류나 억지.
④ 정치적인 동기(political motive)를 갖고 행동하는 자들에 의한 억류나 억지.

현재 P&I 클럽에서 제공하고 있는 전쟁위험 커버는 선박보험하에서 전쟁위험이 커버되고 그 커버 한도가 일정 금액 이상일 것을 전제로 하고 있다. 실제 전쟁보험자로부터 커버되는 금액은 P&I 클럽에서 제공하고 있는 특별커버(special cover)를 적용함에 있어 일종의 기초공제액(deductible)으로서 기능하게 된다.

제 3 편

해상보험과 리스크관리 • 해상보험과 리스크관리 • 해상보험과 리스크관리 • 해상보험과 리스크관리

해 • 상 • 보 • 험 • 과 • 리 • 스 • 크 • 관 • 리

해상보험과 리스크관리

CHAPTER

1

해운산업과 리스크

제 1 절 해운산업과 리스크

동북아 경제의 규모가 커짐에 따라 동북아 해운물류 시장의 중심에 있는 우리나라는 지정학적으로도 중요한 위치에 자리하고 있다. 이러한 지정학적 조건을 최대한 활용하여 항만개발과 해운산업이 발전될 경우 동북아 물류의 중심기지로 확고한 부동의 위치를 유지할 수 있게 되며, 이와 함께 남·북한 철도가 연결될 경우 유라시아 지역과 태평양을 잇는 지역거점으로 부상할 수 있는 국가 전략적인 의미도 크다고 할 수 있다. 우리나라 경제는 대외의존도가 높아 수출품이나 수입자재 등의 물량이 많으며 주변국 특히 중국 및 동남아 경제의 성장으로 수요가 폭발적으로 증가하고 있는 해운산업은 국가 경제 발전의 원동력이라고 할 수 있다. 이러한 기회요인을 최대한 활용하기 위해서는 해운 및 물류에 대한 기반시설 구축과 해운기업들의 경쟁력 기반 확충을 통해 지속적인 원가 경쟁력을 확보하고, 질적인 복합서비스를 제공함으로써 시장수요에 부응하며, 국제적 네트워크를 구축하여야 한다. 그러나 이러한 목표를 달성하기 위해서는 무엇보다도 해운산업의 기회요인에 위협을 주는 제반 리스크의 관리가 필수적이다. 즉, 각종 안전관리를 포함한 리스크관리 없이는 원가경쟁력 확보나 질적인 서비스의 제공 등이 불가능하고 해운산업뿐만 아니라 개별기업체의 존속을 위협하므로 가장 우선순위를 두어야 하는 부분이 바로 리스크관리이다.

해운산업의 리스크관리는 물류의 거점인 항만의 안전관리를 포함하여 항만 기반시설에 피해를 주는 리스크는 물론 해상보험을 포함한 해운기업의 경영에 악영향을 주는 제반 리스크를 관리대상으로 한다. 예를 들어, 선적 하역작업 도중 발생하는 근로자 안전문제나 자연재해로 인한 부두 및 크레인, 접안시설 등 항만기반시설에 대한 피해를 최소화할 수 있는 리스크관리뿐만 아니라 항만에 출입하는 각종 차량 및 선박에 발생하는 사고와 이로 인한 간접손실 그리고 해양 오염사고를 포함한 제 3 자에 대한 배상책임을 관리대상으로 한다.

[사례 1] 해양오염의 대표적인 사례: 씨프린스호 사건

우리나라 해양경찰청에서 해양오염관리업무를 시작한 이래 2001년 말까지 23년간 우리나라 주요 항 · 포구에서 발생된 해양오염사고 발생건수는 총 6,420건으로 선박유출기름에 의한 오염사고는 5,948건으로 92.6%를 차지하였고, 폐기물 및 유해물질에 의한 오염사고는 472건으로 7.4%로 나타났다. 원인별로는 6,420건 중 부주의에 의한 사고가 3,135건(48.8%), 고의에 의한 사고가 1,472건(22.9%), 해난에 의한 사고가 1,269건(19.8%), 파손에 의한 사고가 327건(5.1%), 원인불명의 사고가 217건을 차지해 대다수의 오염사고는 관련 종사자들의 해양오염에 대한 인식 부족으로 발생된 것으로 나타나 이에 대한 인식제고가 시급한 것으로 판단된다.

씨프린스호 사건은 대표적인 해양오염 사건으로 원유를 실은 씨프린스호가 태풍(제3호 페이)을 피하기 위하여 광양항 호남정유 부두에서 출항하여 피항지를 찾던 중 1995년 7월 23일 오후 5시경 전남 여천군 남면 소리도 남방 암초에 좌초되어 경남, 남해, 거제, 부산, 울산, 포항 주변해역까지 약 127마일 해상을 오염시켰고, 해안선을 따라서 전라남도 여천, 경상남도 남해, 거제, 부산 해운대, 태종대, 울산 울주군, 기장군 경주시 해안까지 총 73.2km를 오염시킨 해난사고로 양식장 및 어민에 대한 피해가 443억 5,600만원에 달했으며 이에 대한 방제비용으로 약 180억원이 소요되었다.

위의 경우 선박의 좌초에 따른 선박관련 재산손실(원유 및 선박 등 직접손실과 오염제거비용, 추가비용)과 재산손실로 인한 간접손실(영업기회의 상실에 따른 순이익의 감소), 배상책임 손실(양식장 및 어민에 대한 피해보상), 그리고 인적손실(선원의 부상 및 작업 중 부상) 등이 초래되었다.

〈자료: http://kosap.kordi.re.kr/Itopf/index.htm〉

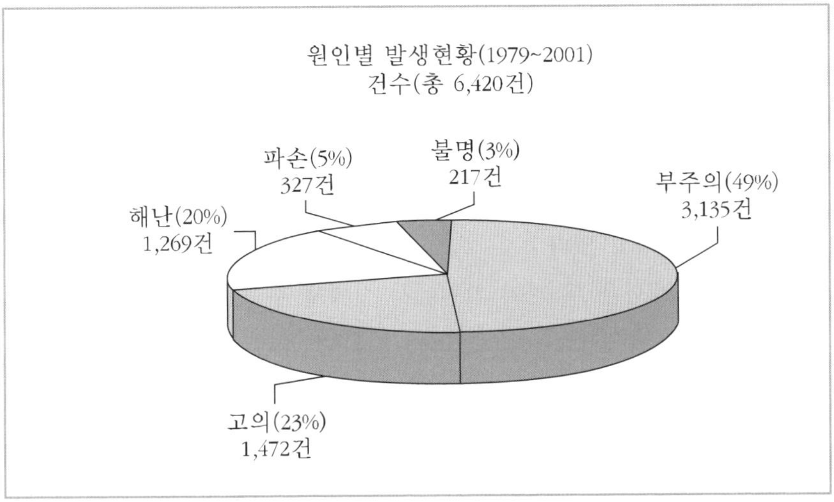

제 2 절 리스크의 개념

2-1 리스크의 의미

우리는 항상 잠재되어 되어 있는 리스크 속에서 생활하고 있으며 그 리스크는 발생 가능성을 증대시키는 조건이 성숙되면 언제나 표출되어 물리적 금전적 · 신체적 · 정신적 · 법적 손해와 같은 유 · 무형의 손실을 야기한다. 예를 들어, 개인의 경우에 다치고 사망하거나 재산상의 손해를 경험할 수 있으며, 기업의 입장에서도 제 3 자에 대한 배상책임, 기업의 재산에 대한 손해, 물가나 이자율, 환율 등 거시 경제의 변수나 시장 경쟁상황의 변화, 정부 규제의 변화, 외교관계나 국제정세의 악화, 운송계약의 일방적 변경 또는 파기 등에서도 재산상의 손해나 신용리스크를 경험할 수 있다. 우리는 일상생활에서 언제나 어느 정도의 리스크 또는 불확실성을 가지고 생활하거나 경제적인 활동을 하는데 그것은 경제적 활동이나 일상생활에 내포되어 있는 리스크를 완전히 통제할 수 없기 때문이다. 일반적으로 사람은 불확실한 것보다는 확실한 것을 선호하며 이러한 현상을 리스크회피(risk avoidance)라고 말한다.

리스크를 의미하는 'risk'란 단어는 불어인 '*risque*'에서 나온 말로 17세기 중엽에 등장한 개념이며 1830년경 영국의 보험계약에서 처음 사용되었다. 이러한 단어가 존재하기 전에는 '*hazard*'라고 하는 단어가 리스크에 가장 가까운 의미를 지고 있는데 세익스피어의 베니스의 상인에 등장한다. "Men that hazard all do it in hope of fair advantages." 여기서 Hazard는 손실의 기회와 이득의 기회를 포함하고 있다.[1)]

리스크의 개념은 두 가지 차원에서 설명될 수 있는데 하나는 어떤 사건이 발생할 수 있는 확률(probability) 또는 기회(chance)를 의미하며, 또 다른 의미로는 어떤 사건에서 얻을 수 있는 가치(value or payoff)나 이득(gain) 또는 손실(loss)의 의미를 지니고 있다. 즉, 리스크는 예측치와 실제 나타난 결과와의 차이로 예를 들어, 주식시장에서의 리스크란 가격변동으로 인한 투자자들의 이득 또는 손실을 의미한다.

그러나 일반적으로 리스크관리나 보험에서 사용하는 리스크란 어떤 사건에서 얻을 수 있는 이익보다는 재산이나 경제적 손실, 신체상의 손실 등이 발생할 가능성(chance of loss)을 의미하며, 또한 이러한 사건의 발생가능성에 대한 불확실성(uncertainty)의 의미도 가지고 있다. 리스크는 모집단이나 관찰치의 수가 많으면 많을수록 사건 발생의 예상치 또는 확률적 기대치와 실제 관찰치는 같아지는 특성이 있다. 예를 들어, 동전을 던져 앞면이 나올 확률은 통계적으로 1/2이지만 시행횟수가 적은 경우에는 실제 결과가 1/2이 되지 않는다. 그러나 시행횟수를 무한정 증가시키면 앞면이 나올 가능성은 통계적 확률 1/2로 근접할 것이다. 어떤 사건이 발생할 확률이 '$P(x)=1$'이라면 그 사건은 반드시 발생 한다는 것이며, 사건 발생확률이 '$P(x)=0$'이라면 그 사건은 절대 발생하지 않는다는 것이다. 그 이외의 모든 경우는 사건 발생확률 0과 1 사이에 존재하게 된다. 예를 들어, 사건 발생확률이 40%라면 그 사건은 발생할 수도 발생하지 않을 수도 있다. 사건 발생확률 40%에 대한 정확도는 앞에서 말한 모집단(population)의 크기에 따라 달라진다. 사건 발생확률에 관한 정확도는 통계학에서의 표준편차(standard deviation) 또는 분산(variance)의 측정을 통해 결정되는데 이러한 통계치는 가변치(variability) 또는 리스크의 측정수단으로 이용된다.

1) Moore, Peter G., "The Business of Risk," Cambridge University Press, 1983., p. 2.

사건 발생확률과 가변치의 개념은 다음 〈표 1-1〉에서와 같이 구분될 수 있다. 예를 들어, A항만지역과 B항만지역에 연간 출입하는 차량의 수가 각각 20만대와 10만대라고 할 때, 항만 내에서의 사고 발생확률이 차량 1000대 당 10대인 1%라고 한다면 사건 발생에 관한 통계적 확률은 두 항만에서 1%로 동일하지만 가변치인 실제 결과치와 예상확률의 차이는 다르게 나타난다. 즉, 두 항만 지역 내의 교통사고 발생확률은 1%로 동일하지만 교통사고의 불확실성(가변치)은 분명히 다르다고 할 수 있다. 따라서 사건의 발생확률과 리스크는 다른 개념으로 둘은 명확히 구분된다고 할 수 있다.

〈표 1-1〉 사건 발생확률(probability)과 가변치(variability)의 구분

	A 항 만	B 항 만
차량대수	20만대	10만대
예상 사고발생대수	2,000대	1,000대
실제 사고발생대수	1,956대	1,031대
가변치	44대	31대

가변치에 대한 통계적 성질을 파악하기 위해서는 표본의 분산이나 표준편차(분산의 제곱근)를 이용하면 된다. 위의 사례에 있어 어느 항만이 예측의 편차가 더 심한가를 보기 위해서 A지역과 B지역의 교통사고에 대한 표준편차를 구해보기로 하자.

일반적으로 발생사고 빈도(frequency)는 이항분포(binomial distribution)를 따르게 되는데 이 경우 표준편차는 $\sqrt{n \times p \times q}$ 로 계산될 수 있다.

n = 표본수
p = 사건 발생확률(1%)
q = 사건이 발생하지 않을 확률(99%)

A항만지역의 경우 연간 예상 사고발생 차량대수는 20만대 × 0.01 = 2000 대이며 B항만지역의 경우는 10만대 × 0.01 = 1000대라고 할 수 있다. A 항만지역의 사고발생에 관한 표준편차는 $\sqrt{200000 \times 0.01 \times 0.99}$ = 44.4대이며, B 항만지역의

경우는 $\sqrt{100000 \times 0.01 \times 0.99}$ = 31.4대라고 할 수 있다. A 항만지역 차량의 표본대수는 B지역 출입차량의 2배이지만 A지역의 표준편차는 B 항만지역에 비해 1.41배만큼이다. 표준편차를 평균으로 나눈 분산계수(coefficient of variation)를 살펴보면, A 항만지역은 (44.4/200000) = 0.000222이며 B 항만지역은 (31.4 100000) = 0.000315로 관찰치가 많을수록 예측의 리스크가 현저하게 줄어드는 것을 볼 수 있다.

또한 리스크는 객관적으로 측정할 수 없는 막연한 상태인 불확실성(uncertainty)도 포함하는 데 불확실성이란 실행의 결과를 객관적인 수단으로 예측할 수 없는 상태로 정의할 수 있다.

2-2 손실의 원인(peril)과 위태(hazard)

리스크와 관련된 중요한 개념으로서 손실의 원인(損因)과 위태(危殆)를 들 수 있는데 손인(peril)과 위태(hazard)의 개념에 대한 구분은 손실을 줄이기 위해서 어떤 것을 먼저 통제하거나 관리해야 하는지에 대한 분석의 틀을 제공한다. 우선 손실의 원인(이하 손인(損因)이라 한다)이란 손실을 야기하는 직접적인 원인(immediate causes of loss 또는 causes or sources of loss)이라고 할 수 있다. 손실의 직접적인 원인으로는 선박의 전복, 좌초 등 해상리스크와 충돌, 추돌, 추락, 화재, 도난, 사망, 질병, 낙뢰 등의 사고 및 홍수, 토네이도, 지진 등 자연재해를 예로 들 수 있다. 항만의 경우 항만시설 예를 들어, 방파제, 방사제, 갑문 및 안벽 등의 시설물이 태풍에 의해 망실되거나 파손되는 것을 포함할 수 있다. 위태란 물리적이나 정신적으로 손실발생가능성을 증대시키거나 창출하는 조건을 말하는 것으로 위태를 통제할 경우 손실발생의 규모나 원인을 줄일 수 있다.

일반적으로 손인은 다음의 〈표 1-2〉에서와 같이 자연적 손인(natural peril)과 인적 손인(human peril) 그리고 경제적 손인(economic peril)으로 구분해 볼 수 있다. 자연적 손인 예를 들어, 태풍, 화산폭발, 지진, 낙뢰 등과 같은 손실의 원인에 대해서는 인간의 통제력이 미치지 못한다.

〈표 1-2〉 손인의 분류

자연적 손인(Natural Peril)	
지반의 함몰(cave-in) 건물의 붕괴(collapse) 부식(corrosion) 또는 침식(erosion) 가뭄(drought) 지진(earthquake) 자연발화(fire of natural origin) 홍수(flood) 우박(hail) 고온다습(temperature & humidity extremes)	곰팡이(fungi, mildew, mold), 부패(rot) 번개(lightning), 정전지(static electricity) 해상의 리스크(perils of the sea) 바람(tornado, typhoon, tempest) 화산활동(volcanic eruption) 지반침하(landslide/mudslide) 눈사태(avalanche) 녹(rust) 해충(vermin) 등
인적 손인(Human Peril)	
방화(arson) 화학물질의 유출(chemical leakage) 환경오염(contamination, pollution) 인종차별, 성차별(discrimination) 전기적 과부하(electrical overload) 횡령(embezzlement), 뇌물(bribe) 폭발(explosion)	인간의 실수(human error) 폭력적 시위(riot) 태업(sabotage) 테러, 절도, 사기(terrorism, theft, fraud) 악의적인 재산파괴(vandalism, malicious, mischief: VMM) 초음속돌파음(sonic boom) 등
경제적 손인(Economic Peril)	
소비자기호의 변화, 인플레이션 환리스크(currency fluctuation) 불경기(depression, recession)	전쟁(war), 정부의 규제변화 주식시장의 침체 기술의 진보(technological advances) 파업(strike) 등

자료: Head, George and Horn Stephen, Essentials of Risk management, Insurance Institute of America, 1991. p.136.

반면 인적 손인은 인간의 어떤 행위가 손실을 야기하는 것으로 정의할 수 있는데 일반적으로 손실의 발생이 개인의 통제하에 있는 경우로 예를 들어, 자살, 사기, 절도, 전쟁, 배상책임 등이며 항만 시설물의 운영 중 발생하는 다양한 기기의 오작동, 운영자의 실수로 발생하는 선내 및 바닥 추락 등도 포함된다. 그러나 불경기, 하역직업이니 운수업의 파업, 기술의 진보, 정부나 여러 단체의 행동 같은 손인의 경우에는 인간의 통제 하에 있는 손실의 원인이지만 경제 전체에 미치는 영향이 큰 손실의 원인 대해서는 경제적 손인으로 구분된다.

위태란 일반적으로 손실의 발생가능성(probability)이나 손실의 규모(severity)를 증가시키는 조건이라고 정의할 수 있다. 물론 일반적으로 위태란 '지금 상황이 위태롭다'와 같이 어떤 리스크가 어느 정도의 수준을 넘은 상태 또는 어려운 문제의 발생이 임박한 상황을 의미하기도 하지만 리스크관리 측면에서는 손실발생확률이나 손실의 규모를 증가시키는 조건(conditions that increase the probability and/or severity of loss)이라고 정의할 수 있다. 즉, 위태가 더욱 클수록 손실의 발생확률이나 손실의 규모는 더욱 커진다고 할 수 있다.

위태는 다음과 같이 물리적 위태(physical hazard), 도덕적 위태(moral hazard), 정신적 위태(morale hazard)로 구분할 수 있다. Pfeffer와 Klock[2)]과 같은 학자는 4번째 위태로 법적 위태(legal hazard)를 구분하기도 한다. 법적 위태는 법규의 미비나 불확실성으로 인해 발생할 수 있는 위태를 말한다.

(1) 물리적 위태(physical hazard)

손실의 발생가능성이나 손실의 규모를 증대시키는 물리적인 조건을 말한다. 물리적 위태는 예를 들어, 도로의 결빙이나 부실관리(자동차 사고 가능성 증가), 하역장비의 노후로 인한 화물의 추락, 작업장이나 계단의 어두운 조명(부상 가능성의 증가), 전선의 노후(화재발생 가능성 증가), 소각장 내의 인화물질이나 가연성물질의 보관(화재 발생가능성 및 화재규모의 증가) 등 주변의 손실 발생 가능성이나 손실의 규모를 증대시키는 제반 조건이 포함된다. 또한 건물의 위치(예를 들어, 주유소에 인접), 건물의 용도(식당, 리스크물질 보관), 건물의 구조 및 안전설비의 미비 등도 물리적 위태에 해당한다.

(2) 도덕적 위태(moral hazard)

무책임, 비양심, 부정직과 같이 손실의 발생 가능성을 고의적으로 증대시키는 개인적 특성이나 태도를 지칭한다. 일반적으로 손실의 발생으로부터 어떤 경제적 이익을 얻을 수 있는 경우에는 도덕적 위태가 존재한다고 할 수

2) Pfeffer, Irving, David R. Klock, Perspectives on Insurance, Prentice-Hall, 1974, p. 209.

있다. 예를 들어, 보험금을 목적으로 방화를 하거나 선박을 침몰시키거나, 교통사고를 유도하거나, 교통사고에 따른 상해를 과장하는 행위 등이 그러한 예이다.

(3) 정신적 위태(morale hazard)

도덕적 위태처럼 고의성은 없지만 부주의나 무관심처럼 손실발생 가능성이나 손실의 규모를 증대시킬 수 있는 개인의 정신적 태도를 말한다. 예를 들어, 건물의 관리 상태나 병원내의 위생관리 상태가 좋지 않은 경우 또는 인화물질 옆에서 흡연을 하는 경우와 같이 손실발생에 관한 부주의 또는 무관심한 경우를 말한다. 보험에 가입한 운전자가 발생할 수도 있는 손실에 대해 무관심해지는 경향이나 리스크에 부주의하게 됨으로써 손실의 발생가능성을 증대시키는 경우, 화재보험에 가입함으로써 화재예방이나 화재발생에 무관심해지는 경우가 좋은 예이다.

또한 건강에 해로운 흡연 습관이나, 부실한 식습관 등도 정신적 위태의 범주에 포함시킬 수 있다. 일부 학자의 경우 사회적 위태(societal hazard)[3]를 별도로 구분하는 경우도 있는데 사회적 위태는 예를 들어, 특정 사회가 소송을 선호하거나 소송이 쉬운 사회적 제도를 유지하는 경우 또는 범죄가 비교적 쉽게 행해지는 체제를 가진 사회는 그렇지 않은 사회보다 사회적 위태가 높다고 할 수 있다.

2-3 리스크의 분류

리스크는 여러 가지 속성에 따라 분류할 수 있는데 리스크의 분류는 그 리스크에 대한 다양한 관리 수단 중 가장 적절한 수단을 선택하는 데 기준점을 제시해 준다.

(1) 주관적 리스크와 객관적 리스크

리스크의 요소인 불확실성이 과연 무엇을 의미하느냐에 따라 리스크에 대

3) Baranoff, Etti, Risk management and Insurance, Willey, 2003, p. 20.

한 개념이 달라질 수 있다.

예를 들어, 페퍼(Irving Pfeffer)[4]와 나이트(Frank H. Knight)[5] 같은 학자는 불확실성을 측정할 수 있는 것과 측정할 수 없는 것으로 구분하였고, 측정이 곤란하고 개인의 특성에 따라 평가가 달라질 수 있는 리스크를 주관적 리스크라고 하고, 표준편차나 분산과 같은 객관적 수단으로 측정할 수 있는 리스크를 객관적 리스크라고 한다.

주관적 리스크는 개인의 특성 예를 들어, 연령이나 건강상태, 학력, 남성과 여성, 개인과 집단의 경우, 그리고 리스크에 대한 선호도의 차이로 인해 측정을 할 수 없다는 한계가 있으므로 우리는 통계적인 수단을 통해 객관적으로 측정되고 표현될 수 있는 객관적 리스크에 초점을 둔다. 그러나 주관적 리스크의 경우에도 불확실성에 대한 개개인의 심리적 특성을 기대효용함수를 통해서 반영시키거나 주관적 확률분포를 사용하여 반영하는 경우도 있다.

(2) 순수 리스크와 투기적 리스크

두 번째 리스크의 분류는, 모우브레이(Albert Mowbray)[6]가 제안한 개념으로 리스크가 손실의 기회(chance of loss)와 이득의 기회(chance of gain)를 제공하고 있는가에 따라 순수 리스크(pure risk) 및 투기적 리스크(speculative risk)로 나눌 수 있다.

순수 리스크는 가장 운이 좋은 경우에는 손실이 발생치 않으나 거의 대부분의 경우에는 손실의 기회가 존재하고 이득의 기회는 전혀 존재치 않는 상황을 말한다. 예를 들어, 하역 작업 중 사고를 냈는데 다행히 사람이 다치지 않았고 물적 손해도 없는 경우도 있지만 대부분은 물적·인적 손실을 동반하는 경우가 일반적이다. 순수 리스크는 화재, 낙뢰, 홍수, 지진, 폭발, 붕괴, 추락 등으로 인한 재산손실이나 사망, 부상, 불구 등의 인적 손실 등을 예로 들 수 있다.

반면, 투기적 리스크는 운이 좋은 경우에는 이익을 보고, 운이 나쁜 경우에는 손실을 볼 수 있는 기회가 항상 존재하는 상태를 말한다. 즉, 투기적 리

4) Green, Mark R., Paul Swadener, Insurance Insight, South-Western Publishing Co., 1974에서 재인용.

5) *ibid.*

6) *ibid.*

스크는 손실의 기회나 이득의 기회가 모두 존재하는 상황을 말한다. 예를 들어, 주식투자나 도박행위를 하는 것은 투기적 리스크를 창출하는 것이다. 또 다른 예로 경영리스크(operation risks)나 유가증권이나 부동산에 투자할 때의 투자리스크(investment risk), 인플레이션 또는 디플레이션으로 인한 구매력 변동리스크, 화폐의 가치변동으로 수출입기업이 겪게 되는 외환리스크(foreign exchange risk) 등은 모두 투기적 리스크이다.

순수 리스크와 투기적 리스크의 구분의 실효성은 우선 보험의 가능성을 따지는 데 일차적인 기준이 된다는 점에서 중요하다. 순수 리스크는 리스크의 속성, 즉 발생빈도와 손실의 규모가 거의 일정하거나 적어도 일정한 추세를 가지고 있기 때문에 과거의 손실을 기초로 미래에 발생할 수 있는 손실을 예측하기가 수월하기 때문이다. 그러나 투기적 리스크는 리스크의 속성예측이 매우 어려워 보험의 대상이 되기는 어렵고 예측기법이 발달함에 따라 극히 일부의 위험이 보험의 대상이 된다. 보험이 대상으로 하고 있는 순수 리스크에는 재산손실리스크, 간접손실리스크, 배상책임 손실리스크, 그리고 인적 손실리스크로 구분할 수 있다.

(3) 정태적 리스크와 동태적 리스크

정태적 리스크(static risks)와 동태적 리스크(dynamic risks)의 구분은 리스크의 속성, 즉 발생의 빈도나 발생손실의 규모가 시간의 흐름에 따라 변하는가의 여부에 따라 구분하는 개념이다.

정태적 리스크는 화산의 폭발, 지진, 태풍과 같이 리스크의 속성이 시간의 흐름에 따라 크게 변하지 않을 것으로 예상되는 리스크가 포함한다.

이에 비해 동태적 리스크는 소비자 기호의 변화, 시장의 가격변동성, 기술의 변화 등과 같이 시간의 흐름에 따라 그 성격이나 발생의 정도가 변하여 예상하기 어려운 리스크들이 포함한다.

일반적으로 순수 리스크는 리스크의 속성이 정태적이며, 투기적 리스크의 대부분은 리스크의 속성이 시간에 따라 변화되는 동태적 리스크라고 할 수 있다.

(4) 한정적 리스크와 근원적 리스크

한정적 리스크(specific risks)와 근원적 리스크(fundamental risks)의 분류는 리스크가 미치는 영향의 범위에 따른 구분이다.

즉, 한정적 리스크란 손실의 범위가 사고당사자에게 국한되거나 혹은 매우 제한된 범위의 손실을 초래하는 리스크를 의미하며, 근원적 리스크는 다수 또는 사회 전체에 커다란 영향을 초래하는 리스크를 말한다. 예를 들어, 선박의 좌초 등과 같은 해상리스크, 주택의 화재나 도난, 사망이나 부상 등은 당사자나 주변 또는 당사자가 속한 가족이나 고객, 회사에게 영향을 줄 뿐이다. 그러나 인플레이션이나 대량실업, 폭동, 지진, 태풍과 같은 경제적·자연적 리스크는 사회 전체에 영향을 주는 근원적 리스크의 예이다.

한정적 리스크에 의한 손실은 대체로 민간보험을 활용하여 대비할 수 있으나, 근원적 리스크는 하나 또는 여러 개의 보험회사가 부담할 수 없을 정도로 손실의 규모가 클 수 있기 때문에 적절하게 대처할 사적수단이 없거나 매우 제한적이다. 이러한 리스크에 대해서는 사회보험이나 정부보장 또는 국가가 보험사업에 필요한 운영비용을 보조해 주거나 일정한 규모를 초과하는 손실을 국가가 전액을 보장해 주는 국가재보험과 같은 수단을 통하여 대비하는 경우가 많다.

(5) 리스크 분류간의 관계

위와 같은 리스크의 분류는 각기 다른 기준에 의하여 분류되었기 때문에 두 가지 이상의 특성을 동시에 지니고 있을 수 있다. 예를 들어 지진은 순수리스크지만 근원적 리스크에 속하며, 생명공학기술과 같이 특별한 기술에 의하여 손실이 초래된 리스크는 순수 리스크지만 동태적 리스크인 것이다. 그러나 분류의 성격에서 짐작할 수 있듯이 보험이 가능한 리스크는 대체로 순수리스크 중에서도 한정적 리스크며 그중에서도 특히 정태적 리스크인 경우가 많다.

리스크의 분류는 이와 같이 보험을 포함하여 리스크에 대한 적절한 수단을 선택하는 데 유용한 지침을 제공해 준다.

2-4 리스크의 측정

리스크의 측정은 미래에 발생할 리스크에 대해서 확률 또는 통계적 기법을 사용하여 가능한 손해의 정도와 규모를 객관적으로 측정하는 작업을 의미한다. 그러나 아무리 세련된 통계적 기법을 갖추고 있다고 하더라도 빈약한 통계자료가 지닌 약점을 보완해 줄 수는 없으므로 적절한 통계자료를 구하고 취득한 자료의 한계를 인정하는 것이 중요하다. 따라서 다른 작업장에서 발생하는 리스크에 대한 통계자료를 수집할 경우에는 같은 기준에 의해 평가된 리스크를 수집하는 것이 좋다. 계량적 리스크 측정의 목표는 리스크의 크기에 대한 모호한 표현을 명확한 수량적 개념으로 전환시킴으로써 적절한 리스크관리기법의 선택과 같은 리스크에 대한 구체적인 의사결정을 가능하게 하는 것이다.

리스크의 정의에서 짐작할 수 있듯이 리스크는 우선 3가지 방법으로 측정될 수 있다. 첫째는 손실의 확률이고, 둘째는 예상손실의 크기이며, 셋째는 손실의 표준편차이다.

(1) 손실의 확률

손실의 확률은 과거의 사고 또는 손실발생의 기록을 기초로 손실발생의 상대도수(relative frequency)로써 구하는 방법과 주사위의 경우처럼 이미 잘 알려진 경우의 수를 이용하여 특정한 사건이 발생할 확률을 구하는 두 가지 방법이 있다. 리스크관리 업무나 보험의 경우에는 과거 일정한 관찰기간 동안에 발생한 사고 또는 손실기록을 이용하여 전체 모집단에 대한 사후적 확률(posteriori probability)을 추정한다. 예를 들어, 개인의 사망확률이나 자동차의 사고 확률, 선박의 침몰이나 좌초, 인공위성 발사의 실패, 주택화재의 발생 등은 과거 일정한 관찰기간 동안 발생한 사고를 기초로 사고확률이 계산된다. 만약 과거의 손실기록이나 손실 자체가 없었던 새로운 형태의 손실이라면 사고확률을 준용할 수 있는 전 세계에서 발생했던 사고확률을 참조하거나 일정한 기간이 지나 손실의 특성이 밝혀질 경우만 손실확률을 유추할 수 있다.

(2) 손실의 기대값

여러 형태의 사고리스크에 직면한 경우, 각 리스크의 크기를 비교하려면 각각의 사고손실의 규모를 추정할 필요가 있다. 예를 들면, 선박과 자동차를 가지고 있는 기업의 경우 한 사고당 선박의 평균손실은 2,000만원이고 사고발생확률이 2%이며, 자동차 사고의 평균손실은 300만원인데 발생확률이 1%라면 두 사고의 발생확률은 서로 독립적이므로 이 회사가 입을 수 있는 사고의 연간 기대손실(expected loss)은 다음과 같이 구한다.

$$\text{기대손실} = \sum(\text{평균손실} \times \text{확률})$$

$$\text{기대손실} = 2{,}000\text{만} \times 2\% + 300\text{만원} \times 1\% = 4{,}300{,}000\text{원/년}$$

(3) 손실의 표준편차

리스크를 실제 나타난 결과치와 예상치의 차이라고 정의하면 이러한 리스크는 표준편차나 분산으로 측정할 수 있다. 왜냐 하면 위에서 예를 든 것과 같은 사고리스크에서 사전적으로 기대할 수 있는 예상손실은 바로 앞에서 구한 기대손실이라고 볼 수 있기 때문이다. 이 경우 손실의 분산이나 표준편차는 다음과 같이 구한다.

손실의 분산은 $\sum_{i=1}^{n}(\text{손실} - \text{기대손실})^2 \times \text{확률}$로 나타내며 분산의 제곱근이 표준편차이다.

한편 평균손실이란 특정 리스크의 평균손실규모(severity)를 말하며 손실규모의 분포는 일반적으로 다음의 〈표 1-3〉에서와 같이 한쪽으로 치우친 분포(skewed distribution)형태를 갖는다. 또한 손실발생 빈도(frequency)는 이항분포(binomial distribution)나 포아송분포(poisson distribution)의 형태를 띤다. 분포에 관해서는 본 교과내용의 범주를 넘기 때문에 자세한 설명은 생략하기로 한다.

〈표 1-3〉에서와 같이 일반적으로 손실의 발생건수(빈도)와 총손실의 규모는 반비례하는 성질이 있다. 즉, 손실금액이 아주 큰 사고는 발생확률이 아주 작으나 손실금액이 작은 사고의 발생확률은 상대적으로 크다고 할 수 있다. 자주 발생하는 대부분의 사고는 그 규모가 크지 않다고 할 수 있다.

〈표 1-3〉 ABC회사 종업원의 연간 신체상해 (단위: 건, 백만 원)

손실발생건수	손실의 규모	총손실금액	손실발생건수비율	총손실금액비율
240	10 미만	1,120	80.0%	27.3%
40	10~50 미만	1,280	13.3%	31.2%
13	50~100 미만	800	4.3%	19.5%
7	100 이상	900	2.3%	22.0%
합계: 300건		4,100	100.0%	100.0%

위의 사례는 한 쪽으로 치우친 분포를 보여 주고 있는데 예를 들어, 손실규모가 1억원 이상 되는 상해는 전체의 2.3% 발생비율을 차지하고 있지만 전체 손실금액의 22%를 차지하고 있으며, 반면 손실규모가 1,000만원 미만의 손실은 80.0%의 발생비율을 차지하지만 전체 손해금액의 27.3%를 차지한다.

2-5 해운산업관련 리스크

(1) 해운산업 리스크의 분류

해운산업[7]은 크게 다음 〈표 1-4〉와 같이 6가지로 분류되며 각 사업별로 다양한 리스크에 직면해 있다.[8]

해운산업의 3대 요소는 선원, 선박, 화물로서 자연인이든 법인이든 선박을 보유하며 선원을 고용하고 승선시켜 화물을 운송하여 운임을 획득하는 사업을 의미하며, 화물과 여객의 운송, 선박의 관리, 선원의 관리, 해상운송중개업, 해운운송의 주선, 선박의 대여 및 매매, 그리고 해운대리점업을 포함한다. 이외에 해운산업을 지원하는 시설로 항만을 포함시킬 수 있다.

7) 해운이란 외항해운뿐만 아니라 내항해운 즉, 연안해운을 포함하는 해상운송을 말한다.
8) 이원철, 해운물류연구입론, 해운물류학회, 2005, p. 36.

〈표 1-4〉 해운업법상 해운업의 종류

대 분 류	중 분 류	소 분 류	특 징
해 운 업	해상운송사업	해상화물 운송사업	해운용역의 공급자
		해상여객 운송사업	
		선박관리사업	
	선박대여사업		선박의 소유 및 대여
	선박관리사업	선원관리사업	선박의 운항에 필요한 요소를 공급
		보험관리사업	
		해상운송중개사업	
	해운중개업	선박 및 선박대여 중개사업	
		선박매매중개사업	
	해상운송 주선업		운송의 수요자 대변
	해운대리점업	국제해운대리점	해운운송 용역을 판매
		국내해운대리점	

해운의 3대 요소를 기준으로 하여 해운산업관련 리스크를 살펴보면 우선, 선박의 안전관리와 선박의 수급과 관련된 리스크를 들 수 있다. 기술의 진보와 해상수요의 증대에 따라 선박의 크기가 대형화되고 있어 선박리스크의 크기는 점차 커지고 있다고 할 수 있다. 또한 선박의 수급관점에서 정기운항과 대량화물의 장기운송계약에서는 일정한 선대를 미리 요구하므로 이와 관련된 선박금융 리스크가 있다.

그 다음으로는 선원과 관련한 리스크이다. 해운서비스의 생산요소로서의 선원은 선박의 안전운항과 밀접한 관련이 있으므로 이들에게 요구되는 일정한 자격에 대한 관리 및 선원수급을 관리하여 선박운항에 최소한의 안전을 확보하여야 한다. 또한 선원의 직업안정 및 복지를 포함한 선원의 인적손실리스크가 있다.

셋째, 화물의 안전한 취급 및 수송은 적하물에 대한 재산손실 및 간접손실과 직결되어 있으며, 배상책임 및 운임과도 관련되어 있는 리스크이다.

넷째, 항만은 사회간접시설로 이와 관련된 리스크는 선박의 입출항 및 화물의 적하화(積荷貨) 처리시설 그리고 항만의 도선 및 예선 등의 편의시설 및 접안시설인 부두와 수로의 준설 그리고 방파제 등 안전시설의 유지 등을 들 수 있다. 그러나 항만의 경우 수많은 기기와 인력이 투입되어 하역작업이 진행되고 있으며 각 선박별, 화물별, 작업 종류별, 장소별로 다양한 위험에 노출되어 있다.

위와 같이 해운산업은 다양한 위험에 노출되어 있지만 구체적이고 체계적인 리스크관리 체계가 구축되어 있지 못하며 선박이나 선원, 화물에 대한 가장 보편적인 리스크관리는 주로 단순한 해상보험에 의존하고 있다. 그러나 항만의 경우는 보험보다는 리스크 통제(risk control)에 역점을 둘 필요가 있다.

(2) 항만의 리스크관리

항만의 하역작업은 화물의 종류 및 작업방법, 작업의 장소에 따라 다양한 유해물질, 분진, 소음, 매연을 발생시킨다. 예를 들어, 수입철강이나 목재에 함유되어 있는 인체유해 독성물질 예를 들어, 카드뮴, 석면, 다이옥신 등이 포함되어 있어 하역 근로자에게 치명적인 직업병이나 신체손상을 주거나 수입되는 사료나 곡물, 석탄, 시멘트 등은 엄청난 양의 먼지를 발생시켜 하역근로자는 물론 지역의 주민에게 피해를 주고 있다. 이외에도 야간작업이나 밀폐된 공간, 실내 작업의 환경 예를 들어, 산소결핍이나 조도불량, 환기불량 등으로 신체손실을 입고 있어 체계적인 안전관리, 건강관리, 교육, 작업환경 개선이 필요하다.

제 3 절 순수 리스크의 종류와 특성

이미 언급한 바와 같이 순수 리스크의 속성, 즉 리스크발생의 빈도와 손실의 규모는 비교적 안정적이어서 손실발생을 보다 정확히 예측할 수 있는 장점이 있다. 이러한 리스크의 속성은 보험에 필수적인 속성으로 과거의 발생손실을 기초로 미래의 손실을 어느 정도 예측할 수 있다. 순수 리스크는 재산손실 리스크(property risks), 간접손실 리스크(indirect loss risks), 배상책임리스크(liability risk), 인적손실 리스크(personal risks) 등으로 구분할 수 있다.

3-1 재산손실 리스크(property risks)

재산(property)은 여러 가지 기준 예를 들어, 이동성(mobility)이나 사용가치, 소유권 등에 따라 구분해 볼 수 있다. 재산을 구분하는 이유는 재산의 특성에 따라 잠재적인 손실에 다양하게 영향을 입을 수 있기 때문이다. 재산(유형자산)은 우선 이동성을 기준으로 부동산(real property)과 동산(personal property)으로 구분해 볼 수 있는데, 재산의 구분이 필요한 이유는 크게 두 가지 측면에서, 부동산과 동산에 직면하는 리스크의 종류와 리스크의 속성이 다르기 때문이며, 재산의 가치평가 방법(예를 들어, 감가상각 등의 적용)이 다르기 때문이다.

부동산이란 일반적으로 토지에 고정되어 있어 용이하게 이동할 수 없는 물건으로 건물, 수목, 교량, 터널, 항만 시설, 돌담, 도로의 포장, 도랑 등이 그 예이다. 다만 선박이나 항공기의 경우는 동산임에 분명하지만 부동산으로 취급되며 국적까지 명시하도록 되어 있다. 그러나 계속성이 없는 판잣집, 임시로 심어 놓은 수목 등은 부동산으로 취급되지 않는다. 그 이외의 물건은 동산으로 취급된다(민법 제99조 2항).

예를 들면, 가구나 자동차, 의류 개인 소장품, 화폐, 받을 어음, 이동이 가능한 기계류, 컴퓨터, 통신기기, 서류 등을 들 수 있다.

또 다른 기준으로 특허권이나 상표권 등과 같은 무형의 자산(intangible property)을 들 수 있는데 무형의 재산은 가치평가가 어렵다.

이러한 재산 리스크에 이해관계를 갖는 당사자는 현행 소유권자, 재산을 임차하여 사용하는 사람(예를 들어, 세입자), 법적 채권자(예를 들어, 은행), 재산의 구매자나 매도인, 사용대차에 의한 수치인(受置人: bailee, 예를 들어, 세탁소, 전당포, 자동차 수리점) 등을 들 수 있으며, 이러한 이해관계에 따라 직면하는 리스크의 크기와 종류가 다르게 된다.

재산손실 리스크는 자연재해 또는 사고에 의하여 재산상의 손실이 초래될 리스크를 말한다. 이 경우 손실은 직접손실(direct loss)과 간접손실(indirect loss

혹은 consequential loss)로 이루어지는데, 직접손실은 사고의 직접적인 결과로 재산에 입은 피해를 말하며, 간접손실은 직접손실에 부수되는 영업손실 또는 순이익손실과 같은 경제적 손실이다. 예를 들어, 강한 태풍으로 항만의 크레인이 전복될 경우 크레인의 복구비용은 직접손실이며, 크레인의 사용불능으로 인하여 화물의 선적이나 하역을 하지 못해 발생하는 제반 비용은 간접손실이다. 또는 접안시설이 망실되거나 파손되는 경우 접안시설의 복구비용은 직접손실이지만 간접손실은 접안불능으로 인해 야기된 제 2 차적인 손실을 의미한다. 간접손실은 흔히 직접손실에 버금가거나 그 이상이 되는 경우가 많으므로 총손실의 측정에서 특히 유의해야 할 부분이다. 간접손실은 복구 기간이 길어질수록, 순이익이 많은 기업일수록 직접손실보다 크게 발생하는 경향이 있다.

3-2 간접손실 리스크(indirect loss risks)

간접손실이란 재산손실에서 파생되는 제 2 차적인 손실로 예를 들어 태풍으로 항만의 크레인이 붕괴된 경우 상하역작업을 하지 못해 발생하는 소득손실 그리고 그 기간 동안 추가적으로 지출되어야 하는 비용 등을 말한다. 공장이나 창고의 화재손실에 따라 공장가동이 중단되거나 영업이 중단되는 경우에 나타나는 기업중단(business interruption loss) 또는 순소득손실(net income loss)을 의미한다. 간접손실 리스크의 크기는 기업활동을 할 수 없는 기간(length of shutdown), 즉 정상적인 상태로 회복하는 데 필요한 복구기간과 기업활동의 피해 정도(degree of shutdown), 수입의 감소 정도(reduction in revenue), 투입되어야 할 추가비용(예를 들어, 임시사무실이나 창고 임차, 기계설비의 임차 등)에 따라 결정된다. 특히 순이익이 큰 기업의 경우 재산상의 손실보다 순소득손실 리스크가 큰 경우가 대부분이므로 간접손실 리스크에 대한 집중적인 관리가 필요하다.

3-3 배상책임 리스크(liability risks)

배상책임(liability)이란 민사적으로 타인에게 위법행위(tort)로 인해 손해를 끼친 경우에 부담해야 할 법적인 손해배상책임을 말한다. 배상책임(liability)은 일반적인 책임(responsibility)의 개념 보다는 좀 더 구체적인 법적 개념이 포함된다. 법적인 배상책임은 민사적 배상책임(civil liability)과 형사적 배상책임(criminal liability)으로 구분되지만 민사적 배상책임은 손해를 입은 당사자(법인과 자연인)가 잘못이 있는 당사자에게 그 손해에 대한 금전적인 보상을 요구하는 것이다. 반면 형사적 배상책임은 사회의 안녕과 질서에 위배되는 경우 형사법에 의해 국가가 가해자를 처벌할 목적으로 행해지는 벌금이나 신체구속이 뒤따르게 된다.

배상책임 리스크란 자신의 과실이나 부주의로 인하여 제 3 자에게 물질적, 정신적 피해를 입힌 경우 법적으로 그러한 피해에 대하여 경제적으로 배상할 책임이 있는데, 이러한 배상책임으로 인한 손실리스크를 배상책임 리스크라고 한다. 일반배상책임의 예로서는 여객터미널이나 부대시설에서 발생할 수 있는 화재나 미끄러짐, 에스컬레이터, 엘리베이터의 오작동과 같은 안전사고로 승객이나 방문객의 상해 등을 들 수 있다.

중요한 배상책임은 의사의 오진(誤診)과 같이 전문가 자신의 의무를 제대로 수행하지 못한 경우 의료배상책임(medical malpractice liability), 생산물의 하자(瑕疵)로 인한 제조물배상책임(product liability), 건축설계 상의 하자 혹은 건축물에 대한 배상책임(constructors' liability), 임원이나 관리자의 잘못된 의사결정에 따른 임직원 배상책임(directors & officers' liability) 등 다양한 분야에 존재하고 있다. 또한 최근에는 조직 내에서 일어나는 성희롱, 성학대행위, 소홀한 안전조치 등도 중요한 배상책임이 되고 있다.

제조물 배상책임은 상품의 디자인이나 제조과정상의 결함 혹은 적절한 사용법이나 예견될 수 있는 상해(傷害)를 방지하기 위한 경고문을 부착하지 않아 소비자에게 물질적 손해나 신체적 손해를 입힘으로써 제조회사가 져야 하는 법적인 배상책임이다. 미국의 경우 성형수술용 실리콘, 담배, 석면, 방사능 유출 등으로 인한 물질적 · 신체적 피해를 이유로 약 10만건의 소송이 계류 중에 있다.

배상책임은 우선 물질적 손해와 달리 손해규모의 산출이 쉽지 않고 둘째, 해당 기업의 이미지나 신뢰도에 치명적인 손실을 주는 등 파급효과가 크며, 셋째 배상책임의 한도가 없으며, 넷째 현재 책임능력이 없는 경우에는 미래의 소득에서도 배상을 할 의무가 부여되기 때문에 앞으로 기업의 리스크관리에서 특히 중요한 문제로 대두되고 있다.

이와 같은 배상책임 리스크는 피해자가 야기한 손해의 회복(legal remedy)에 필요한 추가비용의 발생, 기업 활동의 제약 또는 법규의 준수강제, 벌금의 납부, 기업의 이미지 손상 등을 수반한다. 또한 앞의 두 가지 리스크와는 달리 배상책임에는 한도가 없으며 예측하기가 매우 어려운 특성이 있다. 최근에는 기업의 일상적인 활동이나 개인의 일상생활에서 직면하는 배상책임리스크의 종류나 규모가 재산리스크 및 간접손실 리스크보다 더 크게 확대되고 있어 매우 중요하다.

이러한 재산손실 리스크, 간접손실 리스크, 배상책임 리스크는 손해보험영역(property-liability insurance)에서 다루는 리스크이다.

3-4 인적손실 리스크(personal risks)

인적손실 리스크는 개인이나 기업이 직면하는 리스크 중 가장 크다고 할 수 있다. 인적손실 리스크는 개인의 사망, 불구, 퇴직, 사직, 실업으로부터 야기된다고 할 수 있는데 특히 가장의 조기사망은 가족에게 커다란 재정적인 부담을 안겨 주고, 개인의 실직, 퇴직 또는 노령화는 소득을 충족시키지 못하며, 건강의 악화는 치료비 부담과 소득의 상실이라는 2중 부담을 가져온다. 또한 개인의 서비스로부터 발생될 수 있는 가치의 상실 예를 들어, 개인의 소득이나 서비스의 시장가치의 상실과 개인의 신체적 손실에 따른 추가비용 등을 들 수 있다.

한편 기업의 입장에서도 인적 리스크로 망실된 용역의 가치와 인적 리스크에 소요되는 비용이 부담이 될 수 있다. 기업의 경우 영업에 가장 중요한 사람이나 핵심기술의 보유자, 회사의 소유자 혹은 최고경영자와 같은 조직의 주요인물(key person)의 인적 리스크는 기업에 큰 타격을 줄 수 있다. 특히 전문성을 필요로 하는 경우에는 인력의 선발, 교육에 소요되는 시간과 비용이 증가하며, 숙련되기까지의 기간 동안에는 생산성의 저하를 경험하게 된다. 업무 중 발생한 이러한 인적 리스크는 사용자에 대한 (절대)배상책임을 수반한다. 업무 중 발생한 인적 리스크는 산업재해로 인정되어 고용주가 가입하고 있는 산재보험의 대상이 된다.

이와 같은 인적손실 리스크는 주로 생명보험[9]의 영역과 연금과 같은 종업원복지프로그램 영역에서 다뤄지는 리스크이다.

3-5 해운산업에서의 순수 리스크

해운산업의 경우에도 다른 기업들과 같은 종류의 리스크에 직면하게 된다. 앞 절에서 언급한 바와 같이 해운산업의 3대요소인 선박, 선원, 화물과 해운산업의 보조수단인 항만이 직면하고 있는 리스크도 재산손실리스크, 간접손실 리스크, 배상책임 리스크, 그리고 인적손실 리스크로 구분할 수 있다.

(1) 해운산업의 재산손실 리스크

해운산업과 관련된 재산손실 리스크는 그 대상인 선박 및 화물 그리고 항만의 기간시설에 대한 손실을 포함한다. 우선 선박의 경우에 기항 중이거나 항해를 하는 경우에 직면하는 해상위험에 의해 선박 자체에 손실을 입게 된다. 예를 들어, 태풍으로 인한 좌초, 전복, 시계불량으로 인한 충돌, 파고에 의한 갑판손실 등을 들 수 있다. 또한 선박에 적재되어 있는 화물의 파손이나 공동해손 등 항해에 기인하는 위험(perils consequent to the navigation of the sea) 등으로 화물이 망실 또는 유실되는 경우 재산손실이 발생할 수 있다. 항해에 부수하여 발생하는 위험(perils incidental to the navigation of the sea)도 또한 해상위험으로 간주되는데 즉, 항해가 원인으로 되지 않는 기타의 위험 예를 들면, 화재, 약탈, 억류, 선원의 악행 또는 전쟁에 의한 파괴 등도 해상위험에 포함되며 재산손실의 원인이 된다.

해상위험이란 선박의 침몰, 좌초, 충돌, 악천후, 전쟁위험, 화재, 외적(enemy), 해적, 강도, 투하, 나포, 억류 등을 포함한다.

(2) 간접손실 리스크

해운업에 있어 간접손실은 해상위험 등으로 선박이나 화물에 대한 직접적인 손실이나 항만의 적하역시설, 접안시설 등에 대한 직접적인 재산손실로 발

9) 그러나 연금과 제 3 영역이라고 불리우는 상해와 건강의 경우에는 손해보험과 생명보험이 공유를 하고 있다.

생할 수 있는 제 2 차적인 손실이다. 선주의 입장에서는 운임에 대한 손실 그리고 화주의 경우에는 상품의 도착 지연이나 파손 또는 망실로 인한 영업중단 손실이 있으며, 항만시설의 파손인 경우에는 대체비용 등 추가비용이 소요되는데 간접손실의 범주에 포함된다.

(3) 배상책임손실 리스크

배상책임손실은 선박간의 사고나 선원의 잘못된 행동으로 인한 제 3 자의 손해, 화물의 보관이나 운송 중에 발생한 파손, 훼손, 망실에 따른 화주(貨主)에 대한 배상책임, 그리고 선원에 대한 배상책임을 들 수 있으며, 여객에 대한 배상책임이나 항만여객시설의 운영에 따른 배상책임을 들 수 있다. 또한 항만의 근로자에 대한 배상책임이 있을 수 있으며, 씨프린스호 사건이나 2007년 12월 태안 앞바다에서 발생한 '허베이'호의 선박충돌로 인한 기름 유출 등 선박에 의한 해양오염은 가장 큰 배상책임을 야기하기도 한다.

(4) 인적손실 리스크

인적손실은 가장 중요한 요소인 선원의 상해, 사망, 퇴직, 휴직 등으로 인한 선원이 제공하던 가치의 상실과 사망 후유장해 등에 따른 추가적인 비용이 소요된다. 인적손실 리스크는 해운업의 경우 숙련도달 기간이 길어 인력의 선발, 교육에 소요되는 시간과 비용이 증가하며, 숙련되기까지의 기간 동안에는 생산성의 저하를 경험하게 된다. 예를 들어, 해기사(海技士) 양성은 적어도 3년 이상 4년까지 소요되고 특히 항해도중 1등 항해사, 선장 등을 대체하기가 매우 어렵다. 또한 해운업의 가장 주요한 매개시설인 항만의 근로자들이 입는 신체적 손실을 포함한다.

제 4 절 리스크의 사회적 비용

4-1 리스크의 비용(cost of risk)

위와 같은 순수 리스크의 존재는 개인이나 조직에 여러 가지 형태의 부담을 준다. 예를 들어, 화재로 전소된 창고의 가치나 재고상품의 가치 그리고 영업중단으로 인해 해고되거나 감축된 인적 용역의 가치는 예기치 못한 손실 자체이다. 또 방재설비(방화벽, 방화문, 스프링클러, 화재자동경보기, 감시카메라 및 기타 자연재해나 인재로부터의 손실을 최소화하기 위한 방재설비 등)에 소요된 비용, 보험회사에 지불한 보험료 등을 포함시킬 수 있다.

둘째로, 보험에 가입하지 않은 부분에 대한 리스크의 존재로 인하여 기업이나 혹은 개인은 별도의 비상준비금을 준비하고 있어야 한다. 이러한 비상준비금은 기업의 유휴자금(idle money) 규모를 증대시켜 투자성과를 저하시키고 자원배분의 효율성을 저하시킨다. 셋째로, 리스크가 가져다주는 비용은 걱정과 두려움이다. 기업은 종종 적절한 리스크수단이나 보험을 구하지 못함으로써 사업이나 투자를 포기하기도 한다. 그 결과 소비자는 유익한 상품이나 서비스를 공급받지 못함으로써 사회적 복지수준의 감소를 가져오며, 다른 한편으로 투자의 축소나 상대적으로 비효율적인 투자를 초래하여 자원배분에 왜곡(歪曲)시킨다.

한편, 리스크가 초래하는 간접비용은 기업이나 조직이 리스크관리를 하지 않음으로써 나타나는 다음과 같은 사례들을 포함시킬 수 있다.

① 기업이 예상치 못한 손실에 지나치게 많은 시간을 소비하게 되며, 따라서 다른 중요한 관심사를 소홀히 하게 된다.
② 기업의 신용평가나 자본조달비용에 좋지 않은 영향을 주게 된다.
③ 예기치 못한 손실에 따른 소비자 신뢰의 저하 또는 기업 이미지 손상으로 경영이 어려워진다.
④ 신제품 출시나 새로운 사업계획을 포기하게 된다.
⑤ 리스크와 관련된 손실비용을 관리할 적절한 능력을 갖추지 못함으로써

국내외의 전략적 프로젝트들을 포기하지 않을 수 없게 된다.

이와 같은 리스크와 불확실성의 존재로 사회 전반적인 복지수준이 낮아지게 되며 자원의 최적배분이 이루어지지 못한다. 순수 리스크는 이득의 기회를 제공하지 않기 때문에 기업과 개인은 이러한 리스크의 관리를 효과적으로 하여야 한다.

◆ 참고문헌 ◆

1) Baranoff, Etti, Risk Management and Insurance, Willey, New York, 2003.
2) Green, Mark R., Paul Swadener, Insurance Insight, South-Western Publishing Co., 1974.
3) Head, George L, and Ron C. Horn, Essentials of Risk Management, Vol. I and II, Malvern, PA: Insurance Institute of America, 1991.
4) Mehr, R. I. and B. A. Hedges, Risk Management: Concept and Applications, Homewood, Ill., Richard D. Irwin, Inc. 1974.
5) Moore, Peter, G. "The Business of Risk," Cambridge University Press, 1983.
6) Vaughan, E. J. Risk Management, John, Wiley & Sons, New.
7) 보험과 리스크관리, 문영사, 2006.

CHAPTER

2

해운산업의 리스크관리

제 1 절 해운산업 리스크와 리스크관리

1-1 리스크관리의 정의

리스크의 존재는 앞에서 본 바와 같이 개인이나 기업은 물론 사회 전체적으로 발생한 손실이나 손실의 발생가능성(잠재적 손실) 때문에 자원 배분의 왜곡과 같은 심리적·경제적 부담을 초래한다. 이러한 바람직하지 않은 리스크의 효과를 리스크비용(costs of risk)이라고 하며 리스크비용을 최소화하려는 노력을 리스크관리(risk management)라고 한다. 리스크비용은 앞장에서 설명한 바와 같이 방재설비에 투입된 비용, 보험료, 보험으로 담보되지 않은 손실, 그리고 심리적·경제적 부담 등 비경제적 비용을 포함한다.

리스크관리는 우연히 발생한 손실이 개인이나 조직에 미치는 악영향을 최소화하기 위한 합리적이고 조직적인 관리 또는 경영활동의 한 형태이다. 따라서 리스크관리도 일반적인 경영활동과 마찬가지로 합리적 의사결정 과정과 그것을 수행하는 과정의 복합체로 볼 수 있다.

리스크관리는 경영의 측면과 의사결정의 측면에서 정의할 수 있다. 우선

관리 또는 경영이란 조직의 목표를 가장 비용 효율적으로 달성하기 위해 자원과 활동을 계획(planning), 조직화(organizing), 지휘(leading) 및 통제(controlling)하는 행위로 정의할 수 있다. 따라서 리스크관리는 관리 또는 경영의 측면에서 개인이나 조직이 직면한 리스크 또는 예상하지 못한 손실이 가져올 수 있는 악영향(adverse effect)을 최소화할 목적으로 행하여지는 조직적이고 체계적인 관리활동이라고 정의할 수 있다.

〈표 2-1〉 리스크관리의 모형

의사결정 \ 경영관리	계획	조직화	지휘	통제
리스크요소의 파악				
리스크관리기법 대안 검토				
최적의 리스크관리기법 선택				
선택한 리스크관리기법의 실행				
리스크관리 프로그램의 감시				

또 다른 한편으로 의사결정 측면에서 리스크관리를 정의할 수 있는데, 의사결정과정(decision making process)이란 다음과 같은 다섯 단계로 구분하여 설명할 수 있다.

첫째로, 조직의 기본인 목표 달성에 악영향을 줄 수 있는 예기치 못한 손실의 가능성 또는 리스크요소를 파악하는 것이며(identifying exposure to accidental loss), 둘째로, 이러한 예기치 못한 손실을 최소화하거나 대응할 수 있는 모든 리스크관리 기법을 검토(examining feasible alternative risk management techniques)하는 것이며, 셋째로, 기업에게 현실적으로 가용한 최선의 리스크관리 수단을 결정(selecting the apparently best risk management techniques)하는 것이고, 넷째로, 선택한 리스크관리 수단을 실행하며(implementing the chosen risk management techniques), 마지막으로 리스크관리 프로그램이 효과적으로 수행되고 있는지에 대해 감시하는(monitoring the results of the chosen techniques) 것이다. 즉, 의사결정 과정 측면에서의 리스크관리란 개인이나 기업 또는 조직의 리스크요소를 파악하고 리스크를 측정하며, 이러한 리스크를 관리할 수 있는 대안을 강구하여 기업의 목표나 주어진 여건에서 최선의 리스크관리 수단을 선택하여 실행하고 그 과정과 결과를 체계적이고 지속적으로 감시하는 것이라고 정의할 수 있다.

이와 같이 리스크관리의 두 가지 측면을 고려하면 다음의 〈표 2-1〉 리스크관리의 모형에서와 같이 의사결정과정의 각각의 다섯 단계에는 경영관리의 4단계가 수행되어야 한다.[10] 혹은 경영관리의 4단계 대신 계획(plan), 실행(do), 점검(see)의 세 단계를 적용해도 무방하다. 예를 들어, 리스크요소의 파악이나 대안의 검토 과정을 실행하는 데에도 각 계획, 조직, 지휘, 통제라는 관리의 4단계 또는 3단계를 거치게 되면 계획이 차질 없이 수행될 확률이 높다.

이러한 리스크관리와 관련된 의사결정은 조직 내에서 끊임없이 반복적·지속적으로 수행되어야 할 과제이다. 그 이유는 기업을 둘러싼 내부와 외부의 환경이 끊임없이 변화하고 있고 그에 따라 새로운 리스크가 계속 발생하며 그와 더불어 리스크관리방법에 소요되는 비용도 계속 변화하고 있기 때문이다. 예를 들어, 〈표 2-2〉에서와 같이 선박회사의 경우 다양한 리스크에 노출되어 있으며 이러한 리스크는 기업의 경영활동이 계속되는 기간 동안 그 종류와 손실의 정도가 변하기 때문에 기업의 리스크관리자는 아래의 리스크관리 단계에 따라 리스크를 파악하고 이에 대한 적절한 대안을 강구해야 할 것이다.

〈표 2-2〉 선박회사의 리스크 사례

리스크의 구분		리스크의 종류
재산손실리스크	동산	환율변화, 도난, 금융/투자리스크, 차량손해
	부동산	선박의 해상위험(좌초, 충돌, 화재, 폭발 …)
		건물의 화재, 건물 및 토지 가격의 변동
간접손실리스크	영업중단손실	선박수리 기간 중 운임수익의 감소
	추가비용	수리선박의 대체 선박 확보
배상책임손실 리스크		화물 손상 또는 여객 신체손해에 대한 배상책임
		해양 환경오염배상책임
		상대방 선박의 선체/ 화물 손실

10) Head, George and Horn Stephen, Essentials of Risk management, Insurance Institute of America, 1991, p. 7.

	상대방 선박의 운항 손실
	상대방 선박의 화물지연/ 사용손해
	상대방 선박의 화물 수리비
	계약의 불이행 또는 불법행위에 따른 배상책임
인적손실 리스크	인명손실(선원)
	직원 및 선원의 퇴사, 질병, 사망

2-2 리스크관리의 목표

리스크관리의 목표는 리스크의 발생이나 발생가능으로 나타나는 바람직하지 않은 효과, 즉 리스크비용을 최소화하는 것이다. 일반경영의 목표인 이익의 극대화가 적극적인 목표라면 리스크관리의 목표는 여러 가지 손인(損因) 으로부터 기업을 보호하려는 상대적으로 소극적인 목표라고 할 수 있다. 이러한 소극적인 목표는 종종 리스크관리에 대한 오해와 경시의 원인이 되고 있다. 그러나 오늘날에 와서는 조직의 자산을 안전하게 보호하는 일도 이익의 극대화 못지않게 조직의 생존이나 사활에 중요하다고 인식되고 있으며, 그와 더불어 리스크관리의 중요성에 대한 인식도 높아지고 있다.

최근에는 기업의 리스크 관리대상이 전통적인 순수 리스크뿐만 아니라 투기적 리스크의 범주에 속하는 경영 리스크(operation risk)나 이자율 리스크, 환율 리스크 등을 포함하는 전사적 리스크관리(enterprise risk management), 즉 기업이 직면하는 모든 리스크를 리스크 관리대상을 하고 있다.

리스크관리의 일반적인 목표는 두 가지로 요약할 수 있다.

첫째는 최소의 비용으로 손실(리스크비용)을 최소화하는 것인데 이를 사전적 목적(pre-loss objectives)이라고 하며 리스크관리 조직의 경제적 효율성의 확보, 불안의 감소, 타인에 전가할 수 없는 법적 의무의 이행 그리고 기업의 최고경영자에게 예상되는 리스크에 대하여 안심을 제공하는 것 등이 중요한 목표라고 할 수 있다. 즉, 손실발생 이전에는 최소의 비용으로 효과적인 리스크관리 부서를 운영해야 하는데 예를 들어, 방재시설에 과다한 비용을 투입하거나 과다한 비상리스크준비금을 유지하는 것은 이런 원칙에 위배된다.

둘째는 조직의 생존을 확보하는 것이다. 어떠한 경영관리도 생존을 전제로 하지 않고는 의미가 없다. 이러한 목적은 사후적 목적(post-loss objectives)이라고 칭하고 있으며 어떤 손실이 발생했을 때 조직의 생존을 확보하고 더 나아가 기업활동의 계속, 수익의 안정화, 지속적 성장, 사회적 책임의 이행 등을 목표로 하고 있다. 대형 손실이 발생할 경우 조직의 생존에 필요한 필수요소를 확보하는 것이 가장 중요하다. 예를 들어, 생존에 필요한 최소한의 자원 및 조직을 확보하는 것이 필요한데 생산능력, 마케팅, 재무적 능력 그리고 이러한 과정을 수행할 수 있는 경영 및 관리능력을 확보해야 한다. 예를 들어, 반도체와 같이 원료 수입이 주로 해외 시장에 의존하는 원자재 조달의 경우에는 다른 공급자로부터 원료를 조달받도록 사전에 협약을 맺는다거나, 사고로 상품을 공급하지 못하게 될 경우 수요처를 잃을 수 있으므로, 타 업체에서 한시적으로 상품을 공급할 수 있도록 사전에 협정을 맺어 비상시에 조치를 취해야 할 것이다. 사전에 예측하기가 상대적으로 용이한 대부분의 위험에 대해서는 체계적인 리스크관리가 필요하지만 9.11 테러사태와 같이 전혀 예측할 수 없거나 어려운 리스크에 대해서는 위기관리가 필요하다. 위기관리가 필요한 이유는 사전에 리스크에 대해 준비가 전혀 없었기 때문에 피해가 더욱 커질 수 있으며, 체계적인 복구지원 등이 미비하여 복구시간이 지체되며 예기치 못한 비용의 지출 또는 이에 따른 신용의 하락 등으로 기업이 도산의 위기를 맞을 수 있기 때문이다.

제 2 절 리스크관리의 과정

앞에서 언급한 바와 같이 리스크관리는 조직이 직면한 예기치 못한 손실로 입을 수 있는 악영향을 최소화시킬 수 있는 방법에 대한 의사결정을 내리고 실행하는 과정이다. 개인과 기업은 사업의 계획단계로부터 생산과정, 판매나 사후서비스에 이르기까지 다양한 리스크요소에 직면하고 있어 예기치 못한 대규모 손실을 야기할 수 있고, 그 결과로 경영상의 손실은 물론 법적인 책임까지 유발시킬 수 있다.

이러한 악영향을 최소화하기 위해서는 이러한 불확실한 리스크요소를 어떤 방법으로든 통제하거나 제3자에게 전가할 수 있어야 한다. 구체적인 리스크관리의 과정은 〈그림 2-1〉에서와 같이 리스크관리의 의사결정 관점에서 설명될 수 있다.

2-1 리스크요소의 파악 및 측정

(1) 리스크요소의 파악

리스크요소의 파악은 리스크관리의 출발점으로서 기업에게 손실을 가져올 수 있는 잠재적 리스크를 찾아 내어 그 영향을 측정하고 평가하는 것이다. 리스크요소의 파악은 리스크관리 과정에서 가장 중요한 단계인데 그 이유는 사전에 파악하지 못하거나 인식하지 못한 리스크에 대해서는 효과적인 리스크관리 대책을 미리 수립할 수 없을 뿐만 아니라 예측하지 못하고 의도하지 않은 리스크를 조직 내에 수동적으로 보유(passive retention)하게 되어 조직과 개인에 막대한 손실을 줄 수 있기 때문이다. 따라서 조직이나 기업의 리스크를 체계적인 접근방법으로 가능한 모든 리스크를 파악하는 것이 중요하다.

리스크요소의 파악은 우선 가능한 손실의 종류를 파악하는 것으로부터 출발한다. 손실에 직면한 경제적인 가치는 4가지로 분류될 수 있는데 물적 손실 및 물적 손실에서 파생되는 간접손실, 배상책임손실, 그리고 인적 손실 등으로, 앞 장의 순수 리스크 종류에서 설명한 바와 같다.

리스크의 확인은 이와 같은 4가지 손실의 범주 중에서 구체적으로 어떠한 경제적 손실이 발생할 것인지, 그러한 손실발생을 증대시킬 수 있는 어떤 위태가 있는지 파악하고 그에 관한 정보를 수집하여야 한다. 또 어떤 재산이 손실에 노출되어 있는지, 누가 피해를 입을 수 있는지, 손실의 발생빈도와 손실의 규모는 어느 정도가 될 것인지도 판단하여야 한다.

개인이나 조직이 잠재적인 리스크를 파악하기 사용하는 방법으로서는 다음과 같이 5가지 방법이 있다.

〈그림 2-1〉 리스크관리의 5단계

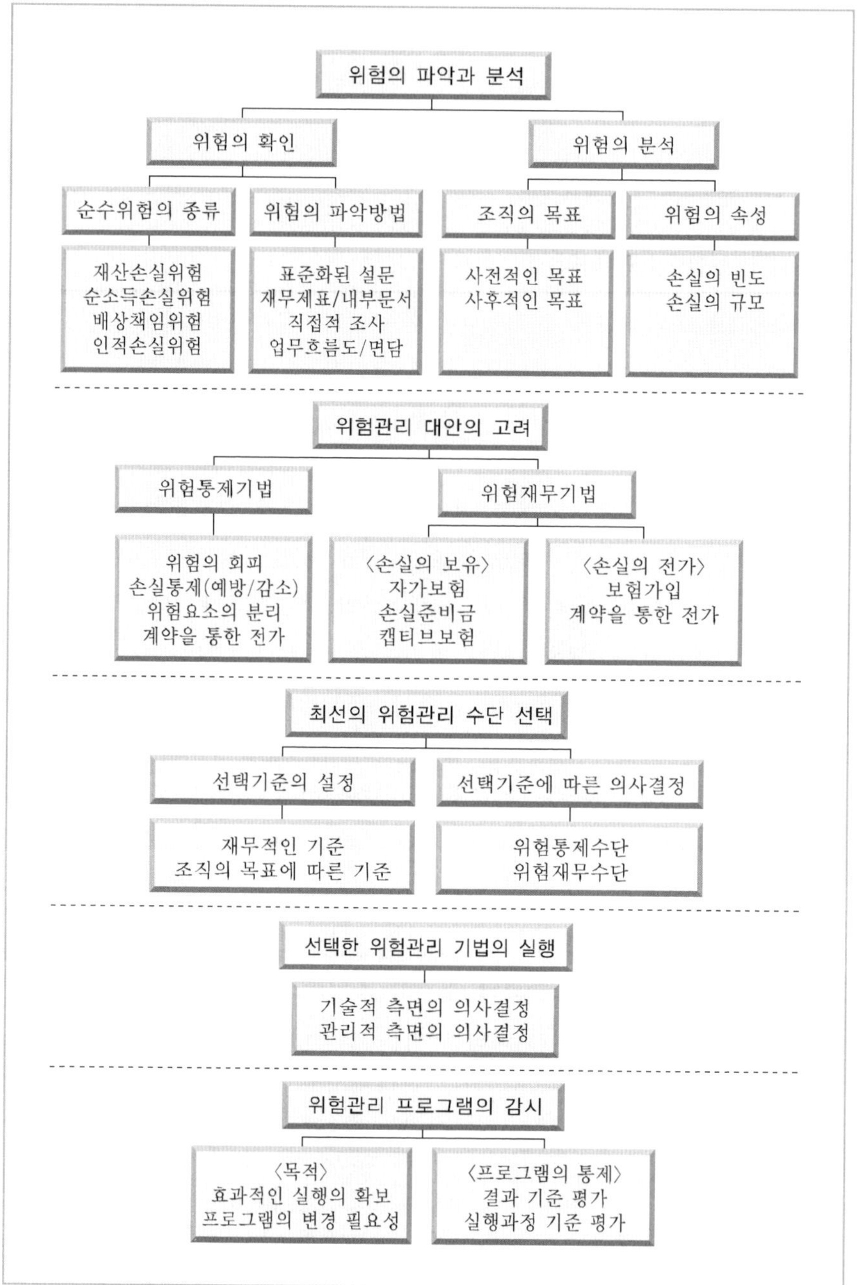

자료: Head, George and Horn Stephen, Essentials of Risk management, Insurance Institute of America, 1991. p.11.

〈사례〉 항만 내의 화물과 리스크

항만이란 선박의 출입, 사람의 승·하선, 화물의 하역, 보관 및 처리 등을 위한 시설이 구비된 지역을 말한다. 항만의 기본시설인 접안시설 및 방파제, 수로 등이 있으며, 항만의 하역작업과 관련된 기능시설로는 고정식·이동식 하역장비, 화물이송시설, 배관시설 등의 하역시설과 창고나 야적장, 컨테이너 장치장/조작장, 곡물저장시설, 저유시설, 화물터미널 등 화물의 유통과 판매와 관련된 시설이 있다.

항만 내에서의 화물흐름은 기본적으로 운송, 보관, 포장, 하역 및 이송, 정보 및 관리(항해지원 포함) 등의 6가지 기능으로 구분해 볼 수 있는데[11]하역을 중심으로 리스크를 살펴보면 다음과 같다.

우리나라의 2000년 화물별 하역실적을 보면 5억 4천9백만톤으로 컨테이너가 1억 5천3백만 톤, 양곡이 1,450만 톤, 자동차가 1천521만톤, 원목이 6백만톤, 철재가 3천537만톤, 부원료가 291만톤, 기타 3억2천144만톤으로 구성되어 있다. 이 중 곡물류와 석탄 및 철재의 하역의 경우 매우 다양한 여러 가지 리스크에 노출된다.

우선, 곡물류에서는 미세먼지에, 석탄의 경우에는 먼지(분진)나 자연발화, 오수 등의 리스크에 노출되어 있고, 원목의 경우에는 하역 전에 선창을 밀폐하고 검역소독을 하므로 근로자들이 유독물질에 노출되는 경우가 많다. 또한 고철과 같은 철재인 경우 처리 과정에서 녹과 먼지로 혼합된 분진과 방역에 따른 공해유발, 소음 등에 노출되어 있으며 방사능에 오염되어 있기도 하여 근로자에게 치명적인 리스크를 가지고 있다.

특히 위험화물을 취급하는 경우에는 위험물질 자체의 화학적 성질이나 물리적 변화 또는 생물학적 개별특성이나 이들 간의 복합적인 특성에 의하여 인체 또는 자연환경에 위해를 가져오기도 한다. 이런 경우 운송 중인 화물의 상호작용으로 발열, 가스방출, 부식작용 등 위험한 물리적 화학적 작용을 일으켜 리스크를 증가시키거나 대형사고로 발전할 수 있으므로 자격이 있는 근로자가 처리하거나 감시 감독하여야 한다. 현재 위험화물은 총 9종으로 분류되어 있으나 위험화물이 유출될 경우 이에 대한 방제나 처치에 필요한 사항은 구체적으로 명시하지 않고 있는 실정이다. 따라서 항만하역근로자를 배치할 경우에는 근로자의 역할, 화물특성, 하역방법, 안전교육을 실시하고, 보호도구나 시설을 충분히 갖춘 후에 작업을 시행하여야 하며, 야간작업은 하지 않는다. 또한 위험물 중 화약류, 폭발물, 방사성물질, 인화성물질, 유독성 물질은 다른 화물에 우선하여 취급하여야 한다.

1) 표준화된 설문/체크리스트에 의한 리스크요소의 파악

표준화된 체크리스트는 리스크와 관련된 사람들이 예견할 수 있는 리스크에 대한 의견을 묻는 것으로 사고의 형태나, 사고원인의 형태, 영향범위 등에

11) 박용욱 · 목진용, 항만하역 작업환경관리 개선방안, 한국해양수산개발원, 2002. 12, p. 7.

관하여 내부 또는 외부의 정보원을 이용하기 위한 것이다. Crawford는 유용한 체크리스트의 종류로서 ① 자원의 분류에 의한 것, ②결과의 분류에 의한 것, ③ 리스크의 분류에 의한 것, ④ 원재료, 서비스 및 정보의 흐름을 나타내는 것, ⑤ 업무상 에너지의 투입과 방출을 보여주는 에너지연쇄도표, ⑥해당조직 내에 활용할 수 있는 여러 가지 기록물, ⑦ 조직기구상 책임분담을 보여 주는 도표나 다양한 체크리스트의 사용을 권장하고 있다. 특히 유용한 체크리스트의 형태로는 자산이나 리스크상황의 분류에 따른 자산의 구분(asset exposure analysis)이 있는데 이러한 체크리스트는 자산 또는 소득의 상실과 관련된 모든 우발적인 문제를 볼 수 있게 해 줌으로써 리스크의 평가와 처리를 간편하게 할 수 있다.

〈표 2-3〉 선박회사의 리스크요소 체크리스트 및 평가서 사례

<table>
<tr><th rowspan="3">구분</th><th rowspan="3">활동/
공정</th><th rowspan="3">세부활동</th><th colspan="3">잠재적 또는 실제적 리스크요인</th><th colspan="3">리스크등급판정</th></tr>
<tr><th colspan="2">안전사고 발생요소</th><th rowspan="2">결과</th><th rowspan="2">빈도</th><th rowspan="2">심도</th><th rowspan="2">Risk 등급</th></tr>
<tr><th>위험요소</th><th>원인</th></tr>
<tr><td rowspan="5">항행업무</td><td rowspan="5">항내
항해</td><td rowspan="2">입·출항</td><td>좌초</td><td>부정확한
선위측정</td><td>선체손상</td><td>하</td><td>A</td><td>3등급</td></tr>
<tr><td>충돌</td><td>안전속력
유지위반</td><td>선체손상</td><td>하</td><td>A</td><td>3등급</td></tr>
<tr><td rowspan="3">제한시계
내 항해</td><td rowspan="2">충돌</td><td>안전속력위반</td><td>사망</td><td>하</td><td>A</td><td>3등급</td></tr>
<tr><td>견시불철저</td><td>사망</td><td>하</td><td>A</td><td>3등급</td></tr>
<tr><td>좌초</td><td>부정확한
선위측정</td><td>선체손상</td><td>하</td><td>A</td><td>3등급</td></tr>
<tr><td>…</td><td>…</td><td>…</td><td>…</td><td>…</td><td>…</td><td>…</td><td>…</td><td>…</td></tr>
<tr><td rowspan="6">화물취급및관리</td><td rowspan="6">Hold
Cleaning:
하역 전
후 작업</td><td rowspan="3">장비준비
작업</td><td>낙하</td><td>취급부주의</td><td>사망</td><td>하</td><td>A</td><td>3등급</td></tr>
<tr><td>추락</td><td>부적절한작업위치</td><td>사망</td><td>하</td><td>A</td><td>3등급</td></tr>
<tr><td>작업자세</td><td>무리한 동작</td><td>요통</td><td>하</td><td>C</td><td>5등급</td></tr>
<tr><td rowspan="3">잔존물
수거작업</td><td>먼지비산</td><td>Sweeping작업</td><td>안구자극
호흡기질환</td><td>하</td><td>C</td><td>5등급</td></tr>
<tr><td>전도</td><td>작업자
주의부족</td><td>타박상</td><td>하</td><td>C</td><td>5등급</td></tr>
<tr><td>추락</td><td>작업자세
불량</td><td>중상</td><td>하</td><td>B</td><td>4등급</td></tr>
</table>

	Hold Cargo Lashing: 하역작업	Cargo Lashing 작업	전도	작업자부주의	타박상	하	C	5등급
				화물의 미끄러움	타박상	하	C	5등급
			협착	화물붕괴	사망	중	A	1등급
			붕괴	화물적재불량	화물손상	하	B	4등급
			추락	부적절한 작업위치	사망	하	A	3등급
…	…	…	…	…	…	…	…	…
기기운전 및 정비	보일러 개방작업	압력/열 제건작업	폭발, 화상	과도한 압력/온도	중상	하	B	4등급
	중량물 취급	Crane 이용이동	충돌	조작부주의	기기파손	하	C	5등급
			추락	조작부주의	기기파손	하	C	5등급
			협착	조작부주의	손가락부상	하/중	B	2등급
		인력 이용이동	협착	조작부주의	손가락부상	중	B	4등급
			요통	자세불안정	허리부상	하	B	4등급
	유해물질 취급	기름성분 취급	미끄러짐	미끄럼	허리부상	하	C	5등급
		회학류 취급	피부오염	개인보호구 미착용	피부손상	하	C	5등급

예를 들어, 해상화물운송 사업의 경우에는 리스크분류에 의한 체크리스트의 작성과 운송서비스 업무의 흐름도나 조직의 업무관장에 따른 체크리스트를 작성하여 리스크를 파악하는 것이 효과적일 것이다. 위의 〈표 2-3〉은 해운회사의 리스크체크리스트 및 평가서로서 선박 운행의 과정과 작업의 활동 및 세부활동에 따른 리스크요소, 원인 및 결과를 비롯하여 최종적으로 리스크의 판정등급에 따라 관리나 주의정도를 다르게 하고 있다.

2) 회사 내의 서류 조사(document examination)

이 방법은 리스크에 노출된 개인이나 기업의 관련 재무제표, 일지, 계약서, 조직도, 보험계약서 등의 기록물이나 서류를 활용하여 리스크를 찾아내는 방법이다. 특히 기업의 경우 대차대조표나 손익계산서 등 재무제표는 사고에 처한 자산의 종류나 사고가 발생할 경우 초래될 수 있는 순수입의 감소, 현금흐름상의 문세점을 시사해 주는 데 유익하게 사용될 수 있다. 그러나 대차대조표의 경우 한 가지 주의할 점은 대차대조표에 기록된 가치는 과거의 가격이 그대로 유지되고 있는 장부가치인 경우가 많으므로 현재의 가치를 고려하여 산정하여야 한다. 기업의 재무제표 이외에도 리스크관리자가 기존에 발생한 손실을 파악할 수 있는 중요한 기록은 회사의 업무일지이다. 예를 들어, 회사의 과거 기록을 조사하면 종업원의 사상(死傷)이나 화재, 배상책임, 소송 등 손실의 빈도(頻度)와 강도(强度)를 측정하는 데 도움이 된다. 다음의 〈표 2-4〉과 같이 과거 화물하역 및 운송 과정에서 제기된 클레임 기록이나 과거의 회사 업무일지는 그 기업이 통상적으로 직면할 수 있는 리스크를 쉽게 파악할 수 있을 것이다.

〈표 2-4〉 취급화물별, 작업단계별 항만하역 재해발생 현황

구분	철재	컨테이너	원목	잡화	포장물	냉동물	산물	기타	계
재해자	108	59	48	45	42	41	28	62	433
비율%	24.9	13.6	11.1	10.4	9.7	9.5	6.5	14.3	100

구분	선내	선측	상하차	상차선적	입출고	야적	예부선	기타	계
재해자	211	51	38	28	17	16	5	67	433
비율%	48.7	11.8	8.8	6.5	3.9	3.7	1.2	15.5	100

자료: 한국항만하역협회, 항만하역재해통계 및 사례, 2001.

3) 업무흐름도(flowcharts)

업무흐름도는 조직 내에서 업무의 흐름과 관련하여 일어나는 물자, 부품, 활동, 상품, 정보의 흐름을 일목요연하게 보여 줌으로써 예기치 못한 사고가 이러한 업무흐름을 어떻게 그리고 어느 정도로 방해하는가를 파악하는 데 도움을 줄 수 있다. 업무흐름도에 의한 방법은 업무에 포함된 리스크를 하나의 도표로 간단하게 파악할 수 있는 장점이 있지만 업무흐름도상에서 애로점(bottle neck)이라고 판단되었던 부분에 실질적으로는 애로가 전혀 존재하지 않은 경우나 혹은 그 반대의 경우가 발생하므로 현장 실사로 보완하는 것이 중요하다.

해상운송사업이나 해상여객 운송사업의 경우에도 업무의 진행과정표나 업무흐름도를 통해 쉽게 애로점이나 취약점을 생각할 수 있지만 현장의 리스크관리 상태가 어떻게 되어 있는지 직접 방문하여 확인하는 절차가 필요하다.

〈그림 2-2〉 수입고철의 하역작업 흐름도

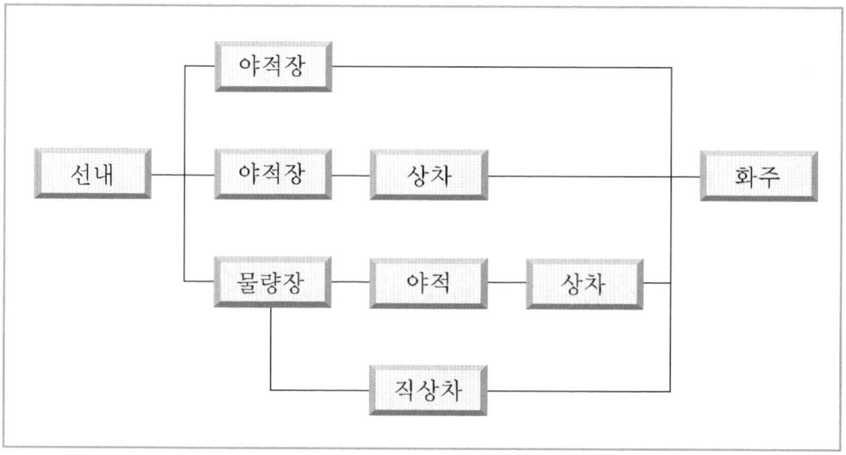

위의 〈그림 2-2〉는 고철의 하역과정을 나타내고 있다. 고철의 경우 선내에서의 오염물질 또는 방역작업에서 발생할 수 있는 질식, 감염, 호흡장애 등 신체에 위해를 줄 수 있는 제반 요소와 환경오염 리스크가 있으며, 야적장이나 물량장에서도 고철에 있는 중금속 오염과 고철의 분진 및 처리할 때 발생하는 소음으로 이웃에 대한 배상책임이나 근로자의 상해리스크가 있다. 일단 방역처리된 고철을 차량을 이용해 야적장이나 배로부터 직접 적재하는 과정에서는 근로자와 제 3 자의 안전에 대한 리스크가 존재한다. 이와 같이 업무흐름도는 현장을 방문하지 않고도 전형적인 리스크를 쉽게 파악할 수 있는 장점이 있다. 그러나 현장방문을 하지 않고 단순히 업무흐름도에만 의존할 경우 실제 애로점을 발견할 수 없는 경우가 많으므로 반드시 현장에서 확인을 해야만 한다.

4) 현장방문 조사(physical survey)

건물이나 물품의 제조과정을 마치 의사가 사람의 몸을 검사하듯이 직접 조사하는 방법이다. 리스크에 대한 외부정보의 확보가 어려우면 리스크관리

주체가 직접 나서서 주변의 환경을 관찰함으로써 리스크요인과 위태를 찾아낼 수밖에 없다. 예를 들어, 선창의 밀폐된 작업장에서 작업을 할 경우 환기구나 환기시설의 적정성 또는 기타 필요한 보호구 등은 현장방문을 통해 직접확인하는 것이 바람직하다. 또한 어떤 리스크요인은 현장조사를 통해서만 발견될 수 있다. 공장의 보일러나 발전기의 작동이나 유지상태 혹은 동력전기의 배선상태 등은 현장점검을 하지 않으면 파악이 곤란하다. 이러한 점에서 직접조사(personal inspection)와 거의 같은 개념이라고 할 수 있다. 이러한 직접조사는 전문적인 지식이 필요한 경우가 많으므로 해당 분야의 전문가 도움을 얻어 수행하는 것이 효과적이다.

5) 면담을 통한 조사(interview)

조직 내에서 중요한 직책을 맡고 있거나 조직의 활동과 관련하여 오랜 경험이 있는 내부자의 면담은 중요한 리스크확인방법의 하나이다. 또한 특정 분야와 관련하여 전문적인 지식이 있는 외부의 전문가의 자문을 구하는 것도 문제를 파악하는 데 크게 도움이 된다. 특히 복잡한 조직인 경우, 모든 문제를 직접조사와 같은 방법으로 확인하는 것은 불가능하므로, 해당 분야의 전문가에게 도움을 얻어 객관적인 리스크요인을 파악하는 것이 바람직하다. 예를 들어, 보험회사나 재보험회사 등에 해운업의 리스크에 대해 자문을 얻는 것도 좋은 방법 중의 하나이다.

(2) 리스크의 측정

앞 장에서 설명한 바와 같이 리스크의 측정은 확인된 리스크에 대해서 확률 또는 통계적 기법을 사용하여 가능한 손해의 정도와 규모를 객관적으로 측정하는 작업을 의미하며, 리스크의 측정 및 분석을 통하여 최적의 리스크관리 방법을 찾아 낼 수 있다.

일반적으로 리스크의 측정은 리스크요소의 두 가지 속성, 즉 리스크의 상대적인 손실발생빈도와 손실규모에 따라 적합한 리스크관리 방법을 모색해야 한다.

〈표 2-5〉 리스크의 속성에 따른 리스크관리 방법

손실규모 \ 발생빈도	높은 빈도(high frequency)	낮은 빈도(low frequency)
큰 손실규모(high severity)	리스크회피	전가 - 보험
작은 손실규모(low severity)	손실통제를 위주로 한 보유	보유 - 자가보험

전통적으로 〈표 2-5〉에서와 같이 리스크의 속성, 즉 발생 빈도와 평균적인 손실의 규모에 따라 다음과 같은 네 가지의 리스크관리 수단이 고려될 수 있다. 우선 손실의 규모와 발생빈도가 낮은 경우의 손실은 기업이나 조직 스스로 발생손실을 부담하는 자가보험(self insurance)과 같은 리스크보유가 적절한 수단이며, 손실의 빈도는 낮지만 발생손실의 규모가 큰 경우에는 외부의 보험기관에 보험을 가입함으로써 조직의 리스크를 전가하는 것이 바람직하다. 또한 발생 빈도가 높지만 손실규모가 상대적으로 작은 리스크의 경우에는 손실통제를 위주로 한 리스크보유(risk retention)기법이 경제적이다. 예를 들어, 작업장에서 발생하는 소모품의 망실, 종업원의 작은 부상 등은 도난방지설비나 안전시설을 보강함과 동시에 리스크보유수단을 선택하는 것이 보험에 가입하는 것 보다 더 효율적이며, 손실발생 빈도와 손실규모가 모두 높거나 큰 경우에는 리스크회피(risk avoidance)가 적절한 관리방법이라고 할 수 있다.

다음의 〈그림 2-3〉 리스크지도[12]에서 보듯이 기업이 직면한 여러 가지 리스크는 발생빈도와 손실규모에 따라 4분위로 구분해 볼 수 있다. 기업이 직면한 여러 가지 위험은 리스크의 속성에 따라 보험에 가입하거나, 회피 또는 헤징(hedging), 적극적인 보유(active retention)나 일부만 보험에 가입하거나, 보험가입이나 회피 또는 보유 등 어느 방법도 가용하지 않는 어려운 경우에는 보험에 가입하지 않은 수동적인 보유를 선택할 수 있다. 이와 같이 리스크지도를 기초로 〈그림 2-4〉를 작성할 수 있는데 예를 들어, 신용리스크(credit risk), 외환리스크(foreign exchange risk), 이자율 리스크(interest rate risk)과 같은 재무적인 리스크는 재무기법을 사용하여 헤징을 하고 있는데 비해 기업의 이미지 혹은 명성에 대한 손상(reputation risk)이나 지적재산권침해(intellectual property piracy)리스크 등은 보험가입이나 전가가 어려워 특별한 리스크관리 수단을 고

12) 보험경영연구회, 보험과 리스크관리, 문영사 2006에서 재인용.

려하지 않은 수동적인 보유(passive retention)를 선택하고 있다. 이런 경우 손해가 발생하였다면 보험에 가입하지 않았으므로 기업이나 조직 스스로 소송 등을 통해 손해를 구상하거나 손해를 조직 내에서 그대로 감내해야 한다. 한편 재산상의 리스크나 배상책임, 토네이도에 의한 손실, 재고 상품의 도난, 정치적 리스크, 정보시스템의 실패 등과 같은 리스크는 발생빈도는 낮지만 일단 손해가 발생하면 손실의 규모가 스스로 감당하기가 비교적 큰 손실이므로 보험에 가입하는 것이 좋다.

〈그림 2-3〉 리스크지도의 예

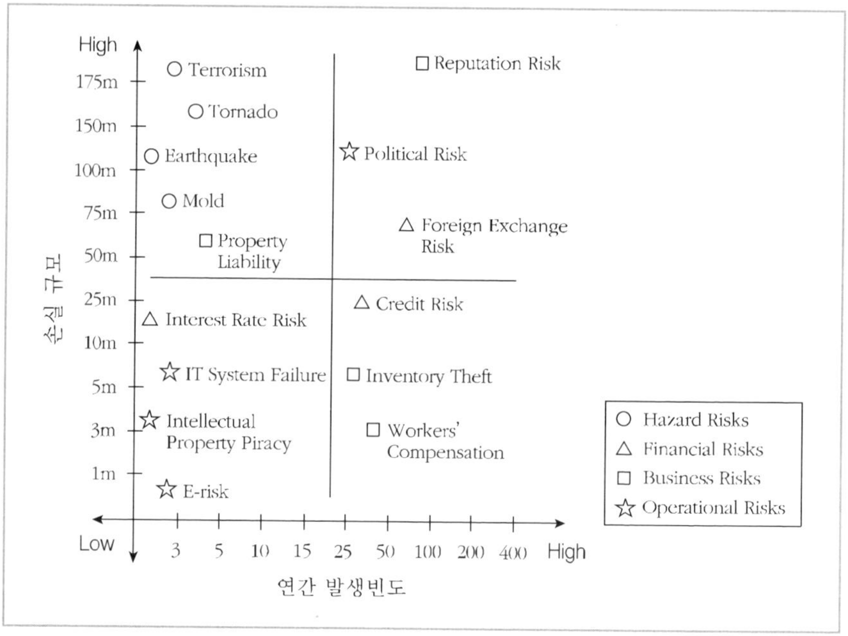

자료: Baranoff, Etti, Risk Management and Insurance, Willey, p. 54.

그러나 테러, 지진, 곰팡이에 의한 손실(mold)[13] 등의 리스크는 보험회사의 경우에도 감당하기가 어려운 초대형 손실이어서 보험에 가입하기가 어렵거나 또는 보험료가 너무 비싸 어쩔 수 없이 보유를 하거나 손실의 일부만 보험에 가입할 수 있다. 또한 근로자 재해의 경우 발생빈도가 높지만 손실의 규모가 기업에서 내부적으로 감당할 수 있을 정도이므로 보유나 일부 보험에 가입

13) 테러와 곰팡이에 의한 손실은 비교적 최근에 심각한 손실을 야기한 손인으로 곰팡이는 목조 건물의 안전성을 위협하고, 부패를 통해 여러 가지 질병을 야기할 수 있다.

하는 것이 일반적이다.

〈그림 2-4〉 위험관리방법의 예

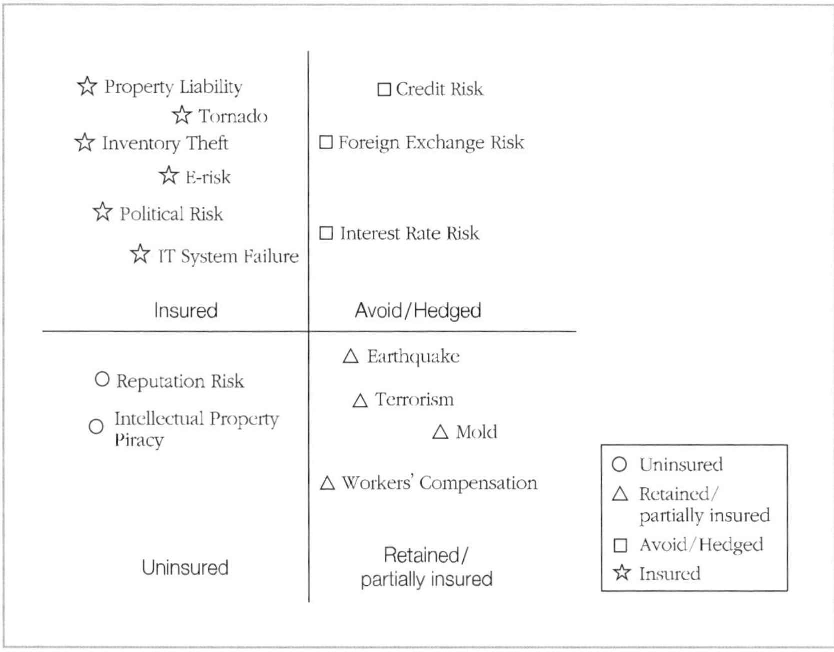

자료: Baranoff, Etti, Risk Management and Insurance, Willey, p. 56.

한 가지 리스크의 측정에서 고려해야 할 주요한 개념은 가능최대손실(probable maximum loss, PML)과 최대가능손실(maximum possible loss, MPL)의 개념이다. 가능최대손실(PML)은 현실적으로 예상할 수 있는 최대규모의 손실, 즉 리스크관리자가 실제로 발생할 수 있다고 보는 최대규모의 손실이다. 이에 비해서 최대가능손실(MPL)은 어떤 사고로부터 초래될 수 있는 가능한 최대 또는 최악의 손실로서 그 이상의 손실이 발생할 확률은 거의 없는 손실규모를 의미한다. 두 개념 중에서 리스크관리에 보다 중요한 개념은 PML이다. PML은 손실의 원인이 되는 사고 자체뿐만 아니라 손실리스크에 노출된 사람이나 물건에 의해 영향을 받는다. 예를 들어, 선박에 화재가 발생했다고 했을 때 PML은 통상적인 경우 화재손실의 규모가 될 것이며, MPL은 최악의 손실이므로 선박의 전체가치와 같다고 할 수 있다. 보험회사가 리스크의 측정과 평가를 통하여 보험가액(insured amount)을 결정할 때 사용하는 개념도 PML이다. 예를 들어 1

백만원의 손실이 발생할 확률이 70%이고 3백만 원의 손실이 발생할 확률이 20%, 그리고 5백만원의 손실발생확률이 7%라고 가정할 때, 손실의 규모가 5백만원 이하일 확률은 97%이다. 이 경우 97%의 신뢰도에서 가능최대손실(PML)은 5백만원이 된다.

PML은 보험뿐만 아니라 리스크통제에서도 특별한 주의를 요하는 경계선의 설정에도 중요한 역할을 한다.

2-2 리스크관리의 대안 고려

리스크관리의 대안은 기업이 고려할 수 있는 모든 종류의 관리방법을 의미한다. 리스크관리방법은 크게 리스크의 발생 자체를 줄이는 통제하는 방법(리스크통제기법)과 리스크의 발생으로 초래된 재정적인 손실을 보전하는 방법(리스크재무기법)으로 구분해 볼 수 있는데 이 두 가지 방법을 상호 보완적 수단으로 활용할 경우에 리스크관리는 더 효과적이다.

(1) 리스크통제(Risk Control)

리스크통제란 리스크의 발생빈도나 손실의 규모 등을 물리적으로 통제하려는 기법이다. 리스크통제기법은 회피(avoidance), 손실의 통제(loss control: 손실의 감소 및 손실의 예방), 리스크요소의 분리(segregation), 그리고 계약을 통한 전가 등이 있다.

1) 리스크의 회피

리스크의 회피란 손실의 가능성을 원천적으로 회피해 버리는 방법이다. 가장 쉬운 예를 들면, 리스크가 감당하기 어려운 경우에는 그 사업을 중단하는 것이다. 손실가능성을 회피하면 별다른 리스크관리 수단이 필요 없게 된다는 점에서 가장 간편한 리스크관리 방법이라고 할 수 있다. 그러나 리스크의 회피가 항상 가능한 것이 아니며 대부분의 기업 활동에서 리스크는 현실적으로 피하기 어려운 경우가 많다. 또한 리스크의 회피는 또 다른 리스크를 초래하는 경우도 적지 않다. 예를 들어 비행기납치(hijacking)로 인한 손실의 가능성을 배제하기 위해 육로를 이용하면 자동차사고 위험에 직면할 수 있다. 또한 리스크의 회피가 사업이나 활동의 근본적인 목적을 부정하는 것이라면 그것은 리스크관리로서의 의미를 상실했다고 볼 수 있다.

2) 리스크통제

리스크통제는 손실의 발생횟수나 발생규모를 줄이려는 기법, 도구, 또는 전략을 의미한다. 즉, 리스크의 속성인 발생빈도와 평균손실 규모를 통제하려는 기법이다. 리스크통제는 일단 손실이 발생하면 그것을 복구하는 데 드는 비용은 많은 간접비용(consequential costs)과 숨은 비용(hidden costs)으로 인하여 급격히 증가할 수 있으므로 손실의 발생을 사전적으로 억제, 예방, 축소하는 것이 바람직하다는 인식을 전제로 하고 있다. 따라서 리스크통제의 목적은 손실의 발생빈도나 규모를 줄이고 소요되는 리스크비용을 축소함으로써 리스크관리의 효율성을 제고하는 것이다. 리스크통제의 방법으로는 손실의 발생빈도의 축소에 초점을 둔 손실예방(loss prevention)활동과 발생한 손실의 규모의 축소에 초점을 둔 손실감소(loss reduction)로 구분된다.

가. 손실예방

손실예방이란 물리적인 조치를 통해 어떤 특정한 손실의 발생가능성 또는 손실발생의 빈도를 줄이려는 조치이다. 예를 들어, 위험한 물질이나 유해물질의 하역작업을 야간에 하지 않는 것은 손실예방기법이다. 또한 수입고철을 하역할 때 강풍이 불 경우(초속 18m 이상) 고철먼지가 비산하는 것을 방지하기 위해 작업을 중지하고, 방진마스크나 난청을 예방할 수 있는 귀마개 등의 보호장구를 착용하여 분진이나 소음으로부터의 손실을 예방할 수 있다. 이 경우 손실예방은 손실의 감소 효과도 가져올 수 있다. 또 다른 손실예방의 예로는 홍수에 대비한 댐 건설, 음주운전을 방지하기 위한 음주단속, 화재에 대비한 방화벽의 설치 등이 예이다.

나. 손실의 감소

손실의 감소기법은 손실의 규모를 줄일 수 있는 방법을 의미한다. 예를 들어, 스프링클러(sprinkler) 설치나 자동차의 에어백, 안전띠와 같이 손실의 규모를 줄이는 조치를 말한다. 유해물질 하역의 경우 보호의복, 보호장갑, 방독/방진마스크, 보호안경, 보호크림은 손실의 예방과 감소 효과가 있다. 손실의 감소기법은 특정 사건이나 사고로부터 피해를 입을 수 있는 재산, 인명의 수와 규모를 줄이는 데 초점을 두며, 또한 손실의 확대를 방지하기 위하여 비상대책이나 구조대책, 재활서비스 등에 초점을 둔다.

다. 리스크요소의 분리

리스크 요소의 분리는 복제(duplication)와 격리(separation)로 세분할 수 있는데, 복제는 주요한 설계도면이나 자료, 거래장부, 컴퓨터 디스크 등을 복사하여 사용하는 방법으로 원본이 파손되는 경우에도 쉽게 복원이 가능하여 재난적 손실을 방지할 수 있다. 격리는 리스크의 크기를 감소시키기 위해서 리스크노출을 시간적 또는 공간적으로 나누는 방법으로 예를 들어, 화재가 발생하려면 인화물질, 산소, 점화 세 가지 요소가 필요한데 이 중 한 요소라도 분리를 하거나 격리를 할 경우에는 화재를 예방할 수 있다.

위험물질의 상·하역작업은 화약류, 폭발물, 방사능물질, 인화물질, 유독성물질 등이 발열, 가스방출, 부식작용 등 물리적·화학적 작용을 일으켜 위험을 증가시키거나 대형사고로 발전할 수 있으므로 격리하여 작업을 하여야 한다.

또 다른 예로는 특정 시간대에 사람들이 한꺼번에 몰리지 않도록 여러 시간대로 사람들을 서로 격리하거나 재산, 시설 등을 여러 장소로 나누어 공간적으로 격리함으로써 손실의 규모가 재난적인 크기로 발전하지 않도록 하는 방법이다.

라. 계약을 통한 전가

계약을 통한 전가란 발생손실로부터 야기될 수 있는 법적, 재무적 책임을 계약을 통해 제 3 자에게 전가하는 방법이다. 예를 들어, 계약내용에 따라 약간은 달라질 수 있지만 재산을 리스(lease)하거나 위험한 작업에 대해 하도급 또는 하청계약(subcontract)은 법적, 재무적 책임을 전가할 수 있는 방법이다. 즉, 리스나 하도급계약은 임차인이나 원도급자의 리스크를 임대인이나 하청업자에게 전가시킨다. 예를 들어 리스(lease)계약을 통해 기기를 임차한 경우 기기의 결함으로 사고가 발생하면 모든 책임은 리스회사가 지며, 건설공사의 경우 하청업자는 공사 중 발생한 사고에 대하여 원도급자를 대신하여 책임을 져야 한다. 그러나 일부 국내의 판례에 따르면, 대형건물의 엘리베이터와 같이 건물에 고착된 기기에 대해 리스를 하는 경우 발생손실에 대해 관리회사(주로 리스회사)와 건물주가 관리책임을 공동으로 지게 하는 판례가 있다. 따라서 리스 계약 시에 이러한 관리책임을 명확히 해야 한다.

(2) 리스크재무(Risk Financing)

리스크재무기법은 발생할 수 있는 재무적 손실에 대한 대안을 말한다. 리스크재무기법은 앞의 〈그림 2-1〉에서와 같이 손실을 보유하는 방법과 손실을 전가하는 방법으로 나눌 수 있다. 리스크재무는 이미 발생한 손실로부터 회복 또는 그것을 복구하는 데 필요한 자금의 조달에 초점을 두는 리스크관리기법을 말한다. 즉, 손실발생 후 복구 또는 보상을 위한 자금조달방법을 사전적으로 마련하는 방법으로 정의된다. 리스크재무는 그러한 손실복구자금(復舊資金)을 조직 자체 또는 내부에서 조달하는지 또는 제3자나 조직의 외부로부터 조달하는가에 따라 다시 보유(retention)와 전가(transfer)로 나누기도 한다. 이러한 기준에 따라 리스크재무의 형태를 구분해 보면 다음과 같은 기법들이 있다.

1) 리스크의 보유

리스크보유는 리스크로 인한 장래의 손실을 스스로 부담하는 방법이다. 이 방법은 리스크의 원인이나 결과에는 영향을 주지 않으며 다만 리스크의 경제적 결과에 대한 부담의 방법만 달라진다. 예를 들어, 선박회사가 해상오염과 관련하여 준비금이나 충당금을 설정해 두고 실제로 손실이 발생한 경우 준비금에서 관련 비용을 지불하는 방법은 여기에 속한다. 또 다른 예로는 항만의 항운 노동자들의 신체상해와 관련하여 조합원의 상부상조를 위한 공제조합을 운영하는 것도 리스크의 보유라고 할 수 있다. 이 방법에는 예상되는 손실의 발생빈도나 규모가 경미하여 의도적으로 자신이 부담하기로 결정한 적극적 리스크보유와, 리스크를 예상하지 못하거나 위태를 확인하지 못함으로써 부득이 보유하게 되는 소극적 리스크보유(passive risk retention)가 있다. 소극적 보유는 잠재적 손실의 규모를 과소평가하거나 확인된 리스크에 대하여 의사결정이 지연되는 경우에도 발생하며 종종 기업의 중요한 파탄의 원인이 된다.

리스크보유의 첫번째 방법은, 당기손실비용으로 처리하는 방법으로 주로 소규모의 손실을 대상으로 한다. 이 방법의 장점으로는 ① 자발적 손실예방활동을 촉진하고, ② 보상청구를 스스로 관리함으로써 보다 유연하게 대처할 수 있으며, ③ 보상비용의 통제가 가능하다는 점이다. 예를 들어, 항운노조에서 공제조합을 운영할 경우 근로자들이 손실예방에 관심을 더 기울일 것이며, 보험회사에서 보상기준을 제시하는 것보나 사신들의 입장에서 좀 더 유연한 보상체계를 운영할 수 있다는 장점이 있다. 그러나 이 방법은 조직 내의 현금흐름이 좋지 않거나 혹은 사고규모가 커질 경우에는 사용하기 어렵다. 두 번째 방법은, 외부기관에서 자금을 차입(borrowing)하는 방법으로 자신의 신용을 이용하여 금융기관으로부터 자금을 차입하여 손실의 복구에 사용하는 방법이다. 따라서 기업의 신용상태가 좋지 않으면 차입이 용이하지 않거나 차입에 높은 금리를 부담해야 한다. 세 번째 방법으로는, 적립금을 활용하는 방법이다. 이 방법은 앞으로 발생할 손실에 대비하여 미리 계정 또는 적립금을 준비해 두고 손실이 실제로 발생하는 그 자금을 사용하는 방법이다. 마지막 방법은, 자가보험(self-insurance)을 이용하는 방법이다. 물론 자가보험은 우리나라의 경우 인정이 되지 않는 형태의 보험이지만 미국의 경우 일정한 요건을 갖춘 경우 보험으로 인정을 해 준다. 자가보험과 준비금(reserves)방식이 다른 점은 자가보험인 경우 제한적이기는 하지만 적립되는 기금 또는 보험료가 비용으로 인정됨으로써 손실발생 전에도 세금공제를 청구할 수 있는 반면에, 준비금은 손실보상으로 지출된 부분에 대해서만 세금공제를 받을 수 있다는 점이다.

자가보험의 중요한 형태는 보험자회사 또는 캡티브(captive insurer)의 활용이다. 캡티브는 손실보상을 위한 자금준비를 내부자금으로 충당하되 자신이 소유 또는 관리하는 캡티브라고 하는 계열 또는 자보험회사에 손실을 보유하게 함으로써 마치 캡티브 보험회사에 의해 손실보상이 이루어지는 것처럼 하는 방법이다. 리스크보유의 형태로서 캡티브 보험은 보험비용의 절감, 무보험에 의한 손실의 회피, 현금흐름의 개선 등의 효과가 있으며 비용절감효과도 기대할 수 있다. 캡티브는 버뮤다, 바하마, 케이만島 등 기업경영에 유리한 세제조건과 법적·재무적 하부구조를 가지고 있는 지역에 설립되는 것이 일반적이다. 전 세계적으로는 약 5,000여개의 캡티브 보험사가 운영 중이다.

리스크보유를 선택하는 이유는 리스크를 보유하는 편이 다른 리스크관리 방법보다 비용이 적게 들거나 또는 리스크가 특수하여 보험시장이 형성되지 않거나(즉, 보험상품이 존재하지 않거나), 손실액이 적어 보험청구에 드는 시간과 경비 등이 손실액에 비하여 높기 때문이다.

리스크보유가 적절한 리스크관리 수단이 되려면 다음과 같은 조건이 필요하다.

첫째, 잠재적인 손실의 규모가 회사의 크기나 자금력에 비해 상대적으로 소규모이고 회사가 그러한 리스크를 스스로 부담하기에 충분한 자금력과 건전한 재무구조를 가지고 있어야 한다.

둘째, 동종의 대상 손실 개체수가 많아 발생 손실이 통계적으로 예측이 가능하여야 하며, 대규모 손실이 집중적으로 발생하지 않도록 리스크가 분산되어 있어야 한다. 예를 들어, 근로자의 수가 아주 많거나 운행하는 차량의 수가 많아 손실예측이 통계적으로 가능해야 한다.

셋째, 리스크보유를 하려면 손실의 분석능력이나 안전관리 등에서 외부 전문가나 보험회사에 못지않은 세련된 리스크관리기술을 보유하고 있어야 한다. 만약 이러한 전문가가 없다면 아웃소싱(outsourcing)을 통해 전문가와 기술을 확보하여야 한다.

넷째, 리스크보유를 하려면 손실의 예방이나 사후처리 등의 관리에서 효율적으로 다룰 수 있는 능력을 갖추고 있어야 한다.

2) 리스크의 전가

리스크의 전가는 리스크의 보유와 마찬가지로 대부분의 경우[14] 잠재적 손실의 발생빈도나 발생규모에는 영향을 주지 않고 경제적 부담과 책임을 제 3의 계약자나 보험회사에게 넘기는 방법으로, 리스크회피와는 다르다. 왜냐 하면 전가된 리스크는 다른 사람에게 손실을 초래하기 때문이다. 예를 들어, 산재보험(産災保險)에 가입하면 특정한 산업재해로 인한 인명손실에 대한 보상책임은 보험회사(근로복지공단)에 전가된다. 그러나 산재리스크 자체는 그대로 존속한다.

리스크전가에 의한 리스크재무기법은 손실에 대한 재무적 · 경제적 책임을 계약을 통해 타인에게 전가하는 것을 의미하며, 그 대표적인 예로는 보험계약(insurance contract)과 비보험적 계약(contractual transfer other than insurance)에 의한 리스크전가의 두 가지가 있다.

리스크전가의 가장 중요한 형태인 보험은 리스크에 처한 피보험자가 소액의 보험료를 납부함으로써 잠재적인 손실에 대한 책임을 보험회사에 전가하는 계약이다. 리스크관리의 방법으로서 보험의 특성전반에 관해서는 다음 장에서 자세히 설명될 것이다. 리스크전가의 두 번째 형태는 보험 이외의 계약에 의

14) 그러나 간혹 보험에 가입이 되어 있는 경우 정신적 위태(morale hazard)로 인해 리스크의 속성(손실 발생빈도나 손실규모)에 영향을 미칠 수 있다.

해 잠재적 손실에 대한 책임을 상대방에게 전가하는 방법이다. 대표적인 것으로는 면책계약(hold-harmless-agreement)을 들 수 있다. 면책계약은 손실이 발생할 경우 금전적인 배상책임을 계약에 의해 제 3 자에게 전가하게 된다. 예를 들어, 백화점에서 판매한 장난감의 하자(瑕疵) 또는 결함에 의해 어린아이가 신체손해를 입은 경우, 백화점은 제품판매에 따른 책임을 져야하지만 면책계약을 통해 제조회사(제 3 자)에게 모든 책임을 전가할 수 있다. 그러나 이러한 방법은 일부의 경우에 있어서 리스크에 대한 적절한 관리수단이 되지 못할 수도 있다. 특히 상해에 대한 보상문제를 포함한 경우에는 이러한 방법이 완전한 해결책이 될 수 없다.

한편 리스크의 보유와 전가가 동시에 행하는 형태의 리스크재무기법으로는 공제 또는 자기부담금(deductible)의 설정, 공동보험(co-insurance) 등으로 손실의 일부분에 대해서만 보유를 하며 나머지는 보험을 통해 손실을 보험자에게 전가하는 방법이 있다.

결론적으로 위에서 본 바와 같이 리스크관리수단은 크게 리스크통제와 리스크재무기법으로 구분되며 어느 한쪽만으로는 완벽한 리스크관리 대안이 될 수 없다. 즉, 리스크통제와 리스크재무기법이 동시에 적절하게 사용되어야 좀 더 효과적인 리스크관리대책을 수립할 수 있다. 그 이유는 어떠한 리스크통제수단만으로도 손실을 100% 통제할 수 없으며, 적절한 리스크통제수단이 수반될 경우에 리스크재무기법의 비용을 효과적으로 줄일 수 있기 때문이다. 예를 들어, 스프링클러를 설치할 경우 화재보험의 기본 보험료의 60%까지 절감할 수 있을 뿐더러 발생손실로부터의 간접손실을 크게 줄일 수 있다.

2-3 최적의 리스크관리기법 선택

리스크관리의 세 번째 단계는 최적의 리스크관리기법을 선택하는 것이다. 앞서 다룬 바와 같이 특정한 리스크에 대한 다양한 리스크관리기법들을 고려하고 난 후에는 기업의 목표와 기업이 현실적으로 직면하고 있는 인적 · 재무적 기술수준이나 제약을 고려하여 기업에게 맞는 최적의 리스크관리 기법을 선택하여야 한다. 기업이 직면하고 있는 리스크요소에 대한 최적의 기법을 선택하기 위해서는 다음과 같은 세 가지 사항을 예측하여야 한다. 우선 첫째로,

위험관리 1단계의 리스크 측정에서 한 바와 같이 예상 손실의 발생빈도와 손실규모를 예측하여야 하며, 둘째로, 각각의 리스크통제기법과 리스크재무기법이 리스크의 속성(발생빈도 및 손실규모)에 미칠 영향 및 예정손실의 예측에 미칠 영향을 고려하여야 하며, 셋째로 각각의 리스크관리기법에 소요될 비용을 예측하여야 한다. 즉, 효과적인 리스크관리수단을 선택하기 위해서는 예상손실 및 리스크에 대한 지식을 가지고 리스크관리방법의 비용과 편익을 면밀히 분석해야 한다는 것이다. 그렇지 못할 경우 리스크통제수단에 과다하거나 과소한 예산을 투입할 수 있으며 그 결과 적절한 리스크재무수단을 선택하지 못함으로써 예산을 낭비하게 된다.

최적의 리스크관리기법은 조직의 가장 절실한 목표와 기업의 재무적 능력 및 목표를 기준으로 선택해야 한다. 예를 들면, 병원의 응급실이나 중환자실의 경우 전기가 공급되지 않으면 그 기능을 완전히 상실하게 된다. 이 경우 병원의 가장 시급하고 중요한 리스크관리목표는 응급실 및 중환자실의 전기공급이 지속되어야 하는 것이다. 따라서 상용전기 공급이 중단되는 경우 비상발전 시설이 지체 없이 가동되도록 하는 것이며, 더 나아가 비상발전기도 작동이 되지 않을 경우를 대비하여 또 하나의 비상 발전기를 준비하여야 하는 것이다. 이 경우 발전기의 성능이 필요 이상으로 좋거나 클 경우에는 과다한 예산이 투입되어야 하며 재무적인 목표를 달성치 못하게 된다. 2007년 8월에 발생한 S전자 기흥반도체공장의 일시적 전기 공급중단으로 약 400억의 손실(대부분 영업손실)이 발생하기도 하였다. 재무적인 기준의 예로는, 화재손실을 줄이기 위해 스프링클러(sprinkler)를 설치할 경우 설치 및 유지비용과 설치에 따른 보험료 할인 그리고 예상손실의 감소분(간접손실 포함)을 비교하여 스프링클러 설치를 결정하여야 한다. 이때 사용할 수 있는 재무적 기준으로는 순현금흐름(net cash flow) 기준이나 내부수익률(internal rate of return) 등을 사용할 수 있다.

2-4 선택한 리스크관리기법의 실행

리스크관리기법의 실행에는 구체적인 리스크통제수단과 리스크재무기법의 실행에 대한 의사결정을 필요로 한다. 예를 들어, 상용발전기나 스프링클러를 설치한다면 어떤 회사의 제품이나 어떤 종류를 구입해야 하는지, 어떤 설비업체와 계약을 해야 하는지 등에 대한 결정이 필요하고, 보험계약을 한다면 구체적인 보험의 종류 및 계약조건 그리고 어떤 보험회사와 계약을 해야 하는지에 대한 결정이 필요하다. 이 경우에는 내부의 기술진 및 내·외부의 보험전문가 또는 보험중개인(broker)의 협력과 도움을 필요로 한다.

2-5 리스크관리 프로그램의 모니터링

리스크관리프로그램 실행의 마지막 단계로 리스크관리 프로그램의 실행과정(process)과 그 성과(results)에 대해 모니터링을 해야 한다. 만약 현재 진행중인 리스크관리 프로그램의 성과나 효과가 의심되거나, 새로운 사업이나 리스크가 발생하거나 예상되는 경우에는 리스크관리의 첫번째 단계로부터 계획을 수정하거나 실행을 해야 한다. 즉, 리스크관리 과정은 기업의 활동과 더불어 계속 피드백이 반복되어야 하는 과정이어야 한다.

제 3 절 리스크관리의 조직과 수행

리스크관리를 실제로 수행하기 위해서는 그것을 수행할 담당자와 조직을 구성해야 한다. 리스크관리를 실제로 담당하는 사람을 리스크관리자(risk manager)라고 한다. 리스크관리자는 여러 가지 리스크의 처리에 대한 포괄적인 계획을 수립하고 실행하는 사람으로서 자신의 기업이 직면한 리스크가 무엇인지를 이해하고 리스크를 확인, 분류, 계량화할 수 있는 능력을 구비하여야 한다. 또한 리스크관리자는 해양이나 항만과 관련된 환경문제, 오염문제, 배상책임문제 등 조직이 직면한 복잡한 리스크문제와 관련된 심리적·사회적· 정치적·윤리적·경제적 측면들도 이해할 수 있는 전문가이어야 한다. 특히 보험가입과 관련하여 보험산업의 동향 및 개별 보험 분야 및 보험중개(insurance broker) 서비스에 대하여 잘 이해하고 파악하고 있어야 한다. 이런 의미에서 리스크관리자는 조직 내에서 최고의사결정자와 긴밀히 의사소통을 할 수 있는 적절한 위상과 권한이 부여되지 않으면 안 된다. 최근에는 선진기업의 경우 기업의 전체적인 위험(Enterprise Risk Management)을 관리하는 임원으로서 최고위험관리자(CRO: Chief Risk Management Offer)가 이사회의 구성원이 되는 경우가 많다.

현재 리스크관리자의 기능이 가장 잘 확립되어 있는 선진기업의 리스크관리자가 맡고 있는 주요업무로는 다음과 같은 것들이 있다.

· 리스크관리 정책(risk management policy)과 방법의 수립
· 리스크관리 관련부서 간의 커뮤니케이션,
· 전통적 · 재무적 위험을 포함한 회사의 모든 리스크 평가
· 종업원 안전 및 복지 프로그램 관리운영
· 손실회피 프로그램의 구축
· 손실발생가능성의 측정 및 대응책의 검토
· 리스크보유의 결정(기업이 감당할 수 있는 자기부담금액 또는 손실보유금액)
· 보험중개인의 선정, 보험조건의 결정, 보험계약의 관리
· 보험으로 담보되지 않는 리스크에 관한 보상처리, 데이터의 분석

리스크관리자의 역할과 위상이 결정되면 구체적인 리스크관리조직을 구성해야 한다. 리스크관리조직의 구성과 운영의 기본방향은 리스크관리 정책을 수립하여 명문화하는 것이 바람직하다. 왜냐 하면 각 부서와의 긴밀한 의사소통 및 협조체계를 통해 효과적으로 운영될 수 있도록 하기 위해서는 구체적인 내용 예를 들어, 리스크관리부서의 조직 내 위치, 기능, 활동내용 등을 담고 있어야 한다. 즉, 리스크관리방침은 리스크관리에 대한 최고경영진의 태도, 선호, 가치관을 명확히 함으로써 그것을 보다 효과적으로 조직 전체에 전달할 수 있게 하며 리스크관리 목표를 달성하기 위하여 필요한 활동이 무엇이며, 그러한 활동은 어떻게 조직되어야 하고 어떻게 조정되어야 하는가를 밝힐 수 있다. 또한 리스크관리부서는 조직체계상 어디에 두어야 하며 기업의 다른 관리기능과 어떻게 협조하거나 의사소통을 해야 하는지에 대한 기본적인 방향을 설정해 준다. 이러한 과정은 통합된 정보관리의 필요성에 대한 인식을 환기시켜 주며, 모든 관리자들이 적절한 정보를 적시에 공급받을 수 있는 제도적 장치를 확립하는 데에도 도움을 준다.

◆ 참고문헌 ◆

1) Baranoff, Etti, Risk Management and Insurance, Willey, New York, 2003.
2) Head, George L, and Ron C. Horn, Essentials of Risk Management, Vol. I and II, Malvern, PA: Insurance Institute of America, 1991.
3) Mehr, R. I., and B. A. Hedges, Risk Management: Concept and Applications, Homewood, Ill., Richard D. Irwin, Inc. 1974.
4) Pfeffer, Irving, David R. Klock, Perspectives on Insurance, Prentice-Hall, New Jersey, 1974.
5) Vaughan, E. J., Risk Management, John, Wiley & Sons, New York, 1997.
6) 보험과 리스크관리, 문영사, 2006.
7) 생활과 보험, 문영사, 2003.

CHAPTER

3

보험과 리스크관리

제 1 절 보험의 개념

1-1 보험의 발달

보험은 인간의 걱정과 근심을 감소시키는 수단으로써 무역활동이 빈번해지고 도시국가가 출현하는 때에 원시 보험제도가 등장하였다. 중세 암흑기를 지나 국제무역이 부활하였고 국제무역거래로 부터 발생할 수 있는 여러 가지 손해에 대하여 해상보험이나 선장에 대한 생명보험 그리고 도난보험의 필요성이 대두되었다. 또한 상업활동이 복잡해지면서 개인 및 가족의 생명이나 생활보장에 대한 필요성이 대두되었고 이러한 필요성에 따라 연금과 생명보험의 초기형태가 나타났다. 현대적 형태의 보험은 화폐경제가 발전하고 여러 가지 잠재적 위험들에 대하여 스스로 책임지는 시장경제가 발전한 이후인 16세기 이태리와 영국을 중심으로 발전하기 시작하였다. 초기의 보험제도는 수리적인 뒷받침이 결여되어 투기적인 성향도 나타났으나, 17세기 파스칼(Blaise Pascal, 1623~1662)이 확률에 관한 현대적인 이론을 정립한 후 보험수리도 체계적으로 발전하기 시작하였으며, 18세기에 베르누이(J. Bernoulli)에 의하여 대수의 법칙이 확립되었다. 그 후 이러한 발전을 배경으로 생명보험의 기초가 되는 근대적 형태의 생명표가 영국의 수학자이며 천문학자인 핼리(Halley)에 의하여 처음으로 작성되었으며 이후 근대적 보험은 영국과 미국을 중심으로 급속히 발전하였다.

보험제도는 개인의 생활이나 사업과 관련된 위험을 자발적으로 관리하려는 의지와 노력이 없으면 발전하기 어렵다. 예를 들어, 자연재해로 인한 모든 손해를 국가가 보상해 준다면 피해지역에 사는 사람은 자신들의 피해를 국가가 보상해 줄 것을 기대하므로 자신들의 피해축소나 방지에 소홀하거나 무관심해지는 도덕적 해이 또는 정신적 위태(morale hazard)가 커지게 된다. 이러한 점은 대부분의 위험에 대하여 국가가 보장해 주는 사회주의 국가에서 보험이 거의 발전하지 못한 것을 보아도 알 수 있다. 그것은 국가와 같은 제3자가 위험을 담보해 줄 경우에는 위험에 대한 인식이 약화되며 적극적으로 위험을 관리하려는 의지도 약해질 수밖에 없기 때문이다.

보험은 인류 역사를 통해 특정사회의 문화, 가치체계나 종교와도 밀접하게 관련되어 있다. 과거에는 위험이나 재앙이 귀신, 악마의 장난 또는 신의 섭리 등으로 받아들여졌다. 이러한 믿음 하에서는 위험의 원인이 나름대로 비판 없이 수용되었으므로 그에 대한 대응방법도 단순하였다. 이러한 상황에서는 위험의 평가와 위험관리방법의 모색과 같은 합리적인 행동이 나타나기 어렵다.

한 시대의 종교나 가치체계도 보험의 발전에 지대한 영향을 주었는데 예를 들어, 이슬람권에서 보험제도를 금지했던 이유는 불확실성이나 미래는 모두 신의 관할영역에 있으므로 인간이 불확실성이나 미래의 발생 손실에 대해 어떤 대가를 기초로 거래하는 것은 자신들의 신에 대한 모독 행위라고 믿기 때문이었다. 비슷한 이유로 생명보험을 생명에 대한 투기행위로 보고 생명보험에 반대하기도 하였다.

1-2 보험의 기능

보험이란 리스크의 특성(리스크의 종류와 크기)가 비슷하거나 동일한 개인이나 조직이 자신들의 위험을 보험회사 또는 보험자(insurer)에게 전가하는 사회적 제도라고 할 수 있다. 보험자는 이러한 비슷한 위험을 한 데 묶어 구성원들이 겪을 수 있는 손실을 통계적으로 예측할 수 있게 하고, 보험계약자들이 납부하는 보험료(premium)를 모아서 발생손실을 보상해 주는 제도이다. 이와 같이 보험의 기능은 다양하며 경제적 · 법적 · 사회적 · 기술적 측면에서 보험의 기능을 각기 다르게 규정할 수 있다. 예를 들어, 경제적인 측면에서의 보험은 개인(개인보험자)이나 조직(보험회사)에게 다수의 불특정 개인위험을 전가하고 불확실한 손실에 대응하기 위하여 자본을 축적하는 사회적인 수단이라고 할 수 있다. 또한 법적인 관점에서의 보험은 개인 당사자 간의 사적 보상계약이며, 계약에 명시된 범위의 위험을 당사자로부터 다른 사람에게 전가할 수 있도록 하는 법적 장치(계약)이다. 즉, 보험은 보험계약자가 보험료라고 하는 가치를 지불하는 데 대하여 보험회사는 피보험자 또는 보험계약자가 이해관계를 가지는 물건이나 신체상의 손해를 입은 손실금액과 손실회복과 관련되는 서비스제공을 약속하는 법적 행위라고 할 수 있다.

사회적 관점에서 보험은 불특정 다수가 직면하는 위험 예를 들어, 사망이나 주택화재 등의 위험을 종류가 같거나 비슷한 그룹으로 묶어서 손실의 통계적 예측을 가능하게 하며, 다수의 개인이 지불한 금액으로 대규모 손실을 부담할 수 있도록 하는 사회적 장치이다. 기술적 관점에서의 보험은 발생이 독립적인 다수의 동질적인 위험을 한 데 모으면 사고확률의 예측이 점점 더 정확하게 된다는 대수의 법칙(the law of large numbers)에 의존하고 있다. 즉, 손실예측을 위하여 기술적인 여러 가지 방법이나 수리적인 모델을 필요로 한다.

1-3 보험의 정의와 특성

보험이란 앞에서 살펴본 바와 같이 장래에 발생할 손실을 회복을 하는데 드는 비용을 비슷한 종류의 위험에 직면한 여러 사람들이 모여 공동으로 부담하는 경제 · 사회적 제도장치이다. 또한 보험은 법적 관점에서와 같이 위험에 처한 당사자가 장래 발생할 수 있는 손실위험에 대하여 보험료라고 하는 일정한 대가를 지불하고 제 3 자 또는 보험회사에 전가하는 사적 계약이다.

보험은 장래의 불확실한 손실에 따른 경제적 손실을 축소하거나 확정하는 것을 목적으로 장래의 불확실한 손실위험을 타인에게 전가하거나 타인과 공유하기 위한 수단을 제공한다. 보험은 손실을 보상 또는 회복할 자금을 제공해 주지만 보험 그 자체가 특별히 손실을 방지해 주는 것은 아니다. 즉, 보험은 발생손실에 따른 복구재원을 확보해 주는 리스크재무기법(risk financing technique)이며 손실발생을 통제하거나 방지하는 리스크 통제수단(risk control technique)은 아니다.

미국보험학회(ARIA)의 정의는 보험이 가지는 특성을 잘 반영하고 있다. "보험이란 리스크가 발생한 경우에 손실에 대한 보상이나 다른 금전적인 대가를 제공하거나 혹은 그 위험과 관련된 서비스를 제공하기로 약정을 한 보험자에게 그와 같은 리스크를 전가함으로써(전가하는 기능을 통해서) 계약자의 예기치 못한 손실을 집단화(보험계약자 집단)한 것이다"(Insurance is the pooling of fortuitous losses by transfer such risks to insurers who agree to indemnify insureds for losses, to provide other pecuniary benefits on their occurrence, or to render services connected to the risk). 이와 같은 정의에 나타난 보험의 특성으로는 예기치 못한 개인의 손실을 집단화, 리스크의 전가수단, 실제 발생한 손실에 대한 보상 등이다.

보험의 특성을 요약해 보면 다음과 같다.

(1) 예기치 못한 손실의 집단화(the pooling of fortuitous losses)

우선 예측하지 못한 손실이란 보험의 소비자인 보험계약자나 피보험자의 입장에서 전혀 예상을 할 수 없었던 불의의 손실을 의미하며 보험계약자나 피보험자가 충분히 예상할 수 있었던 손실이나 고의적인 손실은 보상을 하지 않는다는 의미이다. 따라서 보험자(보험회사)의 입장에서 볼 때 계약자나 피보험자가 고의적으로 야기했을 것이라고 추정할 수 있는 손실도 계약자나 피보험자의 입장에서 고의적이지 않은 손실은 모두 보상된다고 할 수 있다. 그러나 이런 경우 보험자가 보험계약자나 피보험자의 고의에 의해 손실이 발생했다는 것을 입증하는 경우에는 보상이 되지 않는다.

손실의 집단화란 손실을 한 데 모음으로써 개개인의 개별리스크를 집단으로 전환시킴을 의미한다. 즉, 보험회사의 기능과 같이 리스크를 집단화, 즉 그룹화하기 전에는 각자가 개별위험에 대하여 책임을 져야 하지만, 손실을 한데 모음으로써 개별적 위험의 의미는 퇴색하고 개인이 부담하여야 하는 실제 손실은 그 그룹의 평균손실로 대체된다. 예를 들어 주택가격이 1억원인 단독주택 1,000가구가 모여 있다고 하자. 1년 동안 평균 1건의 화재가 발생한다고 하면 1년간 총손실은 1억원이다. 만약 보험이 없었다면 누군가는 불확실한 1억원의 손실을 부담해야 하지만 보험이 있음으로써 가구당 손실은 10만원의 확정금액으로 된다. 즉, 손실을 집단화함으로써 불확실한 손실 1억원이 확정손실 10만원으로 전환되었다.

손실을 집단화할 경우 중요한 것은 발생빈도와 평균손실의 규모에 있어 동종의 손실이거나 그와 비슷한 손실이어야 한다. 예를 들어, 같은 차종이라고 하더라도 영업용 택시와 같이 주행거리 및 시간이 아주 많거나 운행의 목적이 다른 경우는 직면하는 리스크의 종류와 양이 달라질 수 있으므로 동종의 손실이라고 할 수 없다. 그 이유는 보험료 책정이나 보상 측면에서 동일한 기준을 적용해야 하므로 발생빈도나 평균손실규모가 다른 종류의 손실을 집단화하는 경우에는 보험료를 보조하는 현상이 나타나며 구성원간의 형평성 문제가 발생하게 된다.

한편, 손실의 집단화는 대수의 법칙(the law of large numbers: 통계적으로 유의한 결과를 보일정도의 많은 관찰치를 확보하는 것)을 충족시키기 위한 전제조건이 된다. 동종의 손실이 집단화를 이루어 대수의 법칙을 충족시킬 경우 발생손실에 대한 예측이 정확하게 된다. 이와 같이 손실의 집단화를 통해 보험제도는 정확한 손실 예측을 통해 사회 전체의 불확실성을 줄이는 역할을 한다.

(2) 구성원 간의 리스크 분담(risk sharing)

예기치 못한 손실의 집단화는 다른 한편으로 보면 불특정 개인의 리스크를 그 그룹의 구성원들이 서로 나누어 부담하는 리스크의 분담(risk sharing)이 된다. 리스크의 분담은 개별적으로 부담하기 힘든 손실을 서로 나누어 분담함으로써 손실로부터 회복을 보다 용이하게 해 준다. 이러한 상호부조적 관계가 당사자 간의 자율적인 시장거래를 통하여 달성된다는 점이 보험의 주요한 특징이다.

위의 사례에서 불특정 개인의 주택화재 손실 1억원은 전체 집단 1000가구가 공동으로 분담함으로써 집단 구성원 개개인이 10만원의 평균 손실을 부담하게 된다. 이와 같이 보험은 불특정 개개인의 손실을 구성원 전체가 분담함으로써 개인이 감당하기 어려운 큰 손실도 쉽게 회복할 수 있다는 것이다.

(3) 제 3 자에게 리스크를 전가(risk transfer)

보험은 계약을 통해 개인이나 조직의 리스크를 재정적으로 능력이 큰 보험기관에 개인의 위험을 전가하는 것이다. 특히 손실의 발생빈도가 상대적으로 작지만 손실의 규모가 커서 스스로 부담하기 어려운 위험을 보험회사에 전가함으로써 개인이나 기업이 리스크에 대하여 보다 효과적으로 대응할 수 있게 해 주는 사회적 장치이다. 그러나 손실의 발생빈도나 손실의 재정적 규모는 상대적인 개념이어서 조직이나 기업의 특성을 고려하여 판단하여야 한다. 일반적으로 보험을 통하여 전가되는 리스크는 손실의 규모가 크지만 발생확률(빈도)이 낮아 전체적인 손실총액(= 발생확률 × 손실규모)은 사적 보험기관에서 감당할 수 있는 범위의 손실이며 이에 대한 보험료는 개인이나 조직이 부담할 수 있는 정도가 된다. 손실의 전가란 보험계약자가 보험회사의 계약자 집단화에게 손실위험을 전가하는 것이 된다.

(4) 실제손실에 대한 보상(indemnification)

일반적으로 보험회사가 보상하는 손실의 보상은 실제로 발생한 손실을 원상회복하거나 교체할 수 있는 금액으로 한정되거나 계약 전에 미리 약정한 금액을 보상한도로 제한된다. 보험보상을 통해서 이익을 보게 된다면 모든 사람들이 보험가입을 통해 이익을 편취하려는 도덕적 위태가 발생하기 때문이다. 실제손실에 대한 보상(實損補償)은 중요한 보험의 원칙 중의 하나로 발생손실만큼만 보상을 받게 되면 보험 사기행위와 같은 도덕적 위태(moral hazard)를 줄일 수 있다.

실손보상이란 보험으로 보상을 받기 위해서는 손실이 현재의 화폐가치 또는 실제현금가치(actual cash value)[15]로 환산할 수 있어야 한다. 따라서 정서적

15) 전통적으로 실제현금가치(actual cash value)는 미국 뉴잉글랜드(New England) 주와 뉴욕(New York) 주의 화재보험에서 규정하고 있는 바와 같이 다음의 세 가지 원칙이 적용된다.
(1) 실제현금가치는 최대로 계산된 가치이다.
(2) 그 가치는 손실이 발생된 시점에서 확정되어야 한다.
(3) 어떤 경우이건 다음의 두 가지 조건 내에서 수리비용이나 교체비용을 초과할 수 없다.
① 수리되는 재료는 망실되거나 손상된 물건의 종류와 질에 있어서 동일해야 한다.
② 수리나 교체는 손실발생 후 합당한 시간 내에 이루어져야 한다.

가치나 정신적 괴로움과 같은 경우는 대체로 보험으로 보호받을 수 없다. 다만 손실금액을 확정할 수 없는 손실, 예를 들어 개인의 사망이나 부상과 같은 신체적 손해나 골동품, 미술품 등의 파손과 같은 손실에 대해서는 가치를 이미 정하여 놓고 담보손실의 발생 시 약정한 보상금을 받게 된다. 이러한 계약을 실손보상계약의 예외로서 기평가(旣評價)계약(valued policy)이라고 한다.

(5) 대수의 법칙(the law of large numbers)

앞서 설명한 바와 같이 보험의 주요한 기능 중의 하나는 손실을 집단화함으로써 미래에 발생할 수 있는 손실을 예측하는 것이다. 대수의 법칙이란 관찰치가 많아지면 많아질수록 예측한 값과 실제발생한 값이 거의 일치한다는 것이다. 예를 들어, 배가 한 척만 있다고 할 때 그 배가 항해 중 침몰할 확률을 계산하기 위해서는 수십 년 또는 수백 년 기다려 배가 침몰하는지를 관찰해야 할 것이다. 또 다른 예로는 A 항만에서 하역 작업 중 1년에 부상을 당하는 경우가 200건 발생한다는 것을 알고 있다고 하더라도 개인의 입장에서는 자신이 사고를 당할 확률이 얼마나 되는지 정확하게 알 수가 없다. 그러나 1만 척의 배에 대한 해상보험 계약을 가지고 있는 보험회사나 10만척에 대한 정보를 가지고 있는 재보험회사의 상황은 다르다. 보험회사는 비록 어떤 배가 침몰할지 몰라도 1년 기간 중 몇 척이 사고를 당할 것인지를 거의 정확하게 예측할 수 있다. 또 다른 예로는, 동전을 던져 앞이 나올 확률은 50%이지만 10번을 던질 경우 정확하게 5번이 앞이 나올 확률은 극히 적다. 그러나 동전을 10,000번을 던지면 앞이 나오는 경우는 50%에 극히 가까운 5,000번 정도가 나올 것이다. 이와 같이 표본의 수를 늘리거나 실험횟수를 보다 많이 거칠수록 결과가 점점 예측된 값으로 가까워지는 현상을 대수의 법칙 또는 평균의 법칙(the law of averages)이라고 한다.

미국의 경우 연방법원에 의해 확립된 실손보상은 다음의 세 가지 기준, 즉 대체비용 또는 재생산비용(reproduction or replacement cost), 시장가치(market value), 그리고 이와 같은 두 가지 원칙이 적용되지 않는 경우에 보험계약자에게 좀 더 정확한 실손보상이 보장되도록 하는 종합증거규정(broad evidence rule)에 의해 판단된다. 종합증거규정(broad evidence rule)이란 예를 들어, 건물의 경우 최초 건설비용, 대체비용, 전문 평가지의 평가, 임대수익 등에 여러 요소를 평가하여 법원에서 결정한다. 보험과 리스크관리, 문영사에서 재인용.

1-4 보험가능 손실위험의 요건

개인의 리스크를 보험이라고 하는 수단에 전가할 수 있는 손실위험은 우선적으로 1장에서 설명한 순수 리스크(pure risk) 또는 정태적 리스크(static risk)에 국한되는 것이 일반적이다. 그 이유는 리스크의 속성이 시간에 따라 크게 변하지 않고 일정한 추세를 유지하므로 손실 발생에 대한 통계적 예측이 비교적 정확하기 때문이다. 그러나 모든 순수 리스크나 정태적인 리스크가 보험을 통해 전가가 가능한 것은 아니며 다음의 조건을 충족해야 한다. 실제에 있어 아래의 모든 조건을 충족하는 순수 리스크는 보험을 적용하기에 가장 이상적이라고 할 수 있지만 현실에 있어서는 그러한 리스크의 종류는 매우 제한적이다. 더 나아가 일부 보험종목에서 볼 수 있듯이 제한적이기는 하지만 일부 투기적인 리스크(speculative risk)에 대해서도 보험상품이 존재할 뿐만 아니라 다음의 6가지 조건을 모두다 충족하지 못하는 위험에 대해서도 보험제도가 잘 발달되어 있다.

(1) 동질적이고 독립적인 리스크

동질적 리스크란 리스크의 속성, 즉 발생빈도나 평균손실의 규모가 같거나 비슷한 리스크를 말하며, 동질적인 리스크에 노출된 사람이나 재산의 수가 충분하여야 손실의 집단화가 가능함을 의미한다. 또한 이러한 동질적인 리스크의 발생이 서로 독립적이어야 한다. 즉, 독립적인 동종의 위험이 다수 존재해야 대수의 법칙이 성립되어 손실을 예측할 수 있으며 또한 보험료도 계산할 수 있다.

예를 들어, 차량이 자가용과 영업용 택시로 사용될 경우 노출된 위험의 종류는 같다고 할 수 있다. 그러나 일반적으로 영업용 택시의 경우 평균 주행거리가 길고, 운행시간도 많을 뿐더러 속도 등 택시운전자의 운전습관은 일반 자가운전자와 크게 다르다고 할 수 있다. 따라서 자가용과 영업용 택시는 동질적인 위험을 가졌다고 할 수 없다. 만약 자가용과 영업용 택시가 동질적인 위험으로 간주되어 같은 보험료가 적용된다면 일반적으로 사고가 낮은 자가용 운전자들은 영업용 택시의 보험료를 보조해 주는 결과가 될 것이다. 그러나 일반적으로 위험의 속성이 아주 다르지 않고 서로 유사하다면 동질한 위험이라고 간주한다. 만약 동질성의 기준을 엄격히 고수한다면 모든 개개인이나 재산이 가지는 독특한 위험에 대해 동질성을 인정할 수 없으며 결과적으로 대수의 법칙을 충족시킬 수 없게 되며, 개별 위험에 대한 속성의 파악과 이에 대한 보험료 산정에 너무 많은 비용을 소비할 것이므로 비효율적이라고 할 수 있다.

또한 손실발생이 독립적이어야 한다는 말은 하나의 발생 손실이 또 다른 손실에 원인을 제공하지 않아야 한다는 것이다. 만약 1미터 간격으로 건설된 두 동의 공장 건물은 하나의 공장에 화재가 발생할 경우 다른 공장으로 전이될 가능성이 아주 높기 때문에 개별 위험단위로 구분되는 것이 아니라 하나의 리스크단위로 간주된다. 그 이유는 두 번째 공장 건물의 화재는 첫 번째 공장의 화재발생과 독립적이지 못하기 때문이다.

(2) 우연한 손실

보험이 담보하는 손실은 손실발생이 인위적이거나 의도가 개입되지 않은 순수하게 우연적인 것이어야 한다. 즉, 보험계약자의 고의나 사기의도가 개입될 여지가 없으며 계약자가 손실발생을 통제할 수 없고 발생이 불확실한 위험만 보험에 들 수 있다. 그러나 간혹 실제로는 이미 진행 중인 사고의 경우에도 최종 손실규모가 확정되지 않는 경우에는 보험에 들 수 있다. 우연한 손실이란 개인이나 조직(보험계약자)의 입장에서 예기치 못한 우연한 손실을 의미하는 것이며, 보험회사의 입장에서는 우연한 손실이 아니어도 된다.

예를 들어, 거액의 보험에 가입한 사람이 운전을 하다가 중앙선을 침범하여 마주오던 화물트럭과 충돌하여 사망하였다면 보험회사의 입장에서는 고의적인 사고일 수 있는 개연성이 충분히 있다. 그러나 개인의 입장에서는 졸음운전이나 부주의한 운전으로 인한 우연적인 손실일 수도 있으므로 운전자의 고의성에 대해서는 보험회사가 입증을 해야 한다. 만약 보험회사가 고의성을 입증하지 못할 경우에는 우연한 손실로 간주되는 것이 일반적인 판례이다.

(3) 한정적 손실(definite loss)

한정적 손실이란 피해의 원인이나 시간, 장소, 피해의 정도가 분명하고 측정할 수 있는 손실을 의미한다. 피해의 원인이나 정도가 명확할 경우 보험금의 산정이 가능하며 보험료 계산이 가능하다. 그렇지 않다면 보험료 계산이 어려우며 손실의 규모를 확정할 수 없어 보험자가 보험을 인수할 수 없다.

예를 들어, 지속적으로 번지고 있는 전염병이나 점차 확산되거나 심해지는 환경오염의 경우 발생장소나 손실의 규모를 확정짓기가 어려우며, 질병의 경우에도 언제 증상이 나타날지 또는 얼마 후에 후유증이 나타날지 알 수 없으므로 한정적인 손실의 요건에 맞지 않는다고 할 수 있다. 그러나 질병과 같은 경우는 국민 전체의 건강과 직결되어 있어 사회복지 차원이나 생명보험의 매개 보험 상품 역할을 수행해 왔다고 할 수 있다.

(4) 손실의 규모가 지나치게 크지 않은 손실

천재지변의 경우와 같이 손실의 규모가 재앙에 가까운 재난적 손실로 민영 보험회사의 능력으로는 도저히 보상할 수 없을 정도의 큰 리스크는 민영보험회사가 인수할 수 없다. 그러나 사회적 필요성에 의해 이러한 재난적인 손해도 국가의 보조나 일정한 규모의 손실을 흡수하는 국가재보험 운영을 통해 보험회사가 인수할 수 있다.

예를 들어, 지진과 같은 경우에는 국가가 직접 보험사업을 운영하거나 민간보험회사에 대해 보조금을 지급함으로써 보험이 가능하다. 또한 보험회사를 위한 보험인 재보험(reinsurance)을 통해 위험을 효과적으로 분산할 수 있는 경우이거나, 특정 위험에 대한 관리능력의 향상이나 자본능력이 확충될 경우에도 보험을 통해 재난적인 손해를 담보할 수 있다. 최근에는 보험시장 이외에 자본시장(financial market)의 능력을 이용한 다양한 형태의 금융보험상품(financial insurance) 예를 들어, 재난채권(Catastrophe Bond: CAT bond)이 등장하고 있다.

(5) 확률의 계산

손실발생의 가능성, 즉 손실발생확률을 추정할 수 있는 리스크이어야 한다. 장래 발생할 손실의 발생빈도나 손실규모에 대한 분포를 추정할 수 없으면 보험료의 계산이 불가능하므로 보험의 성립이 원천적으로 불가능하게 된다. 손실확률을 계산할 수 없는 경우는 손실에 관한 통계자료가 수집되지 않았거나 위험의 속성에 대한 추정이 어려운 경우이다.[16] 투기적인 위험의 성격을 지닌 위험에 대한 보험상품이 존재하기 어려운 이유도 바로 손실에 대한 예측이 어렵기 때문이다.

(6) 계약자가 납부하기에 경제적으로 과다하지 않은 보험료

손실발생에 대한 통계적 추정이 가능하여 보험료의 계산이 가능하더라도 보험료의 수준이 지나치지 않아야 한다. 즉, 보험료가 너무 비싸 보험에 가입할 수 없는 경우에는 무보험 상태가 지속될 것이며 보험에 가입하지 못하는 경우가 많을 경우 보험의 이점을 상실하게 된다. 따라서 보험으로 담보가 가능한 리스크가 되려면 손실발생의 가능성이 상대적으로 낮아서 보험료가 지나치게 높지 않아야 한다. 예를 들어, 위험의 크기가 너무 크거나 발생확률이 너무 높아 전체 수입의 10%나 그 이상을 보험료로 지출하게 될 경우 보험가입이 어려울 것이다. 만약 보험료가 경제적으로 감당하기 어려울 정도로 높아진다면 대부분의 사람은 보험에 가입하지 못하여 무보험 상태가 초래될 것이며 결과적으로 보험제도로서의 기능을 상실하기 때문이다. 이러한 예는 미국의 대도시의 빈민지역의 경우 자동차 도난이나 보험사기 등이 너무 많아 보험료가 너무 높은 경우가 있는데 그 지역에 거주하는 사람의 경우 무보험으로 차량을 운행하는 경우가 아주 많다.

위와 같이 보험손실요건을 전부 충족하지는 못하더라도 보험의 계약을 통해 보상의 범위를 제한하거나, 재보험 또는 국가의 보조를 통해 보험상품 개발이 가능하다. 일부 상품의 경우에는 보험 손실요건을 충족하지 못하더라도 사회복지의 목적이나 다른 상품의 매개상품으로 활용할 목적으로 상품을 개발하기도 한다.

16) 이전에는 없었던 위험이나 경우의 수가 적은 경우에는 세계 재보험기관이 가지고 있는 통계를 이용하여 손실발생확률을 추정하기도 한다.

제 2 절 리스크관리와 보험

2-1 리스크관리수단으로서의 보험

기업이나 조직이 직면한 위험 요소에 대해 아무리 철저한 리스크통제를 하더라도 실수나 능력의 부족으로 파악하지 못했던 잠재적 리스크로부터 손실을 경험하거나 예측했던 범위를 벗어나는 대규모 손실에 직면하게 된다. 예를 들어, 9.11 사태의 경우 미국 정부나 붕괴된 세계무역센터의 위험관리자 어느 누구도 외국 테러리스트들에 의한 대규모 공격이 미국의 주요 도시 한 복판에서 발생할 것이라고는 예측하지 못했다. 이렇게 예상치 못한 리스크의 발생으로부터 초래되는 손실을 복구하는 데 소요되는 재원(financial resources)의 대표적인 수단은 보험으로써 리스크전가의 대표적 수단이다. 일반적으로 보험은 다른 리스크관리방법에 비하여 다음과 같은 장점을 가지고 있다.

첫째, 보험은 개인이나 기업이 직면하는 발생확률이 낮고 손실의 규모가 큰 손실리스크에 대해 가장 효과적인 리스크재무수단이다. 일반적으로 대규모 손실은 발생확률이 낮은 리스크가 많으며, 표본의 수가 적어 통계 예측의 정확성이 떨어지므로 손실예방과 같은 사전적 방법은 비용 면에서 효율적이지 못하다. 만약 손실발생 예측을 정확하게 할 수 있다면 보험가입은 오히려 보험제도가 초래하는 사업비 때문에 비경제적이라고 할 수 있다. 일반적으로 합당한 손실예방 수단과 보험을 동시에 활용한다면 효과성과 효율성을 도모할 수 있다.

둘째, 보험은 손실보상과 복구에 있어 효율적인 관리방법이다. 손실이 발생한 후 회복에 필요한 자금을 조달하고 법적인 책임의 문제를 해결하는 데는 보통 많은 비용과 시간이 소요된다. 보험은 이러한 과정을 간편하게 해 줄 뿐만 아니라 보상금의 청구, 소송의 관리, 검사, 손해의 사정 등과 관련된 서비스도 제공해 줄 수 있다. 예를 들어, 보험회사는 피해자인 보험계약자를 위해 가해자에게 보상(배상 포함)을 요구할 수 있고, 소송을 대행하거나 합의 절충, 중재 등을 대신하거나 보상과 관련된 제반 서비스를 제공하기 때문이다.

셋째, 보험은 위험요인, 즉 위태에 대한 감시를 도와준다. 보험을 판매한 후 피보험자의 손실예방에 지대한 관심을 가질 수밖에 없으므로 피보험자가 노출된 위험요인을 감시하고 감독하는 데 많은 노력을 기울이게 된다. 이러한 감시 · 감독은 피보험자 스스로 수행하는 것보다 보험회사가 수행하는 편이 보다 전문적이고 효과적이다. 이러한 감시 · 감독적 기능을 통하여 보험회사는 기업의 파산비용을 절감시켜 줄 수 있다.

예를 들어, 기업의 경우 파산과 같은 위험은 직접적인 손실뿐만 아니라 소송비용과 같은 많은 잠재적 손실비용을 내포하고 있어 파산위험을 그대로 두면 이러한 잠재적인 비용은 높은 기업의 재무비용으로 반영될 수밖에 없다. 그러나 보험에 가입함으로써 파산위험을 줄이면 기업은 효과적으로 이러한 잠재적 비용을 줄일 수 있다.

넷째, 보험은 규제비용을 줄일 수 있다. 규제 당국은 소비자와 근로자의 보호를 위해 기업에게 일정한 규제를 가하고 있는데 정부나 기업 자체도 미래의 손실비용을 추정하는 것은 쉽지 않기 때문에 규제당국은 미래의 손실을 과도하게 계상하여 기업에 부담시키는 경우가 많다. 그러나 손실에 대하여 보험구입이 가능하면 규제자는 과도한 손실비용을 부담시킬 수 없다. 개인의 경우에도 미국 자동차 보험의 사례를 통해 살펴보면 자동차 운전자는 피보험자가 자동차 사고를 야기한 경우에 자신이 배상책임 변제능력이 있다는 예금잔액증명나 보험증권을 지참하고 다녀야 하지만 보험가입을 한다면 예금잔액을 유지할 필요가 없게 된다.

2-2 효과적인 보험의 활용

다른 리스크통제수단 만으로 리스크를 완벽하게 통제할 수 없듯이 보험도 그 하나만으로 완벽한 리스크재무 수단이 될 수 없다. 따라서 리스크통제수단과 리스크재무수단의 가용성이나 장점 및 단점을 고려하여 재무적인 기준이나 기업의 운영목표와 부합하는 리스크관리수단을 구성하여야 한다. 특히 보험에 가입할 경우에는 다른 리스크관리수단과 비교하여 보험에 지출하는 비용에 비교우위가 있어야 한다. 이러한 리스크통제수단의 활용과 더불어 효과적인 보험 활용을 위해서 보험가입 전에 다음과 같은 점들을 고려하여야 한다.

첫째, 보험가입 범위가 너무 과도하여 지나치게 많은 보험료를 지출하거나 또는 납부하는 보험료가 상대적으로 비싸지 않는가를 검토하여야 한다. 스스로 통제할 수 있는 수준의 리스크까지 보험에 가입하거나 같은 위험에 대한 중복 담보를 방지하여야 하며, 각 보험사의 보험료 비교를 통하여 위험관리자는 적절한 수준의 보험을 경제적으로 구입하는 면밀한 계획을 수립하여야 한다. 특히, 필요한 담보손실보다 적은 손실을 담보함으로써 불필요한 위험을 부담하거나 필요 이상의 보험에 가입함으로써 낭비를 초래하는 경우를 방지하는 적절한 통제장치를 수립하여야 한다. 보험 중개인을 잘 활용할 경우 이러한 문제점들을 어느 정도 완화할 수 있다.

둘째, 보험자가 제공하는 서비스의 가치에 대해 평가를 하여야 한다. 기업보험의 경우 보험회사는 보험가입 전에 다양한 계약서비스와 기업의 위험을 평가하고 개선을 권고하는 리스크관리 서비스를 제공하고 있다. 보험계약자는 이러한 서비스의 질을 고려하여야 한다. 리스크관리자는 항상 다양한 판매자나 대리점들이 제시하는 보험조건을 가격, 보험금, 서비스의 수준 등으로 나누어 비교하여 최선의 선택을 할 수 있어야 한다.

셋째, 보험비용은 일반적으로 세금공제혜택이 주어지는데 개인의 경우 보장성보험의 경우에는 일정한 범위에서 소득공제가 100만원까지, 연금은 72만원까지 소득공제가 허용되며, 기업의 경우에는 일반적인 비용 항목에 보험료를 포함시킬 수 있다. 리스크 통제기법과 리스크재무기법(보험가입)에 대한 비용의 효율성 평가에는 이러한 세제혜택이 고려되어야 한다.

넷째, 위험통제의 가능성의 정도를 판단하여 내부적으로 통제가 어려운 위험일수록 보험에 적당하다. 물론 보험회사의 입장에서도 관리가 어려운 리스크는 보험가입을 거절할 가능성이 크지만 이에 대한 적절한 리스크 통제 수단이 보완될 경우에는 비교적 쉽게 보험에 가입할 수 있다. 따라서 스스로 통제할 수 있는 리스크에 대해서는 리스크 통제수단을 활용하는 것이 더 경제적이며, 개인이 통제할 수 없는 리스크에 대해서는 보험가입이 더 효과적이다.

다섯째, 보험계약을 체결한 후, 위험관리자는 손실에 관한 적절한 기록을 유지하여야 한다. 자산에 관한 기록의 유지가 제대로 되어 있지 않으면 실제로 발생한 손실에 대한 보상에 포함되는지 여부를 증명하기 어려운 경우가 발생하거나 보상금액에도 차이가 발생한다.

여섯째, 대규모 재난에 대한 대비가 없는 보험이나 리스크전가는 완전할 수 없다. 기업의 리스크관리자는 기본적인 보험(primary insurance) 이외에 기업의 생존에 영향을 줄 수 있는 비정상적인 재난손실에 대해 초과보험자로부터 초과보험(excess coverage)이나 포괄보험(umbrella policies)을 추가로 가입하는 것이 바람직하다. 초과보험은 기본적인 보험의 담보한도를 초과하는 대형손실을 보상하는 보험으로 이러한 대형 손실 발생가능성이 낮고 이미 기본보험계약에서 모든 위험이 평가되어 보험료가 매우 저렴한 특성이 있다.

포괄보험이란 각 보험손실에 대한 보상한도를 적용하지 않고 기업의 전체적인 보험 손실에 대한 보상한도를 적용하는 보험이다. 이러한 보험들은 주로 해외의 초과잉여보험사(excess & surplus line insurers)로부터 담보가입이 가능하다.

2-3 보험회사의 선택

보험은 일반적으로 다른 계약에 비해 장기적인 특성을 지닌 계약으로 생명보험의 경우에는 손해보험보다 그 계약 기간이 훨씬 길다. 손해보험의 경우에도 생명보험에 비해 그 기간이 짧기는 하지만 수년 전에 발생한 보험사고가 아직 보고되지 않은 상태에서 계속적으로 발전되고 있는 경우(주로 배상책임)도 있으므로 보험회사의 영속성은 아주 중요하다고 할 수 있다. 만약 위험관리방법으로써 보험을 선택한 경우 보험회사나 계약자를 위해 보험을 중개하는 보험중개인 선택 시 다음과 같은 사항을 반드시 고려하여야 한다.

첫째, 보험회사의 인수능력(capacity), 즉 계약자의 보험사고를 보상할 수 있는 충분한 재무적 능력이 있는지를 파악하여야 한다. 일반적으로 작은 규모의 보험회사는 대규모 위험을 인수할 능력이 없다. 그러나 무조건 보험회사의 규모가 크다고 인수능력이 좋은 것은 아니다. 개인 보험계약의 경우에 보험목적물의 손실 규모가 그다지 크지 않아 보험사의 인수능력이 간과되는 경우가 많지만 기업의 경우에는 예금보험제도의 혜택을 볼 수 없으며 자칫 큰 사고의 경우에는 보상이 지연되거나 지급 불능을 초래하여 그 기업이 파산할 수도 있다. 따라서 보험에 가입하기 전에 그 보험회사가 건전한 재무구조를 유지하고 있는지 평가하여야 한다. 보험계약자나 기업의 리스크관리자는 보험회사의 재무제표를 분석하여 보험회사의 재무건전성을 평가할 수 있는 능력과 기술을 가지고 있어야 한다.

둘째, 보험회사에 따라서는 특수한 종류의 위험을 꺼리거나 보험계약자가 요구하는 형태의 담보를 제공하지 않으려는 경우도 있다. 따라서 리스크관리자는 해당 기업이 가진 특수한 리스크에 대한 보험회사의 태도가 어떤가를 파악하여야 한다. 보험계약자가 요구하는 손실담보에 대한 보험회사의 태도가 피보험자의 입장과 상충되지 않아야 한다. 일반적으로 보험회사는 자신들이 가진 언더라이팅 능력에 따라 특정 리스크를 선호하기도 하므로 언더라이터들의 경험이나 전문성의 수준이 보험계약자의 특별한 위험노출을 평가하기에 충분할 정도가 되는지 판단을 하여야 한다.

셋째, 기업의 리스크 관리자는 보험회사의 계약서비스에 대한 평가도 해야 한다. 대부분의 경우 기업의 보험가입은 지속적이고 장기적으로 이루어지므로 보험회사와의 안정적인 관계는 대단히 중요하다. 따라서 보험 중개인이 없는 경우 계약자손실의 최소화나 적절한 보장형태의 설계 등에서 보험회사가 피보험자에게 지속적으로 서비스를 제공해 줄 수 있는지를 확인하여야 한다.

넷째, 사후 서비스로서 손실발생 후 보험회사가 제공하는 보상서비스의 내용과 질을 따져 보아야 한다. 즉, 손해사정이 보험계약자에게 지나치게 까다롭지 않은가, 손실최소화를 위한 자문서비스는 적절한가, 보험금은 신속하게 지불하는지 등에 관해 평가하는 것은 특히 중요하다.

마지막으로 보험중개인(insurance broker) 또는 보험브로커의 선택도 보험회사의 선택에 못지않게 중요하다. 보험중개인은 보험계약자(policyholder)의 입장에서 자신의 고객인 보험계약자의 위험을 평가하고 위험관리방법을 제시하며, 경우에 따라 보험약관의 작성이나 보험료 산정 서비스를 해 주며 최선의 보험사에게 보험계약을 중개하는 업무를 가진다. 보험에 대한 수요가 커질수록 보험중개인의 역할이 많아지고 다양해지므로 보험중개인(broker)의 선택에 유의하여야 한다.

보험중개인을 선택할 경우에는

① 우선 보험중개인의 중개업무에 대한 전문성을 파악하여야 한다. 주로 전문성은 보험중개인의 명성에 일반적으로 비례하지만 각기 다른 분야

에 전문화 되어 있으므로 그에 적합한 전문적 노하우를 충분히 갖추었는지를 체크하여야 한다.

② 보험브로커는 피보험자가 처한 위험에 관해서 자문과 같은 서비스를 할 수 있어야 한다.

③ 또한 브로커는 보험회사들의 상대적인 장단점과 보험료 수준, 보험사의 서비스에 대한 평가는 물론 계약자의 위험보유기법이나 다른 위험전가 수단의 활용가능성 등에 관한 자문서비스도 제공할 수 있어야 한다.

2-4 보험의 종류

보험은 우선 일차적으로 국가나 공공단체에 의해 유지되는 공보험(public insurance)과 민간단체나 민영회사에 의하여 유지되는 민영보험(private insurance)으로 구분된다. 전자는 대부분 법규에 의한 강제성을 띠고 있는 데 비해서 후자는 자발적 보험이 대부분이다. 공보험의 예로는 국민연금보험, 산재보험, 의료보험, 실업보험, 수출보험, 각 정부기관에서 운영하고 있는 재난관련보험(풍수재해보험: 소방방재청, 농작물보험: 농림수산식품부, 어선원보험: 국토해양부) 등을 들 수 있으며, 그 이외의 생명보험, 손해보험, 보증보험, 재보험 등은 모두 민영보험이다.

생명보험(life insurance)은 개인의 사망이나 질병과 같은 신체손해를 대상으로 한다는 점에서 인보험(人保險)으로 부르기도 한다. 생명보험도 기업의 종업원 사망이나 질병에 대한 위험관리의 중요한 수단이 된다.

손해보험(property-casualty 또는 property-liability, non-life insurance)은 인보험의 영역의 리스크를 제외한 재산보험, 상해, 배상책임 손실에 대한 리스크를 담보한다. 손해보험은 재산보험 중 재난관련 손해를 제외하고는 주로 민영보험으로 운영되고 있으며 상품의 내용은 위험의 종류만큼 다양하다. 기업의 위험관리 목적으로 활용되는 보험은 주로 손해보험이다. 대표적인 손해보험으로는 다음과 같은 것들이 있다.

· 재산보험(property insurance): 개인이나 기업의 재산 손해를 대상으로 하는 ㅂ험으로 화재보험, 도난보험, 주택보험 등을 예로 들 수 있다.

· 상해보험(casualty insurance): 사고로 인한 신체 상해를 대상으로 하는 보험으로 교통상해, 개인의 일반적 상해를 담보한다.

· 자동차보험(auto insurance): 자동차사고로 인한 제 3 자와 운전자 및 가족의 재산상의 손해와 상해를 대상으로 하는 보험이다.

· 해상보험, 운송보험(marine & transportation insurance): 선박을 이용한 화물의 운송 및 화물, 선박의 리스크를 담보한다. 운송보험은 해상운송(ocean marine)과 내륙운송(inland marine)으로 구분할 수 있으며 내륙운송은 내륙운송 중의 리스크를 포함하여 교량, 터널, 배송철탑 등도 담보한다.

· 배상책임보험(liability insurance): 법률적 배상책임을 담보해 주는 보험으로 제조물배상책임보험, 환경오염배상책임보험, 전문직배상책임보험, 실수 및 누락책임보험 등이 있다.

다만 보증보험은 우리나라에서는 손해보험 영역에 포함되고 있으나, 다음 절에서 기술하는 여러 가지 기준에서 보험과 다르다. 대표적인 보증보험으로는 기업체나 회사의 신용을 보증해 주는 신용보증 또는 신원보증보험(fidelity bonds)과 계약자의 계약의무 이행을 보증해 주는 이행보증(surety bonds) 예를 들어, 건설공사이행보증보험 등이 있다.

연금보험은 생명보험에 속하는 것으로 간주되지만 개인연금(annuity)과 기업연금(pension)은 각각 노후 또는 퇴직에 대비한 소득보장으로서의 성격을 지니고 있다는 점에서 생명보험과 구별할 수 있다. 연금보험은 개인의 퇴직 후 생활 또는 너무 길게 생존하는 위험에 대비한 중요수단이지만 기업에 있어서도 종업원의 사기, 복지관리 등 고용위험관리의 중요한 수단이 되고 있다.

제 3 절 보험과 구분되는 여러 가지 개념

3-1 보험과 도박

우리 주변에는 보험이기는 하지만 일반인이 볼 때는 도박이나 내기와 비슷한 보험이 존재하고 있다. 예를 들면, 펠레와 같은 유명한 축구선수의 다리 부상에 대한 보험 또는 유명한 여배우의 눈에 대한 보험, 파바로티와 같은 저명한 음악가의 목소리에 대한 보험 등 인간의 신체에 대한 보험을 종종 볼 수 있으며, 유명 가수의 연주나 특별 기념행사의 개최에 대한 보험 또는 특정한 날의 날씨에 대해 상품을 걸고 상업적 프로모션을 하는 경우에 대한 보험 등 특정 이벤트성 보험상품이 점차 많아지고 있다. 그러나 이러한 보험도 사고발생의 예측에 기초하여 보험료와 상품이 구성되며 도박과 다음과 같은 관점에서 구분될 수 있다.

(1) 확률에 의존

보험과 도박은 어떤 사건이 발생할 확률에 기초한다는 점에서 매우 흡사하다. 그러나 도박의 경우에는 모든 경우의 수를 미리 계산해볼 수 있어 실제로 도박을 해보지 않아도 이거나 질 확률을 계산해 볼 수 있다. 이러한 확률은 사전에 이미 알려진 사전적 확률(priori probability)이라고 한다. 그러나 보험의 경우 사건에 대한 사전 경험 없이 어떤 일이 발생할 확률이 얼마라고 단언할 수 없다. 예를 들어, 30세의 남자가 1년 이내에 사망할 확률이나, 1년 내에 내가 교통사고를 경험할 확률이 얼마라고 예측하기는 매우 어렵다. 그러나 비슷하거나 동질적 위험을 대상으로 과거에 발생한 사고 경험을 분석한다면 비슷한 종류의 손실을 예측할 수가 있다. 보험에서 사용하는 확률은 이미 경험한 사후적인 확률(posteriori probability)이라고 한다.

(2) 교환되는 가치의 상이(相異)

보험이나 도박은 하나의 계약이나 약속에 의해 성립된다. 그러나 보험이나 도박은 서로 교환되는 가치가 동일하지 않은 부등가(不等價) 교환이 이루어진다. 예를 들어, 하루 보험료가 1,000원인 국내 여행자보험이나 스키보험의 경우 계약기간 중에 사망할 경우 받게 되는 보험금이 3,000만원 이라고 할 경우 약 3만 배의 차이가 나게 된다. 복권사업과 같은 사행성 사업의 경우에는 내기에 건 돈(betting)과 당첨금과의 차이는 수백만 배의 차이가 나기도 한다. 보험이나 도박의 경우에는 일정한 사건 발생의 확률에 의존하기 때문에 교환되는 가치다 다르며, 이러한 계약의 특성을 사행적(射倖的) 계약이라고 한다.

(3) 현존위험 대 신규위험

그러나 보험과 도박은 존재하는 위험을 대상으로 하는지 또는 새로운 위험을 창출하는지에 따라 구분된다. 보험은 이미 존재하는 순수위험을 대상으로 한다. 예를 들어, 집을 가지고 있으면 화재손실리스크는 이미 존재한다고 할 수 있다. 보험은 앞으로 지을 집의 화재위험을 대상으로 하는 경우는 거의 없는데 현재 존재하지 않는 위험에 대한 보험은 생각할 수 없다는 것이다. 이에 비해서 도박은 이전에 존재하지 않았던 새로운 위험을 만들어 낸다. 예를 들어, 500원을 주고 복권을 구입하거나 도박을 한다면 그 순간에 500원을 잃게 되거나 딸 위험이 새로 창출되는 것이다. 또 다른 말로 설명하면 보험은 이미 존재하는 순수위험(pure risk)을 대상으로 하고 있는 반면 도박은 존재하지 않았던 투기적 위험(speculative risk)을 창출한다는 것이다.

(4) 사회적 기능

보험은 도박과는 다른 사회적 기능을 수행한다. 보험은 순수위험으로부터 발생한 손실의 회복을 돕는 장치로서 사회적 요구에 부응하고 있지만, 도박은 처음부터 순수위험과는 아무런 관계가 없으며 새로운 투기적 위험을 조장할 뿐이다. 간혹 복권의 수익과 같은 것은 나름대로 사회적 역할을 수행하는 경우도 있지만, 그것의 사회적 의미는 보험에 비해서 극히 미미하며 오히려 많은 부작용을 초래하고 있다.

다른 한편으로는 보험은 사회적으로 도박을 감소시킨다고 할 수 있다. 예를 들어, 만약 건물이나 집을 보유한 사람이 화재보험에 전혀 가입할 생각을 하지 않는다면 그 자체가 그 집에 불이 나지 않을 것이라는 결과를 두고 도박을 하는 것이 된다. 보험의 구입은 비록 화재의 가능성을 완전히 제거해 주지는 않지만 화재로 인한 바람직하지 않은 재산상의 피해를 복구할 수 있는 확실한 보장을 제공한다. 이러한 방식으로 보험은 불확실한 사고에 대한 개개인의 도박행위를 줄여주는 역할도 하고 있다.

3-2 보험(insurance)과 보증(surety)

보증은 보험과 일부 유사한 성격도 있으며 통칭 보증보험으로 불리기 때문에 일반적인 보험과 같다고 생각하는 경향이 있다. 손해보험의 영역의 보험으로 분류된다. 우리나라의 경우 보증보험은 손해보험의 영역으로 포함을 하고 있으나 외국의 경우에는 별도의 영역으로 취급하고 있다. 물론 외국의 경우에 보증이 보험의 영역으로 취급되지만(우리나라의 경우 전체 손해보험의 약 4.3%이고 미국의 경우 전체 손해보험의 약 1.3% 정도) 보증과 보험은 분명히 여러 가지 차이점이 존재한다.

(1) 목적과 당사자의 차이

우선 보증은 어떤 행위로 야기된 손실을 지급할 것을 보증해 준다는 의미로 발생손실에 대한 보상을 목적으로 하는 보험과는 차이가 있다. 구체적으로는 보험계약이 보험계약자와 보험회사 간의 계약인데 비해, 보증은 보증보험회사와 보험계약자 그리고 피보험자 간의 계약으로 당사자가 언제나 셋으로 구성된다. 예를 들어, 건설공사의 이행보증보험의 경우 건설공사 발주자는 건설공사가 계약기간 내에 완공되지 못할 경우에 재정적인 손해 예를 들어, 임대료 손해를 입을 가능성이 있다. 따라서 건설공사발주자 또는 건축주(피보험자)는 자신에게 발생할 수도 있는 재정적인 손해를 건설회사(보험계약자)에게 담보하도록 요구하게 되고, 건설회사는 그와 같은 재정적 손해를 보증보험(보증보험사)에 가입함으로써 문제를 해결할 수 있다. 만약 건설공사가 계약기간 내에 완성되지 못한 경우에 보증보험회사는 건축주가 입은 손해를 보상하게 된다.

(2) 보험료 성격의 차이

또 다른 차이점은 보험계약자가 지불하는 보험료의 차이이다. 즉, 일반적 보험료는 발생손실에 대한 기대비용(=발생확률×예상손실)을 의미하는데 반해 보증 보험료는 단순히 보험계약자(건설회사)의 신용을 보증보험사의 신용으로 대체해주는 데에 대한 수수료적인 의미를 가진다. 그 이유는 보증보험의 경우 이론적으로 손실 발생가능성을 인정하지 않기 때문이다. 즉, 모든 공사가 순조롭게 계획대로 이루진다면 손실이 발생하지 않는다는 가정을 하는 것이다. 즉, 보증보험료는 보증보험회사의 신용을 공여하는 대가로 지불하는 수수료이다.

(3) 보험회사의 구상권 차이

위와 같은 보험료의 성격 차이로 인해, 발생 보험손실에 대한 구상권의 유무가 결정된다. 즉, 보험의 경우 보험회사는 피보험자에게 지급한 손실보상에 대해 구상권이 인정되지 않는다. 예를 들어, 자동차 사고의 경우 피보험자가 손해배상책임이 있는 제 3 자의 손실을 보상하고 그 손해를 피보험자에게 구상하지 못하는 것과 같다. 그러나 보증보험의 경우 과실이 있는 보험계약자(건설회사)에 대해 보증보험사의 구상권이 존재한다는 것이다. 즉, 보증사고가 발생한 경우 피보험자(발주자 또는 건축주)에게 손해를 보상하고 보험계약자(건설회사)에게 피보험자에게 이미 지급한 손해금액에 대해 구상권(求償權)을 행사한다는 것이다.

(4) 담보 손실특성 차이

마지막으로 보험이 대상으로 하는 손실은 보험계약자가 통제할 수 없는 우연하고도 고의적이 아닌 손실을 담보하는데 반해, 보증의 경우 보증회사가 보험계약자(건설회사)의 성실성, 정직성, 이행능력을 보증하는데 이러한 특성은 일반적으로 보험계약자(건설회사)의 통제 하에 놓여 있다는 것이다. 즉, 보증보험의 위험은 보험계약자가 스스로 통제할 수 있는 위험이 대부분이라는 것이다. 예를 들어, 건설공기가 노동쟁의나 기타 이유로 지연되는 경우 건설회사가 충분히 통제할 수 있다는 것이다.

일반적으로 보증의 종류는, 은행에서 대출을 해주는 경우 기업체의 신용을 보증해 주는 신용보증(credit insurance), 계약자의 계약의무 이행을 보증해 주는 이행보증보험(surety bond), 그리고 직원의 개인적 실수나 비행으로 발생할 수 있는 재정적 손해에 대한 보증인 신원보증보험(fidelity bond) 등이 있으며, 최근에 다양한 형태의 주택관련 보증보험 상품이 출시되고 있다.

3-3 보험과 공제

공제제도는 국내의 공제법에 따라 일반적으로 공통의 이익을 갖는 다수의 사람이 결합하여 특정한 우발적 사건으로부터 발생하는 경제적 손실을 보전하기위해 공동으로 재산을 형성하는 제도이다. 국내의 공제제도는 농협, 수협 및 교원공제회 등에서 생명공제 사업을 하고 있으며, 버스 및 영업용택시 그리고 화물자동차 공제 등에서 보험과 유사한 공제제도를 운영하고 있다. 일반적으로 공제는 조합원의 상호부조를 목적으로 하고 있어 민영보험과 같은 엄격한 언더라이팅 정책이 적용되지 않는 경우가 많아 재무건전성 측면에서 어려움을 겪는 경우가 많다. 국내의 공제기관에서도 예를 들어, 농협보험 등 보험이라는 용어를 사용하지만 국내의 공제기관은 보험업법에 근거한 보험회사가 아니다. 따라서 공제는 각 공제법을 시행하는 정부의 주무부처에서 감독권한을 가지게 되며 금융감독원의 감독을 받지 않는다. 이러한 사정으로 여러 공제기관의 유사보험에 대한 감독이 실질적으로 이루어 질 수 없는 특성이 있다.

3-4 보험과 재무적 헤지(hedge)수단

(1) 계약을 통한 전가

앞장에서 언급한 바와 같이 헤징수단은 위험의 일부, 특히 가격위험을 전가하는 방법이다. 즉, 가격, 금리, 환율의 변동으로 예상되는 손실위험을 선물(futures)거래를 통하여 거래상대방에게 전가하는 방법이 대표적이다. 헤징은 현존하는 리스크를 계약이라는 수단을 통해 전가하며 새로운 위험을 창출하지 않는다는 점에서는 보험과 유사하다고 할 수 있으나 헤징은 위험 중에서 가격위험만을 전가하며, 거래 가격간의 상관관계가 반드시 완전하지 않음으로 해서 완전한 헤지(hedge)를 할 수 없는 약점이 있다.

(2) 거래자의 위험특성

보험도 보험구입자의 보험가능위험(주로 순수위험)을 보험판매자(보험회사)에게 전가하는 계약이라는 점에서 헤징과 유사하다. 그러나 헤징의 경우에는 위험전가자, 즉 거래자의 위험특성이 중요하지 않는데 반하여, 보험의 경우에는 피보험자의 위험특성 예를 들어, 자동차 보험의 경우 운전자의 나이, 보험가입경력, 사고경력 등은 매우 중요하며 보험회사의 경영성과에 직접적으로 영향을 미친다. 또한 계약 당사자 간에 가격에 영향을 미칠 수 없는 선물거래와 달리 보험거래에서는 보험회사와 보험계약자(주로 피보험자) 모두 가격에 어느 정도 영향을 줄 수 있다는 점에서 다르다.

(3) 대수의 법칙 적용가능성

보험계약은 손실의 집단화를 통해 대수의 법칙을 적용하여 계약자 집단이 많으면 많을수록 손실의 예측이 정확해져 결과적으로 객관적 위험을 줄일 수 있다. 그러나 헤징수단은 대수의 법칙을 적용할 수 없으며 단순한 가격위험전가 수단이고 거래 당사자가 많아진다고 해서 객관적 위험이 감소하지는 않는다.

제 4 절 보험의 사회적 기능과 비용

4-1 보험의 사회적 기능

보험제도는 보험의 기본 원리인 위험의 전가나 위험의 분산 이외에도 사회적으로 여러 가지 혜택을 가져다준다. 보험의 중요한 기능으로는 다음과 같은 것들이 있다.

(1) 손실을 회복할 수 있는 재원(facilitate recovery from loss)

보험은 사고나 자연재해에 따른 재정적 손실로부터 회복할 수 있는 손실

회복자금인 보험금(保險金)을 제공한다. 보험은 다수로부터 보험료(保險料)를 갹출(醵出)하여 그러한 손실로부터 개인이나 기업이 쉽게 회복할 수 있도록 하여 손실에 따른 재정적 불안을 감소시켜 준다.

(2) 불안의 감소(reduce fear and worry)

보험은 경제적 손실을 보상받을 수 있는 자금의 원천을 제공하기 때문에 개인과 조직에 안정성(security)을 가져다준다. 예를 들어, 가장이 생명보험에 가입되어 있다면 비록 가장이 사고를 당하더라도 최소한 경제적 고통을 덜 수 있으므로 그만큼 가정생활의 안도감은 높아진다.

(3) 투자재원(source of capital)

보험회사는 보험료를 모아 손실이 발생하여 보험금이 지급될 때까지 유가증권이나 부동산 등에 많은 돈을 투자하고 있는 것이 보통이다. 이러한 과정을 통하여 보험은 대규모의 자본을 형성함으로써 투자자금의 원천으로서의 기능을 하며 경제성장에 도움을 주게 된다. 2006년 기준 국내 보험회사의 자산은 약 250조원을 상회한다.

(4) 안전의식의 고취(prevention of loss and encourage safety)

보험은 발생할 수 있는 손실에 초점을 두고 있고 보험료는 손실을 유발하는 손실의 원인 존재유무와 손실을 증대시키는 조건인 위태의 유무 및 위태의 정도와 연계되어 있기 때문에 손실발생 가능성이 높을 경우에는 높은 보험료가 책정되므로 보험의 구입은 개개인의 안전의식을 고취시키고 손실을 사전적으로 예방하는 기능을 한다. 즉, 보험료를 절감하기 위해서라도 적극적으로 위태를 색출하여 줄이려 하게 되며, 이러한 활동은 궁극적으로 사고나 상해의 발생을 줄인다.

(5) 신용의 증대(expansion of credit)

보험은 가입자의 신용을 높인다. 예를 들어, 개인이 대출을 받고자 하는 경우 보증보험(신용보험)의 가입은 개인의 신용도를 높여 주며, 회사의 경우에도 적절한 보험에 가입함으로써 회사의 신용도를 높일 수 있다. 회사가 화재보험이나 이행보증보험(surety bond)에 가입해 있으면 그 회사는 그렇지 않은 회사보다 신용도가 높을 수밖에 없다. 보험은 이와 같이 신용의 확대를 통하여 경제성장에 도움을 준다.

4-2 보험의 사회적 비용

보험은 또한 사회적으로 그러한 제도의 유지와 관련하여 여러 가지 비용을 발생시킨다. 그 중에서 특히 보험손실에 대한 보상과 관련된 직접비용도 중요하지만 보험사의 사업비용 그리고 도덕적 위태와 관련된 간접비용도 사회에 적지 않은 부담이 되고 있다.

(1) 사업비용의 발생

보험사업을 유지하는 데 소요되는 비용으로는 보험의 판매채널에 대한 수수료, 임직원의 인건비, 건물의 임차료, 세금, 보험회사의 이윤, 비정상적 대형손실에 대비해 부과하는 불확정 이익(contingent profit) 등이 있다. 이러한 비용은 대략적으로 손해보험의 경우 약 22%~25% 내외, 생명보험의 경우 약 12% 정도를 차지하고 있다.

(2) 보험사기의 증대

보험의 존재는 보험사기와 같은 도덕적 위험을 증가시킨다. 우리나라의 경우도 미국과 같은 정도로 전체 보험사고의 약 10%가 보험사기와 관련되어 있는 것으로 추정되고 있다. 보험사기로 인하여 증대된 비용은 보험계약자의 보험료를 높이고 경제적 외부효과(economic externality)를 창출함으로써 경제적 효율성을 감소시킨다. 이러한 보험사기는 없는 사고를 거짓으로 꾸며 보험금을 편취하는 경성사기(hard fraud)와 보험금의 과잉청구와 같은 연성사기(soft fraud)가 있다.

(3) 보험금의 과잉청구

보험의 존재는 손실발생의 크기와 보험금 청구의 규모를 부풀리는 결과를 가져오기도 한다. 이러한 과잉청구 역시 경제적 외부효과로서 사회전체의 부담으로 돌아온다. 예를 들어, 자동차보험의 존재는 자동차사고에 대한 진료비를 다른 종류의 상해진료의 경우보다 훨씬 높이고 있는 것으로 알려져 있다. 특히 일부 의사들은 치료비의 과잉청구에서 한 걸음 더 나아가 허위진료, 허위보험금청구를 하고 있는 것으로 알려져 있다. 보험사기와 마찬가지로 과잉진료도 도덕적 위태의 한 형태로서 이를 방지하려면 요율의 세분화, 적발 시 벌칙의 강화와 같은 유인통제시스템(incentive control system)을 보험가격이나 판매제도에 도입하여야 할 것이다.

CHAPTER

4

보험의 원칙과 법리

보험계약은 일반계약과 마찬가지로 계약의 양 당사자인 보험자(또는 보험회사)와 보험계약자 간의 사적(私的)인 계약이고 금전적인 가치가 거래되는 상거래 행위이므로 상법의 제약을 받는다. 즉, 제 3 장 보험의 정의에서와 같이 보험이란 보험계약자에게 계약에서 명시한 손실이 발생했을 때 보험회사(또는 보험자)는 손실을 보상하거나 손실과 관련된 금전적 또는 비금전적(위험관리 및 계약관련) 서비스를 제공한다는 약속과 보험계약자의 보험료 납부가 교환이 되는 계약이다. 따라서 계약자에게 손실이 발생한 경우에 보험계약자가 보상을 받을 수 있는지 없는지 또는 얼마를 받을 수 있는지는 계약에 의해 규정된다. 물론 그러한 계약은 상법과 하위법인 제반 보험관련법의 규정을 따라야 한다.

보험은 계약당사자의 의무와 권리를 규정하고 있는 계약이라고 하는 수단을 통해 이루어지는데 그 계약은 구두계약(oral agreement)의 형태나 혹은 공식적인 서면계약(written contracts)의 형태를 가질 수 있다. 즉, 일반적인 계약은 계약의 형태가 중요한 것이 아니라 그 계약 내용이 중요하다. 물론 그 계약이 유효하기 위해서는 계약으로서의 일정한 요건을 충족시켜야 한다.

보험계약은 다음과 같이 일반 매매(賣買)계약과는 다른 특성이 있다.

첫째, 보험계약이 사적 계약이지만 보험내용의 복잡성으로 계약내용을 잘 이해하지 못하는 불특정 다수의 이익을 저해할 수도 있는 위험이 있으며, 미래에 발생할지도 모르는 위험에 대해 계약을 하는 것이므로 상품의 형태나 계약조건이 일반 다른 계약과는 많은 차이가 있다고 할 수 있다.

둘째, 보험계약은 기술적 특성과 법적 요건으로 인하여 사용하는 단어가 이해하기 어렵고, 법적으로 모호한 의미를 지니고 있을 수도 있다.

셋째, 상품의 판매가 대리점이나 설계사를 통해 이루어지며, 보험과 관련된 여러 가지 불법행위(리베이트, 갈아타기, 보험사기, 인가되지 않은 보험대리점과의 계약체결, 명예훼손, 방화, 살인 등) 등이 아주 복잡하게 관련되어 있는 경우가 있으므로 보험계약의 법적 성질, 법적 특성을 이해하는 것이 중요하다.

우선 제 1 절에서는 일반적인 계약의 요건을 살펴보고, 제 2 절에서는 보험계약의 성격을 규정하는 여러 가지 원칙을 설명하며, 제 3 절에서는 보험계약의 법적 특성을, 그리고 제 4 절에서는 약관의 구성 및 약관에서 자주 나타나는 여러 가지 조항에 대한 설명을 하기로 한다.

제 1 절 계약의 요건

일반적으로 계약이 성립되기 위해서는 다음의 4가지 요건이 충족되어야 한다. 우선 계약당사자 간의 제안과 승낙(offer and acceptance), 상거래 계약의 목적인 교환되는 가치의 존재(consideration), 계약 당사자의 법적 행위능력(legal competence), 계약내용의 합법성(legality or legal purpose) 등이 충족되어야 한다.

일반적으로 계약이 성립되기 위해서는 먼저, 계약 당사자 일방의 제안(offer)이 있어야 하고 그 제안에 대한 상대방의 승낙이나 거절의 의사표시(acceptance or rejection)가 있어야 한다. 예를 들어, 매매의 경우 물건을 사려고 하는 사람이나 팔려는 사람이 매매에 대한 제안이 있어야 하며, 다른 상대방은 그 제안에 대한 승낙이나 거부의사를 표현해야 한다. 즉, 매매에 대한 제안만 있고 그 제안에 대한 승낙이나 거절의 의사표시가 없는 경우에는 계약이 완성된 것으로 볼 수 없다. 보험계약의 경우에는 보험계약자가 청약서를 작성함으로써 보험계약을 제안하는 것이며, 보험자는 그 제안에 대하여 승낙 혹은 거절의 의사표시를 하여야 한다. 일반적으로 보험대리점이나 설계사(financial consultant)가 보험가입을 권유하는 행위는 보험계약에 대한 제안의 행위가 아니라 보험계약자의 제안 또는 청약을 유도하는 행위이다.

두 번째 요건은 계약을 통해 거래되는 가치가 교환(value exchanged)되는가 하는 것이다. 가치의 교환이 전혀 없는 계약은 계약으로서의 의미나 실익이 없다고 할 수 있다. 보험계약의 경우에는 보험계약에서 명시한 장래의 예기치 못한 손실발생에 따른 금전적 보상과 비금전전적 서비스를 제공한다는 보험회사의 약속과 그에 상응하는 보험계약자의 보험료가 교환된다. 그러나 보험회사의 약속(보험금의 지급)과 보험료는 부등가(不等價) 교환으로 일반 매매계약의 성격과는 다르며 보험료는 대가적인 의미는 아니다.

세 번째 요건은 계약당사자가 법적인 행위를 스스로 할 수 있는 법적능력이 있어야 한다. 미성년자나, 한정치산자(限定治産者: 심신박약자, 낭비자 등 의사능력 불충분자), 금치산자(禁治産者: 백치와 같은 심신상실자 또는 중증치매) 등은 스스로 법적 행위를 할 수 없으므로 보험계약을 체결할 수 없다. 따라서 이러한 사람들과 계약을 체결할 경우에는 법정대리인의 동의를 필요로 한다.

마지막으로, 합법성(合法性)이란 계약의 목적이 법의 취지와 그 테두리에 잘 맞아야 한다는 것이다. 예를 들어, 불법무기를 판매하다 당하게 될 배상책임위험을 보험을 통해 담보하려고 한다면, 그 계약은 목적이 법을 위배하므로 정당치 못한 계약이다. 보험계약의 경우에는 사회적 순기능을 갖는 계약으로 위의 모든 요건을 충족한다.

제 2 절 보험계약의 원칙

2-1 실손보상의 원칙(principle of indemnity)

실손보상(実損補償)은 보험계약의 가장 중요한 원칙 중의 하나이다. 이 원칙은 두 가지를 목적으로 하고 있다. 첫째로, 피보험자의 재산 상태를 손해발생 이전의 상태로 복원시키는 것, 즉 실제로 발생한 경제적 손실에 대한 보상을 통해 피보험자 혹은 보험계약자가 보험손실로부터 이득을 얻는 것을 방지하려는 것이다. 예를 들어, 차량가격이 1,000만원인 차량이 충돌로 인하여 200만 원의 물적 손해가 발생했다면, 실손보상의 원칙을 적용하여 200만원을 지급하여 차량 소유주의 재산상태를 사고발생 이전으로 복구시켜 주는 것을 말한다. 그러나 현실적용에는 감가상각의 결정이나 손해의 판정에 약간의 오류가 발생하기도 한다. 자동차보험의 소액손실 사고의 경우에는 실제손해보다 많이 지급되는 경향이 있다.

실손보상의 또 다른 목적은 도덕적 위태(moral hazard)를 감소시키는 것이다. 즉, 손실발생으로부터 이득을 취할 수 있다면, 예를 들어 200만원의 물적 손해가 발생한 경우 300만원의 보상을 받을 수 있다면, 고의적으로 교묘히 사고를 야기시킬 가능성이 커지기 때문이다. 만약 보상액이 손해부분보다 같거나 크지 않다면 도덕적 위태가 감소될 것이다.

이와 같은 실손보상의 원칙은 손실의 실제현금가치(actual cash value of the loss)의 개념에 의해 유지된다. 실제현금가치란 대체비용(replacement cost 또는 신제품 가격)에서 감가상각(depreciation)분을 뺀 금액이다. 대체비용이란 훼손된 부분을 같은 종류의 재질(材質)로 만들어진 신품으로 대체한 가격을 말한다. 예를 들어, 자동차 문짝이 완전히 파손된 경우 같은 종류의 신제품 가격이 대체비용이다. 이러한 대체비용 또는 신제품의 가격은 물가상승이 반영되므로 실손보상도 이러한 물가상승을 반영하고 있다.

감가상각이란 사용이나 보관 중에 마모(磨耗) 및 파손되거나 경제적인 가치가 감소되는 부분을 말한다. 예를 들어, 10년간의 내구수명을 갖는 1,000만원짜리 기계의 경우 매년[1,000만원 × 1/10 = 100만원]의 감가상각이 발생하게 되며, 3년 사용 후 기계가 화재로 영구히 못쓰게 되는 경우에는 1,000만원에서 3년간의 감가상각분인 300만원을 공제한 700만원을 보상받게 된다. 따라서 실손보상이란 피보험자의 재정적인 상태를 손실발생 이전으로 되돌려 놓는 효과가 있다. 대부분의 손해보험은 실손보상의 원칙이 적용된다.

손실의 실제 현금가치 = 대제비용(신제품 가격) − 감가상각

그러나 어떤 경우에 있어서는 공정시장가격(fair market value)이 실제손실액을 결정하는 기준으로 사용되기도 한다. 일반적으로는 공정시장가격이 실제현금가치보다 높은 것이 사실이지만 그 반대인 경우도 많다. 특히 주변의 혐오시설, 오염시설, 주변지역의 빈민화 또는 범죄발생의 증가 등의 이유로 가격이 하락하여 공정시장가격이 실제현금가치보다 더 낮은 경우가 있다. 이런 경우에는 실제현금가치에 기초하여 실손보상이 이루어지는 것이 아니고 공정시장가격에 기준하여 보상이 이루어진다.

예를 들어, 부동산 경기의 하락으로 10억원의 실제현금가치를 지닌 빌딩의 공정시장가격이 6억원으로 형성된 시점에서 빌딩이 화재로 전소되었다면, 10억원이 지급되는 것이 아니고 시장가격인 6억원이 지급된다.

이와 같이 대부분의 재산손실은 감가상각 개념이 적용되는 실제현금가치를 기준으로 보상이 이루어지는 것이 일반적이지만, 감가상각 적용이 어려운 배상책임(liability)의 경우에는 피보험자가 제 3 자에게 입힌 손해(정신적 · 물질적인 손해)만큼을 지급하고, 생명보험의 경우에는 사전에 약정한 사망보험금을 지급한다. 즉, 감가상각의 개념이 적용되지 않는다. 이와 같이 실손보상의 원칙에 대한 예외로는 ① 기평가계약, ② 대체비용보험, ③ 생명보험이 있다.

첫째, 기평가계약(Valued policy)이란 전손(全損)이 발생한 경우에 미리 약정한 금액을 지급하기로 하는 계약이다. 이러한 계약은 주로 골동품이나 미술품, 가보(家宝) 등과 같이 손실발생시점에서 손실의 현재가치를 산정할 수 없는 경우 예를 들어, 그림이나 미술품이 찢어지거나 파손되거나 도난 당한경우에 보험계약자와 보험자가 합의한 금액으로 계약을 체결하게 된다. 즉, 골동품이나 미술품에 생긴 손해는 그 작품들의 가치를 현저히 저하시키거나 전손(entire loss)에 해당하므로 미리 약정한 금액을 보상하는 계약이다.

둘째, 대체비용보험(Replacement cost insurance)은 손실지급액을 결정할 때 감가상각을 고려하지 않는 보험이다. 예를 들어, 손실이 발생한 경우에 새것으로 교체할 수밖에 없는 물건이나 감가상각을 따지는 것이 아무런 의미가 없는 것인 경우에 대체비용보험이 적용된다. 우리나라의 경우에는 해당되지 않지만 외국의 주택보험의 경우에 있어서 대개 가옥의 지붕은 몇 년을 주기로 교체하게 되는데 주택 전체에 화재가 발생하면 지붕은 새것으로 교체할 수밖에 없으며, 감가상각을 따지는 것이 아무런 의미가 없다고 할 수 있다. 이런 경우 대체비용보험을 가입하면 감가상각이 고려되지 않는다.

셋째, 생명보험(Life insurance)은 실손보상의 원칙이 적용되지 않는다. 그 이유는 사망이나 부상의 경우에 실제손실이 얼마나 되는지 측정할 방법이 없기 때문이며, 인간의 생명에 감가상각의 개념을 적용할 방법이 없기 때문이다. 따라서 생명보험의 경우 미리 약정한 금액에 대해서 보험계약을 체결하게 되고 보험사고가 발생할 경우 약정한 금액을 지급받게 된다.

2-2 보험자대위의 원칙(principle of subrogation)

보험자대위(代位)란 피보험자가 제3자의 실수로 손해를 입은 경우 그 피보험자의 보험회사가 피보험자에게 손실을 먼저 보상해 주고 피보험자가 손실을 야기한 제3자에 대하여 가지는 법적 권리를 보험자가 대신 갖는다는 것을 의미한다. 즉, 피보험자나 보험계약자가 제3자의 과실로부터 손실을 입은 경우에도, 피보험자는 그 손실을 자신의 보험회사로부터 보상받을 수 있으며 그 대신 피보험자가 제3자에 대해 갖는 법적인 권리를 보험자에게 양도하는 것이다. 따라서 보험자는 피보험 손실을 먼저 보상하고 피보험자가 그 손실에 대해 책임이 있는 제3자에게 가지는 권리(손해배상청구권 혹은 청구권)를 법률상 당연히 취득하여(상법 제681조, 제682조) 구상권(求償權)을 행사할 수 있게 된다. 보험자대위는 인보험(人保険)에서는 금지되는 것이 원칙이지만 당사자의 약정에 의하여 인보험 가운데 일부 상해보험(傷害保険)에서는 가능하다(상법 제729조). 그러나 생명보험이나 상해보험의 경우에는 실손보상계약이 아니므로 보험자대위권이 인정되지 않는다고 볼 수 있다.

이러한 보험자대위의 원칙은 3가지의 목적이 있다.

우선 첫째 목적은, 피보험자가 동일한 손실로부터 책임이 있는 제3자와 보험회사로부터 두 번 보상을 받아 이익을 얻는 것을 방지할 목적을 가지고 있다. 즉, 보험자대위권이 인정되지 않는 경우에, 피보험자는 가해자인 제3자에게 우선 변제를 받고 또 자신의 보험자로부터 보상을 받아 이중(二重)보상을 받게 되므로 이를 방지하자는 목적이다. 이러한 의미에서 보험자 대위의 원칙은 손해보험의 실손보상의 원칙을 지지하고 있는 셈이다.

둘째, 보험자대위는 과실이 있는 제3자에게 손실발생의 책임을 묻는 효과가 있다. 만약 대위권이 인정되지 않는 경우에 보험자는 자신이 피보험자에게 지급한 보험금에 대하여 제3자에게 책임을 물을 수 없게 되므로 손실의 원인을 제공한 제3자는 보상을 하지 않아도 될 수 있어 책임을 회피할 수도 있게 되므로 이를 방지하려는 목적이 있다.

셋째, 보험자대위권은 보험계약자나 피보험자에게 책임이 전혀 없는 손실에 대해 보험료가 인상되는 것을 방지한다. 즉, 보험자는 대위권을 통해 피보험자에게 지급한 보험금을 과실이 있는 제3자로부터 회수할 수 있으므로 보험계약자의 책임 없는 손실에 대해 보험료를 인상하지 않아도 되기 때문이다.

만약 대위권에 대한 특별한 규정이 없는 한 일반적으로 대위권의 범위는 피보험자 혹은 보험계약자의 손해배상청구권 범위 내에서 인정된다. 그러나 한 가지 주의해야 할 사항은 보험계약자나 피보험자가 보험자의 대위권을 손상시킨 경우에는 보험자로부터 보상을 받을 수 없다는 것이다. 예를 들어, 가해자인 제3자에게 보험계약자 자신의 잘못이라고 인정하거나, 소송을 하지 않겠다거나, 혹은 일부에 대해서만 보상을 받겠다는 약속을 한 경우에는 보험자의 대위권을 손상시킨 경우이므로 보험자는 면책을 주장할 수 있다.

2-3 피보험이익의 원칙(principle of insurable interest)

피보험이익이란 보험계약자와 보험담보물 사이에 존재하는 이해관계를 말한다. 즉, 손해발생에 따른 보험계약자의 경제적 손실을 뜻하며 보험계약을 통해 이익을 얻는다는 의미는 절대 아니다. 보험계약자가 보험담보물에 대해 이해관계를 가지지 않는 경우에는 피보험이익이 없다고 하며, 이런 경우에 보험목적물에 대하여 보험을 가입할 수 없다. 따라서 "피보험이익이 없다면 보험도 없다(No insurable interest, no insurance)"라고 할 수 있다. 예를 들어, 아무런 관계가 없는 타인의 물건에는 자신의 명의로 보험을 가입할 수 없는 이유는 타인의 물건에 대해 경제적 이해관계가 없기 때문이다. 피보험이익의 원칙은 3가지의 목적을 가지고 있다.

첫째, 피보험이익의 요건은 도박을 방지하는 효과를 가지고 있다. 예를 들어, 피보험이익이 요구되지 않는다면 전혀 모르는 제3자의 재산에 보험을 가입해 놓고 사고가 발생하기를 기원하거나, 생명보험의 경우 제 3 자의 생명에 대해 보험을 가입하고 일찍 죽기를 바랄 것이므로 사회의 공공이익을 저해하는 결과를 가져올 것이다. 결국 그러한 계약은 도박의 성격이 강한 계약이 될 것이다.

둘째, 피보험이익은 도덕적 위태(moral hazard)를 감소시킨다. 예를 들어, 제 3 자의 재산에 화재보험을 가입해 놓고 계획적인 방화를 할 수도 있다. 그러나 피보험자가 사고로부터 재정적인 손실을 입는다면 그러한 방화는 하지 않을 것이다.

셋째, 피보험이익은 피보험자의 손실규모와 같으므로 손실의 크기를 측정하게 해 준다. 즉 보험자는 보험사고 시 피보험자의 손해를 보상해야 할 책임이 있는데, 보상금액의 크기는 피보험이익의 가격을 기준으로 산정한다.

손해보험의 경우, 소유권자는 자신의 소유재산에 대해 피보험이익이 존재한다. 또한 배상책임이 우려되는 당사자, 예를 들어 세탁소나 정비공장의 경우 고객의 재산을 수탁(受託)하므로 보관 중에 있는 고객의 재산을 훼손하거나 망실할 경우 배상책임이 발생할 수 있기 때문에 보관 중인 물건에 대해 피보험이익이 있다. 뿐만 아니라, 은행과 같은 법적 채권자(secured creditors)의 경우에도 채권을 확보하기 위해 피보험 이익을 가진다. 단, 사채업자나 개인적으로 채권을 갖는 사적 채권자(unsecured creditors)의 경우에는 피보험이익이 인정되지 않는다.

마지막으로, 계약관계에 의해서도 피보험이익을 가질 수 있다. 예를 들어, 물건을 수입할 경우 수입할 물건에 대해서 피보험이익을 가질 수 있으므로 보험에 가입할 수 있다.

생명보험의 경우도 일반적으로 선진국에서는 피보험이익을 계약요건으로 하고 있다. 피보험이익을 갖는 사람은 본인을 포함하여 혈족, 친인척, 부부관계에 있는 사람의 경우에는 상호간에 피보험이익을 가진다. 또한 금전적으로 이해관계가 존재하는 당사자의 경우에도 피보험이익을 가지므로 법적 채권자뿐만 아니라 사적 채권자의 경우에도 피보험이익이 인정된다.

그러나 우리나라의 경우에는 피보험자의 동의만 있으면 보험수익자와 피보험자 사이에 아무런 경제적 · 사회적 이해관계가 없다고 하더라도 생명보험계약이 성립할 수 있도록 규정되어 있으므로 생명보험계약에 있어서 피보험이익의 문제는 발생치 않는다. 이러한 규정은 피보험이익을 너무 폭넓게 규정하여 도덕적 위태의 가능성이 선진국의 경우보다 훨씬 크다고 할 수 있다.

한 가지 피보험 이익과 관련하여 중요한 내용은 바로 피보험 이익의 존재시점이라고 할 수 있는데, 손해보험의 경우에 피보험이익은 손실이 발생하는 시점에서 반드시 존재해야 한다. 대부분의 손해보험은 실손보상계약이므로 손실발생시점에서 보상이 이루어지게 된다. 그러나 피보험자가 그 목적물에 대해 피보험이익이 없다면 재정적인 손실이 발생치 않게 되므로 실손보상의 원칙에 위배된다. 예를 들어, 갑(甲)이 자신의 집에 화재보험을 가입하고 있던 중 그 집을 을(乙)에게 매도하였고 매도 후 하루가 지나 그 집에 화재가 발생하였다. 그러나 갑은 손실발생시점에 집을 매도를 하였으므로 그 집에 이해관계가 없으므로 피보험이익이 존재치 않는다. 그러므로 갑(甲)은 보험금을 받을 수가 없다. 또한 을(乙)도 주택을 구입한 후 보험사의 승낙을 얻어 갑(甲)의 보험계약을 승계받거나, 보험계약을 새로 체결하지 못했다면 손실에 대한 보상은 받지 못하게 된다.

한편, 우리나라의 생명보험계약은 피보험이익을 요건으로 하지 않으며 제 3자의 동의만 있으면 보험계약이 가능하지만, 선진국의 생명보험에 있어서 피보험이익의 존재시점은 손해보험과는 달리 계약시점에만 존재하면 된다. 예를 들어, 갑(甲)회사는 회사의 영업담당 임원인 을(乙)에 대하여 생명보험을 체결하고 보험료를 계속적으로 납입하여 오던 중 을(乙)이 개인적인 사정으로 사퇴를 하였고 얼마 지나지 않아 사망하게 되었다. 이런 경우 갑(甲)은 을의 보험금을 수령할 수 있다. 그 이유는 생명보험계약에 있어서 피보험이익의 존재시점이 사망 혹은 손실발생시점이 아니고 계약당시에만 피보험이익이 존재하면 되기 때문이다. 그러나 우리나라의 경우 생명보험 계약은 피보험이익을 전제조건으로 하지 않으므로 존재시점과 상관없다.

2-4 최대선의의 원칙(principle of utmost good faith)

일반적인 상거래계약에서의 거래당사자는 정직한 거래를 위하여 자신에게 불리한 사실까지 진술할 필요는 없다. 즉, 자신의 이익을 위하여 자신에게 불리한 사실을 숨기고 계약을 해도 된다는 것이다. 물론 그와 같이 불리한 사실을 숨기고 계약을 체결하는 것에 사기의 의도가 있었다면, 그 사기의 의도는 상대방이 입증을 해야 한다. 그러나 보험은 일반계약과는 달리 계약당사자에게 모든 사실에 대해 정직할 것을 요구하고 있다.

최대선의의 원칙은 보험계약 시 계약의 당사자에게 다른 일반계약보다 훨씬 높은 정직성과 선의(善意) 혹은 신의성실을 요구한다. 즉, 보험계약은 일반계약과는 달리 자신에게 불리한 사실까지 보험자에게 고지를 해야 하며, 계약체결 후에도 위험의 증가, 위험의 변경금지의무 등이 부과된다는 점에서 계약자의 선의를 요건으로 하고 있다고 할 수 있다.

최대선의의 원칙은 다음과 같은 고지(representation), 은폐(concealment), 보증(warranty) 등의 원리에 의해 유지되고 있다.

고지(告知)란 계약자가 보험청약서에 기재하는 모든 내용을 말하며, 보험계약자 또는 피보험자는 보험자에 대하여 부실(不實)고지를 하지 않을 의무를 지게 된다. 예를 들어, 생명보험 청약시 자신의 신상에 관한 질문이나 가족의 병력 등을 포함한 기타 관련 질문사항에 대하여 사실대로 고지해야 할 의무를 말한다. 만약, 고지한 내용이 ① 중대한 사실이고, ② 거짓이며, ③ 보험자가 그와 같은 거짓사실에 의존하였다면 보험계약자는 고지의무를 위반한 것이 된다. 중대한 사실(material fact)이란 보험자가 보험인수 여부와 보험료의 산정에 영향을 미칠 수 있는 사실로서 보험자가 그 사실을 알았더라면 계약을 체결하지 않았거나 적어도 같은 조건으로는 계약을 체결하지 않았을 것이라고 객관적으로 인정될 수 있는 사실을 의미한다.

거짓(false)이란 고지내용이 사실이 아니거나 보험자의 잘못된 판단을 이끌 수 있는 것을 의미한다. 보험자가 그와 같은 사실에 의존(reliance)하였다는 의미는 특정한 보험료 산정과 보험증권 발행이 계약자의 거짓진술을 토대로 이루어졌다는 의미이다. 보험계약자가 고지의무를 위반한 경우에는 보험자는 위반에 대하여 안 날로부터 1월 이내, 계약체결일로부터 3년 이내에 계약을 해지할 수 있다(상법 제651조).

은폐(concealment)란 보험계약자가 중대한 사실을 고지하지 않고 의도적이나 무의식적으로 숨기고 있는 것으로 예를 들어, 신체의 특정부위에 심한 통증이 있었는데도 이를 고지하지 않은 경우를 말한다. 은폐에 따른 법적인 효과는 고지의무 위반과 같다.

보증(保証, warranty)이란 보험계약의 일부로서 피보험자가 진술한 사실이나 약속을 의미한다. 만약 보험자에게 보상의 책임이 발생한 경우에 그와 같은 진술이나 약속이 사실이어야만 한다. 보증에는 상호간에 묵시적으로 약속한 묵시적 보증(implied warranty)과 계약서에 명시적으로 약속한 명시적 보증(expressed warranty)이 있는데, 이와 같은 보증의 위반(breach of warranty)에 대한 법적 효과는 보험계약의 해지(解止)나 보험자의 면책(免責)을 주장할 수 있다. 예를 들어, 화재보험에 가입할 때 스프링클러(sprinkler)나 소화전 등의 방화설비에 대해 보험료 할인혜택을 받았는데, 화재발생 시에 그러한 방화설비가 전혀 작동치 않았다면 이는 보증(warranty)을 위반한 것으로 보험자는 면책(免責)을 주장할 수 있다. 보증의 예로는 해상보험의 항로나 선박의 항해가능성 등을 들 수 있다. 일반적으로 보증의 위반은 계약자의 허위진술인 고지의무 위반보다 더 엄격하게 준수되며 해상보험의 경우에는 더욱 그러하다.

고지의무 위반과 관련하여 금항변(禁抗辯)조항(incontestable clause)은, 보험계약이 체결되고 일정한 기간이 경과한 후에 계약자가 잘못 진술한 내용을 근거로 보험자가 면책주장을 하지 못하도록 보험계약자의 입장을 보호하는 조항이다. 예를 들어, 계약자가 실수로 자신의 중요 병력을 빠뜨리고 진술을 하였는데, 2년이 지난 후 그러한 사실을 가지고 보험계약 해지를 주장할 수 없다는 것이다. 즉, 2년이라는 시간은 보험자가 진술의 진위여부를 파악하기에 충분한 시간이므로 2년이 지나서는 그러한 사실을 다시 반박하지 못하도록 하는 규정이다. 생명보험의 경우에도 계약체결 후 2년이 경과하여 자살한 경우에는 사망보험금을 지급하여야 하는데 그 이유는 2년은 계약자의 자살의도를 입증하기에 충분한 시간이라는 것이다. 따라서 2년이 경과하여 자살한 경우, 자살조항에 저촉되어 보험금 지급을 거절하는 것은 보험계약자에 너무 가혹하다고 할 수 있다. 그러나 생명보험의 경우 신체검사를 다른 사람이 대신 받게 한다거나, 보험금 수익자가 피보험자를 살해했다거나, 보험료를 납입하지 않아 계약이 해지된 경우에는 이러한 금항변조항이 적용되지 않는다.

제 3 절 보험계약의 법적 특성

보험계약은 모든 계약을 지배하는 계약법에 적용을 받기는 하지만 다른 일반적인 계약과는 다른 특성을 갖고 있다. 따라서 이러한 특성으로 인하여 발생하는 법적 문제를 해결하기 위해서 보험계약법이 존재한다.

3-1 편무(片務)계약

일반적으로 보험계약은 편무계약(unilateral contract)이다. 계약은 당사자의 권리와 의무의 취득이 동시에 이루어지는가에 따라 쌍무계약(bilateral contract)과 편무계약으로 구분될 수 있다. 쌍방계약이란 계약의 각 당사자가 서로 대가(代價)적인 의미를 가지는 동등한 채무를 부담하는 계약을 의미한다. 따라서 쌍무계약은 대가적인 의미를 가지는 의존관계에 있으므로 동시이행의 항변권, 위험부담의 문제가 발생하게 된다. 즉, 자신의 의무를 이행함과 동시에 상대방의 의무 이행을 요구할 수 있는 권리인 동시이행의 항변권을 가진다. 일반적인 계약관계인 매매, 교환, 임대, 고용, 도급 등은 쌍무계약이다. 예를 들어, 갑(甲)이 자신의 차량을 을(乙)에게 1,000만원에 매도를 하는 계약을 체결했다면, 갑은 자신의 차량을 을에게 양도를 하겠다는 약속을 한 것이고 을은 갑에게 1,000만원을 지급하겠다는 약속을 한 것이다. 즉, 갑과 을은 상대방의 약속에 대해 상호 그에 상응하는 대가를 지급하겠다고 약속한 것이다. 이러한 계약을 쌍무계약이라 하는데, 쌍무계약은 전부 유상계약(有償契約)이며 조건이 없는 확정계약(確定契約)이다.

한편, 편무계약은 당사자 일방만이 채무를 부담하거나, 쌍방이 채무를 부담하더라도 그 채무가 대가적인 의미를 갖지 않은 계약을 의미한다. 예를 들어, 갑이 을에게 1,000만원을 주면 차량을 인도하겠다는 일방적인 약속을 했을 경우에는 을이 1,000만원을 지급하기 전까지는 계약이 이루어지지 않은 것이다. 을이 1,000만원을 지급한 그 시점에서야 비로소 갑은 차량을 을에게 인도할 의무가 발생하게 되는 것이다. 즉, 갑의 일방적(一方的)인 약속은 을이 갑에게 1,000만원을 지급하겠다는 약속을 전제로 한 것이 아니라 을이 갑에게

1,000만원을 지급하는 그 행위를 전제로 하는 것이므로, 을은 갑에게 1,000만원을 지급하고 차량을 구입해야 할 의무가 없는 것이다. 이러한 경우 갑이 을의 의사와는 상관없이 일방적인 약속을 한 경우이므로 일방적인 계약 혹은 편무계약이라고 한다. 따라서 편무계약은 대가적인 의미를 갖지 않으므로 동시이행의 항변권, 위험부담의 문제가 발생치 않는다. 편무계약의 또 다른 예로는 증여(贈与), 사용대차(使用貸借), 현상수배광고, 복권구입 등이 있다.

결론적으로 쌍무계약은 일방의 약속에 대한 상대방의 약속을 전제로 하는 것이며, 편무계약은 상대방의 한 가지 행동이나 혹은 특정 행동의 보류에 관한 약속의 교환으로 이루어지는 계약이라고 할 수 있다(A bilateral contract results from the exchange of a promise for a return promise while a unilateral contract results from the exchange of a promise for an act or for a forbearance to act).

보험계약은 편무계약으로서 보험계약자가 자발적으로 보험료나 보험료의 일부를 부담하고 나서야 계약의 효력이 발생하게 되며, 보험계약자가 자신의 의무를 이행한 경우, 즉 청약을 하였고 보험료를 납부하였다면 이제는 오직 보험자에게만 계약을 완성시킬 의무가 주어지게 된다. 한편, 보험계약자가 보험료를 납부하지 않는 경우에 보험자는 보험계약자의 보험료 납부를 강제시킬 수 없으므로 쌍무계약은 아니다. 그러나 만약 보험계약자가 보험료를 납부하지 않고 장래에 납부하겠다는 약속을 했다면, 양 당사자는 약속을 장래에 이행하겠다는 약속을 한 경우이므로 이 경우에는 쌍무계약이라고 할 수 있다. 우리나라에서는 보험계약이 어떤 경우이건 무조건 쌍무계약이라고 주장하는 학자가 있으나, 이는 보험계약에 대한 속성과 편무계약의 속성에 대해 잘못 이해하고 있는 결과이다.

3-2 조건부(條件附) 계약

조건부 계약(conditional contract)이란 보험자의 보상책임이 보험계약자나 피보험자가 보험계약에 명시된 조건을 충족하였는가에 따라 결정된다는 의미이다. 조건(condition)이란 보험증권에 보험자의 이행약속에 대한 조건이나 한계를 규정해 놓은 조항이다. 조건부분은 보험계약자가 보험금을 수령하기 위해 지켜야 할 여러 가지 의무를 포함하고 있다. 비록 보험계약자가 그와 같은 조건을 반드시 충족시켜야 할 법적 의무는 없지만 사고발생시 보험금을 수령하기 위해서는 반드시 그 조건을 충족하여야 하며, 만약 그와 같은 조건이 충족되지 않은 경우에 보험자는 보험금을 지급할 의무가 없다. 그와 같은 조건의 예로는 보험료 납부의무, 사고발생시 보고의무, 보험자의 대위권 손상금지의무, 손실확대방지의무, 위험변경금지의무 등을 들 수 있다.

이러한 의무사항을 준수하지 않은 경우, 보험자는 계약위반을 이유로 보험금을 지급치 않거나 계약의 해지를 주장할 수 있다. 예를 들어, 집에 화재가 발생한 경우 보험계약자는 화재손실에 대한 보고를 즉시 하여야 함에도 불구하고 화재손실에 대한 보고를 특별한 이유가 없이 장기간 지연하는 경우에는 사고에 대한 보고의무를 위반했다는 이유로 화재보험금을 지급치 않을 수도 있다. 또는 화재발생 사실을 알면서 신고나 진화노력을 하지 않은 경우는 손실확대 방지의무를 준수치 않았으므로 보상에 분쟁이 발생할 수도 있다. 만약 보험회사에 알리지 않고 휘발유용 차량을 천연가스 차량으로 구조변경을 하여 운행하다 화재나 폭발이 발생한 경우 차량에 대한 손해는 자동차보험에서 보상해 주지 않는다. 그 이유는 보험계약 당시의 위험이 변경되었음에도 보험사에 통지를 하지 않고 무단으로 위험을 변경했기 때문이다.

3-3 사행(射倖)적 계약

보험계약은 도박이나 게임처럼 사고발생에 관한 확률을 기본으로 하고 있다. 물론 도박은 이미 알려진 모든 경우의 수에 대한 확률을 기초로 하고 있지만 보험은 도박과는 달리 과거의 일정기간 동안 발생한 사고통계를 가지고 장래의 사고발생을 예측한다는 점에서 차이가 있다. 그러나 보험과 도박은 보험료나 베팅(betting)금액의 크기와 사고발생 후 지급되는 보험금이나 당첨금액은 같지 않다. 이렇게 교환되는 가치가 동일하지 않은 계약(부등가 교환)의 특성을 사행적 계약(aleatory contract)이라고 한다. 예를 들어, 자동차보험료 50만원을 납부하고 보험에 가입한 그 다음 날 1억 원의 사고가 발생했다면, 피보험자는 자신이 납부한 보험료보다 훨씬 큰 보험금을 받게 되므로 사행적 계약이라고 한다.

3-4 부합(附合)계약

부합계약(contract of adhesion)이란 보험계약을 체결할 경우에 피보험자는 전체 계약내용이나 조건을 수정 없이 수락해야만 한다는 의미이다. 즉, 계약자는 계약내용이 마음에 들지 않는다면 보험계약을 할 수 없는 것이다. 일반적으로 계약의 기술적 특성상 불특정 다수의 계약자를 대상으로 하는 보험계약은 정형성(표준화 작업)이 필요하며 이러한 이유로 보험자는 보험계약내용을 계약자와 상의 없이 일방적으로 작성하여 인쇄하게 된다. 따라서 개별 계약에 개별 보험계약자의 특정조건을 반영시키기 어렵고 보험계약자는 그 계약 전체를 받아들일 뿐 계약의 일부를 삭제하거나 추가적인 내용을 삽입할 수 없다는 것이다. 비록 본 계약 이외에 추가되는 특약(特約, endorsement 또는 rider)으로 계약내용의 변경이 있을 수 있으나 그 특약도 역시 보험자가 작성한 것이며 피보험자의 의견은 배제된 것이다. 따라서 보험계약 내용이 모호하여 양 당사자간에 법적인 다툼이 있는 경우에 법원은 소비자의 편을 들어 보험계약자에게 유리한 쪽으로 해석을 내린다.

그러나 모든 계약이 부합계약의 성격을 갖는 것은 아니다. 부합계약은 주로 가계성 보험, 예를 들어 자동차보험, 생명보험과 같이 불특정 일반인을 대상으로 한 보험계약에서 일반적이다. 가계성 보험약관은 불특정 다수를 대상으로 계약을 체결하므로 약관이 일반적으로 표준화되어 있어

그러나 기업보험은 각 기업의 위험특성이 달라 한 종류의 보험증권으로 다른 기업의 위험을 담보하기에는 무리가 있다. 예를 들어, 반도체 회사의 위험과 정유공장의 위험은 전혀 달라 같은 보험증권을 사용할 수가 없다. 따라서 기업보험의 경우에는 보험중개인이나 그 기업의 위험관리자에 의해 보험약관이 작성(수기약관: manuscript policy)된 후 보험자의 승낙을 얻게 된다. 보험계약은 보험계약자와 보험자가 상호 합의하에 보험약관 내용을 결정하므로 부합계약의 성격을 지니지 않는다고 할 수 있다.

제 4 절 보험계약의 분석

4-1 보험계약의 구성

보험계약의 구성은 일반적으로 기재부분(declarations), 보험계약 합의문(insuring agreement), 제외부분(exclusions), 조건부분(conditions), 기타부분(miscellaneous provisions)과 같은 다섯 부분으로 구성되어 있다. 모든 계약이 과 같은 다섯 가지 부분으로 구성된 것은 아니지만 일반적인 보험계약을 분석하기에 편리한 점이 있다.

(1) 기재부분(declarations)

보험의 목적물인 계약자의 재산이나 개인의 신상에 관한 다양한 정보를 기재하는 부분이다. 이 부분에 기재되어 있는 정보는 언더라이팅(위험의 평가 및 위험선택결정을 의미)과 보험요율 산정에 필요한 정보이며, 목적물의 소재지나 생명보험 피보험자의 정보가 기재되어 있다. 기재부분은 대부분의 보험계약 첫 페이지에 있거나 혹은 청약서의 일부분으로 되어 있다. 대개 재산보험의 경우 보험회사명, 피보험자의 이름, 부보재산의 소재지(location), 보험계약기간, 보험료(premium), 보험금(amount of insurance), 공제액(deductible) 및 기타 정보가 기재되어 있으며, 생명보험의 경우 피보험자의 이름, 연령, 보험료, 계약일, 보험증권 번호 등이 기재되어 있다.

(2) 보험계약 합의문 또는 부보합의문(insuring agreement)

보험계약의 가장 핵심이 되는 부분으로 보험자의 보험계약자에 대한 주요 약속, 예를 들어 보험손실에 대한 보상이나 보상을 받기 위한 조건 그리고 보험과 관련된 다른 서비스 제공에 대한 약속 등이 포함되어 있다.

부보합의문은 “열거위험담보(named peril coverage)”와 “전종(全種)위험담보(all risk coverage or open peril coverage)”의 두 가지 형태로 분류된다.

1) 열거위험 보험증권

보험계약 합의문에 열거된 손실의 원인만을 담보하는 보험증권으로서 열거되지 않은 손인(損因)은 손실이 발생하더라도 보상에서 제외된다. 예를 들어, 주택화재보험에서는 화재(낙뢰에 의한 화재 포함), 폭발 및 파열로 인한 손해만을 담보하며 도난위험, 연기에 의한 손해, 폭풍 및 우박에 의한 손해는 담보하지 않는다. 예를 들어, 보석가게에 화재가 발생했으나 화염은 없고 단지 연기에 의해 귀금속의 성질이 변한 경우에는 화재보험에서 보상하지 않는다. 다만 이러한 위험은 특별약관을 통해 담보를 확장할 수 있다.

2) 전종(全種)위험 보험증권

보험계약에서 특별히 제외되지 않은 손인은 모두 담보된다. 따라서 약관에서 보상하지 않는 위험을 보험증권에 명시하며 그 이외의 손인(損因)에 의한 손실은 모두 보상이 된다. 예를 들어, 자동차보험의 대물배상이나 자기차량 손해담보는 그 손실의 원인이 충돌이거나 차량전복 등 그 원인을 가리지 않고 타인의 재산이나 자신의 차량에 손해를 입힌 경우에는 보상을 하게 되므로 전종위험 증권이라고 할 수 있다. 생명보험은 사망의 원인이 사고인지 자연사인지 혹은 질병에 의한 것인지를 구분하지 않기 때문에 대표적인 전종위험 증권이라고 할 수 있다(단, 보험가입 후 2년 이내에 자살한 경우나 전쟁에 의한 사망의 경우는 제외한다).

이러한 전종(全種)위험 증권은 열거위험 증권보다 선호되는데 그 이유는 보장범위가 넓고 각 담보되는 손실의 원인이 누락될 위험이 적기 때문이다. 즉전종위험 증권의 특징으로는 ① 보험약관에서 제외되지 않는 손실은 모두 보상되고, ② 손실의 원인에 대한 증명의 부담이 보험자에게 귀속되므로 ㅂ보험자가 보상금 지급 거절을 위해서는 그 손실이 담보에서 제외된다는 것을 반드시 증명해야 한다는 것이다. 그러나 전종위험 증권의 단점으로는 열거위험 증권보다는 보험료가 비싸며, 간혹 열거위험 증권에서 낮은 보험료로 보장되는 담보가 전종위험 증권에서는 담보되지 않는 경우가 있다는 것이다.

(3) 제외부분(exclusions)

제외부분은 여러 가지 이유로 보험담보대상에서 제외되는 손실의 원인,

제외되는 손실, 제외되는 재산사항을 명시하고 있다.

1) 제외손인(excluded perils)

담보에서 제외되는 손인을 말하며, 예를 들어 자동차보험에서 지진, 전쟁, 핵누출 등의 손인이 제외된다. 이 경우에는 대부분 자연재해나 대규모 재난을 야기하는 손실의 원인이 포함된다.

2) 제외손실(excluded losses)

보험계약에서 담보하지 않는 특정 손실을 말한다. 예를 들어, 화재보험에서 화재로 인한 직접손실이 아닌 간접손해, 예를 들어 영업중단(business interruption)으로 인한 손실 등은 제외된다. 대개 기본보험약관에서 담보하는 손실 이외는 제외된다.

3) 제외재산(excluded property)

어떤 특정 재산을 담보대상에서 제외하거나 담보에 제한을 두는 것을 의미한다. 예를 들어, 자동차보험의 경우 차량의 일부 도난이나 차량의 일부가 아닌 다른 재산의 파손이나 도난을 담보대상에서 제외시키고 있다. 또한 화재보험에서는 보험증권에 명기되지 않은 유가증권 등이나 보석류 등은 담보에서 제외되는 재산이다.

이렇게 제외부분을 두는 이유는 ① 손인이 보험자에 의해 담보가 불가능한 경우, ② 현저한 위험이 존재하는 경우, ③ 다른 보험계약에 의해 동일한 담보가 제공되는 중복보험을 방지하기 위한 경우, ④ 도덕적 위태의 가능성이 큰 경우나 손실의 규모와 귀속을 확정하기 어려운 경우, ⑤ 특정한 피보험자에게 담보가 필요 없는 경우를 예로 들 수 있다.

(4) 조건부분(conditions)

보험자로 하여금 보험금 지급 및 기타 서비스 제공에 대한 약속을 이행하게 하거나 혹은 제한하는 중요한 부분이다. 조건부분은 보험계약자나 피보험자가 보상을 받기 위해 반드시 준수해야 할 일종의 의무이며, 이를 위반한 경우, 즉 보험약관에 명시된 조건을 충족시키지 못한 경우에는 보험금 지급을 거절당할 수 있다. 이런 의미에서 보험계약은 조건부 계약이다.

구체적인 조건은 계약에 따라 약간 상이하지만 일반적으로 보험청약시 고지의무나 보험계약의 진행시 위험변경·증가의 통지의무와 위험변경·증가의 금지의무, 그리고 사고발생 후 손실보고(통지) 의무나 손해조사에 대한 협조의무 그리고 손실확대방지 의무 등이 있다.

(5) 기타부분(miscellaneous provisions)

거의 모든 보험약관에 공통적인 것으로 보험자와 보험계약자 혹은 피보험자와의 관계를 규정하고 있거나 제 3 자에 대한 보험자의 관계나 책임을 명시하고 있다. 예를 들면, 손해보험의 기타부분에서는 보험계약의 취소나 해지, 대위권, 타보험 조항 등이 있으며, 생명보험에서는 보험료 납입유예기간, 계약의 부활(reinstatement) 등이 있다.

4-2 보험계약의 관계자

보험약관은 피보험자(insured)에 대하여 구체적인 정의를 하고 있다. 피보험자란 생명보험계약의 경우에는 명시된 특정한 개인만이 피보험자가 된다. 또한 보험혜택을 받을 여러 사람의 이름이 보험증권에 명시된 경우도 있으며, 보험증권에 구체적으로 이름이 명시가 되지 않았더라도 예를 들어, 생명보험의 경우 '법적상속인'이나 개인 승용차 보험의 경우 책임보험의 피보험자는 '그 차를 운전할 수 있는 모든 사람'이 포괄적으로 해당된다.

4-3 특약조항

일반적인 보험계약은 특약조항(endorsement 혹은 rider라고 하는데 서로 바꿔 쓸 수 있지만 대개 손해보험의 경우는 "endorsement," 생명보험의 경우는 "rider"라고 함)을 포함하고 있다. 특약은 기본계약의 조항을 변경하거나 담보를 추가하거나 삭제를 할 수 있는 조항이다. 예를 들어, 주택화재보험의 경우 지진 및 홍수에 대한 담보를 확장하기 위해서는 지진이나 홍수에 대해 특약조항을 추가해야 하며, 연기에 의한 피해나 악의적인 행동(malicious, mischief, and vandalism) 등 여러 담보를 확장하는 경우에 특약조항이 첨부되거나 별도의 약관으로 계약을 체결해야 한다. 자동차 보험의 경우 운전자의 범위를 축소하여 보험료를 절감하고자 할 때, 가족운전자한정운전 특약이나 특정연령한정운전 특약을 통해 피보험자의 범위를 축소할 수 있다. 생명보험의 경우에는 보험금(insurance benefit)의 크기를 변경하거나 기본약관에 있는 조건을 변경하고자 할 때 특약을 이용한다. 특약조항은 기본조항을 지배하는 내용으로 기본조항에 우선하여 적용된다. 그러나 특약조항을 이용하여 법에서 금지하고 있는 내용을 가능케 할 수는 없다.

4-4 손해액 공제조항

손해액 공제조항(deductibles)이란 보험자가 지불해야 하는 보험금으로부터 공제되는 일정한 금액을 말한다. 공제조항은 일반적으로 재산보험, 건강보험, 그리고 자동차보험계약의 자기부담금에서 규정되고 있다. 다만 생명보험계약은 이러한 공제조항이 적용되지 않는데, 그 이유는 계약자의 사망이 언제나 전손(全損: total loss)이므로 공제조항을 적용할 경우에는 보험금의 감소를 초래할 따름이어서 다음에 기술하는 공제조항의 목적과 잘 들어맞지 않기 때문이다. 한편 개인배상책임의 경우에도 공제조항이 적용되지 않는데 그 이유는 아무리 작은 보상청구 혹은 클레임이라도 보험자가 법정방어를 해야 하기 때문이다. 다만 자동차보험에 있어서 음주운전으로 인한 제 3 자의 배상책임의 경우에는 본인부담금(손해액 공제)이 물적 손해에 대해 50만원, 신체손해에 대해 200만원으로 규정되어 있다. 즉, 음주운전을 하다가 제 3 자의 재산을 손상시켰을 경우 음주운전자가 50만원을 먼저 부담해야 하며, 제 3 자의 신체를 손상케 한 경우에는 200만원을 음주운전자가 부담해야 한다.

(1) 손해액 공제조항의 목적

공제조항은 다음과 같은 목적으로 계약에 포함되어 있다.

1) 소액 보상청구의 방지

종종 소액 보상청구를 해결하기 위해서는 보상청구금액보다 많은 손실조정비용(loss adjustment expenses)이 소요되는 경우가 있다. 예를 들어, 20만원의 소액사고를 처리하기 위해서 30만원의 손실조정비용(손해사정인의 보수 및 기타 행정비용)이 지출되는 경우 20만원 크기의 사고로 50만원이 지출된다. 따라서 소액사고를 계약자 스스로 처리할 경우에는 손실조정비용인 30만원이 절약된다고 할 수 있다. 따라서 공제금액(자기부담액) 이하의 소액손실에 대해서 손해사정과 기타 비용을 절감하기 위한 목적으로 설정된다. 한편으로는 소액손실은 대형손실보다 발생확률이 훨씬 높아 소액손실의 경우에는 손실 자체의 크기와 거의 비슷한 아주 높은 보험요율이 적용되므로 소액손실의 경우 자체적으로 처리하는 것이 훨씬 경제적이라고 할 수 있다.

2) 보험료의 절감

위의 예에서와 같이 소액보상청구가 배제된 경우에는 보험료가 더 큰 사고보상에 사용되게 되며 30만원의 손실조정비용이 절감되므로 보험료를 절감할 수 있다. 위험관리수단 중 보험은 아주 낮은 발생빈도와 아주 높은 손실규모(심도)에 적합하며, 공제조항을 이용할 경우에는 발생빈도가 높은 부분을 본인이 부담하므로 좀 더 저렴한 보험료로 보험을 가입할 수 있다.

3) 도덕적 위태(moral hazard)나 정신적 위태(morale hazard)의 감소

부정직한 계약자의 경우 보험사고를 통해 이득을 취하기 위해 사고를 유발하거나 사고를 가장하는 경우가 있다. 이럴 경우 공제금액만큼은 본인이 부담을 하여야 하므로 이득이 그만큼 감소되며, 또한 큰 공제금액을 선택한 경우에는 사고발생으로 인한 본인부담이 크게 되므로 사고발생에 더욱 조심하게 된다. 따라서 보험자의 입장에서도 높은 공제금액을 선택하는 보험계약자를 선호하게 된다.

(2) 손해액 공제조항의 형태

보험계약은 다양한 형태의 공제조항을 포함하고 있다. 우선 재산보험(property insurance)에서 자주 사용되는 공제조항에는 다음과 같은 것들이 있다.

1) 일률손해액공제(straight deductible)

일률손해액공제는 보험자가 보상을 하기 전에 피보험자가 반드시 부담을 해야 하는 금액이다. 예를 들어, 자동차보험의 대인배상 Ⅱ에서 음주운전으로

인한 손해 중 200만원은 본인이 부담을 해야 하는 금액이며, 대물배상의 경우 음주운전으로 인한 사고 중 50만원, 그리고 자기차량 손해 중 공제금액(5만, 10만, 20만, 30만, 50만원)은 본인이 스스로 부담해야 하는 부분이다. 일률손해액공제는 한 사고당(per each loss) 적용되는 경우가 대부분이다.

2) 누적공제(aggregate deductible)

미국의 건강보험이나 일부 재산보험에서는 누적공제제도가 적용된다. 누적공제란 연간 발생한 손실이 누적되어 일정한 수준의 손실금액을 초과한 경우에 보험자의 책임이 개시되는 제도이다. 총손실이 일정금액 이하인 경우에는 보험자의 책임은 발생되지 않는다.

예를 들어, 보험계약 연간 공제액이 500만원인 경우, 처음 발생한 손실이 300만원이라면 보험자는 아무런 보상을 하지 않으며, 그 다음 발생한 손실이 250만원이라면 연간 누적손실이 550만원이 되므로 보험자는 공제액 500만원을 차감한 50만원만을 지급하게 된다. 그 다음부터 계약기간 내에 발생한 모든 손실은 보험자가 전액 보상하게 된다.

3) 프랜차이즈공제(franchise deductible)

프랜차이즈공제 제도는 주로 해상보험에서 많이 사용되는데, 화물의 운반에는 통상적인 소액손실이 예상되므로 이러한 소액손실에 대해서는 본인이 책임을 지도록 하는 제도로서 손실에 대한 일정비율이나 절대금액으로 공제를 정하게 된다. 이 제도하에서는 손실의 규모가 일정수준에 도달하지 않는 소액손실인 경우에 보험자의 책임은 인정되지 않으며, 손실의 규모가 일정수준을 초과하는 순간 모든 손실을 보상하는 제도이다. 예를 들어, 100억원의 물건을 해상수송하는 데 1%의 프랜차이즈 공제비율이 설정된 경우, 누적손실이 1억원 이하인 경우 보상은 하나도 받지 못하게 된다. 그러나 누적손실이 1억원을 초과하는 경우에는 손실 전체가 보상된다. 이런 경우 손실공제는 없어진다고 할 수 있다.

4-5 공동보험조항(co-insurance clause)

공동보험조항은 주로 기업화재보험에서 많이 사용하고 있는 조항이다.

(1) 공동보험조항의 성격

공동보험은 손실발생시점에 피보험자에게 실제현금가치의 일정수준(예를 들어, 80%)을 초과하는 보험에 가입되어 있도록 요구하는 조항이다. 만약 손실발생시점에 피보험자가 일정수준 이하의 보험을 가입하고 있었다면 손실의 일정부분만큼을 지급하지 않는다. 공동보험조항은 손실의 일정부분에 대해 피보험자에게 공동으로 책임을 지우는 제도이다. 공동보험의 비율은 일반적으로 실제현금가치(actual cash value)의 80%이다. 예를 들어, 피보험자가 5억원의 재산(실제현금가치)에 대해 3억원의 보험만 가입하였다면, 공동보험조항에서 요구하고 있는 보험가입금액(amount of insurance required)은 실제현금가치의 80%인 4억원이 될 것이다. 만약 피보험자에게 2,000만원의 손실이 발생하였다면 보험금은 2,000만원의 3/4만큼인 1,500만원만 지급될 것이다.

$$지급보험금 = \frac{보험가입금액}{보험가액 \times 80\%} \times 발생손실액$$

(단, 보험가액×80%는 요구보험가입금액이라고도 함)

따라서 위의 경우 보험회사의 지급보험금은 3억원 ÷ (5억원 × 0.8) × 2,000만원 = 1,500만원이 된다.

이 경우 피보험자의 손실부담은 2,000만원의 손실과 1,500만원의 차이인 500만원으로 일정수준 이하의 보험에 가입한 피보험자에게 부과하는 일종의 벌과금인 것이다. 요구보험가입금액에 대한 보험가입금액의 비율이 작으면 작을수록 피보험자의 부담은 늘어나게 된다. 만약 피보험자가 4억원에 대해 보험가입을 하였다면 피보험자는 전체 손실 2,000만원을 보상받을 것이고 본인의 부담은 전혀 없게 된다. 만약 4억원의 보험에 가입하였고 손실이 4억원 이상이 되면 보험사는 얼마를 보상하게 되는가? 이런 경우에는 당연히 보험자의 보상책임한도인 4억 원까지만 보상하게 되며, 4억원을 초과하는 손해는 보험계약자나 피보험자가 부담하게 된다. 예를 들어, 손실이 전손(全損)인 경우 보험자의 책임은 5억원이 아니라 보험가입금액인 4억원까지이다.

이와 같은 공동보험을 두는 경우에는 전손(全損)의 경우에 보험자의 부담이 전손(全損)의 80%이고 피보험자의 부담이 나머지 20%가 되어 피보험자는 손실발생에 주의하게 된다.

(2) 공동보험조항을 두는 목적

공동보험조항을 두는 목적은 피보험자에게도 손실의 일부에 대한 책임을 부과함으로써 손실방지 효과를 얻는 이외에도 요율의 형평성(equity in rating)을 유지시키는 기본적인 목적을 달성하기 위한 것이다.

대부분의 손해보험 손실은 실제현금가치 전액에 대해 전손(全損)이 발생하는 것이 아니라 실제현금가치의 일부분에 대한 손해가 주종을 이루게 된다. 즉, 위의 예에서 주택에 화재가 발생하였을 경우에는 전체가 화실(火失)되는 것이 아니라 대부분의 경우 주택의 일부에 화재손실이 발생한다는 것이다. 따라서 일반 보험계약자인 경우에는 주택가격에 전체에 대해 보험을 가입하려고 하지 않고 예상되는 손실의 범위 내에서만 보험을 가입하려 할 것이다.

그러나 이와 같은 일부보험(partial insurance)의 경우에 부과되는 보험료는 전액보험(full insurance)의 경우보다 훨씬 비싸게 되는데, 만약 일부보험과 전액보험의 경우에 같은 보험료를 부과한다면 요율의 형평성에 어긋난다는 것이다. 즉, 실제현금가치 전액을 보험으로 가입한 경우의 보험료와 일부만 보험에 가입한 경우는 차이가 발생하게 되는데 이를 어느 정도 완화시키기 위해 공동보험조항을 두게 된 것이다.

전액보험(full value insurance)과 일부보험(partial value insurance)의 보험료 비교

전액보험과 일부보험의 보험료 차이를 비교하기 위해, A시에 10,000가구가 있고 각 주택의 가격은 1억원이라고 가정하자. 이 경우 모든 주택의 가치는 총 1조원이 된다. 만약 1년에 10,000가구 중 화재로 주택 전체가 화실(火失)되는 경우가 2건이 발생하고 2,000만원의 손실이 발생하는 경우가 30건이 있다고 할 때, 전액보험과 일부보험의 경우 보험료는 다음과 같다.

• 전액보험인 경우의 보험료

모든 주택이 1억원의 화재보험에 가입한 경우 보험가입금액은 1조원임.

① 발생손실:

전손(全損) : 2건 × 1억원 = 2억원

일부손(一部損) : 30건 × 2,000만원 = 6억원
손실의 합계: 8억원

② 순보험료:

순보험료 = 발생손실의 합계 ÷ 보험가입금액 = 8억원 ÷ 1조원 = 1/1250
따라서 100만원의 보험손실에 대해 800원의 보험료가 책정됨.

- 일부보험인 경우의 보험료

모든 주택이 주택가격의 50%인 5,000만원에 대한 보험만 가입한 경우 전체 가구의 보험가입금액은 5천억원임.

① 발생손실:

전손(全損) : 2건 × 5,000만원 = 1억원
일부손(一部損) : 30건 × 2,000만원 = 6억원
손실의 합계: 7억원

(전손의 경우는 보험가입 한도액인 5,000만원까지 보상하며, 일부손의 경우는 5,000만원 이하의 손실이므로 2,000만원을 지급함)

② 순보험료:

순보험료 = 발생손실의 합계 ÷ 보험가입금액 = 7억원 ÷ 5천억원 = 7/5000
따라서 100만원의 보험손실에 대해 1,400원의 보험료가 책정됨.

위의 사례의 경우에 있어 보험가입금액을 주택가격의 100%로 한 경우, 즉 전액보험인 경우에는 보험가입금액 100만원당 800원의 순보험료가 책정된다. 그러나 주택가격의 50%만 보험에 가입한 일부보험의 순보험료는 보험가입금액 100만원당 1,400원으로 전액보험인 경우보다 600원(100만원당)이 비싼 것을 알 수 있다. 따라서 일부보험에 가입하는 보험계약자와 전액보험에 가입하는 보험자가 동일한 보험료를 낼 경우 요율책정의 형평성에 위배가 되므로 공동보험조항의 규정을 통해 일정한 규모 이하의 보험을 가입할 경우 손실보상에서 벌칙을 주는 것이다.

(3) 공동보험조항의 문제

공동보험조항이 계약에 삽입된 경우 요구보험액이 손실발생시점에서 결정되므로 현실 적용에 있어 몇 가지 문제를 안고 있다.

① 인플레이션이 심한 경우에는 실제현금가치가 계속적으로 상승하므로,

인플레이션에 비례하여 정기적으로 보험가입금액이 계속적으로 늘어나지 않으면 손실발생시점에서 피보험자는 예기치 못한 불이익을 당할 수 있다.

② 재산가치가 시간에 따라 지나치게 유동적인 경우에는 실제현금가치가 유동적이므로 보험가입금액이 요구보험액에 못 미친 경우에 불이익을 당할 수가 있다. 예를 들어, 자재를 보관중인 창고의 경우 자재의 재고가 입·출(入出)되는 경우 실제현금가치가 심하게 변하게 된다. 이런 경우는 요구보험액을 미리 정하여 부보재산의 가치가 변동하더라도 공동보험조항을 만족한 것으로 약정을 할 수도 있고, 다른 방법으로는 정기적으로 재고나 재산가치를 보고함으로써 부보재산의 가치를 정기적으로 평가하는 방법이 있다.

③ 소액손실이 발생하는 경우 공동보험조항을 충족했는가를 판단하기 위해 피보험자에게 손상되지 않은 상품과 손상된 상품을 그대로 보관하도록 요구할 경우 피보험자는 재정적으로 곤란을 겪을 수 있다. 이런 경우에는 재고보관면제조항(waiver of inventory clause)을 통해 손실규모가 보험가입액의 2% 미만인 경우 손상되지 않은 물건을 보관할 필요가 없게 된다.

4-6 타 보험조항(other insurance clause)

손해보험에서 타 보험조항은 하나의 목적물에 대한 보험계약이 2개 이상인 경우 동일한 손실에 대하여 중복보상(이득)을 받는 것을 방지함으로써 실손보상의 원칙을 지지하고 도덕적 위태를 줄일 수 있다.

타 보험조항은 다음과 같은 세 가지 형태가 있다.

(1) 비례분할부담조항(pro-rata liability clause)

이 조항에 의하면, 손실을 부담할 경우 각 보험사는 자신이 체결한 계약금액에 비례하여 보상을 하게 된다. 예를 들어, A씨는 1억원인 자신의 집에 갑(甲)보험사로부터 8,000만원, 을(乙)보험사로부터 2,000만원의 보험을 계약하였다.

만약 손실이 3,000만원인 경우 갑(甲)은 3,000×[8,000/(8,000+2,000)]=2,400만원을, 을(乙)은 3,000×[2,000/(8,000+2,000)]=600만원을 보상해야 한다. 만약 보험가입금액의 총액이 실제현금가치보다 큰 경우(over insurance)에도 보험계약 총액에 대한 자신의 부담액에 비례하여 책임을 진다.

(2) 균등부담조항(Contribution by Equal Share)

균등보험조항은 일반적으로 배상책임의 경우에 많이 적용이 된다. 만약에 1억원을 한도로 하는 배상책보험에 가입하는 경우에 갑(甲)보험사가 6,000만원, 을(乙)보험사가 3,000만원, 병(丙)보험사가 1,000만원의 보험계약을 체결하였다고 하자. 만약 A의 손해가 6,000만원이 발생하였다면, 우선 갑(甲), 을(乙), 병(丙) 보험사는 각 1,000만원씩 균등하게 부담하고(丙은 자신의 보상한도까지 부담을 하였다), 나머지 3,000만원에 대해서는 아직 채무가 남아 있는 갑(甲)과 을(乙)만이 잔액에 대해 균등하게 1,500만원씩 부담을 하게 된다.

(3) 초과보험부담조항(primary and excess insurance)

초과부담조항은 손실에 대하여 우선으로 책임을 지게 되는 보험자(primary insurer)가 자신의 보상책임한도까지 보상을 하게 되고, 나머지는 두 번째로 책임이 있는 초과보험자(excess insurer)가 자신의 보상책임한도 내에서 보상을 하게 된다. 만약 갑(甲), 을(乙), 병(丙) 보험자가 순서대로 책임이 있는 보험자이며 각각 6,000만원, 3,000만원, 1,000만원을 담보하고 A의 전체 손해가 8,000만원이라고 하자. 이때 갑(甲)은 자신의 담보한도액인 6,000만원까지 우선 부담을 해야 하고, 그 나머지에 대해서는 을(乙)의 배상한도인 2,000만원까지 부담을 해야 한다. 이로써 A는 자신의 손실을 모두 회복하였고 병(丙) 보험자는 보상책임이 도래하지 않아 보상을 하지 않아도 된다.

사항 찾아보기

■ ㄱ ■

■ ㅇ ■

■ ㅈ ■

■ ㅊ ■

영문 찾아보기

공저자 소개

이 재 복

인도 봄베이의 The College of Insurance의 General Insurance과정 수료
미국 The College of Insurance의 Diploma in Risk and Insurance(1981-82)과정 수료
성균관대학교 대학원 무역경영전공(경제학박사)
미국 Georgia State University의 위험관리보험학과 객원교수(1994-96)
금융감독원(전 보험감독원) 근무(1978-90)
제 2 종(해상보험) 손해사정사 자격취득(1984)
손해사정사 제 1 차, 제 2 차 자격시험(해상보험, 손해사정이론 등) 출제위원(1987-2003)
국립목포대학교 기획연구처장(1998-2000)
금융감독원 금융분쟁조정위원회 위원 역임(2001-2009)
현 국립목포대학교 경영학부 금융보험학전공 주임교수
한국무역상무학회 부회장, 한국보험학회 회장, 금융위원회 보험조사협의회 위원

저 서

손해사정이론(두양사, 2008), 영국해상보험법(보험연수원, 1996)
선박보험약관론(보험연수원, 1999), 적하보험약관론(보험연수원, 2005)
해상보험 손해사정론(보험연수원, 2003), 해상보험이론(형설출판사, 1999)

허 연

중앙대학교 정경대학(경제학사)
미국 보험대학(현 St. Joh Univ.)(보험학석사)
미국 템플(TEMPLE)대학교 경영대(보험경영학박사)
미국 템플(TEMPLE)대학교 보험학과 조교수, 삼성보험연구소 수석연구원
한국보험학회 부회장
현 중앙대학교 사회과학대학 상경학부 교수
한국리스크관리학회 회장

박 영 섭

전남대학교 경영대학 경제학과(경제학사)
현대해상 해상업무부장
현 Willis Korea 전무이사
중앙대학교 해운물류학과 겸임교수

윤 민 현

한국해양대학교 해양학과(학사), 한국외국어대학교 대학원 무역학과(석사)
한국해양대학교 대학원 해운경영학과(경영학박사)
대한해운공사(현 한진해운) 항해사, 법무보험부장, 물류운영이사
한국해무사협회 회장, UN 국제해상물품운송조약, UN 복합운송조약 정부대표
무역연수원, 보험연수원, 해양수산개발원, 서강대, 동국대, 호서대, 한국해양대 강사
목포해양대 겸임교수, Korea P&I Club 설립준비단장, 동 사무국장, 전무 역임
현 중앙대학교 객원교수
대한상사중재원 중재인, 주식회사 태영선무 사장

저 서

종합해운(공저), P&I보험의 이론과 실무
P&I개론(역), 한국선주상호보험조합 설립사

해상보험과 리스크관리

2009年 2月 20日 初版印刷
2009年 2月 25日 初版發行

共著者 이재복 · 허 연 · 박영섭 · 윤민현
發行人 安 鍾 萬
發行處 (株) 博 英 社
서울特別市 鍾路區 平洞 13-31番地
電話 (733) 6771 FAX (736) 4818
登錄 1959. 3. 11. 제300-1959-1호(倫)

www.pakyoungsa.co.kr e-mail: pys@pakyoungsa.co.kr

定 價 30,000원 ISBN 978 89 7189 981 6